中国广播电视节目
评估体系研究

中国广播电影电视社会组织联合会　主编

中国国际广播出版社

图书在版编目（CIP）数据

中国广播电视节目评估体系研究 / 中国广播电影电视社会组织联合会主编. 北京：中国国际广播出版社，2018.1
ISBN 978-7-5078-3959-3

Ⅰ.①中… Ⅱ.①中… Ⅲ.①广播节目—评估—体系—研究 ②电视节目—评估—体系—研究 Ⅳ.①G222.3

中国版本图书馆CIP数据核字（2017）第305094号

中国广播电视节目评估体系研究

主　　编	中国广播电影电视社会组织联合会
责任编辑	杜春梅
版式设计	国广设计室
责任校对	徐秀英

出版发行	中国国际广播出版社［010-83139469　010-83139489（传真）］
社　　址	北京市西城区天宁寺前街2号北院A座一层
	邮编：100055
网　　址	www.chirp.com.cn
经　　销	新华书店
印　　刷	环球东方（北京）印务有限公司

开　　本	787×1092　1/16
字　　数	630千字
印　　张	37.5
版　　次	2018年3月　北京第一版
印　　次	2018年3月　第一次印刷
定　　价	168.00元

版权所有
盗版必究

前言

随着广播电视传播技术日新月异的发展，广播电视媒体正以自身的传播优势，为广大受众提供着手段日益多样、形式日益丰富的节目、栏目，以满足受众日益增长的精神文化需求。随着受众审美水平、欣赏层次的不断提高，他们已不满足于媒体仅仅提供信息传播和技能传授的初级功能，进而要求媒体能够提供更新、更深、更活的精品，在满足求知欲的前提下，还能提供更高层次的精神享受。这就给广播电视媒体提出了新的课题，即什么样的节目、栏目是精品，如何科学地评估节目、栏目、频道的整体水平，如何令受众信服地开展节目质量评估，这是新形势下摆在广播电视工作者面前的新课题。可喜的是，部分有识之士已于20世纪90年代开始触及这个课题，经过十几年的理论探索和实践检验，广播电视节目评估体系的理论研究和实践已初具规模；但遗憾的是，一直还未有一部集大成的能够统合基础理论与应用理论的著作问世。

广播电视评估体系虽然是一种业内评价的标准，但是却联系着广大受众、广电从业者、行政管理部门和社会评估机构等不同的群体和机构，对于广电文化和广电产业起到重要影响。广播电视节目评估体系建立之难，既有深刻的历史和现实原因，也有广电体制机制内部的原因。

首先，我国广播电视体制决定了需要建构体系完整的广播电视节目评估机制。不同于西方的商业媒体，也不同于西方的公共媒体，我国广播电视是承认其产业属性的国有媒体。纯商业媒体可以"唯视听率"马首是瞻，少量兼顾或者并不兼顾其他评估指标和内容；公共媒体则相反，其评估是以"满意度""欣赏指数"等作为最主要的考量标准，而并不重视视听率的表现。我国广播电视媒体，既要服务于社会效益，把社会效益放在首位，同时又要保证经济效益的实现，因此既要注重其节目的社会影响及导向作用，同时也要关注它的市场表现。这样，用单一的指标来检验评估广播电视节目不但会顾此失彼，而且也会影响到广播电视节目双重效益的均衡发挥，因此，广播电视节目评估体系的建构从本质上讲是由我国广播电视体制所决定的。

其次，我国广播电视的深入持续发展要求建构完善的节目评估体系。20世纪90年代以来，广播电视以政策为导向，遵循科学发展观的要求，实施了一系列的改革措施。无论是之前的频道专业化、广电集团化、制播分离，还是现在的媒体融合、跨地域合作以及加大走向国际市场的力度等，都涉及广播电视安身立命的内容。内容在广播电视上体现为节目，广播电视节目评估体系完善与否，既关系到广播电视是否能够提供满足人民群众需求的喜闻乐见的节目内容，同时也关系到广播电视媒体自身改革发展顺畅与否。因此，完善的广播电视评估体系的建立是广播电视自身发展的内在要求。

再次，转型期我国的社会文化形势要求广播电视媒体建构体系完备的评估机制。改革开放以来，广电媒体在环境监测、社会协调、文化传承以及审美娱乐等各个方面给大众提供了诸多帮助，发挥了无可替代的功用。目前，广播电视既面临着媒体融合的机遇和挑战，同时也承受着境外及网络视听媒体的挤压，如何保证其持续有力地提供优秀节目，在受众市场竞争中取胜，是其面临的一项重大课题。在这样的形势下，只有构建体系完备的广播电视节目评估机制，才会在竞争中用内容占住先机，以科学的评估体系指导，制播出既符合社会发展要求又为受众所喜爱的节目。因此，完备的广播电视节目评估体系的建构是广播电视适应外部环境变化的必然选择。

最后，构建和发展广播电视评估体系对于广播电视的发展具有重要价值和意义。主要表现在：第一，能够满足广播电视媒体日常管理工作的需要。广播电视毕竟属于创意文化的范畴，其管理的科学性与规范化相对来说比较困难。有体系完整的节目评估机制可以在广播电视日常管理中有据可依。这不但涉及节目质量管理的规范化，同时与之相关的人员的评聘、激励以及节目品牌的发展等都有量化的操作依据。第二，有助于建立规范的节目市场体系。随着制播分离以及广电运行机制改革的深入，广播电视势必会获得更好的发展机遇，规范化的节目交易市场的形成指日可待。为业界所普遍认可的节目评估体系的建构可以为节目交易市场的形成及规范化运作提供基础保障。第三，广播电视评估体系的建构还可为我国广播电视节目评奖提供科学的标准和依据。

正是意识到其重要性和紧迫性，国家广电管理部门对建立科学的广播电视节目评估体系一直非常重视。2002年末，原国家广电总局将"评奖改革"列为2003年重点工作，原中广学会将"构建节目评估体系"列入《中国广播电视学会

2003—2007年工作规划》。受广电总局委托，中广学会于2003年2月18日至20日在京召开中国广播电视节目评估体系调研会，形成关于节目评估体系的内容、方法、途径、指标要素、成果形式等一揽子建议。时任中广学会常务副会长刘习良在总结讲话中指出，中国广播电视节目评估体系应具有科学性、实用性、简明性三个特点。会后，责成时任中广学会秘书处主任兼评奖办主任张君昌组建课题组，起草课题立项报告，报告总局节目评估体系课题已按规划正式启动。报告提出研究方案共分四个部分：（1）广播电视节目评估理论与展望；（2）国外节目评估研究概述；（3）节目评估体系构建研究；（4）试点评估与成果推广。同时编制了项目预算。3月，该报告和预算得到总局批复。

《广播电视节目评估基础理论与展望》课题组成立于2003年初，主研人员中有理论工作者，也有一线管理工作者，还有高校在读硕士博士研究生。研究步骤是先由课题负责人拟出理论框架，提出参考文献范围及方向；再分类梳理文献，进行系统化、条理化；而后开展调研咨询，进行理论提炼；最后以统一的理念订正概念、统领全稿。课题从策划到完成历时四年，数位在读硕士博士研究生在调研的同时完成学业，如今，他们有的成为高校教师，有的供职于媒体，知识的积累已演化为人生向上的阶梯。在主研的四年时间里，课题组参阅了国内学术刊物自20世纪90年代以来发表的近百篇相关论文，从中去粗取精，去伪存真，筛选出70多篇具有一定学术价值的论文作为重点参考文本，进行归纳分析和理论加工。此间，还走访了一些电台、电视台，听取管理部门和编播人员对开展节目评估的意见和建议。2007年至2016年，又有多位学者接续完善这部分研究成果，不断跟踪、增修理论阐述，使之保持与评估实践同步前行，最终形成20万字的本研究报告"上编"——广播电视节目评估基础理论与展望。

2004年3月，总局项目拨款到位后，中广学会责成副秘书长张聪负责节目评估体系构建研究。在随后召开的第二次专家研讨会上，专家对节目评估既存争议进行分析和讨论，形成了《广播电视节目评估框架新设想》，建议以委托或招标方式设立子课题对研究对象进行分阶段研究。之后分别在2004年、2006年和2008年，进行了节目评估三个子课题研究项目的招标。其中，"中国广播电视节目评估总论"（简称总论，下同）子课题，由中国传媒大学调查统计研究所承担，2006年夏完成项目报告及专家论证；"中国广播电视节目主体评估"（简称主体评估，下同）由中央人民广播电台听工部承担，2008年底完成初步报告；"中国广播电视节目客体评估"(简称客体评估,下同)由中国传媒大学调查统计研究所承担,2010年完成初步报告。

在总论、主体评估及客体评估三个子课题相继初步完成的基础上,中广协会于2011年6月在厦门召开课题内部研讨会,就前期学界、业界专家针对三个子课题研究成果提出的意见和建议进行了深入交流,并重点探讨确立了综合评估的组织与实施问题。根据会上各子课题组达成的一致意见,会后委托TNS研究项目经理吕飞和上海社科院新闻研究所副研究员吕鹏进行统稿,最终形成20万字的本研究报告"下编"——广播电视节目评估体系研究与构建。

本研究报告以严谨的逻辑分析方法,运用精炼的语言,较为深刻地阐述了广播电视节目评估的概念、构成、方法、要素、发展现状等诸多方面,是一本较为全面、系统地论述广播电视节目评估体系的学术专著。报告内容既有概念、方法的理论阐释,又有鲜活的个案研究,试图将科学的理论分析与鲜活的案例解剖相结合,全面阐述建构广播电视节目评估体系的意义、作用及其实施方法,使之更好地为当前的广播电视节目创作服务,为节目市场化体系的建立和节目评奖的科学化服务,为满足广大受众日益增长的精神文化需求服务。

本研究报告分上、下两编,共14章58节及24个附录,以大众传播学的传播与效果、使用与满足、编码/解码、调查统计学等理论为基础,合理汲取信息论、控制论、系统论、新闻学、管理学、社会学、心理学、舆论学、经济学、人口学、美学等理论学科的养分,较为全面地考察了构建中国特色广播电视节目评估体系的历史背景、现实意义和构建节目评估体系的指标体系、评估方法、评估机制、管理方法等操作层面的认识问题,同时还对广播电视节目评估体系的发展趋势做了颇有见地的预测。在最后部分,还把部分有代表性的广播电视节目评估、考评办法以及部分研究报告附后,使之具有一定的实践参考价值。报告脉络清晰,表述流畅,语言简洁准确,是一部论及广播电视节目评估领域的较有理论价值、实用价值的专业书籍。

本研究报告在引用有关专家学者的研究成果时,对所借鉴的学术原著除以脚注方式一一注明外,还在结尾连同其他参考文献的作者一并列出。这一方面是为致意鸣谢,另一方面是为回顾展示前一段的研究成果,权作阶段性的总结。

应该承认,当前广播电视节目评估发展虽已初具规模,但尚缺乏一套被业界公认的、操作性强的评估体系;加之融媒环境下评估体系构建仍处在模型探讨层面，使得本报告仍是阶段性概括。在实际应用中，广播电台的理论探讨较为活跃，而电视台的综合评分排名则演绎得如火如荼，各自的评估办法都有特色，理论认识也不尽相同，使得本报告很难平衡不同的学术观点。同时，由于主研人员视野所限，国内可资借鉴的学术专著、论文尚嫌单薄，在观点阐述时难免挂一漏万。谨请各位方家不吝赐教，我们将作为真诚的鞭策和进一步研究的努力方向。

广播电视节目评估体系的建立和逐步完善，是广播电视节目生产理念不断创新、节目质量管理水平不断提高、节目评估研究不断深化三者共同作用的结果。但愿本报告能成为引玉之砖，为中国特色的广播电视节目评估体系的建立和付诸实施尽一份绵薄之力。

编　者

2017 年 2 月 19 日

目录

上编
广播电视节目评估基础理论与展望

第一章 广播电视节目评估理念概述 / 003

第一节 广播电视节目评估定义 / 003
一、节目评估现有的代表性定义 / 003
二、节目评估的特性和原则 / 005
三、节目评估的理论基础 / 006
四、对于节目评估的界定 / 009

第二节 广播电视节目评估的背景 / 010
一、我国传媒环境发生深刻变化 / 010
二、适应大众传播"传—受"关系发展变化的客观需要 / 011
三、建立现代广播电视媒体管理创新体系的迫切需要 / 012
四、适应发展有中国特色广播电视业的特殊需要 / 012

第三节 广播电视节目评估意义 / 014
一、节目评估体系是衡量媒体实力的杠杆，增强媒体综合实力的
强大动力 / 014
二、节目评估体系可以为媒体提高管理效益提供有力的制度保障 / 015
三、节目评估体系可以为媒体不断提高节目质量提供有力的制度保障 / 015

四、节目评估体系可以为媒体深化各项改革提供科学依据 / 015
五、节目评估体系对媒体传播效果研究和媒体发展研究均具有重要意义 / 016

第四节　广播电视节目评估历程 / 016
一、节目评估的起步阶段 / 017
二、首次受众调查使媒体找到了用科学方法获得受众对媒体评价的新办法 / 018
三、媒体的迅猛发展促使媒体获取受众评价的渠道向多样化发展 / 018
四、节目评估体系逐渐成型 / 019
五、节目评估工作进入有组织、有领导的全面展开阶段 / 020

第二章　以受众为中心的节目评估 / 024

第一节　受众研究是节目评估的起点 / 025
一、受众研究的指导思想 / 025
二、受众角色的地位变迁 / 029
三、受众调查方法 / 031

第二节　受众基本特征 / 033
一、受众的结构特征 / 033
二、受众的视听心理特征 / 036
三、受众的视听行为特征 / 039

第三节　受众选择行为 / 041
一、受众选择行为的主要理论依据 / 041
二、受众选择行为的三种主要类型 / 042
三、顺应受众选择，提高媒体竞争力 / 044

第四节　目标受众界定 / 046
一、节目视听率的测算 / 046
二、潜在受众、现实受众和稳定受众 / 047

三、关于电视的相对复杂的测算方法 / 049

第三章　节目评估指标体系 / 052

第一节　质量评估指标 / 052
一、质量评估指标体系 / 053
二、欣赏指数 / 054

第二节　社会效益评估指标 / 060
一、社会认可度 / 061
二、受众反应度 / 061
三、受众满足度 / 062

第三节　经济效益评估指标 / 062
一、经济效益评估指标体系 / 063
二、关于视听率的口径 / 064

第四节　媒体发展指数 / 066
一、中国广播发展指数 / 066
二、电视综合评估指数 / 067

第四章　节目评估方法概述 / 070

第一节　节目评估方法论 / 070
一、评估主体：受众、专家与领导 / 070
二、评估流程：播前、播中与播后 / 073
三、评估原则一：定性与定量 / 077
四、评估原则二：内部评估与外部评估结合 / 078

第二节　节目评估方法介绍 / 080
一、简单评估法 / 080
二、坐标评估法 / 081

三、综合评估法 / 081

　　四、发展评估法 / 081

　　五、相对评估法 / 082

　　六、加权评估法 / 082

第五章　节目评估机制建设 / 083

第一节　节目评估机制建设 / 083

　　一、节目评估机制的基本构成 / 083

　　二、评估机构：广播电视节目评估的核心 / 085

　　三、建立合理的样本采集机制 / 086

第二节　评估机制运作程序 / 089

　　一、准备阶段 / 089

　　二、评估阶段 / 090

　　三、分析阶段 / 090

　　四、应用阶段 / 090

第三节　制播分离与评估机制 / 092

　　一、认识制播分离 / 092

　　二、国内推行制播分离对行业的影响情况 / 093

　　三、制播分离下的评估机制 / 095

第六章　构建科学节目评估体系 / 100

第一节　构建科学节目评估体系的背景 / 100

　　一、构建完整的节目评估机制是我国广播电视体制的必然要求 / 100

　　二、构建完善的节目评估体系是我国广播电视深入持续发展的迫切需要 / 101

　　三、构建完备的节目评估机制是规范广播电视日常管理的重要环节 / 102

第二节　构建节目评估体系的现存问题 / 103

第三节　节目评估体系的构成元素 / 104

　　一、共时性元素 / 105

　　二、历时性元素 / 107

第四节　构建节目评估体系意义与要求 / 108

　　一、关于构建节目评估体系的意义 / 109

　　二、构建广播电视节目评估体系的要求 / 112

　　三、如何构建科学的广播电视节目评估体系 / 116

第七章　节目质量管理方法探索 / 120

第一节　ISO9001 与节目质量管理 / 120

　　一、ISO9000 族标准简介 / 120

　　二、进行 ISO9001 质量管理体系认证的目的 / 122

　　三、引入 ISO9000 质量管理体系的可行性 / 122

　　四、广电媒体申请认证的现实意义 / 124

第二节　六西格玛在质量管理中的应用 / 127

　　一、什么是六西格玛 / 127

　　二、DMAIC 方法 / 129

　　三、六西格玛的六个主题 / 129

　　四、六西格玛在广播电视节目质量管理中的应用 / 130

第三节　SA-8000 与构建行业标准 / 131

　　一、SA-8000 社会道德责任标准简介 / 131

　　二、关于建立行业标准的思考 / 131

第八章　融媒环境下节目评估发展趋势 / 133

第一节　传统广播电视受众数据管理现状 / 133
一、依赖又质疑的模拟时代的受众数据 / 133
二、数字时代受众数据真面貌 / 134

第二节　媒体融合推动受众数据模型升级 / 136
一、受众数据获得渠道拓宽 / 136
二、受众数据类型增加 / 136
三、受众数据管理主体扩大 / 137

第三节　服务大数据时代的节目研发创新 / 137
一、精准把握受众特征和收视行为 / 137
二、辅助节目制作方适时调整或研发新节目、新服务 / 138
三、提升广播电视媒体的增值能力 / 139

第四节　网络评估的理论阐释与操作流程 / 140
一、网络人气评估的理论阐述与指标界定 / 140
二、网络人气指数体系的主要操作流程 / 141
三、网络人气指数体系的评估优势与难点突破 / 143
四、展望 / 144

第九章　评估方案个案调查 / 147

第一节　中央电视台节目综合评价模式综述 / 147
一、中央电视台节目综合评价的背景 / 147
二、中央电视台节目综合评价的模式 / 148
三、中央电视台节目综合评价的发展演变过程 / 149
四、中央电视台节目综合评价的作用分析 / 152

第二节　中央人民广播电台节目综合评估考核实施方案 / 154
一、评估对象 / 154
二、评估办法 / 154

　　　　三、评估指标 / 155
　　　　四、评估组织 / 157
　　　　五、考核办法 / 158

　第三节　中国国际广播电台考评方案实施细则 / 158
　　　　一、考评程序 / 159
　　　　二、评分细则 / 160
　　　　三、考评纪律 / 163

　第四节　北京电视台节目综合评价体系 / 163
　　　　一、频道综合评价体系 / 163
　　　　二、栏目（节目）综合评价体系 / 165

　第五节　湖南广播电视台频道与节目评估公式 / 167
　　　　一、电视 / 167
　　　　二、广播 / 167
　　　　三、相关说明 / 167

　第六节　江苏省广播电视总台节目综合评价体系 / 168
　　　　一、目的 / 168
　　　　二、总体原则 / 168
　　　　三、评价指标 / 168
　　　　四、适用范围 / 169
　　　　五、实施办法 / 169
　　　　六、评价结果应用 / 171

　第七节　成都广播电视台节目评估及研发框架方案 / 172
　　　　一、评价原则和指标 / 172
　　　　二、淘汰制的基本措施 / 173
　　　　三、新节目研发与评估 / 173

　第八节　哈尔滨广播电视台节目评估及淘汰方案 / 174
　　　　一、考评原则 / 174

二、考评对象 / 174

　　三、考评方式 / 175

　　四、考评应用 / 176

第九节　深圳广电集团电视节目综合评价方案 / 176

　　一、构建节目综合评价体系的背景和目的 / 176

　　二、集团节目生产和管理存在的问题 / 177

　　三、新系统的特点及意义 / 177

　　四、2015年拟纳入综合评价的节目范围 / 178

　　五、评价活动周期 / 179

　　六、评价指标及权重 / 179

　　七、综合评价指数计算方法 / 179

　　八、评价数据的采集和生成 / 180

　　九、评价报告内容 / 180

　　十、奖罚办法 / 181

第十节　宁波广电集团广播节目质量考评实施办法 / 182

　　一、考评机构和办法 / 182

　　二、节目质量共性要素 / 183

　　三、分类节目质量要素 / 184

　　四、新闻类节目评分细则 / 186

　　五、社教（资讯、服务）类节目评分细则 / 189

　　六、宁波广播文艺娱乐类节目评分细则 / 193

　　七、宁波广播月度节目质量考评奖惩标准 / 197

第十一节　邯郸广播电视台集中评议自办节目具体办法 / 198

　　一、具体评议的栏目 / 198

　　二、评委人员组成 / 199

　　三、具体评议办法和标准 / 199

　　四、奖惩措施 / 200

第十二节　浙江长兴传媒集团电视频道收视率考核办法 / 201
　　一、基本情况 / 201
　　二、考核指标 / 201
　　三、考核基数 / 202
　　四、考核办法 / 202

附　录 / 203

附录 1　广电总局《关于建立广播电视节目综合评价体系的指导意见（试行）》/ 203

附录 2　评估内容及评估标准基本要素界定 / 208

附录 3　央视创新性指标考核维度变动说明 / 211

附录 4　央视"栏目评价体系"解析 / 215

附录 5　品牌栏目评价与受众调查的相关性研究 / 232

附录 6　广播节目评估之加权收听率分析方法探讨 / 244

附录 7　实践中完善节目评价体系的思考 / 249

附录 8　香港地区电视节目规管制度简介 / 256

下 编
广播电视节目评估体系研究与构建

第十章 广播电视节目评估体系概论 / 263

第一节 节目评估体系基本概念 / 263
一、什么是节目评估体系 / 264
二、节目评估的概念及范畴 / 265
三、节目评估的目的和作用 / 266

第二节 节目评估的对象 / 268
一、节目评估对象为播后节目 / 268
二、评估对象分类及评估标准模块化 / 269
三、服务对象包括管理机关和制播单位 / 269
四、评估体系制定机构：行业协会或其附属机构 / 269

第三节 节目评估的依据 / 270
一、建立节目评估体系的理论视角 / 270
二、节目评估体系的应用性理论及方法 / 273
三、节目评估的政策法规依据 / 278

第四节 节目评估经验借鉴 / 279
一、主体评估经验 / 279
二、客体评估经验 / 282
三、国内广电媒体节目评估主要指标应用情况 / 285
四、国内节目评估经验分析 / 287
五、当前国内节目分类方法研究成果 / 291

第十一章　广播电视节目分类方法 / 294

第一节　中国广播电视节目分类法主要构成 / 295
一、绝对区隔层：按信息的认识功能分类 / 295
二、绝对区隔层：按信息的传播功能分类 / 296
三、相对区分层：按广播电视的应用管理属性分类 / 297

第二节　节目类型权重设定原则及依据 / 298
一、从学术研究的角度：节目类型不设权重 / 298
二、从媒介实际操作的角度：节目类型权重设置的根据及赋权结果 / 298

第三节　节目分类方法研究的意义 / 303
一、便于媒体单位的节目细分化管理 / 303
二、同时满足不同媒介主体"区分"节目和"区隔"节目的需要 / 303
三、有利于研究节目类型化与节目市场化协调发展的关系 / 304

第四节　现实评估环境、条件及愿景 / 304
一、评估环境与条件 / 304
二、节目评估愿景分析 / 310

第十二章　广播电视节目主体评估体系 / 312

第一节　广电媒体主体评估基本状况 / 312
一、当前广播电视媒体节目主体评估基本情况 / 312
二、主体评估体系子体系说明 / 313

第二节　主体评估指标体系 / 315
一、基本标准指标体系 / 315
二、专业标准指标体系 / 333

第三节　主体评估方法体系研究 / 354
一、传统的主观评估方法探讨与借鉴 / 354
二、主体评估方法基本原则 / 356

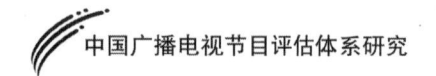

三、主体评估方法体系构成 / 356

第四节 主体评估操作体系 / 368
一、评估机构的组建 / 368
二、评估人员的构成 / 370
三、评估流程的设计 / 371
四、主体评估评分表 / 371

第十三章　广播电视节目客体评估体系 / 373

第一节 节目评估的客体视角 / 373
一、客体视角中的广电运营 / 373
二、客体评估子体系说明 / 376

第二节 客体评估指标体系 / 377
一、客体评估指标体系设计 / 377
二、客体评估之视听率指标 / 380
三、客体评估之满意度指标 / 396
四、客体评估之成本指标 / 415

第三节 客体评估方法体系 / 422
一、评估方法概述 / 422
二、评估指标的修正与标准化处理 / 423
三、客体评估指标的权重分配 / 430

第四节 客体评估操作体系 / 432
一、客体评估指标数据运算规则 / 432
二、客体评估的软件操作 / 439

第十四章 广播电视节目综合评估概说 / 444

第一节 设计评估权重 / 444

第二节 开发综合评估软件 / 444

  一、操作简便 / 445

  二、界面清新美观 / 445

  三、开放系统设计 / 445

附　录 / 447

附录 1　中国广播电视节目评估体系研究问卷调查说明 / 447

附录 2　"普利策新闻奖"简介 / 450

附录 3　"中国新闻奖"简介 / 452

附录 4　电视"艾美奖"简介（美国）/ 453

附录 5　音乐"格莱美奖"简介（美国）/ 455

附录 6　广告"戛纳奖"简介（法国）/ 456

附录 7　媒介市场调查机构的节目分类法 / 457

附录 8　传媒学术界的电视节目分类法 / 459

附录 9　关于广播节目评估指标权重问题的研究 / 462

附录 10　中国广播电视节目分类编码体系设计 / 464

附录 11　广播电视节目技术质量奖 / 467

附录 12　广播电视节目评估主题论文内容分析报告 / 478

附录 13　广播电视节目评估研讨会问卷调查数据分析报告 / 494

附录 14　相关概念及定义 / 509

附录 15　国内外知名媒介调研机构资料汇编 / 523

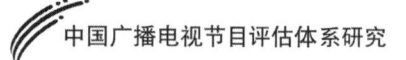

附录 16　中国广播电视节目评估体系之视听率测量与应用准则 / 558

参考文献 / 567

《中国广播电视节目评估体系研究》课题组名单 / 573

后　记 / 574

上 编

广播电视节目评估基础理论与展望

第一章 广播电视节目评估理念概述

什么是广播电视节目评估？它是在怎样的背景下产生并经历了怎样的发展历程？它对我国广播电视改革有什么理论意义和现实意义？它在现阶段广播电视节目研发、生产和创新发展中起到了何种作用？

随着我国社会经济、政治、文化、科技、生态等环境的不断发展变化，广播电视业也发生了巨大变化，广播电视节目评估工作变得越来越重要，如何使这一工作跟上广播电视业的发展步伐并发挥其指导作用，促进广播电视节目健康发展，成为摆在广播电视机构面前的一大课题。本章的主要任务是了解和认识目前我国广播电视节目评估工作及其相关概念。

第一节 广播电视节目评估定义

在进入对广播电视节目评估研究之前，我们需要对研究对象进行比较科学的界定。因此，首先需要了解什么是广播电视节目评估，它是在怎样的背景下产生和发展的。

一、节目评估现有的代表性定义

要确定广播电视节目评估的概念，首先应搞清楚节目评估的对象——广播电视节目。广播电视节目是指广播电视媒体各种播出内容的最终组织形式和表现形式。它是一个按时间段划分、按线性传播方式安排和组织内容、依时间顺序播放内容的系统。广播电视的一切社会功能都需要通过节目实现，因此，节目是广播电视媒体的终极产品，节目本位观念是当代广播电视媒体的基本观念。

了解广播电视节目的概念，有助于加深我们对构建科学的节目评估体系的认识。这是因为：（1）节目本位观念是当代广播电视的基本理念，它说明了节目评估的重要性；（2）广播电视节目是按线性方式播出的，它要求必须通过监测方式进行节目评估；（3）广播电视媒体的一切社会功能均需通过节目传播得以实现，这要求对节目不仅要进行质量评估，还应该进行社会效益和经济效益评估；（4）广播电视节目从微观角度来看自身就是一个系统，包含节目形式、体裁、类别等，这要求对节目评估应当全方位、多角度地进行。

早期研究者认为，广播电视节目评估是一种监督和考评节目质量的机制，其目的在于为提高节目质量提供一种持续不断的推动力和鞭策力。节目评估体系由三个子系统组成：它们是视听统计系统、专家评估系统和受众反馈系统。三个子系统各有不同的权重，通过综合加权得分，可以较为客观地评价节目的质量。[①]

有学者认为广播电视节目评估包括客观评价指标、主观评价指标和成本指标组成的"三项指标"，以及三者加权后得出的节目最后的评价值——"一把尺子"。客观评价指标以收视率为主要考核内容，主观评价指标反映的是领导、专家对节目的评价，成本指标体现的是节目的投入产出情况。21世纪推出的节目评估体系具有两个重要特征，一是注重视听率，兼顾节目的市场表现；二是强调节目评估的体系性，需综合多种元素来对节目进行评估。[②]

还有学者认为，广播电视节目评估是广播电视媒体进行节目质量监督和考评的一项管理机制。一般是运用数理统计和科学测量的方法，按照公认的评价指标体系，对所播出的节目从选题、意义、结构、语言、手法、效果等各个方面做出评定和估算，以正确把握节目的质量水平，提出改进方向。开展节目评估是进行栏目评估和频道评估的重要基础，而对节目带来的社会效益和经济效益的评估则是节目评估功能的延伸。节目评估的对象主要是播后节目。

这几个定义表述的意思大体相似，都揭示了广播电视节目评估的原则、标准、

---

① 孙泽敏，葛昀. 电视综合节目评估指数原理及应用［C］. 中国广播电视学会（编）. 第六届全国广播电视学术论文评选获奖论文集. 北京：中国广播电视出版社，2000：147-157.
② 张君昌，吕鹏. 广播电视节目评估体系：背景、现状及发展趋向［J］. 中国广播电视学刊，2011（11）.

程序、方法、对象等要素，涵盖了节目评估体系；强调评估所指的主体是一档节目，可以拓展为栏目、频道等样态。有的定义还设定开展节目评估的机构。我们认为，既然这项工作可以在媒体内部进行，也可以由社会调查机构、专业公司开展，还可以二者合作，因而，定义应当不作限制。

综上，本课题认为，节目评估是指广播电视制播机构或第三方按照行业公认的操作规范和评价标准，运用科学的测评手段，对节目质量及其播后线上线下产生的评价所进行的综合评定，借以比较节目质量及其传播效果。这里包含三层含义：一是评估要有一定的实施主体，且参照公认的规范和标准；二是评估的对象主要是播后节目，且是一个动态过程；三是评估结果应当具有可比性，能够区分节目质量高低和传播效果优劣。

下面，为论述方便，本课题在涉及广播、电视的相关学术用语时，将把听众、观众统称为"受众"，把收听率、收视率统称为"视听率"，把频率、频道统称为"频道"，除非专有所指。

二、节目评估的特性和原则

根据节目评估的定义，节目评估可以概括为四个基本特性：

1. 系统性
评估必须用多角度、多方法、多指标系统进行。

2. 相对性
节目是柔性产品、精神产品，无论从方法的科学性、标准的一致性、测量的准确性，还是从评价的公正性角度而言，任何对它的量化评估都不可能是绝对的，只能是相对的。

3. 开放性
节目评估不仅是媒体自身的要求，同时也是受众、广告商、广告客户等各界人士的要求，因此，节目评估体系各指标反映的内容是多方面的、开放的。

4. 动态性
社会是发展变化的，节目评估体系中的指标及其数值也是发展变化的。

20世纪90年代初，在中国广播电影电视社会组织联合会的前身——原中国广播电视学会组织召开的"广播节目评估研讨会"上，对开展广播节目评估的原则进行了五点阐述：

1. 公开性

节目评估不能暗箱操作，评估的理论依据要让大家接受。评估的体系构成要让大家认同，评估的操作程序要让大家了解，评估结果的产生过程要让大家知道。

2. 公正性

节目评估务必做到客观、公正、科学，摒弃个人好恶，评估工作的出发点和归宿始终要有利于广播电视节目改革和行业发展的要求。

3. 权威性

节目评估所依托的理论和方法必须是大家所认同的科学的理论和方法。

4. 简明性

深奥的专业的理论要通俗化，复杂的程序要简单化，太专业、太复杂的评估程序会影响其推行和操作。

5. 制度化

节目评估只有长期化、制度化、正常化才能降低其偶然性，提高其全面性、客观性和公正性。

这一结论当时得到业界的广泛认可。

三、节目评估的理论基础

要想构建一个科学的节目评估体系，必须探究它的主要理论基础。简单地讲，节目评估问题其实就是研究节目传播效果的问题，就是要测量和评估节目播出或达到终端后所能引起受众在思想观念、价值取向、行为方式等方面的变化状况。受众是传播流程的出发点和归宿，在传播中占据着一个极为重要的地位。节目评估的理论首先建基于受众研究的创新。

（一）受众研究的两种传统

尽管一个完整的传播活动的存在必然有受众，而且某种意义上可以说受众与传播是并存的。但是，直到美国政治学者哈罗德·拉斯韦尔（Harold Dwight Lasswell）1946年提出大众传播过程的五要素说，即谁（控制分析）、说什么（内容分析）、通过什么渠道（媒介分析）、向谁说（受众分析）、有什么效果（效果分析）时，受众才第一次作为大众传播过程中的重要构成因素被列为研究对象。

传播学在发展过程中吸收了政治学、社会学、心理学等学科的研究成果，建立起两种不同的研究视角，国外的受众研究基本也沿着这两条思路前进。在不同的历史情境下，传统的受众研究产生了极为不同的研究风貌。美国的传播研究在第二次世界大战期间军队对宣传技巧的需求与战后商业快速发展的需求背景下，发展出以行为科学为基础、用大量统计资料来解读受众行为的实证式受众研究传统：运用实证的方法，注重传播对受众的影响研究，通过市场化、精确化的思维，把受众纳入"生产者—消费者"的关系中考察。而欧洲丰饶的人文社会思想，则孕育出以符号学、结构主义、符号互动理论、文化研究与社会语言学等为基础的思辨式研究传统：将研究置于整个资本主义文化工业的语境中，采用批判与诠释的方式研究受众，使受众摆脱了被"物化"的境地。

在促进传播学"受众"研究诞生的诸因素中，有两个因素引人瞩目。一是受众测量方法论上的革命，统计学方法的兴起和应用；另一是社会学理论的发展，尤其是"大众社会"的理论为受众研究奠定了坚实的根基。

自20世纪20年代以来，运用统计方法进行定量研究在美国取得巨大的进展。早在1914年，美国广告商就建立了"收听率调查局"（Audit Bureau of Circulation to Verify）。1930年，克偌斯里创建了一家"广播分析公司"（CAB），受众测量必备性得以确立。后来的尼尔森（A.C.Nielsen）公司就是建立在对听众收听调查基础上的，继而拓展到电视收视率调查，成了著名的跨国调查公司。

受众研究通常在统计方法的基础上进行，但是它的基本概念框架却是从20世纪早期的社会学研究中取得的。30年代末，早期芝加哥学派的社会学家布鲁默（Herbert Blumer）就提出了"大众社会"的理论架构。布鲁默认为"大众"是构成现代社会的一种新型的社会构成，对"大众"的社会学研究实际上就是"受众研究"最初的、最基本的形态。有了社会学家所奠定的研究基础以及概念构架，人们才可能深入、具体地考虑复杂的社会环境因素与特定类型的媒介以及媒介的接受者之间的关系。在这些研究的基础上，"现代受众"以及"受众研究"的内涵和外延才获得了人们关于它的不断丰富的认识和界定。

（二）受众研究理论的分类

国外大众传播理论研究中关于受众研究，从对待受众的角度来看，主要可分为四类：

一是效果研究中的受众，本质上是传者中心论，把传者当成主体，而把受众当成客体，遵循从传者—文本—受众的单向路径，强调传播对受众的影响。这类受众研究包括魔弹说、有限效果论、议程设置理论、培养理论、沉默的螺旋理论等。

二是使用与满足理论中的受众研究，把受众当成接受主体，遵循受众—文本—传者的单向传播路径，强调受众的主动反应。

使用与满足理论是以受众为本位，把受众成员看作有着特定"需求"的个人，把他们的媒介接触活动看作基于特定的需求动机来"使用"媒介，从而使这些需求得到"满足"的过程。这种理论特别突出了受众在传播中的主导地位。因此对以往的以媒体为本位的思维定势的受众理论有着重要的修正意义。然而它本身还存在一些局限性，如过于强调个人和心理的因素，不能全面揭示受众与传媒的社会关系，过分夸大受众的能动性，等等。

三是主体间传播研究中的受众研究，遵循传者—文本—受众双向互动的路径，强调传播主体与接受主体之间通过文本对意义的共生。包括英国文化研究学派斯坦利·霍尔（Granville Stanley Hell）"编码/解码"理论，尤尔根·哈贝马斯（Jurgen Habermas）的"交往理性"学说等。

"编码/解码"理论主要是从对传统的大众传播学模式的批判中获得了启示。传统的传播学理论的局限在于它只把信息流通当做线性运动，而未考虑到信息在流通过程中可能会出现的各种干扰等情形。由于受到路易·皮埃尔·阿尔都塞（Louis Pierre Althusser）意识形态理论和安东尼奥·葛兰西（Antonio Gramsci）文化霸权理论的影响，霍尔关注意识形态结构对大众传媒意义的编码的介入和作用，同时也看到了受众在解码过程中的存在对结构的抵抗与解构。

哈贝马斯认为，相互理解是交往行动的核心，而语言占据特别重要的地位。交往行为是一种"主体—主体"遵循有效性规范，以语言符号为媒介而发生的交互性行为，其目的是达到主体间的理解和一致，并由此保持社会的一体化、有序化与合作化。简言之，劳动偏重的是人与自然的征服与顺从的关系，交往偏重的是人与人的理解和取信的关系。

四是传播学与调查统计学研究，这是构建节目评估体系的主要理论基础。要科学测量和评估传播效果，首先依赖的学科基础就是传播学关于传播材料、传播类型、传播过程、传播者、传播内容、传播媒体、受众、传播效果等方面的理论；其次还必须依靠作为方法论科学的调查统计学，以形成对传播效果数据的收集、测量、整理、推断和分析体系。因此，传播学与调查统计学是构建节目评估体系的主要学科基础。

传媒市场调研是广播电视参与传媒市场竞争和运行节目评估体系的关键技术。所谓传媒市场调研，就是指系统、客观、科学地收集将传播者和受众连接在一起的一系列相关资讯，并在此基础上分析、解释和判断传媒市场的一项活动。传媒市场调研可以向决策者提供关于当前传媒要素的资源配置是否合理、有效的可靠信息，并为磨合、改进乃至变革传播方式及其相应的操作技术勾勒基本的线索。通过它可以得知媒体的受众构成、规模、特征及分布状况，可以得知媒体的受众市场状况、媒体的受众接触行为和选择偏好、媒体的竞争力状况及受众的评价状况，等等。

构建节目评估体系的基础理论还有很多，如信息论、控制论、系统论、新闻学、管理学、社会学、心理学、舆论学、经济学、人口学、美学，等等。这些分支学科构成了节目评估更为广泛的理论基础。

四、对于节目评估的界定

综合以上专家及学术研究机构对于节目评估所下的定义和对节目评估特性与原则的阐述，我们认为，从广播电视机构的内部管理来讲，广播电视节目评估是指广播电视制播单位为保证和提高节目质量及其传播效果，按照一定的原则、行业公认的评估标准和程序，运用科学方法，对广播电视节目的质量所进行的评定和估算。这种评估可以延伸至节目所产生的社会效益和经济效益。它的目的是检验和考评节目，为媒体的节目创新和持续发展提供标准和决策依据。

从我国广播电视行业整体发展来看，目前节目评估工作尚属于起步阶段，但是，日益受到决策者和行业内外的重视，并逐步向科学化、标准化方向发展。可以说，广播电视节目评估具有两重属性，首先，它是广播电视行业发展与评价标准，是一种内部管理方法和机制，它同时是一种行业行为，是一种非强制性的行业标准。我们都知道，行业标准对于一个行业发展的正规化、科学化有重要作用，因此，行业标准的形成和出台使得节目评估工作突破了制播单位内部管理的局限，成为广播电视行业进行市场调节的一个十分重要的方法和手段。

另外，需要补充的是，广播电视节目评估并不等同于简单的节目质量评估。它包括了对节目的质量、节目的社会效益和经济效益等全方位的衡量和评估，并且可以上升到一个行业协调监督的层面。

第二节　广播电视节目评估的背景

广播电视节目评估的开展，在我国有着深刻的政治、经济和文化背景。

一、我国传媒环境发生深刻变化

30多年来，随着改革开放进程的不断推进和深化，我国社会政治、经济与文化发展环境正在发生深刻的变化，传媒领域首当其冲。

一方面，国内传媒市场改革持续深化，媒体数量急剧膨胀，市场供求关系发生重大变化，竞争形势愈演愈烈。传统媒体加上新兴的各大网站，传媒市场竞争激烈、明显饱和且相对过剩，已从过去的卖方市场进入到买方市场。从传媒受众的消费角度看，一个中心城市的受众平均可以接触到几十家电视台、十几套广播电台、几十种报纸和杂志，受众的选择余地越来越大。从传媒广告的销售角度看，不但广告价格调高已接近极限，而且除个别时段或版面外，广告销售也明显过剩，广告公司或广告主不再受排队之苦，传媒在广告市场中也处于买方市场。

纵观我国传媒业30多年来的发展轨迹，有两个重要变化：一是媒体产业化进程不断加快，媒体经营风格日趋成熟，媒体行为日趋市场化；二是媒体经营模式从体制资源导向向市场资源导向过渡。以往媒体的经营是一种体制资源导向的模式，以一种"准行政机关"的组织结构和运作方式依赖政府赋予的媒体资源垄断，加之各种财政和行政的支持进行经营，媒体被过度强调其政治宣传的喉舌作用。而过渡中的市场资源导向经营模式，是媒体基于事业单位的企业管理的实质性操作，真正走向市场，在经营上重视广告营业额，并以可量化的视听率、阅读率等指标来评估节目或报道质量。

另一方面，中国的传媒市场还受到国际传媒业发展潮流的巨大冲击。信息时代的数字化技术使媒体传播方式发生重大改变，以网络化为代表的多媒体成为产业核心，媒体产业的经营内涵正不断延展。相应地，今后媒体及上级管理部门面临的一个关键问题是：如何科学有效地评估多渠道来源的节目质量和效果，以保证广电媒体生产的社会效益和经济效益的协调统一。未来的传媒市场将处于由封闭到半开放环境的边缘，中国传媒目前的行业阻隔、区域限定、业务与行政操作模式乃至所有制约束等都将面临冲击，必然要经历一个思想解放、制度创新的阶段。

总之，我国传媒业发展环境发生了深刻的变化，在激烈的市场竞争条件下，各媒体为了生存和发展，必然需要建立和健全一套传媒业市场共同遵守的"游戏规则"，必然需要一套相应的公平、公开、公正、客观的评估体系对媒体的实力及其市场份额进行科学的评估。节目评估体系的构建即在此背景中而生。

二、适应大众传播"传—受"关系发展变化的客观需要

作为大众传播活动缺一不可的重要环节，受众在"传—受"关系中的地位与作用发生了重要变化。当今世界媒体正不断整合兼并，走向全球化和集团化，媒体竞争日趋激烈，市场成为媒体竞争的决定性力量，受众评价成为媒体改革和发展的主要依据。一句话，传媒市场的竞争归根结底就是对受众的竞争。从现代传播学的角度看，传媒市场的竞争，就其本质而言，就是传媒对社会注意力资源的分割、吸纳、竞争与维系。因此，失去市场，便意味着失去对社会注意力资源的占有。目前，传媒业已经由过去的"短缺传播时代"进入了"相对过剩的传播时代"。"相对过剩"意味着"多"，而"多"则意味着有大量的同质重复的节目存在，意味着节目之间的可替代性强，意味着身处其中的任何一个节目被市场青睐、被受众选择的可能性下降。在这样一种情势下，过去那种短缺传播时代以"传播者本位"为主导的传播模式客观地、必然地要让位于以"受众本位"为主导的传播模式——即把按照受众需求来决定如何结构传播的内容、决定传播的形式作为传播业运作的第一法则。

作为传播学的基础概念之一，受众的内涵也随着社会的进步和传媒业的发展而发生了深刻的变化。目前，受众已从过去的"大众受众"时代、"分众受众"时代发展到今天的"适位受众"时代乃至互联网的"个性受众"时代，其未来的发展趋势和特点就是更加专业化、细分化、主动化和个性化。在这种情况下，媒体为寻求更为丰厚的效益回报，其市场定位必将日益呈现出细分化、专业化和规模

011

化的特征。

大众传播"传—受"关系及受众自身的发展变化必然对媒体提出一项不容回避的客观要求——构建评估体系。因为，只有构建了科学的、公平的、公正的、客观的评估体系，才能通过受众信息了解媒体的市场状况、竞争力状况和受众需求状况，才能真正赢得尽可能大的受众市场，才能在激烈的传媒市场竞争中立于不败之地。

三、建立现代广播电视媒体管理创新体系的迫切需要

进入社会主义市场经济时期，国家对广播电视的投入逐步减少，而广播电视面对来自国内外的媒体竞争却日益加剧。正是在这样的背景下，广播电视工作者始终在思考这样的问题，就是如何改革原有的广播电视管理创新体系，如何合理而有效地开发和配置广播电视资源，科学管理与经营广播电视产业，为广播电视的进一步发展并加入整个传媒业竞争积蓄力量做好准备。广播电视要深化改革，要更大发展，就必须不断更新管理观念，优化管理运行体系，建立起中国广播电视管理的创新体系。

一般而言，广播电视的管理体系应由发展管理体系、宣传管理体系、技术管理体系、财务管理体系、人事管理体系、经营管理体系和形象管理体系组成，其中是以宣传管理体系为中心的。而在宣传管理体系中，核心体系是节目管理体系。节目管理体系又可细分为节目规划体系、节目制作体系、节目编排体系、节目播出体系、节目评估体系、节目经营体系等。在所有这些微观体系中，节目评估体系是最为核心、最为重要的体系。因为只有节目评估体系才能为节目规划、节目制作、节目编排、节目播出、节目经营等管理环节提供相关的科学依据。因此，构建节目评估体系是建立广播电视媒体管理创新体系的迫切需要。

四、适应发展有中国特色广播电视业的特殊需要

与国外许多将"追求利润"作为最高目标的传媒不同，我国广播电视业既具有一般行业属性，又有意识形态的特殊性，既是大众传媒，又是党的宣传思想阵地，事关国家安全和政治稳定，负有重要的社会责任。我国广播电视由于体制机制的缘故，具有明显的特色，评估体系必须遵循并体现这样的特色，即节目评估

体系构建的指导原则必须注重社会和经济双重效益的考量。[①]

下面，我们再从广播电视媒体竞争的实质及节目市场化趋势入手，对广播电视节目评估体系产生和建立的背景因素做一番微观探讨。

1. 构建节目评估体系是广电媒体竞争的必然结果

加入世贸组织后，我国受保护的为数不多的几个领域虽然包括广播电视，但是随着我国改革开放步伐的加快，以及外国资本的不断渗入，中国媒体市场的开放只是早晚的事情。广电媒体市场化改革的深入及入世后多方力量的介入，使广电传媒在资本和内容两个市场，同时面临激烈的竞争和挑战。

在资本市场方面，目前常见的媒体产业间的跨行业合并和媒体资本上市两种方式，虽然为媒体发展带来了资本扩张的资源和途径，但相应地也加剧了节目资源的匮乏。无论是境外电视媒体的落地，还是本土广电媒体的迅速膨胀，频道的增长趋势还会不断延续，实际上未来的危机不是有多少广电媒体参与了竞争，而是任何为这些增多的频道提供差异化的节目。

在内容市场方面，一方面国内节目市场尚未建立，可供选择的节目资源有限，导致节目间的趋同化现象严重；另一方面，入世条款及相关政策的出台，为国外节目制作公司在未来我国节目市场上占据一席之地提供了可能。不难想象，国外公司凭借多年形成的先进制作理念和成熟的制作模式，将对刚刚起步的国内节目制作市场造成新的竞争和冲击。

内容供给与市场需求之间的矛盾是伴随媒体市场发展的一个主要矛盾。以受众为中心是把握节目市场需求的基本理念。国外受众研究表明，任何媒体发展大致都要经历"大众—分众—小众"三个阶段。目前我国广电媒体受众市场实际上处在"分众"阶段，而频道专业化改革即是媒体对这一趋势做出的积极调整。然而，媒体目前的"专业化"成效不尽如人意，尤其是节目内容的生产缺乏创新，表现为节目改版随意、节目形式单一、节目内容克隆现象严重等。究其原因，一是由于对节目制作者行之有效的激励和惩罚机制难以建立；二是由于节目制作者还不能从节目细分受众的特征和需求出发，从而生产出适合各"分众"市场的差异化的节目。

伴随着受众选择权的不断扩大和受众市场的日渐细分化，广电媒体内外部竞

[①] 张君昌，吕鹏. 广播电视节目评估体系：背景、现状及发展趋向［J］. 中国广播电视学刊，2011（11）.

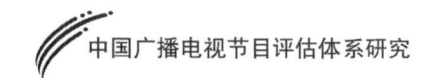

争的焦点将势必回到节目资源的争夺上来。如何把握和衡量节目的价值，以最大限度地留住受众的眼球，同时实现两个效益的统一，是今后广电媒体无法回避的问题。

2. 构建节目评估体系是节目制播分离趋势的必然要求

所谓制播分离制，是指在广播电视节目生产、流通与播出的过程中，节目的生产制作与节目的播出分别由不同的单位负责的管理制度。

对于广电媒体来说，制播分离一方面是形成完善的节目交易市场的先决条件；另一方面，完全的节目制播分离势必动摇旧的节目管理机制下"各自为政""活力不够""低水平重复"等固有问题赖以存在的基础，实际是一种"牵一发而动全身"的管理制度。由于目前我国媒体市场还未形成真正的制播分离，多数节目仍然依靠自身力量来生产，致使节目成本高居不下，即使能获得较高的视听率和广告收入，却将节目整体水准维系在一个低层次的"小富即安"的水平上，自然也就难以满足节目经济效益与社会效益相统一的要求。

中国广播电视节目评估体系正是伴随着当前广电行业内外部竞争的加剧、媒体市场深刻变革应运而生的一个崭新的命题。它的提出与论证，不但是对广电媒体节目评估工作现状的总结和梳理，更为重要的是能站在"行业管理"的角度，为了实现广电市场的科学化管理、媒体节目资源的优化配置而探索建立的为各方所认同的一套节目评估标准，其最终将为中国媒体资源和社会资本的合理配置服务。

第三节 广播电视节目评估意义

进行节目评估所具有的重要的理论和实践意义，可以概括为五个方面。

一、节目评估体系是衡量媒体实力的杠杆，增强媒体综合实力的强大动力

衡量媒体实力的标准和渠道应该是多维度、多层次和多环节的。就广播电视而言，衡量其实力至少有四个层面需要考察：媒体（集团）竞争力、品牌竞争力、

频道竞争力和节目竞争力。在广播电视的不同发展阶段，这几个层面的重要程度有所不同。一般而言，广播电视作为一种信息传播方式，基本上是以节目为单元进行的，并且在传媒市场三个基本要素——节目、受众和广告中，节目又是核心要素、关键要素。因此，最主要、最基础、最核心的评估层面就是节目竞争力层面。那么如何判断节目竞争力的大小呢？这就需要通过节目评估体系加以实现，所以说，节目评估体系是衡量广播电视实力的杠杆。

二、节目评估体系可以为媒体提高管理效益提供有力的制度保障

如前所述，中国广播电视媒体管理的诸体系是以宣传管理体系为中心的，而宣传管理体系的核心体系是节目管理体系。那么，提高宣传管理、节目管理效益的关键是什么呢？就是节目评估体系。因此，构建节目评估体系可以为提高宣传管理效益、节目管理效益提供制度保障。同时，科学完善的节目评估体系还可以为广播媒体的发展规划、技术更新、财务预算、人事安排、人才培养、劳动分配、经营活动、形象设计等提供相关的决策依据。

三、节目评估体系可以为媒体不断提高节目质量提供有力的制度保障

节目质量的优劣决定了一家媒体在整个媒体间的竞争地位和竞争能力的高低。不断提高节目质量是广播电视的一个永恒的主题。树立精品意识，创品牌节目、品牌栏目是这一主题的必然要求。通过节目评估，可以比较哪些节目好、哪些节目差，可以判断哪些节目是优质节目、劣质节目，可以评判品牌节目、精品节目。

四、节目评估体系可以为媒体深化各项改革提供科学依据

节目评估既可以为节目改革提供依据，还可以为广播电视的广告业务及各项经营活动提供依据，为广播媒体提高队伍素质、培养优秀人才提供依据。

五、节目评估体系对媒体传播效果研究和媒体发展研究均具有重要意义

节目评估的实践可以为传播效果和传媒发展的研究提供具体的实践指导，提供众多的、丰富的传媒市场调研实证数据，也是理论研究的重要试金石。

除了以上宏观和微观两个层面对于广播电视节目评估体系建立意义的论述外，我们认为，广播电视节目评估体系的建立，也会对其他相关工作起到推动作用。比如：可以协助建立规范的节目交易市场，同时，还可以对我国广播电视节目评奖工作科学公正的实施，具有重大的意义。具体来说：

（1）在协助建立规范的节目交易市场方面。

在广播电视业的不断改革和创新中，制播分离曾经成为一种经营方式的探索，这种经营方式的科学和合理性还在实践中接受考验，但其带来的直接影响就是促进了目前节目市场的繁荣。节目评估体系不可能对节目购买活动具有直接的干预能力，但科学的评估工作有助于播出机构对节目质量进行有效的衡量和评估，进而影响播出机构的节目购买行为。

因此，节目评估将成为协助建立规范的节目交易市场的辅助工作，也成为在播前控制节目质量的重要环节。同时，为节目市场上进行交易的节目产品提供了较为公平合理的全面评估依据，有助于在节目播出前大致估计出预期的节目社会效益和经济效益。

（2）在辅助节目评奖工作实施方面。

随着节目评估的进一步深化发展，评估实践反过来将对节目评奖的规范化起到促进作用。节目评奖可以成为节目评估的一个重要的应用领域；而节目评估既可以为评奖活动提供更多的好节目，其科学客观的指标体系也将对节目评奖活动走向科学化产生良好的先导和示范。

第四节 广播电视节目评估历程

改革开放以来，我国经济领域已经基本上实现了由计划经济向市场经济的转变。广电传媒业虽然在实践上早就开始通过市场手段取得收入、维持运营，大部

分广播电视媒体的政府拨款已经是象征性的了；但从行业定位上来看，依法管理的水平还有待提高。主管部门对广播电视媒体首先强调的是其作为党和政府的喉舌所承担的宣传任务，其次是一般的传播信息、教育、娱乐功能；目前，广播电视的产业功能得到了主管部门的认可，受众的需求也日益多样化，节目作为实现这些功能的主要载体，其目标定位在把握正确导向前提下也在逐步朝着完善服务功能方面转变。因此，建立与时俱进的更能体现变化了的行业功能定位和目标要求的节目评估办法，既是对改革发展要求的具体落实，也是对新形势下节目管理和创新提示的一种导向。那么，我国广播电视节目评估最早产生于什么时候，它的最初形式是怎样的呢？下面我们就来追溯一下广播电视节目评估的发展历程。

中国的广播电视业正处在一个深刻的变化中。这个变化的第一个显著标志，就是其产业属性被普遍认同。早在1979年中国的电视台就开始播出广告，1992年中共中央、国务院在《关于加快发展第三产业的决定》中就把广播电视归入第三产业，后来逐渐在行业内达成共识。变化的第二个标志，就是广播电视业组织机构的变化，即各地广播电视集团（总台）的组建。与以前的局台相比，集团具有了经营功能。尽管我们可以在这一经营组织前面加上若干限制性的定语，但这些限制性的定语只是使"广播电视集团"这一概念的外延变得不那么宽泛，但不能改变这一概念的基本属性，也不能阻止集团内部构建与市场化要求相衔接的运营主体。第三个变化的标志，就是广播电视业内部管理理念的变化。粗放式的、长官式的管理，正在被科学的、以量化为标志的现代管理理念所取代。

这些变化正在影响着中国广播电视业的各个方面，对广播电视节目的评估工作产生了至关重要的影响。在这一时期，我国广播电视节目评估从无到有，大致经历了五个阶段。

一、节目评估的起步阶段

20世纪80年代之前，受众对节目的评价主要是通过自发来信和媒体不定期到受众中召开座谈会的方式来进行的。这种方式使媒体了解到受众对节目评价的一些情况，在当时那种特定的历史时期发挥了重要作用。

二、首次受众调查使媒体找到了用科学方法获得受众对媒体评价的新办法

1982年6月至8月，中国社会科学院新闻研究所和北京新闻学会在北京地区开展了我国首次大规模的受众抽样调查。这次调查对广播、电视、报纸的传播效果进行了综合考察，了解了受众接触媒体的行为、兴趣爱好，对新闻报道的信任度及产生不信任因素的原因等。这是媒体首次用抽样调查的方法获取了受众对媒体的评价，它翻开了媒体用科学方法获取受众对媒体的评价和我国媒体用科学方法获取评价信息的新篇章，为我国媒体开展科学的受众调查播下了"火种"。

三、媒体的迅猛发展促使媒体获取受众评价的渠道向多样化发展

1986年12月15日，广东珠江经济广播电台诞生。随后，各地电台、电视台纷纷成立系列台和开设专业频道。频道增加，节目数量越来越多，受众逐渐细分化。所以，以往那种能使大量受众写信、打电话的节目越来越少，这使媒体越来越感觉到原先获取受众评价的手段和方法及受众信息反馈的渠道和形式的陈旧与落后。为此，从20世纪80年代中期到90年代中期的十年中，广播、电视逐步采用受众抽样调查、发放调查信、召开受众座谈会、组织听评员、建立听评工作站、开展听评周和听评月，由受众评选自己最喜爱的节目和组织专家监听（监看）与评议节目等多种方法来获取受众和专家对节目的评价。

这些做法，使广播电视媒体对节目评价的手段和方法前进了一大步。与过去相比，手段多了，方法灵活了，对节目的调整和管理所起的作用也更为明显了。但大家仍感到它有某些不足之处，主要表现在：由于节目的播出时段不同、播出频次不同、节目长短不同、各节目目标受众不同等因素造成的节目与节目之间客观存在的不可比性，用现在的这些评价手段和方法，无法做节目质量评估结果的横向比较和排序，更无法进行末位淘汰。这些问题的存在，客观上呼唤着一个科学、规范的节目评估体系的诞生。这期间，北京广播学院成功完成了"亚运会广播电视宣传效果调查报告"，中央电台委托相关结构分别于1988年、1992年和1997年举办了三次全国听众调查，调查一般采用发放问卷与入户访问相结合的方式进行，在社会上产生了一定影响。

四、节目评估体系逐渐成型

20世纪90年代后期，随着媒体市场竞争的加剧和媒体内部管理需求的增长，一些电台和电视台思考如何用更为科学的方法来全面、系统地考核和评估节目质量，对节目评估体系从理论上进行探索，并尝试着建立起具有理论指导作用和可操作性的节目评估体系，为媒体提供节目竞争和管理的依据。

这方面，上海电视台走在了前面。上海电视台总编室主任孙泽敏和复旦大学研究生葛昀合写的《电视综合评估指数原理及应用》，是我国首篇较为全面、系统地阐述节目评估的文章。由于它命题新、指导性强、理论联系实际、操作具体而举例翔实，在中国广播电视学会举办的第六届全国广播电视学术论文评选中获得一等奖。

在广播界，山西电台走在了前面。1997年，他们开始做"广播节目质量量化考核"；1998年被中宣部列为"新闻质量评估"试点单位，他们又推出了《广播节目质量管理体系》；2001年1月，台长张敬民和副总编辑台飞舟合写的文章《全面实行〈广播节目质量管理体系〉推进广播可持续发展》在《中国广播》杂志上发表后，在广播界引起了较大反响。山西台的节目质量管理体系的内涵及其特征主要表现在六个方面，即：导向政治化、定位市场化、考核指标化、听评多元化、奖罚公开化、管理体系化。

此后，节目评估工作越来越引起各电台、电视台的重视，不少电台、电视台已开始运作。中央人民广播电台听众工作部2000年7月出版了《听众调查与节目评估参与》单行本。收录了徐冰撰写的《收听率与节目评估》、宋友权撰写的《广播节目评估论纲》。徐冰的文章对收听率在节目评估中的作用做了较全面阐述。宋友权的文章对节目评估体系的基本框架做出了初步阐述。

2000年7月19日至23日，全国70余家电视台和广告公司的150多位代表在成都市举行"电视节目评估——方法体系与运作研讨会"，人家对新形势下的电视节目评估进行了初步探讨；2000年7月24日至26日，广播界在西宁市召开会议，其间对广播节目的评估问题做了初步的探讨；2001年4月17日至21日，中广学会广播受众研究会在厦门市召开"广播节目评估研讨会"，大家就广播节目评估体系的概念、要素、指标量化及计算方法、运作程序等问题进行了深入研讨，与会代表对广播节目评估体系的理论界定和如何建立科学规范的广播节目评估体系达

019

成了共识。

2002年，中央电视台推出《中央电视台栏目警示及淘汰条例》。该条例以频道为考核单位，对所有开播一年以上的栏目实行警示及淘汰制。根据综合评价指数，每季度对有问题的栏目进行一次警示，一年内累积被警示三次，即予淘汰。对排名靠后的栏目的处理，一是不允许复播；二是栏目所在部门一年内在该频道不能增加新栏目；三是栏目制作人在年内不得以制片人的身份开办新栏目等。对优秀的栏目则给予奖励，奖罚分明。该条例的实施，进一步完善了央视用人制度和管理制度，使得栏目质量与每个人的生存状态息息相关，使得人人都有危机感了。

五、节目评估工作进入有组织、有领导的全面展开阶段

为加速建立中国广播电视节目评估体系，中国广播电视学会于2003年2月19日至20日在北京举办了"中国广播电视节目评估体系调研会"。来自国家广播电影电视总局、中央三台、高等院校及部分省级台和市场调查公司的20位专家学者出席了会议。会议的主要议题是：（1）广播电视节目评估体系包含的内容；（2）开展节目评估的方法、途径和评估的指标要素；（3）节目评估成果的最终表达形式。座谈中，与会专家就下列问题达成了较为一致的看法。

（1）建立完善系统的广播电视节目评估体系十分必要。率先开展节目质量评估的电台、电视台，在推行节目评估制度以后，日常节目能够长时间保持在比较高的水平上运行，精品节目增加；评估制度还带动了人事管理、员工绩效管理、薪酬管理等方面的可喜变化，成为队伍建设的助推器；评估制度还提高了各单位的经济效益和社会效益。

（2）开展节目评估，首先要明确评估的目的。开展节目评估，一是有利于改进节目质量、考核编播人员的业绩；二是有利于广告商选择媒体，决定广告投放的方向；三是有利于管理部门对电台、电视台整体工作的评估，引导广播电视节目的发展方向。建立广播电视节目评估体系，其主要目的在于两个方面：一是适应国家广电总局加强广播电视节目管理的需要；二是为媒体本身改进工作、发展壮大提供服务。

（3）节目评估体系应当建立在传播学的基础上，改变以往"宣传任务"赋予节目评估的责任，改变以往节目制作过程和节目评估过程的信息单向流动（传

者—受者）甚至传者闭门造车的陈旧模式。做到无论是节目制作还是节目评估，都要重视市场，面向受众，把满足受众的需求当作传者一切工作的出发点和落脚点。

（4）要尽可能剔除评估工作中的人为因素和感情因素，保证评估的公正、权威与科学。广播电视节目要坚持定性和定量结合的原则。目前，常用的评估方法主要包括传播者的自我评价、专家评价和专业机构评价等。会议认为，在广播电视节目评估中，视听率是检验传播水平和受众规模的重要指标，缺乏视听率数据的评估是不健全的评估。但与会专家同时认为，视听率只能反映受众接受的规模，并不能揭示现象背后的原因。只能表明受众的行为，不能反映受众的态度。另外，影响视听率因素很多，简单地比较视听率多少是不全面的，也是不科学的，应与满意度数据和专家测评相结合。

（5）节目评估不应当是静止的，而是动态的，发展的。评估应有三个阶段：节目播出前要有预先的市场调查和分析，要了解市场（受众）的需求，并借此分析节目播出的可行性；播出过程中，要随机调查节目的视听率、满意度等指标，借此了解节目播出后的实际效果与传者预期的差距，并根据调查的结果对节目进行必要的改进和调整；节目播出后，还要对经济效益和社会效益进行综合评估。

（6）节目评估的指标要素包括两个方面的内容：一是节目本身的固有指标，二是节目播出后的衍生指标。前者指的是节目的质量标准指标；后者指的是节目播出后产生的社会效益和经济效益的评估指标。

（7）目前国际上通用的广播电视节目评估体系十分纷繁复杂，照搬这些评估体系，既不现实，也不具操作性。因此，我国应当建立具有中国特色的、简明实用的广播电视节目评估体系。

会议建议成立"中国广播电视节目评估体系研究"课题组，向国家广播电影电视总局申报立项。广电总局未批复前，由中国广播电视学会支持课题组开展工作。之后，课题组开展了大量的资料收集和专家论证工作，完成了课题申报工作并取得了初期研究成果。

2004年中国广播电视学会更名为中国广播电视协会以后，相继成立多个子课题组，分别就广播电视节目评估总论、主体评估、客体评估、技术指标、政策法规（硬）指标等以招投标方式进行，到2011年进入综合评估整体论证阶段。同期，担任初期申报工作的课题组紧密跟踪前沿学科领域，不断延伸、丰富和提升前期研究成果，在中广联合会第四届学术委员会指导下，于2015年收集更新了业界开展评估实践的典型案例，于2016年补充了融媒环境下节目评估发展趋势展望等相关章节，使整体研究成果更为全面和富于时代感。

这一时期，国家广播电影电视总局还以课题招标方式批复清华大学等相关高等院校开展节目评估研究，取得一些阶段性成果。央视-索福瑞（2016年更名为中国广视索福瑞）和尼尔森公司成为中国视听率调查的主要供应商。部分高校、研究机构还推出一些依据数据调查和分析产生的广播电视节目品牌榜单和网络影响力榜单等评估产品。中国广播电视协会电视受众研究委员会参照国际公认的《全球电视受众测量指南》，结合中国实际，组织编写了《中国电视收视率调查准则》，经过业内试行、征求意见和修订，形成国家标准《电视收视率调查准则》（草案）和征求意见稿，2013年底，国家标准委正式批准发布国家标准《电视收视率调查准则》，编号为GB/T 30350—2013，定于2014年7月1日实施。

该国家标准规定，数据提供方必须对样本户资料严格保密，严防样本户受到第三方的影响。数据使用方也应遵守职业道德，不得采用不正当手段与同行业竞争，不得以任何方式获取样本户资料和干预样本户收视行为，以确保数据的客观公正性。在建立质量管理体系方面，收视率调查机构须遵照监管机构和ISO国际质量标准的各项规范要求，并接受独立的第三方审核，以确保调查执行的科学、规范、客观和公正。同时建立举报制度，由中国广播电视协会接受举报并履行核查。同时标准还明确提出，收视数据不是节目评价的唯一指标，不能揭示节目的思想性、艺术性，应避免收视数据在市场分析和节目评价中的滥用。数据使用方应尊重数据的客观性、完整性，避免对收视率数据的误用和滥用；不得使用没有明确限定范围的语句，或以偏概全，误导市场或公众，或有意散布没有数据支持的有关收视率的结论。标准的实施，对于促进广播电视收视市场调查行业的健康发展有积极意义。

总之，21世纪以来，我国广播电视面对新兴媒体挑战依然获得较大发展，节目评估研究日益深入，受众调研活动日益多样化和多层面，影响力越来越广泛。今后，广播电视评估研究要超越以往受众调查的局限，从多角度结合多种方法来进行综合研究。比如：构筑一个综合信息平台，整合各研究机构的成果，实现资源共享，进行全方位、多层次、交叉式、多媒体、大数据、时点化的立体研究，等等。

回顾我国广播电视节目评估理论与实践的发展历程，可以发现，节目评估的理论研究和实际操作能够走到今天，首先是时代发展的需要，是顺应广播电视市场发展的趋势所为；其次是行政管理部门支持和相关行业组织推动的结果，最后是广播与电视携手、高等院校与调查公司共同努力的结果，今后的发展仍需各方精诚合作。

第二章 以受众为中心的节目评估

现代广播电视节目营销理论认为,广播电视节目营销应该从原来的4P(product,产品;price,价格;promotion,促销;place,地点)营销组合进展到4C(customer,受众;cost,成本;convenience,方便;communication,沟通)营销组合,也就是由原来的以节目为中心的营销组合方式过渡到以受众为中心的营销组合方式。营销组合理念的变化,说明了我国广播电视工作者随着社会和经济的发展,逐渐认识到受众对于节目的生存、对于社会效益和经济效益的创造的重要作用。因为,随着广播和电视技术的发展,频道数量快速增长,相对于受众人数的相对固定,只有生产出令广大受众喜闻乐见、具有较高社会美誉度和观赏性的节目,才可能在激烈的市场竞争中立于不败之地。节目评估的最终目的是为了监督和促进优秀节目的生产、制作和持续的发展,因此,侧重于效果评估的广播电视节目评估,也必须以受众为中心。

那么,对"受众"这一概念应如何理解呢?在理论上讲,受众(audience)指的是"大众传播所面对发声的无名的个体与群体。"[1] 广播电视传播的受传者就是属于这种典型的受众。

在实践上,对于"受众"的定义,目前主要有以下两种:(1)收音机或电视机打开,宣称自己正在听广播或看电视,并且通过注册做出响应者(这是一个相对主观的定义);(2)有一些国家(地区)也曾采用介于上述两种定义之间的一种定义:在房间里,并且专注听广播或看电视的人。

受众手中的遥控器是决定节目生存与否的重要"武器"之一,受众是节目质

---

[1] [美]约翰·费斯克,等(编).关键概念:传播与文化研究辞典[M].李彬,译注.北京:新华出版社,2004:18.

量和节目效果的直接裁判者，也是当前广播电视媒体获利的来源，甚至可以比作是广电系统实际的衣食父母。对于受众的研究，既是为了更好地服务于受众，生产出受他们喜爱的节目，也是为了更好地使广播电视自身获得良好的发展。因而把受众及受众研究提到多么高的地位都不过分。受众研究同时自然也是节目评估的重要理论基础，科学地界定目标受众，研究受众的选择行为，在节目评估工作中具有十分重要的理论和现实意义。

第一节 受众研究是节目评估的起点

在计划经济年代，由于我们只认识到广播电视的宣传功能，只把它当成党和政府的喉舌；同时，也由于广播电视的"垄断"性质，作为稀缺资源，少且不易获取，造成广播电视一向高高在上，一副教化的面孔。然而，随着我们对社会主义性质认识的深入，同时也对广播电视加深了认识——认识到广播电视作为第三产业，除了具有社会功能外，同时也具有经济功能，并且后者也是题中应有之义。

观念的改变并不是一件容易的事，随着广播电视行业改革的深入和加强，这些观念逐渐为人们所了解和接受。正因为以上的客观和主观因素的存在，进行节目评估，我们应当改变传统观念，正确认识受众的地位和作用。只有这样才能把节目评估工作放到一个正确且合理的地位。

一、受众研究的指导思想

中国广播电视受众研究的指导思想是以受众为本。具体来说，就是中国广播电视受众研究要以维护广播电视受众的根本权益为依归，以满足受众获取多方面信息需求为己任，以提高受众的思想素质、政治素质、道德素质和科学文化素质为目标。

（一）以维护受众根本权益为依归

受众权益有广义和狭义之分。狭义的社会权益仅指社会成员作为大众传播的受传者所应享有的权利和利益。广义的受众权益不仅指社会成员视听阅读大众传播的权益，还包括社会成员以其他方式享用大众传媒资源——比如利用大众传媒表达意见、发布广告、有偿或无偿点播传媒节目，利用传媒举办各种活动的权益。广播电视的受众权益，即社会成员作为广播电视的受传者在传播过程中购买信息产品和接受信息服务所享有的权利和利益。

中国广播电视不仅是具有意识形态使命的宣传工具，还是为社会提供文化和传播服务的信息产业。既然是信息产业，它的服务对象——受众便不可避免地具有了该产业消费者的特定身份和相关的权益要求。公民享受传媒服务的利益，就是公民作为传媒消费者所具有的各种需要以及这些需要的满足；而公民享受传媒服务的权利，则是公民为获取上述利益，向传媒或其他机构、他人提出某种要求的资格与行为自由，这种资格或行为自由因被社会承认为正当而受到法律保护或者道德、社会习惯的维护与支持。当人们对传媒服务的合理需求有可能受到非法剥夺、侵害或忽视的时候，就必然要提出维护这种需求的利益主张和权利要求。

根据我国宪法和现行法律文件、传媒政策的有关规定，结合传播消费的实践，我国公民享受传媒服务有五个方面的基本权益，即：利用传媒服务获知信息，获取信息产品的权益；利用传媒服务刊播信息的权益；借助传媒服务阅听欣赏文艺作品和文化娱乐节目的权益；依靠传媒服务接受教育的权益；参与有关传媒活动的权益。开展受众研究，有助于维护受众的根本权益。

首先，立法部门将那些合理的、具备实施条件的受众权益准确、科学、适时地明示于法律、法规，有利于保障公民的受众权益的执法、司法工作，建立良好的传播秩序。

其次，有助于传播工作者理解、把握传播宗旨的精神实质。在既定的社会、法治环境和技术条件下，传播的质量及社会效益同传播从业人员的自律水平有着密切的联系。结合传播实践开展受众权益的讨论和教育，帮助传播机构制定出切合实际的尊重、维护受众权益的职业道德守则和岗位业务规范，增强、完善传播工作者的职业道德观念，促使传播工作者把为人民服务这一崇高的事业宗旨和工作方针具体地落实到维护、尊重受众的合法权益上来，提高传播工作的质量与服务水平。

最后，还有助于指导公民树立正确的受众权益意识。我国的法治建设起步较晚，开展受众权益的研究和宣传，可以增强公民的受众权益意识，及时纠正人们在这方面的认识误区和行为偏差，指导受众在传播活动中合法地行使权利，认真履行义务与承担责任，并对传播活动中出现的侵权行为进行积极的监督和抵制，维护自身的正当权益，为建立良好的传播双边关系奠定广泛的群众基础。

（二）以满足受众多方面信息需求为依归

根据传播致效原则，人们对信息的传播是选择性地理解和记忆、选择性地认可和吸收。而受众在理解、记忆、接受信息的过程中，心理因素起着决定性的作用。不同年龄、不同性别、不同地域、不同社会阶层的人们的兴趣和爱好都各有不同。广播电视受众研究必须在了解受众需求之后，才能制定切实可行的方案。

美国心理学家马斯洛把人的需要分为生理、安全、归属和爱、尊重、自我实现等五个层次，其中生理需要和安全需要属于物质需要，而归属和爱的需要、尊重的需要、自我实现的需要属于精神需要。受众作为一个普通人来说，其需要是多方面的。但对于传媒和传播内容的选择上则主要体现为精神层次的需要。受众接触传媒和传播内容的目的也是为了满足他们的某种需要。是消遣娱乐，还是学习知识，是解惑释疑，还是寻求情感上的慰藉，这种种需要都要通过受众对传媒和传播内容的选择来获得实现。受众的现实需要是指受众对于大众传播中与受众现实生存所需要与追求的物质目标或对象直接相关的那部分信息的需要。但是，由于受众的情况千姿百态，同样一条信息能够适应这一部分受众的需要，却不一定能适应另一部分受众的需要。

因此，对受众的构成，收视行为与心理需求的分析以及对有关传播效果的研究，为广播电视媒体自觉响应受众、满足社会需要提供了重要保障。信息时代的受众十分关注自身利益，他们对重要性、实用性的信息需求非常强烈。媒体是否代表了受众的利益、反映了他们呼声，是受众是否关注该媒体的首要因素。有了准确的受众群的定位，再针对其特定的受众阶层来制作节目，这样才能符合信息时代受众的特点。

另一方面，不仅传媒要了解受众的喜好，还要读懂受众如何表达他们对传媒文本的解读，以完成传播过程中的一个重要环节——反馈。也就是说，传媒先是受众的传播者，然后又是受众的"受者"，即受众反馈其解读结果时，成为传媒的传者。此时，受众已经成为传媒、传播者的"上帝"，从对受众选择条件的不断改进到给受众制造一个良好的选择环境；从对受众种种需要的了解到分析受众选择时的心理，都是传媒、传播者所要认真研究的课题。只有认真研究受众的需求和心理，传播媒介才能让受众心甘情愿地选择自己，从而获得理想的传播效果。

(三)以提高受众各项素质为目标

受众素质的提高一方面能促进新闻职业道德建设,实现传媒与社会发展的良性互动,另一方面也有助于受众充分利用媒介资源,完善自我,参与社会发展。

1. 提高受众的思想政治素质

爱国主义、集体主义和社会主义是中华民族精神的主旋律,也是我们每个公民应具备的基本的思想政治素质。信息传播的全球化,尤其是网络媒体的迅猛发展,向原有的传播体系提出了严峻挑战。严峻的形势要求广播电视必须牢牢占领传播阵地,加强主旋律作品的传播、渗透和引导力度,积极培育社会主义核心价值观。

2. 培养受众的科学素质

公民的科学素质指公民了解必要的科学知识,具备科学精神和科学世界观,以及用科学态度和科学方法判断及处理各种事务的能力。公民的科学素质与知识的扩散和应用密切相关,是经济发展的内在要求,但不会随着经济发展和社会进步以及人的知识的增长而自然提高、自动实现,需要通过接受相应的教育来培养。

为此,我们应全面实施科教兴国战略,努力普及科技知识。大众传播媒介是面向公众进行科学技术教育和科普宣传的主要阵地,应充分发挥各自的优势,以公众喜闻乐见的形式,丰富多彩、生动活泼地开展科普教育,倡导科学方法,传播科学思想,弘扬科学精神,引导大众树立正确的世界观、人生观、价值观,自觉抵制各种愚昧迷信和反科学、伪科学的行为,形成科学、健康、文明的生活方式。

3. 提升受众的人文素质

人文素质是指人所具有的人文知识和由这些知识所反映的人文精神内化在人身上所表现出的气质、修养,主要指一个人的思想品位、道德水准、心理素质、思维方式、人际交往、情感、人生观、价值观等个性品格。要培育人的人文素质,就必须致力于用人类在漫长社会活动中所积累的智慧精神陶冶人、教育人,强调人的道德精神价值,注重对善与美的理解,引导人们求真、从善、爱美,使人能洞察人生的目的与意义,找到正确的生活方式;积极倡导富强、民主、文明、和谐,倡导自由、平等、公正、法治,倡导爱国、敬业、诚信、友善。

4.提高受众的道德素质

舆论和社会道德的作用是相互的，每个受众都要受到来自这两方面的影响。广播电视要大力弘扬民族精神和时代精神，丰富人民精神世界，增强人民精神力量；大力倡导"爱国守法、明礼诚信、团结友善、勤俭自强、敬业奉献"的基本道德规范，加强社会公德、职业道德、家庭美德建设，努力提高公民道德素质，促进人的全面发展，培养有理想、有道德、有文化、有纪律的社会主义公民；大力传播先进文化，塑造美好心灵，弘扬社会正气，倡导科学精神，激励人们积极向上，追求真善美；帮助人们辨别是非，抵制假恶丑，为推进公民道德建设创造良好的舆论文化氛围。

二、受众角色的地位变迁

中国广播电视从内容生产角度，大致可分为以"宣传品"为主导、以"作品"为主导和以"产品"为主导的三个阶段。在这三个不同阶段，因为视听条件、视听需求、视听心理的变化，作为内容生产过程中重要的因素——受众所扮演的角色也在不断变化。

（一）被动接受者

这一时期大致从新中国成立后到十一届三中全会召开之前。在计划经济体制下，中国社会分化尚不明显，高度集中的权力体系构成社会成员利益的高度一致，人们的信息来源单一、封闭。在这一时期，广播电视资源属于稀缺资源，不仅广播电视节目不多，而且拥有收音机的家庭数量也很少，电视机更是罕见。1979年，全国只有广播电台99座，电视台38座。那时的电视甚至还没有自己独特的形态和特点，宣传报道多以新华社的消息、文章配以画面，以高高在上的支配性语态灌输政治观点，属于"宣传品"，能满足受众需要的实用信息很少。计划分配体制割裂了卖方与买方的联系，属于传者中心时代。当广播电视以改变人们认知量和认知结构为使命时，其所具有的强制社会性功能在很大程度上遮蔽和弱化了传播中人际性的一面。

这个阶段，由于传媒的内容和形式非常单一，加上受众的购买力与参与度十分低下，不可避免地出现了以传者为中心、重政治轻经济、重宣传轻服务的倾向。受众对传媒基本上是被动接受的，无法对传媒发展产生影响。广播电视受众视听的主要目的就是为了满足对新生事物的新鲜感、好奇感和神秘感，甚至是一定程度的崇拜感。正是因为受众有这种渴求感，又由于建立在特殊政治背景下的广播电视从一开始就作为党和政府的喉舌和宣传工具，对于普通受众来说，听广播、看电视就是一个受教育的过程，就是一个净化灵魂的过程。但是，这种灌输的效果并不理想，它使受众完全处于被动接受的地位，是一个"接受教育者"的角色。受众观念的产生带有浓厚的政治色彩，不是传播的本质特征使然。特别是在"文革"时期，受众实际上扮演了被愚弄、无反抗能力的"沉默的羔羊"的角色，这种对受众的漠视在一定程度上甚至演变为对受众的敌视。

（二）自发欣赏者

21世纪以来，广播电视管理者、从业者、研究者在对广播电视本体、广播电视内容生产规律的认识和研究上有很大进步，广播电视职业化、专业化追求得到了极大的尊重和肯定。广播电视开始关注受众需求，通过增加广播电视节目数量、丰富节目内容来不断满足受众的需要。经过全体广电人的共同努力，逐渐探索出具有电视独特传媒特征、艺术特征的新形式和新观念，如电视连续剧、电视专题片、春节联欢晚会等，一批优秀的导演、编导、主持人、演员出现，创作出大量充满着个性、原创性和独特性的电视"作品"。这一时期，广播电视媒体的社会属性得到不断体现和实现，其中突出地表现在媒体职能的逐步社会化，不断按照社会需求调整自身的传播内容。

同时，改革开放带来社会环境的宽松，各种新事物、新观念不断涌现，受众好奇心不断增强，他们需要电视来帮助他们了解新环境。广播电视承担起启蒙者的角色，通过向受众提供各类信息，来满足他们的不同需求。在这种环境下，广播电视受众不再满足于收看，还要求能够更好、更舒适地收看到数量更多、类型更丰富、质量更高的节目。广播电视受众收看节目有了很强的目的性、选择性。在心理上，电视受众也不再总是保持着迫不及待、急不可耐的神秘好奇之感。因此，广播电视受众的角色由被动的"沉默的羔羊"转变为积极的、主动的欣赏者角色。

（三）服务享受者

广播电视受众需求不断提高，变得多样和复杂，广播电视市场逐渐形成并渐成规模；广告衍生产品带来很大的利润空间，广播电视的商业属性被高度重视，其产业化的进程逐渐加快；再加上网络技术、信息技术、生物技术等相关科学技术的发展日益迅速，传媒技术的迅猛发展使信息传播渠道激增，广播电视的生产力被释放，产品趋于丰富。受众不再只是满足于听看到和听看好节目，而是对视听行为的意义、价值有重新的考量，对节目内容的创新性有更多的要求，对广播电视的先进性、实用性有更全、更高、更强的需求。受众由受教育者、欣赏者的角色转变为具有更加自觉、"自我"的服务享受者的角色。

另外，新媒体的诞生与普及，也为受众地位的上升提供了机遇。一方面受众可以各种形式参与到广播电视节目的制作中，与节目主创人员共同完成节目；另一方面受众可以借助新媒体将自己的看法、需求反馈给传播者，从而影响下一步的广播电视传播。

一方面，受众的兴趣点在不断地迁移，时尚的周期逐渐缩短；另一方面，受众最关注的不是信息内容能否带来思想上的启迪与收益，而是信息的时尚表现形式。他们不仅要求节目有较大的信息量和文化含量，还要求节目能随着时尚潮流调整产品的包装、策划与编排，提供更新、更快、更时尚的资讯和栏目。而且受众开始注重自身权益的维护，对自身权利的认识日益深入，不仅追求知情的权利，还追求点评、参与的权利。受众的要求越多，广播电视受到的制约就越大。

受众身份的衍变经历了前市场化阶段的"漠视"到半市场化阶段的"开始受到重视"再到市场化阶段的"地位凸显"这一过程，表明重视受众身份的主体性成为传媒的必然选择。可以肯定，当中国真正进入小康社会之后，受众在广播电视传播活动中的消费心理和接受心态将会发生新的变化。

三、受众调查方法

在受众研究中，对于受众的调查，又是一个非常核心的问题。受众调查的指标体系，包括相对稳定视听指标和瞬间视听指标。相对稳定视听指标是指变化较慢的、较稳定的指标，一般由间隔时间相对较长的一次性抽样调查结果计算而得。相对稳定的指标多用来反映一个台、一个频道在一段时期内（如一年、半年）的总体运营状况，如反映受众方面的指标有接收设备人口、受众规模、受众构成（如性别、年龄等）、受众分布、受众忠诚度、视听习惯、有关频道方面的清晰率和稳定率等指标。相对稳定的指标也包括对影响较大的、受众人数较多的、一个较长时间比较稳定的主要节目评价指标，如接收比例、满意度等。同时，相对稳定的视听指标调查所获得的视听人群构成也是瞬间视听指标调查的抽样基础。瞬间指标是以"分钟"为单位（一般以15分钟为一段），由被访者连续性记录其视听状况所形成的调查指标。主要用来反映广播电视频道、节目实时的视听程度，可用于调查动态的视听指标。主要指标包括开机率、视听率、节目占有率、毛评点、到达率、暴露频次、千人成本等。

受众的一些结构性因素在广播电视传播中同样具有极为重要的作用。如受众构成、受众分布、收听收看习惯等。

受众构成是由反映某台某节目受众人口特征的一系列指标组成，是反映该台或节目受众人口"质"方面的指标。包括反映受众人口自然特征的性别构成（男性和女性）、年龄构成（青少年、青年、中年、中老年、老年）；反映受众社会属性的文化程度构成（初等文化、中等文化、高等文化）、职业构成（城市一般职工、公务员、企业管理人员等）；反映受众经济特征的收入构成（低收入、中等收入、高收入）等。受众构成是以现实受众总数为分母、各类型受众总数为分子计算的。如受众年龄构成的计算公式为：

某台或节目各年龄段受众构成比例＝该台或节目该年龄段（青少年、青年、中年、中老年、老年）受众人数／该台或节目全部现实受众人数×100%

与受众构成相似，受众分布是从另一方面——受众所在地域，来反映受众"质"的特征的。在我国目前存在地区差异的情况下，这种分布实际上也反映了受众的经济地位和社会地位。具体来说，包括受众城乡分布（市区、县城、农村）、受众地区分布（东部地区、中部地区、西部地区）、受众在不同类型城市分布（省会城市、一般地级市）等。以受众地区分布为例说明一下计算公式：

某台受众地区分布比例＝某台某地区（东部、中部、西部）受众人数／该台所有现实受众总数×100%

视听习惯是对受众各种广播电视视听"行为"的衡量，主要包括收听收看地点（家里、单位、车上、公共场所等）、收听收看时间（在每天的什么时间收听收看，每次多长时间）、主要节目类型（新闻类、文艺类、社教类、服务类）等。如视听地点比例的计算方法为：

某台受众收听或收看地点比例＝某台各地点收听或收看节目的人数／该台所有现实听众总数×100%

第二节 受众基本特征

广播电视受众是一个数量庞大、成分复杂的无组织群体，不同层次和类型的受众有着各自的特点。中国是世界上人口最多的国家，也是世界上广播电视受众最多的国家。宏观上受众是一个巨大的集合体，微观上受众又体现为具有丰富的社会多样性的人，对广播电视的需求和心态也存在较大差异，在接收广播电视信息传播过程中的行为和心理上都存在许多特点，了解和研究这些特点，并根据这些特点采取相应的举措，对于提高广播电视传播效果，具有非常重要的意义。

一、受众的结构特征

广播电视受众是广播电视受传者的复数形式，是广播电视传播过程另一端的听众与观众的总称，是广播电视传媒所传播信息的受传者、消费者、译码者、参与者与反馈者。广播电视受众是以个人身份、个人动机参与到广播电视传播活动中的无组织个体组成的心理群体，一般情况下不借外力组织，而是社会人在面对广播电视传媒时，因为人口特征、个人差异自发结成的多个同质性或者异质性的群体集合。在这个意义上，广播电视受众主体意识强烈，有选择地理解和接受广播电视传媒的信息，组织形态及组织程度主要依赖于自身的文化特质和现实社会取向。科学准确地了解广播电视受众的构成及其变动状况，可以使广播电视传播者准确把握受众的特点和倾向，生产出契合受众需求的内容产品。

对受众的分类有两种方法，从人口统计学角度分，包括性别、年龄、区域等因素，从社会经济学的角度分则包括职业、收入、文化程度等因素，这两种方法的划分，基本上涵盖了受众调查中受众分类的主要因素。

（一）年龄构成

从年龄角度来看，我国受众由少儿、青年、中年、老年等受众构成。不同的年龄阶段在社会角色以及承担的社会责任等方面都有很大不同，相应地会呈现出不同的内容需求：儿童出于对新事物的好奇和幻想，喜欢看卡通片、科幻片等；青少年已经进入展示自我、追求自我发展的人生阶段，对广播电视节目中探险、意外、新潮时尚的内容较为热衷；中年人背负着生活和工作的重担，往往渴求能够在一天劳累后求得精神上的松弛，在节目中寻求某种心理平衡，希望节目能够给他们指点迷津，或揭示生活真谛，侧重于追求生活的真实意义；老年人大多喜欢医疗保健类节目以及有回忆色彩的内容，关注前者是出于对自己身体健康状况的关注，关注后者是出于对以往生活的怀旧。

从我国广播听众的年龄构成来看，对全国 30 个城市的抽样调查数据显示：15—24 岁、50—64 岁是收听广播最为集中的两个年龄段。15—24 岁的学生最喜欢的广播类型大多与流行时尚、休闲娱乐以及英语学习等相关，其收听时段往往是见缝插针，如乘坐公交车、就餐时，一般在晚上睡前会有一段收听广播的小高峰。对老年听众来说，主要集中在收听医疗保健类节目、天气预报以及国内外新闻等，在收听习惯上，老年人习惯在晨练时收听广播，因此清晨 7：00—8：00 一般是老年人收听广播的"黄金时段"。进入 21 世纪以来，由于私家车的普及，30—39 岁年龄段的听众人数呈上升趋势。[①]

从我国电视观众年龄构成上看，在 13 岁以上电视观众中，比例从高到低的年龄段是 19—30 岁、41—50 岁、31—40 岁、51—60 岁和 61 岁以上，比例最小的是 13—18 岁的青少年观众。总体上看，年龄构成 19—50 岁人群比例较高，50 岁以上观众所占比例相对较低，与全国第六次人口普查数据的特征吻合。[②] 城镇观众比例略高于农村观众，小家庭属性开始显现。

（二）性别构成

性别是个体的基本社会认同，据研究，儿童到了 4—7 岁的时候，就会获得一种相对稳定的性别意识。这种性别角色的获得，代表了将其社会或文化中固定的性别行为或模式，转化为实际的符合性别要求的行为。男性受众和女性受众基于生理上的差异，在社会职业、社会观念等方面，特别是社会文化积淀中传统的性别观念等，使得不同性别的受众参与信息活动的深度与广度是不同的，收听收视习惯、内容侧重等方面都存在一定差异。一般而言，男性好动，多爱体育类新闻报道；女性好静，喜欢文艺，对服饰、化妆之类的内容也有偏爱。从我国广播听众的性别构成来看，男性受众收听广播较女性比例更大且收听时间更长。尤其在移动听众中，男性与女性的占比分别是 74.8% 和 25.2%，移动听众在车上每天收

[①] 林国栋.年轻学生钟爱广播 中国广播迎来"第二春"？[EB/OL].http://media.people.com.cn/GB/40606/6402761.html.

[②] 张宁，王建宏，赵文江（主编）.中国电视观众现状报告[M].北京：中国传媒大学出版社，2013：07.

听广播的时长是170分钟。[1] 在早晚高峰时段，男性听众占据较大收听份额，平均每天收听广播的时间高于女性。

从我国电视观众的性别构成来看，全国电视观众的性别构成与人口构成基本一致。在中央电视台2012年进行的全国电视观众抽样调查的全国315个样本区县中，男性观众比例为51.17%，女性观众比例为48.83%，与国内人口构成比例基本一致。在城市中，男性观众比例略高于女性；在农村电视观众中，男性比例略低于女性。从收视数据来看，我国女性观众收看电视的时间长于男性观众。

（三）文化程度构成

从文化程度角度来看，我国广播电视受众由不识字和半文盲、小学、中学、大学以及大学以上受众构成。2012年受众的文化程度构成为：小学及以下学历者占19.52%，初高中技校学历者达到64.45%，大专以上学历者达到15.68%。[2] 文化程度不同的受众对信息的接受、理解、吸收能力和方式都有差异，信息寻求动机和选择取向不同，表现在视听习惯、需求和比例等方面都有明显差异。一般来说，文化程度越高，其信息需求的强度越大，且倾向于政治和理论思辨色彩的内容；相反，如果受众文化程度较低，则倾向于娱乐性和实用性信息。从广播听众的文化程度构成来看，具有较高文化程度的听众每天收听节目的时间要多于较低文化程度的听众，特别在大中城市，文化程度高的听众在收听行为中扮演着重要的角色。从电视观众的文化程度构成来看，存在着文化程度越低的观众收看电视越长这样一个现象，这与广播收听调查中的情况相反。无论在城市还有农村，观众都以初中、高中和小学文化程度为主。城乡观众的文化程度构成具有一定差异。城镇电视观众的学历高于农村电视观众的学历。在高学历、青年人和城镇人口中，网络、手机媒体的渗透率呈上升趋势，传统广播电视逐渐下滑。

（四）地域分布构成

从地域分布角度来看，我国广播电视受众可分为三种：按照城乡分布，可分为城市、农村和小城镇受众；按照地区分布，可分为东部地区、中部地区和西部地区受众；按照城市类型，可分为省会城市、一般地级城市受众。

---

[1] 黄学平. 赛立信：2012中国广播广告影响力发展研究报告［EB/OL］. http://ad.cnr.cn/index.php?m=content&c=index&a=show&catid=18&id=156&page=0.

[2] 张宁，王建宏，赵文江（主编）. 中国电视观众现状报告［M］. 北京：中国传媒大学出版社，2013：08.

不同地域的经济发展水平、文化特色及居民生活习惯的差异决定了处于不同地域范围内受众接触广播电视传播媒介的不同倾向性。一般来说，广播电视受众从心理上更趋同于本地节目，更加关注本地民生民情，这不仅仅是因为本地的信息与自己的生产生活息息相关，从心理层面上说，是人们先天的地域归属意识使然。各地听众喜爱的广播节目虽然以新闻资讯类为首，但不同地区、不同城市的听众对不同类型的广播节目有着不同的偏好。例如，京沪听众偏好新闻和交通信息，此外，北京听众还喜爱曲艺相声，而上海的听众则热衷于收听流行音乐和医疗保健节目。天津听众也将曲艺相声排在靠前的位置，广州的听众则更喜爱流行音乐。

再以电视观众为例，全国七大行政区的人均收视时间由多到少排列如下：华北、东北、西北、西南、华南、华东和华中。华北、东北、西北和西南四个地区高于全国人均收视平均水平176分钟，其中华北和东北的观众用来看电视的时间最多，达到人均每天198分钟。华南、华东和华中这三大地区的人均收视时间最少，只有160分钟。[1]

随着广播电视节目日益丰富，中央台与地方台百花齐放，受众对节目的喜好也会有所变化。作为广播电视传媒，要尊重受众在不同时期的差异性，并不断调整传播方针和传播内容，随时进行较为精准的市场定位，从而达到良好的传播效果。

二、受众的视听心理特征

广播电视受众视听心理是社会生活和广播电视传播作用于受众大脑产生的主观印象，它随着主客观原因的变化而变化。广播电视受众视听心理是影响、制约广播电视受众接受行为的心理活动和规律。在广播电视传播过程中，受众是广播电视节目的接受者和服务对象。但他们不是被动接受的，而是积极、主动的信息寻求者。受众总是根据自己的需要、兴趣、价值观念等因素去寻求、选择和理解信息。受众在主动寻求信息过程中，不是兼收并蓄所有信息，而是有选择地接触、注意、理解、记忆。因此，视听心理包括视听动机、视听兴趣、视听态度等因素，加强受众视听心理研究是科学安排节目、提高收视率的重要前提。

---

[1] 王兰柱（主编）.中国电视收视年鉴（2007）[M].北京：中国传媒大学出版社，2007：15.

（一）视听动机

心理学认为，动机是激发、维持、调节人们从事某种活动，并引导活动朝向某一目标的内部心理过程或内在动力，动机支配着个体行为的方向性与强度，动机愈强烈，个体从事某项活动的指向越明确，活动的持续性和稳定性也就越高。因此，受众的视听动机建立在受众的各种心理需求之上，是激励受众视听行为的主要原因。洞悉观众的收视动机，无论是对节目编创人员还是对广告商而言，无疑都是有益处的。

受众的视听动机首先建立在人类基本需要的基础上，每个受众个体有选择媒体满足个人需要的愿望，一旦受众需要发生变化，媒体也将随之而变化。由于视听动机具有可变性，对于不同层次和类型的受众来讲，各类视听动机的强度不同，这将直接影响到受众的选择取向，而受众的喜好、取向还会受到国情、价值观等方面因素的影响。

"信息获取""娱乐消遣"是受众视听行为的主要动机。处于社会转型期的受众，面对增加的机遇与风险，个体的自主性增强。社会的转型带来的是各类竞争日益激烈，各种利益关系不断调整，也关系到每个人的切身利益和生活状态，因此受众在接触传媒时，会更为关注时事新闻、方针政策方面的传播内容，更愿意在空余时间放松自己，广播电视便成为广大群众最方便的"信息获取"和"娱乐消遣"的方式。

（二）视听兴趣

兴趣是人们积极探究某种事物或某种活动的意识倾向，它既表现为人们对客观事物的选择性态度，又带有快乐、欢喜和满意等积极的情感体验。受众兴趣一般可分为特殊兴趣与共同兴趣两种。特殊兴趣是指受众因性别、年龄、职业、教育程度等个人条件的不同而形成的兴趣差异。兴趣的差异首先表现在其指向性上，如有的喜爱足球新闻，有的喜爱国际新闻；其次表现在兴趣的范围和稳定性上，如有的受众兴趣广泛而稳定，有的受众兴趣却单一而多变。实践证明，受众的兴趣只有与他们本身的事业和理想结合起来才能稳定、持久，才能发挥积极的作用。

共同兴趣是指大多数受众对某些新闻信息所共有的兴趣。而在一段时期里，受众有共同兴趣的节目类型就代表了最大多数的受众对广播电视节目的选择。调查显示，广播听众选择最多的节目是新闻、时事类节目和音乐。电视观众收看较多的是影视剧、新闻类节目和综艺类节目。这反映出广播、电视两种媒体在受众的视听选择中呈现的各自的特长。广播由于时效快、携带方便，因此新闻类节目是它的长项。而电视由于拥有独特的视听语言，它更有休闲娱乐的功能，尤其是优秀的影视剧，以其曲折动人的情节、形象鲜明的人物给观众留下了难忘的印象。广播电视媒体对于受众的视听兴趣还应加以培养和引导，以承担社会责任。

（三）视听态度

所谓态度，就是指相对持久的、相互关联的信念有机体对于一个目标或形势所作的描述、评价和拥护行动，每个信念具有可以认识的、能够表达感情举止行为的成分。简言之，态度就是个体对人或事物的稳定的心理倾向。而受众的视听态度则是指受众在视听过程中的评价和行为倾向，是个体比较稳定的内在心理结构。一般认为，态度有三个层面，即认知、情感和意向。

1. 受众认知

受众认知是指受众对信息的知觉、理解和评价等，它既包括对广播电视媒体提供信息之所知，又包括对信息的评论。影响受众的信息活动最重要的是其评价性认知。能直接影响受众认知因素的就是受众的信息素养。这里所指的信息素养是指受众对信息和信息活动的认识深度及其掌握程度，对信息源的熟悉程度，以及对接收、整理、组织加工信息方法和技能的掌握程度。

2. 受众情感

受众情感是指受众对事物的内心体验。受众作为信息消费活动的主体，是一个受需要意识和价值观所驱使与约束的既能思维又有情感的主体。在信息活动中，受众的某种内部心理状态一旦产生，就成为其参与信息活动的重要的内部激活因素、支撑因素、调节和控制因素。譬如说受众从媒体上获得的信息让他获益，则会更信任媒体传播的信息，进而强化其信息活动。相反，受众如果多次因某媒体中的假新闻或无用信息而造成损失时，便会产生一种消极的情感体验，甚至对那些媒体提供的真实的、可能会给他带来利益回报的信息也采取不信任态度。

3. 受众意向

受众意向是受众对信息的反应倾向，或者说是受众对信息对象发生行为的可能性，即行为的一种准备状态，所以有人把意向称之为行为倾向。由于受众信息活动在很大程度上是通过各种信息行为表现出来的，因而其行为的准备状态如何会对行为的结果产生重大的影响。行为倾向既有行为的目的状态，即行为期望达到的目的是什么，又有行为的条件状态，即行为所需的条件是否充分具备，还有行为的策略状态，即行为如何运用各种条件以达到目的。

三、受众的视听行为特征

影响受众的视听行为由许多复杂因素构成，研究这一构成情况有助于合理编排节目，以进一步提高视听率，更好地为广大受众服务。

（一）视听环境的广泛性

广播的收听环境非常广泛，其收听工具廉价而小巧，可随身携带，且收听广播可以和其他许多日常活动同时进行，为受众提供了极大的便利。电视在家庭中占据重要地位，它不仅是家庭娱乐消遣的主要媒体，还会使人们在轻松自然的环境里接触现代社会的最新信息。

（二）视听行为的伴随性

受众在收听广播时可以有许多伴随行为。如各地办的交通频道就是专门为一边出行一边收听广播的司机以及车上的乘客服务的，既方便司机及时掌握交通信息，又提供了其他资讯服务，如音乐节目、知识节目等，受到了受众的欢迎。电视也是伴随性很强的媒体，人们平时在收看电视时经常会从事其他活动。例如，不识字和初识字的观众中边看电视边聊天的很多，女性观众看电视时最常见的伴随行为是做家务。

这种伴随性的传播特点，一方面使受众在视听时受到身边环境各种因素的干扰，在一定程度上注意力不集中，影响了广播电视的传播效果；另一方面，说明受众把视听当作一种享受，心情随意轻松。

（三）视听选择的多样性

面对众多的广播电视节目，受众只选择那些能引起他们兴趣以及符合他们需求的节目，在视听时一旦感到不满意，随时可以更换频道，方便快捷。每天晚上，手握遥控器的电视观众都要数十次更换频道，这从一个角度说明受众具有多样化的选择。

（四）视听时段的规律性

视听时段是受众在一天之中选择什么时间收听或收看广播电视节目。在节目编排中，只有掌握了受众的作息时间和视听时间规律，合理安排不同节目的播出时间，才能充分满足受众的需求。另一方面，受众也关心自己喜爱的节目在什么时间播出，以便按时收听或收看。广播受众的收听时段主要是早、中、晚三个时段。一般而言，收听广播在全天会出现三个高峰，分别是早上 6：30—9：30，中午 12：00—13：00 和傍晚 18：00—19：00。电视的收视时段主要是在晚上，晚间的 19：00—22：00 是大多数观众收看电视的高峰时期。晚上 19：00 以后，一般家庭已经吃完晚饭，做完家务，准备放松身心享受休闲时光。22：00 以后，大多数观众要准备就寝。我国观众的这种作息时间规律使这三个小时成为黄金时段。因此，各电视台都把收视率高的重点节目安排在这个时段播出，以争取尽可能多的观众。

（五）视听时长的差异性

视听时长是指受众在一天之中收听或收看广播电视节目的时间长度。据中央电台听众调查显示，广播忠实听众的比例，城镇人口比农村人口比例高，东北及沿海地区人口比其他地区人口比例高，男性人口比女性人口比例高，年老人口比年轻人口比例高，高文化程度人口比低文化程度人口比例高，高收入人口比低收入人口比例高。职业群体中，离退休人员一直收听比例最高，其次是机关干部，待业人员比例最低。这个不同群体一直收听比例在一定程度上反映了各听众群体在收听时长上的差异。

电视受众平均每天收看电视约 3 小时，受各种因素影响，不同受众情况有所不同。地区差异对收视时长影响较大。华北、东北、西北以及西南地区的人均每天收视时长高于全国收视平均水平，而华南、华东和华中地区的人均每天收视时长低于全国收视平均水平。城镇观众在收视时长上明显比农村观众长，农村观众收视时长与文化程度成正比，城镇观众则正相反，具有小学和中学程度观众的收视时间较长，而大专以上文化程度的观众收视时间较短。在各类职业中，收看电视时间最长的是自由支配时间较多的离退休人员以及待业、无业人员，而在校学生由于学习任务繁重，收看时间最短。

第三节 受众选择行为

现代社会媒体竞争激烈。报纸、期刊、广播、电视、国际互联网等各种媒体争奇斗艳、竞吐芳蕊。而媒体竞争主要表现为争取受众的竞争。争取受众的关键又在于把握受众对媒体的选择。

一、受众选择行为的主要理论依据

国外的大众传播在受众研究方面形成了比较系统的理论，这些理论包括个人差异论、社会类别论、社会关系论、文化规范论。这些理论可供我们作为分析受众选择行为时的参考。

1. 个人差异论

个人差异论是1946年由美国社会学家卡尔·霍夫兰（Car Hovland）最早提出的，后经梅尔文·德弗勒（Melvin Defleur）加以修改而成型。个人差异论的基础是"条件论"和"个人动机论"。这个理论的主要内容是：每个人都有来自先天和后天的个体特征，如年龄、性别、兴趣、智力、经历、价值观等。不同的个体特征又形成了不同的心理结构和行为结构。因而，面对同一信息，每个人又都有不同的反应。德弗勒认为，"个人差异"主要表现在以下五个方面：（1）个人心理结构的差异；（2）先天禀赋与后天习性的差异；（3）学习理论所形成的态度、价值观与信仰的差异；（4）社会理论所形成的观点的差异；（5）通过学习而形成的固定素质的差异。个人差异论使人们认识到，受众的个体差异会对受众的选择行为产生重大影响。

2. 社会类别论

也称"社会范畴论"，它从另一个侧面修正和扩展了个人差异论。这一理论的积极倡导者，首推美国社会学家赖利夫妇（J.Wand M.W.Riley）。他们认为，尽管每一个受传者都有自己的个性和特点，但仔细观察可以发现，他们在很多方面又不乏共性即相同和相似之处。这样看似分散的受众实际上形成了各种"团块"，即所谓的社会"类型"或"范畴"。人们按年龄、种族、收入、教育、职业、居住地区等的不同，可以划分为不同的社会类别。同一社会类别的人，大体上选择相同的传播工具接触相同的内容，并做出近似的反应。社会类别论对我们研究受众行为具有很大价值,实际上现在各种受众调查和研究都以社会类别论作为其理论基础。

3. 社会关系论

与个人差异论强调每个个体的特殊性不同,社会关系论注重人际关系,特别注重包容个体的集体、团体的作用。社会关系论认为,受传者的社会关系(如职业行会、教育、宗教、政治组织、兄弟会、俱乐部以及非正式的群体等),对于他们怎样对待传播工具传播的信息有重要影响。每一个人都生活在各种群体、组织之中,例如家庭、学校、社区、工作单位等,都不能不受其影响和约束。一般来说,个人对所属团体如果持肯定态度,就会处处维护团体利益,面对外部的攻击和不同意见,就会产生或反击、或躲避、或曲解的抵制态度;即使个体对于所属团体持否定态度,由于害怕团体的制裁,往往也不敢公开接受"敌方"的信息。如果一个传播工具的信息攻击某一组织的观点或信仰,其成员(特别是坚定的成员)将会排斥这一传播工具。同时,这一组织也会对传播工具的不同意见做出解释,以削弱或改变其传播效果。

4. 文化规范论

文化规范论是同议程设置理论以及马歇尔·麦克卢汉(Marshall Mcluhan)的多种感官平衡的理论相关联的。议程设置理论认为,传播媒体的效果和作用在于引起人们的注意力。大众传播只要对一些问题给予集中报道,并忽视或掩盖对其他问题的报道,就能影响公众舆论。因为人们都倾向于关注和思考大众传媒注意的那些问题,并按照大众传媒给各个问题确定的议程,传播媒体可以通过调动受众的注意力,安排问题的轻重次序,从而间接达到目的。文化规范论在议程设置理论的基础上进一步发展,认为传播工具可以使受众产生新的观念,加强原有的观念,以致改变现在的态度。这样,传播工具就能为社会树立文化规范,人们看待事物时,也会受到传播工具所树立的文化规范的影响。

二、受众选择行为的三种主要类型

受众的选择源于媒体的竞争,源于媒体数量的增加和媒体信息量的加大。过去,由于媒体数量少,媒体信息量小,受众只能被动地接受媒体发布的信息。他们每天只能在媒体为他们"设置"的有限"议程"或"菜单"中进行有限的挑选。

现在，由于媒体的增加和信息量的加大，受众不再被动地接受信息，而要主动地选择信息。传播学关于受众选择行为的研究告诉我们，媒体传播的信息到达受众，或者说受众接触媒体信息，通常会发生选择性注意、选择性理解和选择性记忆三种选择行为。

1. 选择性注意

即选择接受那些自己喜欢的传播媒体和传播内容。受众对自己固有的认知结构（观点和立场），有一种维护、加强的倾向。为此，他们通常会积极地接触与自己意见相同或相近的信息，而尽量回避与自己意见相反的信息。媒体发送的信息，必须与受众的看法相同或相近，或者其内容与每一个受众息息相关，否则，就不可能吸引受众。因此，要使媒体传播的信息顺利通过受众"注意"这一道"关口"进入受众的选择视野中，就要从强化、改善信息的结构性因素和功能性因素入手，提高信息的竞争能力。

信息的结构性因素主要包括信息刺激的强度、对比度、重复率和程度。例如大字号、大音量、鲜艳的色彩、显赫的位置、迅猛的动作等都体现了信息的强度。一般来说，强度越大，信息越容易被注意。同时，对比度的作用也很强烈，反差越大，注意度越高。而重复是综合强度和对比度两者长处的一种手段，不仅能增加刺激的总强度，而且能克服遗忘的影响。一般来说，重复次数越多，受到注意的可能性越大。但重复也要有一个限度，一旦超过，其作用就会减小乃至消失。新鲜度可看作一种时间系列中的对比度，如字体的更换、设计风格的改变、举止的反常等，与平时的信息形成对比。一般来说，对比度越大，越容易被人们注意。

信息的功能性因素主要涉及信息的内容，它又可分为延缓性因素和即时性因素。延缓性因素要求媒体在传播有关受传者的信念、理想、价值观、世界观等方面的信息时，不能急于求成，而应重在质量，循序渐进，潜移默化。即时性因素要求媒体在传播信息时应充分重视受传者眼前的心态和需求。

2. 选择性理解

在信息传播过程中，经常出现传播者无法把自己原来想要表达的意义原原本本地传给受众的现象，因为受众一般都会根据自己固有的文化背景、动机、情绪和态度等，对受传信息做出自己的理解。传播理论认为，信息传播是一个"编码"

与"译码"的过程，作者将一定的意义编成事实上的符号，受众则把以符号为载体的信息还原成意义。然而，经过受众理解后的"意义"与传者所要表达"意义"存在一定的差异，这就是受众的选择性理解。在这里，媒体传播信息的本来"意义"与受众还原的"意义"完全一致是罕见的，部分一致是常见的，完全不一致也不少见。对于违背受众固有态度的信息，媒体要想按照自己的意图过此"关口"极为困难。

3. 选择性记忆

所谓记忆，是指人脑对经历过的事件、活动的反应及其保持。与选择性注意相似，人们的记忆也倾向于选择"正面"信息，排斥"反面"信息。受众根据自己的理解选择记忆那些最符合自己观点的信息和内容，这就是选择性记忆。

受众的选择性注意、选择性理解和选择性记忆这三种选择行为，可比喻为三个相互关联的防卫圈，选择性注意处于最外层，它反映了调动感觉器官指向和集中于一定对象的心理活动，那些不合心意的信息在这一圈就被受众拒之门外；实在挡不住的，就有赖于中间层的选择性理解进行防御，受众可以按自己的理解来认识所接受信息的意义，也可以不接受或歪曲一部分意义；如果还是挡不住，则发动最内层的选择性记忆机制，受众认为没有价值的信息干脆忘却。

三、顺应受众选择，提高媒体竞争力

媒体在竞争中的表现主要取决于受众的选择，而媒体要赢得受众的选择，一定要认真研究受众选择的规律，顺应受众选择的习惯，并以此为原则进行媒体改革或节目改版。对于电视媒体来说，不仅要从其他媒体争取受众，而且要从同一媒体的其他频道争取受众。只有这样，才能取得较高的收视率，才能赢得媒体竞争的胜利。节目的收视率取决于观众对节目的选择率，观众对节目的选择率取决于节目的质量、个性风格与观众对节目的选择两个方面。这是两个相互关联、相互影响的方面。一般说来，节目的质量和个性风格可以对观众选择产生决定性影响，因而对于广播电视媒体来说，节目质量和个性风格是主要方面。而受众的不同选择行为又会使节目质量和受众选择形成某种背离，这就是有时出现的"曲高和寡"；也是节目质量高反而出现视听率低的原因。我们研究受众选择行为，就是要研究节目的不同质量和不同风格对观众选择行为的影响，顺应受众选择，引导受众选择，从而最大限度地提高节目的视听率。同时，要看到以下因素对受众选择行为的影响不可低估。

1. 发挥广播电视媒体优势

根据受众选择性注意的理论，媒体要想成为受众选择的首选，必须首先成为受众最喜欢的传媒；节目要想得到受众的选择性注意，必须首先成为受众喜欢的节目，并具有相当的知名度。为此，要充分发挥广播电视声情并茂、家庭收看（或移动视听）、远距离传播的独特优势，吸引受众的选择性注意。广播电视要想维持媒体强势，还必须进行大力度的改革和创新，充分运用传媒手段的技术优势，最大限度地吸引受众的选择性注意，提高受众选择率，从而提高节目视听率，这是广播电视媒体在新时期赢得竞争的必要条件。

2. 进行科学的频道专业化分工

根据"个人差异论"和"社会类别论"的观点，不同受众具有各不相同的个体特征，相同或相近个性特征的受众又可成为不同的受众"团块"。现在的广播电视节目，已经很难出现过去那种举国共赏的收听收看效果了。媒体应该按照当今时代受众细分化的要求，进行科学的频道专业化分工，使具有不同个性特征的受众在频道选择中各得其所，使具有相同或相近社会类别的受众聚集在同一频道之下，形成一个相对稳定的受众"团块"，从而提高传播媒体的受众选择率，提高节目的视听率和频道竞争力。

3. 突出专业化频道特色

按照信息的结构性因素可以引起受众选择性注意的理论，具有独有、独特新颖的频道和节目可以引起受众的选择性注意。广播电视媒体要按照"人无我有，人有我新，人新我特"的要求对节目的包装、形式、风格、特色等进行整合，通过对频道的特色化包装形成此频道不同于其他频道的整体个性，通过对节目内容、形式、风格的设计和组合，提高信息刺激的强度、对比度和新鲜度，改善信息的结构性因素，体现频道整体特色，树立频道崭新形象，引起受众的选择性注意，吸引受众选择，提高节目视听率。

4. 加强重大宣传战役的策划和节目制作

根据"文化规范论"关于受众倾向于关注和思考大众传媒所注意的问题，并能按照大众传媒所确定的各个问题重要性的次序，来分配自己注意力的理论，广播电视传媒应加强重大宣传战役的策划和节目编排，要对重大事件、重大活动进行集中整合报道,形成一个时期上的宣传优势集聚和规模宣传效应。近几年的广播电视宣传实践,如纪念抗日战争和反法西斯战争胜利70周年等重大宣传战役,都因规模大、重点突出、策划周全而取得了较好的宣传效果。今后,广播电视媒体要继续加强重大活动的策划和宣传,并在新闻节目、板块节目中注意选择重头节目,吸引受众注意,提高节目视听率和吸引力。

总之,受众选择行为对节目视听率和媒体竞争力的影响是巨大的。尊重受众选择行为,顺应受众选择行为,并据此进行节目改革和创新,从而吸引受众进行选择是广播电视节目赢得高视听率和高满意度的关键。

第四节 目标受众界定

从受众的角度看,今天的广播电视与传统意义上的广播电视比较已经发生了深刻变化,受众市场的划分越来越细,大众不仅被分众取代,而且出现了适位受众、核心受众、个性受众等受众单元。这充分说明广播电视"大而全""广而散"的办台模式不适应社会发展及受众的需求,广播电视必须与时俱进,走服务对象化的办台道路,发展目标受众,实现由"广播"向"窄播"的转变。

发展目标受众,广播电视的专业特色要不断强化。目前,有些专业广播电视对于目标受众的认识仍然囿于一种怪圈,存在着盲目争抢受众的错误思想,甚至不惜背离专业特色,办一些与专业广播电视主旨及服务对象不相符的节目,试图以"擦边球"乃至内容涵盖面的"多样化"发展更多的受众。实验证明,这种舍本求末的做法,失去的将是专业广播电视应有的鲜明特色和忠实可靠的目标受众。对此,广播电视受众研究工作不仅要从积极的方面对广播电视的目标受众进行课题性的研究和探索,也要从背弃目标受众办广播电视,特别是办专业广播电视的危害方面进行深入的解剖和分析,充分认识专业广播电视的专业定位及其目标受众对于专业广播电视发展的重要意义。

一、节目视听率的测算

对于广播电视受众而言,目标受众界定具有很大难度。有人想到用一种既可行又简便的节目目标受众界定法直接测算节目的目标(或称预期)视听率,公式如下:

$$目标视听率 = X_n / X_0$$

其中：X_n 为节目在目标地区的目标受众规模，X_0 为电台、电视台在目标地区的受众总规模（总人口扣除不具备收听广播和收看电视能力的人口）。

目标受众指节目所涵盖的受众群体，可以用主观设定和客观调查两种方法相结合来确定。比如，以厦门地区及近郊为例，新闻时政节目、娱乐节目、流行音乐节目是老少咸宜的广播节目，表示喜爱的各层次听众均在 40% 以上；而关心财经股市节目的以企业管理人员和公司职员为主，且年龄在 30—49 岁；以上人群分别构成新闻时政节目、娱乐节目、流行音乐节目、财经节目的主要听众群体。上述节目在抓住各节目的主要听众群体之后，还兼顾收听比例不那么高的一般听众群体。当然，在测算目标听众规模时，主要听众群体所占权重要大，一般听众群体所占权重要小。具体多大多小根据听众特征调查所得的数据来确定。

测算公式：

$$X_n = Y_n Z_n + Y_m Z_m$$

其中：Z_n 为主要受众规模，Y_n 为其修正系数，Z_m 为一般受众规模，Y_m 为其修正系数。

界定目标受众除了要考虑受众特征因素之外，还要顾及节目时段因素。因为同一节目在不同时段的目标受众是不同的。因此还有采用时间段修正系数 $K_{(t)}$ 对目标受众规模进行修正，剔除时段因素对目标视听率的影响。

$$修正系数\ K_{(t)} = K_0 / K_n$$

其中：K_0 为一天中受众最多的时段的受众接触率，K_n 为节目所在时段的受众接触率。

由此可推导出：

$$X_n = K_{(t)}(Y_n Z_n + Y_m Z_m)$$

$$目标视听率 = X_n / X_0 = K_{(t)}(Y_n Z_n + Y_m Z_m) / X_0$$

该公式适于同套节目或覆盖范围相同的不同频道节目之间的评估。

二、潜在受众、现实受众和稳定受众

受众按照不同的标准可以有很多不同的分类，从理论上可以分为潜在受众、现实受众和稳定受众。

1. 潜在受众

我们将某一区域内拥有收听收看设备的总人数定义为潜在受众，这里的收听收看设备指收音机、收录机、车内收音设备、电视机等，也包括网络广播和网络电视。潜在受众是调查区域中所有可能收听收看广播或电视的总人口。潜在受众规模是各种视听率指标计算的基础。

收听收看设备拥有率是与潜在受众规模相对应的比例指标，指某一区域范围内拥有收听收看设备家庭（或人数）占该区域总户数（人数）的比例。

2. 现实受众

现实受众是指近一个月内主动或被动听过或看过广播电视的人。包括"很少听（看）""有时听（看）""经常听（看）"及"几乎每天听（看）"的人群。这部分人近一个月内听过或看过广播电视，通过调查他们收听收看的情况，可以得出受众的一般视听行为和习惯。

与现实受众规模相对应的比例指标是现实受众比例，是指现实受众人数占调查区域内总人数的比例。

现实受众还可以细分为某频道的现实受众、某节目的现实受众等方面，均是指近一个月收听收看过某频道或某节目的受众总数。相对应的还有衡量频道或节目受众比例的指标，频道视听比例和节目视听比例，均是以近一个月收听收看过某频道或某节目的受众人数与调查区域内现实受众总数的比值。

3. 稳定受众

稳定受众是指每周有三天及以上时间收听收看广播电视的受众，包括"经常听（看）"及"几乎每天听（看）"广播或电视的人群。稳定受众也可以称为忠实受众。稳定受众占现实受众的比例是衡量某频道或某节目受众忠诚度的重要指标。

同样，稳定受众也可以分为频道稳定受众、节目稳定受众等不同的方面，相对应的比例指标是某频道忠诚度或某节目忠诚度等。

需要说明的是，广播电视节目由于每周播出天数不同，在衡量其视听频次上所使用的时间概念有差异，对每周播出 6 天及以上的节目，"稳定听众"需每周听 3 天及以上，每周播出 1 次的节目，每两周听 1 天及以上即为"稳定受众"。

三、关于电视的相对复杂的测算方法

对于电视而言，有人提出的测算方法考虑到了更多具体因素。电视受众测量系统的测量对象包括：

一天 24 小时中，在任何时段，通过家中任何一台电视机收看任何一个频道、任何一个节目的所有（实时）受众，使用录像机来调谐而发生的收视行为（在这方面，数字电视给数据提供商带来了挑战）。

1. 参与收看电视的客人

通过家中所有在技术上能被测量仪监测到的电视机来收看电视节目的受众。否则，测量系统就会有出现偏差的风险，对于一些特殊频道的收视不能正确衡量。便携式电池电视（Portable and battery sets）可能不能被测量仪测量到，因而测量仪监测样本户中如何用这样的设备又产生了测量技术上的难题。

对家中电视机除收看电视节目以外的所有其他用途的监测，比如图文电视，收看买来或者租来的录像带，外部连接应用，视频游戏，收听广播，等等。

有些市场可能需要对于录制节目的收视行为进行测量。这需要录像机对频道、日期以及时间进行编码转换，以便在重播中能够被解码。

什么样的数据应该被测量和什么样的数据需要出报告，这两者之间需要有一个明确的区分。家中电视的各种用途，原则上都应该被测量，以便它们都能被报告，无论其中任何一种特殊形式的收视行为（比如图文电视、iPad 等）。

在受众测量系统中使用个人日记卡，填写者在户外的收视行为应该被记录。如果使用家庭日记卡（当然，习惯上使每份日记卡只针对家中一台电视机），而日记卡的设计通常很具体，客人受众也就需要进行记录了。

使用日记卡来对录制节目的收视行为进行监测，操作起来还是比较困难的，比如说事后如何将对录制节目的收视行为与原来的频道和节目相对应，等等。因此，日记卡系统可能只限于针对实时的观众。

2. 客人收视

家中到访的客人如果发生了收视行为也应该被注册为电视受众，他们是家庭电视受众中的一分子，很有可能他们对某些电视台来说非常的重要（比如说儿童频道）。从总体上看，他们的收视行为与固定样组户发生在他们朋友家的收视行为是等量的。客人们通常被要求提供他们的性别、年龄。还有一个惯例，就是提供

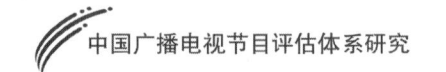

该客人所到访样本户的社会人口阶层情况。

然而，在实际操作中，还存在如何获得客人合作的问题。正因为如此，存在这样一种趋势，通过测量仪系统可能会低估客人受众的收视。因此，客人的任务应该被尽可能地简化。好些出于商业需要或者编辑需要而搜集的信息应该最小化。还有一些用于改善客人受众合作的策略，比方说最小化客人注册自己收看电视的按键程序，同时为经常到访的客人（比如说爷爷奶奶等经常来访的人）在手控器上提供他们的个人代码——尽管系统并不认为他们是家庭成员。

此外，调查方法透明公正的原则应该注意。解决客人收视的调查方法应该在该测量系统正式出版的参考手册当中清楚地说明。

客人收视对于个人日记卡来说是不需要的，但是对于家庭日记卡来说是被要求记录的。

3. 零收视以及休假中的固定样组户

对于各种各样的"零收视"情况给予正确的说明是非常正确的。

（1）有人在家，有一台或者多台电视机正开着，但是没有人在收看；

（2）没有人在家——可能是度假去了。有一台或者多台电视机可能没有关，可能是为了防盗；

（3）电源自动开启——可能是由于雷电引起的；

（4）电视机坏了正在等待维修；

（5）有人在看电视，但是并没有注册他们的收视行为。

出门度假是相对特殊也是比较关键的，这样的样本户应该被认为是在网的样本户之一。如果把他们排除在网样本户之外，也就是错误地假设了固定样本户外出度假时的收视行为与当他们在家里时是没有区别的。

在一些国家或者地区，由于第二居所对收视情况的影响很大，因此，为了能够获得对在第二居所的收视情况，不至于让他们从所有固定样组户家庭收视行为的测量中遗漏，可能需要有一些特别技术来解决这一个问题。

4. 户外收视

对于测量仪系统不能覆盖到的地方，如何在成本以及技术上合理地来解决对这些观众收视行为的测量，是一个值得考虑的问题：

（1）家庭成员不在家，比如说在工作单位、在学校、在酒吧茶吧、在宾馆等地收看电视；

（2）家庭成员在第二居所或者是在度假的地方收看电视。

对因以上原因而增加的收视行为，通过独立于测量仪固定样组户进行另外的调查，对整体的收视行为来说通常是比较精确和节省成本的，那么这个调查应该注意：

（1）采用严格的概率抽样来选取样本；

（2）通过7天一个周期自填日记卡的方式来进行数据采集；

（3）对另外一周的数据进行系统化的扩展来代表一整年（或者是系统化地扩展4周的数据来代表暑期的收视行为）。

同时需要采取一些策略，包括对被访者的激励措施，以及选择迎合他们习惯的日记卡回收方式或者数据采集方式，目的是使响应最大化。

电话复核通常是比较现实的可供选择的办法，对于那些收看特殊电视事件和系列电视节目的观众来说，是非常实用的方法。无论在技术上采用日记卡方法还是电话审核，都需要与全国测量仪系统的数据标准保持一致。

应该注意的是，在各种各样户外发生的收视行为与在自己家中那种舒适的环境里发生的收视行为可能性是不一样的。因此，这些收视行为的效果或者质量在广告主看来可能是不同的。这种区分往往需要专业的判断。

然而对这些额外的收视数据的判断，往往需要丰富的经验。需要有效的、经验性的证据来证明有一些不在家里发生收视行为的剩余观众的确没有被测量仪系统测量到。

第三章　节目评估指标体系

进行任何一种节目评估，必须有评估的标准和依据，也就是评估的指标，因为只有确定了评价的指标，才可能完整、正确地进行评估。广播电视节目评估，应当先确立其评估的指标，只有指标确定了，才能进行评估的实施。广播电视节目评估指标体系具有重要的作用和意义，它规定评估的对象、内容，又制定了评估的标准，是整个评估体系的基础和核心部分，因而必须为我们所重视。

广播电视节目评估指标应该包括哪些，代表不同流派和运用不同方法的专家和学者各自有自己不同的见解，然而从基本的符合节目自身发展的角度来讲，最基本的两个指标应该是社会效益指标和经济效益指标，这是评价广播电视节目质量评估的前提。因此，节目评估指标体系还应包括反映节目产品优劣程度的基本评估指标——质量评估指标。

这样，广播电视节目评估指标应该包括三项基本指标，即社会效益指标、经济效益指标和质量评估指标。这给我们提供了研究的方向和取向。

第一节　质量评估指标

对于任何一个产品来说，质量是最重要的。因为即便到了营销时代，如果质量不过关，也只能在一时一地产生些许影响，而时间一长，必为市场所淘汰。广播电视节目虽然是特殊的产品，但是，它的质量并不比任何其他产品的质量要求低，反倒因为它具有巨大的社会作用，更应把好它的质量关。

质量评估指标在整个节目评估指标体系中处于十分重要的地位。一个质量不高的广播电视节目，是不能指望它产生多大的社会效益的，节目的经济效益也不会太好。所以，质量评估是节目评估的核心组成部分。

一、质量评估指标体系

质量评估指标是指衡量节目产品优劣程度的评估指标，它由三个子指标构成：质量标准指标、满意度指标（又称欣赏指数）和阅评指标。对质量评估指标的测评要分两个层次：标准评估和质量评估。标准评估表明节目是否达到了既定的起码标准。质量评估则表明节目产品的优劣程度，它通过满意度指标和阅评指标共同体现。

1. 质量标准指标

质量标准指标是指衡量节目在舆论导向、定位、内容、形式、语言、主持、播出方式、安全播出等方面是否达到了既定的起码标准的指标。质量标准指标是进行质量评估的前提和基础，是保证节目长期稳定运行的最起码要求。要做好质量标准评估工作，最重要的是进行具体的起码标准界定。应注意几点：

（1）标准不可凭空想象；
（2）界定的标准必须同时得到台编委会与节目部门的认可；
（3）界定的标准必须符合广播电视传播规律；
（4）质量标准不能作机械的量化；
（5）标准的界定应简明，避免冗长；
（6）对节目的舆论导向、安全播出、禁止有偿新闻等政治性标准的界定应特别明确。

2. 满意度指标（欣赏指数）

满意度指标（又称欣赏指数，Appreciation Index，简称 AI），是指衡量受众对节目的喜好及其评价程度的指标。这是衡量某一节目质量优劣程度的一个重要定量指标。值得注意的是，业界虽然一般将受众满意度与受众欣赏指数这两个概念等同起来，但它们在含义上是有区别的。前者侧重反映受众对节目的内容、形式、语言、播出方式等方面的优劣或品质高低所作的评价程度，而后者则侧重反映受众听过看过节目之后对其自身需要的满足程度。

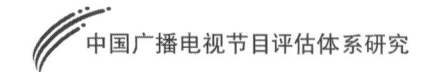

受众满意度指标具有以下特点：

（1）以评价节目质量为主；

（2）可以对不同的节目进行比较；

（3）节目市场的变化对满意度指标影响不大；

（4）很难对同一栏目的不同期节目进行单独评价。

3. 阅评指标

阅评指标是指衡量广播电视媒体阅评员通过监听监看的方式对节目质量高低所作的评判。阅评指标一般由专家阅评指标、领导阅评指标和受众阅评指标构成。

（1）专家阅评指标。

电台、电视台通过邀请相关的学者专家做节目的专业阅评员，为节目打分，这是电台、电视台的通常做法之一。专家学者对节目的评判数据具有专业代表性，对指导节目创新具有特殊的意义。

（2）领导阅评指标。

领导层是电台、电视台节目战略的制定者和决策者。在有些台，编委会是节目质量管理系统的指挥中心，他们时刻关注着节目质量的变化，是节目的组织审查者，对节目市场非常了解，也很熟悉广告市场的变化，在阅评中对节目有很好的敏感度。

（3）受众阅评指标。

特邀受众阅评员由一定数量不同年龄、不同性别、不同职业的本台受众组成，他们通过对节目的监听监看和评价，为电台、电视台迅速把握受众取向的脉搏、提高节目质量提供有价值的第一手参照数据。

另外，受众通过来信、来电、来访、座谈会或互联网对节目提出各种反馈意见，也可作为受众阅评指标的参数之一。

二、欣赏指数

（一）节目欣赏指数简介

国外的广播电视节目评估以"视听率"或"满意度"为主要评估指标。由于国外广播电视多是商业台，因而视听率这个主要反映节目市场状况的指标便成为评估节目的主要指标。目前，许多国家特别是发达国家一般都建立有比较完善的视听率调查网。为了弥补视听率不能反映受众对节目的喜好评价之缺陷，后来又引入了满意度指标。自"二战"以来，国外的满意度指标曾以"反应指数"（Reaction Index）、"欣赏指数"（Appreciation Index）、"享受指数"（Enjoyment Index）或"兴趣指数"（Interest Index）等名称出现，用以衡量广播电视节目的品质状况。此外，日本 NHK 于 1990 年开始了"广播节目的品质评估"计划，新西兰、澳大利亚、荷兰等一些国家也分别采用不同的指数对受众的喜好程度进行测量。1991 年，中国香港以英国的欣赏指数调查为范本，也开始进行了欣赏指数调查。

满意度指数最早使用于经济领域，指的是用户产品质量满意程度的测评指标，始创于 1989 年的瑞士，英文缩写名称 SCSB。它是由美国密歇根大学商学院国家质量研究中心费耐尔博士设计的，故亦称费耐尔方法。1994 年，美国开始运行这个顾客满意度指数（ACSL）对美国境内产品和服务质量进行满意度测评，并成为统一的全国性和跨行业的唯一测量指标。现在，这种衡量产品质量和顾客满意度的方法，被越来越多的国家用来测量宏观经济状况的重要参考指标。

中国的一些企业也开始引进和试用用户满意度指数测评体系。1999 年 10 月下旬，中国质量管理协会满意度工程联合推进办公室在西安举办了中国用户满意度指数（CCSI）第一批 30 户试点企业培训班。它为推进我国企业用户满意度指数的工作，构建有中国特色的用户满意度指数及评价体系积累了经验、奠定了基础。

广播电视要想争取更多的受众，就必须了解受众的心理和需求，有针对性地运用科学手段和专业知识对受众存在的状况、视听需求、心理、行为、期望及效果进行准确的把握和推测，从而提高节目视听率和满意度，做到知己知彼。满意度对评价对象性节目、专业性强的节目、非黄金时间节目具有十分重要的作用。对象性节目是为目标受众而开办的节目，如少儿节目、妇女节目、残疾人节目和老年人节目等；专业性节目因其独特的视角和较窄的专业面而不被大多数受众锁定，如理论节目、教学节目和股市节目等；节目的播出时间与视听率呈现较强的相关性，一般来讲，黄金时间播出的节目，视听率就高，反之就低。这三种节目由于受众群体小、专业性强、播出时间不理想，视听率必然偏低。但是它们较高的节目质量，丰富的专业知识，针对性极强的信息，又很受目标群体的欢迎，若单纯用视听率来衡量其优劣，就会有失公允。因此，受众满意度对它们的评价就显得尤为重要。

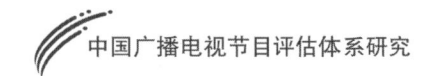

受众满意度指标有以下几个特点：

（1）受众满意度与视听率相辅相成，后者是评价频道竞争能力的指标，而前者则是侧重评价频道播出节目的编辑制作质量的指标。

（2）受众满意度能反映受众对节目的具体评价意见和建议，反映节目是否成功，还可以影响未来受众的收视行为。

（3）受众满意度指标的使用，可以弥补单凭视听率对节目评价所带来的片面性和缺陷，使节目评价的层面更加充实、完善。

（4）受众满意度具有较强的主观色彩，是受众主观的感受、理解、态度、看法和意见。不同背景的受众，或者是同一受众在不同的时间，对某一节目的满意度都可能有不一样的评估，有时甚至有相悖的结论。

（二）满意度指数在广播电视节目评估中的应用

中国广播电视受众调查行业，可以借鉴企业界的做法，在受众调查中运用满意度这个指数。

1. 建立受众满意度指数的意义

（1）在媒体激烈竞争的格局中，有助于广播电视机构指定相应的发展战略和策略。现在，广播电视不仅面临着报纸、期刊的挑战，更是被异军突起的网络媒体、社交媒体等分流受众和用户。因此，受众对节目满意与否和其在心中所占份额的大小，对广播电视机构的发展，节目的调整，将具有非常重要的参考价值和指导依据。

（2）完善广播电视节目评价体系。我们知道，仅有视听率指数是不够的，还必须建立起能够测评节目"质"的系统，听众满意度指数正是这个"质"系统的主要衡量标准。

（3）为调整节目提供科学的依据。决策者可以根据受众的满意度情况，决定节目制作、播出等的方针、策略和政策。

2. 受众满意度的计算

参考国外的做法，调查受众满意度指数可采用6个等级的计分制，即很满意（M_1）、满意（M_2）、较满意（M_3）、不太满意（M_4）、不满意（M_5）、很不满意（M_6）。分值X_1: 5.00；X_2: 4.99—4.00；X_3: 3.99—3.00；X_4: 2.99—2.00；X_5: 1.99—1.00；X_6: 0.99—0.00。分值总和除以收听或收看总人数$\sum M$，即可算出满意的百分比即

满意度指数。

计算公式为：

满意度 $=([M_1\times X_1]+[M_2\times X_2]+[M_3\times X_3]+[M_4\times X_4]+[M_5\times X_5]+[M_6\times X_6])/\sum M\times 100\%$

构成受众满意度指数的因素有6个：媒体（节目）自身特点、媒体（节目）质量认知、服务质量认知、价值认知、受众期望和受众忠实度。

受众满意度调查不能简单地看作对节目满意与否的打分或打几分的问题，而应看作总体满意度、特征满意度以及收听收看频度（认知度）的分析。它的调查侧重点应放在忠诚度、内容适应性、目标适应性、一致性目标等指标上。

（1）忠诚度指标：指某节目的受众是否忠诚，他们的视听频度如何，这是节目制作人员最关心的。一般来讲，受众对某节目的满意程度与对该节目的忠诚程度之间有密切的关系，呈现非常显著的正相关性。因此，受众对节目的评价好坏是影响受众对该节目忠诚程度的一个重要因素。如果忠诚度按高中低划分，从中可以看出不同忠诚度的受众对某节目的收听收看状况。

（2）内容适应性指标：媒体所播的内容是否适合受众的口味，反映的是受众对节目收听频度和喜爱频度之间的关系。

（3）目标适应性指标：所播节目的目的是否与受众的收听收看目的相一致，反映受众对频道或节目的视听目的与视听频度之间的关系。通过计算不同频道的目的得分与视听情况的相关系数表，可以得出这样一个适应性数据。

（4）一致性目标指标：所播节目是否与受众的喜爱程度一致。

3. 建立受众满意度指数的措施

建立受众满意度指数应采取以下措施：

（1）成立调查满意度指数研究机构或将受众满意度指数作为节目评估体系中的一个研究课题组；

（2）提高认识，转变观念，是建立受众满意度指数的前期工作；

（3）扩大子样容量，改变调查方式。

这里简单地提及建立调查受众满意度指数的方法，供参考。

（1）确定调查范围、方式和对象。

调查范围指地点范围，选择我国有代表性的10或20个大中小城市为调查试点范围。方式可采用计算机辅助电话访问系统或进行面访。调查对象可利用计算

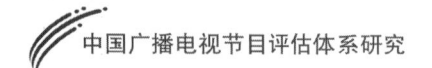

机辅助电话访问系统随机抽取，选择生日最接近访问日期的、年龄为18岁或以上的成员。

（2）调查的抽样设计。

抽样方案的设计应考虑为全国性的抽样，可采用分层多级PPS抽样条件下随机数字拨号技术抽样本户的电话号码。

（3）调查问卷的设计、实施和数据处理。

问卷的设计条目要很细，不是简单地打"√"或"×"，而是打分，并应多数采用面访（或电话访问）的形式进行。几十个问题要有序，符合逻辑地联系在一起，既便于被调查者连贯思维，又便于访问员循序渐进地发问。对不合格的问卷要剔除。只有这样才能保证满意度调查的客观性、公正性和准确性。

（三）受众满意度调查和视听率调查的不同点

受众满意度和视听率之间有着本质的区别，二者不可相互替代。受众满意度是受众对节目质量的一种综合心理反映，它可以间接地影响视听率。视听率主要从受众"量"的角度来评价节目，反映有多少受众在接收节目。视听率高的节目，满意度不一定就高；视听率低的节目，满意度也不一定就低。例如电视连续剧《还珠格格II》热播时，尽管收视率很高，但看过之后，人们的评价却并不高，反映了观众收视与收获不平衡的无奈。

受众满意度调查与视听率调查的不同点在于：

1. 指标的性质不同

受众满意度是一个相对静态的指标，变化比较缓慢。因为它测量的是受众的态度，态度的变化需要一定的过程和时间。而视听率是一个动态指标，它测量的是某个时间段或某个时间点有多少受众正在收听收看。受众的数量是不断变化的，所以视听率随之而变。

2. 测量的角度不同

受众满意度测量的是受众对节目的一种心理反映，是从主观的角度评价节目。视听率测量的是节目受众数量，是一个客观记录。

3. 调查的对象不同

调查的对象虽然都是受众，但是受众满意度调查的对象是听过或看过这个节目的受众，如果没有听过或看过这个节目，就没有权利评价。视听率测量的是所有的受众，记录下他们的视听情况。

4.调查设计的重点不同

进行受众满意度调查时，设计的重点在于使调查对象对某一节目做出正确的评价，抽样方法、调查方法、问卷等都要围绕这一点来考虑。视听率调查的设计重点是如何让调查对象正确、如实地记录视听实际情况。

5.测量所用的问卷不同

测量受众满意度用的是一种评价性的量表问卷，比如五级量表或百分制量表。测量视听率用的是一种描述性的回忆法或日记法问卷，记录受众在什么时间接收的是哪个频道的什么节目。

6.计算指标的数据不同

受众满意度的计算基础是受众的评价分数，是等比数据，也叫等级数据。视听率的计算基础是受众数量，是一个计数数据。

7.调查的周期不同

受众满意度是一个相对静态的指标，它的周期需要一段时间，如一周、一个月或一个季度。视听率是一个动态指标，调查周期以15—30分钟作为计量单位，它的调查周期要比受众满意度短得多。

8.使用条件不同

受众满意度的使用限制相对少一些，在使用时可以不关注总体的情况，它可以对不同的频道、不同的时段、不同的节目类型和不同定位的节目进行比较，因为这是一个评价分数。而视听率的使用是有限制的，它关注总体情况。如果某节目的视听率为1%，在使用时就必须联系它的播出时间、频道、节目类型、节目目标总体的大小等。总之，比较节目之间的视听率一定要格外小心。一般来讲，不能简单地用一个视听率指标对跨越了频道、时间、节目类型、不同定位的节目进行比较。

（四）满意度指标体系存在的问题及注意事项

满意度指标体系研究应包括节目和频道两个模块，这既满足某个节目获知自我情况的需要，便于节目与节目之间横向比较，又有利于频道专业化定位的确立和品牌栏目的创建。受众满意度调查是受众综合性调查中一个非常重要的方面，

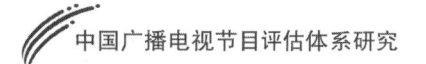

也可以把它列为一种单独的调查。

目前，满意度指标在我国的发展还存在一些问题，包括如下方面：

其一，从我国现状来看，满意度调查的理论研究与实践应用结合程度还不够。关于满意度调查主要还停留在理论研究和探讨层面上，市场应用不足，广告商也不太看好认可这一指标，他们通常更注重视听率数据。

其二，满意度由于其主观性较强，受影响的因素更多，可控性更弱，导致与其他指标存在着一些相悖的方面。例如，与视听率相比较，可能视听率较高的节目，满意度会较低；同样，视听率低的节目，满意度会相对较高。

基于以上问题，运用满意度指数时应该注意两点：其一，由于满意度具有主观色彩，要结合受访者的不同职业、阶层、年龄、经历、文化程度、思想、爱好等因素，进行综合评估。其二，有的受众调查事先要通知被访者收听收看十天或半个月的节目，以使受众对节目有更深的了解，能够给出一个满意与否的精确评价。而这在综合调查中，往往因为有意视听而会影响视听率的真实性。

第二节 社会效益评估指标

相对于质量指标而言，社会效益评估指标显得不那么明显和直观，然而对于我国广播电视节目而言，其第一功能是社会功能，因而，社会指标的评估是节目是否可以播出以及表明质量高低的一个重要标准。并且，我国广播电视节目评估必须重视社会效益指标，因为只有这样才可以引领先进文化，发挥好广播电视的社会功能。

社会效益评估指标是指衡量节目所产生的社会效益状况的指标。良好的社会效益，是我国广播电视媒体自身顺利发展和整个社会健康发展的重要保证，也是党和政府对广播电视业的重要要求。那么，社会效益评估指标通过何种具体指标体现呢？要回答这个问题，必须先了解广播电视社会效益的产生模式：

广播电视工作者—节目—受众—受众反应—社会效益

从这个模式看，受众反应作为社会效益的反应形式，是有没有社会效益、社会效益如何的直接体现，因而是社会效益评估的必然标准。但是，由于社会效益的本质是一种精神反应和由精神反应带来的外部行为,具有模糊性和不可量化的特征,所以,要评估广播电视的社会效益还必须研究节目的状况。作为传播内容的节目,其状况如何直接关系到受众的反应,是受众反应的根据,也是广播电视媒体社会效益产生的关键因素。大众传播学认为,对受传者所接受的传播信息以及做出的反应进行考察和分析,就可以对传播效果进行具体判定。但是,社会效益的产生往往并非都是即时性的,常常要经过一定时间。因此,要更准确地评估节目的社会效益,还必须对关于节目传播内容的社会舆论及社会各界的认可情况进行评估。

节目的社会效益评估指标可以由三方面的指标构成:社会认可度、受众反应度和受众满足度。

一、社会认可度

社会认可度是指社会各界及社会舆论对节目的普遍认可程度。它包含两方面的内容,一是社会舆论的认可;二是社会各界的认可(包括普通群众、专家及领导等社会各界的认可)。社会舆论认可可以反映出节目的舆论导向是否正确及正确的程度,社会各界的认可也可以反映出普通群众到专家和领导对节目是否持肯定态度及其肯定的程度。

二、受众反应度

受众反应度是指受众在接收广播电视节目信息之后心理和行为发生的应对状况。一般而言,对受众反应度大小的评估可以从受众的心理反应和行为反应的深度和牢度两方面进行。

从深度方面考察,引起受众对传播内容的反应可用以下层次的指标度量:知晓度、理解度、赞同度、信仰度和支持度。知晓度和理解度标明受众对传播内容知晓和理解程度的指标,是不能说明广播电视传播是否产生社会效益的。而赞同度、信仰度和支持度则表明传播内容对受众的影响已达到改变受众心理和行为的程度,也就表明广播电视传播已产生社会效益。

从牢度方面考察,一般可分为顺从、认同和内化三个层次。在这三个层次中,内化的稳定性最强,认同次之,而顺从最次。

三、受众满足度

受众满足度是指反映受众对节目内容、形式等各方面的愿望和需求的满足程度。

不同的受众有不同需求；同一受众，不同时刻也有不同的需求；同一时刻，还有不同层次的需求。因此，只有尽可能满足受众的需求，才可能更好地吸引受众，最大程度地对受众产生影响，也才能取得最大的社会效益。一般而言，节目越能满足受众需要，社会效益就越好。但节目能否满足受众需要也不能作为社会效益唯一的评估标准。有的节目可能满足了某些人的一些不良需要，但节目越满足这些人的需要，社会效益可能就越差。

综上所述，社会认可度、受众反应度、受众满足度等指标各从不同的方面反映了节目的社会效应。但同时，不同的指标具有各自不同的特征以及局限性。因此，在实际工作中，应将三个指标综合起来使用，根据节目本身的定位，赋予不同指标相应的权重。

第三节　经济效益评估指标

我国广播电视业属于第三产业，产业性质的确定，说明了具有特殊身份的广播电视，既具有社会属性也具有经济属性。这就是说，在社会主义市场经济的条件下，广播电视节目要获得良性的发展，除了应该重视社会效益外，也应该把经济效益的获取放在一个重要的地位来进行考虑。这一方面是在激烈的市场竞争中自身获得生存和发展的必需，另一方面也是为了更好地为广大受众服务。因为要想获得好的经济效益，必须要做出为广大受众所喜爱的节目，所以，无论从主观上还是客观上来讲，经济效益都该为广播电视节目创作者所重视。

这同时也表明了在广播电视节目评估指标体系中，经济效益指标的重要性。经济效益评估指标是指衡量节目所产生的经济效益高低的指标。良好的经济效益不但是自身发展的有力保障，也是为社会各行各业提供相互交流机会和信息传播渠道及自身直接参与社会经济活动的有力保障。

一、经济效益评估指标体系

关于节目经济效益的评估标准，目前我国仍缺乏具体的研究。但是，作为第三产业的广播电视媒体，其经济效益与一般的工商企业经济效益是一样的，都是以资源利用是否合理、利用程度的高低以及利用效果的好坏来衡量的。当然，由于广播电视节目是特殊的精神产品，因此它的经济效益还可以用视听率、覆盖率及社会效益等指标来反映。因此节目经济效益评估指标可由三个主要指标构成：视听率、覆盖率和投入产出率。

1. 视听率

视听率指标有广义和狭义之分。广义上的视听率指标是一个指标系列，包括开机率、视听率、占有率、到达率等；狭义上的视听率指标就只是一项视听率指标。广义上的视听率指标，大致可分为两类：总体指标（或称总体测量指标）和累积指标（或累积测量指标）。

视听率是指某一个时段（时刻）在某一地区范围内收听广播、收看电视的人数与该地区可能收听收看广播电视的总人口数的百分比。

视听率反映受众的行为，即是否在接收，是广播电视媒体用于经营管理的重要指标。视听率反映视听节目的受众数量，标志节目的社会覆盖面。视听率指标可以方便地把节目和经济效益结合起来，可以对每期的节目进行评价，在相对稳定的市场环境中适合长期跟踪评价，但它受不稳定因素或突发因素影响非常大。也就是说，把一个不好的节目放到黄金时间和把一个好的节目放到非黄金时间，事实却成了这样：黄金时间不好的节目的视听率绝对比那节目好而播出时间不好的节目的视听率要高。这是因为开机率往往集中在一定的时段。

近十多年来，视听率在帮助人们科学地进行传播决策、广告投放和资源管理方面发挥了重要作用，已经成为广电业运行不可或缺的有效一环。不过，目前视听率调研仍然面临诸多问题，包括测量技术、市场规范、品牌信誉、意识形态争论，等等，这些都是它必须也正在经历的"成长的烦恼"，其中，又以建立市场秩序和改进调研技术为两大难点。例如，目前在中国市场上，广视索福瑞（CSM）在收视率调研市场独家垄断，且垄断的形成既非市场竞争亦非行业招标的结果，由于资本选择或其他因素作用时，难免会引发人们对数据客观公正的质疑，对垄断可能带来的诸多负面效应的警惕。视听率调查市场需要建立强有力的第三方监督机制,以规范视听率调研和使用行为,维护各方权益,建立和维护健康良好的市场秩序。此外,测量手段的改进是视听率调研领域永恒的主题之一。日记卡方式迄今在视听率调查尤其是收听率调查中仍居主流,其人工记录和大刻度测量单位所导致的数据在精确性和准确性方面的不足,早已为人们所诟病。[①]

2. 覆盖率

覆盖率是指广播电视信号有效作用的范围及在该范围内能够有效接收广播电视信号的人口。覆盖率有两层含义:一是覆盖地域,二是覆盖人口(有效接收广播电视信号人口)。一般而言,对于覆盖率越高的广播电视媒体,广告商就越愿意投入广告,广告价格也就越高。同时,覆盖率越高意味着广播电视媒体的潜在影响力也越大,对媒体各种资源的利用率也越高,相应的经济效益也就越高。

3. 投入产出率

投入产出率是指节目在传播活动和各种经营活动中的投入与回报之比。比值越大,经济效益越低;反之,比值越小,经济效益则越高。

二、关于视听率的口径

目前,视听率调查在口径上存在差异。这种差异的结果导致两个调查机构对同一城市、同一时段、同一节目(或频道)公布的视听率相差很大。如一个调查为40%,一个调查只有20%,另一个调查甚至只有4%。造成这种差异的原因主要有两点:一是对视听率内涵理解上的差异;一是对视听率外延规定上的差异。

对视听率内涵理解上的差别主要有两种情况,一是将"到达率"视为视听率,一是把"占有率"视为视听率。

1. 将到达率理解为视听率

视听率=一段时间内收听或收看过某节目(或频道)的人数/调查地区总人数

这种情况下计算的视听率实际上近似"到达率"概念。该定义的问题除了未能与国际常用定义接轨之外,最大的问题是不知道一个节目每次播放时到底有多少人视听,从而导致一系列指标无法计算,如有效暴露频次和千人成本等。另外,

---

[①] 刘燕南,牟文婷. 我国收视收听率调研之比较:历史、市场与受众[J]. 现代传播,2014(07).

往往越是受众不稳定的节目，到达人数反而越多，因为偶尔一次就算"看过或听过"。

2. 将占有率理解为视听率

视听率＝某时段某节目收听或收看人数／某时段正在收听广播或收看电视的总人数

该定义的最大问题是，计算公式的分母不断变化，以至于不同时段的"视听率"根本无法比较。

在外延认识上的差别包括三种情况：

1. 用全部人口作为分母计算视听率

按照国际通用口径，无接收设备的人口不计入视听率公式的分母之中。我国目前收音设备普及率平均约70%，电视机普及率更高，但也不是全部。以全部人口作分母计算视听率，必然大大降低视听率数值。

2. 调查人口年龄段的差别

对人口年龄界定的不同也会造成视听率的差异。不同年龄段的定义实际上反映的是不同人群的视听率。如18—59岁的视听率，可视为"商业人口"视听率；18岁以上是"成年人口"视听率，12岁以上是"大儿童＋成年人口"视听率；4岁以上是"有独立接收能力人口"视听率。

不同年龄人口，其总数、构成和视听习惯都存在差异，调查出来的视听率必然存在极大的差别。例如调查《大风车》等儿童节目，不同的年龄界定肯定会产生完全不一致的结果。

3. 调查范围的差别

目前视听率调查多是以城市或省为研究对象展开的。但调研同一个城市，范围不同，结果也会存在极大差异。例如都是调查G市某节目视听率，只调查城市市区，反映的是"市区"视听率，调查市区和县城，反映的是"城镇"视听率；调查市区、县城和农村三域，反映的是"全市"视听率。调查范围的不同就意味着调查总体所对应的人群不同，这自然不一致。

与视听率密切相关的还有开机率和占有率两个概念。开机率关心的不是与其他媒体的竞争，而是广播电视内部份额分配的状况。而占有率的另一意义则告诉我们：广播电视的总体情况主要受大气候影响，单靠一家媒体难以左右，而一个台在广播电视业内影响力的大小,即占有率的高低,主要依靠自身的努力。这些都是以往的受众调查中所缺乏的,今后应给予足够的重视。

因此,我们需要注意的一个重要问题是:避免用视听率单一指标评估节目而造成偏差。过度依赖视听率来评估节目造成偏差的原因,除了调查方法、口径等差异外,有些对象性节目也难以单凭视听率来评估。这些节目具有很强的对象性、专业性,它的预期受众可能是很少一部分人,如股市信息节目、英语教学节目等,这些节目无论质量如何,其视听率都不可能很高。所以说,不能从视听率的数值来机械地看节目质量的高低和节目的成功与否。一个节目的播出效果和视听率往往受到播出时间、频道、对象、语言、传播区域等多种因素的影响,所以无法以视听率作为唯一标准。但是,周期性、常规性规范调查能使我们从节目的视听率及其他情况的变化中掌握受众的变化趋势,这可以作为节目评价的依据之一。

第四节 媒体发展指数

上面我们用了三节的内容分别论述了质量指标、社会效益指标和经济效益指标,无疑,这三个指标的重要性是为众人所达成共识的。然而,这三个指标都是纵向地来确定和衡量广播电视节目的发展的,无法比较由于各种客观和主观条件的变化而导致的某一时期广播电视节目与另一时期广播电视节目的变化情况。同时,由于广播电视节目的复杂性,不同类型的节目不能够单单只是从它的质量、社会效益和经济效益指标来评判它的好坏,因为这样的评判一般是节目对节目之间对比的评判,无疑,这种评判对于那些受众群小、社会影响不大、创造的经济价值也相对比较低,但是却不可或缺的广播电视节目来讲是很不公平的。

于是,一些专家学者就发展了另外一个可以更加全面地考量广播电视节目,把节目的科学评估进一步深化的指标——媒体发展指数。

一、中国广播发展指数

周步恒先生首先提出了一个中广指数的新概念——中国广播发展指数(简称中广指数),它相当于广播媒体发展指数。所谓中广指数,就是指用以反映中国广播发展变化状况的一种评估指数。广义的中广指数是指用以反映整个中国广播业或某一广播电台发展变化状况的一种评估指数；狭义的中广指数是指用以反映某一广播媒体或某一广播媒体的某一频道或某一节目的发展变化状况的一种评估指数。这样，所有的广播媒体或节目评估指标数值都可以统称为一个概念——中广指数。由此，中广指数将成为反映中国广播媒体、频道或节目发展的晴雨表。

中广指数如同股票指数一样，也包含若干组指数并由专门机构定期向社会公布。如果借用三个主要节目评估指标，那么中广指数可分为质量评估指数、社会效益指数及经济效益指数。经济效益指数最为重要，在一般情况下，经济效益指数即为中广指数。①

在这里，周先生把经济效益指标等同于中广指数。我们认为他提出中广指数这一概念很好，但是，将二者等同，其实是不太可取的。这在下面我们会讨论到。

二、电视综合评估指数

有学者就电视综合评估指数，也就是电视媒体发展指数进行了专门研究。

电视综合评估指数（Television Evaluation Composition Index，简称 TECI），是试图构建的一整套反映电视受众收视情况和电视节目质量的指数。它包括频道指数、电视台指数和节目评估指数。频道指数、电视台指数同股票指数中的道琼斯指数一样是样本平均值，而节目评估指数则是经过比较复杂的运算得出的一个加权值。频道指数和电视台指数分别反映频道与电视台的实力，节目评估指数是对单一节目的评价。

频道指数和电视台指数都是平均数，计算样本是 40。用样本平均值作为指数的做法在股市领域中并不鲜见，比如说赫赫有名的道琼斯工业指数。以上海电视台为例，上视一套的频道指数就是上视一套收视率前 40 名节目收视率的平均值。上视二套同样如此。上海电视台的电视台指数就是上视一套频道指数与上视二套频道指数的平均值。频道指数和电视台指数有效指示了一定时期电视频道节目和排版的综合状况。电视台指数作为一个整体性反映，还将在节目评估指数的产生

---

① 周步恒. 衡量广播媒体实力之杠杆——论节目评估体系（上）[J]. 中国广播受众，2003（01）.

中发挥作用。

节目评估指数的操作是通过三个步骤完成的。

（1）围绕收视率进行的评估统计。其中包含对节目平均收视率进行系数处理以及前文所提到的电视台指数。调查公司提供的收视率有迅速并较为客观地反映节目收视情况的优点，但也存在着只能反映"看不看"，不能全面反映"是否喜欢看""节目是否好"的缺点。所以，我们对收视率的态度不仅要懂得用，而且要懂得怎么用。为了对收视率进行有效的处理，应当根据影响节目收视率的重要因素为收视率设计加权系数，对收视率进行加权处理，例如时段系数和受众对象系数等。电视台指数指各个频道收视率排行榜前40名收视率的平均值。对于某一特定月份来说，各电视节目的电视台指数相同，没有比较意义，但对于某一特定电视节目来说，不同月份的电视台指数不同，具有纵向比较意义。此举实现了对版面影响电视节目收视的考虑。

（2）专家意见和观众反馈定性分析的定量转化，得出评价分值。收视率反映的是客观收视情况。一般来说，好的节目看的人自然会多。但是，节目的内容和质量并不能完全由收视率来反映。从某种程度上讲，收视率只是反映了观众对于某节目"至少是可以容忍不至于马上换台"，而不能反映对节目的褒贬评价。于是，专家和观众的评价意见就显得非常重要。对这种定性评价的量化就是组织各方面的人就电视节目的制作质量和内容打分。

每个电视节目分为"好""较好""一般""较差""差"五档打分。打分最后得出的分值在电视节目综合评估指数中同样进行加权处理。

（3）对收视率分值、电视台指数以及评价分值三个方面的加权合成，最后，合成节目评估指数作为衡量单个节目的迅速而简洁的指标。合成公式：

$$节目评估指数 = [\lg A_1 \times 50\% + \lg A_2 \times 10\% + \lg B \times 40\%] \times 100$$

说明：因为收视率分值（A_1）、电视台指数（A_2）和评价分值（B）有不同的取值范围，在加权过程中会导入相当程度的误差，所以考虑用以10为底的幂指数的逆运算，即对数 lg 来实现对三方数据的加权平均。最后乘100作归整处理。

节目评估指数每月向全台公布一次。各制作部门可以看到前一月该部门电视节目的收视率分值排名（分类），也可以看到节目评估指数的排名（分类或不分类）。

从评估指数在部分电视台的应用来看，与以往单一使用收视率评价电视节目相比，节目评估指数对电视节目的评价看起来更接近于大多数人的认识。一些原本收视率很高的节目仍然有很高的节目评估指数。由于受到各种因素的影响，有些节目的收视率不高，但在评估指数中却有了很好的排名，这部分节目能够得到客观公正的评价，正是节目评估指数的优越所在。此外，在评估过程中，很自然地出现了一部分收视率一般、同时节目评估指数也比较低或者收视率和节目评估指数都偏低的节目，这些节目需要在节目定位、制作过程、传播策略等方面进行更进一步的优化。

第四章 节目评估方法概述

当前国内广播电视节目评估体系的研究和实践仍处于探索阶段。20世纪90年代以来，随着现代传媒市场调研被引入广播电视节目评估领域之后，国内关于广播电视节目评估的理论研究和实践探索就基本上沿着受众专家领导三位一体、内部评估与外部评估相结合、定性评估与定量评估相结合的方向进行，且越来越强调和重视受众评估、外部评估和定量评估。

评估，说到底还是要运用具体方法，因为只有方法正确、科学，才能够得出对实践有价值的结论。本章我们将从方法论入手，以具体关于节目评估的方法结束，以期给我国尚处发展之中的广播电视节目评估以启示。

第一节 节目评估方法论

在广播电视节目评估工作中，有一些具有方法论意义的东西，比如，在评估主体上，受众、专家与领导发挥各自评估优势；在评估流程上，在重视播后评估的同时，也注意播前预估和播中监测，坚持内部评估与外部评估相结合，定性评估与定量评估相结合等。

一、评估主体：受众、专家与领导

1. 受众

随着广播电视节目专业化的趋势越来越明显，广播电视节目不再一味追求绝对视听率，而是追求对于目标受众的到达率和视听率，这就会出现一些针对特定受众的节目，虽然它们的绝对视听率不高，但是在相关群体中影响很大，口碑很好，许多广播电视工作者也意识到这一点。同样，受众满意度和节目美誉度在广告投放方面也有反映，一些专业程度高的广告客户会被指向性较好的节目所吸引。因而受众满意度和节目美誉度（包括节目品牌的价值）也应该反映到节目质量中。

具体到操作层面，测量受众满意度和节目美誉度，可以在广播电视台网站建立受众信息反馈平台，吸引受众对广播电视节目的讲座和交流，并建立网上受众节目投票系统。还可以利用广播电视报进行定期的受众调查，或特邀一定数量的不同年龄、不同性别、不同职业的受众组成受众测评组，也可由媒体派专人带上问卷深入受众中以座谈会或随机抽样等方式来获取受众对节目质量的测评指数。

另外，受众通过来信、电话、来访或网上对节目进行各种意见反馈。这些意见虽大都是零散、随意的，但由于它们能随时传达受众的需求，反馈节目在受众中的反响，表达对节目的评价意见。因此，这些反馈意见也是评估节目的重要参数之一。

2. 专家

专家评价指标是广播电视方面的专家学者对节目质量评议的量化，是由各广播电视台专门成立的由广播电视专家、影视评论学者组成的评议小组，从专业角度对节目的思想性、艺术性、可视性等方面进行综合打分定级。这一指标对节目的制作和发展具有很强的指导性，是对节目更高层面的评价。专家测评指数是通过专家为节目打分来体现的。但是专家除了打分外，还需对节目作理论分析。专家组的成员，应由具有丰富的专业知识和深厚的理论功底、有很强的分析能力和很高政策水平的台内外专家、学者、广告业者、广告客户等组成。

邀请相关的学者专家做广播电视节目的质量顾问，请他们给节目打分，这已成为广播电视台通常的做法。专家学者往往有较强的社会责任感，对广播电视节目都比较关注，他们对节目的评价数据是有专业代表性的，对指导节目创新是很有帮助的。被邀请的学者应该有合理的组成结构，应该包括新闻、传播、电视、文化、社会、心理、经济等各方面的专家学者，还可以包括与具体节目内容相关的专家学者。

在具体操作过程中，由于专家学者往往工作很忙，需要与他们建立紧密的联系。我们可以借助于互联网络，在广播电视台网站建立节目质量评价系统平台，使特约专家学者及时进行网上节目打分，通过网络及时通知专家学者关于节目质量评价的相关信息。这样可以大大提高节目评价的效率、成本和效果。

同时，完善专家评估考核节目的制度，需要注意以下几个方面的问题：

（1）实施节目评估，必须制度化、长期化，降低偶然性因素带来的不合理影响。由于人力、物力等条件的限制，没有必要，也不可能对所有节目的每天播出状况做出全面评估，随机抽样是比较可行、比较公正实用的方法。这样，要使节目评估达到预想的目的，就必须使专家评估节目的工作制度化、长期化，同时减少偶然性因素的影响。

（2）实施节目评估制度，必须组建一支相对稳定的、高水平的、科学的专家评估队伍，以增强公正性和权威性。在不同类别的节目中，保证所选的专家必须是真正的行家；在一个专家队伍中，可以包括传播学、心理学、语言学等相关的不同领域的专家共同组成。[①]他们的理论水平、分析能力必须带有权威性，这样评估结果才能准确、公正、服人。

专家评估节目，虽然也存在某些局限性。例如受限于专家个人的主观性、知识背景等影响。但比较而言，仍然是一种可以操作、比较实用、也比较经济实惠的办法，如果我们能不断总结经验，改进完善评估的方法，并与视听率调查和受众反馈等评估方法相结合，还是能对节目进行较为客观的评价的。

3. 领导

领导处于广播电视发展的决策层，是节目战略的制定者和实施者。参与广播电视节目评估的领导一般来说由电台、电视台领导、各节目部主任、总编室主任等人构成。在有些台，编委会是广播电视节目质量管理系统的指挥中心，他们时刻关注着节目质量的变化，一方面他们是节目的审查者，对节目的舆论导向负责；另一方面，他们全局在胸，并时刻关注着节目质量的变化，对节目有很高的敏感度，而且对节目市场、广告市场也十分了解。所以，他们对节目评价数据也应该成为广播电视节目质量评价指标体系的一部分。

专家、决策层和受众的测评属定性评估。节目质量评估中引入这部分内容十分重要，它可以弥补定量评估的不足。

[①] 任桐.构建科学的广播节目综合评估体系——以江苏省广播电视总台广播传媒中心为例［J］.中国广播，2011（05）.

专家学者、决策层参与评估，其作用在于：一是他们能对节目作全面深刻的定性评价。所谓全面，是指对节目定位、创意、策划、采写、编辑、播音、制作、播出的全过程及各个环节的全面评价；所谓深刻，是指对节目做出系统的理论分析和精辟的专业见解；二是对一些目标受众偏少、视听率和占有率偏低而宣传意义又十分重要的节目的扶持；三是对一些重要节目、重点节目或已被列入末位范围有可能被淘汰的节目进行会诊式剖析；四是对受众调查数据及受众反馈信息进行分析、研究和论证。这几点一般受众不可能做到，也不必做到。

当然，任何事物都有其两面性。专家学者及决策层测评也有其局限性，他们往往站在传者的立场上，从政治性、思想性、艺术性的高度，从专业技巧的角度对节目进行考评。他们过于强调上述三性的统一和专业技巧的完美，容易忽略受众态度和传播效果。同时，由于受个人主观因素的影响和人数的限制，常常容易带有片面性和偏向性。所以，坚持定性评估和定量评估的有机完美结合，构建综合性评估体系，才能使评估效果更具科学性。

二、评估流程：播前、播中与播后

节目评估体系，是当今广播电视业界广泛关注的一大热点。科学的节目评估体系，可以使节目实现由模糊管理向精确管理的过渡，实现社会资本、媒体资源的优化配置，也可以促进节目微观层面的科学运作。然而针对这一课题，无论是实业界还是学术界，研究的重点都是立足于播后评估。播后评估是在节目播出之后才能生效，这些事后的经验总结可能对下次节目运作产生意义，而往往对本次节目的运营于事无补。除此之外，这些评价方法多是偏重节目质量、传播效果等方面的评价，未能涉及节目经营状况。因此，科学的节目评估体系是不同于传统经验型节目评价的全新节目管理模式，必须根据节目运作的过程将节目评估分为播前评估、播中监测和播后评估，而且三者之间存在着密不可分的逻辑联系。

2001年4月在厦门举行的"广播节目评估研讨会"上，对节目评估体系这一概念的认识在广播界基本达成共识，并初步表述为：在节目（栏目）从策划到播出的全过程中，为保证和提高节目质量，并为节目改革和调整及对节目从业人员业绩的评价考核提供科学依据，就节目的质量、定位、内容、播出效果、投入产出等进行科学、规范、系统、全面、持续的评价和考核而形成的综合评估体系。据此，我们可以看出：

首先，节目评估体系是对节目运作过程的评估。它是用系统的观点来测评节目的，最根本的目的是希望通过建立科学管理、客观考评，从而实现对节目运作过程的有效调控。因此，节目评估体系的实质是一个动态的、连续的过程测评，而非仅仅对于已经是成品状态的某一媒体产品的静态考评。这就是科学的节目评估体系和传统意义上的经验型节目评估工作的本质区别。

其次，节目评估体系能够给节目运作过程带来切实有效的控制和帮助才是建立节目评估体系的基本意义所在。换句话说，建立节目评估体系最重要的意义在于进行前馈控制和过程控制，而不仅仅是类似于传统型节目评估的反馈控制。

最后，既然节目评估是为了体现对节目运作有效的控制，而对于静止的东西，是不需要控制的，只有对运动着的事物，控制才有意义。这是显而易见的道理，只有将节目放在节目运作的时间轴上进行研究才有意义。因此，将节目评估分为播前评估、播中监测和播后评估具有一定的积极意义。

1. 播前预估

所谓播前预估，是指以节目播出的时点为分隔点，在此之前媒体对节目进行的可行性研究的阶段性评估。

央视咨询调查中心的陈华峰先生曾经在2000年成都研讨会上提及节目播前预估。这里要强调的是，节目播前预估并不是简单地防患于未然，防止把质量不高的节目传播出去，以此为广告经营者服务。在节目评估体系中，它还扮演着如下重要角色：播前预估是节目评估体系中的原始"目标"，是播后评估的参照标准，是播中监测的科学依据。

在工商业中，已经有多种评估方法得到了运用。这些方法可以分成以个人为中心、以工作为中心和以目标为中心三种形式。现代的评估方法多属于以目标为中心。此方法即根据工作中的主要责任，建立相应的特定目标来衡量实际所达到的绩效。

节目评估体系正是以目标为中心的评估模式。因为进行节目评估有着自己明确的目的和目标，其目的是想通过评估实现对节目的科学管理与控制，而目标具有时间特性和量化目的。只有先制定预先目标，再通过实际运营结果进行对比评价，才能准确地通过反馈信息适时纠偏，从而充分实现目标控制。

同时，管理学的观点认为，任何一种评估体系基本上都包括以下步骤：（1）确定业绩标准；（2）将实际业绩与预定的业绩进行对比。在节目评估体系中，制定节目评估的标准应该在播前预估这一环节得以确定和统一。

总之，节目播前预估在一定意义上指的是节目运作目标的事前预测，它的实质是管理活动中的计划，是目标管理中的目标。因此，播前预估是整个评估体系的前提，是进行播后评估的标准，同时这一目标也为播中监测指明了内容和方向。

因此，播前预估的主要任务就是预测和确定节目运营的目标，并根据实际量化这些目标。它通常还需要检查节目策划和制作的质量，以评估其运营的可行性，或评价节目在制作过程中的重大变更以及对节目效益的作用和影响等。

2. 播后评估和播中监测

节目播后评估，是在节目播出后，对节目实际运营效果进行综合评价的过程。通常所提的节目评估一般指的就是播后评估。

节目播后评估离不开节目监测。所谓监测，是指在某一活动的进程中，按照为活动既定目标而事先设计的指标体系，不断采集数据和资料的过程。监测是一种连续不断的评价。节目监测是随着节目运作过程，按照为节目既定目标（这里即播前评估目标）而事先设定的指标体系，不断采集数据和资料的过程。它是节目运作过程的一项重要工作，是节目日常管理中不可缺少的部分。

广播电视监测业是随着我国广播电视产业经营的推进而产生并迅猛发展起来的。从最初帮助广告商了解媒体是否按照约定投放广告的单一功能，日益向着多元化、综合化的方向发展。目前，广播电视台基本都有专业的收听收看监测系统，除此之外，每一节目几乎都有人专门负责监播，节目监测的重要性可见一斑。

在此需要说明的是，播中监测不仅仅包括节目收听收看监测，它还包括节目的广告监测。因为节目评估体系是一个综合评价系统，它既包括对节目质量方面的评价，还包括对节目经济效益方面的评价，因此广告监测必不可少。如何从广告监测的纷繁复杂的数据中提炼出具有针对性的、高附加值的信息，为广播电视媒体经营所用，也是当前业界热衷的一大话题。

不难看出，播中监测是整个评估过程的数据基础，是对于节目运作实际情况量化的客观描述。节目播后评估的操作正是以节目运作过程中不断收集的监测数据和资料为依据进行的，因此节目的监测及其信息指标体系的设计、操作和管理对于节目能否准确评估十分重要。

在目前节目评估的实践中，播后评估的内涵常常和播中监测相等同。事实上，科学的播后评估，应该以播前预估所确定的目标为基准，参照播中监测的实际监测数据来进行对比评价。

具体来说，节目播后评估包括两大部分：效果评价和综合评价。

效果评价是通过节目监测所得数据，对节目播出过程进行的评价。这种评价的目的是，分别检验节目的投入、产出、社会影响、受众反应等达到理想效果的程度，判断节目预期的目标是否达到，节目规划是否合理有效，从而适时合理调控，促成节目目标的最大化实现。

综合评价指在节目播完之后所进行的综合性评估。它以播前预估以及效果评价为基础，通过调查节目的经营状况，以及节目运作的调控情况等，综合分析节目发展趋势及其对社会、经济和环境的影响，总结宏观方面的经验教训，为下一次节目运营做准备。

3. 播前预估、播中监测、播后评估间的逻辑关系

（1）按照评价时点来看，三者是富有层次的连续关系。首先，播前预估需要对节目进行科学的分类界定，根据不同节目的功能定位，确定评估目标是以社会效益还是经济效益为中心进行评价，或者二者兼顾，各自占有的比例如何。这样来确定评估的内容及其重点，然后根据各自的评估内容及其重点，找寻相应的指标，并建立指标体系。最后，预测并确定节目评估指标的具体目标。这一目标要尽可能量化。

播中监测包括节目收听收看监测和广告监测，其监测的具体内容即建立哪些监测指标，需要围绕播前预估过程中的确切目标而定。例如，播前预估对节目的视听率、满意度等指标有量化的基本预测，那么播中监测过程必然会包含这类指标。但是除此之外，播中监测这一过程还需要灵活设计一些新的指标。比如，播前预估通过投入产出指标的可能数值，那么广告监测除了需要测量广告的总收入等总量分析指标之外，还必须测量广告的平均时长、秒单价、广告暴露次数等平均分析指标。因为只有通过这些指标的建立，才能分析出媒体在经营中的问题所在，从而对这一节目具体的经营管理做出综合评价。从中，我们不难看出，播中监测是受播前预估所包含的内容及其目标制约的，它实际是播前预估在实际运作中的印证。

至于播后评估，则相对简单一些，除了将播前预估中的内容与实际监测的数据进行对照纠偏外，全面综合评价，从而总结经验、预测走势是其全部职责。

三者之间的层次关系，可以用一个简单的管理思想来解析，即企业界通用的

PDCA 循环。PDCA 循环是企业界通用的质量管理方法，是英语 PLAN（计划）、DO（实施）、CHECK（检查）、ACTION（处理）首位字母的联写，是由美国戴明（W. Edwards. Deming）博士首创的，故也称为戴明环。在节目评估体系中，播前预估是主体和核心，确定评估目标和主题，进行初步计划和预测，是其中的 P（计划阶段）；播中监测是播前评估的现实印证，是其中的 D（实施阶段）；播后评估是检验和总结，是其中的 C（检查阶段）和 A（处理阶段）。

（2）虽然节目播前预估和节目播后评估在评价原则和内容指标上没有太大的区别，但是，由于二者的评估时点不同，它们在评估的目的和评估的方法上还是存在一些差异的。

播前预估的目的是判断节目是否可以运作，它是站在节目运营的起点，主要应用预测技术来分析评估节目未来的效益，以确定节目投资是否可行，并由此建立相应的目标和指标体系，进行前馈控制。而播后评估则是在节目播出之后，总结实施效果与预定目标之间的差异，并对节目的未来走势进行分析，其目的是为了总结经验教训和前景预测。因此，播后评估主要根据播前预估所确定的目标和指标体系进行对比评价。

三、评估原则一：定性与定量

节目评估体系是广播电视管理体系中的一个重要组成部分，它把系统论、信息论、运筹学、控制论等新兴科学融入广播电视节目管理之中，它的特点是把节目进行量化处理，把在节目运行中的监控、监控信息的运筹处理、控制节目运行三个要素作为互为影响、互为制约的关系。节目的好坏要通过量化指标在信息采集中反映出来；在监控信息处理后，反馈给节目制作者并同时传递给管理层；在节目制作者对节目变动后，或管理层对节目制作者调控后，节目指标发生了变化，监控信息也将发生变化，信息反馈后，节目制作者及管理层也将有新的动作，这样三方面互相影响、互相作用，促进节目质量不断提高。

在具体操作的过程中，根据节目的实际情况和节目管理的需要，评估的重点要有侧重。在强化舆论监督力度、提高舆论引导水平这个角度上要重点评估新闻节目和社教节目；在考虑社会效益的角度上，要重点评估黄金时间内播出的节目；在促进节目快速提高的角度上，重点评估需尽快解决问题的节目，如信息量小的节目、舆论引导力度不强的节目、节目包装不佳的节目、主持水平不高的节目等；

在节目评估工作的具体部署上，要重点评估最好及最差的节目，即主打栏目和一般栏目。

节目评估标准是节目评估体系最根本的要素，而节目评估量化指标是节目评估标准最科学最准确的标志，将评估标准进行量化分解，就能明确地评估节目。

当然，广播电视节目与物质产品不一样，属于特殊的精神产品，其评估不可能做到完全量化。因此，在方法上必须坚持定量与定性相结合的原则。对精神产品的质量进行量化评估是个难题，但又必须实施。其量化的指标数据，有些是媒体自己提供的，如：各类节目的质量标准指标、专家测评指数、决策层测评指数、受众测评指数、经济的投入与回报率指数等；有些是社会调查公司提供的，如：节目视听率、占有率、覆盖率，受众满意度、满意率等。其量化方式，有的是百分比，有的是按"百分制"或"五级分制"来进行的。

四、评估原则二：内部评估与外部评估结合

目前，来自受众调查的一些数据，特别是视听率，在媒体内部产生了信任危机，这些数据对媒体的运作很少具有指导作用。

出现这种状况的一个很重要的原因就在于，依据受众调查对节目进行的评估实际属于一种外部评估，由于这种评估中受众是评判的主角，而大多数受众是只收听收看节目而不懂节目制作的，他们也许会对节目好听不好听、满意不满意做出粗略的回答，但对节目的导向、节目策划和定位情况、主持人的语音、音响效果等一些比较专业性的问题很难做出鉴定和评判。有些节目虽然导向上存在一些问题，但受众满意率却很高；有些节目制作质量虽然有些粗糙，但由于时段比较好，所以视听率却有可能很高。而从专业角度来评估这些节目，它们的评分就有可能比较低，也就是说，其质量是不能仅仅用视听率和满意率来衡量确定的。说到底，受众对节目的评估是一种外部评估，也是一种"外行评估"，而不是专业评估。这里丝毫没有贬低受众调查的意思，而是应当看到仅仅依靠受众调查评估节目是有缺陷的。

为了弥补这种缺陷，一些广播电视台在评估节目时开始尝试着两条腿走路，即在开展受众调查获取节目视听效果数据的同时，在台内部同时开展节目质量考评工作，即由台领导班子成员组成考评小组，也可以聘请一定数量的监听监看人员参加到考评小组中来，对本台节目开展评估。这种评估可以称作是一种内部评

估，它从一定程度上弥补了单纯靠外部评估也就是靠受众调查来评估节目的不足。

这种内部节目评估是从专业技巧角度对节目编播情况开展的评估，这些专业考评在节目评估中的重要性是显而易见的，其中一些专业考评数据单纯靠受众调查是不可能获得的，它只能由广播电视台内部组织专业人员来考评获得，受众调查所设计的一些调查项目一般都是比较感性化的、模糊性的，比如喜欢不喜欢、满意不满意、经常不经常、清晰不清晰，等等，而节目内部考评则可以从专业技巧角度设计考评细目，像政治、思想、法律、道德、文明导向方面是否正确，节目角度是否新颖，节目衔接转换是否和谐自然，主持人是否精神饱满，语言是否流畅有层次，节目内容是否与音响融为一体，等等，都是从专业角度进行的考评，相对来说比较具体，能够基本反映出被测评者的工作状况。节目评估中如果没有这些数据，那么节目评估显然是不完善的，而这些数据有许多是不可能通过受众调查来获得的。

当然，这种由电台内部开展的节目考评也存在着一些需要完善的方面。首先，由于这种评估主要是站在传者立场上来进行，主要是从专业技巧的角度对节目的编播进行评估，因此它往往会由于过分强调专业技巧的完美而忽略受众的态度，由于如此忙于"完善"自己而无暇"顾及"他人，这同样也会走向另一种不完善。节目内部考评是一个相对封闭的评估系统，它的视点侧重在专业技巧而并不侧重在传播效果，侧重在我们认为节目怎么样而不是受众认为节目怎么样，因此如果过分倚重这种评估模式也是很危险的。

现在有些台在开展内部评估时有意识地引进一些外在因素，比如聘请监听监看人员参与到评估组中来，也就是在内部评估中引入外部评估因素，是有一定效果的。但是要注意这些人员的代表性，有些台由于经费不足，无法在各个社会阶层聘请到有代表性的监听监看人员，而主要是从离退休人员中挑选热心参与监听监看的人参加进来，这些人在代表性上毫无疑问存在着缺陷，会直接影响到节目评估的合理性。其次，开展节目内部评估的目的是为了弥补受众调查也就是外部评估的不足，而不是取代外部评估，因为受众调查结果毕竟是对节目传播效果的直接的最有利的反映。但是从目前看，一些台由于经费不足或者对受众调查的不重视，用台内部节目考评取代受众调查的情况却成了一种比较普遍的现象；有些台虽然也开展受众调查，搞出一些视听率、受众占有率、受众满意率等数字来，但台内人士都明白，这些数字是用来对付广告商的，至于台内人员的奖惩、节目的安排调整等仍然是以内部节目考评结果为依据的。从受众那里获得的节目评估数据结果可能反映了实际情况，反映了受众的真实需要，但从编辑部角度来说，要满足这种需要可能"很麻烦"，甚至是不可能的，因为整个节目的编制体制都可能要跟着变，这无疑增大了编导人员的工作量。长此以往就会养成闭着双眼办节目的惰性习惯，这对于提高节目的竞争力很不利。

外部调查抽样方法要科学，数据采集要完整。一些节目评估的结果之所以不能用来指导节目制作，很多情况下是由于抽样方法不科学，采集数据不完整导致了抽样结果的变形，抽样结果告诉我们应当怎样设置节目，而节目编导的理性却告诉我们这种设置节目的方法是行不通的，这种数据与理性的冲突，实际也是定量分析与定性分析之间的冲突，应当真正做到以受众为本。

内部评估是指以媒体自身为主组织实施的评估体系，外部评估是指以受众或社会专业评估机构组织实施的评估，二者应当充分结合起来。

此外，专家评估也应当属于一种内部评估，但它可以对广播电视台内评估与外部评估之间起到一种中和作用。因为专家评估既算是"内行评估"，对广播电视行业比较熟悉，了解节目采制编播的各种技术环节，同时，他们也兼有受众身份，与一般受众肯定有感同身受的一面，而且，专家不属于广播电视台，所作的评价一般来说都是比较超脱、客观的。

第二节　节目评估方法介绍

广播电视节目评估工作，在依据各种评估指标获得各种评估数据之后，一个更为核心的工作就是运用这些数据得出评估结果，这就是评估方法的问题。评估方法在广播电视节目评估体系中也具有至关重要的作用。节目评估方法有简单评估法、坐标评估法、综合评估法、发展评估法、相对评估法、加权评估法六种。下面分别加以简单介绍。

一、简单评估法

简单评估法就是根据某一指标原始数值或若干指标原始数值之和对节目进行

评估的方法。这种方法简单、实用、快捷，但一般比较片面。

二、坐标评估法

坐标评估法就是根据若干评估指标在同一坐标不同象限上的数值关系对节目进行评估的方法。根据坐标维度的多少可分为二维坐标法、三维坐标法等。坐标法的特点是能直观地、立体地反映指标间的交互关系，可以从不同角度对节目进行深入的评价。但是，坐标法的缺点也是显而易见的，那就是不够具体、精确。这种方法由于其直观、立体的特点在受众调查分析和评估中都越来越受到重视。

三、综合评估法

综合评估法就是根据多个指标的总评估数值对节目进行评估的方法。综合评估法又可以分为简单综合评估法和加权综合评估法两种。

简单综合评估法就是根据多个指标原始数值的总和对节目进行评估的方法。这一点类似学校把学生的各科高考成绩总分作为是否录取的根据。这种方法比较简单，只要确定有多少个指标就可以了。

加权综合评估法就是根据多个指标加权数值的总和对节目进行评估的方法。这种方法理论上是比较科学的，但计算比较复杂，其原因就在于各指标的权数难以确定，这也是加权综合评估法的最大缺点。

四、发展评估法

发展评估法就是根据中广指数的发展状态对节目进行评估的方法。这好比股票指数涨跌曲线图一样，可根据中广指数的发展曲线图对节目进行评估。这种方法比较简明、直观、易于操作。但是，发展评估法的缺陷也很明显，原因是：

（1）比较适合对节目的"纵向"比较，不太适合对节目的"横向"比较；

（2）它必须依托连续数据的支持；

（3）不同的节目由于其目标受众规模的不同等原因，其中广指数增跌幅度大小也不同，因此难以进行准确的比较；

（4）在作"纵向"比较时，"基本平均值"或"基本标准值"难以确定。

五、相对评估法

相对评估法就是根据需要选择相对重要的指标，作为主要评估指标对节目进行评估的方法。道琼斯股票指数虽然有好几组指数，但人们对其中的工业指数的关注程度往往是最高的。对中广指数而言也是一样的道理，是突出质量评估指数、经济效益指数还是单单一个满意度指数等都应视不同情况而定。

六、加权评估法

引入修正系数——加权法，就可以实现节目的横向比较。我们知道，在统计中计算平均数等指标时，对各个变量值具有权衡轻重作用的数值称为权重（还称为权数、修正系数、加权系数等）。那么，在计算若干个数量的平均数等指标时，考虑到每个指标在总量中所具有的重要性不同而给予不同的权重，这就叫加权。通过加权的方式计算指标数值的方法就是加权法，用加权法计算出来的指标就叫加权指标。加权法在理论上是比较科学的方法，因为它在一定程度上解决了节目评估中的"不可比性"问题。

引入加权法的意义在于剔除了节目类别设定、节目播放时间、覆盖面、发射效果等客观因素对视听率的影响。因此，使用加权视听率来考察、评估节目，较为公平合理。但是，加权视听率的各项权重的计算，需要取得受众收听收看习惯研究数据的支持。因此，规范、完善的视听率调查和受众研究数据是计算加权视听率的基础。

第五章　节目评估机制建设

节目评估机制是广播电视节目评估体系能够正确、顺利实施,并取得预期效果的制度保障。因此,在广播电视节目评估研究中,这一方面同样受到研究者的关注,充分体现了广播电视节目评估实践性、操作性的研究指向。

对广播电视节目评估机制进行静态分析,有操作体系、分析体系和应用体系三大方面,其中,节目评估机构处于核心地位;从节目评估的动态流程来看,节目评估又可分为准备、评估、分析和应用四个阶段。

第一节　节目评估机制建设

建立了广播电视节目评估体系后,还需要一个机制上的保障,因为评估体系本身是需要执行的,因此没有这种机制,在某种意义上说,再好的节目评估体系也不能发挥作用。

节目评估体系包括评估指标体系、评估方法体系、评估操作体系、评估分析体系和评估应用体系。其中操作体系、分析体系和应用体系三部分应该属于节目评估机制部分。

一、节目评估机制的基本构成

1. 评估操作体系

广播电视节目评估操作体系规定了评估的机构、人员和流程。

广播电视节目评估工作是一项经常化、制度化的工作，作为一个体系来运作，它从启动到完善最后进入科学规范的轨道，必须由专门的工作机构和完备的评估队伍才能完成。"公平、公开、公正"是节目评估的基本原则，一般而言，该项工作应该由社会评估机构来操作，但是在目前的情况下，主要是由广播电视台自己来组建机构。

节目评估机构的主要任务有：组建评估队伍；为评估工作做相关基础调研；确定评估指标；制定评估流程并制作操作软件；评估体系的维护与运行；监督评估数据的收集与处理，撰写评估报告并作演示；开展评估研究；对整个评估体系的管理与监督等。

广播电视节目评估机构应该配备系统设计维护人员、调查服务人员、统计数据处理人员、评估分析人员等，且这些人员与节目制作部门应相互独立。由于其提供节目评估信息的敏感性，因此他们的职业道德水准相当重要。如果他们无法做到"公平、公开、公正"的话，也就失去了评估的意义。

广播电视节目评估机构负责评估工作的具体实施。工作流程应该简明，分工应该明确，这一点可以参考ISO9001质量标准体系认证建立标准文件，所有人员严格按文件要求的步骤和规定开展工作。广播电视台可以根据实际情况，先对重点节目进行评估，待试点后再调整和完善评估流程，再把节目评估的实施工作推开。对节目评估工作的实施一定要严格要求，实施程序要透明，不能流于形式。广播电视节目的质量信息对于广播电视台来说是一种战略性的信息资源，如果不准确可靠，就会影响整个广播电视台的发展。此外，在设计制作评估流程操作系统软件时应注意各台的实际情况，系统不宜过于复杂，系统维护和管理成本应严格控制。

2. 评估分析体系

广播电视节目评估分析体系规定了对评估结果及其成因的检验、剖析和定论。评估数据出来之后，还必须对评估数据进行检验、剖析，并提出一些建设性意见和看法，最后形成完整的评估报告。

评估分析体系在实践中往往被忽视，但缺少了这个重要环节的评估肯定是不完整的评估，因为分析体系保证了评估结果的科学性和准确性。当然，这个环节的操作难度也是最大的，因为只有具有相关专业知识和技能的复合型专业人才才可以胜任。

3. 评估应用体系

广播电视节目评估应用体系规定了对评估结果的管理、应用和研究。得到评估结果并不是评估工作的最终目的，如何对评估结果进行应用和研究，进而提高节目质量，合理调整和改革节目布局，提高节目竞争力、提高本台的综合实力，对节目从业人员进行科学的管理和有效的奖惩才是最终目的。广播电视节目评估应用体系是整个广播电视节目评估体系的出发点和归宿。要健全对评估结果的管理制度。评估结果应由台里公布，根据评估结果对相关节目和人员的奖惩处理也应由台里公布并兑现，确保其权威性。要健全对评估结果的研究和应用制度。对评估结果的应用是多方面的，如：根据评估结果对相应的节目及其从业人员进行奖惩，根据评估结果对本台的广告活动和经营管理提供决策参考，对本台的节目布局、节目设置、节目调整及节目改革提供决策参考，等等。这些研究和应用的流程、权限、方法、结果等都需要有一套相对完善的制度来保障。

二、评估机构：广播电视节目评估的核心

在广播电视节目评估机制建设中，评估机构处于一个非常核心的地位。机构健全了，进行分析体系、应用体系的建设和维护都有了人员力量的保障。

领导重视，组织落实、人员落实，是广播电视节目评估工作得以顺利开展的保证。如果没有完整的节目评估机制建设，只是把文件挂在墙上，锁在抽屉里，束之高阁，等于形同虚设。

1. 成立工作机构

节目评估工作，不是临时性的工作。作为一个体系来运作，从启动到完善，最后进入一个科学、规范的轨道，需要有专门的班子长期运作才能实现。如不成立专门的工作机构来具体操作，这项工作就永远是纸上谈兵。节目评估是一个专业性和技术性都很强、操作程序十分复杂的工作，必须配备专业人员来做。

这个机构是全台节目评估的工作机构、研究机构和为台决策部门服务的机构。这一机构的任务包括：为科学开展节目评估做基础研究工作；制定节目评价指标；设计节目评估程序；负责节目评估体系的具体实施；撰写调研报告（量化结果的定性表述）和开展节目评估业务的研究。

这个评估机构应具备如下特征：

（1）它是一个包括台里不同层级人员（尤其是台领导）在内的完善的有权威性的常设机构；

（2）人员组成来自台内台外、学界业界、不同领域，能得到被评者信任；

（3）这个机构具有明确的指导思想、管理制度和工作机制。

"公平、公开、公正"是准确评价事物的基本原则。广播电视节目评估同样应该遵循这个原则。广播电视台应该建立独立的节目评估机构，直接对台长负责。节目评估机构专门从事节目评估系统的维护和运行，监督调查过程和数据处理，保证节目评估信息的真实性和可靠性，并直接收集受众对节目的反映，如遇到严重的节目质量或运营问题，应迅速向台领导汇报。每周、月、季度都要向台领导提供节目评估报告，由台领导审查后向全台公布。

2. 保障财力和物力资源

用准确的数据、科学的指标、规范的操作来对广播电视节目的优劣做出权威的评定，使节目的调整改革、节目和节目制作者的评价管理进入良性而有序的轨道上，是建立节目评估体系的目的。为了能正常开展工作，必须要有相应的物力和财力的保障。例如保障基本的办公条件，充足的经费保证。

在技术支持层面，广播电视节目评估机构应建立计算机数据处理系统。把节目评估结果输入计算机，利用统计软件可以很快得到调查结论，并可进一步分析所得数据。从网站得到的数据信息也可以直接进入节目评估系统进行分析处理。总之，节目评估机构应该充分利用现代信息技术来提高工作效率。

三、建立合理的样本采集机制

受众市场的快速发展和媒体的高速化运转及竞争的日趋激烈，媒体市场定位日益呈现细分化、专门化和规模化的特征。市场细分趋势使得受众从一个笼统的整体概念转变为具体的、有明显特征的小群体。每个群体都有自己的目标受众群。这使得广播电视媒体必须依据一种比较科学的工具来进行辅助。这个工具就是受众调查。受众调查是促使媒体对市场调研及受众定位问题加以关注并在传播实践中加以应用的重要因素。

从 2003 年开始，我国广播电视节目评奖开始参考视听率、满意度等受众调查数据。其目的是通过数据了解受众的媒介接触行为、态度和对媒体的满意度，以便在激烈的市场竞争中，吸引更多受众的"眼球"。但在实践中，人们发现这些数据的获得却存在不完整、不科学的问题。因此，在评奖操作过程中，数据只是作为参考，主要还是以专家对参评节目进行主观评价为主进行评判。于是，建立一套为多方认可的合理的受众调查机制，并最终通过行业标准的形式颁发并推行成为受众工作的目标。具体来讲，可以从以下几个方面予以完善：

1. 确立准确的数据采集样本户

《全球收视率测量指南》（GGTAM）规定，固定样组的规模要根据它应该由需要被测量的次级人群也就是目标收视人群的地理分布和人口覆盖情况以及频道覆盖的数量和规模来决定，还应该考虑到由不同的抽样方法所带来的样本设计的有效性等方面。完整的固定样本量的设置取决于这个地区以上因素的综合情况。

根据我国相关研究，如果要做全国受众调查，需要建立一个全国受众调查网络，抽取的样本要能代表全国广播电视信号覆盖区域内所有4岁以上的家庭人口，并且在抽样之前要开展大规模的基础研究。

如果要做省级受众调查，则需要建立省级受众调查网，调查总体为某台在全省广播电视信号覆盖区域内所有4岁以上的家庭人口。抽取的样本要在600—1000户，其中城乡各300—500户之间，并且在抽样之前要开展基础研究，基础研究的样本量在700户以上，其中城乡各350户。市级受众调查总体为某台在全市（包括区、县）广播电视信号覆盖区域内所有4岁以上的家庭人口。样本量为100—400户之间。在大城市特别是省会城市，样本量要在300户以上，而在一些小城镇，样本量可以为100户。

2. 合理分配数据采集样本

由于广播电视受众数量巨大，普查是不现实的，只能选择具有代表性的样本，通过样本统计量对总体参数进行估计。从理论上来讲，样本量的确定受四方面的影响：一是抽样总体中各单位的差异程度。差异度越大，为保证达到一定的抽样精度，所需要调查的样本量就越大；二是最大的允许误差。允许误差越小所需要调查的样本容量也就越大；三是抽样的方法。不同的抽样方法决定了不同的效率；四是人力、物力、财力等条件的限制和投入。调查单位所投入的人力、物力和财力随着样本量的增大而增大。在具体的实践操作中，允许误差和投入是此消彼长的关系，最优化的方案是达到两者的平衡，从而达到预期的调查目的。

在我国，市镇与乡村总人口的差异非常大，但受众调查主要针对城市进行采样，忽略了庞大的农村人口基数。这导致样本的采集不具有代表性或代表性不强，直接引起的后果是调查结果的不准确。

样本调查范围本身还存在"盲区"。例如，受众调查首先是对常住收视、收听人口的调查，而现实生活中却大量地存在着一些非常住人口。随着社会生活形态的变化，满街跑动的出租车司机，黄金时段仍在忙碌的加班人员等都是潜在的收视、收听人群。还有在宾馆、酒楼、学生宿舍、购物中心、便利店等人口聚集的地方，电视普遍存在，而在这些场合收看电视的人也普遍存在。可这往往是收视调查的"盲区"，往往从来没有被测量过。另外，随着受众生活方式的变迁，新媒体的快速发展，手机电视、IP电视、网络电视的崛起，给传统的视听率测量带来了极大的挑战，因为这些新媒体拥有大量潜在的受众，对于这些受众群体，传统的视听率调查方式是无法测量其收视行为的，这同样也给受众调查带来了新的课题。因此，如何合理分布数据应该有一个客观性的描述，并且要切实做到。

3. 建立受众调查监督机构

受众调查行业是专业性较强的服务性资讯行业，也是一个依赖技术的行业。因此，在选择调查公司的时候，需要格外看重它的资质，包括调查的专业性、人员的素质、客户的评价、行业口碑，以及行业权威性，等等。一个资质良好的调查公司意味着调查数据能得到认可，能比较准确地反映受众的视听状况；相反，如果调查公司资质不够，数据的可信度较低，业内认同度不够，就很难确保节目评估的准确和客观，用这样的数据去参与节目的综合评估也就失去了意义。

在我国从事受众调查服务的机构大约有100多家，从市场份额来看，CSM大致占到了整个市场份额的80%，而尼尔森大约占到10%—15%的份额，其余5%—10%的份额是其他小型调查机构。专业的视听率调查公司一般按照严格的操作规范进行测量，数据来源可靠，抽样方法科学。但由于市场上的调查机构背景、实力、规模、资信、市场地位差别较大，在具体的执行标准上存在很多差异，所以在这种情况下，要想获得"唯一性"较强的数据显得有些困难。

受众调查是技术含量较高、专业性较强的行业，为保证数据的可信和真实还需遵循一定的操作规范。因此，建立受众调查监督机构，审核和认定受众调查公司的资质，并在其技术指导下开展工作就显得尤为重要。受众调查监督机构必须秉承公平、公正的态度，而且是非营利性质。应以受众调查专家为主要成员，对受众调查市场有深入的了解和把握，非常熟悉和了解受众调查的技术规范和要求，并且综合来自客户及固定样组代表的意见，作为一个独立的第三方对受众调查公司进行审核和监督。

受众调查行业在国内尚属新兴产业，目前还没有适当的"行业准入"制度，也缺乏相应的规范。受众调查不可避免地会出现误差和各种问题，需要第三方来进行监督，对于数据异动现象，也需要调查公司配合公益性质的第三方机构进行调查和处理。

第二节　评估机制运作程序

建立一套既科学规范又切实可行的广播电视节目评估运作程序，是能否将节目评估体系的基本原理有效应用于现实节目评估工作的关键。这里所提的基本运作程序只是针对由广播电视台自身组织实施的节目评估，而不是由社会评估机构组织实施的节目评估（将来由社会评估机构开展的节目评估工作，其运作程序必定会更专业、更科学、更严谨）。

一般而言，广播电视节目评估体系的基本运作程序分为四个阶段。

一、准备阶段

节目评估是一项十分复杂，而又需要经常化、制度化的工作，特别是作为一个体系来运作，它从启动到完善，最后进入科学、规范的轨道，必须由专门的工作机构和完备的评估队伍才能完成。在准备阶段的主要任务就是成立评估机构，组建评估队伍，明确分工；评估机构依据节目评估体系基本原理并结合本电台的实际情况确定评估方法、评估对象、评估指标、评估模型和评估程序；确定获取评估指标数据的来源和方法，特别是要确定外部提供数据的机构或人员；制作相应的评估工作软件并对相关人员进行操作培训；制定与评估结果相对应的相关节目或节目从业人员的奖惩制度。

二、评估阶段

将获取的各种指标数据录入评估工作软件并制作出相应的数据统计报表,按既定的评估模式将这些数据报表进行分析评估后得出评估结果。

对广播电视节目评估体系三个子体系的各指标分别进行运作,得出被评估节目的各指标数据或分数。该程序的主要内容有:

(1) 通过受众调查得出被评估节目的视听率、满意度、占有率等原始(基本)指数;

(2) 将专家与受众测评的定性评估量化成评估分值;

(3) 按一定的科学计算方法计算出被评估节目的投入产出比值。

对上述各指数或分值进行加权处理后,按统一的综合评估指数计算公式计算出被评估节目的综合评估指数,并且根据被评估节目的综合评估指数大小对节目进行排序。

三、分析阶段

根据评估指标数据之间的关系对评估结果作深入的分析后形成结论性评估报告,并根据评估结果对有关节目进行分析、总结并及时提出应对策略。

四、应用阶段

应用的内容包括:根据结论性评估报告对相关的节目或节目从业人员进行奖惩;根据结论性评估报告对被评估台广告活动、经营管理、节目布局、节目设置、节目调整和节目改革等方面提供决策参考。

这一阶段,在整个广播电视节目评估运作程序中绝不是处于可有可无的地位,而是至关重要的;节目评估结果的执行缺失或不力,将导致整个节目评估前功尽弃。在应用阶段,对相关栏目、节目进行奖罚是增强广电工作者质量意识,不断推进广播电视工作的重要动力。

在对节目评估结果的应用上,需要注意防止出现以下问题:

1. 奖罚与节目质量脱节

有些台对栏目组的目标考核,只注重定位是否准确,是否准时播出,是否出现导向问题,经济创收任务是否完成,对获奖作品和对上级台供稿是否实行一定的奖励；而不注重对平时与每期节目质量相关因素的考核。记者的奖金主要取决于创收完成数额的多少，这样就把记者的精力从精办节目引导到搞创收上了。如果办节目的费用是按一定比例从创收中提取的，则会出现节目越省事、费用越低，奖金则越多，这样记者就不会去费时费力地对每期节目进行精雕细刻。这种奖罚与节目质量脱钩的管理，导致播出的节目质量平平。

2. 记者重数量轻质量

有些台对栏目组在宏观上实行目标管理，而栏目组则给记者定任务下指标，每月根据制作节目数量进行打分，以分计奖。记者为了完成并超额完成任务，把发稿数量放在首位，有时一个选题明明可以做精深一点，但由于赶时间、抢速度，只好作罢，转入下一个目标，这样可以多出稿件，多得奖金。于是，优质的稿件、有分量有特色的报道少了，取而代之的是大量的不痛不痒的报道。

3. 选题凑合应付

一个好的选题是节目成功的一半。然而找一个好的选题，往往在创作上要劳神费力，而找一个容易创作的选题，记者会省时省力。在没有严格的质量考核的情况下，记者往往选择后者。有时记者和栏目组还将一些似乎合理的"关系选题""人情选题"也上了栏目。有时还出现个别记者对监制提出的修改意见嫌"麻烦"，奉行只要没有导向问题就可以播出。究其原因，除对节目质量没有制定科学权威的评估标准外，主要是因为节目质量与奖罚挂钩不紧，利用经济手段施加的外诱因力没有放在"讲质量上"。

一个广播电视工作者的进取动力，主要来自三个方面，即经济利益的驱动、竞争机制使然、成就事业的追求。广播电视工作的管理者除对工作人员加强奉献意识、质量意识的教育外，就是要建立以评估结果为依据的节目评审奖罚、淘汰等节目控制体系，以加大外界诱因产生的引力，并使之转化成为各自的成就欲而变成奋力追求节目质量的内在动力。这种外诱因力和内驱力形成的合力，则会推动一个人不断的进步，促进全台节目质量的不断提高。这样，管理者就达到了以施加外诱因力挖掘人的潜能的目的。

当然，节目评估不是评优，只是为了督促采编播人员提升节目质量，以便越做越好。评估报告提供给各专业频道后，他们除了传达到采编播人员，还以此作为发放采编人员效益工资的重要依据之一。如果频道对某个节目考评结果有异议，考评委员会允许复议，错了的给予纠正。评估报告中发现的问题需要反馈意见的，就要给考评委员会做回复，说明问题发生的原因，对问题是如何处理的，并提出此类问题的整改措施。唯有这样，才能使节目更有新意和活力。

第三节 制播分离与评估机制

制播分离是最近几年来广播和电视行业的热门话题，理论界希望通过制播分离的推行，即通过市场之路做大做强中国媒体，从而形成跟国外传媒竞争的实力。全社会也对制播分离寄予厚望，希望制播分离能克服广播电视自身的体制缺陷，生产出更多的好节目。

制播分离，简单说就是关于广播电视节目的制作和播出环节的分离。它是我国广播电视节目的发展趋向，这是被发达国家的广播电视运作机制所证明的。因而，在这种背景下，探讨制播分离下的广播电视的节目评估机制具有重要的理论和现实意义。

一、认识制播分离

十多年来，我国广播电视界制播分离的推行曲曲折折。鉴于广电行业内部对制播分离也存有争论和曲解，我们有必要对其进行全新思考，重新认识制播分离。

1. 什么是制播分离

制播分离是指将广播电视的节目生产剥离出去，由社会上的其他实体完成，电台、电视台通过购买社会上的节目或开放时段完成播出，即实现广播电视节目的社会化生产和全面流通。

2. 为什么需要制播分离

我国电台和电视台过去长期采用采编播一体化的生产模式，节目自己生产自己播出，缺乏竞争机制，人员十分臃肿，有些员工甚至一年就只搞几个节目或办一台晚会。这种制播合一、吃大锅饭式的运行机制严重限制了节目的发展，造成了电台、电视台效率低下、运作成本高昂。而受众对广播和电视的要求越来越高，在目前体制下，广播电视精品节目少，整体节目水平长期在较低的水平上重复运转，所以迫切需要广开渠道，拓宽节目生产平台，聚集全社会的力量即实施制播分离来生产丰富多彩的节目。

3. 制播分离的影响

制播分离对社会经济将产生广泛影响，重点体现在三个方面：

（1）制播分离的实施是在培育我国广播电视内容产业，使之逐步成熟壮大，形成大产业链，为观众提供更多喜闻乐见、积极向上的节目内容；

（2）对资本市场来讲，施行制播分离是广播电视产业化的标志，必然给资本市场带来众多较高回报的投资机会，促进资本和产权的整合；

（3）对电台、电视台来讲，施行制播分离意味着全台的运作转移到以市场为中心上来了。

在现代广播电视内容市场竞争激烈的时代，节目所创造的社会价值和经济价值是广大从业者最关心的问题，因而实施制播分离首先就应该确定好节目的评估机制，只有确定了评估机制，才可能更好地实施制播分离，以创作出好的节目，获得更多的社会效益和经济效益。然而，从以前的制播合一到现在要探讨制播分离，中间会有很多障碍和难题，也有许多需要我们面对和解决的问题。想要制定制播分离后的广播电视节目评估机制，就需要深入了解国内推行制播分离对广播电视的影响情况。只有这样，才能够把各种要面临的情况考虑清楚，才能够很好地实施制播分离。下面，我们主要介绍一下国内推行制播分离对广播电视的几种影响。

二、国内推行制播分离对行业的影响情况

从国内推行制播分离的经验来看，遇到的困难不少，掌握不好反而会使节目水平下降，很多单位的试点是以失败而告终的。本部分主要以静态视角分析制播分离推行过程中对节目造成的负面影响，分别讨论对电台、电视台的影响。

1. 对整体节目产量的影响

目前社会上的制作公司并不多，大部分规模很小，设备落后，运作也不规范，能承载的整体节目生产量很小，对大规模的节目生产需求难以满足。如果实施完全制播分离，让台里的节目走入市场，由于市场稚嫩，不能形成良性竞争，整体节目产量反而受到影响。

2. 对节目政治导向的影响

媒体始终是党和政府的喉舌，其政治属性极其重要。在从事节目市场营销的同时，媒体还要义不容辞地担负喉舌功能。目前，台内大都实行三级审片制度，不允许出现有违背政治导向的声音。而节目制作公司是从商业利益出发的，对政治没有敏感性，不可能担负起喉舌的责任，虽然节目终审权由台里把握，但并不能完全控制节目生产的所有环节，台对节目的审查修改也常常和制作公司的商业利益产生冲突。

3. 对节目可控程度和响应时间的影响

台里的节目生产是一个流程，包括从节目选题、前期拍摄、后期制作、审查、修改、标引入库、计划编排直至播出的过程，涉及多个工序人员之间的配合，需要一支稳定可靠的技术队伍。而制作公司的人员流动性大，磨合常常出现问题，而且一个节目也经常需要两个以上制作公司来完成，工序之间跨度较大，协调困难，所以造成了节目制作的可控程度较低，发现问题难以控制。

此外，节目制作播出过程也往往伴随着突发问题等不确定因素，节目经常需要调整或修改，而且节目制作往往对时间性要求很强，错过时机就丧失了播出价值，这些都对制作公司提出了很高要求。而制作公司是要讲成本的，台与制作公司仅仅是商业合作关系，往往面临操作上的困难，这也造成了节目可控程度降低和响应时间变慢。

4. 对播出安全的影响

为了保障播出安全，台在节目制作流程上投入的人力物力是十分高昂的，一旦改制为制播分离，成本是降下来了，但节目制作却变得分散随意，漏播、错播的几率会上升，发生责任事故的可能性会变大。

5. 对节目水准的影响

当前，制作行业尚缺乏规范，制作公司良莠不齐，一些公司设备陈旧，操作随意，节目一致性差，影响到节目的水准。同时，在不良社会习气影响下，一些制作公司靠返送利益来吸引业务，有些编导为获取个人利益和制作公司串通一气，损公肥私，这必然影响到节目水准。

6. 对员工的影响

制播分离体制对员工有淘汰，也涉及利益的重新分配，必然损伤一部分人的利益，而广电业员工长期在大锅饭环境中生存，很多老员工观念守旧，缺乏竞争意识，他们会对制播分离存有抵触情绪。

7. 对现有制作设备的影响

台里往往有精良的系统和设备，但是在制播分离体制下，台内台外形成了竞争关系，此时对台内管理提出了更高的要求，而长期在计划经济体制下的台内管理往往水平不高。再者，台内人员工资较高，运行费用也高，服务意识欠缺，这些因素会造成制作量流失到外面，最终的结果会是台内精良设备闲置，从而产生新的资源浪费。

8. 对广播电台的影响

广播节目制作和电视节目制作有很大不同，广播节目生产是一种低成本、作坊式的生产，往往一个人就能撑起一个节目。这种生产和制播分离的工业化特质不相吻合，而且广播节目的地域性较强，甲地生产的节目很难卖到乙地。目前，只有少量音乐节目、娱乐节目能够进入节目市场。因此，广播节目的制播合一比制播分离更有优势。可见，推行制播分离，广播与电视不能搞"一刀切"。

以上我们主要论述了实施制播分离可能对我国广播电视产生的影响。可以看出，任何一个方面的影响都可能决定了一个栏目的生存走向，也关系到栏目、工作人员、台乃至国家的发展和利益，因而，我们制定或者建立制播分离下的广播电视节目评估机制，一定要注意和考虑这些因素，只有把这些影响消除或者减少到最小值，才有可能科学地进行节目评估，指导制播分离下的节目制作，以创造更多的社会效益和经济效益。

三、制播分离下的评估机制

制播分离下的节目评估机制，是一件牵一发而动全身的事情，并不单单涉及节目自身，与节目相关的配套设施和人员安排等制度的制定也十分重要。它关系到节目评估作用的发挥和效度的实施。于是，我们建立制播分离下的节目评估机制就应该涉及三个方面的内容：节目评估体系、组织架构建立和实施在制播分离体制下的人员绩效考核，只有这三个方面都能够很好地关照和构建了，才能够合理、科学地建立起制播分离下的节目评估机制。

1. 构建制播分离体制下的节目评估体系

市场化运作特别需要一个节目评估体系，这是涉及节目成本控制和绩效考核的重大问题。如果节目的好坏没有评估标准，很容易鱼龙混杂，形成暗箱操作，制播分离的推行必然混乱，最终导致失败。

过去许多广播电视台把视听率和专家评议作为节目的评估指标。由于专家的随意性、主观性和行政领导一言堂现象，造成实际偏差很大。现在科学的方法是从视听率、满意度、专家评估和节目的投产比四个方面加权构成。其中，视听率反映经济效益；满意度反映受众对节目的满意程度；专家评估反映专家从专业角度对节目质量诸多因素的评估；投产比是衡量投入和产出的指标，它是以节目成本与广告收入之比来计算的。总之，新的评估方法对节目的综合评价清晰可见，一目了然。

央视在这方面积累了一定的实践经验，他们把几项指标的权重分别划定为：客观评估指标（收视率和满意度）50%、主观评估指标（领导评估、专家评估）30%、节目成本20%。尽管这样的权重分配不能成为一个标准的模式，但它提供了一个思考的方法，就是客观的评估要占较大比例的权重，主观的评估所占权重应相对小一些。对于不同类型的节目，各项权重所占比例可以有所不同，这需要在实践中探索。

评估的最终结果是对节目评判的唯一依据，进入业绩考核体系，与栏目运作和公司绩效完全挂钩，以至于决定栏目的生死存亡。

2. 调整制播分离相对应的组织架构

制播分离必须对现有的组织架构进行调整，以实现以利润为中心的集团化管理。组织架构建立的合理与否关系到组织效能发挥的大小，因而现代管理理论一直都十分重视组织架构科学合理的设计，以保证它能够发挥最佳的效能。节目评估机制要想合理和科学地建立，必须要认真研究组织的架构，这也应该是在评估中要考虑的一项重要内容，虽然它显得相对宏观，并不为我们在节目评估中所重视，但是在节目评估机制的建立过程中，还是应该被提到一定的认识高度的。下面，就制播分离所需的相对组织架构作一些分析。

（1）设立编辑委员会。编辑委员会负责所有的选题规划和节目生产，对各频道购进栏目进行统一指导。

（2）设立资产管理部。资产管理部对台经营性资产实行统一管理，下设研究室和投资部，负责战略规划和市场经营性研究。资产管理部一个重要的职能就是进行资本运作，分析国内外广电行业产业链动态，进行适当的收购、兼并、参股等操作。

（3）成立经营管理委员会，注册成立控股公司，二者同一班人马办公，下设立若干子公司，包括现有的有线电视网络公司、广告传媒公司等。今后的制作公司（中心）、演艺公司、栏目公司等和广播电视产业链有关的公司都将挂在控股公司名下。下属公司要建立现代企业制度，逐步成为自主经营、自负盈亏、自我约束、自我激励的市场主体。

（4）设立节目艺术评审委员会。由此构建科学的节目评估机制，委员会常设多名助理和一名专职秘书，评审人员由台内编导和特聘人员兼职组成，其属性为台领导的咨询机构。

（5）设立审计部。审计部对控股公司和子公司进行制约，监督其市场行为，对各部门的市场化运作进行经常性的审计。

（6）设立成本会计部。成本会计部对频道栏目进行成本核算。

（7）成立人员交流站。让人员交流站具有市场化气息，以便于市场化的人才战略和人员调配。

（8）成立技术委员会，下设制作统筹部和制作中心（公司）等技术部门，其中制作中心承担常规的前后期节目制作。技术委员会定期对广播电视的最新技术进行研讨，对本台的技术系统和质量控制标准进行评估。

3. 构建制播分离体制下的绩效考核机制

广播电视是人才密集型产业，人才对于广播电视的发展具有决定性的影响，人才在制播分离下的广播电视竞争和发展中将发挥更大的作用。因此，在进行制播分离体制下的广播电视评估机制时，一定要厘清人才的地位，重视人才的作用，调动所有员工的积极性和创造性，这样才能生产和制作出好的节目。而调动员工的积极性和创造性，就需要我们对绩效考核机制做出认真的分析和制定。只有让员工满意了，才能顺利实施评估机制，因为评估机制涉及员工的切身利益。只有让绩效考核成为一种实在的机制和理念，让绩效考核科学和合理，让绩效考核真正影响和促使人才积极性和创造性的发挥，才能够使广播电视节目评估机制的建立取得应有的效果，同时，广播电视节目评估机制的确立才能够反过来更加科学

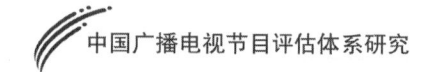

地提升绩效考核机制的建立。

制播分离制需要一大批优秀的人才支撑，人才永远是事业兴旺的最重要资源。只有通过各种措施来奖励能人，按照能力和贡献大小分配财富，才能激励调动人们的积极性，才能实现人才辈出。制播分离必须在绩效考核机制上进行创新，没有合理的绩效考核机制，制播分离只能是昙花一现，绝不可能长期推行并获得成功。

绩效考核的第一步是定员定岗，这项工作意义重大，最好请专业公司辅助来做。定员定岗需要核准每个部门的员工岗位数量，均衡各岗位的工作量，使每个人都能达到工作量饱满；定员定岗还要参考市场行情重新核定每个岗位的薪酬，提高关键性岗位的薪酬。总之，要把每个部门的重要岗位突显出来，区别对待。

绩效考核由人力资源中心操作，应当首先制定所有部门和岗位的业绩计划和衡量标准，并广为人知。业绩计划制定要由上而下，即由上级制定下级的全年计划；而衡量标准要由下而上，由下级制定自己岗位的评价方法，报上级审批，以便于操作。

考核一般一年进行一次，对公司、部门和个人均要进行全面的考核评分，考核结果与薪酬完全挂钩，薪酬可定义为：

$$薪酬 = 工作价值 + 绩效$$

工作价值就是该岗位的市场价格，可以取略高于社会平均数的值，绩效则根据工作业绩确定，不同员工的绩效应拉开一定差距。

每年对部门员工的绩效考核分布比例要进行限定，优秀的占15%，差的占5%，其他占80%，绩效差的员工要进行半年的辅导，若不行则转到人员交流站待岗。优秀员工每年给予旅游和业务培训机会，给予适当的物质奖励，并优先升职。

部门也要按照业绩进行评定，同样遵循一定的比例。如果部门评定为优秀，则其主管领导自动评定为优秀员工，该部门优秀员工的比例可增加5%。反之，绩差部门优秀员工的比例减少5%，并适当增加淘汰员工的比例。

对台内资深员工可进行适当保护，容许他们自己选择是否进入市场化岗位；对于在市场化岗位工作的正式员工，收入给予照顾，可增加其基本工资50%的薪酬数额。社会上有很多成功的绩效考核机制，对业内有很好的借鉴价值，它们的共同点就是将人力资本和人力资源区别给予薪酬对待，前者是能够带来增值的，而后者只是普通的生产要素。在市场经济环境下，只有适时制定有利于人才辈出的各种措施，才能激发员工的创造力，人才群体也才能形成强大的优势。

从西方节目发展的规律和经验来看，市场的充分竞争最终会使包括部分新闻资讯类等主流节目在内的媒体产品都纳入制播分离的轨道上来。在这一交易过程中，高质量的节目就意味着相对的高价格。但对于播出单位来说，这种高价格是否合理，就需要有一个相对客观科学的节目评估标准去衡量和判断，彻底改变过去那种以主观经验为主的决策手段。

另外，从媒体本身来看，制播分离后媒体将会把更多的精力用于节目的播后管理，节目播出的实际效果会得到空前的重视，建立一个综合的评估机制不但能对节目进行有效控制，而且也为从业人员的绩效考核提供了硬性的标准。

第六章 构建科学节目评估体系

构建科学的节目评估体系是开展节目评估的前提和基础,只有体系科学和健全,才能够保证广播电视节目评估的正确和有效的实施,因此,本章主要探讨现在我国广播电视节目评估体系所面临的主要问题、难题,节目评估体系建立的意义以及科学地建立节目评估体系所应包含的内容。

在广泛查阅有关资料,对现有节目评估体系的概念进行梳理的基础上,我们对节目评估体系的概念做出这样的表述:所谓广播电视节目评估体系,就是对广播电视媒体的各种节目传播形态进行全面、综合评估的总体系统,它包括指标、标准、程序和方法等各个方面。

第一节 构建科学节目评估体系的背景

构建节目评估体系虽是依循我国广播电视发展的历史必然所作的现实选择,但其背后既有深刻的历史和现实原因,也有我国广播电视所特有的体制机制的原因。

一、构建完整的节目评估机制是我国广播电视体制的必然要求

我国广播电视媒体集政治属性和产业属性于一身,既要服务于社会效益,同时又要考虑经济效益。如果用单一的指标来检验评估节目不但会顾此失彼,也会影响到双重效益的均衡发挥。所以,我国广播电视节目的评价标准既不同于纯商

业媒体可以"唯视听率"马首是瞻，少量兼顾或者并不兼顾其他评估指标和内容，也不同于公共媒体以"满意度""欣赏指数"等作为节目主要考量的标准而忽略视听率的因素。中国广播电视节目评价指标体系最重要的基本指标应是"两个效益"指标，即社会效益指标和经济效益指标。

社会效益评价指标是指衡量节目所产生的社会效益状况的指标。良好的社会效益，是国家和政府对广播电视的重要要求，也是我国广播电视媒体自身顺利发展和整个社会健康发展的重要保证。经济效益评价指标是指衡量节目所产生的经济效益高低的指标。良好的经济效益不但是自身发展的有力保障，也是为社会各行各业提供相互交流机会和信息宣传渠道及自身直接参与社会经济活动的有力保障。

二、构建完善的节目评估体系是我国广播电视深入持续发展的迫切需要

按照媒介经济学的观点，在视听市场上，广播电视传播进行着双重交换。其一是广播电视业生产具有某种专业或艺术价值的节目，作为商品，通过传播来交换和满足人们的视听需要；其二是以此为基础，广播电视传播"生产"自己独特的产品——受众，并将这些受众作为商品出售给广告商，通过后者的广告投入，实现传播的价值补偿。因此，在愈演愈烈的竞争背景下，必须提高节目的品质以形成自己理想的受众群，并进一步吸引更多的广告客户，创造更多的经济效益和社会效益，从而实现媒体资源和社会资本的优化配置。也就是说，受众作为广播电视竞争的根本，其需求成为媒体行动的直接动力，受众评价成为媒体改革和发展的主要依据。只有把按照受众需求来决定如何结构节目的内容和形式作为广播电视运作的中心，才能通过受众信息了解媒体的市场状况、竞争状况和受众需求状况，才有可能赢得尽可能大的受众市场。

针对受众需求的视听率、满意度以及与市场紧紧相连的经济效益指标也逐渐成为节目评估的主导因素，节目评估体系为节目质量的提高提供了一种持续不断的推动力和鞭策力。进入"十二五"以来，广播电视既面临着三网融合的机遇和挑战，同时也承受着境外及网络视听媒体竞争的挤压，如何保证其持续有力地提供优秀产品，在竞争中取胜，是广电媒体面临的一项重大课题。在新形势下，只有构建体系完备的节目评估机制，才会在竞争中用内容占住先机，制播既符合社

会发展要求又为受众所喜爱的节目。节目评估体系完善与否，既关系到广播电视是否能够提供满足受众需求的节目，也关系到广电媒体的自身发展。依靠科学的评估机制作导向，以多元的评估体系取代简单的节目评价办法成为一种必然的趋势。此外，随着体制机制改革的深入，广播电视势必会获得更好的发展机遇，为业界所普遍认可的综合节目评估体系的建构，也可为节目交易市场的形成及规范化运作提供保障。

三、构建完备的节目评估机制是规范广播电视日常管理的重要环节

广播电视属于创意文化范畴，其管理的规范化相对来说比较困难，有体系完整的节目评估机制可以在日常管理中有据可依。这不但涉及节目质量管理的范畴，还与人员评聘、激励以及品牌发展等密切相关。在竞争日趋激烈的情况下，建立科学的节目评估体系不仅是媒体加强频率频道管理的当务之急，更是科学的节目管理体系中不可缺少的环节。

在宣传管理体系中，核心体系是节目管理体系，节目管理体系中又以节目评估体系最为核心、最为重要。构建节目评估体系是建立广播电视媒体管理体系的迫切需要。评估体系能为创立名牌节目提供制度保障，为节目的合理定位、设置和布局及节目运作机制提供科学依据，为衡量广播电视媒体的整体实力提供依据。节目质量的管理过程涉及人才培养、考核机制、质量管理、广告管理等诸多因素，科学完善的节目质量管理体系必须从实际出发、多者兼顾、操作性强，才能有的放矢，有效增强广播电视媒体的竞争实力。

科学节目评估体系的建立，可以发挥节目导向的功能。不仅可以使节目的策划、采编和播出过程形成科学的运作机制，使节目的质量不断提高，而且能够使节目的定位、内容、形式、设置、布局以及时间段的使用更趋合理，为节目改革、调整和广告业务提供科学的依据。它还是提高队伍素质、鼓励多出人才的一项根本性措施，是推动、深化广播电视人事制度、分配制度、内部管理制度等项改革，建立科学合理的成本核算机制、分配机制的强大动力。它的建立将充分弥补传统型、经验型的节目评价各方面的不足，成为指导节目运作过程的有效工具，从而实现科学的节目管理。

第二节　构建节目评估体系的现存问题

从21世纪初综合评价体系的出台到绿色视听率概念的提出，直到如今，节目评估体系大体上经历了十年左右的发展期。然而，相对于丰富且复杂的广播电视实践及生态变化，节目评估体系的建构依然具有明显的滞后性，还存在以下几方面的问题。

第一，节目评估体系虽然存在，但其某些指标难以具体操作和实施。从21世纪初节目评估体系被推出之后，广电媒体就开始逐渐重视评估工作，不但将其运用在栏目频道的评估中，也将其与日常管理和激励考核等挂钩。然而客观指标和主观指标的共存以及节目自身所处环境的复杂性，使得实际操作中某些主观性指标无法具体实施，公信力不足，因而，节目评估体系名为体系化，实则指标单一化。

第二，视听率指标依然是最重要的指标体系，甚至起到唯一杠杆的作用。由于视听率指标靠客观数据说话，并且有专门的第三方机构提供结果，可以进行横向和纵向对比，又由于节目越来越制约于广告商等原因，视听率指标作为最具说服力的指标项，得到越来越多的重视。视听率指标无疑是重要的，但其只能反映节目的某些方面的市场反应，没有办法综合全面地反映节目的整体表现，因此，对视听率指标的过度甚至非理性依赖使得评估体系名存实亡。

第三，依然没有建构出一个标准化的可供各方采用的评估体系。由于广电节目类型众多，播出机构之间状况差别巨大，虽然各电台、电视台自己都有一套节目评估办法，但是共同为行业所认可又能够普遍适用的评估体系依然未建构出来，符合行业需要的评估标准的缺失使节目的横向及纵向比较遇到一系列问题，尤其是制播分离改革的深入，节目市场日趋成熟之后，这样的瓶颈会更加凸显。

第四，依然没有解决节目评估中的一些难点问题。比如，不同节目的加权评比问题、同一节目在不同时段不同频道播放的横比问题，还有地面频道与上星频道、国家台与地方台之差别的指标加权问题，则是评估体系建构中必须面对的局部难题。

第五，新媒体的发展为节目评估体系的建构带来新的挑战。中国网络电视台的建立标志着官方对广电媒体与新媒体结合的肯定态度，随着媒体形态的变化，网络视听媒体必然会是传统广电发展的一个发力点与增长点。加之商业化的网络视频业务的发展，使广电媒体内忧与外患并存，更加需要重视新媒体业务的开展。然而，新媒体与传统媒体差别较大，其节目形态还在发育之中，这给节目评估体系留下较大的发展空间。[①]

以上是对于当前我国广播电视节目评估体系在理论和实践层面上所面临的问题和难题的分析，这些问题确实是困扰广播电视节目评估体系建立的障碍，而要建立科学全面的广播电视节目评估体系，就需要我们处理好这些问题，解决好这些难题。

同时，对于建立科学的节目评估体系，在理论支持层面，目前还主要存在以下三个问题：

首先，理论和实践相脱节，评估理论与操作实践往往各自为政，而真正能够将二者相结合并结合得比较好的研究成果相对较少，同时，现有的理论研究中也暴露出另外一个严重的缺陷，那就是对其他学科和领域理论还不能很好地借鉴和吸收，以为我所用。

其次，学界很多研究"借新瓶装旧酒"，研究缺乏现代性和开拓性，关于指标评估创新的研究相对较少，学界和业界之间的火花式的碰撞很少。

最后，广播电视对节目评估认识和应用不同步，广播界理论研究领先，电视界则偏重实践。

在实践和具体操作层面上，由于各个指标的制定没有统一的标准，各个台的情况也大不相同，还有数据的真实性问题一直为人所诟病，所有这些都是构建完善而科学的节目评估体系所要面对而必须很好地解决的难题。

第三节　节目评估体系的构成元素

关于节目评估体系构成元素的研究一直是节目评估工作的重点和关键。目前有些研究者对节目评估体系的构成元素并未完全搞清楚，分析时常常以偏概全，以点带面，有的把分支指标当作节目评估体系，有的把节目质量评估当作整个节目评估。

[①] 张君昌，吕鹏. 广播电视节目评估体系：背景、现状及发展趋向［J］. 中国广播电视学刊，2011（11）.

一、共时性元素

从共时性角度出发，节目评估构成元素由受众调查系统、受众反馈系统、专家评估系统三大系统构成。

（一）受众调查系统

受众调查系统使我们获得大量数据，而节目评估主要用的是其中的视听率、占有率、满意率、满意度等数据，其他数据只起辅助作用。

1. 视听率

视听率指某地区在某时段内（一般是指 15 分钟或半小时），收听收看某台（或栏目）的人口数占该地区能收听收看该台总人口数的比例（剔除没有能力和没有条件接触广播电视的人口数，如失聪者、失明者、幼儿及信号覆盖不到或无接收工具者等）。

对一个栏目来说，目标受众是自己的靶子。如果预期的目标受众与实际收听收看的目标受众接近，就是击中了靶子，栏目就成功了。相差过大，栏目就失败了。没有击中靶子的原因，有可能是节目内容目标受众不感兴趣，也有可能是节目播出时间不适合目标受众收听收看，还有可能是由于宣传不够，目标受众不知道某些节目。这三者中，任何一个都能影响节目的视听率。总之，用目标受众的占有率来评价对象性节目的播出效果及目标受众的认知程度是较准确的。

2. 占有率

占有率指在调查范围内的一定时段里，收听收看某节目的人口数占该时段收听收看该台节目总人口数的比例。

3. 满意率

满意率指在某一时段内曾经收听收看过某一节目的受众中对该节目表示满意的人口数占收听收看该节目总人口数的比例。

4. 满意度

满意度指受众用打分（百分制或 5 级分制）的方式，表达对自己听过看过的节目的满意程度得分的平均值。分数高低反映的是受众满意的程度，所以该满意度里含不满意度，最后取平均值。

以上四种数据，其意义、作用各有不同。

视听率，反映的是受众的行为，即听没听、看没看。创意和制作都欠佳的节目播出，受众不接触怎么能知道不好？而一旦听了看了，视听率就会显现出来。故视听率只告诉我们受众的行为，而不能完全反映受众对节目的态度，即满意不满意。另外，视听率还会受到节目播出次数、节目长短、播出时段、覆盖面、目标受众人数多少等多种因素的影响，所以在进行节目质量评估时，不可以作节目与节目之间视听率多少的简单横向比较。

占有率，显示某节目对受众的吸引力和受众对它的认知程度。视听率低而占有率高的节目应当得到肯定。在节目评估中占有率有着十分重要的作用。

满意率、满意度，显示受众对节目的态度，即喜欢不喜欢，满意不满意以及满意的程度。它影响未来受众的流向，所以满意率和满意度是保住视听率和占有率的基础。

这四种数据中，视听率是基础。受众首先得有收听收看行为，然后才能产生对节目的态度。所以在受众调查中把了解视听率放在了首位，其次才是占有率、满意率、满意度和其他数据。

受众调查统计系统中的这些数据是衡量节目的社会效益和受众对节目认知程度的量化指标，是节目评估体系的基础和核心。可以说，受众调查系统在节目评估体系中是基础和核心。也可以说，做规范、科学的听众抽样调查，是建立节目评估体系的前提和基础。如前所述，受众调查中我们还能获得其他许多数据，这些数据对视听率、占有率、满意率、满意度起补充和辅助作用，使我们对节目的认识与评价更加全面、准确、合理。比如，在对受众调查所获得的数据进行分析比较时，纵向比，使我们了解了一个节目自身发展变化的情况；横向比，使我们了解某一节目在众多节目中所处的地位；任务比，一个节目只要符合自己的定位目标就可以了，不用考虑和别的节目的比是高还是低。

受众调查统计，广播与电视有所不同。广播节目的播出有一事实上的周期性（基本上是一周为一个周期），所以如果每月抽查一至二周（由于经费的原因，很难做到每天都调查），一年抽查12周，就能从一年的收听率、占有率、满意率、满意度的曲线走势上，较为详细、准确地了解到听众的收听行为、听众对节目的态度与需求以及听众流向、黄金时段等方面的变化情况。这种较高密度的调查，能让我们从每个节目的收听率、占有率、满意率、满意度等数据的曲线走势上，清楚地看到它们的"涨幅"或"跌幅"的准确变化。这个动态资料极具研究价值，而且节目评估主要靠这一资料。而电视节目的播出不具备明显的周期性，要维持数据的准确性，需要实时跟踪、记录、更新。

（二）受众反馈系统

受众反馈系统，由受众来信和电话反馈、受众来访反馈、受众座谈会反馈、受众网上反馈、测量仪反馈等构成。

这些反馈除有针对性组织的（如受众座谈会）以外，大都是比较松散、零星、随意的，但由于发生在热心听众、忠实观众身上，其反馈的内容有一定的深度和信度。他们通过来信、来访等方式向媒体表达群众的情绪；反馈节目在群众中的反响；传达对节目的评价、意见和要求。所以，这些反馈不但是媒体调整节目、改进节目的重要依据，同时也是评估节目的重要参数之一。

（三）专家评估系统

专家参与节目评估的作用在于：一是对一些目标受众群偏小，视听率低而宣传意义重要的节目的扶持；二是对节目作全面的（从节目的定位到创意、策划、采访、写作、编辑、播音、制作、播出等各个环节）、深刻的（系统的理论分析和精辟的专业见解）评价；三是对受众调查统计系统和受众反馈系统得出的结果进行分析研究；四是对受众调查中获得的种种数据进行论证。

专家组的成员，由具有丰富的专业知识和深厚的理论功底、很强的分析研究能力和很高政策水平的台内专家、社会上的专家、广告业者、广告客户和主管宣传的台领导组成。成员既要保持一定的稳定性，又不宜长期不变。

在上述三个系统中，受众调查系统是定量的、基础性的，受众反馈系统和专家评估系统是定性的。节目评估工作的开展应遵循以定量为主，定性为辅，定量、定性相结合的原则进行。

二、历时性元素

节目评估体系既为"体系"，就必定包含了诸多子体系，且这些子体系又必须是围绕节目评估而形成的。如果借用美国学者拉斯韦尔关于"5W"传播模式理论，那么广播电视节目评估体系的基本构成可以概括为"5W"：APPRAISE WHAT（评什么，用什么标准评）、IN WHICH CHANNEL（用什么渠道、方式或方法评）、WHO APPRAISES（谁来评）、WHAT RESULT（有何结构）和 WHY APPRAISES

（为何评、有何用）。由此，从历时性角度出发，节目评估体系的评估指标体系、评估方法体系、评估操作体系、评估分析体系和评估应用体系等五个子体系就分别对应了上述的5个"W"。而其中评估指标体系、评估方法体系等还可进一步细分。

评估指标体系规定评估的对象、内容和标准，是整个评估体系的基础和核心部分。由于广播电视节目是特殊的精神产品、信息产品，既有社会属性、公益属性又具有商品属性，因此对节目质量好坏标准的评估测定是复杂的、不易操作的。节目评估指标体系最重要的基本指标应是"两个效益"指标，即社会效益指标和经济效益指标。同时，节目评估指标体系还应包含反映节目产品优劣程度的基本评估指标——质量评估指标。节目评估指标体系各指标关系如表6-1所示。

表6-1 节目评估指标体系构成图

节目评估指标体系	质量评估指标	质量标准指标	
		质量评估指标	满意度指标
			听评指标 — 专家听评指标
			领导听评指标
			听众听评指标
	社会效益评估指标	社会认可度	
		听众反应度	
		听众满足度	
	经济效益评估指标	收听率指标	
		覆盖率指标	
		投入产出率	

评估方法体系是解决怎样评的问题，即解决节目评估的方式、方法和技术问题。它包括广播电视节目评估方法体系的基本原则、各指标数据来源及量化方式、影响视听率因素分析、如何实现不同节目横向比较以及评估模型等方面。

第四节 构建节目评估体系意义与要求

构建科学的广播电视节目评估体系是顺应我国广播电视事业发展的战略性举措，具有重要的理论意义与实践意义。广大广电工作者只有真正领会和认识到这些理论和实践意义，才能在实际的节目评估中重视建立节目评估体系。

节目评估体系要达到应有的目的，发挥应有的作用，就应该满足中国特色广播电视节目评估体系的基本要求。节目评估体系的要求和节目评估体系所发挥的作用，二者之间呈现互为因果的关系：只有满足我国广播电视节目评估体系的基本要求，才可能在实际的节目评估中把握好大方向，做好节目评估工作；而节目评估工作做好了，又会更好地服务和反作用于有中国特色节目评估体系的要求。

一、关于构建节目评估体系的意义

（一）构建节目评估体系的理论意义与实践指向

1. 理论意义

任何一门学科的形成都要经过基本理论与研究方法的多次嬗变，才得以成熟为一门科学。节目评估实际上是传播学研究与实践效果理论的一个分支，是传者设置并回收用以检验传播效果的各类信息符号的集合，称为节目评估体系。当然，它也应该有自己的理论与研究方法（或操作方法）体系。西方的传播学学者对于传播学科内在规律与外在表现的研究理论为我们奠定了一个研究方法上的参考维度（或研究平台），将其与广播电视节目评估实践相结合，内中蕴含的深刻理论意义是不难发现的。

（1）源自效果研究论。

这是节目评估体系达到检测目标的最直接依赖的理论根据。节目评估即是对传播效果的研究，以传播效果作为考察节目传播者是否达到预期目的为主攻手段，具有必然性。一门学科的研究方法有无生命，不仅在于它是否已经形成，关键在于其科学性的程度。美国传播学者常把自己的方法与新闻学的方法加以比较，说新闻学是"主观思辨方法"，而称传播学是"客观的科学方法"。这话当然有些"王婆卖瓜"之嫌，但他们十分注重研究方法的科学性却是事实。方法的科学性，是指它的成果是否揭示了客观事物的内在规律。具体说来，在定量研究的现代科学中，一般是用"效度"与"信度"这两个指标来评价一种方法的科学性程度的。所谓效度，是指这种方法的准确性（它所研究的问题是否符合实际情况）；信度是指该方法的可靠性（能否在同样条件下重复试验并取得同样的结果）。传播学者为了保证自己方法的准确与可靠，采取了一系列检验手段，如"再测法""特尔斐法""项目分析法""相关效度分析"等，对研究结果进行观测，以避免其受主观因素和偶然因素的影响。诚然，包括传播学在内的行为科学研究的科学性，目前尚不能达到自然科学的那种程度。究其原因，主要在于行为科学是以宇宙间最复杂的东西——人类自身的行为——作为研究对象，而研究者本身的形而上学、机械唯物论等哲学思想更容易渗入这个领域，对此我们要有足够的认识。

（2）发之于互动传播论。

社会主义市场经济的建立，宣告了传统媒体单向传播历史的终结。单向传播是不注重传播效果的线性传播，传者与受者之间没有交流；双向传播传者也是受者，受者也是传者，双方有交流。热线电话、手机短信节目是典型的双向传播理论的产物，广播电视在运作双向传播节目的过程中，不同程度地存在参与者素质高低不一的困扰，当然也有节目操作者自身素质、水平的因素。在这种情形下，节目评估显得尤为重要。它不仅针对热线电话、手机短信节目，还通过各种反馈形式（如受众座谈会、有奖问答、视听率调查、满意度调查、接待来访等）来取得节目传播效果的反馈。互动传播理论可以理解成就是检测节目传播效果的方法，当然，只有进行节目评估才能更加科学、准确、客观、公正地完成节目传播质量和效果的分析。

（3）受用于"三论"：信息论、控制论、系统论。

节目评估是传播学研究信息传播效果的具体微观的操作。这得益于"三论"，它的许多理论的建立，研究方法的提出都贯穿着信息论、控制论、系统论的理论思想。如传播学借用了不少信息论的术语，如编码、译码、信息等。"三论"对节目评估的指导价值既有理论上的，还有操作方法上的。节目评估是对应节目个体和全台节目整体而进行研究的，节目就是信息，或者说，用信息论的方法研究节目，节目就是信息源，节目评估最讲究反馈，而反馈又是控制论的核心内容，缺少反馈的节目评估是不科学、不全面的。这里既包括受众反馈，还包括专家及评估委员会的反馈，既有零散的监听（看）信息，又有系统性的调查数据。节目评估是最讲求体系性的，它不是个人所能完成的，它是根据媒体实力所建构的不同的节目评估体系。这个整体得出的结论才是有效的、权威性的，经得起考验的，是科学方法与集体智慧的结晶，这是系统论的理论实质。可以说，借助于"三论"原理，节目评估体系有了最扎实的理论基础，这也为节目评估创建了一个实践操作的平台。

2.构建节目质量评估体系的实践指向

（1）实现节目质量的监控。

受众在接收广播电视信息瞬间的同时，不能重复地欣赏与把玩它。即使是有了参与性节目，受众的介入也是短时间的。正因为如此，广播电视节目质量才应该有一个宏观与微观结合的监控体系，实现对每个节目的质量进行动态分析。经常采用的方法是：跟踪法、记录法、录音法、访问法、询头号法等。有了体系，这样的工作就可以由短期走向长期、由暂时走向经常、由不稳定走向稳定状态、由不可估测走向定向定时定量监测。

（2）实现节目质量的管理。

人是节目创作的首要因素。人的积极性、创造力、发现与展示的潜力是巨大的，只有打造好一支创作队伍，才能实现节目质量的整体提高。人的决定性因素使节目评估在定性、定量分析的基础上，又充满了复杂的人文因素。所以，评估节目难点还在于评价节目的操纵者。尽管我们有许多科学的、公正的考察节目的方式方法，但对人来说，仍然要有一种机制来约束或激励。节目评估的终点是实行末位淘汰制，这将把人作为提升节目质量的主要因素来管理。这一目的虽然没有什么不妥，但在实际操作过程中难免出现被评估者让评估者难堪的现象，任凭你的解释多么有力、有理、有节，在他眼里，这都是和他过不去。坚持执行下去，就意味着评估与被评之间矛盾的加深。因此，在实际的执行过程中，在量化的评估过程中，要通过可操作的手段，加入更多的人文关怀和考虑。例如，实行末位淘汰之前的预警制，即评估后，截取排序的后几位的节目和节目操作者同时在评估报告中"亮相"，即让最后一位感到还有其他几位也陪着，心理上压力会小些。

（二）构建和完善节目评估体系是控制节目质量的前提和手段

1.节目评估体系的建立是控制节目质量的前提

近年来，我国居民可接收到的频道和平均每户接收的频道在逐年增加，国内媒体市场竞争日益激烈。媒体间的竞争归根到底是内容产品的竞争。评价一家媒体的生命力，一是看其产品（节目）的知名度，二是看其广告创收的效益额。因此，对广播电视节目进行评估非常重要。

要想充分调动节目制作人员的创作积极性，就必须对他们的劳动成果——节目进行科学的评估。电台、电视台的管理者应该本着客观、公正、量化、实用的原则，建立以节目评估、奖罚、淘汰为主要内容的节目质量控制体系，充分挖掘节目制作人员的潜能，使全台节目质量不断提高。

2. 完善节目评估体系是控制节目质量的手段

目前全国大多数电台、电视台对节目的管理是实行制片人（监制）制和频道总监制。实行这种管理体制，强调了制片人（监制）、总监的责任制，而对栏目却缺少具体的评估和考核措施，客观上形成了电台、电视台对栏目的管理只能是宏观和粗放的。对于节目的质量与奖罚不能完全挂钩，节目制作者的积极性不高，没有下大力气研究节目创新；记者、编辑则多是重数量轻质量。而节目评估体系的构建，正好利用科学的手段解决了这一问题，成为控制节目质量的重要渠道。

综上所述，无论从学理层面，还是实践层面，无论是对于广播电视节目自身的发展，还是对于广播电视的生存来讲，建立完整和科学并符合我们实际的广播电视节目评估体系，是十分重要和紧迫的任务。

二、构建广播电视节目评估体系的要求

（一）构建中国特色广播电视节目评估体系的要求

1. 节目评估体系的特点

节目评估可以分为两个层次：即节目的标准评估层次和节目的质量评估层次。所谓标准评估层次，是指评估一个合格节目应当具有的标准是否达到，即节目在导向、定位、内容、形式、主持、播出等方面所特定的标准指标是否达到。它犹如物质产品的产品规格，只有达到了标准规格的节目才算是合格产品（节目），也只有达到合格层次的节目，才可进入到第二个层次——节目质量评估层次。这里，第一个层次是测证节目是否合格，第二个层次是测评合格节目质量的高低。通常所说的节目评估，是对进入第二个层次里的节目而言的。两个层次的测评与评估、内容和方法不尽相同，其中，对于节目标准指标的测评，山西电台、北京电台的做法已经走在业界的前列。

广播电视节目评估体系中还存在一个众所周知又无法根本上解决的"不可比性"问题。即广播节目评估体系中的评估指标体系由质量评估指标、社会效益评估指标和经济效益评估指标构成，每一指标又包含了若干子指标。当我们对同一节目进行评估时，这些指标反映了该节目不同时期的情况，其结果可以让自己与

自己作"纵向"比较。但当我们对不同的节目进行评估时，不同的节目就会因上述影响视听的因素而无法作"横向"比较。这就是广播电视节目评估体系中的难题之一——"不可比性"问题。在节目评估工作中，对同一节目作"纵向"比较是十分重要且是十分必要的，因为它能表明该节目的既定状态及其发展变化趋势，但对不同节目作"横向"比较更为重要，因为若不作"横向"比较，我们就很难对不同节目的质量优劣作科学、准确、客观、公正的评估，广播电视节目评估体系的作用和目的也就无法全面实现。因此，如何进行"横向"比较是评估方法体系要解决的关键问题。

2. 广播电视节目评估体系各指标数据的来源及量化方式

鉴于社会专业评估机构至今仍未诞生，这里仍以广播电视媒体为主导建立的评估操作机构作为前提条件。因此，在数据来源方面，广播电视媒体自身，以及社会专业调查机构等都将是重要的来源。而且为了保证评估的公平公正、权威科学，后者在数据来源方面的比例要逐渐地加大。在量化方式方面，本身就是定量的指标，要严格按照规定采集数据；非量化的指标，要尽可能确定可以量化的要素，采用"打分""百分制""分级评分制"等方式加以量化。具体可参考表6-2。

表6-2 广播电视节目评估体系各指标数据的来源及其量化方式

主要指标名称	具体指标名称	数据来源	量化方式
质量评估指标	质量标准指标	广播电视台	否定制
	满意度指标	调查机构	百分制
	专家评价指标	广播电视台	百分制
	受众评价指标	广播电视台	百分制
	领导评价指标	广播电视台	百分制
社会效益评估指标	社会认可度	广播电视台和调查机构	五级评分制
	受众反应度	调查机构	五级评分制
	受众满足度	调查机构	五级评分制
经济效益评估指标	视听率指标	调查机构	百分比
	覆盖率指标	主管机构或调查机构	百分比
	投入产出率指标	广播电视台和调查机构	百分比
其他指标	……	……	……

（二）构建我国广播电视节目评价体系应注意的几个方面

我国广播电视媒体具有特殊的属性和功能，这就要求我们在构建节目体系的同时，必须要充分考虑国情和现状，在满足节目评价体系一般规律和要求的基础上，注意如下几方面的问题。

1. 平衡广播电视的诸多功能定位

喉舌功能、传播功能、产业功能，是改革中的中国广播电视业的定位，好的广播电视节目应该是导向正确、群众满意、制作精良、市场欢迎的。因此，在构建我国广播电视节目评价体系上，要坚持正确的政治导向。导向正确，是中国特色广播电视节目必须具备的一项要求，是节目生存的必要前提之一。要把社会效益放在首位，坚持推动国家和民族的发展，推动人类社会的文明和进步。要兼顾经济效益，节目经济效益的好坏是节目评价中不能忽视的因素。要充分考虑节目的专业性，确保题材的选择、主题的提炼、内容的搭配、画面的用光、构图、剪辑、声音的合成、字幕的运用以及主持人的化妆、服饰、语言等切实达到了较高的专业水平。

2. 立足现状提高操作性

在构建评估体系时，既要力求完善，又要立足于现有的评估手段和条件。有些机构在设计评价体系时，试图把相关节目的所有因素全部包括其中，以达到更客观、更精确的效果。但是，在指标的合理性、数据收集的全面性、分析的科学性等方面又会存在各种缺陷，从而降低了方案的可操作性，或者使方案在现有条件下无法实施，最终达不到应有的效果，甚至会造成人、财、物的浪费，引起内部不必要的矛盾与冲突。比如，广告收入问题、节目成本问题，虽然都很重要，但列入节目评估体系会给上述操作带来许多不确定性。节目的好坏固然是影响广告收入的重要因素，但经济环境和形势，以及广告推介的力度等对节目的广告的影响有时候会更大。而节目的成本只能根据节目的实际需要来确定。在节目评估体系建立和实施的过程中，要充分考虑其实用性和可操作性。

3. 注重节目评估体系的适用范围

建立广播电视节目评估体系是为行业发展和管理提供一种规范。因此，评估体系作为一个宏观的标准，更适用于那些长期播出的栏目。从操作层面看，为确保量化指标的精确性和权威性，必须要保持调查的规模性和连续性。但是，对于某些相对更专业的节目，其受众规模小、播出范围广泛性不够，其指标数据的高低更容易被偶然因素所影响而出现偏差。因此，只有节目本身达到一定的规模，这种偶然性带来的误差才可以得到纠正。

从节目评估的实际需要看，不仅仅是管理层面上的需要，在一些评奖等活动中，评估体系的意义更大。例如，在评价一些品牌栏目或评奖专家只看两期无法做出判断的节目时，就应该借助评估体系来确定结果。像目前某些评奖那样，专家只看一两期节目或在报纸、网络上对受众发一些问卷，然后就宣布某某为名牌栏目，某某为受众最喜爱的节目之类的做法，是不严肃、不科学的。

4. 处理好节目评估与节目创新的关系

节目粗制滥造和相互克隆是中国广播电视的两大顽疾，它反映的问题是精品意识不够和创新能力不足。节目是电台、电视台的终极产品，是广播电视提高竞争力的根本。有人以为，把节目尽可能办成准广告节目，收入就会增加。这是一种无视行业规范和市场规律、自掘坟墓的行为。

节目评估和节目创新具有较强的关联性。我们提出的节目评估体系同时兼顾到了经济效益和社会效益，兼顾到了大众标准和精英标准，可以在行业管理中起到平衡和矫正的作用。也就是说，广播电视节目评估体系可以有效地对节目进行监控，在解决节目粗制滥造方面提出警示，可以帮助电台、电视台的管理者和节目主创人员发现节目存在的问题，认识到节目创新的迫切性。

同时，节目评价和节目创新是相互区别的。节目的评价毕竟不能代替节目的创新。创新是一种前瞻性的工作，电台、电视台需要在节目评估体系之外，建立节目的创新机制。同时还应该认识到创新会有风险，需要有一个探索的过程。如果完全照搬节目评估体系的标准来对待创新节目，就有可能挫伤创新的积极性。

5. 重视节目评估体系与其他管理制度的衔接问题

宣传是广播电视工作的核心，节目是电台、电视台赖以生存的基础，节目评估体系理所应当是广播电视行业管理的基础性文件。节目评估体系与相关制度具有较强的关联性。因此，我们必须要处理好它们之间的相互关系。例如，合理地把节目评估体系作为电台、电视台内部奖惩的重要依据，以节目评估体系为基础，对栏目进行奖优罚劣，决定其经费多少，从而形成良性循环的内部管理机制。对部分实行制播分离的栏目，节目评估体系是电台、电视台与节目制作公司协调利益的客观依据。在制播分离节目的管理中如何既避免出现假公济私的购买黑洞，又避免电台、电视台和节目制作公司对节目质量各说各话、产生分歧，是一个难

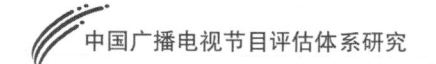

题。节目评估体系可以解决这一难题。

此外，一些新的管理方式也逐渐引入广播电视节目管理中来，如ISO9001质量管理体系、六西格玛质量管理方法等，广播电视节目评估体系如何与之衔接配合，也是一个值得深入研究和探索的问题，后面将专章对一些新的管理方式予以介绍。

三、如何构建科学的广播电视节目评估体系

上面我们论述了构建科学的节目评估体系的意义，说明了构建有中国特色广播电视节目评估体系的要求，下面，我们具体研究如何构建广播电视节目评估体系。

（一）理论上的支持

科学的节目评估体系在理论上的特征是：

（1）它是一个包括台领导在内的完善的有权威性的常设机构；

（2）它是一个吸纳社会参与的具有客观代表性的，得到被评者信任的评估班子；

（3）它是指导思想明确、体系内部工作有序有效，管理制度、方法健全，严肃认真又不失人情味的评价集体；

（4）它是体系下的固定机构，由专门部门来主持操作评价业务，记录评价成果，总结评价工作。

美国政治学者拉斯韦尔提出的大众传播过程的五要素说，包括：谁（Who）、说什么（Says what）、通过什么渠道（Through which channel）、向谁说（To whom）、有什么效果（With what effect）；与此相对应，确立了对大众传播的五种分析（研究），即：谁（控制分析）、说什么（内容分析）、通过什么渠道（媒介分析或渠道分析）、向谁说（受众分析）、有什么效果（效果分析）。

从"五要素"和"五种分析"中，我们不难发现评估节目所依据的实力是什么，这就是：

（1）对节目内容及形式的分析力、判断力；

（2）对受众接受水平的分析力、判断力；

（3）对节目传播效果的分析力、判断力；

（4）对相关问题统筹的分析力、判断力；

（5）讲究研究方法严密性和统计分析深入性的能力。

（二）人力资源上的支持

把具有上述综合能力的人才（人士）组合起来，架构节目质量评估体系，会大大增强评估的准确度。

就某一个传播实体来说，建构评估体系的首要步骤：一是确立指导思想；二是专设机构，成立以台长、主管副台长、总编室主任、各频道总监为核心的台级节目质量评估委员会，总编室作为下设办公室的执行部门；三是搭建评估体系，如表6-3所示。

表6-3

节目质量评估体系							
台内						台外	
台领导监控	总编室监评	中心领导监审	台内职工监测	特邀专家讲评		社会监听员反馈	听众投票率
总编室回收整理反馈至部门并具体指导								

几点说明：

（1）台领导监控：即台领导随时把握节目质量的总体动态；

（2）总编室监评：评估体系中的主要部分，即采取抽听、抽录、抽测每日节目，在编委会上讲评；每半月一次；

（3）中心领导监审：指播出前的稿件内容审查与播出后的效果分析，是把住节目质量的第一关口；每日进行；

（4）台内职工监测：即台内职工发现日常节目中存在的质量问题，录音录像举证后可获奖金；每月一次；

（5）特邀专家讲评：即结合季度评优，邀请专家评委结合参评节目（稿件）进行讲评指导；每季度一次；

（6）社会监听员反馈：即由台里聘请若干社会监听员，定期给总编室提供监听报告，每个频道两名，作为台外节目质量监控的主要依据；每半月一次；

（7）听众投票率：专门的调查机构进行的节目视听率、主持人满意率等调查表所反映的受众对每一个节目的投票率，一个季度一次；台里也可通过受众座谈会、有奖征答等形式，参与节目投票，每季度一次。

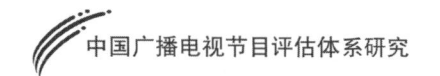

（三）节目质量评估的操作模式

节目质量评估的操作模式一般由标准和流程两部分组成。

1. 评估标准

（1）内容构成（包括思想性、时代特征、本地特色、新闻价值等）；

（2）表现形式（包括栏目设置、组合编排、表达形式等）；

（3）语言表达（包括语言逻辑性、语言准确度、表达的完美程度等）；

（4）整体效果（包括节目定位的准确性、节目风格、对受众的态度、视听率、满意率情况等）。

2. 操作流程

（1）日评（常规性评估）。

由频道总监或指定负责人每日对本频道各档栏目进行评估，做到心中有数，并记录在案。

（2）月评（常规性评估）。

由各节目部（中心）向总编室报一个月的各档栏目评估记录，并按节目质量等级标准给每个节目定级。标准为：

A 等，95 分以上（含 95 分）；

B 等，85 分以上（含 85 分）；

C 等，75 分以上（含 75 分）；

D 等，65 分以上（含 65 分）；

E 等，65 分以下（含 65 分）。

（3）季评（阶段性评估）。

由总编室每季度提交一份各套节目质量评估报告，包括各频道各档栏目的质量定等分析，并为各频道提供"保留、限期整改、撤销"三类处理意见书。

（4）质量定等分析（阶段性评估）。

总编室结合各档栏目连续三个月的表现，参考体系内各项评价要素指数，确定等级，也为 A、B、C、D、E 五等，分数值相同。

（5）启动平衡系数（阶段性评估）。

平衡系数是指电台、电视台节目质量评估体系中设置的针对调查机关调查结果产生误差的一种修正分数，它的上下加减值为 1%—5%。节目为 A 等，加 1%—

5%平衡系数；节目为 B 等，加 1%—3%；节目为 C 等，不加不减；节目为 D 等，减 1%—3%；节目为 E 等，减 1%—5%。

（6）节目质量最终评估结果公布（阶段性评估）。

节目质量最终评估结果每季度公布一次，计算公式为：

$$结果（\%）=（a+b）+r\%$$

这里 a 代表调查公司节目视听率指数，b 代表调查公司该节目主持人的受众满意率指数，r 为平衡系数。比照本地同类媒体各项目指标率的情况，对达到不同指标的节目按优秀、优良、中、中下、不合格五级，在评估报告中体现。

（7）奖罚。

① 对相关人员的经济处罚；

② 对低于某些具体指标的节目提出警告、限期整改或撤销的建议。

节目质量评估是传播学中的新兴学科，在我国还处于探索阶段，对各种评估理念、方法还不能统一到某一种学说、观点上，只有不断完善并能从根本上揭示其内在规律，节目质量评估学科才会渐渐成熟，形成相对完整、科学的体系，以观照广播电视媒体及视听新媒体。

第七章　节目质量管理方法探索

广播电视节目评估与节目质量管理有着不可分割的联系，其共同目的就是不断提高节目水准。如果将节目评估与节目质量管理配套实施，将会对提高广播电视节目传播水平具有更加明显的作用。节目质量管理不像节目评估以播后评估为主，而是注重过程方法。这里要介绍的 ISO9001 质量管理体系和六西格玛管理系统都是在企业界获得巨大成功的质量管理方法，SA-8000 则要求企业应建立相关的社会道德责任标准。在我国广播电视改革发展过程中，这些方法具有哪些现实意义和参考价值呢？这是本章所要关注的重点。

第一节　ISO9001 与节目质量管理

一、ISO9000 族标准简介

ISO 是国际标准化组织的英文简称。由其制定发布的一系列关于质量管理体系和产品质量的认证标准，通称为 ISO9000 族标准。ISO9000 族标准于 1987 年正式颁布，旨在为顾客所购买的产品和享受的服务提供质量保证。该标准的最新版本，是经该组织所作重要修改后的 2000 版。自从这个标准问世以来，在全球范围内得到了广泛的认可和采用，对推动企业组织的质量管理工作和促进国际间贸易的发展发挥了积极的作用。该标准以其在完善企业质量管理、增加企业竞争力、提高企业效益等方面所体现出的显著效果，已为政府、社会以及企业界普遍认可和接受，越来越多的国家开始给予质量认证工作以高度的重视，积极采用或转化ISO9000族系列标准，大力推行质量认证制度。我国就已将该标准直接转化为"GB/T19000—2000"，并被国家认证认可监督管理委员会列为我国主要的认证标准之一。不仅如此，质量管理体系认证的国际互认制度也在全球范围内得以建立和实施，截至2000年11月，已有27个国家的认可机构签署了质量体系认证认可的多边承认协议。

ISO9001是ISO9000族（2000版）标准中针对"质量管理体系的要求"的一个标准。其质量管理体系要求的核心就是"以顾客为关注焦点"。主要适用于直接为用户提供产品服务的单位。ISO9001标准中特别制定了八项质量管理原则，其具体内容为：

（1）以顾客为关注焦点。应当正确理解顾客当前的和未来的需求，满足并争取超越其期望。

（2）领导作用。领导是灵魂，他们应当创造并保持使员工能充分参与实现组织目标的内部环境。

（3）全员参与。各级人员是组织之本，只有全员的充分参与，才能使大家的才干为组织带来收益。

（4）过程方法。重要的是对过程的管理，通过对具体的流程进行连续控制，从而高效地实现具体的预期结果。

（5）管理的系统方法。系统方法包括系统分析、系统工程和系统管理，把质量管理体系作为一个大系统，通过对各个过程的系统有效控制，实现组织的总方针和总目标。

（6）持续改进。持续改进是我们追求的一个永恒目标，管理的目的就是要使单位的整体业绩得到持续改进。

（7）基于事实的决策方法。决策是领导的重要职责之一，有效决策是建立在数据和信息分析的基础上的。

（8）与供方互利的关系。供方是向我们提供产品或服务的合作伙伴。供方向我们提供的产品，对我们向受众提供的产品有着重要的影响，因此，我们要与供方相互依存、互惠互利，这样可以增强双方创造价值的能力。

二、进行 ISO9001 质量管理体系认证的目的

ISO9000 族标准是由众多科学家、企业家，在对企业生产作了大量数据统计分析的基础上总结出的一套质量管理体系标准和理论。最初是在军工生产企业得到大力推行，原因之一是，那里的许多产品是无法在正式使用之前得到质量验证的，如各种弹药等，这些产品一旦经检验合格了，也就被消耗掉了。如何解决这一问题？科学家找到一个很好的途径，就是对生产的过程进行严格控制，一旦证明生产的过程合乎标准，就可以认为其所生产出的产品也会合格。从军工行业引申到社会生产、服务的各个行业，只要控制了生产流程，严格按照一套科学的、严谨的、规范的、只能使质量提高不能让质量下降的操作规程进行管理和生产，就能确定生产出的产品质量达到了要求。

之所以还要进行相关的认证，是因为，要想向顾客证实自己的产品是有质量保障的，生产中的质量管理是可靠的，就必须要对企业自身体系进行检验，并得到认证。为了使认证结果公正合理，国际上目前通行的做法是"第三方认证"，即这一认证一般来自产品或服务的提供者及顾客之外的第三方。由第三方代表顾客对产品或服务的提供者按照顾客认可的国际通用标准进行客观公正检验，达到认证准则后，授予一种被顾客认可的质量认证证书，以证明其质量管理的可靠性，使其获得更高的市场信任度。ISO9001 就是这样一套标准。

三、引入 ISO9000 质量管理体系的可行性

ISO9000 质量管理体系的通用性和适宜性特征，以及广播电视行业特征，使其导入广播电视行业、应用于节目评估具有了可行性。

（一）ISO9000 质量管理体系的通用性对于广播电视行业同样适用

通用性是 ISO9000 族标准的最大特点，也是 ISO9000 族标准的追求目标。因为 ISO9000 族标准的出台就是为了解决各国、各行业、不同规模、提供不同产品的组织对质量管理标准的需求。为了"要让全世界都接受和使用 ISO9000 族标准"，为了"使任何机构的个人可以有信心"，国际标准化组织（ISO）组织了全世界的质量管理专家，并成立了质量管理和质量保证技术委员会（TC176），总结工业发达国家先进企业质量管理的实践经验，把质量管理必不可少、普遍通用的要素进行概括、归纳并构成健全的体系，使得任何一个组织只要导入这套体系并

严格按标准管理，就能使产品质量得到有效的控制并持续改进以增强顾客满意度。ISO9000族标准的通用性使标准获得强大的生命力和影响力，它被广泛地运用到工业、商业、服务业甚至政府的管理领域。在中国国家认证认可监督管理委员会公布的认证机构质量管理体系认证业务范围分类表中，我们看到有农业、渔业、出版业、运输、仓储及通信、宾馆及餐馆业、金融、房地产、出租服务、信息技术服务、公共行政管理、教育卫生保健及社会公益事业等39大类行业，在各大类中又分若干中类，中类再细分若干小类，覆盖了社会各种领域，在第39大类其他社会服务大类中，广播电视赫然在列，其代码为39.06.00。

（二）广播电视行业特性满足ISO9000质量管理体系的要求

ISO9000族标准的适用对象就是：提供产品的"组织"，它围绕产品的实现过程进行控制。广播电视台毫无疑问是一类"组织"，它提供的服务——广播电视节目在当今背景下是经济活动的产物，是生产的结果和消费的对象，并且只在被顾客消费的过程中，才能真正实现它的价值；它的政治质量、艺术质量与服务质量并不对立，扩大市场份额，同时也是抢占政治阵地，实现政治意志，扩大政治影响的途径；提高吸引力和感染力，就是最好地坚持正确的舆论导向；艺术价值只有在消费中才能得以最终实现和检验。因此，节目首先是产品，其次才是文化产品和精神产品，首先必须承认它作为产品的一般属性，然后才能识别它的政治属性、社会属性等特殊属性，首先必须实现其产品价值，才能更好地实现其政治价值和艺术价值。

因此，广播电视节目是一种产品，广播电视台是生产并提供这种产品的组织，把集中了全世界产品质量专家智慧、被各个国家广泛认同、在种种行业和领域普遍运用的ISO9000标准导入广播电视节目质量管理，不仅是适宜的，而且是迫切需要的。

（三）广播电视行业引入ISO9000质量管理体系具有必要性

广播电视节目，是由特殊行业制作，在特殊规程下生产出的精神产品。通常情况下，节目质量很难做到在其播出前全部得到检验。尤其是直播节目，主持人在话筒前说出去的话，犹如泼出去的水，想收是收不回来的。也就是说，要想对节目质量进行控制，就必须从源头抓起，在节目的生产流程上把关，落实各个环节的审核制度，真正使生产节目的全部程序得到有效控制。从这个意义上讲，在

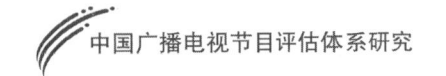

广播电视行业中引进 ISO9001 质量管理体系是十分必要的。

从广义上说，广播电视台是服务的提供者，服务的内容是广播电视节目，而服务的对象（受众群）包括收众、广告客户和各级领导，等等。而广播电视节目的采编播流程是否科学严谨、能否确保上级有关宣传精神的贯彻执行、能否真正使节目的质量得到保障；收集受众意见的渠道是否畅通、能否按受众的合理要求进行改进，都在 ISO9001 标准检验考察之列。换句话说，满足了 ISO9001 质量管理体系标准的要求，也就具备了为受众群服务并满足其要求的能力。同时，也等于有了直接参与国际市场的入场券和通行证。

由此可见，广播电视行业引入 ISO9001 质量管理体系具有充分的可行性。

四、广电媒体申请认证的现实意义

据了解，美国、日本等发达国家的广电媒体有不少都申请通过了 ISO9001 质量管理体系认证。我国台湾、香港等地区的一些广播电视机构，也都率先进行了这方面的尝试，并从中取得了经验，收获了诸多有益之处。从今后长远的发展看，广播电视媒体能主动申请 ISO9001 质量管理体系认证，具有极其广泛深远的意义。

1. 获得认证有利于广电行业更好实现自身职能

广电媒体的宣传作用发挥得如何，是否做到精神文明和物质文明双丰收，首先要看政治上是否合格。ISO9001 质量管理体系标准中，明确要求把是否满足上级的要求列为节目质量控制中的一项重要内容进行检验。各级广电媒体不仅要建立一套严格的节目制作流程和审核制度，明确各级领导对于节目的管理权限和审核方法，还必须制订有关规章，确保传达上级宣传精神的渠道的畅通，并保证不折不扣地执行。能够获得认证，就说明满足了 ISO9001 质量管理体系标准的要求，说明有关贯彻上级精神的制度执行有效，广电媒体的政治功能得到了发挥，能够生产出符合上级要求的合格的精神产品。

2. 获得认证有利于增强媒体间的竞争能力

节目质量的高低，决定着广电媒体竞争能力的高低。为确实能够保证达到质量要求，ISO9001 质量管理体系标准中，设计了一系列控制程序，既科学又全面，确保了质量控制的实际效果。为了获得认证，就说明满足了 ISO9001 质量管理体系标准的要求，说明有关质量控制的制度执行有效，节目质量得到了充分的保证。依靠这样的节目，自然可以赢得受众的满意和喜爱，久而久之，固定受众群将越来越大，竞争优势也会越来越明显。此外，ISO9001质量管理体系标准强调"以顾客为关注焦点"，提倡"规则意识"和"持续改进"等理念，讲求科学的方法，这些都是在当今媒体竞争中必不可少的要素。通过认证，能进一步培养媒体从业人员一丝不苟、严谨细致的工作作风，从而减少工作中的盲从性、随意性，堵塞可能出现的各种漏洞。还能使大家增强服务意识，主动满足包括上级在内的广大受众的要求，靠节目的高质量、高品位来赢得更大的市场份额。并敢于接受挑战，以竞争的姿态融入国际媒体竞争的大潮之中，为国家经济建设服务，为精神文明和物质文明建设服务。

3. 获得认证有利于媒体内部质量管理提升

内部质量管理是确保产品生产质量的根本机制。内部质量管理主要从人员管理和生产管理两个方面入手，一方面不断提高从业人员的相关素质，另一方面，准确控制生产产品的各个环节。ISO9001质量管理体系标准，无疑在这两个方面都有相当明确的系统要求。能够获得认证，就可以向广大受众证明我们媒体内部质量管理是良性的，体系运行是有效的；说明我们重视受众意见，可以满足受众要求，并能做到持续改进。因为质量认证确保了我们可以使节目制作和播出的各个环节都得到有效的控制，以保证节目的质量，提升管理水平，确保广电质量管理机制能够长期、稳定、有效地运行下去。

4. 获得认证有利于提升观念意识

ISO9001质量管理体系标准，尽管是科学的、有效的，但目前并未得到广泛普及。在这种情况下，申请并获得认证，显然具有积极的意义。说明敢于引进全新的管理机制，且体现出广电从业人员具有积极向上的心态和主动进步的理念。也能够反映出广电媒体搞好内部管理的决心和意愿，体现出广大从业者的创新意识和集体荣誉感。通过给自己加压来推动各项工作的不断进步，这也是干好一切工作并取得成绩的强大动力。

需要强调的是，ISO9001标准只是为我们的工作提供一种规范和准则，是行动的理论依据，如何运行才能有效，是需要结合自身实际工作加以灵活运用，而不是死套标准，死背教条，搞形式主义，更不能为了质量认证而认证，这样就失去了认证原本的意义。通过贯彻 ISO9001 标准，特别是标准强调的"以顾客为关注焦点"和"持续改进"，就可以使我们的工作更加科学有序、提高效率，提升管理层次。

5. 获得认证有利于开拓广播电视市场

如前所述，获得认证更能加深确认广播电视节目的产品属性。ISO9000 就是把节目当作一种产品进行管理，不管这种产品具有什么样的特殊性，都必须承认它具有产品的一般属性，都应该遵循产品管理的一般规律。ISO9000 将节目实现的整个过程和配套全部用产品质量管理体系规范和固定下来，任何游离或背离产品一般属性的做法将被体系禁止、否定或纠正，从而确保广播电视节目始终按照产品的一般规律运作。当然，这决不是说体系无视和否定广播电视节目作为一种特殊产品具有其特殊属性，恰恰相反，体系不仅兼容而且鼓励产品的特殊性得到尊重和张扬，它唯一要拒绝的是打着特殊性的旗号来否定产品质量管理的一般原则。

获得认证，要求广播电视行业更加注重以用户为中心的服务理念。导入 ISO9000 标准使以顾客为中心的观点变成了要求，服务者必须明确顾客的需求（对顾客的需求识别、分析、确认），认真考虑顾客的需求（输入顾客的需求），坚持满足顾客的需求（对所有的输出进行评审、验证和确认）。整个 ISO9000 体系制定的全部标准和制度，都是为了确保产品以顾客的需求作为出发点和产品满足顾客的需求并增强顾客的满意度。ISO9000 将顾客的重要性提升到无以复加的地位，广播电视台依存于顾客，它因顾客的存在而存在。特别值得指出的是，ISO9000 将顾客定义为接受产品的组织或个人，这一宽泛的定义使得顾客的外延得到广泛延伸。ISO9000 体系中规定：2000 基础和术语在示例中把消费者、购物者、最终使用者、零售商、受益者和采购方都包括在顾客的范围，而且特别在注释中强调顾客可以是组织内部的或外部的。这样对于广播电视台来说，不仅是受众，也不仅是客户，包括上级领导甚至包括广播电视台内部流程中接受前一个过程产品与服务的部门与个人，都属于顾客，他们当前的和未来的需求应当得到理解、调查和研究，并把它转化为质量要求，采取有效措施使其实现，从而满足他们的要求并争取超越他们的期望。这个指导思想作为 ISO9000 的八项原则的首要原则，不仅领导要明确，还要在全体职工中贯彻。

综上，产品和顾客的地位得到了前所未有的提升，无疑使得广播电视行业的市场属性进一步加强和得以实现，也有利于进一步开拓行业市场。

第二节　六西格玛在质量管理中的应用

我国广播电视业正处于转型时期，广播电视台正在寻找新的能力去面对竞争和挑战，希望建立有效的投资和风险管理机制，利用知识管理系统倡导学习型组织，开发和运用品牌形象和公司文化等无形资产，其核心目标就是保证广播电视节目的质量并使之得到持续改进。

在当今世界的质量管理领域，六西格玛的热浪正扑面而来。由于杰克·韦尔奇（Jack Welch）的大力推广，2000年这项举措在通用电气的年收益高达25亿美元。六西格玛的成功故事，特别是它给通用电气带来的巨大变化吸引了世界的注意力。六西格玛的理念和方法已如旋风般传遍全球，普遍用于各个管理领域。

那么，六西格玛对于我国广播电视台的节目质量管理具有怎样的借鉴意义呢？国内有学者对六西格玛作了专门研究探讨。

一、什么是六西格玛

1. 六西格玛是产品或服务业绩的一个统计量

西格玛是希腊字母 σ，在统计学里面表示标准差，是一个用来表示一组数据中离散或差异程序的指标。六西格玛将统计学中的西格玛引入质量管理领域，用来计算和衡量产品或服务的业绩水平。

在西格玛的计算中，有四个基本概念：单元、需求、缺陷和缺陷机会。单元是指最终传送给客户的产品或服务。在产品或服务中任何不能满足客户需求的事件都称为缺陷。客户的每一个需求都对应着产品或服务的一个缺陷机会。为了更清楚地说明这四个概念，我们这里举一个简单的例子：快餐外卖。在快餐外卖业务中，客户希望快餐能够准时送到，能够是热的，并且快餐的包装没有损坏。在这里，"单元"是快餐；客户的"需求"有3个：准时、热量和包装；这3个需求对每份快餐来讲，就是3个"缺陷机会"。我们假设收集了500份快餐外卖的数据，发现其中有 25 个是迟到的、10 个太冷、7 个包装损坏，则总共有 25＋10＋7＝42 个缺陷。我们这样计算西格玛：缺陷总数/（单元总数 × 缺陷机会数），得到 42/（500×3）＝0.028。我们称其为每次机会缺陷（DPO）。我们通常考虑 100 万个机会。在快餐外卖这个例子中，将是每百万次机会有 28000 个缺陷（DPMO）。在表 7-1 中查找 DPMO（Defects Per Million Opportunities，百万机会的缺陷数）值，可知快餐外卖的业绩水平大约是在 3.3 西格玛。

六西格玛指的是每百万次机会中出现缺陷的个数为 3.4 个，这被认为是完美的产品或服务。六西格玛首先是一个统计量，衡量的是公司在满足客户需求方面的业绩。

表 7-1

合格率（%）	每百万次缺陷数（DPMO）	西格玛（σ）
6.68	933200	0
15.87	841300	0.5
30.85	691500	1
50	500000	1.5
69.15	308500	2
84.13	158700	2.5
93.32	66800	3
97.73	22700	3.5
99.38	6200	4
99.87	1300	4.5
99.977	230	5
99.997	30	5.5
99.99966	3.4	6

2. 六西格玛是能够实现持续领先和世界级业绩的一个管理系统

六西格玛是一个密切关注客户，充分利用数据和事实，改进业务流程、管理流程，实现和维持成功的管理系统。

六西格玛随着时间的推移而不断地发展和完善。从有形产品质量的改进到服务水平的提高，从产品缺陷数的降低到周期时间的缩短，从资产使用率的提高到销售队伍效率的改进，从现有流程的改善到全新流程的设计，从专注于公司内部到放眼整个供应链。六西格玛已经成功地应用于不同行业、不同公司的每一个重要领域，完全超出了传统物质产品质量的范围，成为在激烈的市场竞争环境之中公司取得竞争优势的公司战略和工作方式，成为不同部门之间相通的共同语言。

六西格玛带来的不仅仅是客户满意度的提高和收益的增加，还有员工满意度的提高和凝聚力的增加。首先，六西格玛的培训给员工提供了一个新的学习机会；

其次，一个项目从定义到控制的整个过程是一个放权的过程。在这个过程中，项目小组成员运用种种工具进行分析总结，制定解决问题的最佳方案，自始至终扮演着决策者的角色。他们的创造力和积极性得到充分的发挥。在应用六西格玛方法和工具的同时，小组成员还需要与其他人沟通、合作，克服项目进展过程中碰到的种种困难，其结果是个人能力的提高和自信心的增强。

二、DMAIC 方法

质量的最终目标是"零缺陷"。ISO9000 质量管理体系标准 2000 版中对"纠正和预防措施"和"持续改进"提出了明确的要求。但是 ISO9000 标准是静态的，对于应该怎样不断"纠正和预防措施"来实现"持续改进"，以达到"零缺陷"的质量目标，ISO9000 不能给予更多的帮助。

六西格玛吸取了全面质量管理中的"零缺陷"和"持续改进"等思想，把"持续改进"具体化、可见化，提出了 DMAIC 方法，为我们提供了强有力的流程改进工具。

DMAIC 方法包括五个阶段：定义（Define）、评估（Measure）、分析（Analyze）、改进（Improve）、控制（Control）。

（1）定义：辨别核心流程和关键客户，定义客户需求。在六西格玛中，客户需求也被称为质量关键点（Critical to Quality，CTQ）。

（2）评估：评估公司当前绩效，了解现有质量水平。

（3）分析：分析数据，找到影响质量的关键因素和根本原因。

（4）改进：针对关键因素找出解决办法，确立最佳改进方案。

（5）控制：采取措施以维持改进的结果。

要对现有流程进行改进，必须首先辨别公司业务的核心流程，界定这些核心流程的关键产品及其所服务的关键客户，确定客户质量关键点；然后，在此基础上对公司的当前绩效进行量化和评估。可以说，定义和评估这两个阶段的工作的好坏将直接决定能否对公司现有流程进行有效的改进。

三、六西格玛的六个主题

（1）真正关注客户（Genuine Focus on the Customer）。

（2）由数据和事实驱动的管理（Data and Fact Driven Management）。

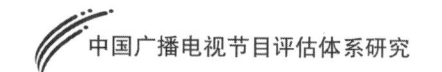

六西格玛是基于数据的决策方法，强调用数据说话，而不是凭直觉、凭经验行事。六西格玛通过对真实数据进行科学分析来发现问题的症结所在。

（3）针对流程采取行动（Processes Are Where the Action Is）。

在六西格玛里，业务流程就是采取行动的地方，六西格玛强调对流程的改进、管理甚至再造，把业务流程作为成功的关键之处。

（4）事前管理（Proactive Management）。

六西格玛用动态的、即时反应的、主动的管理方式取代过去那种被动的事后控制管理习惯。

（5）无边界的合作（Boundaryless Collaboration）。

公司内部各部门之间、公司与客户、供应商之间以及供应链上各部门之间的合作。

（6）力求完美但容忍失败（Drive for Perfection; Tolerate Failure）。

ISO9000质量管理体系标准通过创建一系列的"质量文件"来进行质量管理的标准化、规范化，有利于提高质量管理的水平，但这些"质量文件"坚持只能用一种标准化的方法来处理质量问题，无形中成为质量管理的教条。六西格玛则不同。在六西格玛质量管理中，人们有执行新方法、贯彻新理念的自由，将"力求完美"和"容忍失败"这两个看似互相矛盾的方面有机地结合了起来。

四、六西格玛在广播电视节目质量管理中的应用

根据前面的理解，六西格玛是基于数据的决策方法，强调用数据说话，而不是凭直觉、凭经验行事。六西格玛通过对真实数据进行科学分析来发现问题的症结所在。定义和评估是六西格玛最重要的两个阶段。量化是六西格玛的基础。任何公司实施六西格玛，首先要做的工作就是定义客户需求，对自己的流程和产品进行量化，建立自己的评价体系。

同样，探讨六西格玛在广播电视节目质量管理中的应用，首先就要探讨广播电视节目各个业务流程和产品的评价体系。广播电视节目质量评价体系的建立首当其冲。在建立广播电视节目质量评价体系之后，我们就可以进一步考虑如何在广播电视节目管理中应用六西格玛了。按照我们前面对六西格玛的理解，六西格玛强调的是以客户为中心、关注流程和持续改进。简单地说就是：

我们可以把广播电视节目服务分为节目策划、节目录制、节目编辑、节目推

广和节目播出五个过程。在已经建立的节目质量评价体系的基础上，我们可以分别确定每个过程的需求和缺陷机会，从而计算出每个过程的西格玛值，了解节目的当前质量水平。通过运用 DMAIC 方法，对每个过程定义改进目标，测量客户 CTQ（Critical-To-Quality，品质关键点），分析影响质量的关键因素，确立改进方案和采取控制措施维持改进结果。

质量管理的根本目标就是：全心全意满足客户的需求，这是质量管理的出发点，也是它的归宿。将六西格玛应用到广播电视节目质量管理中，对于广播电视台不断提高节目质量、增强自身竞争力，无疑会起到重要的作用。

第三节　SA-8000 与构建行业标准

一、SA-8000 社会道德责任标准简介

SA-8000 社会道德责任标准是世界上第一个规范组织社会道德行为的标准。制订该标准的宗旨是为了保护人类基本权益，它的各要素引自国际劳工组织（ILO）关于禁止强迫劳动、结社自由的有关公约及其他相关人类权益的全球声明和联合国关于儿童权益的公约[①]。目前已成为第三方认证的准则，被业界形象地称为保护企业成员权利及规范社会道德的"蓝色壁垒"。

由于各个地区的社会责任界定方式不尽相同，人们曾就制定 SA-8000 展开过热烈讨论。道德宣传者们认为它的出台是管理主义的体现，符合了企业界和社会关注的焦点。而具有传统观念的人们则认为该标准偏离了社会核心问题，只针对社会的表面现象。事实上，管理者只要正确地将 SA-8000 作为道德管理实践的综合工具应用于组织的管理体系中去，其社会价值最终便会得到体现。

二、关于建立行业标准的思考

通过对相关质量管理标准及社会道德责任标准的考察，结合实际调研结论，

---

① SAI. *SA8000:2014 and Social Fingerprint*［EB/OL］. http://www.sa-intl.org/index.cfm?fuseaction = Page.ViewPage&pageId = 1711.

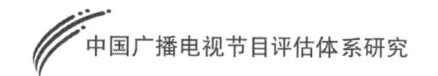

我们对于行业标准的建立有这样几点认识：

1. 标准必须是行业内广泛认可的

由于行业协会是制定行业标准的主体，因此也应该是行业标准的推动者和检验者。为了保证行业标准得到行业内的广泛认可，需要行业协会认真、慎重地组织多方在反复论证的前提下，推进标准的颁布和实施。

2. 行业标准的建立必须纳入现代组织管理体系中去

任何一种行业标准都不能仅仅停留在规则的约束上，从建立之日起，就必须与标准使用者的内部运作管理同步进行，必须体现动态的管理职能。对于节目评估来说，它本身就是一种节目管理体系，既体现在播后节目的评价上，同样对播前审核和播中监测起作用。

3. 标准必须简明直观、易操作

调研中一位市场研究者曾提到他们的品牌模型："我们这个品牌模型的测量其实很简单，每个指标就用一个问题来测量，而且问题都通俗易懂。我们的模型全球很多公司都在用，已经用了20多年。"该公司的模型之所以能在全球不同文化背景下的公司得到通用，关键在于模型本身测量方法上的简洁性和易操作性。即在一个基本标准的平台上搭建通用的模型，然后不同的使用者根据自己的现实情况进行修正和补充。

各级电台、电视台现实条件的差异，要求我们建立起的标准一定要简明直观、易操作。对于各台来说，标准首先是一个可以普遍接受和操作的模型，指标体系的构成不可太复杂。

第八章　融媒环境下节目评估发展趋势

随着社会的不断发展，广播电视业也在不断发展，对广播电视节目的评价也必然是动态的、发展的。广播电视节目是特殊的精神产品，对它的评估无论从方法的科学性、标准的一致性、测量的准确性还是评价的公正性角度而言，都不可能是绝对和完全客观的，只能是相对的、不断发展的。因此，今后不管是广播电视媒体自身还是社会机构在开展广播电视节目评估实践时，都应遵循"相对"和"发展"的原则。

第一节　传统广播电视受众数据管理现状

我国的广播电视受众研究始于改革开放以后，各电台、电视台总编室下设听众观众联系组，采取个别访问、打电话、开座谈会等方法分散进行，人工管理零碎、片面，倾向于收集受众意见做定性研究。在媒体融合环境下，受众接触广播电视节目的途径与行为习惯发生了变化，广播电视台、制片商、广告主、广告代理商等数据用户对受众数据的需求和应用越来越趋于理性和深入。由此，受众数据管理需要逐步建立真正的数字商业神经系统，以全息反映受众深层数据。

一、依赖又质疑的模拟时代的受众数据

模拟电视时代基本确立了受众数据管理体系，以索福瑞为代表的收视调查公司的收视率指标计算过程和市场应用就是典型的电视受众数据管理模式。

收视率调查数据中有关受众包含两个部分。一部分是样本受众（个人及所属家庭户）的背景资料数据，包括性别、年龄、职业、居住地区、个人/家庭收入、家庭电视机及相关设备拥有情况、家庭电视频道覆盖情况、是否为有线用户、被调查者的常用语言及生活习惯等信息。这部分数据主要通过基础研究和固定样组抽样调查得到，以确保被调查样本受众尽可能代表电视人口的总体特征，是进行收视率计算和分析的背景数据。另一部分为样本个人的电视收视数据，2015 年以前索福瑞主要通过日记卡法和测量仪法采集，即对样本户中所有 4 岁及以上的家庭成员在每天连续的 24 小时内每 15 分钟（测量仪法为每 1 分钟）收看或不收看电视以及收看什么频道进行记录。获得了样本个人原始收视数据后，经过录入、净化、整合、加权计算等处理后，就生产出各种收视率结果，再出售给数据用户。

但是由收视调查公司主导的受众数据由于先天技术局限和行业失范，其数据产品的真伪、准确受到诸多质疑。最受诟病的当属样本被污染现象，传统收视调查是基于受众的测量系统，需要受众的参与才能完成测量。日记卡法需要样本观众填写相应的收视记录，人员测量仪法则需要样本观众人工按键，由机器自动记录每一位样本观众的收视情况。随着媒介竞争愈加激烈，样本污染现象日趋严重，通过影响样本户的收视行为导致收视数据造假的事件频频发生。由于样本规模较小，只需影响少数样本户就能达到收视率造假的效果。[①]

除了专业收视调查公司，受众数据也可以由电视台、制片商、广告主和广告代理商主导，以为自己的经营决策服务，但由于很难摆脱发起调查者自身利益导向的影响，容易缺乏公正性，不能作为各方公认的基础数据。

基于上述原因，有专家认为，应加强对新的广播电视节目影响力评估体系开展原创性研究和有益探索，逐步建立可量化的广播电视节目网络人气评估体系——广播电视节目网络人气指数，致力于深入、全面地评估互联网传播状态下的广播电视节目影响力，以弥补传统视听调查的局限，进一步完善广播电视节目影响力综合评估体系。

二、数字时代受众数据真面貌

数字技术运用于广播电视领域后，机顶盒提供的监测手段被视为改变模拟电

---

① 李岚，罗艳. 数字化条件下新的收视调查模式转换趋势与启示［J］. 电视研究，2012（11）.

视时代受众数据的变革技术，受众数据测评在模式、方法、效果各方面发生了深刻变化。

首先，数据规模海量增加。大部分机顶盒数据是双向的，即回路数据，能够监测和回收所有双向数字有线电视家庭的收视数据，一改之前的"抽查"为"普查"。

其次，数据质量更客观。机顶盒具有记录功能，直接和用户数据库对接起来，并不要求受众给予特别关注和进行特定操作，受众在收看节目时数据实时自动产生。因此，机顶盒收集的是隐形受众样本收视数据，保密性、抗干扰性都很强，整个数据采集、传输过程无人为干预，保证了受众数据的真实性。

还有重要的一点是，一些机顶盒收视统计提供了以秒为单位的数据，与常规以分钟为统计单位相比，可以得到不足60秒的节目或广告的收视情况。基于此，广告主可以将广告而不是节目作为广告议价基础。

数字机顶盒数据对于研究大量受众电视接触行为有着积极的作用，尤其是对收视率、广告到达率、广告跳线指标等方面数据的正确率、定位、细分等有极大的改进。然而不同机顶盒由不同软件、硬件公司所经营、维护，各自数据处理的方式也不尽相同，这就使得机顶盒数据的精确性受到损害。此外，中国目前有线数字电视整体转换还在推进中，仍有大量家庭没有机顶盒，或者即使使用了，但可能无数据回传功能，因此单纯的机顶盒收视统计无法反映出这部分家庭的收视行为。因此，机顶盒提供的受众数据也是有局限性的。

从以上分析可以看出，模拟电视和数字电视时代，受众数据基于受众的人口学特征，以家庭户为单位，把电视机作为接收终端，收视范围限于家庭内，通过调查、记录，再分析、推导受众收视行为。从数据类型看，这属于结构性数据，即数据之间有很强的逻辑性，每个"因"都产生"果"，每个"果"也都有"因"与之相对应。一般而言，结构性数据简单而清晰。比如根据索福瑞提供的到达率、观众构成、观众集中度、收视率（频道/栏目/节目）数据，可以直观地知道谁在看某一频道/栏目/节目、在什么时间看、谁更爱看这个频道/栏目/节目，等等。这些数据来源直接，分类简单，一目了然，可以直接解读。在电视媒体竞争激烈的情况下，结构性数据是非常重要的考评业绩的依据。

但在多媒体融合背景下，观看电视节目的终端不再限于电视机、电脑、手机、PAD、户外媒体等载体越来越多样化，收视不再只发生在家庭之中，而是延伸到了日常生活的每一个角落，并且受众越来越多地在社交媒体上发表对节目的感受。如此，受众数据的来源、规模、类型、处理方式和思维都发生了革命性的变化，这就需要建立相应的管理模式，即大数据管理。

第二节　媒体融合推动受众数据模型升级

所谓大数据，用维基百科定义是指利用常用软件工具捕获、管理和处理数据所耗时间超过可容忍时间的数据集，具有规模性、多样性、高速性、价值性特征。电视受众一向规模巨大、身份模糊、彼此分散、行为随意，多媒体时代媒介接触的碎片化更加剧了这些特质，新的变化主要表现在以下几个方面：

一、受众数据获得渠道拓宽

传统受众数据源主要产生于与电视机接触的受众，通过抽样获得，以家庭户为样本单位。随着电视节目载体多元化，新媒体反馈机制动态化和接收终端智能化，要获得更加丰富、精确、个性化的受众信息，就需要拓宽采集受众数据的渠道。新增加的渠道目前主要有：播放电视节目的视频网站、各种移动终端、户外电视等，以及电视媒体自建的论坛、贴吧、微博等社交媒体。这些渠道集纳了受众或显性的个人信息或隐性的行为偏好，利用大数据挖掘分析技术，可以全方位、广角度洞察受众，寻找到个体受众全面、完整、动态、实时的电视节目收视行为模式，这就超越了过去那种基于单个频道、栏目、节目的碎片式静态统计分析。

二、受众数据类型增加

受众数据来源渠道拓宽的同时，其结构也更加复杂，形态更加多样。相对于传统结构性受众数据，非结构性受众数据迅速增加。

非结构性数据是指那些不方便用数据库二维逻辑表来表现的数据，相当于自然语言，包括广义文本、应用、位置信息、图片、音乐、视频等，数据之间没有显著的因果关系。例如在《中国好声音》的百度贴吧中，受众可能对节目进行文字评论，或贴出节目视频截屏，或上传一段某个选手的歌曲，等等，这些信息海量、即时又具有弹性，每条信息都有与之相对应的人，一个人的情感、喜好、生活方式、品位都能从中得到体现。随着电视节目多媒体生存，互动传播方式让受众具备了参与节目条件，越来越多的非结构性受众数据被大量产生，形成一个非常庞大的非结构化数据库。

三、受众数据管理主体扩大

模拟电视时代受众数据管理主体主要是收视调查公司，基于"一个市场、一种货币"的原则，中国电视受众数据产品基本由索福瑞垄断。数字电视时代由于机顶盒回路数据的应用，从技术上降低了受众数据采集的门槛，带动更多主体介入其中。网络运营商依靠双向网络，具有天然的收视数据采集功能，是机顶盒回路数据的最直接获取者。政府部门的监测机构也可以通过监测平台获取用户收视信息。[①] 另外，一些数字有线电视的技术供应商也在尝试介入数字电视受众收视行为调查。

多媒体时代，除了以上受众数据管理主体，还增加了联通、移动、电信等通信运营商。通信运营商手中掌握着大量用户数据，通过跟踪用户观看电视节目视频可以对其行为进行分析。尤其利用智能手机技术，甚至能知道受众收视内容、时间和位置等信息。由于受众产生的每条数据都要经过通信运营商的管道，因此，理论上讲，通信运营商具有受众行为分析的天然条件。

第三节　服务大数据时代的节目研发创新

互联网的发展让人们已经达成一种共识：即数据本身就是一种资产。电视受众大数据作为一种资产，它的重要性日益凸显，将是新一轮电视媒体竞争的主角。

一、精准把握受众特征和收视行为

通过对不同媒体平台电视节目受众数据进行量化分析和即时发现，可以精确辨识受众的心理、需求以及行为习惯，从而为电视媒体内容生产和广告投放提供

---

① 李岚，罗艳.数字化条件下新的收视调查模式转换趋势与启示［J］.电视研究，2012（11）.

依据。以电视剧《楚汉传奇》新浪官方微博为例，从对粉丝的注册信息、关注与发布内容分析，可以获得粉丝的职业身份、专注领域、核心交际圈、兴趣品位等基本资料。通过追踪粉丝的数量、分布、活跃度、关注话题类型、回帖和转发频率等要素，粉丝的个性化行为习惯、与该剧形成的黏度等关键性数据就能被捕获。如果再对《楚汉传奇》在各视频网站、豆瓣、百度贴吧、人人网等平台上受众留下的数据足迹进行追踪、测量、交互研究，基本上可以描绘出该剧新媒体受众的自然属性、长期兴趣爱好与短期特定行为，最终使受众特征全方位立体地呈现出来。其实媒介竞争，归根结底是对于受众注意力和受众资源的竞争，准确把握受众是制胜媒介市场的关键。

二、辅助节目制作方适时调整或研发新节目、新服务

传统广播电视节目生产过程，基本上都是从制作方开始，到达受众。但是如果拥有了受众大数据资源，就可能出现传受逆转，即从受众出发重构节目生产过程。具体程序为：通过新媒体渠道和受众建立全面链接关系，经过受众数据挖掘分析精确把握受众偏好，然后与制作方拥有的资源（包括资金、人力、技术等）和意愿进行匹配，再指导实体生产。如此，也降低了节目创新成本和风险。

栏目创新的界定，理念内容因素很难区分清楚，比较容易评价的是形式手段和机制管理两方面因素。形式手段方面，新媒体、新技术创造了新的传播渠道，也在潜移默化中重塑着观看、体验电视的方式和黏度。电视栏目跟踪新技术应用速度非常之快，能够不断给观众带来新的视听体验，比如，2013年涌现的二维码技术，并以此赢得市场份额。不断应用新技术和开发新产品是栏目进行形式手段创新的主要特征。只要融入新技术、新手段，呈现新形态（比如灭灯、掉坑、转椅、开门等），就可视为创新。这属于原创性创新。比如，2013年江苏广电总台全面创新升级所呈现出的特色之一，就是通过科技手段实现新媒体融合。不少栏目通过虚拟演播室、全媒体内容展示、多屏互动、在线包装、微博微信等新技术，为观众提供更具参与性、互动性与个性化的节目和服务。江苏城市频道的深度新闻栏目《一周热点》以"新闻题图"和"词汇墙"的方式进行信息呈现，资讯节目《天天视频汇》则与网络视频紧密结合；优漫卡通频道研发"触屏电脑绘画与导播台对接技术"和可供小朋友在iPad、iPhone上同步体验的APP游戏客户端等，力图以技术革新带动模式创新。

机制管理方面，作为信息文化的载体，栏目创新应体现在传播观念和传播行为的更新上。先进的节目生产理念，领先的节目制作、运营机制，独特的节目资源配置等机制管理因素，虽然大都是再创性创新，但它具有较大的独特性和自主意识，往往不易被克隆。在节目研发中，强化各种管理因素的叠加和重组，寻找节目生存的增长点，填补节目市场空白并占据有利位置，应成为当下考量栏目创新的侧重点。① 比如，江苏卫视为其品牌栏目《非诚勿扰》注入新鲜元素，增加"爱转角"设置；湖南卫视的《我是歌手》栏目及时将网友意见纳入节目设计环节，他们成立专门运营组在节目播出时实时跟踪网络动态舆情，根据观众在网络上的呼吁，增加复活赛，让被淘汰的歌手重回舞台，等等。

三、提升广播电视媒体的增值能力

利用受众大数据库信息，电视媒体可以在不同平台上对受众进行个性化、精确化和智能化的内容和服务推荐，从而提升电视媒体的增值能力。传统电视设备的交互限制让受众无法快速便捷地进行浏览和输入搜索，与新媒体融合后，部分节目驳接到各种播放平台，也有标引、查询、推送功能，只是在与受众需求匹配的个性化和精确度上还有所不足。因此，电视节目提供方需要转变运营思路，利用网络运营商、通信运营商、户外数字电视运营商掌握的受众数据库，为受众精确推荐个性化的内容和服务。

如进行相关推荐，当受众正在收看某电视节目时或即将收看完毕前，在屏幕一侧自动显示与该节目相关的其他内容，包括相关主题、类型、导演、演员等，这样能提高节目的交叉收看率及受众黏性。再如提供个性化推荐，根据每个受众的一些个人数据，包括过去观看记录、评论过的节目、过去喜欢的节目，利用推荐系统从海量的节目库中为受众选取符合其口味的内容。个性化推荐的魅力在于可以缩短受众选择路径和时间，同时为节目拥有者提供了一种最优的组织及管理信息的手段，即使是生僻的内容也可以找到最需要它的客户，从而大大提高节目资源利用率。建立在受众大数据基础上的广播电视节目新媒体推荐式传播，不仅会带来视频点播数量增加，受众黏性与忠诚度的加强也为广告商提供了更为精准的广告投放领域。

---

① 张君昌.新媒体环境下栏目创新的考量因素[J].传媒透视，2013（02）.

第四节　网络评估的理论阐释与操作流程

广播电视节目网络人气评估通过自行开发的数据抓取软件，将网络上网民所发表的所有对于电视节目的意见和态度可进行实时汇总统计并量化处理，进而从网络层面评估电视节目的综合影响力。

一、网络人气评估的理论阐述与指标界定

网络人气指数是对相关话题在网络上传播形成的人气影响力的综合考量，是媒体和网民对相关话题关注和喜好程度的综合反映。广播电视节目网络人气指数体系（IPI）力求反映节目相关主体在网络上的影响力的整体状况，包括频道、栏目、节目、主持人、舆论话题等多个单体指数，是对广播电视节目相关的多个评价主体的全面考量。其中，每个单体指数均由网络关注度与网络评价度构成，并涵盖新闻、论坛、博客、视频等多种载体。网络关注度包括媒体关注度和网民关注度两个方面，并细分为参与度与波及度两个指标；网络评价度包括媒体评价度和网民评价度两个方面，其下又细分出多个原生指标和派生指标。

1. 网络人气三大量化行为指标

网络人气三大量化行为指标即发布量、点击量、回复量，是特定话题在网络中得以发起、关注、讨论的最直接的数据反映，也是网民对特定话题参与传播的最主要形式。新闻、论坛、博客、视频等不同载体均用这三个指标来衡量。

这三大量化行为指标为网络人气的基础性数据，一般而言，一个评价主体的三大量化行为指标与网络影响力之间为正向相关，即发布量越大、点击量越大、回复量越大，其网络影响力也越大。

2. 网络关注度

网络关注度是相关话题在网络上受关注的状况，是对参与度和波及度的综合考量，是话题在网络上传播的广度和深度共同作用所引起的综合关注程度。它是衡量相关话题网络人气的重要指标，网络关注度越高，表明其在网络中越受关注，网民参与讨论越活跃，相关话题在网站间的传播越广。

节目相关单个评价主体的网络关注度根据信息的发布者可划分为媒体曝光度和网民关注度两个二级指标，在此基础上又再细分出参与度与波及度两个三级指

标，媒体曝光度和网民关注度均通过加权平均计算各自的参与度和波及度得出。

其中，参与度是相关话题在网络上传播的深度，表示网络主体参与相关话题讨论的活跃程度，是对媒体和网民发布/转载、点击浏览、回复评论等三种参与行为的综合考量。该指标回答了"媒体和网民参与讨论有多活跃"的问题。网民参与度根据信息的口碑类型和话题类型，可分为口碑类型网民参与度和话题类型网民参与度，分别考量网民对哪一类口碑信息（正负面信息）的参与讨论更活跃以及对哪一类话题的参与讨论更活跃。

波及度是相关话题在网络上传播的广度，表示相关话题在整个网络中被传播的概率以及传播网站影响力的大小，是对网站覆盖率及网站影响度的综合考量。网站波及度越高，说明相关话题在 IPI 100 网站观察系统[①]中的覆盖率越高，或所覆盖的网站的影响度越高。

3. 网络评价度

网络评价度是对网络媒体及网民意见和态度倾向的综合度量，通过对媒体及网民的关注话题、意见倾向两个层次的分类，呈现电视节目在网络上的总体评价状况。在关注话题上，不同的评估主体有不同的网络关注方向，如电视频道可分为频道栏目话题、频道主持人话题、频道电视剧话题、频道运营话题等多个方面。

评价度由相关话题的媒体和网民态度倾向综合计算得出，包括媒体的新闻发布，网民发布主帖、博客以及相关的网民回复，包含正面、中性、负面的三种态度倾向。评价度的得分区间为 0—2，得分为 1 时代表整体评价为中性，评价度越高，代表该话题在网络中越受好评。

二、网络人气指数体系的主要操作流程

1. 信源抓取

确定节目网络人气指数体系的信源后，下一步工作的重点是对互联网海量信息的科学抓取。在充分运用谷歌、百度等公共搜索资源的基础上，结合 IPI 100 网站观察系统及指数体系特有的数学模型，分别利用搜索引擎技术、文本处理技术、知识管理方法，并通过对互联网信息自动获取、提取、分类、聚类、主题监测及

---

① "IPI 100 网站观察系统"是根据节目网络传播的特性，通过德尔菲法选取最具代表性的 100 家网站组成的数据监测样本库。

抓取、评论监测及抓取，实现了网络舆情事件的事前数据监测和事后数据抓取、生成报表的一体化工作流程。

I-Catch 主题评论抓取系统可针对特定主题定制关键词，实现对定制的关键词对应数据的抓取任务。该系统基于特有的语义分析技术与文本挖掘技术，可在短时间内实现对新闻、论坛、博客、视频等网络主流媒体的主题内容、网民评论的站内抓取、数据去重、关键词统计、随机抽样、数据入库等系列操作，同时也可对以上主流媒体的包含定制关键词的相关主题进行实时监测、舆情预警，为 IPI 网络人气监测数据的权威性与客观性提供了坚实的技术保障。

2. 数据甄别

基于 IPI 100 网站观察系统，通过 I-Catch 数据挖掘系统将节目的相应信息抓取到数据库中后，还要对信息进行甄别，旨在使舆情数据尽可能接近于真实。数据甄别工作主要由两部分组成：数据清洗与数据分类。

数据清洗的工作主要有三个方面：一是网民评论中无效数据的清除，譬如广告帖、水帖或其他无关帖；二是网民评论中相同 IP 的数据排重；三是对动机不确定的发帖 IP 或 ID 进行部分过滤和判断。

在实际的操作过程中，系统根据一定的标准，对数据进行初步的判定，同时提供更进一步的搜索过滤、协同等功能，协助数据分析人员挑选出最合适的数据。

对于数据库中的数据，支持通过不包含某些词、包含以下任一关键词、关键词出现的位置等高级搜索功能，进行更细致的搜索，确保数据的准确，对于一些筛选比较麻烦的数据，还将通过人工参与的方式在系统上协同办公，对数据做各种标识。

同样，在评论数据的处理过程中，系统将按一定的标准，对评论数据进行初步的判定，将不合格数据剔除，如"顶"、"路过"、空帖、表情帖、疑似广告帖等展示给数据分析人员，同时系统支持协同办公及对数据做标识，以确保数据的准确有效性。

3. 指数计算

在数据甄别之后，即可进行指数的计算和研究，这是网络人气指数体系的核心内容，是将大量的网络信息综合处理，实现网络人气指数化的关键环节。

指数计算是通过建立网络人气指数体系的指数计算模型来完成的。指数计算数学模型包含了基础数据参数、权重及数学公式等各个组成部分。

基础数据参数包含对新闻、论坛、博客、视频等各类媒体的时间、主题、页面位置、回复、点击等信息和 IPI 100 网站观察系统中各类媒体的网站出现数量等。这些基础参数是网络人气指数体系的指数计算模型的基本组成部分。

权重是网络人气指数体系的指数计算模型的重要组成部分。课题组将定期对网络人气指数体系的权重进行厘定和调整。权重厘定包括了对 IPI 100 网站的权重、不同媒体类型之间的权重等方面的厘定。

数学公式是将各个独立的基础参数以及权重融合到一起，最终形成完善的指数计算模型的关键环节。通过特定的数学公式，将课题组得到的各个参数及权重进行综合的加权计算，得到参与度、波及度、评价度三个二级指数以及网络舆情综合指数的结果。

指数计算模型建立之后，将甄别完成的数据进行一系列的统计处理，得出相应的基础参数值，并将基础参数值进行科学的标准化处理，代入数学模型中相匹配的位置，得出网络人气指数体系的各指数值。

三、网络人气指数体系的评估优势与难点突破

节目网络人气指数体系有三个明显优点：第一，评估更全面。指数不但有对节目相关主体的定量观察，还包含了定性分析，可以更全面地了解节目相关主体在网络上的影响力，将受众对节目相关主体的真实评估和个性化需求真实地反映出来；第二，评估更细化。首先，体现在评价对象的多样性上，包含了频道、栏目、主持人、节目以及舆论话题等多个主体。其次，对网络上的各种表现形式也做出了具体的划分，可以全面、立体地反映出电视节目相关主体在网络各种形态上的影响力程度；第三，评估更客观。指数体系中所有结果的得出，都是基于网络上出现的实际信息，不存在人为操作或者样本来源上的地域性差异等，数据更真实可信。

不可否认，网络人气评估作为一种基于网民对节目相关言论的统计、分析方法，现阶段在操作与应用上也存在难点，主要体现在两个方面：一是由于广播电视节目的网络传播载体数量庞大、构成复杂，自身影响力不一，如何科学合理地建立电视行业网络观察系统，并对各个网站加以权重厘定，具有相当难度。二是网民的网络行为具有隐匿性、多变性以及随意性，且汉语语义相对复杂，使得在区分其真实的情感倾向方面具有一定的难度，特别是网民使用反语来表达观点和

态度时。此外对网民个体的跟踪式监测、对有效网络信息的准确鉴别、分类，难度也很大。[1] 这些都需要在今后的研究、实践中继续探索与完善。

针对融媒环境下节目评估方法研究，还有人提出"跨屏收视测量"理念。跨屏收视是指观众在不同屏幕上完成的对同一电视节目的总收视。既然节目是跨屏融合传播的，融合测量便顺得其意。可以测量同一节目在不同屏幕上分别获得的收视量，然后进行加总和去重。这也称为不同源融合测量。"跨屏收视测量，并不一定要望文生义去追随屏幕切换行为，也不一定要'技术控'般绑着若干终端集成数据。场景，人和节目连接与互动的情景，才有可能是更合适的切入角度。"[2]

那么，如何获得并计算一档节目的跨屏收视率？设想有节目P，跟踪调查基于家庭收视场景的固定样组得其收视率为 R_1；跟踪调查基于移动收视场景的固定样组得其收视率为 R_2；基于基础调查已知某一观众其家庭收视（不包含家庭移动收视）的概率为 x，则移动收视的概率为（1－x），那么节目P的跨屏总收视为：$R_1 + R_2 - [R_1 \times (1-x) + R_2 \times x]$。其中减掉的部分谓之去重。去重的难点在于如何确定 x。简单的方法是将 x 设定为常量，对所有节目一视同仁，当然这有失公平；科学一些的方法是根据观众人群、节目类型等细分 x 量值，并随相关变量动态调整。

如果说跨屏收视测量能够较为准确地反映一档节目的全收视传播价值，那么这个价值还要被不同传播平台、传播主体、内容方及营销机构所分拆，分拆的过程也注定是利益纷争的过程。这样看，跨屏收视率仍然沿承了作为行业"通用货币"的市场功能。正因为功能显明又地位重要，让业界在认知和推出跨屏收视率方面还不乏困顿和犹豫。

四、展望

当下，新媒体对广播电视受众和广告资源的分流日趋加快。面对激烈的传媒竞争格局，广播电视媒体需要从谋而后动转向随动而谋，树立大数据战略思维。以数据挖掘、分析作为技术后盾，从不同平台上凌乱纷繁的受众数据背后找到有价值的信息，实现自身多媒体的行为判断和行为准则。当然受众大数据是个现象，

---

[1] 张树庭，等.电视节目网络评估的理论阐释与操作流程［A］.中国广播电视协会（编）.宣传技巧与跨文化传播.北京：中国广播影视出版社，2014：283-290.
[2] 郑维东.跨屏收视二三事儿［J］.收视中国，2016（267）.

是传统受众数据在新媒体上的另一个形态，不是否定、颠覆之前的数据形态。它和专业收视调查公司和机顶盒数据库不是完全脱节的，是对它们的延伸。

构建节目评估体系是现代传媒发展面临的一项非常复杂的系统工程，无论是理论的构建还是具体的实践操作，都需要学界与业界共同的努力研究和不断探索。随着网络、手机媒体对受众收视行为的测量逐步科学化，大数据分析更为精准、可靠，一个全新的节目评估时代即将到来。在这一进程中，虽然测量方法更为复杂，但由于先进技术的介入，评估程序将日趋简便、实用，且更具公信力。

1. 追求评估方法的简单化

节目评估是一项十分复杂的工作，如果在评估时考虑的相关因素过多，就会导致程序过于复杂、计算过于繁琐、方法过于深奥，其结果会导致评估工作无法进行。如果评估指标的数量过于膨胀，那么对指标选择的本身就会成为问题。因此，评估方法和评估指标应力求简单化。这是节目评估得以开展的基本原则。

2. 播前预估与播后评估互为印证

随着广播电视节目制播分离的逐渐推行以及节目市场化的发展，广播电视媒体必须建立健全一套完善的评估机制以在节目交易时对节目进行客观、公平的价值评估；同时，为了弥补播后评估中有些指标难以准确测量的缺陷，媒体在节目播出之前进行播前预估以尽可能确保节目质量和提高其传播效果是非常必要的。

3. 定性评估将受到重视

在节目评估中，强调定量元素的作用无疑是重要的。但是，它也可能把我们变为数据的奴隶。而定性评估相对定量评估而言，掌握起来更加复杂、更难以操作，它需要深刻的分析和观察力，因为评估的目的是为给节目改进和媒体发展提供决策依据。此外，虽然业界人士深知高质量的调查项目需要较长的时间来完成，但是他们却越来越希望更为便捷地得到调查结果，这对于调查评估人员的职业熟练程度和语言表达能力提出了更高要求。还有，由于定性研究的分析报告提交速度的加快，以及人们阅读视觉的敏锐程度的提高，导致了定性研究报告变得更加简短，更富有启发性、战略性，而不再是漫无边际、言之无物的数据和文字。如今，研究报告越来越多地采用简单易懂的陈述风格，以 Power Point（投影仪）形式向人们展示研究结果，而不是原来的那种学术性的、大部头的报告书。同时不乏中肯和透彻的分析。

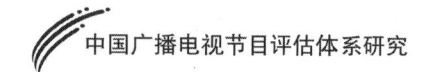

4. 鼓励社会评估机构的健康发展

随着网络广播电视和各种移动终端的迅猛发展，传统广播电视的覆盖范围将大大拓展，受众调查越来越需要开放性、透明度和专业化。"公平、公正、公开"是节目评估的基本原则，由专业、权威的社会评估机构来评估节目，引入第三方监督机制，是我国广播电视节目评估的又一发展趋势。

总之，节目评估应该在科学的基础上日趋简化，提高可操作性；节目评估将逐渐成为一个动态的操作过程，而不是一种静态的评估。目前，国内一些社会化的广播电视节目评估机构发展得越来越快，影响也越来越大，广播电视台对它们的信任和依赖程度正逐步加深。

第九章　评估方案个案调查

节目评估体系在实践中的应用目前还处于初步发展阶段，一些广播电视台根据实际情况，开始建构本台的节目评估体系，但是由于节目评估体系研究还没有形成统一的认识和规范，这些节目评估体系往往各不相同，各具特点。本章我们准备对比较有代表性的中央电视台、中央人民广播电台、中国国际广播电台、北京电视台、湖南广播电视台、宁波广电集团、哈尔滨广播电视台、成都广播电视台等个案进行介绍，以使更多的广播电视台得到借鉴并获得启发，从而研究和制定出符合本台实际的节目评估方法和实施细则。

第一节　中央电视台节目综合评价模式综述

一、中央电视台节目综合评价的背景

中国的改革开放使电视事业获得前所未有的发展，速度之快为世界所瞩目。随着频道栏目数量的不断增加，频道定位模糊、栏目同质化、节目粗制滥造等问题开始显现，不仅浪费了资源，也无法有效满足电视观众不断提升的收视需求。于是，压缩栏目数量、提升节目质量、调配资源、优化结构成为中央电视台事业发展的一个重要课题。

早在 2002 年初，全台就提出了"要加强对频道、栏目、节目的宏观管理。要建立全台各频道节目操作测评体系，通过科学的测评标准，向精确管理的方向迈

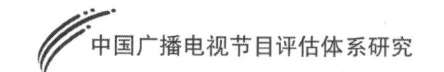

进,全面把握栏目运作状况,准确评价制片人工作,在栏目间形成良好的竞争局面,促进栏目质量提高"的工作方针。根据这一要求,中央电视台总编室随即成立工作团队,着手研究制定电视节目评价体系,推出《中央电视台节目综合评价体系方案》,并在实践中不断摸索、应用和完善,取得了较好的成效。

二、中央电视台节目综合评价的模式

根据《中央电视台节目综合评价体系方案》,中央电视台节目评价的基本方法是:通过对全台栏目进行分类,建立科学的节目分类体系;通过对影响节目质量的因素进行全面排查,确立以客观评价、主观评价和成本评价等三项指标作为栏目评价的基本指标;通过对三项评价指标分别进行科学的权重修正,最终形成栏目的综合评价指标,简称"三项指标,一把尺子"。

1. 节目评价基础公式

综合评价分值= 50% × 客观指标 ＋ 30% × 主观指标 ＋ 20% × 成本指标

其中:

客观指标是以收视率为基础,兼顾频道、时段、节目类别等因素之后获得的栏目收视表现的量化值。

主观指标是综合专家、领导对栏目评议的量化值。

成本指标是栏目投入产出状况的量化值。

2. 栏目警示和末位淘汰

"三项指标,一把尺子",既是中央电视台节目综合评价的基本方法,又是栏目实施警示淘汰的标准依据。节目评价与栏目警示和末位淘汰,是两个不同的概念。节目评价是栏目警示和末位淘汰的前提和依据,栏目警示和末位淘汰是节目评价的管理措施。由于各频道专业定位和落地情况的差异,为保证评价的公平和警示淘汰的公正,仅以频道为单位,在同一频道内实施节目评价和栏目警示淘汰,并特别制定了"先评价、再警示、后淘汰"的操作规程,规定栏目开播满一年后,须参加节目评价。

(1)栏目警示。

根据《中央电视台栏目警示及淘汰条例》,栏目警示对象是:

① 每季度排名处于最后的几个栏目;

② 排名虽不处于最后，但综合评价指数下滑比较明显的栏目；

③ 综合评价指数下滑趋势虽不明显，但排名下降比较明显的栏目。

（2）栏目末位淘汰。

根据《中央电视台栏目警示及淘汰条例》，栏目末位淘汰对象是：

① 一个频道内全年平均综合评价指数排名处于末位的栏目；

② 一年内累计被警示三次的栏目，即被淘汰。

三、中央电视台节目综合评价的发展演变过程

中央电视台节目综合评价工作从 2002 年第四季度正式启动。根据全台节目管理、频道发展及整体发展规划的需要，大致经历了三个发展阶段，期间节目综合评价办法也随之不断调整变化，以适应不断发展变化的新形势。

1. 第一阶段（2002—2004）：以压缩栏目数量为主要目标

2002 年底，中央电视台共有 12 个频道，参与节目评价的频道有 10 个，257 个栏目，其中 CCTV-1 的栏目数量达到 55 个。压缩栏目成为中央电视台节目评价之初的首要任务。

第一年评价结束，全台有 10 个栏目受到警示，10 个栏目被淘汰。从 2003 年第一季度开始，中央电视台即对节目评价办法进行调整，进一步加大栏目警示淘汰力度，设置政策性保护栏目，引入了广告收入、满意度等指标，以体现节目评价体系的政策性、观众参与性及效益性。

第一阶段推出的新措施有：

（1）提高栏目警示及淘汰比例：从 2003 年开始，每季度被警示栏目的比例为频道内栏目总数的 10%，全年被淘汰栏目的比例不得低于 8%；

（2）调整栏目淘汰对象：一年内连续两次被警示的栏目或有其他过失应被淘汰的栏目，将被淘汰。因频道常规改版或日常调整所减少的栏目不能等同于淘汰栏目，不得将淘汰栏目置换成新栏目。

（3）区分原创性栏目和编辑性栏目成本。

（4）主观评价指标中增加观众满意度指标：在节目评价中首次增加观众满意度数据，以使主观评价的主体构成更加多元。

（5）设置政策性保护栏目：对具有国家政治指令属性（如：计划生育等）；或

以特殊群体（如：少数民族等）为目标观众的栏目，通过总编室推荐或节目部门认定的方式，确定政策性保护栏目。当年将《中华民族》《文化访谈录》《当代工人》《学汉语》等8个栏目作为政策性保护栏目，只评价，不淘汰；对一年内连续两次受到警示的栏目，责成节目部门会同人事部门重新竞聘制片人。

到2004年底，中央电视台共警示栏目180个（次），淘汰栏目42个。全台参与节目评价的10个频道，共214个栏目，比2002年底减少43个栏目，全台栏目数量得到有效压缩。

2. 第二阶段（2005—2006）：以优化频道结构为主要目标

节目评价实施两年后，各频道栏目数量过多问题得到有效抑制，部分频道栏目数量已不足10个。与此同时，个别在播栏目内容与频道定位不符，市场表现乏力的现象日益突出，频道内栏目结构失衡、创新乏力。2005年，中央电视台提出品牌化发展战略，节目评价也开始采用旨在优化频道结构、针对不同频道的评价措施。

第二阶段推出的新措施有：

（1）栏目数量及首播量达标频道不再实施栏目淘汰：对于栏目数量控制在10个以内，或首播比例达标、结构逐渐趋于合理的频道，评价办法调整为：一年内累计三个季度排名末位的栏目，不实施淘汰，责成相关频道（节目中心）必须在次年更换栏目制片人或对栏目进行更新改造。

（2）设置法制类节目类别：2006年第一季度，首次对CCTV-12（社会与法）频道进行节目评价。针对法制类节目的特点，节目评价体系在节目类别项下，首次设置"法制类"节目，以准确评价该类节目表现。

（3）独立评价政策性保护栏目：从2006年第二季度起，对政策性保护栏目单独进行评价，以充分体现节目评价对政策性保护栏目的保护与激励作用，督促政策性保护栏目不断提高质量。

（4）区分冬季和夏季时段权重：2006年第二季度，影响节目收视的季节因素被纳入节目评价体系，区分夏季时段权重（用于第二季度和第三季度），冬季时段权重（用于第一季度和第四季度）。

在实施节目评价的第二阶段，受到警示的栏目数量共计151个（次），29个栏目被淘汰。这一阶段中央电视台更加注重节目质量提高及频道结构优化，节目评价成为品牌建设中的推动力量之一。

3. 第三阶段（2007—2009）：以提升品牌价值为主要目标

2007年，中央电视台频道品牌化战略向纵深推进，在绿色收视率理念引领下，中央电视台对节目评价模式再度进行调整优化，增加趋势指标、品牌价值指标，对不同频道首重播比例进行科学界定，区分工作日和周末时段权重，突出新闻节目价值调高新闻节目权重，进一步彰显了节目评价体系对提升中央电视台品牌价值的作用和意义。

第三阶段推出的新举措有：

（1）将客观指标分解为收视指标、趋势指标、品牌价值指标：为适度减轻收视率在评价体系中的权重，加强对栏目成长性的考量，同时，充分考虑品牌栏目，尤其是传统品牌栏目价值对各频道品牌建设的贡献，节目综合评价工作加强了对栏目品牌价值的考量，对原有评价方法进行适当调整。调整内容包括：

将客观指标分解为收视指标和趋势指标。其中收视指标主要以栏目的绝对收视数据及权重为计算依据，反映栏目的绝对收视影响力；趋势指标则通过和前三年平均收视数据的比较，确定栏目收视的成长状态，并转换为趋势指标。

为提升各频道栏目的品牌价值，以品牌价值指标代替主观评价指标中的专家评价指标，该指标主要考察栏目社会影响力、广告号召力、对频道贡献、资源利用效率等因素。

（2）对首播量达标栏目的新规定：根据《中央电视台节目预算分配标准和预算分配管理办法》颁布的频道节目首播量标准，对于首播节目量达标的频道，其栏目继续进行节目评价，不再设置政策性保护栏目，但对连续两个季度受到警示的栏目，不再实施末位淘汰，责成频道（节目中心）调整栏目内容、置换栏目或更换制片人。

对于首播节目量超过标准的频道，继续按照栏目警示和淘汰的相关规定进行评价和末位淘汰。本着鼓励政策性保护栏目积极创新的原则，对政策性保护栏目设定保护期，暂定为两年（2007—2009）。

（3）细分周末与工作日时段权重：为精确反映周末与工作日的收视情况，从2007年第三季度开始，时段权重分工作日和周末时段分别计算。同时，根据有些栏目定位、内容、首播时间发生变化的实际，对全台栏目进行重新核查登记，确保栏目基本信息的准确无误。

（4）提升新闻节目权重：鉴于新闻节目在提升电视台公信力和影响力方面作

用较大,提高新闻节目类别的权重值,以提高新闻节目评价竞争力。

(5)调整收视指标与趋势指标分值:鉴于趋势指标对处于成长时期、提升空间较大的栏目比较有利,而对处于成熟时期、上升空间不大的栏目有一定影响,从2008年第一季度开始,将趋势指标再度进行调整。

在实施节目评价的第三阶段,有200个(次)栏目受到警示,淘汰栏目8个。在这一阶段,节目评价配合中央电视台在注重品牌的内在价值、倡导绿色收视率工作标准实施中发挥了更大的作用。

四、中央电视台节目综合评价的作用分析

中央电视台节目综合评价以理论与实践相结合的方式,为我国电视行业提供可与世界同行相比肩的新的科学量化的管理手段,为推动我国广播电视行业的改革创新、提升管理水平发挥了积极的引导和推动作用。

1. 实现精神产品量化评估的一次突破

理论研究贵在创新,方案设计重在实际。中央电视台推出的以"三项指标,一把尺子"为核心的节目评价方法,与国内其他电视机构的评价模式相比,在许多地方实现了新的发展和突破:

(1)更实用。

该评价模式紧紧围绕栏目客观因素、主观因素和经济因素等三大方面进行评价,既抓住了节目评价根本,又简明扼要。

(2)更全面。

该评价模式综合了栏目收视率、节目类别、所在频道、播出时段、投入成本、经济收益、领导意见、专家意见等最基本和最重要的评价元素。其评价结果改变了人们用单一指标评价节目质量的传统做法,使评价结果更具说服力。

(3)更客观。

该评价模式以科学的节目分类为基础,以权威的数据为依据。所有评价结果均按统一方法,转化为直观的定量数据,从而赋予精神文化产品以比较的基础。

(4)更开放。

该评价模式的指标和数据可以适当调整,克服了传统封闭式节目评价方法的弊端,具有较强的前瞻性和指导性,为适用单位提供了契合自身特点的节目评价模式。

2. 在优化频道结构方面发挥积极作用

中央电视台以加强节目质量管理、提升品牌价值为核心的节目综合评价工作不断深化和完善，取得了显著成效。七年来，已累计警示栏目485个（次），淘汰栏目79个。淘汰栏目的情况复杂多样，概括起来主要有以下情况：定位不准的栏目；节目质量不高的栏目；成本相对较高的栏目；主观评价分值偏低的栏目；缺乏内涵的部委合办栏目；已无保留价值的地方台窗口栏目；低收视的经典艺术类栏目；过时的引进类节目；粗制滥造的信息推介栏目；过多过滥的综艺影视类栏目等。

通过节目评价，各频道栏目数量得到有效控制，频道结构、特色和功能定位更加清晰。其中，大多数频道的首播比例达到了《中央电视台节目预算分配标准和预算分配管理办法》规定的频道首播节目量标准。

3. 有助于提升宣传效果

电视节目评价工作极大地增强了中央电视台从业人员的管理意识、危机意识、成本意识和改革意识，使中央电视台节目质量显著提高，作为国家电视台的权威性、影响力、竞争力和品牌价值也不断彰显。全台年度收视份额逐年提升，由2002年的25.37%，提升至2009年的33.88%。全国观众对中央电视台的满意度也进一步增强，在2008年全国卫星频道满意度排名中，前13名均是中央台频道。中央电视台的专题、新闻、体育、电影、少儿、戏曲、外语等类别节目在全国的市场份额均超过50%。

4. 在业界发挥示范效应

中央电视台实施的电视节目评价体系的示范和涟漪效应日益扩大。北京、上海、广东等地的几十家广播电视机构派人到中央电视台学习取经，并在借鉴中央电视台做法的基础上，出台了适用本机构的节目评价和考核办法。中央电视台也应邀到湖北、四川等地介绍经验，为当地广电机构建立节目评价体系提供指导。国内传媒研究机构将中央电视台节目评价体系作为典型案例分析研究，国内多家媒体进行了专题报道。有业内人士认为：实施节目评价暨栏目警示淘汰制度是中央电视台寻求资源优化配置和自身良性发展的一次卓有成效的尝试。

由于节目综合评价是一项复杂的系统工程，将定位与功能完全不同的频道纳入统一的评价模式，本身就存在极大的风险和困难。在过去的八年中，中央电视台总编室节目综合评价工作的组织者通过多种方式积极倾听来自各方的意见,以上所述节目综合评价方法与时俱进的不断调整,既是组织者不断改进、创新工作内容的主动举措,也是积极吸纳评价者及社会各界建议的具体体现。[①]

第二节 中央人民广播电台节目综合评估考核实施方案

为加强全台节目生产、传播质量的科学评价与考核管理,鼓励创新,促进引导力、传播力、影响力提升,中央人民广播电台从 2015 年起对全台广播电视节目及新媒体传播实施了新的综合评估考核方案,具体如下。

一、评估对象

全台 17 个广播频率所属栏目,以及央广网和"中国广播"客户端、《家庭健康》电视频道栏目。

二、评估办法

根据台频率功能定位、覆盖区域等评估条件差异较大的现实,采用分类评估方法。按如下五类进行评估。

(1)中国之声、经济之声、音乐之声、都市之声、文艺之声、老年之声、娱乐广播、中国高速公路交通广播,共 8 个频率。

(2)公益性频率:中华之声、神州之声、华夏之声、香港之声、中国乡村之声,共 5 个频率。

(3)民族语言频率:民族之声、藏语广播、维吾尔语广播、哈萨克语广播,共 4 个频率。

(4)新媒体:央广新媒体公司负责的央广网、"中国广播"客户端产品等。

(5)电视频道:电视节目中心负责的《家庭健康》频道。

[①] 中央电视台总编室节目评价工作组. 中央电视台节目综合评价综述 [J]. 电视研究,2010(07).

三、评估指标

具体的评估指标如表 9-1 所示。

表 9-1 第一类频率评估指标

一级指标	二级指标	数据来源
【评估对象：中国之声、经济之声、音乐之声、都市之声、文艺之声、老年之声、娱乐广播、中国高速公路交通广播，共 8 个频率所属栏目】		
创新性	内涵格调	受众打分+专家打分
创新性	内容形式	受众打分+专家打分
专业性	节目定位	受众打分+专家打分
专业性	选题素材	受众打分+专家打分
专业性	节目编排	受众打分+专家打分
专业性	播音主持	受众打分+专家打分
专业性	制作包装	受众打分+专家打分
竞争力	频率自我评估	各频率对本频率栏目打分
满意度	受众满意度	在线问卷调查
融合力	自有新媒体平台传播	各栏目在央广网、"中国广播"等新媒体平台直播、点播数据
传播力	收听率	各栏目央视-索福瑞收听调查数据
传播力	收听市场份额	各栏目央视-索福瑞收听调查数据
传播力	车载收听率	各栏目央视-索福瑞收听调查数据
传播力	车载收听市场份额	各栏目央视-索福瑞收听调查数据

表 9-2 第二类频率评估指标

一级指标	二级指标	数据来源
【评估对象：中华之声、神州之声、华夏之声、香港之声、中国乡村之声，共 5 个频率所属栏目】		
思想性	舆论引导	受众打分+专家打分
思想性	内涵格调	受众打分+专家打分
创新性	内容形式	受众打分+专家打分
专业性	节目定位	受众打分+专家打分
专业性	选题素材	受众打分+专家打分
专业性	节目编排	受众打分+专家打分
专业性	播音主持	受众打分+专家打分
专业性	制作包装	受众打分+专家打分
竞争力	频率自我评估	各频率对本频率栏目打分
融合力	新媒体转发率等	央广网收听数据、频率微信粉丝量数据

表 9-3　第三类频率评估指标

【评估对象：民族之声（蒙古语、朝鲜语）、藏语广播、维吾尔语广播、哈萨克语广播，共 4 个频率所属栏目】		
一级指标	二级指标	数据来源
思想性	舆论引导	受众打分+专家打分
思想性	内涵格调	受众打分+专家打分
创新性	内容形式	受众打分+专家打分
专业性	节目定位	受众打分+专家打分
专业性	选题素材	受众打分+专家打分
专业性	节目编排	受众打分+专家打分
专业性	播音主持	受众打分+专家打分
专业性	制作包装	受众打分+专家打分
竞争力	频率自我评估	各频率对本频率栏目打分
满意度	受众满意度	在线问卷调查
融合力	自有新媒体平台传播	各语言频率栏目在央广网直播、点播数据
融合力	微信传播	各频率腾讯微信公众号粉丝量数据
融合力	网络传播	各语言分网的点击率（PU）的增长率

表 9-4　新媒体评估指标

【评估对象：央广新媒体公司所属央广网、"中国广播"移动客户端产品等】		
一级指标	二级指标	数据来源
思想性	舆论引导	专家打分+网友代表打分
思想性	内涵格调	专家打分+网友代表打分
创新性	内容形式	专家打分+网友代表打分
专业度	频道定位	专家打分+网友代表打分
专业度	页面设计	专家打分+网友代表打分
竞争力	中心自我评估	网站内部测评
满意度	受众满意度	在线问卷调查
融合力	融媒体平台传播	融媒体联合报道
融合力	微信传播	粉丝量增长率
融合力	微博传播	影响力指数增长率
传播力	PC 端	1. Alexa（专门发布网站世界排名的网站）数据 2. 网站 PV（页面浏览量）/UV（网站独立访客）日均数字增长率
传播力	移动客户端	1. 移动客户端装机量+订阅用户增长率 2. 周活跃用户数量、周人均使用时长增长率

表 9-5　电视频道评估指标

【评估对象：电视节目中心所属栏目】		
一级指标	二级指标	数据来源
频道节目	服务性	专家打分
	主题	
	画面	
	镜头剪接	
	节奏	
	声画表达	
融合力	微信传播	粉丝量增长率
传播力	数字电视传输平台	鼎视公司年度统计数据，《央广健康》频道在平台内的订户数
	观众互动	观众服务中心的进线量数据
	频道落地	《央广健康》频道的落地城市用户数

四、评估组织

（1）评估实施组织由中央台媒体传播评价指导委员会办公室负责，联合各频率（中心）共同完成。

（2）打分组织工作。

参加听评打分的受众、专家，来自中央台总编室建立的受众听评员库和专家听评员库。

中华之声、神州之声听评员（受众与专家）主要由对台湾节目中心推荐，特别是闽南语、客家话节目。

华夏之声、香港之声听评员（受众与专家）主要由对台湾节目中心推荐，特别是广东话节目。

民族语言广播频率的听评员由民族广播中心推荐并协助总编室组织听评打分。

（3）受众满意度调查工作。

① 满意度调查采取网络调查问卷方式。

② 调查问卷由总编室组织设计，央广网、中国民族广播网、频率腾讯微信、频率新浪微博发布。

（4）融合力、传播力数据采集。

① 收听率数据由总编室负责根据我台购买的第三方公司数据进行统计。

② 央广网、"中国广播"客户端平台上的所有数据，由央广网向总编室统一报送。

③ 各部门的微信、微博等融合力、传播力数据，由各部门向总编室报送。

（5）评估周期。

每半年组织一次综合评估，全年两次评估均分为各频率（中心）的年度评估得分。

五、考核办法

（1）各类综合评估结果纳入年终台人力资源管理办公室组织的中央台年度考核奖励，作为该方案第三部分的第七条内容执行，与各部门年度考核中的部门奖励标准和部门领导奖励标准挂钩。

（2）评估得分计算：

① 其他各频率（中心）首先计算各栏目评估得分，所有栏目评估得分的平均分值即为各频率（中心）评估得分。新媒体中心得分直接计算。

② 各频率（中心）本年度的评估得分同比上年度得分的差值作为涨跌幅考核数据。

（3）针对各频率评估条件差异较大的情况，评估考核方法为纵向比较（考核各频率综合评估得分涨跌幅）。

（4）评估结果公示。

年终考核表现优秀的栏目在台 OA 办公内网、台大楼大屏幕展示，以示鼓励，并逐步建立栏目奖励机制。

（5）频率内部管理。

各频率可根据全台节目综合评估结果建立完善内部节目考核管理机制。

第三节　中国国际广播电台考评方案实施细则

为提升中国国际广播电台（简称国际台）宣传管理和传播实效，根据《中国国际广播电台台级考评方案》，台考评小组特制定如下实施细则。

一、考评程序

（一）准备阶段

每季度末，相关部门根据当季《考评工作通知》要求，按时向台考评小组提交考评材料。

（1）各传播中心提交季度宣传管理工作报告、中心业务考评报告、抽查日无线在线节目单等。

（2）总编室提交节目抽查、监听监看、受众反馈报告等。

（3）新媒体管理中心、采集制作技术中心提交各传播中心（所属语言部总和）网站考评季度月平均页面浏览量、网络音频访问量、独立用户数等传播效果数据及分析报告。

（4）国际合作交流办公室提交海外调频台、节目制作室建设情况报告。

（5）中文节目编委会提交媒资平台内容考评报告。

（6）技术管理办公室提交安全播出报告。

（二）考评阶段

传播中心向台考评小组作汇报陈述，回答评委提问。考评小组对该中心进行综合评分。

（1）传播中心现场陈述季度宣传管理、特色创新、传播实效等内容，重点呈现中心在策划、指导、协调语言部工作中发挥的作用（陈述不超过15分钟），回答评委提问。各评委依据中心宣传管理工作报告和业务考评报告、节目抽查、监听监看报告等，结合传播中心汇报陈述、回答提问情况，分别对该中心媒体管理、节目管理各项考评指标进行评分。

（2）各评委依据网站月平均页面浏览量、音频访问量、独立用户数、受众反馈数及相关分析报告，分别对该中心传播效果各项指标进行打分。

（3）台考评小组对中心整体工作进行综合评价，对亮点、成效突出的中心给予适当加分，最高不超过10分。

（4）评委评分中，去掉一个最高分和一个最低分，计算平均值，即为该中心最后得分。

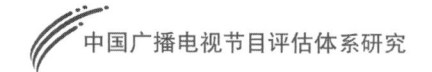

二、评分细则

(一)媒体管理(30分)

此项主要考评各传播中心的媒体管理。包括宣传任务执行、业务考评、业务建设、品牌建设、合作推广、节目资源共享等。具体如下:

1. 宣传任务执行(10分)

考查各中心落实全台各项宣传任务的情况。由评委依据中心陈述及海外调频台、节目制作室建设情况报告、节目抽查报告、监听监看报告、安全播出报告等进行评分。如宣传任务落实基本到位,无重大内容漏报漏发,无导向口径错误,无播出事故,得6分(含)以上;宣传任务执行措施得力,成效显著,得7—10分;如有违反宣传纪律,背离导向口径,出现重大内容漏报漏发、重大事实性差错或播出事故的,视情节严重程度、频次、影响范围等,由考评小组集体商议,酌情打分,得分范围0—5分。

2. 中心业务考评(5分)

考查中心对所属部门业务考评工作的实施情况,重在日常节目管理,要发现亮点,指出问题,提出建议。由评委依据中心业务考评情况报告、汇报陈述和回答提问情况等进行评分。如考评及时,实施到位,得2—5分;如无故拖延、不实施考评的,得0分。

3. 中心业务建设(5分)

考查中心根据实际业务需要,针对本中心薄弱环节开展传播业务和技术培训,推动中心精品推广、经验交流等情况。由评委依据中心季度宣传工作报告、汇报陈述和回答提问情况等进行评分。视培训内容、频次、成效等,得2—5分;如无培训项目,得0分。

4. 品牌建设、合作推广(5分)

考查中心开展媒体合作、社会合作,海外调频台、网站品牌建设及其他品牌推介等情况。由评委依据中心季度宣传工作报告、汇报陈述和回答提问情况等进行评分。视规模、影响、后续效应等,得2—5分;如无相关活动,得0分。

5. 节目资源共享(5分)

考查中心对媒资平台稿件及其他节目资源共享的情况。由评委依据中文节目编委会内容考评报告等进行评分。如无资源共享,得 0 分。

(二)节目管理(30 分)

此项主要考评中心的节目管理举措。包括中心自主策划、新媒体应用、多媒体联动、节目内容形态改进等情况。具体如下:

1. 中心自主策划(10 分)

考查中心在重大活动报道和重大项目组织中发挥特色,创新安排;在重大突发事件中,及时指挥引导语言部做好特别报道;在重大事件、双边关系等方面,开展针对性和贴近性策划,进行深度报道等内容。由评委依据中心季度宣传工作报告、汇报陈述和回答提问情况等进行评分。如有 3 项(含)以上,视规模、实效等,得 8—10 分;有 1—2 项,得 5—7 分;如无自主策划项目,得 0 分。

2. 新媒体应用、多媒体联动(10 分)

考查中心在日常节目中,注重丰富媒体形态,开展网络视频、博客播客及其他新媒体业务,积极贯通广播、网站和海外落地节目,形成多媒体复合报道,实现节目资源最大化利用和传播效果最大化等情况。由评委依据中心季度宣传工作报告、汇报陈述和回答提问情况等进行评分。如有 3 次(含)以上,得 8—10 分;有 1—2 次,得 5—7 分;如无相关举措,得 0 分。

3. 节目内容形态改进(10 分)

考查中心推动所属部门的节目内容、形态改进等工作。包括优化节目编排,增加文化、音乐等知识性、服务性、娱乐性节目内容,加强观点性、分析性、评论性等深度报道,丰富直播、连线、访谈、互动等节目形态,促进本土化制作、播出等举措。由评委依据中心季度宣传工作报告、汇报陈述、回答提问情况,结合抽查日无线、在线节目单等,进行评分。

(三)传播效果(40 分)

此项主要考评各传播中心(所属语言部总和)音频访问量、页面浏览量、独立用户数、受众反馈、影响力等情况。具体如下:

1. 音频访问量(5 分)

考查中心考评季度月平均音频访问量与其前 6 个月平均值的增减幅度。由评委依据新媒体管理中心传播效果报告进行打分。

增幅≥40%，得5分；20%≤增幅＜40%，得4分；增幅/降幅＜20%，得3分；20%≤降幅＜40%，得2分；降幅≥40%，得0分。

2. 页面浏览量（5分）

考查中心考评季度月平均页面浏览量与其前6个月平均值的增减幅度。由评委依据新媒体管理中心传播效果报告进行打分。

增幅≥30%，得5分；10%≤增幅＜30%，得4分；增幅/降幅＜10%，得3分；10%≤降幅＜30%，得2分；降幅≥30%，得0分。

3. 独立用户数（15分）

考查中心考评季度月平均独立用户数与其前6个月平均值的增减幅度。由评委依据新媒体管理中心传播效果报告进行打分。

增幅≥30%，得15分；10%≤增幅＜30%，得12分；增幅/降幅＜10%，得10分；10%≤降幅＜30%，得8分；30%≤降幅＜50%，得5分；降幅≥50%，得0分。

4. 受众反馈量（10分）

考查中心考评季度月平均受众反馈量（平信、传真、电话、电子邮件、网上留言、跟帖、短信平台短信数量总和）与其前6个月平均值的增减幅度。由评委依据受众反馈报告进行打分。

增幅≥20%，得10分；10%≤增幅＜20%，得8分；增幅/降幅＜10%，得6分；10%≤降幅＜20%，得4分；20%≤降幅＜40%，得2分；降幅≥40%，得0分。

5. 影响力（5分）

考查中心节目或自主策划项目在国内外产生积极影响，树立良好口碑，拥有固定优质受众，或受到主流媒体关注，得到高端受众肯定、领导批示的情况。由评委依据相关事实材料等进行评分。如有任何一项，得3—5分。

（四）综合评价（10分）

此项主要对考评季度各中心宣传工作进行总体评价。经考评小组一致同意，对亮点、成效突出的中心，给予适当加分，最高不超过10分。

三、考评纪律

各传播中心在所提交的季度考评材料、陈述中，如存在弄虚作假、夸大其词等行为，一经查出，经台考评小组认定，视其严重程度，直接扣除中心本季度考评得分10—30分，并将上报台编委会通报批评。

第四节　北京电视台节目综合评价体系

北京电视台节目综合评价体系是对全台内容生产进行评价考核的刚性指标，体现了内容生产核心价值理念，是内容生产走向的"风向标"和"指挥棒"，对评价、考核、激励各节目中心内容生产，推动全台节目发展起着重要作用。北京电视台自2007年起，实施节目综合考核评价体系和内容生产目标管理责任制。2011年8月，在原有考核评价体系的基础上，推出了以"品质"为核心的新的节目综合评价体系。2012年9月，国家广电总局出台了《关于建立广播电视节目综合评价体系的指导意见（试行）》（广发〔2012〕76号），文件设定的六个品质维度指标（思想性、创新性、专业性、满意度、竞争力、融合力）以及具体实施办法，对电视媒体节目内容制作提出了更为明确、更具参照价值、更为具体的引导方向，对确保广播电视节目的正确导向、促进节目品质提升、防止和纠正一些节目为片面追求收视（听）率而产生导向偏离、价值缺失、责任失守等问题，发挥了重要引导作用。按照总局文件要求，结合不断变化的传播环境和市场环境，北京电视台节目综合评价体系也经历着不断调整和完善的过程。

按照"首善媒体，大美品质"的内容生产目标总要求，目前，基本形成了包含频道和节目两个层级，以节目品质为基本指标，以收视为核心指标的综合评价体系。这套节目评价体系在全台宏观战略层面至节目微观层面建立起了系统化、贯通性的考评体系，既符合总局文件要求，又可通过评价指标的杠杆作用，撬动创新，促进机制优化，激发活力，提高媒体的市场竞争力和社会影响力。

一、频道综合评价体系

立足牢牢把握正确舆论导向，始终把社会效益放在首位，不断提升节目品质，大力加强精品创作，积极推动创新创优，全面提升BTV频道组整体影响力、竞争力和经营创收能力。

（一）品质指标

电视节目评价体系是一个复杂的系统工程，尤其是涉及节目品质方面的主观指标量化问题更是一个难点。为实现全台品质追求的目标，频道目标责任考核方面，设立相应的指标，通过市场调查的方式，对全台频道组在北京地区电视市场品牌价值、品牌形象、社会责任、文化品质、创新性和专业品质等指标进行调查统计分析，通过权威机构的调查、专家的评价、社会舆论评价等来综合形成这些指标的具体量化数据，促进频道更加自觉地寻找社会效益和经济效益、传播规律和市场规律之间的平衡点。

1. 品牌价值

品牌价值指标发展景气度，反映了频道在目前收视竞争市场中的品牌实际发展状况，主要由知名度、收看率、固定收看、喜爱度、推荐度、忠诚度和网络关注度等指标构成。

2. 观众满意度

观众满意度指标是指一周内收看过某频道对该频道的满意程度，它是评价频道素质的重要指标，可以较好地反映观众对频道内容和品质的认可程度与评价。

3. 品牌形象

品牌形象是频道与众不同的表征，是感性特点、内在理念等多种要素形成的识别标志。

4. 社会责任

社会责任指标包含公信力、舆论引导力、公众服务价值，通过可信性、权威性、内容影响、价值认同、行为改变、贴近生活、服务型等多层次问卷设计，反映媒体社会责任指数。

5. 文化品质

文化品质是频道"软实力"的体现，通过文化价值、文化引领力得到体现。文化价值又可拆分为文化内容、文化品质、文化来源，文化引领力又可拆分为引领关注、文化传播，通过不同层级的指标形成文化品质评价。

6. 专业品质

频道节目制作的专业品质，包括节目内容、主持人、频道包装、视觉感受、频道编排等。

（二）收视指标

在收视考核方面，一是体现坚持牢牢把握正确的舆论导向、始终把社会效益放在首位的原则，以增强传播力、公信力、影响力和市场竞争力为目标，确保完成全台的收视和经营创收任务；二是体现当前文化体制深化改革的精神实质，高度重视电视媒体的经营任务的原则，增强北京电视台全面协调快速可持续发展能力，面向市场，深化内容生产与经营融合，鼓励探索开拓多种经营渠道和节目生产经营运作模式，实现国有资产保值增值。

收视指标由全台总体目标层层分解、层层落实，达到全台、频道直至每一个节目发展方向的一致性、明确性、可控性。对频道实施收视率和市场份额双考核，权重各占50%。为了促进频道传播力、影响力、竞争力和市场价值的提升，体现考核的引导作用，收视份额考核全天时段，收视率重点考核全天价值最高的播出时段（18:00—23:00）和首播节目。在总的考核原则下，根据各频道内容特点、受众结构以及市场价值，又为各个节目中心（频道）制定了考核细则。如，北京卫视重点考核全国35个中心城市省级卫视全天时段收视排名。体育、卡酷、纪实全时段（7:00—24:00）考核，其中卡酷收视率考核4—14岁分众人口7:00—24:00收视。文艺、科教、影视剧、财经、生活、青年、新闻考核晚间（18:00—23:00）和首播节目时段，早7点之前、晚24点之后播出的节目均不纳入收视率考核。

评价指标中还设计了新媒体融合力指标，考核在北京网络广播电视台网站及移动终端等平台，各频道相关节目内容点击率总量的增长率，促进媒体融合发展。

二、栏目（节目）综合评价体系

节目层面的综合评价体系与频道层面在方向上完全一致，在以"品质"为基本衡量标准的前提下，重点通过收视贡献率和投入产出贡献率等指标的考核，把握栏目运营状况，促进栏目良性竞争，通过考核机制的引导作用，实现内容生产社会价值与经济价值的双赢。

栏目综合评价体系将节目所在时段应当承载的频道收视价值和投入产出价值转化为量化基准，并以此作为衡量节目实现其时段效益的基本指标。通过对收视贡献率、投资价值贡献率和品牌价值贡献率等评价指标的测算，把全台所有栏目根据指标的完成情况纳入A、B、C、D四个不同的评价区域中，为提升内容生产竞争力提供量化依据。节目评价配合次年全台节目整体安排，每年进行一次。

1. A区

处于该区的栏目为收视贡献率和节目投入产出贡献率均达到或超过额定指标，具有良好的市场前景，是频道的王牌节目。

2. B区

处于该区的栏目收视贡献率达到了时段额定指标，但投入产出贡献率没有达到时段的额定利润标准，这类栏目的质量得到观众认可，但因为广告经营或成本控制等原因未能达标，如针对问题予以调整，有潜力获得市场认可，属于可培育栏目类型。

3. C区

处于该区的栏目收视贡献率没有达到时段额定指标，但投入产出贡献率达到了时段的额定利润标准。这类节目或者不适合安排在该时段播出或者已经失去观众市场，但广告市场尚未跟进反应，属于问题类栏目类型，应对节目定位、形态或播出时段予以调整。

4. D区

处于该区的栏目收视贡献率和投入产出贡献率均没有达到时段额定指标。对评价进入D区的栏目可依据对节目舆论导向、艺术水准、节目质量的评议确定政策保护性栏目后，根据投入产出贡献率在本频道的排名情况确定是否淘汰，在投入产出贡献率排名相同情况下，可依据收视率排名进行末位淘汰。

第五节　湖南广播电视台频道与节目评估公式

2014年总台节目评估公式采用客观和主观评估相结合的方式组成，其权重分配如下：

一、电视

频道：收视份额40%＋满意度20%＋投产比10%＋思想性10%＋创新性10%＋新媒体10%＝综合评估值

节目：湖南收视份额40%＋满意度20%＋投入产出比10%＋思想性10%＋专业性10%＋新媒体10%＝综合评估值

二、广播

长沙市场收听指标40%＋思想性20%＋专业性20%＋新媒体10%＋投入产出比10%＝综合评估值

三、相关说明

（1）收视份额：采用的是索福瑞媒介研究公司数据，湖南卫视采用全国网数据、地面频道采用湖南省数据。

（2）收听份额：使用的是赛立信媒介研究公司的长沙市收听数据。

（3）满意度数据：成立了专人调查小组对长沙地区600位、其他地区（益阳、常德、衡阳、邵阳）400位，共计1000位15—80岁观众进行满意度问卷调查，再采用SPSS软件对数据进行分析。

（4）投入产出比：邀请广告部、财务部、审计部等多部门对各频道及节目全年的广告创收和节目成本进行公式计算后所得数据。

（5）思想性和专业性数据：集中组织20位专家、学者分成思想组和专家组对全年电视、广播节目进行观看后打分。

（6）新媒体数据：采用的是北京盛和永名媒介研究机构提供的数据。

第六节 江苏省广播电视总台节目综合评价体系

一、目的

为确保总台广播电视节目导向正确，更好地满足人民群众日益增长的精神文化需求，按照国家新闻出版广电总局《关于建立广播电视节目综合评价体系的指导意见（试行）》（广发〔2012〕76号）的具体要求，在台内外广泛调研的基础上，特制定《江苏省广播电视总台节目综合评价体系（试行）》。

《江苏省广播电视总台节目综合评价体系（试行）》（以下简称本体系）作为总台重要管理手段之一，旨在按照"高标准建设全国一流强台"的要求，注重提升节目质量、推进节目品牌化建设，实现社会效益和经济效益双丰收。

二、总体原则

（1）本体系以品质评价为重心（权重占70%），引导节目生产健康发展，强化社会责任意识，避免泛娱乐化和庸俗、低俗、媚俗之风。

（2）本体系以市场评价为基础（权重占30%），重视受众意识和传播效果。

（3）本体系充分考虑到全台频率、频道和节目的多样性，实施统一指标下的分类考评。电视节目划分为新闻（含财经、法制）、综艺（含体育）、科教文化、生活服务四大类别。广播节目划分为新闻社教、生活服务、综艺、音乐四大类别。统合得分采用百分制。可根据广播、电视节目的不同特点对品质评价和市场评价的具体指标进行微调。

（4）本体系以正向激励为主，每年度实施年度品牌节目评选。

（5）为了保证定性评价的权威性和科学性，组建一支水平上高规格、数量上成规模的专家评审队伍，并设计随机选定和周期轮换的评审制度。

三、评价指标

节目综合评价实行导向"一票否决"（详见附录）。品质评价包括思想性、创新性、专业性、满意度、竞争力、融合力等具体指标。市场评价包括CSM省、市网视听率等具体指标。指标具体如下：

1. 品质评价指标

（1）思想性（权重15%）：体现社会主义核心价值体系建设要求，宣传正确的世界观、人生观、价值观，弘扬社会正气，传承优秀传统文化，倡导科学思想，促进社会和谐稳定；

（2）创新性（权重10%）：定位鲜明准确，策划、选题、编排等内容独到、形式新颖，体现时代精神，表现手法推陈出新、具有原创性；

（3）专业性（权重15%）：文案策划、编辑编排、制作剪辑、播音主持、音响音乐、画面镜头等制作、播出环节的专业水准情况；

（4）满意度（权重15%）：受众对广播电视节目内容、形式、质量和编播的好感、信任、认可、支持和赞许情况；

（5）竞争力（权重10%）：节目的知名度、品牌价值等情况；

（6）融合力（权重5%）：节目与互联网终端、手机等新媒体的整合程度，以及在新媒体上二次传播和口碑影响情况。

2. 市场评价指标（权重30%）

按全台节目央视-索福瑞公司（CSM）省、市网视听率排名计分。

市场评价指标得分 $= 100 - (\sqrt{省网视听率排名 \times 0.4 + 市网视听率排名 \times 0.6} \times 3)$

3. 节目附加得分

对主旋律新闻（《江苏新时空》《江苏新闻联播》）、少儿和三农类节目，在综合评价得分的基础上视需要酌情加分，增加分值不得高于5%。

四、适用范围

总台所属电视频道江苏卫视、城市、综艺、影视、公共、教育、体育休闲、优漫卡通以及广播频率AM702、FM93.7、FM101.1、FM99.7（SW5860）、FM97.5、FM89.7、AM585、AM1053（FM91.4）、AM846、AM1206（FM95.2）。

五、实施办法

（1）总台节目综合评价工作领导小组由总台台长、总台分管领导担任正、副组长，宣传管理部、新闻中心、电视传媒中心、广播传媒中心等相关负责人任组员，具体分为广播组和电视组。

（2）宣传管理部负责节目综合评价的组织实施工作。

（3）节目综合评价工作以半年度为考评周期，每年2次。

（4）参评频率和频道应于考评周期最后一个月的20号之前以文字形式将参评节目信息（名称、频率或频道、首播时间及参评分类等）报给宣传管理部。跨频率、频道播出的节目以首播频率、频道为报送单位。

（5）上报节目需为考评周期内的节目（含特别节目、季播节目）。以栏目形式纯粹播出电视剧及动画片、体育赛事、垫播插缝类节目以及广告、购物节目不参与评价。简单串联类、引进购买类栏目参与评价，不参与年度品牌节目的评选。

（6）如参评栏目发生下列情况之一造成在考评周期内栏目正常播出未满两个月的，不参加本考评周期评价。

① 考评周期内停播。

② 考评周期内首播频率、频道改变。

（7）新栏目开播满三个月后参与评价。

（8）宣传管理部负责上报节目信息的审核。

（9）宣传管理部负责建立专家库并组织专家对节目进行打分评议。专家库成员来自人大代表、政协委员、管理部门、播出机构、其他媒体、专家学者、专业机构、广告商。在统筹考虑专家的职业背景、年龄和性别的基础上，将专家组和各节目分类组进行随机配比，确保每个节目至少有6位不同专家为其打分。专家打分采用集中评议和远程在线考评相结合的方式，审看或审听至少三期从考评周期抽选的节目，并必须收看或收听至少5分钟/每期才能打分。

（10）每考评周期，总台宣传管理部对视听率指标进行采集运算。数据来源为央视-索福瑞公司（CSM）提供的视听率调查数据，以考评周期内的平均数据为依据进行各项指标的计算。

（11）每考评周期结束后，宣传管理部负责汇总运算评价数据，并进行全台综合评价结果排名、各频率和频道内节目排名。同一个节目在多个不同时段播出，频率和频道内节目排名可根据各自需要分别计算，全台综合排名则以首播时段数据为计算依据。

（12）全台广播、电视节目各自综合排名前30名及各频率、频道内节目排名结果经总台节目综合评价工作领导小组审议后，及时向全台发布。

（13）本体系运行后，由宣传管理部负责解释。节目生产部门如对考评结果存有疑义，可以中心为单位集中提出并申请复议仲裁，宣传管理部予以复核和解释，必要时可提请总台节目综合评价工作领导小组予以专项研究并仲裁。

六、评价结果应用

节目综合评价结果作为总台层面和频率、频道内部的重要管理工具及对外营销推广的重要依据。

（1）节目评优和淘汰。原则上只有两年内获得过两次以上甲级（85分以上）的节目才具备参加各类政府奖项评比的资格。

对2次考评在节目总排名最后5位的节目（对象性窄播化节目及外宣节目除外）实行淘汰。

（2）年度品牌节目评选。年度品牌节目的入围条件为：按各节目本年度内各考评周期综合评价结果的平均分进行全台排名，排名分别居全台广播、电视节目前30名的入围年度品牌节目评选。

总台节目综合评价工作领导小组对入围节目进行审议，确定获选节目和奖励金额。获奖节目原则上广播、电视节目各为20个左右，分为荣誉名牌节目、名牌节目、优秀节目。

（3）广告营销。在广告经营活动中积极向广告商推荐应用节目综合评价结果。节目综合评价得分高的节目尤其是品牌节目作为优质资源得到重磅推荐。

（4）评价结果作为节目制作经费以及相关人员晋级、职称评定和奖惩的重要依据。

附录："一票否决"标准

出现以下问题的，该节目当考评周期节目质量分为零分，并依据总台宣传管理制度追究有关责任人责任：

（1）违背党的政策和国家法令，违反宣传纪律，节目中播出以下内容的：

① 反对宪法确定的基本原则的；

② 危害国家的统一、主权和领土完整的；

③ 泄露国家秘密、危害国家安全、损害国家荣誉和利益的；

④ 煽动民族仇恨、民族歧视，破坏民族团结，或者侵害民族风俗、习惯的；

⑤ 宣扬邪教、迷信、有神论、伪科学的；

⑥扰乱社会秩序，破坏社会稳定的；

⑦宣扬淫秽、赌博、暴力或者教唆犯罪的；

⑧侮辱或者诽谤他人，侵害他人合法权益的；

⑨危害社会公德，损害民族优秀文化传统，内容低俗、格调低下的；

⑩法律、行政法规和国家规定禁止的其他内容的。

（2）因导向问题或重大违规被中宣部、国家广电总局或省委宣传部、省广电局通报批评的。

（3）节目中出现完全失实的报道，播出后在社会上造成恶劣影响的。

第七节 成都广播电视台节目评估及研发框架方案

成都广播电视台为促进栏（节）目的合理淘汰与创新，将节目纳入优胜劣汰的良性机制，特制定"节目淘汰及研发制度"。总体上，实施"栏目评估及研发总监负责制"，各频道是栏目淘汰和研发的主体，由总监成立以各频道总编室为执行机构的"栏目末位淘汰领导小组"，按照有关规定，重新筛选所有的栏目，按季度对全频道的栏目进行排名。

一、评价原则和指标

各频道栏（节）目的评估需遵循一个根本原则和三项基本指标。"一个根本原则"即导向原则。如栏目存在重大政治导向错误，节目低俗、粗制滥造，台编委会有一票否决权。

三项基本指标即收视率指标、广告经营收入指标、网络影响力指标。三个指标均为可量化的数值。

（1）收视率指标（50%）。

收视率指标（50%）= 本季度收视率平均值 × 30% + 本季度收视率增长值 × 20%

本季度收视率平均值来自索福瑞数据公司或尼尔森数据，是考核期间栏目收视率的平均数值。

本季度收视率增长值是指，相较于上个季度，某栏目本季度收视率的增长幅度。

（2）广告经营收入指标（30%）。

"广告经营收入指标"即各档栏目本季度的广告经营完成情况，以广告中心出具的结论为准，完成本季度广告指标，即得30分，未完成广告指标，则为0分。如因特殊情况造成广告指标未达标，需上报台编委会解释，由台编委会做出合理裁决。

（3）网络影响力指标（20%）。

"网络影响力指标"是我台各档栏目在网络上的知名度、关注度、收视度和美誉度的网络量化值。指标数字由专业数据研究公司提供。

评估体系可以用下述通用公式表示：

综合评价指数＝（本季度收视率平均值×30%＋本季度收视率增长值×20%）＋广告经营收入指标×30%＋网络影响力指标×20%

（4）各频道根据自身特点和实际情况，对本频道所属栏（节）目的综合评价指数进行合理的权重设计。

二、淘汰制的基本措施

节目考评从每年7月份开始，到第二年的6月截止。以一个季度为评估周期，每季度末，位列全频道栏目最后一位的栏（节）目将会被各频道总编室给予"黄牌警告"，并将名单报台总编室备案。连续三次被"黄牌警告"的栏（节）目将会被台总编室提交到台领导处，台领导可据此与频道总监沟通，督促排名在末位的栏目整改。经过一个月的限期整改后，依旧名列末位的栏（节）目，经频道编委会审议后予以停播。由频道总编室将停播决定经台总编室上报台编委会。

被淘汰节目的所有工作人员（含总制片人、制片人、编导、编辑、记者等）在节目停播当日起待岗，暂停发放每月绩效，只保留基本工资。连续待岗二个月，可予以下岗和辞退处理。各频道在栏目停播后，应及时将停播栏目涉及的人员名单报台办公室，年终奖也由台办公室根据待岗员工具体工作情况核发。

三、新节目研发与评估

新节目的研发要与每季度各频道的栏（节）目的排名同步推进。各频道由总监牵头，各频道的总编室配合，进行新栏目的创新和研发，研发方案进入各频道总编室的"创新研发库"备案，以便随时可以更替被淘汰的末位栏（节）目。各频道一旦决定启用各自频道研发的创新方案，需将新栏（节）目方案和样片上报到台总编室，由台编委会审议。经审议合格后，新栏（节）目才能根据编委会确定的日期、时段播出。

新栏（节）目播出一个月后，即纳入综合评价指数的评估体系。如经过该评估体系的评估，达到预期目标的栏（节）目，由台编委会给予一定奖励。反之，则再给予三个月观察期，如依旧不达标，按照评估体系的规定给予黄牌警告，并由此进入制度规定的淘汰机制。

各频道的新栏（节）目创新研发考核指标为每年一至两个，并被记入各频道总监的考核目标，与总监的年度测评，年终绩效挂钩。未完成创新考核指标的总监，将在年终被扣发40%的年度绩效。同时，未完成年度创新考核指标的总监，将不能继续被台聘任总监职务。

第八节　哈尔滨广播电视台节目评估及淘汰方案

哈尔滨广播电视台是有一定影响的副省级城市台，2013年以来，为推进栏目节目品牌化建设，全面提升节目引导力、影响力、传播力及专业性，对全台节目质量实施有效评价和奖惩，拟订《节目末位淘汰方案》。

一、考评原则

以全面、客观、公正的考评办法，本着公平、公开原则，全面衡量栏目节目的社会效果和经济效果，自觉践行社会主义核心价值观，坚决抵制庸俗、低俗、媚俗之风。注重对社会效果的评估，深化对频率频道节目传播力的考察，加强对节目专业性的判断，重视市场表现和专业品质。

二、考评对象

各频率频道所有自办、购买及合作节目。

三、考评方式

1. 数据考核（60分）

主要考核节目收听收视目标完成率、观众规模、忠诚度三个指标，由收听收视率调查数据转换计算获得。

A. 收听收视率（30分）

收听收视率是考核传播能力最主要的评估指标，但简单以收听收视率的绝对值高低判定不同类型节目的传播力优劣，既有失公允，也容易误导栏目节目片面追求收听收视率而放弃社会责任，降低栏目节目品质的"唯收听收视率"倾向。

为此，本方案采用目标管理的方法，以节目收听收视目标完成率指标替代收听收视率绝对值指标。即：每年初，各频率频道依据台下达的频率频道收听收视率及市场份额任务，根据不同栏目节目定位、类型和历史收听收视表现等因素设定栏目节目的收听收视率目标。节目收听收视目标完成率是指节目在考评周期内的平均收听收视率与所属频率频道下达到栏目节目的该考评周期内的收听收视率目标值的比值。

栏目节目收听收视目标完成率 = 考评周期内栏目节目平均收听收视率 / 栏目节目收听收视率目标值 × 100%

B. 受众规模（20分）

受众规模反映的是栏目节目在考评周期内观众群的大小。

$$受众规模 = \frac{考评周期内累计到达千人}{全台参评栏目节目该周期内累计到达千人平均值} \times 100\%$$

C. 忠诚度（10分）

忠诚度指标反映受众对栏目节目重复收听收看的状况。

$$忠诚度 = \frac{考评周期内收听收看过栏目节目的观众人均收听收看期数 - 1}{考评周期内栏目节目总期数} \times 100\%$$

2. 专家打分（10分）

专家打分采用问卷调查、对栏目节目收听收看分析等方式进行。

专家队伍组成：省、市宣传部门领导、业界专家、社会学者、高校教授。具体操作为：每季度考核期间，把专家组和广播电视节目进行配对，从专家中随机抽取不少于3—5位专家对某栏目节目进行考核，以保证专家打分的相对公正性。

3. 受众抽样调查（5分）

受众抽样调查数据由台总编室定期安排抽样调查公司进行，同时与元申广电节目点播回看数据结合进行考核。

4. 新媒体融合度（5分）

每个季度节目在台网站的点击流量、图片、音视频上传互动及开设微信、微博等情况。

5. 成本效益指标（20分）

以节目为计算单位，每季度节目拉动广告收入与该节目制作成本（包括人员工资）之比。

成本效益指标=节目广告收入/节目制作成本（数据由台经营管理中心、广告部及财务部门提供）

四、考评应用

台总编室根据各项数据，每季度公布全台频率频道节目排名情况、节目考核周期为一年，连续三个季度综合排名前三位给予奖励；连续三个季度综合排名在后三位实施末位淘汰。

第九节　深圳广电集团电视节目综合评价方案

一、构建节目综合评价体系的背景和目的

当今广播电视业面临着空前激烈的市场竞争，传媒业已经由过去的"短缺传播"进入了"相对过剩的传播"。在这样的背景下，如何精办节目、创新发展，是广播电视业的管理者和生产者面对的重要课题。因此改革节目综合评价机制，运用科学的评价分析，服务广播电视生产的管理和发展，显得非常重要。

国内电视节目评价体系的构建始于20世纪90年代末。作为中国电视业旗舰的中央电视台2002年底推出了以"三项指标，一把尺子"为特征的《中央电视台

节目综合评价体系方案》，以及《中央电视台栏目警示暨末位淘汰条例》，俗称"末位淘汰制"。

2011年国家广电总局下发了《关于进一步加强电视上星综合频道节目管理的意见》，号召各级电视播出机构坚持把社会效益放在首位，坚持社会效益和经济效益的有机统一，建立以社会影响力、媒体品质力为核心的多元综合评价体系。

集团是从2006年开始实施对电视栏目综合评价工作的，期间根据不同时期不同现状于2008年、2010年分别做出了两次调整，力求客观、公正地对栏目的收视及经济效益进行综合性的评估。方案自实施以来，收到了较好的效果，对集团的节目制作、经营和收视管理发挥了重要的指导作用。但集团原综合评价方案侧重于收视率、观众满意度和经营效益三个方面，对集团栏目的市场传播力、社会效果、制作专业性等方面的阐述及指导有限，且与国家广电总局目前提出的节目评价工作要求有一定偏差，评价的范围也仅限于电视的常规栏目。因此，构建新的电视综合评价体系非常重要。

二、集团节目生产和管理存在的问题

近几年，为应对激烈的市场竞争，集团各频道积极创新节目生产，节目制作量提升巨大、类型增多，极大地丰富了集团的节目播出，提高了竞争力，但同时也为集团的节目管理带来了一定的难度和新的要求。

目前，集团对节目播前的评估、播后的评价体系尚不完善，个别频道对节目的规划缺乏科学性和大局意识；新开节目随意性较大，缺乏科学的市场调研和客观的数据支持，造成部分新节目播出后表现平淡，浪费了大量的人、财、物力。在节目的淘汰和创新方面，也缺乏有效的监管和引导，致使平庸节目不能立即淘汰。个别部门对节目的创新有一定的盲目性，栏目定位模糊，存在栏目形式和内容雷同、缺乏竞争个性的问题。记者编辑队伍年轻化，人员业务素质参差不齐，有些节目质量较差。节目审核不够严谨，有些节目播出明显有硬伤。主持人和记者出镜的管理有待强化，对节目的学术研究和业务探讨尚需加强。

三、新系统的特点及意义

本次制定的综合评价体系，将运用科学、系统的指标对电视节目制作进行综合的评价，完善节目管理；通过对每一指标进行细化和分析，使之更具有科学性和针对性。同时在实施统一指标评价时，对节目进行分类评述，保证了栏目评价的公平与完整。并以正面激励带动负面因素，以奖优带动罚劣，变硬性淘汰栏目为主动置换栏目，这是新系统的设计原则。

建立新的节目评价体系的目的是通过建立科学、规范、公正的节目评价制度，调动采、编、播、审人员的积极性和创造性。具体说，是要解决当前节目生产、管理与经营中亟待解决的四个问题：一是解决好干多干少、干好干差没有统一衡量尺度的问题；二是解决好实行优胜劣汰、按劳分配机制没有公正参照依据的问题；三是解决好不同类型栏目、不同岗位人员工作量没有客观可比指标的问题；四是解决好如何以"创优带创收，创收促创优"的手段，促进宣传与经营协调发展的问题。

建立节目评估体系，其现实意义主要表现为：

（1）电视媒体不断提高节目质量，为创立名牌节目、精品节目提供制度保障。

（2）为电视节目的合理定位、设置和布局及节目运作机制提供科学依据。

（3）为电视媒体进行节目改革、广告经营提供科学依据。

（4）为衡量电视媒体的整体实力提供依据，并为增强其综合实力提供动力。

（5）为集团对节目生产部门的精细化管理提供科学依据。

四、2015年拟纳入综合评价的节目范围

评价范围：所有电视节目，包括线上大型活动、创新节目、经营性节目。

1. 日常电视节目

（1）新闻中心、娱乐中心、卫视、都市频道、财经生活频道、娱乐频道、少儿频道、体育健康频道、公共频道制作的所有栏目，包括自制、包装、联办、协办、委托制作、独立制片人栏目。

（2）电视节目分类评价，分为新闻（时政新闻、民生新闻）、专题（法制、财经、纪录片等）、综合节目（直播节目、综艺晚会、娱乐节目等）、线上活动（播出）。

2. 创新栏目

（1）新栏目推出必须要有"创新节目论证"等测评方式的播前测评数据支持，达到目标数据后，经集团编委会审核同意推出。每一个推出的新栏目，每三个月

进行一次播中数据监测，积累数据。到一年期满，超过三季度测评数据不达标，即行淘汰。

（2）日播栏目开播三个月，周播栏目开播六个月内，只积累相关数据，不进入排名和评价分析，培育期满一年后列入评价范围。

（3）卫视每一档季播栏目，完全进入评价，但不列入总排名，卫视节目可以进行自我排名。

五、评价活动周期

每半年和年度做综合评价分析报告。

六、评价指标及权重

电视节目应该作为集团的文化产品，按照市场规律，建立良好的投入产出机制，充分考量节目的质量、利润、市场占有率等核心指标。

为建立相对公平、客观、可操作性强的评价体系，拟将集团所有电视栏目划分为非指令性栏目和指令性栏目两个大项分类考核。根据栏目性质和播出平台的区别，指令性栏目和非指令性栏目在评价指标上将有所区别。具体情况如下：

（1）非指令性栏目综合评价指标和权重分配：

表 9-6

市场份额	利润率	观众满意度	荣誉和失误
40%	25%	25%	10%

（2）指令性栏目（指承担时政宣传任务的节目和公益性节目）综合评价指标和权重分配：

表 9-7

市场份额	利润率	观众满意度	专业评价	荣誉和失误
20%	10%	30%	30%	10%

七、综合评价指数计算方法

综合评价指数＝市场份额＋利润率＋观众满意度＋专业评价＋荣誉和失误

其中：市场份额＝栏目市场份额／栏目年度目标任务

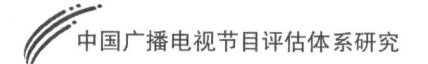

观众满意度＝CTR 观众调查数据

利润率＝集团投入产出比系统栏目利润率／频道年度利润率

专业评价数据＝专业评审小组评分

（每个栏目按季度选送一期优秀节目，由总编办随机抽取一期节目，组成两期送评节目，由编委会和专家组成的评审小组打分，其中编委会评分占 40% 权重，专家评分占 60% 权重）

荣誉和失误：由总编办根据栏目和节目获得荣誉和发生失误进行加减分数。荣誉占 5% 权重，失误占 5% 权重。

八、评价数据的采集和生成

（1）参与评价的栏目：由总编办按半年度核准框定。

（2）市场份额：由节目研究中心按半年度核准提供。

（3）观众满意度：由节目研究中心按年度实施调查提供。

（4）利润率：该数据以频道每年考核的利润率为基准，栏目产生的利润率如超过或低于频道的考核指标，则按比例加减分。具体数据由财务管理中心按半年度核准提供。

（5）专业评价得分：由总编办负责组织专家小组，分类分组审看，然后对节目进行评分，各评审小组由职能部门 4 人、外请专家 2 人和纳入评价范围的栏目制片人 1 名组成。

（6）荣誉和失误：以 100 分为基准分，获得上年度广东省政府奖一等奖的栏目加 10 分，二等奖加 8 分，三等奖加 6 分；深圳新闻奖一等奖加 5 分，二等奖 3 分，三等奖 1 分（加分奖项按就高不就低原则，不重复计分）。栏目出现一次差错扣 1 分（根据监听监看报告评分），受省通报批评扣 5 分，受国家广电总局批评扣 10 分。

九、评价报告内容

（一）电视栏目根据各指标核算出数据，陈列以下各类报表

（1）所有栏目的综合评价指数总排名；

（2）地面综合频道栏目评价指数排名；

（3）地面专业频道（无电视剧播出的频道）综合评价指数排名；

（4）指令性栏目综合评价指数排名；

（5）大型活动评价指数排名。

（二）评价报告综述内容

（1）综合评价指数分析；

（2）各栏目市场份额表现及评价；

（3）栏目利润率分析；

（4）新栏目综合表现情况分析；

（5）大型活动综合表现分析。

十、奖罚办法

每半年进行整体综合评价，年终进行项目奖励和警示，各奖励支出由总裁基金承担。奖罚项目包括：

（一）综合评价指数排名前五奖

对全年综合评价排名前 5 名并达到 80 分以上评分的栏目给予奖励，排名第一的栏目组所有人员人均 1000 元，包括记者、编辑、制片人、分管副总监和总监。其后依次递减 200 元。年度奖励金额如有调整，由集团编委会或管委会确定。

（二）年度分类排名单项奖

设立三个奖：年度最佳效益奖、年度收视增幅最高栏目奖、年度创新栏目奖。

1. 年度最佳效益奖

参选要求是：（1）广告年创收 5000 万以上；（2）当年利润率不得低于上一年。评选标准为：以利润率为指标，利润率最高的节目予以奖励。奖励金额为 5 万元人民币。

2. 年度收视增幅最高栏目奖

参选要求是：（1）播出时间二年以上，大幅改版一年以上；（2）年平均收视率下限在 1.5%。评选标准为：与该栏目上一年实际收视率相比，实现最高绝对涨幅的栏目予以奖励。当年栏目编排与上一年度有变动的，取上一年的"栏目自身收视率"与"现播出时段收视率"中的最高值为基准收视率。奖励金额为 5 万元人民币。

3. 年度创新栏目奖

参选要求是：根据节目研究中心《创新节目管理办法》所制定的规则，每年度由节目研究中心提供该项奖励的栏目名单报集团编委会审批，由总编办落实。

4. 黄牌警告和节目更新淘汰

本评价方案试行期间，以鼓励栏目提高节目质量、提高收视率和利润率为宗旨，对评价达标的栏目只进行奖励。待时机成熟，可以试行奖励与惩罚并行的办法。综合评价结果由编委会研究确定，报管委会审议通过。

第十节　宁波广电集团广播节目质量考评实施办法

为进一步贯彻"坚持三贴近原则，牢牢把握正确舆论导向，积极推进节目创新创优，不断提高舆论引导水平和节目质量"的工作方针，规范节目管理，促进宁波广播节目创名牌、出精品、全面提高节目质量，推动宁波广播宣传工作再上新台阶，针对宁波广电集团五套广播节目，制定了专门的考核制度。

一、考评机构和办法

1. 成立广播节目质量考评委员会

节目质量考评委员会的任务是建立并不断完善宁波广播节目质量监督评估体系。通过对宁波广播各频率播出节目开展日常监听、组织专家抽评等方式进行节目质量的评估，提出意见建议，指导各频率节目管理工作。

节目质量考评委员会下设节目质量考评工作小组，负责日常播出节目的考评工作。根据需要，小组可吸收外聘专家和各方面专业人士参与考评。

2. 考评办法

每月对播出节目抽听考评，每档节目原则上抽听四次，根据新闻、社教、文艺娱乐节目不同的质量分解要素予以打分，综合得分与主创人员当月效益工资中的质量奖挂钩。

每月考评小组写出考评报告和节目考评排序表，予以公布。

二、节目质量共性要素

共性节目质量要素适用于广播考评的所有节目，也是考评组考评节目的重要依据和标准，主要有以下内容：

（1）坚持团结、稳定、鼓劲、正面宣传为主的方针，牢牢把握正确的舆论导向。舆论导向出偏差实行一票否决。

（2）牢固树立政治意识、大局意识和责任意识，认真贯彻执行党的理论、路线、方针和政策。严格遵守新闻宣传纪律，准确把握宣传口径，做到播出的节目提法准确。

（3）新闻报道必须遵守客观真实的基本原则。

（4）开办新节目或改动节目（栏目）必须经集团编委会审核批准。未经审批不得擅自变更节目名称、内容和时段。如临时有重大活动或现场直播影响原有的节目布局等特殊情况，须上报总编室经编委会批准方能实施。

（5）任何播出节目（栏目）所播内容必须符合节目方针和定位，不允许随心所欲，乱播乱放。

（6）各类专题节目（包括音乐、文艺）每期节目要有完整策划和明确的主题。

（7）节目播出要准时、完整，严格按时间表运作，因节目超时出现掐尾现象属不完整节目。

（8）严格遵守各项安全播出规定，节目播出声音清晰、连贯，不得出现声音失真，劣播或者空播现象。

（9）播音员、节目主持人必须经过资格认定，持证上岗。新聘人员必须由持上岗证人员带班上岗。播音员、主持人在播音或主持节目过程中要发音准确，避免出现读错字音、断错句子、磕巴等现象。错别字不可超过1‰，主持人需用普通话（经批准的方言节目除外）主持节目。不得用港台腔，杜绝脏话和不符合大众审美观念的语言在节目中出现。

（10）节目嘉宾的选择要严格按有关规定执行，主持人必须清楚嘉宾的主要思想和观点，要告知嘉宾节目意图及有关宣传的要求。

（11）节目主持人及嘉宾在节目中的谈话和发表的观点，必须和党、政府的政策相一致，不允许以个人的观点发表错误言论。

（12）语言性节目内容要充实，节目（栏目）曲、间奏音乐、补白音乐及节目自身宣传不得超过节目时间的15%。

（13）所有播出节目不得涉及国家机密、商业秘密和个人隐私。

（14）热线直播节目要正确使用延时装置，出现差错除定为不达标节目外，还要按相关规定严肃处理。

（15）每档节目的播出文案必须保留三个月，以便随时提供给考评部门。没有文案视为不合格节目。

三、分类节目质量要素

分类节目质量要素分为新闻类、社教类、文艺类、服务类、主持人直播节目和娱乐综艺节目，以上六类节目质量要素有以下内容和要求。

（一）新闻类

（1）每组新闻所发条数的要求。

（2）每组新闻所发自采稿件（指本台记者或本台记者与通讯员合采的）的数量要求。

（3）每组新闻带音响报道和口播报道的数量要求。

（4）每组新闻所播出评论的数量要求。

（5）对带音响报道节目质量和音响质量的要求。

（6）对热线新闻追踪报道所占比例及编后语数量的要求。

（7）新闻报道类节目，对消息的来源要有明确的交代。

（以上硬性规定遇到重大宣传等特殊情况除外）

（二）社教类

（1）每档节目每天播出栏目数量的要求。

（2）每档节目编辑和自采稿件（指本台记者或本台记者与通讯员合采的）所占比例的要求。

（3）每档节目带音响报道的数量和质量的要求。

（4）对选题的要求，如选题的重要性、时宜性，是否社会关注、群众关心等。

（5）对语言的要求，如播出节目是否使用普通话，是否符合广播语言的要求等。

（6）对整档节目编排的要求，如节目主题是否突出，搭配是否得当，衔接过渡是否自然流畅等。

（三）文艺类

（1）编辑工作应认真贯彻思想精深、艺术精湛、制作精良的指导思想。

（2）节目应寓教于乐，尽可能增强节目的可听性、欣赏性、时代感。

（3）专题文艺节目应讲究编辑艺术，如主题明确、内容充实、搭配得当等。

（4）欣赏性文艺节目应有适当的背景和相关的知识介绍。

（5）赏析性文艺节目应有权威的相关知识介绍或必要的采访。

（6）每档节目应有明确的栏目数量要求。

（7）剪辑节目强调节目的连贯性和完整性，不得播出无头无尾的节目。

（8）音乐节目播出的歌、曲名称、大意应该清楚，不得播出格调低俗节目，严禁播出禁播歌、曲。

（四）服务类

（1）服务性节目的编辑工作应贯彻科学性、大众性和实用性的原则。

（2）每档节目播出的栏目数量应有明确的要求。

（3）每档节目带音响的报道数量及质量应有明确要求。

（4）服务性节目发布的信息应是真实的或是权威部门认可的，未经核实和权威部门认可的信息不得播出。

（5）对节目播出语言要有明确的要求，如是否采用普通话播出，是否符合广播语言要求等。

（五）主持人直播节目类

（1）节目是谈话体的，主持人对所谈话题的结论要有明确的认识，要清楚。主持人必须使用普通话主持节目。

（2）整档节目主持人的语言比例要得当，要体现主持人驾驭节目话题的能力。

（3）主持人主持节目要体现与听众或嘉宾的交流。

（4）主持人在话筒前要注意自己的形象，要体现良好的素质修养和风范。

（5）主持人的语言要精炼、准确、规范，不得使用粗俗语言，避免有损形象的语病。

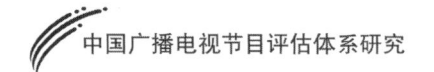

（6）主持人主持节目时配有音乐的，搭配要适当，防止配乐声音量失衡、过大或过小。

（六）娱乐性综艺节目类

（1）要坚持思想性、艺术性、娱乐性和可听性高度统一的编辑原则，主持人不得胡编乱造，随意调侃。

（2）每档节目要有播出栏目数量的要求。

（3）对编排艺术的要求，如节目重点是否突出、内容搭配是否合理、整体串联是否连贯等。

四、新闻类节目评分细则

广播节目考评评分实行百分制，总分为 100 分。每档节目的分数由加分和扣分后所得分两部分组成。加分占总得分的 15%，满分 15 分；扣分后所得分占总得分的 85%，满分 85 分。

（一）以下条件酌情予以加分（满分 15 分）

（1）A 类节目。　3 分

（2）节目由多人合作，在内容选题、表现形式、运用手段上有创新，采访有难度（采访环境、内外联动）。　1—2 分

（3）新闻节目围绕中心，独家新闻的。　1—2 分

（4）节目的新闻性、适时性、针对性、贴近性强。　1—2 分

（5）编排合理，能较好地体现编辑意图。　1—2 分

（6）播音主持有个性，对节目的掌控、应变、引导能力强，语言符合广播语言的要求，表达准确、流畅。　1—3 分

（7）录播节目制作精良，播控协调，音量平衡。　1 分

A 类节目指：频率全力打造的标志性栏目，具有较强个性特色的重点栏目及符合频率定位、有发展潜质着力培育的栏目，由频率确定并报编委会核准。A 类节目比例须有控制。

（二）以下问题予以扣分

1. 出现下列问题之一的，本月该节目考评总分为 0 分

（1）出现严重的舆论导向问题。

（2）严重违背党的理论、路线、方针和政策。

（3）违反宣传纪律，造成恶劣影响。

（4）播出虚假新闻。

（5）播出节目编序错误或混乱，造成严重播出差错。

2. 出现下列问题之一的，本月该节目考评扣 31 分

（1）节目中随意发表与党和政府的理论、路线、方针、政策不一致的言论或观点。

（2）播出内容不符合节目方针和定位。

（3）未经编委会批准开办新节目。

（4）主持人未经资格认定违规上岗。

（5）邀请规定中不允许邀请的人当嘉宾。

（6）未严格遵守审稿、审听（含录播、外购、交流节目）和节目重播重审制度，造成播出差错。

（7）播出节目中连续静音 1 分钟以上。

3. 出现下列问题之一的，本次该节目考评扣 16 分

（1）节目中出现一般性方针、政策性差错。

（2）未经频率或部门批准，随意增减栏目或变更栏目名称，或经批准后未在 24 小时内以书面形式通知总编室。

（3）抽查中 24 小时内无法提供完整的节目文稿。

（4）节目播出无头尾。

（5）报错市级以上领导和知名人士的姓名和职务，或节目中的人称前后混乱。

（6）录播节目出现剪接漏字句或字句重复，或排错（放错）部分内容。

（7）声音严重失真、劣播。

（8）出现虚假新闻或节目内容低俗化。

4. 出现下列问题之一的，本次该节目考评扣 11 分

（1）24 小时内的新闻未占新闻节目总量的二分之一。

（2）新闻频率主打新闻节目本台记者采写的稿件不到5条。

（3）专业频率的主打新闻节目，反映频率定位的特色稿未占本地新闻总量一半的。

（4）节目播出有头无尾或无头有尾。

（5）一般人名、日期、地名等出错。

（6）片头曲、部分内容排错、放错。

（7）语言不规范，标题、文字不符合广播语言要求，累计3次以上（含3次）的。

（8）主持人驾驭节目的能力欠佳，如语速时快时慢，或结束仓促，或节目超时1分钟以上，或结尾垫乐超过2分钟。

（9）主持人的语言比较散、混乱，意思表达不明确，缺少或不符合逻辑性；或有语病；或有知识性差错的。

5. 出现下列问题的，视问题轻重予以相应扣分

（1）漏报重要新闻，每条扣6分。

（2）各频率主打栏目新闻资讯条数未达到节目质量要素规定的量，每少一条扣3分。

（3）节目编排不当，新闻位次混乱不清，每条扣3分。

（4）个别新闻、资讯（包括国内外、体育、娱乐新闻）的时效严重滞后的，每条扣3分。

（5）新闻来源交代不清，每处扣0.5分。

（6）各频率主打新闻栏目中的音响报道《宁广早新闻》不少于6条、《新闻早班车》不少于2条、《交通直播网》不少于2条，每少一条扣6分；从其他媒体得来为我所用的音响报道不得超过总量的二分之一，每多一条扣6分。

（7）主打新闻中各频率记者采写的音响报道不少于2条，每少一条扣5分。

（8）定位有互动的节目，听众参与不热烈，或互动效果不佳，扣6分。

（9）节目中间静音时间超过4秒（不含4秒），扣3分，并以4秒为一个计算单元，扣分累计。

（10）节目（包括音响报道）声音不连贯、失真、清晰度差、音量不均衡（包括男女声之间；片头、广告与节目内容之间等），每项扣5分；无谓的串音、杂音（翻纸、开关门、喝水、咳嗽、冲话筒等），每次扣1分。

（11）节目片头开始后 10 分钟内没有播报播音员、主持人姓名的；6时、7时、8时、9时、11时、12时、13时、17时、18时、19时未报整点气象的，每一项扣 6 分（录播节目原则上也应播出整点气象）。

（12）放错栏目曲，扣 6 分。

（13）因读错字音、声调、读白字、读错句或断句不合理，不影响语意的，一次扣 3 分；影响语意的，一次扣 6 分；吐字含糊，可懂度低，每次扣 1 分。

（14）直播节目主持人语言疙瘩、拖长音超过 3 次（不含 3 次），每次扣 0.5 分。

（15）半点广告提前两分钟播放或迟播两分钟；无整点报时或报时声不完整，每项扣 6 分。

6. 同一节目，当月考评出现上月考评中指出的以下同样问题，按上月扣分的两倍扣分

（1）节目有头无尾。

（2）主持人未报姓名。

（3）增减、变化栏目的数量和名称。

（4）未经批准并报总编室备案，双座变单座，单座变双座。

（5）未经批准并报总编室备案，直播改录播。

（6）半点广告不准时。

（7）新闻、资讯的条数未达到自定要求。

（8）节目超时 1 分钟以上。

（9）结尾垫乐超过 2 分钟。

（10）无气象。

五、社教（资讯、服务）类节目评分细则

节目考评评分实行自分制，总分为 100 分。每档节目的分数由加分和扣分后所得分两部分组成。加分占总得分的 15%，满分 15 分；扣分后所得分占总得分的 85%，满分 85 分。

（一）以下条件酌情予以加分（满分 15 分）

（1）A 类节目。　3 分

（2）节目由多人合作，在内容选题、表现形式、运用手段上有创新，采访有

难度（采访环境、内外联动）。 1—2分

（3）社教节目围绕中心，主题鲜明，评论节目视角新颖、准确。 1—2分

（4）节目的新闻性、适时性、针对性、贴近性强。 1—2分

（5）编排合理，能较好地体现编辑意图。 1—2分

（6）主持有个性，对节目的掌控、应变、引导能力强，语言符合广播语言的要求，表达准确、流畅。 1—3分

（7）录播节目制作精良，播控协调，音量平衡。 1分

A类节目指：频率全力打造的标志性栏目，具有较强个性特色的重点栏目及符合频率定位、有发展潜质着力培育的栏目，由频率确定并报编委会核准。A类节目比例须有控制。

（二）以下问题予以扣分

1. 出现下列问题之一的，本月该节目考评总分为0分

（1）出现严重的舆论导向问题。

（2）严重违背党的理论、路线、方针和政策。

（3）违反宣传纪律，造成恶劣影响。

（4）播出虚假新闻。

（5）播出节目编序错误或混乱，造成严重播出差错。

2. 出现下列问题之一的，本次节目考评扣31分

（1）节目中随意发表与党和政府的理论、路线、方针、政策不一致的言论或观点。

（2）未经编委会批准开办新节目，或擅自改变节目定位，或整档节目都是"拿来"的内容又未经主持人再加工创作。

（3）主持人未经资格认定违规上岗。

（4）邀请规定中不允许邀请的人当嘉宾。

（5）未严格遵守审稿、审听（含录播、外购、交流节目）和节目重播重审制度，造成播出差错。

（6）播出节目中连续静音1分钟以上。

3. 出现下列问题之一的，本次节目考评扣16分

（1）未经频率或部门批准，随意变更节目（栏目）名称、内容、时段，增减

子栏目，或经批准后未在 24 小时内以书面的形式抄告总编室。

（2）未经频率或部门批准，节目由直播改为录播，或由双座主持变为单座主持，或变换主持人，或经批准后未在 24 小时内以书面的形式抄告总编室。

（3）出现一般性方针、政策性差错，包括禁播的歌曲。

（4）节目定位偏离。

（5）节目无明确主题，或内容随意，与栏目名称不符。

（6）抽查中 24 小时内无法提供完整的节目文稿。

（7）主持人花工夫不多，节目结构简单，一半以上内容由一些成品或半成品组成，主持人只起到简单的串联作用。

（8）每半小时内节目的主题内容（不包括实为赞助单位的广告内容）不足 12 分钟。

（9）播出节目无头尾。

（10）播错市级以上领导和知名人士的姓名和职务，或节目中的人称前后混乱。

（11）声音严重失真、劣播（因疙瘩、拖长音、读错等累计次数在 20 次以上）。

（12）录播节目出现剪接漏字句或字句重复，或排错（放错）部分节目内容。

4. 出现下列问题之一的，本次节目考评扣 11 分

（1）发布不真实的信息，或须经权威部门核实的而没有核实。

（2）节目编排不当，新闻（资讯）编排混乱，不能体现编辑意图。主持人的状态及语调、语速与节目的内容和所需氛围不符。

（3）主持人调侃与节目内容无关的话题超过半分钟。

（4）间奏乐、片头、片花、栏目曲等超过节目实际播出时间的 10%（为配合主题而播放的歌曲或音乐除外）。

（5）放错片头曲或部分节目内容。

（6）播出节目有头无尾或无头有尾。

（7）未播放半点广告（部分特定节目除外）。

（8）新闻来源未达到质量要素规定的数量（新闻来源交代不清，每处扣 0.5 分）。

（9）录播节目接点痕迹明显，有无谓的串音等。

（10）语言不符合广播语言要求，不规范（洋话、港台腔、网络用语等），累计 3 次以上（含 3 次）的，扣 11 分。

191

（11）主持人的语言比较散、混乱，意思表达不明确，缺少或不符合逻辑性。

（12）主持人语病、知识性差错等低级错误比较多、明显，有损广播和主持人形象。

5. 出现下列问题的，本次节目视问题轻重予以相应扣分

（1）一小时节目的子栏目数（不包括赞助单位的广告）不得少于3个，半小时（不包括赞助单位的广告）不得少于2个，每少一个扣6分。

（2）栏目交代不清，或栏目之间缺少必要的过渡，或衔接生硬、不自然，每项扣6分。

（3）主持人语速时快时慢，或节目编排前松后紧，或前紧后松，或节目超时1分钟以上，或结尾垫乐超过2分钟，出现二次以上抢话等，每项扣6分。

（4）使用粗俗语言，出现有损形象的语病，每次扣3分。

（5）歌曲总量超过质量要素规定的，每多一首扣6分。

（6）放错栏目曲、歌曲，每项扣6分。

（7）节目或热线或音响报道声音不连贯、失真、清晰度差、音量不均衡（包括男女声之间；广告、片花与节目内容之间等），每项扣6分。

（8）节目中间静音时间超过4秒（不含4秒），扣3分，并以4秒为一个计算单元，扣分累计。

（9）配乐与节目内容或气氛不相吻合；配乐声过大，影响或干扰语言的清晰度和可懂度，每项扣6分。

（10）节目跳碟，每次扣3分；出现串音、杂音（翻纸、开关门、喝水、咳嗽、冲话筒等），每次扣1分。

（11）一般人名、日期、地名等出错，每项扣6分。

（12）节目片头开始后10分钟内没有播报播音员、主持人姓名；6时、7时、8时、9时、11时、12时、13时、17时、18时、19时未报整点气象的，每一项扣6分（录播节目原则上也应播出整点气象）。

（13）因读错字音、音调，读白字，断错或读错句子，不影响语意，一次扣3分；影响语意，一次扣6分；吐字含糊，可懂度低，每次扣1分。

（14）直播节目主持人语言疙瘩、拖长音超过3次（不含3次），每次扣0.5分。

（15）半点广告提前两分钟播放或迟播两分钟；无整点报时或报时声不完整，每项扣6分。

6. 同一节目，当月考评的节目出现上月考评中指出的以下问题，按基本扣分值加倍扣分

（1）节目有头无尾。

（2）主持人未报姓名。

（3）增减、变化栏目的数量和名称。

（4）未经批准并报总编室备案，双座变单座，单座变双座。

（5）未经批准并报总编室备案，直播改录播。

（6）半点广告不准时。

（7）新闻、资讯、歌曲的条数不符合自定要求。

（8）主题内容半小时不足12分钟。

（9）节目的部分内容排错、放错。

（10）节目超时1分钟以上。

（11）结尾垫乐超过2分钟。

（12）无气象。

六、宁波广播文艺娱乐类节目评分细则

节目考评评分实行百分制，总分为100分。每档节目的分数由加分和扣分后所得分两部分组成。加分占总得分的15%，满分15分；扣分后所得分占总得分的85%，满分85分。

（一）以下条件酌情予以加分（满分15分）

（1）Λ类节目。 3分

（2）节目由多人合作，在内容选题、表现形式、运用手段上凸显创新创意。1—2分

（3）定位准确；主题鲜明；内容健康充实、适时。 1—3分

（4）策划精到；编排合理，过程流畅；完整性好。 1—3分

（5）知识性、可听性、欣赏性强；广播特色鲜明。 1—2分

（6）播音主持到位，富有感染力。 1分

（7）播出节目制作精良，播控协调。　1分

A类节目指：频率全力打造的标志性栏目，具有较强个性特色的重点栏目及符合频率定位、有发展潜质着力培育的栏目，由频率确定并报编委会核准。A类节目比例须有控制。

（二）以下问题予以扣分

1. 出现下列问题之一的，本月该节目考评总分为0分

（1）出现严重舆论导向问题。

（2）严重违背党的理论、路线、方针和政策。

（3）违反宣传纪律，造成恶劣影响。

（4）播出节目编序错误或混乱，造成严重播出差错。

（5）播出禁播歌、曲。

2. 出现下列问题之一的，本次节目考评扣31分

（1）节目中随意发表与党和政府的理论、路线、方针、政策不一致的言论或观点。

（2）播出内容不符合节目方针和定位。

（3）未经编委会批准开办新节目。

（4）主持人未经资格认定上岗。

（5）邀请规定中不允许邀请的人当嘉宾。

（6）录播节目（含外购节目和交流节目）未严格遵守审听制度，造成播出差错。

（7）播出节目连续静音1分钟以上。

（8）非特定节日、纪念日或节目内容需要，随意播国歌或播放不完整。

3. 出现下列问题之一的，本次节目考评扣16分

（1）未经频率或部门批准，变更节目名称、内容、时段，增减栏目、变更栏目名称，或经批准后未在24小时内抄告总编室。

（2）未经频率或部门批准，直播节目改录播，双座主持改单座主持，或经批准后未在24小时内抄告总编室。

（3）抽查中24小时内无法提供较完整的节目文案。

（4）节目定位偏离。

（5）节目内容随意，无主题。

（6）出现暴力、迷信、低俗、不健康等内容（含短信），有悖国法政令。

（7）录播节目剪接出现漏字句或字句重复。

（8）播出节目没按时间表运作，超时或因到时间而出现掐尾现象。

（9）声音严重失真、劣播。

（10）节目播出无头尾。

4. 出现下列问题之一的，节目考评扣 11 分

（1）节目定位有栏目，实际播出无栏目；定位有参与互动而实际播出无参与互动（含短信）。

（2）栏目、短信、笑话、歌曲等在节目质量要素中有明确数量规定的，每多或少一个数量值。

（3）主题不鲜明、内容不积极；内容与设定的栏目错乱或所设问（话）题前后不一致；广播特色不鲜明。

（4）节目结构不合理；编排无序，过程粗糙；内容松散、不充实、不完整、搭配不当、风格不统一；编播简单化；内容编排前松后紧或前紧后松；节目可听性、欣赏性欠佳。

（5）以实际节目时间 25 分钟为一个计算单元，音乐节目主持人语言量超过 8 分钟（32%）；有互动的节目（娱乐类节目除外）主持人语言量超过 10 分钟（40%）；赏析性专题音乐节目、戏曲节目主持人语言量超过 12 分钟（48%）。

（6）以实际节目时间 25 分钟为一个计算单元，音乐、戏曲类节目无两首完整的歌、曲、唱段，欣赏性节目无三首完整的歌、曲、唱段（套曲、组曲、交响乐、联唱等除外）。

（7）音乐、戏曲类节目无适当的背景和相关的知识介绍。

（8）片头曲、栏目曲、歌、曲、唱段等放错。

（9）人名、地名、日期、时间等出现差错或节目中对一个人的称谓前后混乱。

（10）主持人不用普通话主持节目（方言节目除外）；语调语腔不规正；脏话明显；不规范语言出现（双语节目除外）三次以上；语言粗俗、暧昧、分寸不当，贬、损他人，玩笑过度；有损形象的语病。

（11）主持人语言啰嗦，节奏拖沓。

（12）互动性话题、嘉宾访谈、热线交流等节目，主题不集中，主持人引领不力，驾驭能力欠佳。

（13）嘉宾主持语言不顺畅，表达能力欠佳，影响节目整体效果。

（14）录播节目接点痕迹明显，有无谓的串音、杂音等。

（15）节目播出有头无尾或无头有尾。

（16）录播节目结束后填补歌曲超过一首；直播节目结束后垫乐超过2分钟。

（17）以实际节目时间25分钟为一个计算单元，片头曲播放1次（不含1次）以上。

5. 出现下列问题的，当期节目视问题轻重予以相应扣分

（1）节目定位有互动，但参与不热烈，互动效果不佳，扣6分。

（2）播音员、主持人在节目开始后的10分钟内没播报名字（录播节目须有回报）；节目开始后10分钟内没播报栏目名或播放栏目曲，每项扣6分。

（3）播音、主持状态平平或无精打采；直播节目语言不流畅，思考结巴现象明显；情绪、节奏、语调、语速、声腔与节目内容和氛围不符或处置欠妥而影响效果，每项扣6分。

（4）双座主持配合不够默契；声音效果不平衡，扣6分。

（5）读错字音、声调，读白字，读错句、词或断句不合理，不影响语意的，一次扣3分；影响语意的，一次扣6分。吐字含糊、可懂度低，扣6分。

（6）语句表述不达意或不准确，语意无谓重复或前后不一致，每次扣3分。字、词使用不准确，每次扣1分。

（7）直播节目主持人语言疙瘩超过3次（不含3次），每次扣0.5分；录播节目每次疙瘩扣6分。

（8）专题音乐节目、文学作品（含广播剧、散文、故事等）、戏曲曲艺作品无题目或报错题目，扣6分。歌曲、乐曲、戏曲唱段无曲名，报错曲名或曲名前后不统一，报错人名或人名前后不统一，每首（次）扣3分。

（9）插放的片花（频率、节目宣传包装性片花除外）、音效等与节目内容错位，扣6分。

（10）连播节目，开始没有对上一集内容作必要的回顾或提示，扣6分。

（11）热线电话、采访录音的音量过大或过小；声音不清晰、音质差、失真，每项扣6分。电话回输现象明显，每次扣1分。

（12）配乐或背景音乐杂乱无章，与节目内容、气氛不相吻合；配乐声过大，影响或干扰语言的清晰度和可懂度或喧宾夺主，每项扣6分。

（13）节目内容上下承接不自然、不连贯、不贴切，每处扣6分。

（14）语言之间、音乐之间、广告之间、片花之间，语言与音乐、广告、片花等音量不平衡；节目整体音量过大或过小，音量大小有明显跳跃现象；背景噪声明显，每项扣6分。语言声音飘忽，每次扣1分。

（15）以25分钟为一个计算单元，节目除片头或片尾外，片花插放（含栏目曲、频率包装、节目包装、形象宣传等）超过3次；每次时长超过1分钟（活动信息可延长至1分半钟）；两次片花间隔少于5分钟，每项扣6分。

（16）半点广告提前两分钟播放或迟播两分钟（专业频率须准时播放半点广告）；无整点报时或报时声不完整（专业频率另须有半点报时），每项扣6分。

（17）节目中间静音时间超过3秒，扣3分，并以4秒为一个计算单位，累计扣分。

（18）节目播出中出现串音、跳碟、失真，歌、曲、唱段、片花等音头错放，每次扣3分。

（19）主持人冲话筒现象明显，每次扣1分。

（20）直播节目中出现无谓的杂音，每次扣1分。

6. 同一节目，当月考评的节目出现上月考评中指出的以下问题，按基本扣分值加倍扣分

（1）节目无头有尾或有头无尾。

（2）片花、填补歌曲、垫乐超规定时长。

（3）半点广告提前或推迟播出。

（4）增减、变更栏目数量和名称。

（5）无作品题目和曲名。

（6）没播报主持人名字。

七、宁波广播月度节目质量考评奖惩标准

日常广播节目监听考评与节目主创人员当月部分效益工资挂钩，现定为300元，即月度效益工资中300元为节目质量奖。具体奖罚办法如下：

月度质量考评小于60分，主创人员每人扣300元。

月度质量考评小于65分，主创人员每人扣250元。

月度质量考评小于 70 分，主创人员每人扣 200 元。

月度质量考评小于 75 分，主创人员每人扣 150 元。

月度质量考评小于 80 分，主创人员每人扣 100 元。

月度质量考评 80 分至 90 分，主创人员不扣不奖。

月度质量考评大于 90 分，主创人员每人奖 100 元。

月度质量考评大于 92.5 分，主创人员每人奖 150 元。

月度质量考评大于 95 分，主创人员每人奖 200 元。

月度质量考评大于 97.5 分，主创人员每人奖 250 元。

月度质量考评大于 99 分，主创人员每人奖 300 元。

（上述大于、小于均不包括本数，主创人员指被抽查的该档节目的主持人、编辑等相关人员）

其中《宁广早新闻》《新闻早班车》《交通直播网》三档主新闻实行按 4 倍奖罚，即相当于四个主创人员的奖励或惩罚，然后按实际相关人数分摊。其他多人节目也可以采取此方法但须事先申报，奖罚按 4 倍执行。

月度节目质量奖惩单由总编室代表编委会下达，按月通知各频率和财务部门，由财务部门直接执行。各频率全年月度节目质量考核奖、罚相抵后，奖励额大于惩罚额的，经集团编委会审定后予以补足。

第十一节　邯郸广播电视台集中评议自办节目具体办法

为鼓励节目创优，做好精准传播，台编委会在原有台评议方案的基础上，结合兄弟台考评办法，对我台自办节目进行集中评议，以实现抓节目支撑，用两头带中间，巩固优等节目，分析和指导差等节目，带动全台节目收视上升。

一、具体评议的栏目

被评议栏目为三个频道的骨干栏目、重点栏目或广告承载力好的节目。分别是：

新闻频道的《直播邯郸》《经济 15 分》；

民生频道的《文明365》《第一消费》；

快乐3频道的《美食驾到》《快乐幼儿园》。

由编委会在邯郸广播电视台官网随机抽出某一天的节目进行抽评（如抽查到重播节目，评委可考虑给该节目0分）。

二、评委人员组成

评委人员包括：台编委会成员、台退休专家、社会评议员等。

三、具体评议办法和标准

（一）打分原则和等次

总分为100分，评议内容包括节目选题及结构、包装制作、技术质量等三项，分别占总分比重的60%、20%、20%。评委实行实名制。对评委所打分数，分别去掉一个最高分和一个最低分，其余分数进行平均计算后，计算出权重相加，为节目最后得分。节目分四个等级：

85分（含）—100分　　甲级

75分（含）—85分　　乙级

60分（含）—75分　　丙级

60分以下　　　　　　丁级

（二）评分标准

1.选题及结构的评判标准

（1）导向正确，选题符合栏目定位宗旨。含主动策划的因素。

（2）内容真实准确，健康向上，可视性强。

（3）主题明确集中。表现形式生动、活泼，有感染力和独创性。

（4）编排合理，结构严谨。

（5）解说词准确、生动、通俗。

（满分100分，同时满足（1）—（5）可获90分以上。有1条不合要求，80—90分；有2—3条不合要求，70—80分；4条以上或第一条不符合要求的，70分以下）

2. 包装制作及主持风格的评判标准

（1）镜头构图规范、组接流畅，表现力强。

（2）主持人大方自然，节目各环节包装讲究，且与栏目风格定位一致。

（3）字幕准确、及时、无差错。

（满分100分，同时满足（1）—（3）可获90分以上。有1条不合要求，80—90分；有2条不合要求，70—80分；3条都不符合要求的，70分以下）

3. 技术质量的评判标准

（1）图像十分清晰，觉察不到杂波，亮度层次丰富，画面柔和细腻，色彩清晰自然，肤色正常，不同镜头色彩一致性好；字幕清晰，字体美好，与图像基本协调。声音干净、丰满、清晰，无明显噪音、失真；音量动态自然、平稳、符合标准；音乐、语言、效果的选择使用得当，与画面配合较好。（90分以上）

（2）个别图像欠清晰，稍可觉察杂波，亮度层次较丰富，画面基本上柔和细腻，色彩较清晰自然，肤色基本正常，各镜头色彩基本一致；字幕较清晰，字体较美好，与图像基本协调。声音比较干净，偶有噪音、失真；音量动态自然、平稳、符合标准；音乐、语言、效果的选择使用得当，与画面配合较好。（80分以上、不满90分）

（3）一些画面欠清晰，明显觉察到杂波，个别画面偏亮、偏暗或缺少层次，色彩欠清晰自然，肤色有失真现象，不同镜头色彩一致性不够好；字幕有高亮度闪烁或抖动，字体欠佳。声音不太干净，有较明显噪音和失真；音量动态不太自然，有时超过标准；音乐、语言、效果的选择使用和声音与画面的配合均一般。（70分以上、不满80分）

（4）画面总体上不清晰，杂波或干扰严重，令人讨厌；一些画面偏亮、偏暗或缺少层次，彩色清晰度差，色度不正常；字幕质量差或对图像造成一定干扰。声音质量差，有较严重噪音和失真；音量动态很不自然，多次超过标准；音乐、语言、效果的选择使用和声音与画面的配合较差。（不满70分）

（5）杜绝错别字的出现，出现一个扣5分。以此类推，直到扣完为止。

四、奖惩措施

设奖励基金，用于节目奖励和评委工作补助。

对第一名进行奖励，奖金 2000 元。

出现以下问题将给予相应的处罚：

（1）政治舆论导向出现错误，罚制片人 200 元，其他相关人员 100 元。

（2）出现虚假新闻或有偿新闻，罚制片人 200 元，其他相关人员 100 元。

（3）广播节目出现音频技术硬伤、编排技术性失误；电视节目出现视频或音频技术问题、字幕出现错误，罚制片人 100 元，其他相关人员 50 元。

（4）主持人、播音员出现打磕巴、读错字等问题，罚制片人 100 元，主持人、播音员 100 元。

（5）违反《广播电视宣传管理手册》具体的宣传纪律和法律法规，罚制片人 100 元，其他相关人员 50 元。

（6）对节目内容出现严重错误和重大失误的节目视程度给予制片人 300—500 元、其他人员 50—100 元的处罚。对评议得分低于 60 分的节目予以警示，并要求其自行整顿。

（7）被省以上主管业务部门通报批评一次，罚制片人 200 元，其他相关人员 50 元；被通报批评三次以上，将对相关栏目进行整改，整改后还被通报批评的栏目将勒令停办。

第十二节　浙江长兴传媒集团电视频道收视率考核办法

一、基本情况

集团实行频道制改革后，按照要求对于现有栏目考核改为频道收视考核，每月对"新闻频道""快乐 2 频道""家庭频道"进行收视考核。

二、考核指标

考核指标为两项：频道排名和收视基数。

频道排名：以采样期间全天的收视份额排名为基准。

收视基数：以采样期间的平均收视率和收视份额的总和为基数。

三、考核基数

以各频道改版后正常播出两个月为收视考核基数采样期。以两个月的平均收视率和收视份额的总和为收视考核基数。

收视考核时段：三个电视频道均取样时段为 6：30—24：00。

基数取样时间：新闻频道于 3 月 30 日进行改版，3 月 30 日—5 月 30 日为基数采样期，频道考核 6 月 1 日起计算。

新闻频道收视基数（两个月的平均值）：收视率 1.33，收视份额 6.2。

快乐 2 频道于 4 月 20 日改版，4 月 20 日—6 月 20 日为基数采样期，频道考核 7 月 1 日起计算。

家庭频道于 5 月 18 日进行改版，5 月 18 日—7 月 18 日为基数采样期，频道考核 8 月 1 日起计算。

四、考核办法

各频道收视考核的奖金份额为集团按广告创收情况设定的整体返还频道额度的 10%。

频道排名在收视考核中只作为一个杠杆保护作用，排名的升与降均不与奖金的奖罚挂钩。

达标：频道排名和收视基数，两项指标中只需有一项指标达标，即算达标，收视奖金全额返还给频道。

奖励：在两项指标都达标的基础上，只奖励两项指标中收视基数上升部分，排名上升不予以奖励。

扣罚：两项指标都不达标，扣罚收视基数下降部分。

收视基数考核公式：

当月考核奖金 × [（本月平均收视率 + 本月平均收视份额 − 考核基数）÷ 考核基准] = 当月奖罚额度

（1）奖罚额度最高不超过当月的考核额度；(2) 奖励部分由集团财务额外补助。

本办法自 2015 年 6 月 1 日起实施，并纳入电视频道改革总方案中，解释权归总编室所有。

附　录

附录1　广电总局《关于建立广播电视节目综合评价体系的指导意见（试行）》

广发〔2012〕76号

为全面贯彻落实党的十七届六中全会精神，坚持广播电视的根本性质，确保广播电视节目的正确导向，促进节目品质提升，更好地满足人民群众日益增长的精神文化需求，防止和纠正一些节目为片面追求收视（听）率而产生导向偏离、价值缺失、责任失守等问题，建立和完善广播电视节目综合评价体系已经成为当前广播电视行业一项十分重要和紧迫的工作。为此，根据中央要求和国家有关法规规定，现就建立广播电视节目综合评价体系提出以下指导意见。

一、指导思想

以邓小平理论和"三个代表"重要思想为指导，深入贯彻落实科学发展观，按照高举旗帜、围绕大局、服务人民、改革创新的总要求，通过建立和完善具有中国特色的广播电视节目综合评价体系，进一步坚持广播电视正确导向，强化党和政府对广播电视媒体的领导力和舆论引导力；进一步提高广播电视节目质量和品位，促进社会主义核心价值体系的生动、有效和广泛传播，满足人民的精神文化需求，进一步发挥广播电视引领风尚、教育人民、服务社会、推动发展的作用，不断提升广播电视的公信力、吸引力和美誉度，为提高国家文化软实力，弘扬中

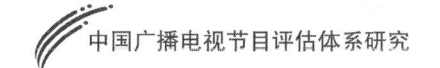

华文化,实现文化大发展大繁荣做出新的更大贡献。

二、基本原则

1. 坚持正确导向,始终把社会效益放在首位。广播电视节目的制作和播出都应自觉体现和传播党和政府的政治主张,自觉体现和传播社会主义先进文化,自觉体现和传播社会主义核心价值体系,自觉体现和传播人们不懈追求真、善、美的精神,自觉体现和传播社会发展的文明成果,自觉体现和传播人与自然的和谐共存。政治导向和价值取向是评价一切广播电视节目的基本前提。

2. 坚持以人为本,始终把满足人民的精神文化需求作为根本目标。广播电视节目的制作和播出都要自觉贯彻和实践"二为"方向和"双百"方针,自觉贯彻和实践"三贴近"原则,强化责任意识,不断丰富内容、创新形式,努力实现思想性、艺术性、观赏性相统一,更好地满足人民日益增长的多样化、多层次精神文化需求。人民满意与否是评价一切广播电视节目的最高标准。

3. 坚持科学全面,客观公正,综合评价。广播电视节目直接影响人们的思想、道德和价值观念,影响人们的生活习惯和社会风尚。评价广播电视节目要以量化分析为基础,以品质评价为核心,坚持思想性、创新性、专业性、满意度、竞争力和融合力并重,坚持把对单一节目的评判与对频率频道的整体评估相结合,实行全面分析、综合评价。

4. 坚持政府指导,多方参与,结果公开。广播电视节目综合评价是一项复杂的系统工程,政策性、示范性很强,必须在行政部门指导下,广泛吸纳社会各方参与,把群众评价、专家评价和市场检验统一起来。形成科学的评价规则,建立规范的运作程序。评价结果要以适当方式公开,并用于广播电视节目创作生产和播出。

5. 坚持尊重规律,坚守责任,促进发展。广播电视节目综合评价要充分尊重广播电视发展规律,充分考虑广播电视事业与产业属性兼具的特点,充分利用数字化网络化等新技术成果,强化节目品质评价,规范收听率、收视率的数据调查和使用,引导广播电视媒体坚守社会责任,不断提高节目质量,努力打造核心品牌,促进广播电视持续健康发展。

三、节目综合评价对象、内容及权重

1. 评价对象。广播电视节（栏）目是构成广播电视频率、频道的基本内容要素，广播电视频率、频道又是明确节（栏）目定位并予以播出的载体。实施广播电视节目综合评价，应以广播电视播出机构已经播出的节（栏）目作为基本评价对象，并在此基础上，对频率和频道进行整体评价。

少数民族语言、外宣节（栏）目及其频率、频道参照本意见执行。

2. 评价内容。广播电视节目必须坚持正确导向，符合国家各项法律、法规。在此前提下，对节（栏）目和频率、频道进行以品质评价为核心的综合评价。

品质评价内容主要包括：

（1）思想性：体现社会主义核心价值体系建设要求，宣传正确的世界观、人生观、价值观，弘扬社会正气，传承优秀传统文化，倡导科学思想，促进社会和谐稳定；

（2）创新性：定位鲜明准确，策划、选题、编排等内容独到、形式新颖，体现时代精神，表现手段推陈出新、具有原创性；

（3）专业性：文案策划、编辑编排、制作剪辑、播音主持、音响音乐、画面镜头等制作、播出环节的专业水准情况；

（4）满意度：受众对广播电视节目内容、形式、质量和编播的好感、信任、认可、支持和赞许情况；

（5）竞争力：节（栏）目和频率、频道的知名度、品牌价值等情况；

（6）融合力：节（栏）目和频率、频道与互联网终端、手机等新媒体的融合程度，以及在新媒体上二次传播和口碑影响情况。

上述六项品质评价内容权重不低于总体的60%；收听率、收视率数据的权重不超过总体的40%。

评价结果等级根据评价权重，对节（栏）目和频率、频道分别计算得分。对新闻、少儿和三农类节（栏）目和频率、频道，在综合评价得分的基础上，再增加5%的分值。总分在85分（含）以上的为甲级节（栏）目和甲级频率、频道，总分在75分（含）至85分之间的为乙级节（栏）目和乙级频率、频道，总分在60分（含）至75分之间的为丙级节（栏）目和丙级频率、频道，总分在60分以下的为丁级节（栏）目和丁级频率、频道。其中，甲级节（栏）目和甲级频率、

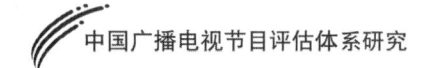

频道原则上不超过总量的 20%。

四、组织实施

1. 建立"评委数据库"。广播电视播出机构应邀请人大代表、政协委员、管理部门负责人、播出机构负责人、其他媒体代表、专家学者、专业机构代表、广告商代表等各方代表，建立"评委数据库"。评委数据库应定期更新，并报本级广播影视行政部门备案。

2. 评价周期和程序。广播电视节目综合评价原则上以半年为一个周期。每次评价时，广播电视播出机构应从各自的评委数据库中，按评委构成比例抽取评委代表组成评价小组（评委数量不得低于数据库人员总量的 10%，且不得少于 20 人），对节（栏）目和频率、频道的思想性、创新性、专业性、满意度、竞争力、融合力等六个方面实施综合评价。其中，满意度、竞争力、融合力等指标也可以通过招标或委托方式，请专业调查机构进行量化调查。

3. 评价情况备案。每年 7 月底和次年 1 月底，广播电视播出机构需将综合评价的实施程序、评价小组构成、评价结果、具体应用等情况，向同一级广播影视行政部门备案。省级广播影视行政部门还需将省级广播综合频率和电视上星频道的评价情况，向国家广电总局备案。地市和县级广播影视行政部门需将辖区广播电视播出机构的评价情况，向上一级广播影视行政部门备案。

五、节目综合评价结果的应用

1. 原则上只有两年内获得过两次以上的甲级节（栏）目和甲级频率、频道，才具备参加各类政府奖项评比的资格。

2. 广播电视播出机构应将评价结果作为节（栏）目设立与退出、节（栏）目制作经费，以及相关人员晋级、职称评定和奖惩等的重要依据。

3. 广播电视播出机构在广告经营活动中，应当积极向广告商推荐应用节目综合评价结果。

4. 广播影视行政部门要将节目综合评价结果与强化日常管理相结合，与播出机构的奖励与退出机制相结合，与播出机构许可证换发、业务申请、业绩审核、评先评优等相结合。

六、加强组织领导

1. 广播电视播出机构要高度重视建立广播电视节目综合评价体系工作，按照本意见精神和要求，采取措施，健全机构，充实人员，保证经费，切实完善本机构的综合评价机制，确保广播电视节目综合评价工作顺利进行。

2. 广播影视行政部门要加强领导，认真监督辖区内播出机构贯彻落实建立节目综合评价体系的工作，对播出机构综合评价工作进行全程监管，对播出机构上报的评委数据库、评价程序、评价结果、具体应用等情况进行全面检查，确保广播电视节目综合评价结果的公平、公正。要建立责任追究机制，对在综合评价过程中弄虚作假的播出机构，应视情节严重分别给予批评、警告直至取消其参加广播影视行业评优评先资格等处理。

七、实施步骤

广播电视节目综合评价是一项专业性强、操作复杂的工作，其评价内容、评价方式、组织实施等需要在实践中不断完善。因此，需采取先行试点、分步实施的方式稳步推进。本意见自公布之日起，先在中央和省级广播电视播出机构中试行。试行期间，鼓励其他广播电视播出机构参照本意见制定的原则、标准和要求等，创造性地开展广播电视节目综合评价工作。同时，鼓励条件成熟的省级广播影视行政部门结合本地实际，按照本意见要求，探索组织对辖区内广播电视播出机构制作播出的广播电视节目进行综合评价。待时机成熟后，国家广电总局将在播出机构自评的基础上，结合部分省级管理部门探索的经验，由广播影视行政部门组织实施对广播电视节目的综合评价。

国家广播电影电视总局
2012 年 8 月 16 日

附录 2　评估内容及评估标准基本要素界定

一、评估内容基本指标

1. 评价导向。评节目的政治导向、思想导向、价值导向、消费导向、生活导向、审美导向、行为导向、知识导向等。

2. 评价质量。评节目的内容质量和技术质量，评节目的准确性、时效性、指导性、贴近性、观赏性、视听性、倾向性、品位性等。

3. 评价效果。评节目的传播效果好不好，正面宣传有没有产生负面影响，典型宣传是否得到了群众的拥护与认可，批评报道是否达到改进工作的目的等。

4. 评价技巧。评节目编排的艺术、特色、形式、创意、包装及新技术应用等。

5. 评价作风。评主创人员的业务作风、工作作风，评节目是不是讲实效、鼓实劲，有没有弄虚作假、形式主义、刮风浮夸等问题，评节目内容的选择、组织以及对受众的态度等。

二、评估标准基本要素

（一）以邓小平理论、"三个代表"重要思想和科学发展观为指导，坚持为人民服务、为社会主义服务、为全党全国工作大局服务，贯彻团结稳定鼓劲、正面宣传为主的方针，坚持正确舆论导向。落实"三贴近"要求，社会效果好。

（二）内容真实，主题鲜明，富于创新，感染力强。

（三）充分发挥广播、网络、电视等媒介的特色和优势。

（四）具有较高的制作水平及播出质量，注重新技术应用。

（五）栏目评选标准。

1. 选题策划：内容选择与栏目定位、播出时段相适应。

2. 栏目主持人及整体包装：主持人的表达能力、驾驭能力强，具有亲和力，主持风格与栏目定位相和谐；栏目包装宣传效果好。

3. 质量稳定程度及社会影响力：质量稳定，受众群稳固，具有较高的知名度、美誉度及影响力。

4. 栏目竞争力：对频率频道特色形成所起的作用突出；具有对收听收视份额、点击率的拉动作用。

5. 创新力：运用新颖的广播元素；开拓新的节目内容；开创新的节目样式；节目生产运营方式有所突破。

（六）广播电视节目、网络新闻作品评选标准。

1. 消息类作品要求新闻性强、时效性强，语言文字简明扼要，表述准确，逻辑清晰，有完整的新闻要素。

2. 评论类作品要求观点鲜明，论点正确、有新意，论据准确，分析深刻，论述精辟，论述有力。网络评论要求具有鲜明的网络特色。

3. 系列（连续、组合）报道类作品要求主题鲜明，结构完整，报道全面，有深度。

4. 专题类作品要求主题鲜明，材料典型，事实准确，结构合理，语言生动，有细节，有深度，音响、画面运用得当，感染力强。

网络专题要求主题得当，特色鲜明；容量大、采集广、更新迅即；交互性强、表现形式丰富多样；页面结构清晰、逻辑分明、布局合理，页面设计新颖美观，富有特色，达到形式、内容与主题思想的完美统一。

5. 新闻节目编排类作品要求主题集中，重点突出，内容丰富，编辑思想明确；内容选择与节目定位、播出时段相适应；节目形式新颖，编排合理，转换流畅。

6. 新闻访谈类作品要求选题恰当，时效性强；嘉宾有代表性、权威性；谈话主题集中，脉络清晰，结构完整；谈话内容与节目定位、播出时段相适应；语言简洁生动、流畅准确；主持人提问、转承自然得体，对现场节奏把握适度；背景资料运用恰当。

7. 新闻现场直播类作品要求主题重大，策划周密，能够全面迅速准确地采集与传播新闻现场的重要信息，导播调度合理，主持应变机敏，音质清晰、画面流畅。

8. 新闻摄影作品要求新闻性强，现场抓拍表现力强，标题准确，文字说明新闻要素完整，文字简洁。

9. 网页设计作品要求主题鲜明，风格独特；能够完美、准确展示新闻内容，体现首页功能性；布局合理、富于创新；细节精致、色彩协调；符合读者阅读习惯，体现新闻性、艺术性和网络特点的完美统一。

10. 网络新闻专栏要求内容选择与栏目定位、版面位置相适应；形式新颖，特色鲜明；信息量大，交互性强，有鲜明的网络特色。

11. 文艺类作品应体现时代精神气韵，符合人民大众的情感意愿和审美情趣；继承发扬优秀民族文化传统，吸收借鉴世界各民族文化优长，古为今用、洋为中用，推陈出新，丰富多样；坚持深入生活、深入实际的创作原则；追求思想性、艺术性、欣赏性相结合。

12. 播音作品要求主播人员具有规范严谨的普通话语言表达能力（方言、少数民族语言节目以播出语言为标准），体现出对作品的准确理解和准确表达；主持作品要求主持人具有良好的表达能力和综合素质，体现出对节目的驾驭能力。播音主持作品鼓励在形式和内容上创新，参评作品要有时代感。

13. 广告、包装类作品要求创意独特，主题鲜明；信息传递清晰准确，易认易记，说服力强；视听语言运用有特色，引人注意。

附录3　央视创新性指标考核维度变动说明

2014年8月，我们对我台与各卫视近年开播的一些主打节目所呈现出的创新趋向进行了梳理与总结，发现各类节目在节目创新上具有以下动向，并可以作为创新性考核的参考维度。从2014年第3季度开始，我们将从这些维度进行创新性考评，同时周知全台各频道参评栏目，供其在节目创新设计中参考。

1. 技术制作极致化创新

我们发现，凡是那些在市场上赢得轰动效应的、取得极强的观众感染力的节目，大多在制作上投入巨大，或在某个环节力求单点突破，成为业内第一。如，《中国好声音》为了凸显其音乐效果，音响设备全部是业内最顶级的，花费在千万元以上，同时聘用业界最顶尖的调音师与现场乐队；再如《舌尖上的中国》则用高清摄像机将食物烹饪过程与食材生长过程逼真呈现，在屏幕上诱发观众的口舌之欲。还有央视春晚近年尝试的"增强现实"技术，也让屏幕呈现更加吸引观众眼球。

2. 装置道具设计创新

典型代表如浙江卫视《中国好声音》导师的转椅；CCTV-1《中国好歌曲》的推杆与遮挡屏；江苏卫视《爱情传送带》中女嘉宾从传送带上出现；深圳卫视《你有一封信》舞台上的巨大信封；CCTV-2《是真的吗？》，选手如果猜错，椅子会后倒180度；央视新闻中心在"走基层"报道中也在火车站搭建了一个醒目的红色电话亭，让采访对象走进电话亭面对摄像机表达；CCTV-3《开门大吉》中的"门"。这些创新的装置，均成为节目的标志物。

3. 主持人或嘉宾角色化配置创新

典型代表节目如湖南卫视《我是歌手》请知名歌手，也是当季赛选手羽泉、张宇做主持，他们本身作为音乐人又是参赛者的角色，在这样一档歌唱类节目中具有了极强的代入感，又能体现其专业性。又如《中国汉字听写大会》将央视新闻主播请做主考官，江苏卫视《最强大脑》请学者蒋昌健当主持，这些非专业主持人凭借自己在某个领域所积累的专长与经验，提升了节目品质，也增加了节目看点。

4. 任务设置及游戏规则创新

任务设置或游戏比拼已经不再是综艺娱乐节目的专属，而成为各类电视节目共通的创新点。央视《中国汉字听写大会》、河南卫视《汉字英雄》就是在科教文化类节目中引入了游戏元素，获得了巨大成功。CCTV-2生活类节目《超级减肥王》《厨王争霸》，理财节目《财富好计划》，也是充满了各类比拼游戏，让节目极具趣味性。如湖南卫视《花儿与少年》的任务设置采用了"穷游"模式，《爸爸去哪儿》中给爸爸们设立的如"蜂房找米""蛇洞取食"等挑战，这些节目在给参赛选手设置障碍的同时，也给节目增加了悬念与看点。而在游戏环节与规则设计上的创新，湖南卫视《快乐大本营》最为典型。该节目组专门有一个团队来研发小游戏，几乎每期节目都会有一些不同的好玩游戏，让节目保持了极强的生命力。节目中创造出来的如"捉鬼""正话反说""你画我猜"等游戏广泛流行于年轻人的日常生活中。另外，即便是同样的游戏，各节目也力争在规则上有所不同，如众多相亲节目中，江苏卫视的《非诚勿扰》为24位女嘉宾对一位男嘉宾，重庆卫视《约会渝美人》则是一位女嘉宾面对众多男嘉宾；《中国好歌曲》导师不看选手本人，采用"盲听"规则，《中国味道》导师品菜时不接触厨师，采用"盲品"规则，等等，这些不一样的游戏环节与规则给观众带来了不一样的新鲜感受。

5. 语态表达创新

语态的创新主要体现在电视播报、解说词或评论的个性化、平民化上，注重表达的多样化与互动性，这方面的典型代表有2010年白岩松对亚运会开幕式的解说，2012年对欧洲杯的解说，与一般解说员不同，白岩松在解说时有大量的个人见解与评论，并且采用聊天式的方式和观众互动，广受观众好评。CCTV-1的纪录片《侣行》，以两对情侣边走边聊的方式代替传统纪录片的画外音解说；主持语言上的多元化与丰富化也是语态转变的一个特点，如我们可以看到很多节目非常喜欢引用网络热词，如《爸爸去哪儿》《花儿与少年》等节目中经常性引用"风一样的女子""女汉纸""不明觉厉""且行且珍惜"等,这些语言极大增强了与年轻人的亲近感,也让节目更显活力。

6. 节目元素混搭创新

混搭是流行服饰的一种时尚,目前这种混搭也广泛流行于各类节目。典型的代表有2013年春晚节目中宋祖英与席琳迪翁混搭合唱《茉莉花》,近期有北京卫视的《最美和声》用和声来演绎经典,天津卫视的《国色天香》用戏曲来演唱英文歌曲,北京卡酷《成语豪杰争霸战》主持人和小选手模仿武侠小说中的经典角色,中央电视台《谢天谢地你来了》中将话剧与才艺表演的结合等;这种元素的混搭,让原本平淡的元素释放出不一样的光芒,也为节目赢来观众眼球。

7. 草根性参与及互动创新

一档互联网时代的创新节目,必须体现草根性和大众化参与互动特点。如在《新闻联播》中,对于"你幸福吗""你的梦想是什么"这样的话题采访,采用海采方式,让众多老百姓成为屏幕主角。同时,大众成为节目走向和选手命运的决定者,也是电视节目共通的创新手法。最常见的做法是在众多选秀节目中,需要观众发表意见来决定选手的得票、去留、复活等,从最初的短信投票,到现在的微信、二维码、APP互动投票等,在2013年的新节目《汉字英雄》中,则开发出与节目同步的APP互动游戏,《中国好声音》第3季采用微信公众号同步播出,随时接受观众反馈,《开门大吉》节目播出的同时让观众通过手机参与游戏,等等。

8. 字幕呈现趣味化创新

字幕原本的用意是将节目的解说词用文字的形式复述在屏幕下方,是一种实用性的信息传达方式。如今在众多节目中则出现了很多新的花样,如《爸爸去哪儿》《花儿与少年》《花样爷爷》《爸爸回来了》等节目中,经常用字幕旁白的方式说出观众的感受,这些字幕打破中规中矩的方式,在屏幕中可能以各种角度切入,字体多样,或加以调侃剧中人的表现,或补充节目背景信息,一方面拓展了单一荧屏画面的时空维度,使节目呈现信息更为丰富有趣,一方面也增强了节目与观众的互动。

综上所述,技术制作极致化创新、装置道具设计创新、主持人或嘉宾角色化配置创新、任务设置及游戏规则创新、语态表达创新、节目元素混搭创新、草根性参与及互动创新、字幕呈现趣味化创新,是目前国内电视节目较多发力的创新点位。基于以上考虑,我台将常规栏目的创新性问法进行如下修改:

原问法	请问××栏目在"向观众提供新鲜内容或新颖形式"方面做得怎么样?(请以栏目自身以往表现或国内电视市场同类节目表现作为打分的参照系,并从选题策划、创意理念、表现形式、节目模式、技术手段等方面进行总体考虑)
建议问卷	经考察,目前国内市场上节目创新动向主要集中在技术制作极致化创新、装置道具设计创新、主持人或嘉宾角色化配置创新、任务设置及游戏规则创新、语态表达创新、节目元素混搭创新、草根性参与及互动创新、字幕呈现趣味化创新等方面,请您结合以上方面但不限于这些方面,对××栏目在创新方面的表现进行评价

附录4 央视"栏目评价体系"解析

2011年7月1日起,"中央电视台栏目综合评价体系优化方案暨年度品牌栏目评选办法"(下称"央视栏目评价体系")进入正式实施阶段。

从2010年5月份开始筹备,方案历时一年多,其间,中央电视台分党组慎重地对方案进行了三次讨论——央视历史上还从未有一个方案经历过如此多次的讨论。

显然,这是一项"牵一发而动全身"的工作,须慎之又慎。

提升新闻质量,进行频道制改革,完善栏目评价体系——2009年至今,中央电视台台长焦利履新以来两年多的时间里,央视每到年中都推出重大改革举措,均引起了社会的广泛关注与讨论。

此次新推出的栏目评价体系也不例外,在业内激起强烈反响。

其实,早在2011年3月份,一则关于"央视推出新的栏目综合评价体系"的消息就在网络上不胫而走,引发了众多网友的围观和热议。

节目评价体系无疑牵动着众多电视人的心弦——它不仅关系到对管理者和员工的工作评价以及绩效考核,还影响着电视台舆论导向功能的发挥和品牌建设,甚至对电视行业都将产生深远影响。

与之相关的背景是:在2011年全国文化体制改革工作会议上提出,要重视收视率,但不能搞唯收视率,要建立科学的收视数据采集、分析和发布机制,研究制定科学的节目综合评价标准和体系。

6月初,广电总局先后在黑龙江和广西召开"节目评估体系建设座谈会",消息人士称,未来总局将出台关于节目评价体系的原则性文件。

据悉,央视出台的栏目评价体系得到了高层领导的首肯:要求跟踪其效果,不断完善、不断总结和不断优化,可在省级电视台推广。并强调,媒体首要的考量标准还是社会效果。

主、客观评价各占一半

在央视大楼的一间会议室，中央电视台总编室副主任王建宏和市场评估部副主任徐立军接受了《中国广播影视》记者的采访，新推出的栏目评价体系方案正是由央视总编室负责，市场评估部具体实施。

王建宏详细地介绍了该方案的内容以及实施办法。这段时间以来，为了让中央电视台各频道对方案有充分的了解，总编室工作组已经在各频道进行了十几次专场讲解。

"我们在方案设计中的一个指导思想就是，从重视收视率为主向重视综合评价转变。自觉践行社会主义核心价值体系，坚决抵制庸俗、低俗、媚俗之风。"王建宏强调。

该方案最大的特点是，注重对节目社会效果的评估，深化了对节目传播力的考察，加强了对节目专业性的判断，是一套倚重社会效果评估、重视市场表现和专业品质考量的综合评价体系。

方案中，考评栏目社会效果的"引导力"和"影响力"指标分别占比20%和25%，考评栏目传播市场效果和栏目发展状况的"传播力"指标占比50%，考评栏目专业品质的"专业性"指标占比5%——对"引导力""影响力""传播力"的考量分别指向传播的方向、深度和广度。

其中，"引导力"用以表征栏目导向是否正确，价值观是否被认同，是否有利于弘扬先进文化，体现主流价值，提升审美品位，引领道德风尚，由专家评审组评分和观众专项调查共同获得。

"影响力"由观众专项调查获得，包括两个二级指标，其中"公信力"用来表征栏目的可信性、权威性以及责任感；"满意度"则是指在调查日前30天内看过该栏目的观众对栏目满意程度的评分。

"传播力"下设四个二级指标——收视目标完成率、观众规模、忠诚度和成长趋势，分别表征受众传播规模的拓展与维护、栏目传播广度与观众群的拓展能力、栏目黏着观众的能力、栏目成长性和阶段性状态。

"专业性"主要测评栏目的制作水准和品质，是对电视制作精良程度的考察，该指标由专家评审组评分获得，主要包括编辑编排、制作剪辑、播音主持、音响音乐、画面镜头（舞美）、文字写作等6个考量维度。

记者观察到，其中来自收视率调查数据的得分占到50%，观众调查和专家评审得分加起来占到50%，客观数据和主观评价各占一半。

此外，考虑到全台频道和栏目的多样性，方案实行统一指标下的分类考评，即全台所有频道、栏目采用统一的一级、二级指标体系，统合得分，采用百分制，确保不同类型栏目之间的可比性和大样本量数据采集的可得性，并在二级指标考量维度设计上，结合各频道特点及节目类型进行微调，将全台栏目划分为新闻、娱乐、财经、体育、法制、科教文化、少儿、生活服务8个类别，以保证公平与科学的统一。

"我们开了多次座谈会，请高校教授和传媒学者参与了方案的制定，并委托CTR对观众进行调研，方案依据KPI（企业关键绩效考核）的指标设计原则——SMART（specific，目标是具体的；measurable，目标是可以衡量的；attainable，目标是可以达到的；relevant，目标和其他目标具有相关性；time-bound，目标是有明确截止期限的）原则。"王建宏告诉记者。

2010年第四季度，央视进行了第一次方案试测，范围涉及全台12个频道的149个栏目，然后对方案的指标体系进行了重新修订。

试测结果表明，社会效果指标对巩固和提升名牌栏目有明显的作用，此外，综合实力较强的栏目在试测中的排名处于上升态势，试测中排名下降幅度较大的多是在原评价体系中单个指标强的栏目。"新的评价体系不会对原优秀品牌栏目产生颠覆性的影响。"王建宏表示。

中国广播电视协会学术部主任张君昌对于该体系的评价是：央视新的栏目评价体系指标设计更加科学完善；并且对每一指标进行了细化，更具有可操作性；实施统一的评估指标，但对节目进行区别对待，这就保证了栏目评估的公平与统一。

"奖优"效果好于"罚劣"？

2011年中央电视台工作会议提出：淘汰十个不好的栏目，不如推出一两个品牌栏目。2011年因此被央视定为"品牌栏目建设年"。

新方案在品牌栏目建设的背景下提出，正式宣告了在央视实施6年之久的"末位淘汰制"的终结。

徐立军对记者强调，无论是"末位淘汰制"还是新推出的栏目评价体系，都是管理工具。不同的管理工具在不同历史时期要承担起不同的任务，管理工具体现并服务于管理目标。"任何评价体系都不是为了评价而评价，一定是为了满足电视台发展的战略考虑和管理目标。"

"末位淘汰制"的主要管理手段是"罚劣"。央视自2002年开始实施《节目综合评价体系方案》和《中央电视台栏目警示及末位淘汰条例》，以客观评价、主观评价和成本评价三项指标作为栏目评价的基本指标，其中，客观指标是以收视率为基础，兼顾频道、时段、节目类别等因素之后获得的栏目收视表现的量化值，主观指标是专家、领导对栏目评价的量化值，成本指标则考量栏目的投入产出状况。依据"先评价、再警示、后淘汰"的操作规程，对半年不达标的栏目实行栏目警示和末位淘汰。

"应该承认，'末位淘汰制'在前些年确实起到了一定的积极作用。过去台里栏目多且同质化严重，不易管理。实行末位淘汰制后，各频道每年都有栏目被淘汰，频道内的栏目数量目前已经淘汰到了相对合理的范围内。"王建宏说。

但同时，"末位淘汰制"的弊端也逐渐显现出来——上有政策、下有对策，学乖了的栏目往往通过削减开支等手段，提高名次，就避免了惨遭淘汰的命运。据称，那时一些栏目制片人习惯于"向下看齐"——紧盯着后面几个名次，如果没有自己的栏目，一颗悬着的心就放下了。

而新方案则以奖优带动罚劣。每季度公布全台综合排名前三十名以及频道内部的栏目排名，每年进行品牌栏目评选，给予进入全台前三十名的年度品牌栏目以重奖。年度品牌栏目评选实行考评入围、台分党组会定评两级评选制度，即台总编室提交排名前四十位的栏目名单，最后由台分党组决定最终结果。

"以正向激励带动负向激励，以奖优带动罚劣，变硬性淘汰栏目为主动置换栏目，这是新方案的设计原则。"王建宏称。

每季度公布的频道内部栏目排名，为频道的布局、栏目调整、改版、淘汰、置换提供了参考和依据，成为频道制下总监进行栏目管理的工具，有利于实现全台宏观调控和频道内部精细管理的对接。

与之相配套的措施是，中央电视台每年拿出一笔专项的新栏目研发基金，鼓励栏目创新创优。"虽然没有硬性规定频道一定要出台几个新栏目，但这些日子我们都没闲着，有时一星期要开两次编委会讨论新栏目方案，各频道的研发热情都很高。"王建宏告诉记者。

如何"重视"收视率但不"唯"收视率？

"重视收视率，但不唯收视率"，这句话在多个场合被反复提及，但如何理解并实践？

在央视新的栏目评价体系中，客观（定量）部分——传播力指标，由收视率调查数据转换计算获得，权重占比50%。记者从侧面了解到，在初稿中，传播力指标的权重设置为40%，经过试测后做出调整，最终定为50%。记者提出疑问，最终比例如何得出？权重调整又出于怎样的考虑？

"央视从来没有把收视率当作唯一的考核指标，收视率所占的权重在全国来说是不高的。"徐立军告诉记者，指标权重的设计是管理意图的表现，期间经过了不断调适的过程。

最初进行指标设计的时候，总编室召集各频道总监召开征求意见会，大家共同的担心是，这个新推出的体系会不会颠覆市场共识和广告市场的判断，几位频道总监当时就提出，收视率部分的指标占比不能低于50%。

负责方案设计的小组也经过了反复的测算，把传播力指标分别设为40%、45%、50%、55%等不同的权重，分别对栏目进行排名，由此产生了不同的结果，依据管理目标的要求，最终把权重定为50%。最后通过把试测结果和广告收入排名结果作对比，证明该体系与广告市场的判断并没有大的冲突——试测排名靠前的栏目，广告收入也不错。

换一个角度看，广告商也并非"唯收视率是瞻"——近年来，央视收视份额虽有所下降，但广告收入仍年年递增，这也从侧面证明了以上论述。

尽管收视率是考核传播力的重要指标，但其四项二级指标——收视目标完成率、观众规模、忠诚度、成长趋势，都并非收视率绝对值，而是由收视率转换计算获得，这就避免了以收视率绝对值高低来判断栏目优劣的弊端。

以"收视目标完成率"为例。每年初各频道把台里下达的频道收视份额指标进行分解，按照频道内栏目的定位、历史收视表现等因素，设计出栏目的收视目标值，每个季度考核周期结束时，对栏目的收视目标完成情况进行评估。

张君昌认为，此举"弱化了对收视率绝对值的依赖，通过改变各指标项的加权比重，使评估值更趋科学合理。""这无疑是个不小的进步，对数据的非理性使用，往往会走向科学的反面。"张君昌说。

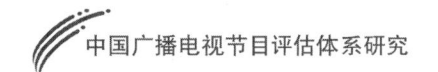

收视率用好了就是好的管理工具。徐立军认为,"业内人需要转换'收视率观',收视率并非越高越好,收视率应该是发展观,而不是荣辱观。"

"定性研究难"是最大的挑战

对于文化产品来说,应该从"定量"和"定性"两个方面加以考察,且定量研究应服从并服务于定性研究。

作为新栏目评价体系设计的负责人之一,徐立军认为,主观评价如何做到科学、合理,大样本调查如何获得有效的答案,是评价体系设计中最令人挠头的一个问题。突破定性研究的难度,是这个体系的最大挑战。

央视栏目评价体系的客观部分,权重达到50%。如何保证定性评价的权威性和科学性?央视总编室向《中国广播影视》作了详细介绍。

一是通过大样本量的全国观众入户调查,每季度观众入户调查样本达到1.2万个,在全国30个省、市、自治区(西藏自治区及港澳台地区除外)的184个抽样点随机抽取。

二是组建了一支由300余名专家组成的评审队伍参与栏目评分。为保证评价的客观性和科学性,300名专家严格按照性别、年龄、身份等类别进行配比。比如,男女专家分别占77%和23%;50岁以上专家占55%,50岁以下专家占45%;主管部门领导占1%,业界专家占45%,高校教授占54%。其中,主管部门领导主要是中宣部、国务院新闻办、广电总局的主管领导,业界专家主要来自中央主要新闻单位,高校教授则来自国内知名传媒院校,要求具有副教授以上职称。

具体操作为,每季度考核期间,把专家组和参评栏目进行配对,从300名专家中随机抽取不少于10位专家对某栏目进行考核,这10位专家也严格遵循专家评审组的配比结构,并考虑到不同类型栏目的诉求,如对戏曲、少儿节目等的考核,会配给定向专家。

专家评审采取网络问卷在线调查的形式,并规定一个栏目至少收看5分钟,一般会提前告知专家他所需要打分的栏目,并提醒他们线下就开始关注。每季度一个专家要评价的节目一般为8个左右,不会超过10个。此外,为保证打分的公正性,专家被提示,需对评审专家的身份保密。

定性研究的另一数据来源是由CTR承担的"全国观众入户调查"。在方案试测过程中,王建宏和徐立军都曾担当督导员参与观众调查的陪访工作,他们的深刻感受是，工作不易。

1.2万个样本户严格依据全国人口结构抽样，有时要到边远地区进行入户访问，除了交通难题外，访问员还曾被当成骗子。一次访问结束后，受访者说："别走，我们已经报警了，一会儿110就来了。"

有次，王建宏跟随国家统计局去青海某县某村陪访，受访者中有位60多岁的老农民，一个问卷问了一个多小时，最后访问员送给受访者两袋洗衣粉和一块肥皂。后来他们回去后，对问卷做出改进，减少了问题量。

显然，这可不是仅出于体恤受访者的考虑，严格遵循观众调查的规则和规程是定性研究客观公正的保证。

徐立军不久前出国参加了"全球电视观众峰会"，会上他了解到，BBC（英国广播公司）栏目的考核也是4个指标：质量、到达、影响力和价值。

他表示，在很多操作细节上，BBC有很多值得我们学习的地方，比如一位受访者评价的栏目不超过5个，采访时间不超过5分钟，等等。"观众调查如果没有一套严格、专业的规范保证，访问员如果没有严格地按照问卷来获取真实、有效的样本回答，这样的数据谁敢用呢？"

目前央视总编室在做的就是在大样本量的基础上，完善问卷设计，尽可能获得真实、有效的回答，并对调查方式不断进行研究、改进。

"三位一体"的节目综合评价体系

采访过程中，就新的栏目评价体系，记者联系到某央视一线员工，但显然他对此并不敏感，因为栏目评价并不与他的日常考核挂钩。

季度考评、年度评奖是否具有管理上的滞后性？如何让新体系对全台节目起到指挥棒的作用，并落实到每一位一线员工的日常行为上？

"压力总是层层传导的。很多制片人很关注新的评价体系，并邀请我们去给他们详细讲解，制片人重视了，最终会对员工产生影响。"徐立军说。

在目前中央电视台15个开路频道的近400个栏目中，符合新体系考评资格的栏目在200个左右，而年度获奖品牌栏目有30个名额，超过1/10的比例，从理论上讲，完全可起到积极的正向激励作用。

"从管理学的角度说，在人事考核中，优评占10%—15%，差评占10%，中间占绝大部分，这是一个正态分布。"徐立军表示。

方案要求：上报栏目须为考评周期内在播常态栏目，电视剧、动画片不参与考评，简单串联类和外购节目只打分不参与评选，新栏目播出期满一个季度以后进入考评体系，英、法、西、俄频道，阿语频道，电影频道，央视七套的部分节目不计入考评。

徐立军提出设想，年终考核的时候，不是简单地宣布获奖名单，而要办一个隆重的颁奖典礼，"该走红地毯，走红地毯；该拿小金人，拿小金人"，以培育良好的氛围，让大家感受到获奖是一件很有荣誉感的事情，这也是从体系最终影响一线生产的目的来考量的。这个想法已经得到了主管副台长罗明的认同，并批示要专门搭建一个班子具体操作年终的品牌栏目颁奖典礼。

此外，总编室正在进行的另一项工作是，研究设计新的频道评价体系，目前方案已经在设计当中。

以栏目为评价对象的栏目综合评价体系，以频道为考评对象的频道考核体系，以节目为评价对象的节目评奖体系，三位一体，共同构成了中央电视台节目综合评价体系，体系涵盖频道、栏目、节目三个层面，势必将在全台上上下下产生化学反应。

央视内部改革动作频频

联系到2009年的央视整合新闻资源、新闻频道变脸和2010年的频道制改革，其实不难看出，此次新栏目评价体系的推出，与上两次改革一脉相承——去年7月份举行的"领导干部竞争上岗工作大会"上，焦利曾在发言中说：频道制运行的"一个核心在于推进频道专业化建设，一个关键是频道品牌栏目的建设"。

2010年5月份，在"中央电视台品牌栏目建设实施方案"的基础上，经过基础研究、指标设计、征求意见、实际测试4个阶段，最终形成了目前的栏目评价体系。

2011年4月16日，中央电视台分党组对栏目评价体系进行了第三次讨论，认为新方案更加科学合理地体现了新闻立台和鼓励创新的思想，有利于频道专业化和栏目品牌化战略的实施。

从改版，到组织架构和人事调整，再到考核方案的修订，成系统地、有条理地，央视正在从机理上发生改变。

节目评估如何是好？

节目评估体系既是一种效果评估机制，又是激励机制，更是一种导向机制。

集上述效能于一体的节目评估体系，显然在电视台内部有着举重若轻的作用。

目前，各台节目评估体系现状如何，起到怎样的作用，又存在哪些问题，栏目谁来评？

据调查，各台节目评估体系五花八门，按层级可分为频道考核和栏目考核，按考核周期分为月度考核、季度考评和年度评优，根据栏目类型、栏目生产方式、播出平台、播出时段等诸多因素的不同，评估方式也千差万别。

首先，需厘清的一个问题是，电视台内部考核分频道和栏目两个层级，一般而言，台总编室或发展研究部等职能部门负责对频道的考核，并下达任务指标，频道再把指标分解到栏目，并具体负责栏目考核；同时，台里也会采取相应措施或出台相关管理办法对栏目进行评估，评估通常采取季度考核或年度评奖的方式，并不与栏目日常考核挂钩。

以天津电视台为例。天津台发展研究部作为职能部门，主要负责对频道进行考核，并通过《栏目考核管理办法》《栏目经费管理办法》《栏目退出管理办法》对栏目实行宏观管理，起到监督和指导的作用。

天津电视台发展研究部主任杨斌认为，统一的栏目管理办法不见得适用于全台所有的栏目，台里主要是把握好频道考核和宏观管理，就能基本保证栏目正常有序地运行。

天津电视台对频道实行季度考核，共有 5 项考核指标：其中频道市场份额占 25%，自制栏目平均收视率占 30%，广告创收占 25%，频道栏目满意度占 10%，频道栏目主观评价占 10%。依据上述指标对频道进行打分，90—100 分不奖不惩，90 分以下适当地扣除节目经费，100 分以上，则按一定比例增加频道的节目经费（此项费用仅能用于节目制作），频道再依据栏目的表现和栏目对频道的贡献，对栏目的节目经费实施加减法，并把节目经费额度分配方案上报台里进行审核，经同意后，由财务部执行。

此举通过对频道的管理，实现对栏目收视和经费的间接管理。"频道制的管理体制下，频道也有一定的自主裁量权，台里更多的是在宏观上对栏目进行把控。"杨斌表示。

北京电视台对全台节目的考核和评价工作由研究发展部负责，并从2006年开始形成了一个较完整的工作系统。作为北京电视台的核心管理制度之一，目标责任考核制度通过收视市场份额、投入产出贡献率、品牌价值评价，分别占比40%、30%、20%，另设10个单项奖另加10%，包括创新力、引导力、传播力、社会舆论等，对频道进行年度考核，每个频道再据此进行指标分解，完成对栏目的考核。

在考核目标的制定上北京电视台有一整套科学、严谨和系统的方式，即依据常年积累的数据，采用"时间序列模型"，并参考数字电视发展等变量进行不断的修正，确定各频道的任务目标。"准确清晰、不保守也不冒进的目标，是考核的基础。"北京电视台研究发展部主任蒋虎强调。

同时，研究发展部也通过"节目综合评价体系"对全台栏目进行评估，主要起到监督和为各频道提供参考的功能，以准确测量栏目状态、发展趋势，为节目调整方向、表彰、淘汰、节目预算标准、人力资源配备等方面提供依据。

目前，北京电视台"节目综合评价体系"对栏目有两个考核指标：收视贡献率和投入产出贡献率，并按照两项指标的完成情况划分为ABCD四个区，两项指标都达到60%以上属A区，收视贡献率及格、投入产出贡献率不及格则划为B区，C区是投入产出率及格，而收视贡献率不及格，D区则是两项都不及格。

"对全台120多个栏目有准确的评估，让每个栏目位置清晰。"节目一旦进入D区，编委会就要对其进行讨论，决定其下一步的去向。蒋虎表示："考核体系或是评估体系，唯其简单实用，清晰明了，容易操作，且目标尽可能量化、准确，能够让各频道、栏目可感可知才有实际价值。考核的目的就是为了指引节目走向电视台所诉求的方向。"

目标不一，手段不同

在调研中发现，处于不同发展阶段的电视台往往有不同的诉求重点。如有的台需要在短期内积累一定的观众规模，有的台亟须解决经费困难的问题，有的台"不差人"也"不差钱"，他们强调频道要有品牌影响力。另外，每个台也会根据自身发展的需要，对诉求方向和重点不断地进行调整。

但无论处于哪个阶段，节目考核评价体系，对于各台而言，都是至关重要的管理手段。

业内普遍的共识是：栏目考核的基本维度或者说系统参数应该且必须具有统

一性，目前具有同一性的客观指标就是收视率指标和创收指标，两项指标在各台的考核体系中设计又有所不同。

如北京电视台"收视贡献率""投入产出贡献率"的概念，侧重于考量栏目对频道的贡献，强调由于频道平台不同而带来的栏目收视和创收方面的差异；而黑龙江电视台则对不同类型的栏目采取不同的评估方式，强调栏目由于定位不同而带来的收视和创收差异。

黑龙江电视台目前共有7个频道，61档自制栏目，按属性和类别的不同，被分为三大类：公益性节目、常态性节目和经营创收性节目，不同类别节目考核指标的权重设计也不同。

如公益类节目"收视人群贡献"占60%、"收入"和"投入产出比"各占20%；常态类节目"收视人群贡献"和"收入"指标各占40%、"投入产出比"占20%；经营类节目"收视人群贡献"占10%、"收入"占70%、"投入产出比"占20%。

黑龙江电视台台长刘玉平解释说，之所以强调"目标人群的收视率"，也就是说，做节目的人必须清楚节目是做给谁看的，实际收视数据与目标人群收视率指标越贴近，说明节目定位越明晰，得分也就越高；而"收入"和"投入产出比"指标则强调节目的经营业绩。

他表示，实行这种做法的目的在于，要改变过去模糊的节目生产观念，建立适应市场需求的节目生产导向，将经营中对节目的诉求付诸节目策划制作当中，使之更加适应市场，从而增强创收能力。

黑龙江电视台节目评估采取两级考核的办法，即频道对栏目进行以月为单位的考核，结果纳入绩效考核中兑现奖惩；台里对栏目的综合评估则以季度为单位，不达标或在排行榜中处于末位的栏目将被警告，连续三个季度均被警告的栏目将进入退出程序。

与北京、天津、黑龙江的情况有所不同，陕西电视台则采取了"一把标尺量到底"的制度标准，对栏目采用"收视率增幅""市场份额""每分钟人均利润"三项指标进行考核，权重分别占比20%、50%、30%。节目考核一视同仁，只有两档栏目例外:《陕西新闻联播》市场份额加权15%,《今日点击》市场份额加权8%,"一档节目是本地新闻，规定动作较多，另一档是舆论监督类节目，需要支持，所以在市场份额的权重上做出了调整，加权数据是经过长期测算得出的结果。"陕西

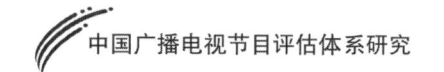

电视台研发部主任李荣告诉记者。

考核以季度为周期，并与绩效挂钩，根据各栏目的季度排名，依次划分为A、B、C三个等级，当季排名，下季奖励。其中，排名前四位为A级栏目，排名A级第一位的栏目，月人均绩效工资、月栏目制作经费均奖励其标准值的30%，其余三名，每降低一个名次，两项奖励各减少1%；在B级（排名前二十名）中排名第一的栏目，月人均绩效工资、月栏目制作经费均奖励其标准的20%，以后每降低一个名次，两项奖励各减少1%；C级栏目不奖励。

陕西电视台对栏目实行"点分钟收视考核"，即计算出每晚平均收视率，超过平均收视率0.1%，稿酬随之提升20%，低于0.1%，稿酬降低20%。李荣告诉记者，以前栏目考核实行专家、领导打分，大家都不服气，还找领导吵架，现在都是客观指标，就避免了扯皮的现象。

自从2009年《陕西电视台自办栏目管理办法》在全台运行以来，收视率、收视份额和广告收益作为统一的考核指标对全台进行考核，去年就淘汰了3档栏目。而此前：陕西电视台曾有连续8年没有淘汰过节目，因为要淘汰一个节目，省里有人来说话，台长都不好办。除客观指标外，各台也都通过专家领导打分、观众满意度调查等方式对节目进行主观评价，但一般而言，主观评价在现阶段只起到辅助参考的作用，不计入栏目考核。

收视率使用的边界在哪里？

收视率是各电视台进行节目评估的主要客观（定量）指标。

关于收视率的质疑声从未停止，但各台对它的倚重却并未减少——每日在电梯口、布告栏对收视率进行公布，管理层天天收到收视率报告的短信，节目一线人员也天天把收视率挂在嘴边……

但有采访对象却提醒，应该在业内对收视率常识进行普及——究竟什么是收视率、收视份额？它们在电视台管理中能干什么？

"央视一年花4000多万元买收视数据，地方台也要花几百万元，这就好比，花高价钱买了东西，连说明书都没看就拿来用了。"徐立军提出，他反对天天看收视率，理由是收视受环境影响太大，单点收视率不意味着任何问题，收视率应该用来反映长期收视趋势。"我反对栏目把绩效工资和单期收视率挂钩，这是对收视率的误用。"

张君昌则表示："视听率指标无疑是重要的，但只能反映节目某些方面的市场反应，没有办法全面地反映节目的整体表现。"业内普遍承认，收视率作为一种社会调查手段，其本身有一定的使用边界。目前对收视率有过度使用的倾向。那么，收视率使用的边界在哪里？收视率在节目考核中应该占多大的权重？收视率考核应在多大程度上与员工绩效进行挂钩？

央视新推出的"栏目综合评价体系"提出以栏目"收视目标完成率"指标替代收视率绝对值。即：每年初，各频道依据台里下达的频道收视份额任务，根据不同栏目定位、类型和历史收视表现等因素设定栏目的收视率目标，考评周期结束时评估栏目收视率目标的完成情况。"央视采用目标管理方法引导栏目重视观众群的稳定性、延续性建设，使得业界呼吁的'重视收视率，但不唯收视率'的设想终于在现实中找到可行的解决办法。"张君昌认为，将"收视目标完成率"纳入目标管理范畴，是摆脱"唯视听率"窠臼的一个可行的解决办法。

收视率又如何与员工绩效挂钩，使其既能调动积极性，又不会有失偏颇，这也需要业内在实践中共同去探索。

但，大家普遍都承认的是，收视率的使用边界之外，应该是定性考量发挥作用的地方。

定性考量不容易

对栏目的定性考量其实一直都有，各台的"一票否决"是对栏目最严格的考核"底线"。难的是如何将其纳入栏目考核，把主观评价当成"客观指标"去运用。

"客观指标及主观指标的共存以及节目自身所处环境的复杂性，使得实际操作中某些主观性指标无法具体实施，公信力不足，因而，节目评估体系名为体系化，实则指标单一化。"上海社会科学院新闻所副研究员吕鹏这样认为。

目前在黑龙江电视台的节目考核里面，主观评估作为客观评估的辅助，由台领导、综合管理部门负责人、广告经营部门负责人组成的节目评估委员会负责实施，委员会随机抽取节目进行评估，并在节目内容、节目表现手法、播音主持、技术指标等四个方面对节目进行打分。评估每月开展一次，评估结果及时通报给节目生产部门，以便快速调整、纠正问题。

但刘玉平坦陈，评委会的意见难免存在偏颇或片面，如何在节目评估体系中加入体现舆论引导力、主流价值观、公益性、影响力等多维度因素的评估，更准确地反映深层次的主观意见,在操作层面上存在很多难题。

"这项工作既涉及意识形态、价值判断和概念界定等问题,也涉及如何指标化、定量化、操作化等技术性问题。我们希望广电总局能够牵头,作为我们行业的一项重点建设工程纳入行业标准建设中来。"刘玉平说。

从 2008 年开始,北京电视台的品牌价值调查研究工作已经开展了三年,蒋虎拿给记者一本名为《北京电视台品牌价值研究报告》的厚厚的册子——由权威调查公司根据北京电视台的要求,独立进行的第三方入户调查,样本一般在 2000 个左右,并根据调查数据形成此研究报告,为北京电视台所有频道和栏目提供了与品牌相关的各项参数的数据和排名。这份报告就成为编委会对频道年终目标责任考核进行主观评价的依据,也为节目部门提供了改善节目的依据。

2009 年开始,包括台长、总编辑、副总编辑、副台长,以及总编室、研发部、广告部等三个部门主任共 9 人组成的编委会依据此报告对频道进行年终评价。蒋虎认为,这样长期进行的品牌价值调查、研究,为节目评价提供了多维度的指标,具有非常重要的意义,但是从考核的角度,如何找到能够量化的、被广泛认知且公平统一的衡量标准,仍然是需要不断探索的课题。

他举了个例子,强势频道和弱势频道在观众中的品牌认知基础是完全不同的,弱势频道中即使是品质好、导向强的节目,也相对难以达到强势频道中一般性节目的品牌知名度。

"我们做了无数种计算,当把这些数据按不同的权重进行排列分布之后,算来算去,暂时还没有找到一把完全客观精确的尺子。考核是非常严肃的事情,必须绝对公平、公正、公开,绝不允许对它有任何质疑。不能维护这份权威,考核的价值就会荡然无存。"

央视栏目评价体系设计的过程中,徐立军也认为,主观评价如何做到科学、合理,大样本调查如何获得有效的答案,是评价体系设计中最令人挠头的一个问题。突破定性研究的难度,是这个体系最大的挑战。

为了保证其定性调查的科学性和客观性,他们做出很多努力。王建宏着重对记者强调了观众调查和专家评审的信度和效度,"按照折半信度检验法,效度检验相关系数为 0.57 以上,0.5 以上为强相关,信度检验超过 0.8"。

徐立军也强调,定性调查作为一门社会科学技术,一定要遵循社会调查的相关规则和规程。尽管是文科出身,他口中却不时蹦出专业统计学词汇。

专家打分能否突破思维定势的影响？此前央视考核也有专家打分环节，但往往"对于老牌和收视高的节目，打分非常高，而对于新节目和收视一般的节目，打分就变得谨慎"。央视一线员工对此尚存有疑虑。

此外，还有一个现实问题需要考量——央视这套栏目评估体系操作起来花费不菲，在专家库资源上，央视也是无台可与之比肩。显然，并不是所有的地方台都有这种经济实力和号召力。

栏目评估如何指导生产？

此番央视出台的栏目评价体系采取季度考核和年度评优的方式，更多地起到了节目导向的功能。

记者从央视某栏目了解到，在一线生产中，领导评价在编导绩效考核中占相当大的比重，考评内容主要是节目的技术指标，如故事讲得好不好，画面拍得美不美，采访是否到位等，虽无具体权重，但该员工表示，收视率考核只是起到"锦上添花"的作用。

有趣的是，湖南电视台的情况和央视刚好相反。

湖南电视台也有一套年终栏目评估体系，这套体系由四项指标构成。其中，收视份额占比40%，投入产出比、专家评价和满意度各占20%；新闻节目没有收视考核，专家评价和满意度各占50%。考核与奖励挂钩，奖励名次依年度节目创收情况而定，10名、15名、20名都有可能。

湖南广播电视台副总编辑盛伯骥说，去年年底光奖金就发了1000多万元，一个栏目平均奖励几十万元，唯独《湖南新闻联播》奖励了100万元，"对于公益性和政治性强的栏目给予扶持"。

"年终节目评估只作为管理的参考，并不与频道考核、员工绩效考核挂钩，员工绩效考核还是由生产量和收视率来定。"盛伯骥透露。

记者了解到，去年湖南电视台仅收视率奖就发了900多万元，有些制片人年收入达200万—300万元，湖南广电正式编制员工平均年薪超过20万元。前不久，《回家的诱惑》在全国同时段收视排名第一，得到"台长嘉奖令"50万元的奖金，《宫锁心玉》和《一不小心爱上你》也拿到了20万元的台长嘉奖。

年终栏目评奖只能作为奖励先进、激励后进的手段，对日常节目生产起到的作用有限。栏目评估体系应是一个多维、立体的结构，年终考核仅是其中一个环节,此外要与频道考核、制片人考核、员工考核等一系列考核手段相配套,并设计月度、季度、年度不同的考核周期,形成承上启下、环环相扣的考核体系,使得层层考核最终指向管理目的。

蒋虎认为,节目评价体系对栏目而言,要在相对较短的时间内完成,及时找到问题,一定要有具体、可量化,并能够及时准确获得的指标。因此,北京电视台每季度对全台栏目进行评价,而各频道对栏目的考核则每周进行,而品牌、美誉度等定性指标一般来说多靠入户调查和主观评价获得数据,短期内较难获得,所以定性指标则放在了对频道的年度考核里面。

蒋虎透露,今年是北京电视台战略发展的"调整之年",去年年底台里已经组织业内外专家进一步完善和调整目标责任考核和节目评价体系,初步方案已经完成,包括对台、频道和节目三个层级如"金字塔"一般,更为系统、完整和科学。"更加强调以品质为本,继续加强品牌价值、社会责任、文化和专业品质,以及新媒体融合、投资价值、创新力等指标,如在现有栏目评价体系的基础上,引进文化引领贡献率和专业品牌贡献率等。"刘玉平呼吁,国内的电视节目评估急需"国标"的出台。

据张君昌介绍,中国广播电视协会很早就意识到了"节目评估体系"的重要性,从 2003 年开始就组织业界学界以及管理方面的专家学者组成"广播电视节目评估体系"课题组进行研究,以期为广电行业提供一套科学的评估体系。然而时至今日,该课题尚未完成,说明该体系的出台并不是一件容易的事情,它不但牵涉节目自身,还关系到管理的体制机制以及国情。

"虽然各电台、电视台自己都有一套节目评估办法,但是共同为行业所认可、能够普遍适用的评估体系依然未建构出来。符合行业需要的评估标准的缺失,使节目的横向及纵向比较遇到一系列问题,随着制播分离改革的深入,节目市场日趋成熟之后,这样的瓶颈会更加凸显。"张君昌认为。

然而,此评估体系非彼评估体系。

统一的节目市场评估体系属市场范畴,有利于节目交易和节目市场的繁荣发展;但本文论述的是电视台内部的栏目评估体系,属于台内部管理范畴,切勿将两者混淆。

在时下新媒体对电视媒体带来巨大冲击的情况下,节目评估工作面临更多难题。目前,网络视频用户已经超过 2.8 亿,但目前电视台尚未将其纳入考量范畴,即便有将其纳入考评的，也是概念性大于实用性。

徐立军透露，在央视新的栏目评价体系的设计过程中，也曾考虑要不要纳入网络影响力指标，"理论上讲是应该的，但是在操作上有难度，无法找到可采信的数据"。深圳卫视总监梅宏则认为，网络影响力指标的问题在于其不可控，纳入考核还有些难度。

栏目评估是一个复杂的体系，在电视台的管理体系中，还与人事制度、财务制度等紧密相关，如作为栏目评估体系中的一项常规指标"投入产出比"，只有在实行全成本核算的前提下才能获取；栏目退出所涉及的人员调配也需要人事制度的配合。现在栏目评估还处在粗放阶段，只能是模糊评价，只有在各种管理机制健全规范的情况下，才能达到科学评价。

附录 5　品牌栏目评价与受众调查的相关性研究

随着广播电视的结构性变革和竞争格局的剧变，广播电视业界和专家学者越来越关注品牌栏目的培育和发展。这就引发了不少关于品牌栏目构建过程中的质量评价问题。那么，栏目评价应该遵循怎样的价值标准呢？如何评价才能算公正合理？这其中又如何平衡专家意见与受众调查之间的关系？这一系列问题不仅是评估学科要面对的问题，也应该是业界和学者需要共同关注和深思的话题。

本报告主要研究和探讨关于"品牌栏目评价与受众调查的相关性"这一话题。

一、品牌栏目评价

（一）优秀栏目评奖活动的由来

从 2004 年开始，国家广电总局要求业界加快广播电视品牌栏目的培育和建设。总局认为，在产业化发展进程中，品牌的价值至关重要，要求各个频道朝着专业化方向发展，张扬个性，打造一两个当家的栏目起骨干作用。评奖要为这一战略决策服务，于是"栏目评奖"的设想便浮出水面。而在此之前，评奖主要是针对节目进行的，尽管也强调吸纳受众意见，仅是要求各选送单位在报送节目的时候，注意在收听率和满意度比较高的栏目中选拔节目，以使最终的获奖节目具有一定的群众基础。而栏目评奖和节目评奖是两个概念，尽管有相同之处，但毕竟还有很大的不同，优秀栏目需要有广泛的群众基础，如何把受众意见和专家意见有机地结合，便成为栏目评奖能不能成功的关键。

2005 年中宣部要求压缩评奖数量，减少颁奖晚会，广播电视评奖首当其冲。国家广电总局转发的文件显示：中宣部要总局只保留"中国广播影视大奖"一个奖项，其他都不作为单独奖项存在。像过去的广播新闻节目、广播社教节目、广播文艺节目、广播剧等独立的奖项，统统归并到"广播电视节目奖"子项中，仅仅给几个获奖指标。例如，广播剧每两年评一次，每次只评5个优秀广播剧，优秀广播音乐节目评两个，优秀消息评若干，等等。至于中宣部要求大大压缩评奖的个中缘由，主要原因是：在每年的"两会"上，政协委员和人大代表多有提议，说目前下岗职工问题还没有得到根本性解决，贫困人口还相当多，他们每天为生计奔波，但电视上的颁奖晚会太多，歌舞升平，老是那么几个明星晃来晃去，与平民百姓的生活和情感相去甚远。这些提议反映到有关部门，于是便形成不论青红皂白、见评奖就压的局面。这使广电系统的政府奖评选工作一度陷入困境之中，一方面要按总局要求设立栏目奖，另一方面还要大大压缩获奖数量，一时间让人进退两难。

根据广电总局计财司统计，目前全国广播电视年产原创性节目达1800万小时以上，其中不包括重播节目。如果按照每分钟200字的播音速度来计算（尽管现在一些现场报道和谈话节目的语速不止每分钟200字，有的已达到300字每分钟的速度，但考虑到有些纪录片和文艺节目的语言量可能相对少一些，那么我们按200字每分钟的平均值来推算），全国广播电视界生产的原创性节目折合成文字，将是原新闻出版总署统计的全年报纸、杂志总发稿量的100倍。按这一比值计算的话，如果报刊类的新闻奖评100个，那么广播电视新闻奖就应当评1万个。实际上，此前我们只评800多个。800多个较之对方的100多个，不问及播出量、入户率等实际情况，只嫌比例太高，遂要求我们也压缩至100多个，不仅难度太大，而且也缺乏合理性。

实际上，举办晚会较多的基本是商业性质的评奖活动。他们有企业赞助、邀来明星唱歌跳舞，各得其乐，与严肃的政府奖毫不相干；而新闻评奖是一种业务研讨活动，通过行业内部的研讨评比，使专业人员的素质得以提高，起到培训队伍的作用，进而做好节目，让老百姓喜欢。近几年政府奖评奖对节目创新的作用是有目共睹的。这次整顿评奖非但没能控制五花八门的商业评奖活动，反而打压了在业界口碑极好、数量原本就不多的政府奖，对此基层同志意见强烈。日前，国家广电总局专门就此召开会议，研究评奖问题，起草若干意见上报。时任广电总局局长王太华还专门向中宣部部长刘云山同志反映情况，要求对广播电视评奖要按实际情况、实际需求、实事求是地处理，经过认真调查研究后再做进一步调整。

这是"十佳栏目奖"启动前后的大致背景。

（二）优秀栏目评选办法

现在，以 2004 年国家广电总局新设"十佳栏目奖"，即广播"十佳新闻栏目""十佳公共栏目""十佳文艺栏目"所评出的"全国 30 佳品牌栏目"的评选为例，展开说明优秀栏目的评选要求、评选过程、评选结果、评委组成，等等，从而使大家对如何进行品牌栏目评价有一个立体的全面的认识。

1. 评选要求

中央台及各省选送上来的优秀栏目，要具备一系列的客观要件。

（1）全年保持高水平运行的栏目。要求全年无播出事故，节目运行状况良好，在本地有较好的口碑。只有全年保持高水平运行的栏目才能有资格担当品牌栏目。

（2）报送栏目开办时间须有一年以上。要有固定的播出时间和包装形式，要有形象易记的标识，有主持人贯穿。品牌栏目需要时间的积淀，更需要实践的检验，这样才能赢得一定的群众基础。

（3）报送权威调查公司出具的全年数据报表。要求参评栏目要有较高的收听率、目标听众占有率和满意度。目标听众占有率的提出是基于公众性栏目和对象性栏目听众群体不同的考虑。例如，交通广播在针对流动听众群体时收听率、忠诚度比较高，但是在广泛的社会人群调查中，它的收听率可能就不那么高了，可能比不过新闻广播或者文艺广播的热门栏目，因此该指标的提出，可以表示它在目标受众中受欢迎的程度，使之与收听率之间有个综合考量。

（4）说明报送栏目的总体定位、宗旨、创办时间、所在频道、首播时段、标识含义、区域排名及近年来改版创新的情况。例如，某栏目在过去一年所作的报道中，能不能拿出十期有影响的、值得骄傲的策划、文案。这十期节目首先要以"与栏目定位相吻合"为前提，同时，播出时间还要分布合理，即上半年五期，下半年五期。将这一栏目及相关资料说明报至省局，经省局核查、盖章，再报送其中两个代表作（播出时间必须上半年一期、下半年一期），方为满足参评条件。

2. 评选步骤

对于参评栏目，评选步骤大致分三步。经过专家意见和受众调查数据的充分融合，利用主观评价和客观评价相结合的办法，对参评栏目进行逐级筛选。

（1）审读材料。主要审核是否达到硬性指标，即栏目开办时间、收听率、满意度等，以及报送材料所显示的数据与其他栏目相比的差距，据此评委会将淘汰参评栏目的三分之一。

（2）审听、比较第一个代表作。这一程序将再淘汰三分之一的参评栏目。

（3）审听、比较最后一个代表作。此时，对这个代表作的评审已经是第三关了。如果大多数评委依然认为这个代表作不错，那么就可以进入提名了。经投票再淘汰几个，最后才能产生"十佳栏目"。

3. 评选过程

综观整个"十佳栏目"评选过程，自始至终得到了全国各地电台的积极响应和热烈参与。各地电台高度重视，推选出当地极有影响的栏目。其中新闻栏目中央台报送两个，海峡台报送一个，各省报送一个，有近30个栏目参评；其他栏目也大致按此数量报送，三个评委会共收到近90个栏目，分别评出"十佳"。

4. 评选结果

经过上述各个环节的评价，在激烈角逐后，这些经由各省推选的、在当地很有影响的栏目基本上是以3∶1的淘汰率剔除，最后评选出的"十佳栏目"含金量和权威性非常高。具体评选结果如下：中央台荣膺十佳宝座中的4席，其中新闻栏目1个，公共栏目2个，文艺栏目1个；亚军北京台占有3席，其中新闻、公共、文艺栏目各占1个；季军为河北台、天津台、山东台、黑龙江台共同获得，各占2席；其余15个名额被各台所瓜分，其中深圳台、徐州台、连云港台为荣获"十佳"的省级以下台。

5. 评委组成

政府奖的评委会共由三部分人员组成。其中一线的实践工作者占三分之一，社会上高等院校、科研院所的专家学者占三分之一，他们构成评委会的主力，总局领导以及各级协会人员占三分之一，以此构成一个有机完整的评委会。

二、调查数据应用

近年来，对于专业调查公司提供的受众调查数据，我们在使用过程中存在着种种困惑，那就是，在评价栏目的时候，是不是要求它的节目也一定做得好？成批量的好节目是不是构成优秀栏目的要素？还是只管听众反映好，就不需要进行节目分析了，听众满意度高、收听率高就可以代表一切？在完成上述栏目评奖过程中，还有听众评价与栏目实际运行是否正态相关的问题。

下面，就受众调查数据应用带来的若干问题，从两个方面谈谈看法。第一，谈谈在栏目评价过程中所发现的三个操作层面的问题；第二，谈谈对于受众调查数据应用的五点意见，供大家研讨批评。

（一）栏目评价中的多个操作层面

实际上，在2003年我们就已经开始考虑如何落实中央对于评奖改革的要求——将人民群众喜爱、欢迎的程度在评奖中体现出来。为此，我们研究了三个操作层面的问题。

第一操作层面：直接让受众表达意见。例如：中央电视台春节晚会上的节目评选就是通过手机短信等形式来进行的，观众投票直接产生"我最喜欢的春晚节目"；中广协会和中央电台联合组织的"全国听众喜爱的歌手"评选活动，也是通过听众来信、手机短信、加上网络投票来完成的。这种评选方式适用于能够在全国性媒体展播且受众参与热情高的节目。

第二操作层面：组织一个由群众代表参加的评委会，参与到政府奖评选工作中去。在一些省份，为落实中央的指示精神，在电台听众工作部联系的名单中，选择几个听众到评委会里发表意见。但是，当这些群众评委坐到专家评委旁边时，听到专家很有水平的发言，尤其是听到像铁城、方明那样重量级评委的意见时，便没有自己的见解了。这时，群众评委也就形同虚设。如果组成清一色的群众评委会，评委会的知识结构是否合理又会受到严重质疑。这种方式基本上没有实际价值。

第三操作层面：组织工青妇等有关方面的代表加入评委会。这个评委会名义上虽有群众代表参加，但就实际操作来看，一般能参加到评委会的代表大多是某某工会的宣传部部长、妇联的某部部长或军队的政治部主任，等等。这些人看似非专业人士，似乎代表了那个阶层，但实际上，他们所处的岗位已经不是我们预想的最普通、最基层的工人、农民和士兵，就他们的知识结构和他们的职位而言已相当于半个专家。那么，这样的评委会还能不能说具备群众的情感和视角，我们是存疑的。

透过三个操作层面的实践，我们发现了其中不同程度存在的问题，我们在思考，究竟怎样操作才能真正有效地吸纳群众的意见？因为评奖的最终结果要"以群众喜欢不喜欢为根本标准"。那么，按照群众的意见，他们喜欢《还珠格格》这类电视剧节目，是不是就一定要评其为优秀节目呢？它符合政府奖应该倡导的方向吗？过去，中宣部曾发出这样的指示：在评奖中适当考虑揭批"法轮功"报道的入选率。然而，我们所作的揭批"法轮功"报道是不是都让人民群众喜欢了？再有，群众在投票的时候，是不是能将国家利益、国家需要和个人的认识、审美、情绪进行较好的结合呢？最后产生的获奖节目能否做到让政府和群众都满意？考虑再三，我们提请总局领导批准：在"广播文艺"这一奖项中先行试验。即，首先组织一个听众评委会，由听众评委选出喜欢的节目；然后再请专家评委将这些节目进行第二轮评选，来解决群众视角和专家视角相吻合的问题。当然，这无形之中增加了评奖环节，加大了评奖成本。

按照这样的模式，2003年我们在辽宁做了一次实验。在选择评委阶段，我们从各种职业、各个阶层以及不同行业团体推荐的人选中，通过考核组成群众评委会，让他们以"喜欢不喜欢"为标准对参评节目进行第一轮评选。这些评委必须是实实在在的工人、农民以及各个行业的普通劳动者；同时还要对他们进行一定的培训，这是因为，评价节目不仅仅是一听了之。那些节目都是一线人员辛辛苦苦做出来、各省层层选拔送上来的。如果仅仅因为"不喜欢"而被一票否决，过程未免过于简单，应该给选送者一个合理的交代。如果只告知对方"听众不喜欢，我们就淘汰"；那么就会有人问"节目有哪些缺点呢？"我们能让听众评委负责解释节目被淘汰的原因吗？所以，需要对听众评委进行适当的培训。辽宁台承办了这项任务。培训中，他们试着让群众评委学会识别不同类型的节目及其相关要求，指导他们从选题、结构、主持等不同环节对节目整体展开评价。这样，被培训的群众评委也就成半个专家了。

被选拔的群众评委，因为他们久居沈阳一带，难免对南方文艺品种知之不多，在样本设计中，我们要求选上来的群众评委千万不能都是辽宁当地土生土长的，要有一定比例的外来人口，比如外地来打工的以及通过各种渠道流入辽宁的人口，等等，以此兼顾不同地域的受众特征。因为我们毕竟没有办法做到从新疆抽取几个，从广东抽取几个……组成全国性的群众评委会。在实操中我们发现，辽宁的群众评委选出的北方戏曲、音乐节目比例偏高，还有一些轻松的、娱乐的节目入选比例也比较高。然而，广播文化承载着继往开来、推陈出新、弘扬优秀民族文化的使命，同时还肩负着提高大众鉴赏各种音乐、文学等节目水平的责任。以这一要求来衡量，群众评委偏爱的节目带有文艺评论性质的少，品位高雅的少，文艺批评性的节目大都得分较低。然而，我们必须承认这一评选结果。因为这是既定规则，我们把70%的入选率交给群众，就意味着赋予听众以打分方式直接淘汰30%的权利，入围的70%可以视作听众喜欢；然后，专家再对这70%进行第二轮筛选，再淘汰20%，留下50%为最终的获奖节目。

这样做看似公正合理，但也有不切实际之处，最突出的问题就是样本抽取的科学性问题。即便再加大样本量，我们请一些新疆的听众来代表新疆的收听兴趣，请福建的听众来代表福建的收听兴趣，在广播中流传的地方戏曲、曲艺有数百种之多，连专家都不能完全吃透这些戏种，何况我们随机抽取的业余听众呢！我们发现，要做到群众评委结构的科学合理，投入选拔群众评委的成本是无法满足的。也就是说，政府奖评选要真正做到"以群众喜欢、满意为根本标准"是难以实现的。所以，大多数评委会不过是采用选择一两个群众代表的办法点缀一下而已。

（二）受众调查的相关性研究

1. 目标听众占有率的可比性

面向广大听众的栏目的收听率和面向特定人群的栏目的收听率二者差异较大，如妇女节目、残疾人节目、少儿节目这些对象性栏目与新闻节目等公众性栏目具有不可比性，我们提出能不能以目标受众占有率在二者之间做一个桥梁，使二者能够可比。例如，现在每个省的交通广播都说自己的占有率是90%以上，也就是说，每1000个司机当中有900多个在收听交通广播，我们丝毫不怀疑这一数据的精确性，但是交通广播90%的占有率和新闻综合频道26%的收听率怎么比？孰高孰低？哪个上？哪个下？目前还没有一个换算系数把两者联系起来。

2. 调查地区情况的复杂性

一些西部贫困地区，那里电台的资金能维持正常的运营和人员开支就已经相当不错了，根本没有闲置资金开展听众调查。那么，就产生这样一个问题：有限的资金是用来办节目呢，还是用来购买数据以应付评奖呢？鉴于各地经济状况差别很大，我们只好采取变通办法，对于确实暂无条件开展听众调查的省份，可以用听众座谈会的方式把听众意见反映上来，座谈纪要一定要真实、准确，以此可以代替听众调查数据。但是，这是一种定性的描摹，跟其他省份上报的定量的收听率数据之间又怎么比较呢？虽然他们的办法稍显原始一些，但总不能让人家喝着西北风买数据,更不能取消人家政府奖的参评资格吧。

3. 调查公司数据的一致性

央视和有关数据公司曾举办过两次关于春晚的座谈会,座谈会的关注点都是收视率调查。两次座谈会举办相隔时间不长。第一次座谈会数据由央视-索福瑞提供,其中,中央电视台占百分之七八十,省级台最高的也没超过1%。中央电视台当然很高兴,举全国之力,重金投入,可以向领导汇报佳绩了;进入收视前十名的省份也都沾沾自喜。但是没有进入前十名的省份就不"感冒"了。于是,委托另外一家调查公司再做调查。调查结果居然显示,原本排在十名之外的居然进了前三名,于是重开一个座谈会向大家宣布佳绩。这两家调查公司都是知名度很高的公司,他们都是按照标准的调查方法去做的,据称可信度都在95%以上,但是结果却大相径庭。如果在全国性评奖中,反映上来的数据出现类似情况,我们相信哪一个呢?这是一个非常棘手的问题。

我们认为,这主要是样本量过小造成的。在欧洲,城市人口基数不大,取1000或是2000个左右的样本,或许对调查结果的准确性不会构成太大的影响;而在我国,大中城市动辄几百万人口,1000到2000个样本要覆盖那么多的人群,面对那么多的人口层次,还要把这些随机抽样分配到某个区域,那么这个区域对应的样本量就更少了。而这区区几个样本就要代表整个被测地区人口特征的总体收视行为,偶然性显然太大了。如果两家调查公司抽查的样本不一样,那么得到的结果完全可能不一样。按概率估计,如果一样反倒奇怪了。那么,这里面确实存在抽样的科学性问题。当然,做13亿样本量是最精确的,但是,哪家公司肯做那样的赔本生意呢!诚然,那样做既不现实,也没有必要。调查公司都是讲成本的,对待多大人口规模的城市至少应当抽取多少样本量,才能保证统计结果不失真,应当有一个科学的计算公式。即怎样确定达到精确性最大化的样本量最小值,当然这里面还有如何使样本量均匀分布的问题。

4. 节目评估体系的完善性

我们知道,不同栏目的播出时间是不一样的。早晨播、晚上播,上午播、下午播,面对的收听人群不一样,收听率自然也不一样。中央台以前的名牌栏目《阅读与欣赏》,在夏青、方明那一代播音员的朗读中创造了极高的美誉度,它是不是名牌栏目?当然是!但是调查数据显示,该栏目收听率偏低。后来改名《子夜星河》放到凌晨、子夜播出，有些文学爱好者照样守候，喜欢它的高雅。再后来，又有数据调查说该栏目收听率持续走低，近乎为零，最后中央台就把这个栏目撤销了。但是，接触到该栏目的听众依然认为这是非常好的栏目，是全国人民心目中的名牌。说明它不但有人听，而且口碑还不错。但是，它的收听率为什么会为零呢？也就是说，收听这个栏目并且喜欢这个栏目的听众没有被调查到。在抽样时，50个步长或者200个步长为一个选样单位可能恰恰把喜欢听的这部分听众给遗漏了。这在数理统计角度解释是十分合理的，但是对于实际情况却是颠覆性的。即因为它收听率为零，所以不得不被撤销；因为它收听率为零，即便它已经是名牌也不能评它为名牌。很多人会想当然地认为，收听率为零必然意味着老百姓不爱听、不喜欢。其实不然，一方面数据调查的准确性有待进一步提高，另一方面电台的评估体系也需要进一步完善。

5. 受众调查样本的广泛性

目前，许多电台都办有农村栏目，有些电台在民族地区，还专门办有对少数民族广播的栏目。这些都是根据国家的政治需要，不考虑经济效益的。这些栏目的经费投入相对较低，也留不住人才，但是这部分广播内容又十分重要。做农村节目和做少数民族节目的同志经常反映：他们找调查公司咨询数据时，调查公司大都仅能提供主要城市的数据，农村样本量很少。如果只是为评奖而提供数据，做专项调查的话，一个栏目的收听率和满意度调查经费需要3万到5万不等，可是栏目本身拿不出那么多的经费。这里就有个评奖是为谁服务的问题。我们一直强调评奖是第二位的，在前线冲锋陷阵的编辑记者永远是第一位的。他们创作了优秀节目，我们应为他们服务，把他们的经验发扬光大，让全国各地从事广播的同行都来借鉴。但是，现在对于不发达地区或者指向性太强的节目，经济条件不允许他们做调查，显然不利于他们改进节目。所以，我们非常赞成无主调查方式，调查的数据足够多、足够广，能够满足客户的多样需求。能做到这一点的调查公司在业界的威信很快就能树立起来。我们非常希望能够看到这么一天，有一家调查公司能够覆盖所有的电台，样本量包括城市和农村，能够赢得全国广播界的信任，我们愿意和这样的公司真诚合作。

三、相关案例剖析

以近年来在国内声名鹊起的河北电台为代表的《阳光热线》栏目的运作案例，对上述诸项问题展开说明。

河北电台的《阳光热线》栏目是河北电台和省纠风办联合开办的。具体做法是：省纠风办发一份红头文件，每期访谈热线涉及的省直机关，要派一位主要领导和几名处长到现场接受全省人民对这个行业的质询。在节目直播的时间里，节目所涉及的相关厅局从省级到地级市级再到县级都要组织集体收听。无论听众从哪里打来电话，提什么意见，坐台的厅局领导现场办公，或给予相关政策解答或责令辖区责任人立刻解决问题，结案率在90%以上。例如：某位村民打电话来说："前几天我的毛驴给村主任抢走了，我要不回来，报案派出所也不理会。"主持人接过话茬儿："马局长，你看这事儿该谁管？"马局长会问："你是哪个村的？噢，那是某某派出所管辖的。"接着，马局长就要对那个派出所发话了："某某派出所所长在不在啊？"该所长在收听现场回答："哦，我在，我在。""他反映的事情你知不知道？""哦，可能以前有人记录过这个事，当时有点困难，没有处理好……""那我告诉你啊，赶紧把这件事处理掉。""哦，行，行……"

整个节目内容大致是如此走向，你说主持人有多高的水平？他驾驭节目的能力有多强？我们认为，这类节目依靠行政命令的成分大于操控其所需知识含量的作用，极容易被简单克隆。事实上，迄今全国有26家省级台到石家庄参观学习，回去把类似政风热线的节目开得铺天盖地，同样深受欢迎。专家评价说，这类节目开辟了新时期我国政府理政的一个新渠道。以前政府的窗口部门是在办公室接待来访者，办事不公开，办事效率低，缺乏监督机制。而今我们利用现代化媒体——广播，用直播和热线电话相结合的方式办公，现场为老百姓解决问题，集信息通达、舆论监督、政务公开于一体。每期节目的最后五分钟，主持人会在《回音壁》子栏目中宣布上一期节目群众反映问题的处理结果。比如："昨天某某村民反映被抢走的毛驴要回来啦，该村民表示感谢。""前天某某听众反映他儿子被打事件，村主任向其表示慰问，并付赔偿金2000元，问题得到妥善解决，等等"。

从现状来看，这类节目收听率高、满意度高，但它的制作难度并不大，所以能够被迅速地克隆复制。从长远角度来看，它是在长达100年的社会主义初级阶段中存在的一种暂时广播现象。它说明在某些地方目前按正常逻辑处理事务困难重重，而非要等到问题成堆、媒体曝光才能解决。而真正在热线节目中能够打进电话的百姓能有几个啊！要想根除社会弊病，当务之急是要帮助社会建立正常的秩序，以及维持这一秩序有效运行的机制。但是，转念一想，现阶段这类节目毕竟还为一些群众办了实事，为他们鸣了不白之冤。如果坐等理想化的公平社会的到来，会不会连这部分群众的困难短时间内也得不到解决？如此说来，《阳光热线》类栏目对社会进步还是有推动作用的。至少它对现阶段提高政府官员依法执政水平，对于在人民群众中建立公正、勤政的政府形象和公务员形象大有益处，同时它也锻炼了政府官员处理应急事件的能力。

在推介《阳光热线》模式的过程中，可以引发两方面的思考：一方面节目确实有示范、告知公务员该怎样作为的功能；另一方面节目也披露了大量社会上存在的与我国法治社会进程不相配的事件，让人们莫不切齿痛恨。但愿有一天，像《阳光热线》这样的栏目能够完成历史使命，那将证明我们的社会达到了更高的层次。现实中，《阳光热线》真的能为老百姓解决问题，听众参与热情非常高，收听率也非常高，政府也说节目树立了政府勤政爱民的新形象，连国务院纠风办和中纪委都肯定这一栏目，谁还能说它不是一个好栏目呢？但是，按照节目评价要素来看，这个栏目选题怎么样、剖析深度怎么样、语言结构怎么样、主持人的掌控水平怎么样，恐怕很难打高分。如此这般，到底应该怎样评价这样的栏目才算科学合理呢？这仍然是需要探讨的一个问题。

目前各广播电台节目评估的收听率和满意度数据主要来自赛立信和美兰德两家公司，少数单位委托学术研究机构来实施调查。因此，媒体市场提供的数据质量直接决定了这些电台节目评估结果的有效性。当前，我国广播节目评估指标在数据采信方面主要存在以下两个方面问题：一是样本量偏少，导致调查数据的精确性不高；二是采信标准不统一，使数据缺乏可比性和公正性。

出于调查成本的考虑，目前各调查公司在主要城市的样本量一般不超过300户。这个样本量在95%置信度下，允许误差范围较大。我们认为，当样本量达到700户时，误差范围缩小到± 0.02以内，其调查数据才具有统计学意义。如果各家公司提供的调查数据精确度都不高，可比性、公正性当然也就成了问题。而且过小的样本户，给数据污染提供了可乘之机，容易滋生"数据腐败"。

在节目评估管理者眼中，另一个主要问题是数据采集和计算没有规范统一的标准，数据产生的过程透明化不够。国外媒体主要采用购买调查机构提供数据的方式（无主调查），而非自己出资为自己做数据调查（有主调查）；而国内尚缺乏纯第三方的非营利性机构来提供独立的学术调查数据，单纯由媒体出资委托公司调查这一做法的公正性必然会受到质疑。由此看来，国内的媒体调查目前确实存在精确性、可比性和公正性方面的问题。在解决上述问题的前提下，调查机构提供分析报告和改进意见才有实际价值。在这一过程中，相关法规体系的建立，政府部门的监管也十分重要。

附录6 广播节目评估之加权收听率分析方法探讨

一、背景

随着广播市场化程度不断深入，广播节目的传播效果越来越被广播界所关注，并且集中体现在关心节目的收听率和听众占有率这两个量化指标上。节目的收听率可以反映节目的听众规模，节目听众占有率是用于观察某电台节目与同一时段在有效覆盖区域的其他电台节目相比较之竞争力状况。从市场的角度来看，用这两个指标来衡量节目的效果已经足矣（当然，用广告费收入来衡量更为直接，不过在广告商追求效果的今天，高收听率往往代表了高广告收入）。但是，如果仅凭收听率和听众占有率的高低来衡量节目的质量，是不够全面的。

收听率与听众占有率为评价节目效果提供了量化指标，但是这两个指标仍然具有一定的局限。节目听众占有率只适用于横向比较，即进行同时段不同电台节目的比较，而不宜比较播放时段不同的节目；节目收听率虽然可以进行不同时段节目的比较，但是由于节目效果还受到多方面的因素影响，如节目播出的时间段、节目类别、电台/频道的发射效果、发射功率及覆盖面等，这些因素对收听率的高低都会造成不同程度的影响，并且这些因素并不因制作者的主观努力而改变。因此单纯用收听率来比较不同节目的效果会存在一定的偏差。

为此，需要依据周期性调查得到的收听率数据，运用适当的方法，消除一些客观因素对收听率的影响，建立公正有效的定量指标，合理、客观地反映节目质量，为电台优化组合资源，制定科学的发展规划，提高电台竞争力，提供有力的市场依据。

基于这一目的，赛立信市场研究公司根据多年来进行收听率调研的经验，从积累的大量一手的调查数据入手，力图找出各种因素与收听率高低的相关关系，尝试以量化方式解决上述问题。

二、加权收听率的定义及主要修正系数的界定

影响节目效果的因素可分为客观因素与非客观因素，客观因素包括节目类别、节目播放时段、电台的覆盖面、电台的发射效果等，非客观因素包括节目投入多少、主持人表现等。为了使不同时段、不同类型的节目之间存在可比性，评估节目本身所具有的实力和水平，修正节目客观因素对收听率的影响，我们在计算收听率时引入修正因子，采用系数修正法，修正收听率指标的片面性，修正后的收听率称为加权收听率。

根据上述定义，加权收听率的计算公式为：

$$加权收听率 = (\Sigma K_{(i)} \times 节目收听率) / N$$

其中：$K_{(i)}$为各因素之修正系数（i为1、2、3、……N），N为修正系数的个数。

主要修正系数的界定如下：

（1）修正系数$K_{(t)}$：用于修正节目的播放时段对收听率的影响。

虽然听众选择收听的时段存在个体差异，不同时段的听众规模有所不同，通常广播的黄金时段是早上6:00、中午12:00、晚上21:00后一小时以内，在此期间听众会比较多；而在下午15:00等时点后一小时内，即广播的非黄金时段的听众则比较少。如果节目在黄金时段播出，由于节目的听众接触范围比较大，客观上会导致该节目的收听率比较高，但是如果节目在非黄金时段播出，该时段接触范围比较小，从而收听率就会比较低。也就是说，同一个节目在不同时间段播出，虽然所得的收听率各有不同，但并不能说节目有不同的效果。

为了能够使不同时段节目的效果进行可比，采用修正系数$K_{(t)}$对收听率进行修正，剔除节目播放时间段对收听率的影响。

修正系数$K_{(t)}$的界定如下：

$$K_{(t)} = K_0 / K_n$$

其中：K_0为一天中听众最多时段的听众接触率，K_n为节目所在时段的听众接触率。例如广播的黄金时段是12:00后一小时内，听众最多，则此时间段$K_{(t)}$为1，其他时段的$K_{(t)}$均大于1。如果节目在黄金时段播出，则$K_{(t)}$接近1，如果节目在非黄金时段播出，$K_{(t)}$则比较大。如果听众收听广播的时间差异比较大，则各节目的修正系数$K_{(t)}$的差异也会比较大。

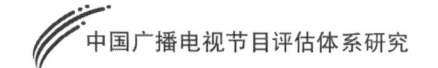

（2）修正系数 $K_{(c)}$：用于修正节目所属的类型对收听率的影响。

研究发现，节目内容是影响听众选择节目的重要因素之一。有些节目的内容是老少咸宜，听众自然比较多，如新闻节目、音乐节目等。但是，有些节目的内容比较特别，只适合某类听众收听，如少儿节目，其内容主要针对少年儿童而设，因此听众相对会比较少。对于这类节目，听众群体特殊、听众规模比较有限，推理可得这类节目的收听率也会随之比较低。如果单纯比较节目的收听率，而忽视节目的类别、目标听众群体的大小，是片面的。

针对目前的节目大致可分为两类：对象性节目与公众性节目。对象性节目是指针对某类群体而设置的节目，如少儿节目、老年节目等，这类节目的听众群体比较明确，听众规模的大小也比较明显。公众性节目的听众群体特征不是太明显，听众群不明确，这类节目的听众规模可以根据听众对节目类别及节目内容的喜好来界定。修正系数 $K_{(c)}$ 的界定如下：

$$K_{(c)} = A_0 / A_n$$

其中：A_0 是指听众最多的节目类型在目标地区的总听众规模，A_n 是各类节目在目标地区的听众规模。

从以上公式可以看到，听众规模最大的节目类型之修正系数 $K_{(c)}$ 为1，节目类型的听众越多，则修正系数 $K_{(c)}$ 越接近1，如果某类节目的听众比较少，则该类节目的修正系数 $K_{(c)}$ 就会比较大。修正系数 $K_{(c)}$ 会因各地听众对节目的选择喜好的差异而有所不同。

（3）修正系数 $K_{(r)}$：用于修正节目所属电台在当地接收的电台中的听众份额及电台竞争力排名对该节目的收听率产生的影响。

依据听众研究资料，我们发现通常听众的收听习惯是比较固定的，近50%的听众表示通常会固定收听某一个电台，听众的忠诚度一般都比较高，听众群相对比较稳定。从这点上看，同一个节目放在不同电台播放，即使播放的时间一样，如果该节目在听众规模比较大的电台中播放，其收听率会比较高，而在听众规模比较小的电台中播放，收听率自然比较低。修正系数 $K_{(r)}$ 正是为了消除这一因素对收听率的影响。

修正系数 $K_{(r)}$ 的界定如下：

$$K_{(r)} = P_0 / P_n$$

其中：P_0 表示听众份额最大的电台的平均听众占有率，P_n 表示节目所属电台的平均听众占有率。

同一电台的节目的修正系数 $K_{(r)}$ 都相同，拥有听众份额最大的电台之修正系数 $K_{(r)}$ 为 1，其他听众份额相对比较小的电台的修正系数 $K_{(r)}$ 均大于 1，电台听众规模越小，修正系数 $K_{(r)}$ 越大。

修正系数 $K_{(r)}$ 在各地区有所不同，如果当地的电台竞争比较激烈，则各电台间的修正系数 $K_{(r)}$ 都会比较接近，且接近 1；如果当地的电台竞争不是太激烈，则各电台间的修正系数 $K_{(r)}$ 差异比较大。

（4）修正系数 $K_{(l)}$：用于修正电台的覆盖范围对于收听率的影响。

由于电台发射功率有限而造成每座电台都有一定的覆盖范围，如果电台未能覆盖整个调研地区，就会造成该电台节目在调查地区的收听率偏低。为减少电台覆盖范围对收听率的影响，采用修正系数 $K_{(l)}$ 对收听率进行修正。

如果电台能覆盖到整个调查地区，则该电台节目的修正系数 $K_{(l)}$ 为 1，如果电台所覆盖的地区不是整个调查地区，修正系数 $K_{(l)}$ 就是该电台覆盖范围占调查地区的比例之倒数。

我们通常都会分地区讨论广播节目的收听率，在这种情况下，由于所讨论电台的覆盖范围一致，因此修正系数 $K_{(l)}$ 通常都会是 1，即不存在修正问题。

（5）修正系数 $K_{(e)}$：用于修正电台的接收效果对收听率的影响。

电台的接收效果对听众选择节目会造成较大的影响，因此节目的接收效果比较好，会吸引比较多的听众收听；而接收效果不太好的节目，收听的听众自然相对会比较少。接收效果往往是由电台设备及信号发射效果所决定，采用修正系数 $K_{(e)}$ 正是为了消除这一因素对收听率的影响。

该系数界定可以通过听众对电台节目的接收效果的评价而定，如果听众认为该电台的接收效果非常好，则修正系数 $K_{(e)}$ 为 1，如果听众认为该电台的接收效果非常不好，则修正系数 $K_{(e)}$ 接近 5，则说明节目的接收效果非常差。

三、补充说明

（1）计算加权收听率旨在消除各种客观因素造成同一电台的节目收听率不可比的问题，因此此方法以及使用它计算出来的结果只适用于电台内部管理。

（2）加权收听率的各项修正系数的计算均需要取得广播听众收听习惯研究数据的支持，因此规范、完善的收听率调查和听众研究数据是计算加权收听率的基础。

（3）对于加权收听率的计算目前仍然处于摸索阶段，影响因素以及修正系数的界定还不太成熟，仍需要作进一步的探讨与改进。[①]

---

① 黄学平（主编）.广播收听率调查方法与应用［M］.北京：中国传媒大学出版社，2006：170-175.

附录7 实践中完善节目评价体系的思考

广播节目评价体系的构建始于20世纪90年代末，哈尔滨人民广播电台节目评价工作起步于2004年，在实践摸索中走过了6个年头。从最初由专家听评意见、编委听评意见和听众听评意见三项指标组成的评价体系，到2006年购买央视-索福瑞媒介研究有限公司的收听率调查数据，我们逐步实现了以收听率数据为核心、辅以专家听评和台内人员听评的节目质量考评体系，使我们从收听率、市场份额、时段贡献率以及听众收听行为等方面的对比分析中，看到了广播发展的上升空间。然而，随着广播日新月异的发展和我们节目评价工作的不断深入，原有的节目评价体系已显露弊端，远不能满足广播自身发展的更高需求，必须通过科学的多元化的评价数据，使节目实现由模糊管理向精确管理转变，实现社会资本、媒介资源的优化配置，促进节目微观层面的科学运行。

一、现有节目评价体系的不足

哈尔滨台现有的节目评价体系包括专家听评、台内人员听评和一年四波的收听率调查数据，虽然一直在推行延续着，但却存在很多的问题。

1. 注重主观评价，忽视受众心理

无论是专家的听评，还是台内人员的听评，都属于主观因素对广播节目的评价。这种主观评价一直以来都在担当主角，确实对我们研究广播自身发展规律，按节目要素考核节目起到了积极作用。然而，这种主观评价往往忽视了广大受众的审美需求，不管听众是否喜欢，节目是否与听众关系紧密，都会一直不计成本、不计资源、"曲高和寡"地办下去。

2. 注重节目质量，忽视市场需求

现有的节目评价工作注重的是要不断提高节目本身的质量，却很少对节目

的市场需求进行分析与调研。每一次的节目改版和调整都介入了太多的主观因素，很少考量受众市场的需求和变化。我们一直都在努力发挥着广播媒体的舆论主导功能，但是，我们生产出来的产品——节目品质如何？是否符合受众市场需求？用户是否满意？是在引领受众，还是一味迎合？我们都知之甚少。我们经常面对自己的产品"孤芳自赏"，轻视了"客服"这只牵动用户购买愿望的市场无形之"手"。

3. 注重社会效果，忽视经济效益

无论是收听率调查，还是专家听评、台内人员听评，视角都集中在节目产生的社会效益上，我们引入的收听率调查，也只是停留在对节目质量及其产生的社会效益的评定、估算和宏观了解节目的社会传播效果上。在节目生产、制作、经营和评价过程中，很少会有人关注节目的经济效益情况如何，比如节目的投入成本是多少，广告拉动有多高，办这档节目是赚钱还是赔钱。我们无法从中得到相对精确的答案。

4. 注重理论评估，缺少量化数据

现有的节目评价形态，只是为频率提供理论与实践的局部分析和研究，缺少客观、公正、可量化的数据。在频率人员的量化考核中，我们所提供的评价结果，只能作为理论参考，不能作为量化依据。因此，这样的节目评价工作很难做到科学有序、有理有据，只能是"犹抱琵琶半遮面"。

二、完善节目评价体系的构想

节目本身是一个多层次、多元素、多变量的动态系统，节目的生产过程也是多层次、多变量构成的有机整体结构。要实现科学的节目评价体系，必须根据节目的动态变化，增加评价要素，多指标、多方位、多层面、多维度地分析和判断，力求通过定性和定量两个方面真实准确地反映节目的总体状况。

1. 完善主观评价，用好数据指标

综合全国各地节目评价，大多具有专家评价和台内专人听评要素，既然不可或缺，我们就应加以完善，逐步将业内专家延伸到包括文化、社会、心理、经济等各领域专家学者，广泛倾听不同领域的声音与回馈，通过定期不定期的节目论证会、研讨会丰富主观评价的思想内涵和技术含量，使主观评价更具可操作性。

同时提高台内听评人员岗位的标准，通过采取岗位培训、交流学习等方式提高听评人员自身素质，用广播发展的前沿理论指导评价实践，提高评价水准。

继续使用好每年4波的央视-索福瑞的收听率调查数据。这是市场的"交易货币"，一项不可缺少的考核指标。作为特定时段内收听某一节目的听众数占广播听众总数的比率，收听率反映的是特定时段内稳定收听某一节目的听众规模。高收听率，意味着高效益、高附加值。

要做好数据的分析和使用，定期对各频率之间与频率内部节目收听率进行对比和排名，来实现频率各时段"自己跟自己比"的目的，让每个时段的节目、栏目和从业人员都会受到来自收听率、广告收入和节目质量的压力，并会通过各自的努力收获逐渐成长的快乐。

2. 培养高度忠诚听众，建立节目售后服务

广播媒体在新闻舆论宣传工作中，一直作为党和政府的喉舌、连接百姓的桥梁和纽带，发挥着积极的主导作用。然而，随着社会的不断进步和发展，我台多年来早已实施自主经营、自主创业的"事业单位企业化管理"模式，我们不仅担负着舆论宣传的职能，更承担着经营创收的巨大压力。我们的生存方式改变了，经营意识却和真正的企业相距甚远，因为一个企业要想更好地生存发展下去，不单单要有来自大环境的好政策，更要有属于自己的品牌产品、销售渠道和优质服务。作为媒体，我们一直忽略或不重视"服务环节"，即对我们的客户——听众的服务。

如今，媒体的竞争主要体现在对受众市场的争夺上，拥有听众，才会拥有市场。广播是一种精神产品，任何一项产品的服务都是直接面对人的活动，它比该产品的质量、价格更容易深入人心。完善的服务是树立品牌形象、赢得品牌忠诚度的一块基石，拥有高质量的服务，便拥有一项更为强大的竞争优势。

我们一直处在与省台同城竞争的压力之下，时常会不自觉地抱怨这种不公平的竞争态势，虽然在2010年收听率调查中，市级电台所占有的市场份额有所上升，但与省台存在的差距依然很大（见表1），这种差距不仅包括节目层面上的，还包括我们的市场意识和行为方式。省台每年举办的如"啤酒节""龙游天涯""十佳评选""感恩龙江"等大型活动，无疑是为了扩大自己的影响，吸引并提升受众的关注度和忠诚度，更好地服务和回馈受众。

表1 2010年第2波哈尔滨广播收听市场主要电台

市场份额（%）数据，10+，全天时段

频道	最近前4波	2/4 2010
中央人民广播电台	3.90	2.80
黑龙江省级电台	67.70	65.10
哈尔滨人民广播电台	13.70	17.00
哈尔滨经济广播电台	14.30	14.60
其他电台	0.40	0.50

因此，我们的节目评价体系应该把针对听众的满意度调查指标吸纳进来，建立包括机关、企事业单位、大专院校、离退休人员在内的听众听评队伍，进行多维度的分组、分类听评，及时收集并掌握听众收听节目的意见建议，并作为每次节目调整的依据之一。

3. 融合网络新媒体，考核节目互动力

"媒体融合"已成为新闻界的热门话题，从广义上说，它是信息传输通道多元化状态下的新的作业模式，是把报纸、电视台、电台等传统媒体与互联网、手机、手持智能终端等新兴媒体传播通道有效结合起来，资源共享，集中处理，衍生出不同形式的信息产品，然后通过不同的平台传播给受众。

2010年初以来，哈尔滨台充分利用自己的"声网"平台，在一些重大选题、重大典型活动新闻报道中采用了全媒体报道模式，实现了广播与电视、广播与平面媒体、广播与网络的联动宣传。现在的广播记者不但要会写稿件、录音、照相、摄像，甚至还要会非线性编辑，使报道不单有音频内容，还有文字、图片以及视频的内容，实现传统媒体和新媒体之间高水平上的资源整合和共享，提高广播媒体的社会影响力和市场竞争力。

节目与网络的互动能力是其能否融入新媒体、增强生命力的重要因素之一。测算频率每档节目在"声网"上的点击率和访问流量，不仅可以引起频率一线从业人员重视新媒体、研究新媒体、利用新媒体，同时，还能把我们以往传统的单一化宣传变为立体式互动宣传，实现广播资源的放大与扩张。

4. 单个节目成本核算，评估考量效益指标

自广播诞生之日起，更多地被强化了党和政府的"喉舌"功能与性质，产业化的属性只是近些年才慢慢被提及。在这样历史背景的惯性思维作用下，我们日

常更多考虑的是节目的社会效益，而不是经济效益。"单纯社会效益论"，使节目的生产者只有花钱的想法，没有赚钱的欲望。更少有人问津节目怎样才能带来经济效益，如何让市场认可，节目的投入产出比怎样。节目经费年年增加，编制人员随意膨胀，节目盲目扩张，而真正有生命力、有卖点的节目却寥寥无几。引进现代企业的成本核算理念，改变节目生产的投入方式已势在必行。

所谓"成本核算"，就是在生产制作节目过程中实际发生的各种直接费用和间接费用，这是广播电视行业的成本核算内容。广播节目生产成本包括制作广播节目所发生的直接材料费用、直接人工费用和产品制造费用、间接费用。

在实际操作过程中，我们需要对单位时间内每档节目所消耗的资金量进行核算，对同质量和同数量的节目进行资金量消耗的分析、对比，明确节目资金投入是否合理，是否科学。在单位时间内不同的人制作同类型的节目所消耗的资金是不同的，通过分析、对比，可以看出哪个节目投入资金较少，收听率较高，广告收益较大，投入产出比更合理。

三、完善节目评价体系的意义所在

广播媒体的生存与发展，从根本上来说取决于广大受众的支持力度，通过完善节目评价体系，使频率的专业化程度更高，定位更加明确，节目的内容、形式、设置、布局以及时间段的使用更趋合理，才能提高频率和节目的市场竞争力，保持广播未来持久的发展。

1. 完善节目评价体系可调动广播从业人员积极性

我们总在思考如何才能调动从业人员的积极性，有的人关心所得报酬，有的人要求体现自我价值和归属感，有的人要求运用更多的创造力、责任心进行自我完善……对某一档广播节目的评价，即是对广播人的思想价值、经济价值的评价。科学合理、公平公正地开展节目评价工作，一方面可以使广播从业人员了解节目生产要素完成情况，另一方面可以让大家清楚地看到所办节目的生产经营情况。把节目评价结果与从业人员的量化工资挂钩，对每月、每季度、每年名列综合排名前面的节目进行奖励，对末位节目实行淘汰制，不仅可以调动采编播一线人员的工作积极性和创造性，还可以解决在节目生产、管理、经营中存在的干多干少、干好干坏没有太大差别的矛盾。

2. 完善节目评价体系可精化细化内部管理

说到加强管理，通常理解为规范、标准、严格、严谨，但也有人不恰当地理解成"死管"和"管死"。实际上，精细化管理既是一种管理理念、管理技术，也是一种管理文化，体现了一个单位或部门对管理的完美追求和对工作严谨、认真、精益求精的态度。所以完善节目评价体系，就是要在哈尔滨台《节目管理细则》的基础上，通过规范流程、规范运作、优化资源、量化责任、监督控制等手段建立一种管理文化。变一人操心为大家操心，管理责任具体化、明确化，努力做到每一个步骤都要精心，每一个环节都要精细，每一档节目都是精品。

3. 完善节目评价体系可实现广播效益最大化

哈尔滨市的综合经济实力位居 15 个副省级城市之末位，这不能不让我们感受到危机和压力。如何在大的经济背景下"破茧而出"，实现广播自身的跨越式发展？城市广播的发展给了我们很多启示。全国"亿元台"如北京、上海、天津、无锡、大连、南京等，都有按照自己的发展轨迹不断完善各自的节目考评体系，以实现经济效益和社会效益的最大化先进做法。比如天津台，它的节目评估考核体系是以节目为基本元素、以频道为标准单位，采用定量与定性相结合的方法，对频道和节目实行综合管理的。它的节目评价体系做得非常细致，每档节目都要进行如下评价：

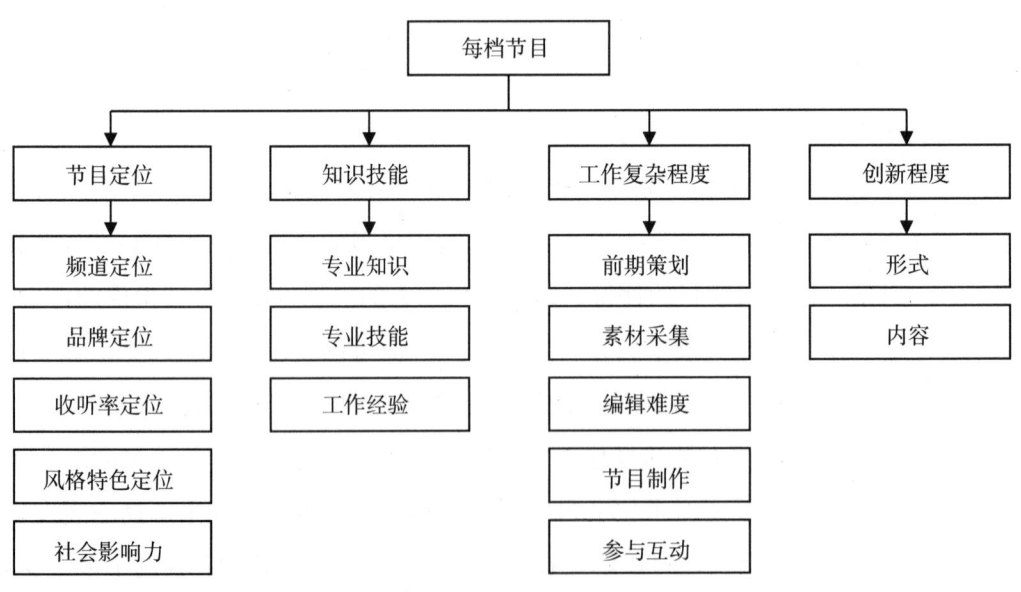

```
                      每档节目
    ┌───────────┬───────────┬───────────┬───────────┐
  节目定位      知识技能    工作复杂程度    创新程度
    │             │             │             │
  频道定位      专业知识      前期策划        形式
    │             │             │             │
  品牌定位      专业技能      素材采集        内容
    │             │             │
  收听率定位    工作经验      编辑难度
    │                           │
  风格特色定位                  节目制作
    │                           │
  社会影响力                    参与互动
```

图 1

测量出每一档节目的每一项评价要素的点值+权重，经过软件计算后，才能得出这一环节每档节目的最后得分。

也许我们无法做到如此细致，但是这种对节目评价工作的重视程度值得我们借鉴。各家城市广播都有各自不同的特点，希望通过我们的不断学习和努力，能促进广播的可持续发展，实现社会效益和经济效益的双赢。

附录8　香港地区电视节目规管制度简介

一、香港广播电视节目的管理部门

香港规管各类广播电视节目的机构是1987年9月成立的香港广播事务管理局（以下简称广管局）。其职责是根据香港的《广播条例》（第562章）、《电讯条例》（第106章）及《广播事务管理局条例》（第391章）所订条文，执行一切与广播业有关的法律和政策，监管香港本地的广播机构。具体来说，该局除参与发牌和续牌（香港的电台与电视台必须获颁牌照之后方可提供广播服务，所谓"牌照"即类似于内地的许可证）之外，主要负责制定适当的节目、广告及技术广播标准，并确保获准播出节目的广播机构遵守该标准。

从组织架构来看，广管局下设"投诉委员会"和"业务守则委员会"，前者负责处理有关广播事务的投诉并就这些投诉向广管局做出建议；后者则负责制订并检讨各项广播标准，即为各广播机构制订有关节目、广告和技术标准的业务守则。因此，处理投诉及为各广播机构制订业务守则并促其遵守则，是广管局规管电视传媒的主要内容。

从人员组成来看，广管局的成员主要由非政府公职人员构成，因此广管局实际是一个相对独立的管理机构。

二、广管局的投诉和调查制度

2006年7月，香港两家免费电视台分别因其播出的节目内容格调低俗暴力而频遭投诉，一时成为城中热点：7月17日，翡翠台的综艺节目《超级无敌奖门人》播出终极篇加料版"水着无敌奖门人"和"兴波作浪奖门人"，因其节目艺人着泳装上场而令无线接到两宗投诉，广管局接到14宗投诉，观众直指节目卖弄色情，游戏白痴，艺人衣着太暴露，有教坏小孩之嫌，不应该在黄金时间播出，等等。7

月 24 日，香港无线举办的"香港先生"选举节目则接获 11 宗投诉，意见主要集中在 4 点：内容不雅、侮辱男性、不适宜小朋友观看及不宜在黄金时段播出。而另一家免费电视台亚视本港台播出以真实伦常惨剧为蓝本改编的剧集《危险人物》，也被批评镜头过分暴力，令人情绪不安。广管局一共接获 43 宗投诉，要求禁播该剧。

此次针对翡翠及亚视的投诉热潮并非个别现象。实际上，在香港，任何市民均可就自己不满意的电视节目向电视台及广管局做出投诉。显然广管局接到的投诉更多一些——除了证明广管局更受市民信任之外，也说明在监督电视台"改正错误"方面，市民认为"他律"比"自律"更为有效。

由于广管局不会预先审查未播出的节目（包括广告），因此，采取以处理市民投诉为主的监察机制，是广管局规管电台及电视台节目的主要途径。一般来说，在接获市民投诉后，广管局行政机关影视及娱乐事务管理处将会对投诉做出仔细调查，以确定事实并研究遭投诉的电视机构是否违反了相关法例或业务守则。如果表面证据显示遭投诉的电视机构违反了有关条文，投诉个案就会转给广管局下设的投诉委员会处理。投诉委员会将调查及研究遭投诉的节目内容是否违反相关法规或广管局制订的节目标准，并考虑遭投诉电视机构的申辩，然后就此向广管局提出建议。

收到投诉委员会的建议后，广管局可视事件的轻重程度，考虑以劝喻、警告、发出更正及/或道歉声明、罚款或暂时吊销牌照的方式，惩处违规的电视机构。若投诉个案只属轻微违规，影视处处长可行使广管局授予的权力，就该个案自行做出决定，并将其决定知会遭投诉的电视机构。而无论投诉理据是否充足，广管局均会转达有关电视机构以作参考。

同时，广管局还会将接获投诉的情况及处理结果定期知会新闻媒体，通过传媒报道行使公众监督，加强监管效果。

三、广管局对业务守则的制订

作为一个相对独立而受到公众立法监督的规管机构，广管局在规管电视节目时采取以处理市民投诉为主的监察机制，表现出对公众意见的足够尊重。除此之外，广管局处理投诉的主要依据——业务守则，也是建立在公众意见基础之上的：广管局下设的业务守则委员会，在制订业务守则时，将会通过广播业调查、公众听证会等方式，参考公众意见，使业务守则能紧贴社会人士的态度和标准。

为了确保广管局所制定的有关广播标准符合公众的意愿和尺度，香港从1982年至今一直推行一个全港电视及电台咨询计划，借此收集市民对广播标准的意见。该咨询计划小组的成员约有550人，由不同年龄、性别及职业的人士组成，分别来自香港的不同地区，务求能够充分代表香港观众。任何有兴趣的香港市民均可申请加入该咨询小组，每个组员的任期为两年。组员将定期参加专题小组会议，分别就有关广播方面的不同专题作深入讨论，然后提交影视及娱乐事务管理处，作为市民对电视及电台节目的意见，以便广管局在制定和修改电视及电台广播标准的时候，了解社会人士的相关看法。

广管局还通过广播业现状调查及举办公众听证会等方式，收集市民对于广播电视节目的意见，以确保广管局的监管能真正反映社会公众的态度。广管局一般委托独立的专业调查公司进行广播服务意见调查，主要目的是评定全港居民的收看电视及收听电台习惯，以及收集他们对规管香港各类广播服务的意见。

这些通过咨询和调查获得的公众意见将是广管局制订业务守则的主要依据，而业务守则会不时检讨和修改（通常情况下是一年修订一次），以及时反映社会公众态度的转变和广播业日新月异的发展。

四、从"节目标准"看其公众利益的体现

以针对电视的《业务守则》为例，2005年9月9日广管局颁布了重新修订的《电视通用守则》，守则包括节目标准、广告标准和技术标准三个部分，其中"节目标准"是广管局处理市民投诉并监管电视节目内容和质量的主要依据。该标准对电视节目制作和播出的制约，正是公众利益至上原则的体现。

首先，《电视通用守则——节目标准》（以下简称《节目标准》）的内容以对儿童及青少年利益的强调和重视为主。针对本地免费电视台的节目播映安排，提出"合家欣赏时间"，并制订节目分类标准，尽量避免电视节目对儿童及青少年造成不良影响。所谓"合家欣赏时间"是指在此时段内儿童会比较多接触电视节目，因此电视台应确保在此时段内避免播出对儿童有不良影响的节目。根据《节目标准》，"合家欣赏时间"定为每天下午4时至晚上8时30分，在这段时间，任何不宜儿童观看的节目，一律不准播映。晚上8时30分后，则要求父母承担起为子女挑选合适节目的责任，节目播出标准可适当放宽。

至于节目不适宜合家观看的原因，根据这一《节目标准》规定："除了暴力之外，还包括不雅用语、隐喻、性与暴露、令人极度不安的镜头，无故加插的恐怖镜头，用以预示或模拟死亡或受伤情形而令人毛骨悚然的音响效果，以超自然事物或迷信使人产生焦虑或恐惧，虐待、残暴对待儿童或动物，任何可能令儿童产生歇斯底里反应、引发噩梦或其他困扰情绪的事物，以及使用粗俗用语。"以广管局处理的无线翡翠台2005年5月18日晚上7时至7时30分播出的《非常平等任务》（由香港电台制作）投诉个案为例，广管局接获投诉后认为，该节目旨在提高公众关注学校的性骚扰问题，剧情以现实生活情况为依据。但是，节目的内容令儿童不安，不宜在合家欣赏时段播出，因为儿童可能会在没有成年人陪伴的情况下，在该段时间观看电视。为此，广管局向电视台发出强烈劝喻，促请严格遵守业务守则有关合家欣赏政策及保护儿童的规定。

此外，对于不适合儿童观看的节目，根据《节目标准》中的规定，将其划分为"家长指引"和"成年观众"两类，前者可带有成人主题或观念，但必须适合儿童观众在父母或监护人指引的情况下收看，其播映时间通常在晚上8时30分后至12时之间。而后者只适合家庭中的成年人收看，只能于晚上12时之后播出（例如无线英文频道Pearl台播出的剧集《欲望城市》均安排晚上12时以后）。这两类节目均不得在合家欣赏时间内播出，并且要求电视台在播出这两类节目时，必须注明是"家长指引"类还是"成年观众"类，以便观众做出收看决定。

其次，《节目标准》要求电视节目的价值观必须符合社会既定的伦理道德标准。《节目标准》第3章"一般节目标准"规定，电视节目在制作上必须"保持庄重严谨"，如在描写犯罪活动时"不得以嘉许手法描绘罪行，也不得把犯罪描绘为可以接受的行为，抑或把罪犯美化；并应避免把犯罪人物的生活方式英雄化。同时，应避免以教导或引人模仿的手法播映犯罪技巧或警方的防止罪案及侦察方法"等。以广管局2006年4月审议的投诉个案为例，2月6日，香港有线电视播出"有线贺岁电视宣传片"。宣传片给观众的印象是两男子从花场偷去多株桃花，然后把它们分送给一群面带笑意的人。该宣传片以暗示方式将偷窃行为描绘为可取（因为它给人们带来欢乐），广管局因此向有线电视发出劝喻，促请严格遵守相关业务守则有关描绘犯罪活动的规定。

第三，《节目标准》强调电视节目的多元化，必须按照一定时间比例播出有关道德、社会或文化问题的严肃节目，以保证满足市民各种层次的需要。例如针对本地免费电视台，《节目标准》要求必须播出以下不同类型的节目，即文化艺术节目、儿童节目、时事节目、纪录片、长者节目、年轻人节目，并对各类节目制定了相应的标准。如"年轻人节目"应帮助16岁至24岁年轻人达到以下目标："发展他们的潜能或建立其正确的社会价值观；促使年轻人达到最佳的身体或精神健康状况；使年轻人获得关于青少年服务的资料及指引，包括家庭、健康、福利教育、就业、体育或康乐服务；促使他们认识和尊重不同的文化、人权或法治；促使他们热爱和尊重生命、艺术、科学、大自然或理性的判断；促使他们关心环境保护；鼓励他们参与社会事务，等等。"

《节目标准》鼓励多元化电视节目的制作，也在一定程度上提高了香港电视的节目制作水准。以无线翡翠台为例，该台制作的部分新闻时事节目及纪录片，如《新闻透视》《铿锵集》等，在国际电视节目评比中屡获奖项。

总的来说，《节目标准》在维护儿童及青少年身心健康、强调电视节目应尊重和维护社会既定伦理道德、促进文化多元化等方面的诸多规定，充分体现出其对于公众利益的重视。由于广管局的合理监管和《节目标准》的指引，香港地区的电视台在与其他类型媒体的竞争中赢得了较高的声誉，也成为维护社会道德风气、构建和谐"香港精神"的主要传媒力量，受到观众的肯定。

香港地区在社会制度及文化氛围等方面虽然与内地存在着较大的区别，但是对于正在经历市场化转型的内地传媒，其在广播电视传媒规管方面取得的经验，具有一定的借鉴意义。

下 编

广播电视节目评估体系研究与构建

第十章 广播电视节目评估体系概论

在中国广播电视节目管理工作的实践发展过程中，节目评估首先是作为一种节目管理的方法体系出现的。目前许多广电单位在对过去台内节目审议、评价工作的基础上，纷纷出台了对节目进行综合考量的评估体系。

同时，作为协调行业市场运作秩序的广电行业协会，制定行业准则是其发挥行业自律和行业自治职能的基本途径。因此，将节目评估体系界定为行业标准体系，实际上体现了它应有的维护节目市场运行秩序、提高节目资源配置效率的功能。

本研究主要针对节目评估的目的、对象、作用及意义分别进行了探讨与界定，希望可以为今后各指标体系的研究、评估标准的出台及行业应用研究确立准则和方向。

第一节 节目评估体系基本概念

节目评估实践的发展使节目评估的性质逐步明确。随着广播电视业节目评估实践的不断发展，节目评估的定义也逐渐明晰。目前，在业界存在各种各样的节目评估方法，比如有的制播机构只采用客体评估指标体系进行节目评估，而另一些媒体机构则采用综合指标体系进行评估。不同的评估方法是各单位在多年的节目质量管理工作和经营管理活动中总结出来的宝贵经验，比较符合各制播单位自身的实际情况。

一、什么是节目评估体系

然而，随着整个广播电视业节目评估工作的进一步发展，节目评估工作开始从各单位各自为政的情况向行业标准的角色转化，目前业界呼唤一个可以作为行业标准的评估体系的呼声已经越来越高。

1. 广电行业现代化管理与行业标准的建立

我国的广电事业发展到今天，已基本确立了制播分离、台网分离、媒介集团化和跨地域经营等发展趋势。从内部管理上说，资源整合要求各制播单位对自身的节目资源进行更好的配置，并渗透到节目策划、制作、播出的各个环节，贯穿整个管理工作的全过程。其中节目评估工作是贯穿和联系各管理环节的重要工作。节目评估工作的科学化、规范化，将使制播机构保持较高的节目制作和播出水平，形成一个良好的循环系统。

从外部来看，节目制作和播出的规模化与多样化使得节目交易市场日渐壮大，相关市场管理部门必然要采取更科学的现代化管理手段介入其中，而建立标准化的节目评估体系将为节目市场的科学化管理提供即时的数据参照和依据。

通过对全国广电单位的问卷调查可知：59%的制播单位管理者认为目前建立统一的节目评估体系的时机已经成熟，另有47.1%的制播单位员工认为时机已经成熟。说明目前建立统一的节目评估体系并将其作为行业标准，已在很大程度上得到各制播单位主管人员的认同；而在普通职工中，这种意识实际上还需要进一步加以强化。总的来说，建立节目评估体系，并且将其定位为行业标准，是整个广电行业发展的必然要求。

2. 技术标准与非技术标准的结合

作为精神产品的节目，其科学化评估比物质产品复杂得多。相应地，作为行业标准的节目评估体系也不是一个单纯的技术性指标集成，而应是技术与非技术标准的综合体，从而可以完成对现代化媒体机构的节目活动进行全方位的衡量。

这方面世界范围内通用的社会责任管理体系标准（SA8000）可资借鉴。SA8000是一个用于审核企业社会道德责任的国际标准[1]。它的成功推行说明软性指标同样可以通过科学的评价体系进行测量，任何行业标准的建立也都不仅仅关

---

[1] SAI. *SA8000:2014 and Social Fingerprint*, http://www.sa-intl.org/index.cfm?fuseaction=Page.ViewPage&pageId=1711.

注技术层面。节目评估体系要对节目的视听情况和本体特征（如导向性、思想性、艺术性等）做出全面的评价，必然需要相应的技术标准与非技术标准的结合。

二、节目评估的概念及范畴

1. 节目评估的定义

节目评估实际上具有"内部管理职能"和"行业内推荐性标准"的双重属性，相应地，节目评估的概念具有两个层次上的意义。本研究将"节目评估"界定为：节目评估是指广播电视制播单位为便于节目之间的比较，按照行业公认的评价标准，运用科学的量化方法，对节目的质量及其播后产生的社会效益和经济效益所进行的综合评价与测量。

这里关于节目评估的定义实际上强调了三方面的信息：

（1）评估的对象主要是播后节目；

（2）评估是一个动态的过程，它的结果必须是可比较的；

（3）评估的结果既能体现节目质量的优劣，又能反映传播效果的好坏，是对两者的综合考察。

节目评估是对节目质量及效果的综合评价，并因评估主体的不同，可以分为主体评估和客体评估两个模块。

节目主体评估是指：从传播主体的角度出发，按照节目传播规律和质量管理的需要来制定评估标准，并采用科学的量化方法对广播电视节目进行测量和评价。主体评估以关注节目质量为出发点，以评估节目的社会传播价值和传播效应为导向。

节目客体评估是指：广播电视媒体从传播客体的角度出发，根据节目市场需求和受众需要制定评估标准，以客观调查所得数据为基本依据，以科学量化的方法，对广播、电视节目所产生的经济和社会效益进行系统评定和估算。

同时，各评估单位还可以根据自身条件和需要，通过对主体评估和客体评估的结果进行加权分析，实现对节目质量和效果的综合评估。

2. 节目评估体系总体框架

中国广播电视节目评估体系的核心内容，主要由"节目分类方法""主体评估""客体评估""综合评估"几部分构成。其中，"节目分类方法"是实施评估研究及操作的前提,"主体评估"和"客体评估"分别包含独立的评估指标、评估方法及评估操作子体系。

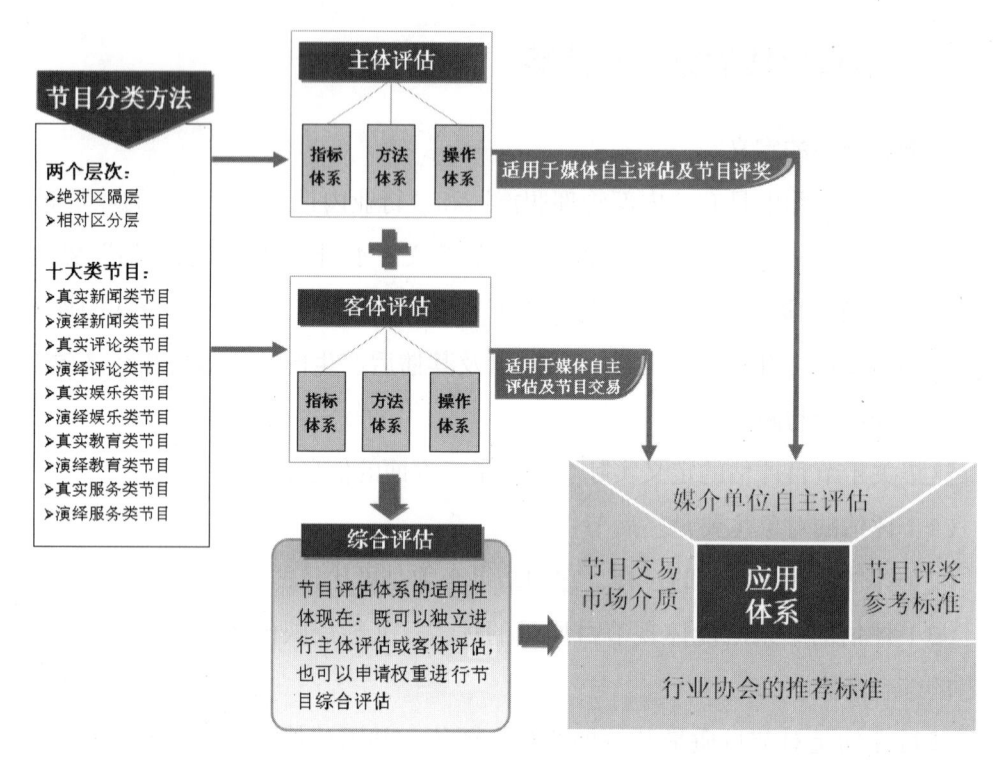

图 10-1 中国广播电视节目评估体系框架

三、节目评估的目的和作用

基于节目评估体系作为行业推荐性标准的基本定位,该体系并非一般意义上的行政性行为,在保证契合上级管理工作需要的同时,节目评估体系更强调体现服务功能。

1. 满足节目质量管理工作的需要

节目评估体系作为广播电视业有关节目质量及其效果的行业标准,它具有较广泛的适用性。节目质量管理工作是节目评估工作的基础。目前节目质量管理已经获得业界的普遍重视,不少制播机构采用了自行调查和委托调查的方式,对本单位的节目质量进行评估。在实际的节目改版等工作中,视听率、收听率、满意度等指标也得到了广泛的应用。但是,由于各单位所采用的调查方法和评估方法存在各种各样的差别,使此类评估工作只停留在各机构内部的管理工作中,而缺乏在媒体单位间的比较。

因此，本研究所论证的节目评估体系立足于行业推荐性标准的定位，探索一个具有科学性和灵活性相结合的方法体系，并通过科学严谨的论证工作，使这个体系指导下的评估工作能够真正获得业界的广泛认可。采用这个评估体系，将使节目评估工作进一步走向规范化，也将使广播电视业的节目质量管理工作得到进一步的规范。

首先，节目评估的结果，可以供电台、电视台领导，及相关频率、频道领导作为对全台节目或本频率、本频道节目进行总体把握、了解和分析的参考。

其次，还可以进一步将评估结果纳入全台节目管理工作中，用以指导节目的生产、编排和运营，以便提高节目质量、增强节目竞争力，最大限度地满足受众的视听需求。在发挥媒体宣传功能的同时，更好地为满足广大受众日益增长的精神文化需求服务。

2. 协助建立更规范的节目交易市场

在广播电视业的不断改革和创新中，制播分离曾经成为一种经营方式的探索，这种经营方式的科学性和合理性还在实践中接受考验，但其带来的直接影响就是促进了目前节目市场的繁荣。节目评估体系不可能对节目购买活动具有直接的干预能力，但科学的评估工作有助于播出机构对节目质量进行有效的衡量和评估，进而影响播出机构的节目购买行为。

因此，节目评估将成为协助建立规范的节目交易市场的辅助工作，也成为在播前控制节目质量的重要环节。同时，为节目市场上进行交易的节目产品提供了较为公平合理的全面评估依据，有助于在节目播出前大致估计出预期的节目社会效益和经济效益。

3. 协助建立更规范的广告销售市场

广播电视行业的特殊性，在于它有两个市场同时存在，一个是节目生产和交易的市场，另一个是在节目传播过程中形成的广告收视市场。由于当前我国各级广告销售市场的价格体系和交易机制并不完全公平地反映广告视听效率，或者说还体现不出不同社会效益和经济效益的节目在视听效率之外的影响力差异。

为了更为合理地评估广告收视市场，完善广告价格机制，有必要全面评估所交易的广告收视资源。这既包括节目视听效率的评估，也要考虑广告视听资源的社会效益及影响力等因素。这样，节目评估体系才能进一步促进节目制作公司、媒介、广告公司、广告主这一产业链的完整与利益分配的公平和优化，从而有助于形成更高效灵敏、公平公正的市场价格机制。

4. 建立科学公平的节目评奖工作的依据

随着节目评估的进一步深化发展，评估实践反过来将对节目评奖的规范化起到促进作用。节目评奖可以成为节目评估的一个重要的实际应用；而节目评估既可以为评奖活动提供更多的好节目，其科学客观的指标体系也将对节目评奖活动走向科学化产生良好的示范。

现阶段，广电系统的节目评奖工作主要是以专家评价系统为主完成的，这种评价系统的最大缺陷在于缺乏统一的量化指标，进而影响了评奖意见的一致性和评奖结果的可比性，甚至降低了一些重要奖项的含金量。

采用节目评估所建立的科学的指标体系，有助于修正和改进现有节目评奖的指标设置及操作方法，提升节目评奖的公正性和客观性。

第二节 节目评估的对象

一、节目评估对象为播后节目

节目评估体系各组成部分（其中包括主体评估体系、客体评估体系以及综合评估体系）针对的主要是播后节目。播后节目指的是播出单位自制、购买及引进的用于日常播出的所有节目。同时，该体系在"播前评估"、"播中监测"和"播后评估"三个阶段同时发挥作用。

播前评估是节目在播出之前制播单位对其播出风险和可行性进行评判的一个前期预测；播后评估是将播后的效果与播前的预测进行对比，检验实际效果；播中监测则是指在播出期间对节目相关环节进行监测，包括视听率监测、广告监测等。

目前制播单位在节目购买等方面进行播前评估的做法包括：使用视听率等客观指标，对某些类型的节目进行"样片模拟预期收视份额"预估；使用专家评分和满意度等主观指标，对某些类型的节目进行"样片模拟社会效益"预估等。因此播前评估不是单纯的节目审批概念，也涉及对节目质量和市场价值的评估，这使播前评估与播后评估出现了一定的交叉。

二、评估对象分类及评估标准模块化

随着社会开放程度的逐渐增大以及广电媒体改革与创新步伐的加快，节目形态的更新变化也越来越快，原有的节目分类法已不能囊括新的节目形态，各级制播单位都在寻求适合自身节目编排体系的分类方法。因此，作为行业内推荐性标准的节目评估体系必须能涵盖所有的节目类别，从而可以使各级媒体单位因地制宜地对自身节目进行评估。

同时，节目评估体系作为一个行业标准，可以细化为主体评估体系、客体评估体系和综合评估体系三个层次和模块，以满足不同制播单位实际工作的需要。

三、服务对象包括管理机关和制播单位

节目评估体系的服务对象包括管理机关和制播单位两个方面。对于管理机关来说，无论是对管理工作的有效辅助还是从节目质量评价两个方面来讲，上级管理机关都可以充分借鉴节目评估的结果。

制播单位是节目评估工作的另一个服务对象，而且是更为直接的服务对象。有效地开展节目评估工作，是制播单位做出正确策略规划的前提。目前，制播单位的节目质量管理、广告经营活动（包括广告招标、广告投放宣传）、成本管理（成本预算、利润计算），以及节目改革创新（节目改版、频道设置），等等，都需要借鉴节目评估工作的结果。

四、评估体系制定机构：行业协会或其附属机构

节目评估体系的建立要求具有广泛的适用性和灵活性。随着广电业的不断发展，广电行业协会协调、沟通、中介的作用将逐渐得到体现，因此作为行业推荐性标准的节目评估体系，其制定工作可以由行业协会来承担。这一点在业内已经具有一定程度的共识，如在针对媒体单位的调研中，媒体管理者中有48.4%的人认为应该由广电协会来制定；认为应该由其他机构制定的比例分别为：广电总局

16.4%，学术机构9.0%，成立第三方机构9.0%，专业市场调查公司6.0%，影响力大的广电媒体单位9.0%。

因此，由广电行业协会组织相关研究力量进行节目评估体系推荐性标准的论证和制定，具有最大的权威性和现实可行性。同时，根据国家技术监督局《行业标准管理办法》的有关规定，行业标准应由行业协会上级归口部门统一管理。即标准的申请和颁布可在行业协会的协助下，由其上级管理部门实际负责。颁布行业标准一般需要符合以下程序：意见汇总—标准送审—送审稿函审—标准审批、编号及颁布。

总的来说，由行业协会组织节目评估体系的制定和发布，使其具备了行业内推荐性标准的特性。最终随着该体系市场应用的成熟和完善，可以成为相关单位开展节目评估工作的准入性标准。

第三节 节目评估的依据

节目评估的媒体应用功能、行业管理职能和社会传播价值，主要通过该体系的"适用性"、"合理性"和"科学性"来体现。下面分别从基础性理论依据、应用性理论依据、政策法规依据三个方面进行探讨。

一、建立节目评估体系的理论视角

"基础理论"是指与整个节目评估体系的建立相关联的理论范式，是对评估体系的属性与特征、目标与职能、市场地位等的合理性论证，在方法论层面上，包括以下三个理论命题：

1. 媒介生态理论

把"媒介作为环境"（media as environments）来研究是媒介生态学的基本出发点[①]。在整个媒介生态环境中，媒介各系统如何与其他社会系统互动、平衡、和谐共处，是当前媒介研究的最终价值指向。对于广电媒介来说，节目符号系统及节目资源系统的良性运转受到另外两种媒介因素的制约：媒介属性与传播技术。而

---

① 林文刚.媒介生态学在北美之学术起源简史[J].中国传媒报告，2003（02）.

媒介生态学中的媒介属性观和传播技术理论，正是研究这两种因素在媒介生态环境中传播作用的理论命题。

（1）媒介属性观。

对一种媒介属性的界定反映了其在媒介环境系统中基本的生存方式。根据媒介生态论的观点，作为社会系统有机组成部分的新闻媒体，总是处在政治组织、经济组织、社会公众这三种基本社会力量的"拉力赛"之中，相应地也就承担了三种不同的传播功能：政治导向功能、商业经济功能与社会公益功能[①]。对媒介三种传播功能的理解，可以将媒介属性界定为政治属性、经济属性和文化属性。

同时，由于媒介传播功能受社会体制和发展阶段的制约，不同属性总是处在不同程度的凸显或抑制状态，而当其中一种属性得到过分彰显时，势必影响整个媒介系统的平衡与稳定，甚至造成一定的媒介环境的"污染"，就需要借助适当的力量和手段加以调控。对于广电媒介来说，节目是其根本的信息产品，节目信息的品质及传播效果必须能承载广电媒介的多种传播功能，而对节目的综合评估是考察这种承载能力的科学手段。

（2）传播技术理论。

传播技术的影响是媒介生态学研究的另一个重要领域。马歇尔·麦克卢汉（Marshall McLuhan）和刘易斯·芒福德（Lewis Mumford）最早通过研究技术对传播的渗透来解释媒介对社会的冲击[②]；媒介生态学的奠基者波兹曼则从社会文化环境的角度强调了技术对于传播各个环节的干扰和垄断。雷蒙德·威廉斯（Raymond Williams）则将传播技术与国家的发展和命运联系起来，将技术与政治、经济力量放在同一个系统平台上进行对比。对于技术理论的一个比较适宜的结论是：尽管传播技术对媒介系统的影响难以回避和低估，但社会体制决定了传播技术的范畴和运用。

目前技术对媒介的直接影响以网络最为明显，其次是广播电视媒介。广播电视各领域的研究都不能忽视传播技术的问题。对于广电节目来说，首先节目本身呈现出来的传输效果如清晰度、真实度、平衡性等，直接决定了节目品质的高下，是节目评估指标构成中不得不考虑的方面。其次，直接由传播技术手段的微调带来的传播效果的变化，尤其需要研究者加以鉴别和区分。

---

① 董天策. 关于媒介属性的再认识［J］. 传媒透视，2004（06）.
② 崔保国. 媒介是条鱼——理解媒介生态学［J］. 中国传媒报告，2002（01）.

2. 经验实证理论

人类传播理论的建立与传播实践的推进，首先得益于经验实证主义的量化分析与科学验证。罗杰斯在洛厄里和德弗勒所著的《大众传播效果研究的里程碑》的序言中，总结了美国传播学的14项里程碑式的效果研究学说，发现传播学"这14个媒介效果研究的里程碑都是经验性的、定量的社会科学调查，并在北美功能主义理论的主流传统下进行"[①]。经验实证主义关注媒介对现实受众态度和行为变化规律的影响，并通过严格的"事实陈述"和"价值判断"的验证程序来界定传播的实际效果。

这种注重定量统计分析的方法是目前国内受众研究的主流，如测量受众"行为倾向"的视听率调查，及测量受众"心理倾向"的满意度调查。这两种研究方法通过对受传者接受节目信息后引起的动机、意图、态度及行为的反映趋势，来建立节目内容与节目市场的价值链；通过使用统一的判别标准为节目评估提供了客观依据。另外这种基于经验实证主义的研究方法，具有开放性大、操作性强、涉及范围全面等特点，已经成为考察节目传播整体效果必不可少的手段。

3. 社会批判理论

实证主义的研究被认为是一种排除了个人己见的中立的态度，这种纯科学的方法缺乏的是独到的眼光和犀利的批判精神，而这正是社会批判理论的精神所在。批判学派包括政治经济学、文化工业论、主流意识形态批判、结构主义符号学等几种流派和倾向[②]。批判理论的一个主要论点是强调对任何社会现象的研究，必然介入研究者本身的价值观，即更多地采用一种主观性的论证视野。

从传播学中批判学派的立场出发，经验学派所作的视听率调查只能表明特定的节目在特定的时段上的绝对数量，却不能解释节目究竟在以什么样的方式被解读，以及解读的意义何在。而现实受众的信息选择是建立在高度的个人主观基础上的，因此只从定量数据无法反映出真实的受众世界。另外，由于传播者在节目的生产过程中必然会受到各种外力的影响和干预，有时候会忘记自己的社会责任

---

① [美]罗杰斯.大众传播效果研究的里程碑·序[M].刘海龙等，译.北京：中国人民大学出版社，2009：02.
② [英]尼克·斯蒂文森.认识媒介文化——社会理论与大众传播[M].王文斌，译.北京：商务印书馆，2001.

而去迎合各种社会需要，从而导致了节目信息整体品质的低下，因此有必要介入理性的判断标准和评估机制，并不排斥从节目制作主体的需要和立场来权衡节目质量及效果。

二、节目评估体系的应用性理论及方法

"应用性理论"是指节目评估在具体实施、执行过程中需要明确的，如指标的合理性、调查的规范性、数据分析的科学性以及与受众态度、行为方面相关的核心理论、方法。相对来说属于较微观层面上的分析。产品及服务质量理论、传播效果理论、心理学、统计学等学科中的相关知识可以为我们提供所需要的理论及方法依据。

1. 质量评估理论：确立节目评估体系的关键指标群

前面我们提到，节目评估是对节目质量及效果的综合评价。其中，对节目的质量进行评估研究时，首先需要对"质量"本身进行界定，进而才能确定衡量不同属性"质量"的指标群。

对于广播电视节目来说，其"质量"的内涵与一般产品制作、加工的概念存在显著差异，而更接近于服务领域关于"服务质量"的范畴。同时，对影响消费者"质量"感知与评估的研究，当前在服务领域的探讨也最为普遍和深入。服务质量理论认为，对于任何一项服务来说，都存在"实际质量"和"感知质量"的差别[1]。对"实际质量"的衡量，主要看某项服务的提供是否符合事先规定的设计标准，属于企业内部运营的质量监控范畴；而对"感知质量"的衡量，则主要看接受服务的人的实际体验。因此，经常会出现"实际质量"好，而客户"感知质量"差的情况，比如手机的通信信号问题，即使网络已经达到了99%的覆盖，但一旦某个客户在1%的未覆盖区域漏接了一通重要的电话，则他对该网络的整体质量评价可能就是"一般"或"差"，即消费者对服务质量的衡量，主要依赖于服务过程的实际感知，而非提供商自身的技术标准和服务能力。以电视节目为例，对于普通观众来说，江苏卫视的《非诚勿扰》可能就是一档"感知质量好，而实际

---

[1] See Garvin, D, A., What does product quality really mean?. *Sloan Management Review*, 1984, 26（1）; Dodds, Monore, The effece of brand and prize information on subjective product evaluations. *Advances In Consumers Research*, 1985, 12（1）.

质量没有那么好"的节目,而CCTV-10的《子午书简》则可能是"实际质量好,而感知质量并不好"的节目。

广播电视节目的满意度指标,测量的就是节目的"感知质量"属性。同样,节目在播出过程中对受众审美价值(即"审美价值"指标,在本研究中属于内容专业标准)的体现,也属于"感知质量"的范畴。而节目的技术播出标准、政策法规方面的内容标准,以及采访、编辑、制作、播出、音乐音响、画面、文字等专业技巧方面的大多数专业性要求,则都属于对节目"实际质量"进行控制的范畴。

因此,确定节目评估体系的关键指标群,既需要包含衡量播出效果的视听率指标及衡量节目品质的社会效应指标(如舆论效应、伦理道德等),也需要包含衡量节目"实际质量"的技术标准、内容基本标准(指政策法规)和内容专业技巧指标,还需要评估受众对节目的"感知质量",主要包括受众个体的满意情况(满意度指标),以及节目对个体带来的审美体验(审美价值质量)。

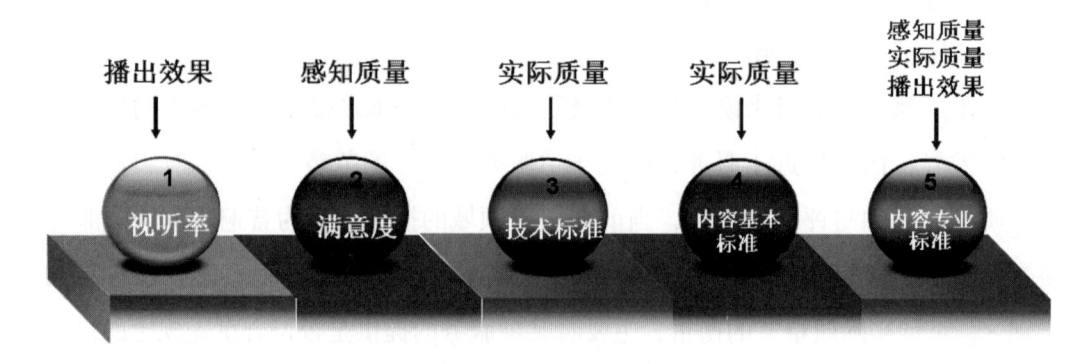

图 10-2 节目评估体系的关键指标群

2. 心理学关于受众"行为倾向性"与"心理倾向性"的理论

前面我们提到,视听率是一种研究"行为倾向性"的方法,而满意度是研究"心理倾向性"的方法。有研究者从经济学角度将两者的关系归结为需求与效用问题,以"人们的收视选择以最大限度地实现收视满足为目标"作为理论假设,即从效用函数可以推导需求函数,据此认为没有必要作专门的满意度调查[①]。

实际上,从传播心理学来看,视听率是一种动态反映人们选择行为趋势的指

---

① 刘燕南,夏征宇,王英钰.再谈节目评估:反思、借鉴与探讨[J].中国广播影视,2005(11下).

标，因此可称之为"行为倾向性"指标；满意度则是人们在选择行为发生后的心理满足程度，称之为"心理倾向性"指标。根据受众心理研究的成果，行为倾向来自心理倾向，心理倾向能"促使人们产生某种活动、按某种方式行事"[①]，心理倾向主要受需要、动机、兴趣、理想、信念和世界观等影响。

因此，由需要、动机、价值观及意识形态综合作用下的受众满意度，不像视听率那样有频繁的"行为流动"的特点，相对来说受众对某一栏目的满意度评价有较大的稳定性，无需精确到"秒"，因此满意度调查的周期可以长一些。

3. 传播学"使用—满足"理论是构建受众"满意度"具体指标的基础理论

以"受众导向"观念为前提的"使用—满足说"是目前在传媒实践中探讨最多、应用最广的传播理论之一。由其所生发出来的"满意度"指标也逐步得到业界的基本认可。但基本认可并不等于成熟运用，满意度在实际操作中出现的这样那样的问题，很大程度上在于没有解决其理论上的基本问题。

另外，关于满意度的界定与模型的设计，多参照的是国外的做法，在套用过程中缺乏对中国现实受众群的针对性、流动性分析，同样影响到了其操作可行性与市场价值。因此有必要对"使用—满足"理论的基本概念做一些推介和梳理，希望能为下一步研究指标的定义与构成提供借鉴。

（1）"需要与动机"理论。

受众是如何"使用"媒介来"满足"自己需要的呢？根据"学习动机理论"的解释[②]，受众把各种基本需要转化为媒介使用的"需要"，这一"需要"与对媒介使用活动结果的"期待"一起，共同构成了媒介使用的"动机"。因此，要研究当前中国广电传媒受众媒介接触和满意评价的心理因素及其相互关系，还需要先对其在现有媒介环境下的使用"动机"进行研究。

（2）媒介使用"动机"（需求）的研究释例。

国外最早研究媒介使用"动机"的是布拉姆勒（Blumler）和丹尼斯·麦奎尔（Denis McQuail）于1969年进行的英国大选电视节目研究。研究是以"使用与满足"理论作为总体研究策略的[③]。调查结果得出了电视节目媒介使用的动机体系：

---

① 黄希庭. 心理学导论 [M]. 北京：人民教育出版社, 1991: 198.
② 刘晓红. 试论心理学在传播学研究中的作用 [J]. 新闻与传播研究, 1996（03）.
③ [美] 沃纳·赛佛林, 小詹姆斯·坦卡德. 传播理论——起源、方法与应用 [M]. 郭镇之等, 译. 北京：华夏出版社, 2003: 320-322.

解闷消愁效用、人际关系效用、自我确认效用和环境监测效用。

后来卡茨、布拉姆勒和格里维奇总结了包括这一研究在内的诸多关于"使用与满足"领域研究的结论,其中最具启发的一点是:需求具有社会起源与心理起源。后来的研究者又加上了"受众背景"这一因素,用以说明不同需求的满足是社会环境、背景因素及心理因素综合作用的结果。

我们在对满意度各指标测量时,必须结合中国当前具体的媒体环境,首先对广播、电视节目受众的实际需求与动机进行定性与定量的考察,以找出影响受众对节目满意度高低的变量因素,而不是简单地套用国外的指标模型或市场营销领域的产品模型。

（3）国内关于媒介使用"动机"（需求）的研究释例。

在1993年对厦门受众的调查中,我国研究者概括出三类媒介使用动机,即信息寻求动机、娱乐消遣动机和社会功利动机,动机影响了媒介接触行为。厦门受众调查还发现,受众的电视纪实类内容偏好与信息寻求动机呈显著正相关,与娱乐消遣动机呈显著负相关[①]。

4. 受众调查中的统计学原理及方法

对广播电视节目质量及效果的评估,除了有效的评估指标设计以外,还需要可代表总体的抽样设计、合适的数据采集方法,以及精确的数据运算来实现。随着视听率、满意度、内容分析等多种媒介受众调研实践的发展,以及各种统计理论、统计技术广泛应用,对广播电视节目进行量化评估已经成为普遍共识。

（1）对节目受众进行抽样调查,首先要坚持概率抽样的原则。

对于视听率、满意度调查来说,整个调研活动"设计经济、结果有效"是根本要求,以最经济的样本推断一个地区甚至一个国家全体受众的视听行为,必须以合理的抽样方案为前提。统计上的概率抽样技术,是视听率、满意度调查走向信息量丰富、调查程序精致、操作过程规范的基础条件。

首先,需要确定节目评估的"总体"规模和特征,既要对所有受众意见进行分析,还要关注特定细分人群。其次,在对"总体"有清晰、完整认识的情况下,坚持"概率抽样"[②]原则进行精心、科学的样本设计,以确保调研结果可以得出关

---

① 刘晓红. 试论心理学在传播学研究中的作用 [J]. 新闻与传播研究, 1996（03）.
② 常用的"概率抽样"技术包括简单随机抽样、分层抽样、系统抽样、整群抽样以及多级抽样等。

于"总体"的各种合理的推论。这里，既不能有只侧重某些地区的"嫌贫爱富"的观念，也不能把构成总体的各部分做简单的主观分类和合并统计。

（2）对于"样本量越大，对总体代表性越高"抽样原则的说明。

对于概率抽样的"样本量越大，对总体代表性越高"的设计原则，目前在受众调查及市场调研中普遍存在认识上的误区，在节目评估的具体操作中需特别加以考虑。根据统计上的"中心极限定理"，在抽样误差固定的情况下，对于两个大小不一样的"总体"，只需抽取数量相等的随机样本。即代表"总体"的样本量，不需要依照"总体"的大小而相应增加，因此，并非"样本量越大，对总体代表性越高"。

然而，以上情况只适用于内部差异性较小的"总体"。当某个"总体"的内部差异性越大时，需要适当增加所抽取样本的数量，以减小抽样误差。比如要调查北京和甘肃两省市的观众满意度，尽管北京常住人口数（1961万）明显少于甘肃常住人口数（2558万）[①]，但北京受众在个体差异、收视期望及收视行为上较甘肃受众明显复杂多样，因此在设计北京受众样本时，反而要显著高于甘肃样本，从而确保两个总体的抽样误差接近，确保受众满意度调查结果可比。

（3）受众调查中其他多元统计技术。

现代调研统计学认为，对于任何应用领域的研究，其大多数方法都是或者都应该是多元的技术。一个结论，如果不是通过多元的方式来处理的话，那么其处理的方式就是肤浅和表面的。

总体来看，目前多元统计分析技术在国内受众分析、节目评估工作中已有较多实践，应用较为成熟的技术包括：

➢ 聚类分析：城市分层抽样问题、受众分类问题等；
➢ 因子分析：模型建立中对指标的归类问题；
➢ 判别分析：受众分类问题、市场细分等；
➢ 多元回归分析：相关因素分析、预测等；
➢ 结构方程式模型：因果关系分析、满意度模型等。

[①] 中华人民共和国国家统计局．2010年第六次全国人口普查主要数据公报（第2号）[EB/OL]．http://www.gov.cn/test/2012-04/20/content_2118413_2.htm.

三、节目评估的政策法规依据

目前我国针对广电行业管理的法律体系，根据其法的效力的位阶可分为两类：由国务院及地方各级政府颁布的行政法规，以及由国务院所属的各部、委员会或具有行政管理职能的直属机构在自己的职权范围内发布的部门规章。另外，党在领导国家广电事业发展建设中制定的相关规范性政策文件，对节目内容的制作和播出也具有约束作用。

总的来说，这些政策、法规对节目的制作和评估工作起着基本的约束和指导作用，在节目评估体系中属于"硬指标"的范畴。同时，由于节目在类型、时段、对象及节目创新方向上的差异，使得这种针对节目评估的约束和指导作用呈现出三个不同的层次：一是判断节目准入的硬标准，二是评估节目在某项指标上的参照标准，三是对评估节目创新性时可灵活处理的条文，从而有可能带来对现有政策法规的完善或突破。

1. 现有相关法律、法规构成了节目主体评估的硬标准

媒体单位自身对节目进行主体评估的过程中，首先需要判断的是节目"是"和"否"的问题，即是否违反了国家相关法律法规及政策的规定。目前与广播电视管理相关的33部法律法规，对节目的制、编、播各个环节都做出了具体的规定，如国务院1997年颁布施行的《广播电视管理条例》对节目内容做出了七项禁播规定，涵盖了从国家主权领土到公民合法权益的各个方面。这七条原则性的条目，需要广播电视制作单位落实到每一个微观的节目之中，落实到播出的每一个镜头、每一句台词中。

另外，国家及相关部门还针对以上节目内容的规定出台了相应的行政法规，以完善节目制作和播出的审核或评价体制，具有法律效力。如《关于认定淫秽及色情出版物的暂行规定》（1998年行政规章）对媒体上的淫秽及色情内容做出了明确界定，对广播电视节目相关内容的界定同样具有规范作用。

因此，以上针对节目内容的规定实际上构成了节目主体评估体系"硬指标"的核心内容。

2. 针对节目在类型、时段及对象上的差异，评估指标需要体现出程度的差异和弹性

一方面，相关法律法规在节目类型、时段及对象上有不同的约束作用和应用

范畴，体现了政策法规的针对性原则。另一方面，这些规定对节目的导向性实际上有弹性的要求，要求节目评估相关指标的制定也需体现出程度的差异来。

实际上，作为面向大众、影响力广泛的广电媒体来说，任何节目都存在导向性的问题。对于新闻咨询类节目来说，这种导向性主要是"是"或"否"的问题。而对于娱乐、服务类节目来说，节目的"导向性"则具有了不同的含义，评估指标的制定必须能体现不同的程度和弹性。因此，针对节目类型、时段及对象的不同规定，可以成为节目主体评估体系"软指标"的参照标准。

3. 针对部分节目的创新性因素，评估指标的制定和使用需要有灵活性和前瞻性

随着社会整体开放程度的提高，以及社会大众心理向娱乐化、世俗化的倾斜，节目内容和形式的不断创新对相关政策法规的应用范畴提出了挑战，而这种挑战带来的不适应甚至失衡，首先会通过对节目的综合评估结果体现出来。因此要求在评估指标的制定及评估操作的实践中，必须加深对相关政策法规的研究，时刻考虑到评估的灵活性和前瞻性；深入的研究反过来也可以为相关政策法规的完善或突破，提供翔实的数据和有力的证明。

第四节　节目评估经验借鉴

建立广播电视节目评估的行业标准，一方面需要从国内外广播电视节目评估做法中汲取经验，通过对不同评估模式的参照和比较，提升节目评估体系行业标准的普遍适用性。另一方面则要对其他行业相关标准进行考察和借鉴。

一、主体评估经验

1. 广播电视行业对节目"主观评估"的探讨和研究

在中国，广播电视的空前普及使其成为大众文化中最活跃的传播者。然而，广播电视面临的竞争与挑战又极为严峻，创办精品节目成了广播电视人的共识与共知。目前全国不少广播电视台一方面在积极探索节目制作创新的方式方法，一方面在认真思考建立科学有效的节目评估系统，来指导节目发展的走向。而传统的视听率调查往往只能提供量的参考数据，不能给出细化的分析结论。它的判断功能往往大于它的指导功能。而眼下各家广播电台、电视台的节目最需要的恰恰是客观权威的分析和科学理性的建议。

中国电视媒体的"政治属性"和"文化属性"决定了专家领导评价指标的不可或缺。它是专家和学者对节目质量进行的一种主体评估。一般由广播电视专家、影视评论学者组成评议小组，从专业角度对节目的思想性、艺术性、可视性等方面进行综合打分定级。这是目前最主要的"定性"评价方法，旨在兼顾节目的"艺术性"、"思想性"和"舆论引导"功能。

如中央电视台的"三项指标，一把尺子"，是由内部没有领导职务的、具有高级职称的业务骨干组成专家评判组，定期对节目进行评判，在整个评估体系中占到20%的权重。

黑龙江电视台则是由几十名从本省政治、经济、文化、教育、科研等领域中选出的专家组成，按月就所监看的栏目、节目进行分析，提出总体印象、问题与建议，并进行个案分析。节目制作人员则根据一些合理化建议适时对节目进行调整。

2. 广播电视以外其他相关行业对精神产品的评估经验

（1）新闻评奖活动相关评估经验（以"普利策新闻奖"为例）。

作为普利策奖中的重要奖项，"普利策新闻奖"被认为是美国乃至世界新闻界的最高奖。"普利策新闻奖"主要通过奖项设置、评奖要求、评奖机构、评委构成及淘汰率等六个环节来保证其评估流程的有效及评估结果的权威，具体而言：

在奖项设置上[①]，包括体裁（如调查报道奖、独家报道奖）、地域（如全国报道奖、国际报道奖）和时限（如新闻特写奖、突发性新闻报道奖）三大类共十四个新闻奖项，并且针对三大类型的奖项设定相应的质量标准及新闻价值标准，在新闻类型日趋成熟和发达的今天，这种聚焦关键类型的区分方式更能凸显获奖作品的价值。

在评奖要求上，标准严格、固定，使参评者和评委都能集中关注新闻价值本身。对各类奖项有详细的规定，如对报道类奖项的要求为：需符合阐明一个有意义并复杂的主题，展示了对主题的上佳把握，文笔流畅，表述清楚。对专题类奖项的要求为：对特定主题或活动诠释完整、富有知识性等。

---

① 李舒. 普利策新闻奖与中国新闻奖评奖形式比较[J]. 新闻记者，2006（06）.

评奖机构固定成员为哥伦比亚大学校长和奖金设立者之孙小普利策,非固定成员由哥伦比亚大学新闻学院聘请,主要为学术界人士。在长达90年的历程中,始终保证每一届评委构成的中立特点,从而维持了其"学院奖"的独立和公正的形象。另外,"普利策新闻奖"淘汰率较高,平均淘汰率达到了98%以上,以维持其奖项的含金量。

(2)美国电视"艾美奖"和音乐"格莱美奖"。

"艾美奖"(Emmy Awards)和"格莱美奖"(Grammy Awards)分别是美国电视界和音乐界的最高奖项,这两个奖项之所以为世界电视人和音乐人津津乐道,除了美国一直是全球电视与流行音乐的中心、代表了这两个领域的较高水平外,还在于其评选的权威性和公正性。

"艾美奖"属于"学院奖",由洛杉矶电视艺术与科学学院(ATAS)颁发。每年参与评选的会员约一万人,并按照不同的领域被分为26个功能组别,为保证各功能组别的投票的专业权威性,功能组别的奖项只能由该组别的会员投票选出,其他组别无权对该奖投票。最终参与评奖的实际为会员中的志愿者,他们通常都是本组别中公认的专家和权威。

2000年学院改革了评审规则,允许评委在家中按照自己的时间安排观看最终提名节目。这种更加宽松的评审流程能够确保更多评委真正观看并鉴赏所有最终提名节目。在艾美奖的评选过程中,确保评审过程的权威真实一直都是第一位的。

"格莱美"(Grammy)属于"学会奖",由美国录音学会颁发。该音乐奖的评选有一套十分严格的制度和程序,它是由专家经过严格程序评选出来的。比如,它的评委主要限定在歌唱家、演奏家、词作者、作曲家、指挥、摄影、解说词作者以及音乐录像片制作人等15类专业人员之中,从而保证奖项的权威性。所有参赛作品需选自当年,作品经推荐后,首先要经过150多名专家的筛选和资格确认,而后进行分类,再交给学院成员进行两轮票选,最后对各项的五位入围者进行投票,选票以邮寄的方式交由指定会计师事务所统计等。

最终评选出来的作品本身的高质量毋庸置疑,再加上电视的渲染,在使获奖者走红、唱片热卖的同时,也确实可以起到领导音乐潮流的作用。

(3)法国广告"戛纳奖"。

法国戛纳广告大奖位列五大国际广告大奖之一,在每年6月的戛纳广告节上举行。"戛纳奖"历来以公正性著称,也主要依赖于一套严格的评奖制度和流程。

如参与评奖的各评委对本国作品须采取回避投票的原则;评委的评审时间由自己掌握,以便其能仔细阅读文案,周全研究创意等。

3. 主体评估经验总结

通过对相关评奖活动的分析,可以获得有关节目评估的以下六个方面的经验借鉴:

(1)票选之前,作品须经严格分类。对于任何一项评估活动来说,对被评对象进行类别化区分是为了保证评估流程的一致性,以及评估结果在更广范围内的公正性和可比性。节目分类对节目评估的意义还不限于此,它实际上关乎节目类型市场化的问题,并最终推动节目综合评估市场化的发展。

(2)为保证权威性,评委的资格受到严格限定,且其只能在自己熟悉的领域对候选作品进行投票。对于节目评估来说,目前专家及领导在其所代表领域的专业性上,仍存在较大的问题,今后须在评委的管理上做较大力度的尝试和改革。

(3)评审流程更加宽松,形式多样化。使评委能够自由安排时间,真正观看并仔细评审节目。对评委进行事先甄别是必要的选择,以保证每个评估者对所评节目具有完整的认识,甚至较深入的理解。

(4)问卷或选票由专门的会计师事务所统计,以示公正。在各广播、电视台内部,有必要建立一个专门的评估小组,赋予其一定的操作权限,使整个评估过程既有专人负责,又有透明化运作的空间。

(5)评委对相关作品采取回避投票的原则。需完全杜绝评估者与节目之间的直接利益关系。

(6)尽量避免忙人评价。通过制定严格的甄选标准和制约机制,尽量避免"忙人评价"这一突出的问题。

上述六条原则,有助于保证评审机构的权威性、增加评审过程的透明度、体现评审结果的客观公正性。对于节目评估来说,在实际情况允许的前提下,需尽量考虑其评估流程的科学有序,对某些可能影响结果公正性的关键问题,应着力加以调整和优化。

二、客体评估经验

在节目评估定量指标及方法上,国内做法多来自对国外的借鉴和引用。但是,由于国情不同,在具体操作层面上应有不同。也就是说,我国节目综合评估体系的建立应在借鉴他国经验的基础上，探索适合本国体制和现阶段情况的模式。

1. 国外视听率调查发展历史

（1）收听率调查。

收听率调查源自20世纪二三十年代的美国，今天我们仍在讨论的电话调查、日记卡及测量仪等调查方法那个时候其实都已经出现，只是在长达70多年的演变中，不同的调查方法在不同阶段分别占据了主流。

20世纪30年代，美国克劳斯利商业调查公司首先在广告主（一家苏打粉公司）的推动下，采用"电话回忆法"（Telephone Recall）调查广播广告的效果。由于"克劳斯利收听率"依靠的是人们对前一天收听行为的回忆，在准确度上存在一定的偏差。到了1938年，一种新的"实时电话调查法"（Telephone Coincidental）逐步得到了推行，后来被人们称作"胡佛收听率"。

进入20世纪40年代，日记卡方法开始被应用到收听率调查中。最初使用日记法的考虑是为了降低成本，另外对于没有电话普及的郊区和农村，日记法也是一种必要的选择。

国外仪器测量的方法始于1936年，AC尼尔森公司的创始人亚瑟·C·尼尔森在美国建立了第一家市场调查公司，并在麻省理工学院试验采用一种"收听测量仪"来进行广播收听率调查的调查。尤其在进入20世纪70年代以来，人员测量仪逐渐得到了广泛应用，并与日记法共同构成了收听率调查市场的主导[1]。

（2）收视率调查。

总的来说，收视率调查同收听率调查一样经历了以上几个发展阶段，即"电话法或面访—日记法—仪器法"。只是由于电视的出现晚于广播，因此各阶段起始时间平均要比收听率晚一些。

目前美国收视率市场以AC尼尔森（AC Nielsen）和阿比壮（Arbitron）两家调查公司为代表。前者着重于联播网的收视率调查，而后者主攻广播、地方电视台及有线电视系统的收视率调查。目前AC尼尔森在全美境内总共有5000样本家庭户，每个样本户的调查期限最多为两年；每个月有300个旧样本户被淘汰，300个新样本户加入。阿比壮公司主要为美国、墨西哥及欧洲的广播、广告代理机构以及户外广告公司提供服务，最近通过研发更为方便的便携式人员收视测量仪

---

[1] [美]詹姆斯·G·韦伯斯特，等. 视听率分析：研究受众的理论与实践[M]. 王兰柱，苑京燕，译. 北京：华夏出版社，2004：91-102.

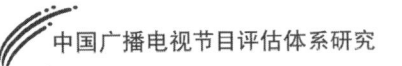

(portable people-meter，PPM），与 AC 尼尔森展开竞争。

（3）其他国家的视听率调查。

其他西方国家的视听率调查多借鉴和采用美国的做法，目前主要采用仪器法。其中英国 TNS 的人员测量仪不只安装在电视机上，还安装在录像机、有线电视、卫星电视解码器上，且具备对数字电视的监测功能。法国 MEDIAMETRIE 公司是国内最主要的视听率数据供应商，另外两家参与竞争的公司是索福瑞（Sofres）公司和美国的尼尔森（Nielsen）。日本的 VR 公司（Video Research Ltd）是日本视听率调查领域最具权威性的机构，也是目前国内唯一拥有全国范围调查网络的公司。

2. 国外满意度调查发展历史

（1）早期英国的"欣赏指数"。

英国是最先研究广播节目综合质量的国家，以弥补视听率无法反映观众主观心理感受的不足。二战后，英国广播公司（BBC）曾用反应指数（Reaction Index）来度量电视节目质量，用欣赏指数来评定电台节目。20 世纪 60 年代末期，英国独立广播协会（IBA）开始测量观众对电视节目的欣赏程度，并在此后发展成为"观众反应评估"，使用六个评价的等级[1]将观众对节目的意见转化成相应的分数，以比较不同节目的表现。

（2）"欣赏指数"在各国的推广与发展。

20 世纪 50 年代末，美国一家市场研究公司利用五级量表的 TVQ 问卷，旨在测量受众对节目的认知度。之后该公司还推出了"热情指数"（Enthusiastic Quotient）和"表演者/主持者指数"（Performer Quotient）。

1980 年，阿比壮调查公司和公共广播公司（CPB）使用日记法进行类似欣赏指数的调查。CPB 提出包括 14 项内容的面向节目的电视质量比率（Television Qualitative Rating，TQR），以"吸引指数"（Appeal Index）来度量电视节目。

加拿大广播公司（CBC）参照英国的欣赏指数，提出了"享受指数"（Enjoyment Index）。法国把它称为"兴趣指数"（Interest Index），荷兰则直接引用英国的"欣赏指数"[2]。

---

[1] 这六个等级分别是："极度有趣/享受"（100 分）、"非常有趣/享受"（80 分）、"颇为有趣/享受"（60 分）、"普普通通"（40 分）、"不大有趣/享受"（20 分）、"完全不有趣/享受"（0 分）。
[2] 黄孝俊，叶琼丰.节目欣赏指数及其应用前瞻[J].中国传媒报告，2002（01）.

亚洲地区，日本、中国香港等地引入了欣赏指数。香港电台在20世纪80年代末港英时期就引入英国广播公司的欣赏指数，为了对本身节目制作量进行决策，以及对商业电视台黄金时段播放的节目进行调查。

实际上，任何体制下的广电节目评估，都必须考虑媒介产品作为社会文化组成部分这一现实，即使在以商业广播为主的美国，也采用了"吸引指数"（Appeal Index）对节目进行质化评估。而以公共广播体制为出发点的英国则从20世纪40年代就开始了满意度研究，并且形成了完善的体系。我国节目综合评估体系的建立应在借鉴他国经验的基础上，探索适合本国体制和现阶段情况的模式。

三、国内广电媒体节目评估主要指标应用情况

1. 广播电视节目评估主题论文内容分析结果

课题组对国内主要期刊及学术论坛的"广播电视节目评估主题论文"进行了定量内容分析，结果发现：对于应采纳的节目评估指标来说，各主体论文提及率排名靠前的依次是视听率（90.2%）、满意度（80.4%）专家评价（78.4%）、领导评价（43.1%）、社会监评（35.3%）、投入产出、节目成本以及节目专业水准，后三项指标的提及率均为23.5%。如图10-3所示。

指标	百分比（%）
视听率	90.2
满意度	80.4
专家评价	78.4
领导评价	43.1
社会监评	35.3
投入产出	23.5
节目成本	23.5
节目专业水准	23.5
广告创收	11.8
政治导向	9.8
基本技术标准	7.8
忠诚度	7.8
市场份额	5.9
是否符合节目定位	5.9

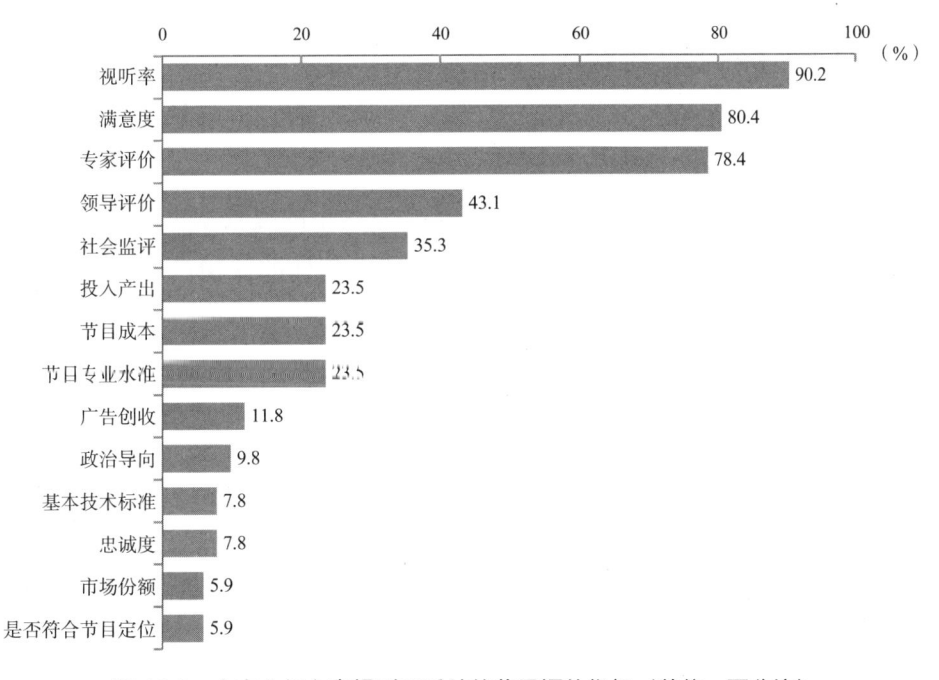

图10-3 内容分析文章提到所采纳的节目评估指标（单位：百分比）

提及排名在前 8 位的指标可以划分为五大类，即视听率、满意度、主观评价、投入产出（投入产出中包含节目成本的概念）和质量标准（内容导向和技术标准）。可见，无论在节目评估实践，还是在研究中，这五大类指标都是节目评估的核心性指标。

此外，广告创收、忠诚度、市场份额、是否符合节目定位等指标也有研究者提及，但提及率总体不高，在当前实际评估应用中也不够普遍。

2. 针对广播电视从业者问卷调研的结果

课题组对国内主要广播电视媒体工作者进行问卷调查，结果显示，各广播电视媒体所采用的节目评估指标中，排在前五位的分别是：视听率（88.1%）、专家评价（81.0%）、领导评价（61.9%）、社会监评员（50.0%）、满意度（42.9%）。

除了排在前五名的指标外，市场份额（40.5%）、政治导向（40.5%）、是否符合节目定位（33.3%）、投入产出比（31.0%）、广告创收（28.6%）、节目成本（26.2%）也是使用较多的指标。而成长指标（7.1%）、占有率点成本（2.4%）、受众期待度（0%）等指标使用较少。如图 10-4 所示。

汇总比较内容分析和问卷调研结果，提及率或使用率排名前五位的评估指标均是视听率、专家评价、领导评价、社会监评员和满意度。两种方法调研结果存在的差异是，内容分析文章中满意度提及率相对较高，达到 80.4%，而问卷调查发现满意度在实践中使用率较低（42.9%）。这主要是由于满意度指标本身存在调查周期长、成本投入高、指标设计难度大等问题，导致在媒体实际操作中受到限制。

节目投入产出比、节目成本测量等指标在论文中的提及率，与当前媒体实际使用率接近，说明当前学界和业界对这些指标重要性的认识已经比较一致，但还不像视听率等指标一样普及。这与目前我国多数广电机构财务管理体制以及成本核算体制不甚完善有关，导致对节目投入、产出的精确数据较难以准确测算。

另外，广告满档率、受众期待度、节目成长指标等对节目生命周期、精确效益管理进行衡量的指标，在研究论文及实际应用中都较少体现，而在针对某类节目的专项研究中多有涉及，是今后节目评估进一步走向精细化管理的主要方向之一。

指标	百分比
视听率	88.1
专家评价	81.0
领导评价	61.9
社会监评员	50.0
满意度	42.9
市场份额	40.5
政治导向	40.5
是否符合节目定位	33.3
投入产出比	31.0
广告创收	28.6
节目成本	26.2
忠诚度	23.8
到达率	19.0
视听率点成本	11.9
节目专业水准	11.9
基本技术标准	9.5
成长指标	7.1
广告满档率	4.8
占有率点成本	2.4
负载率点成本	0.0
受众期待度	0.0
受众重叠度	0.0
受众生动性	0.0

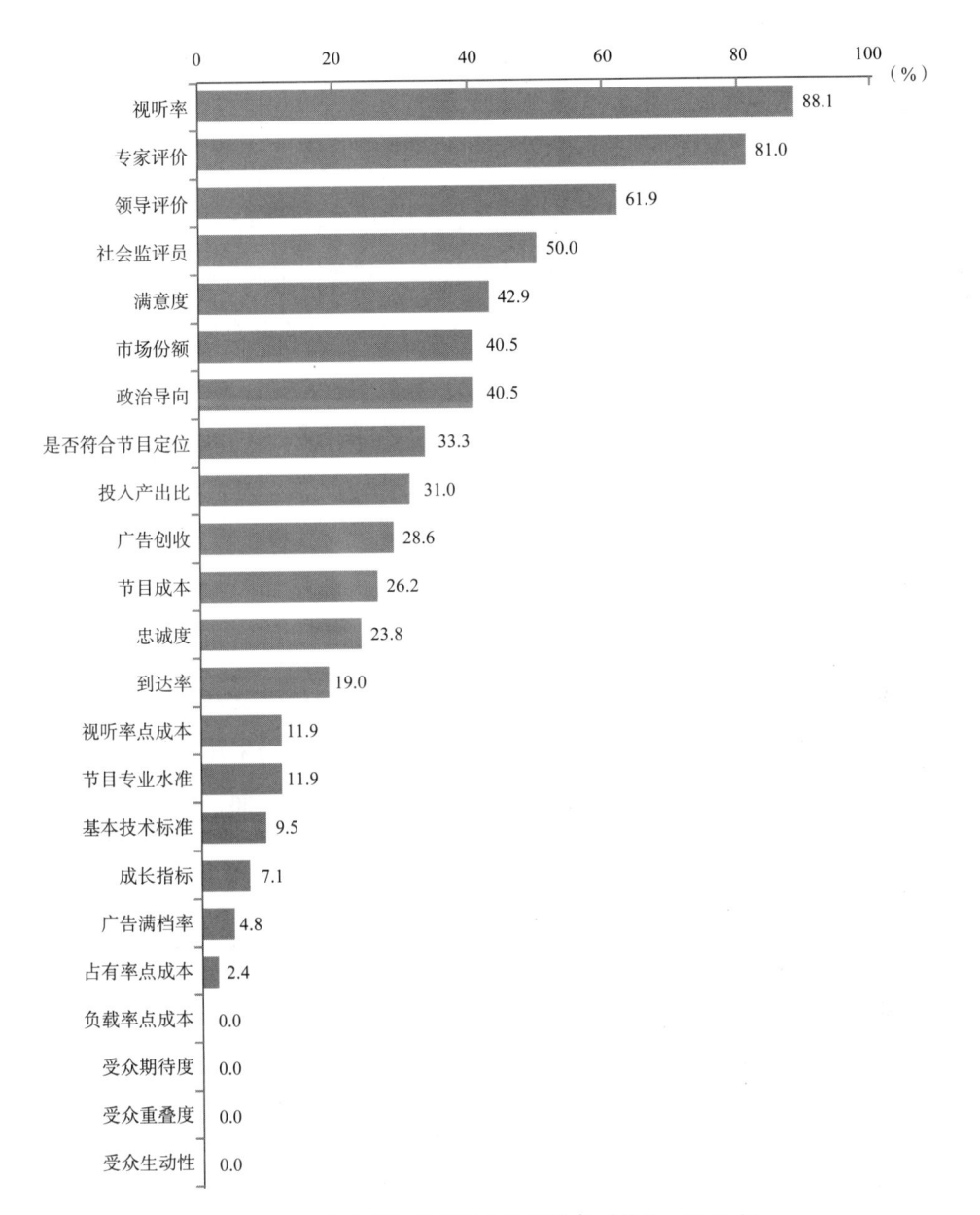

图 10-4　节目评估所采用的指标排名（单位：百分比）

四、国内节目评估经验分析

时至 20 世纪 90 年代，我国广播电视业引入了收视（听）率和满意度两个客观指标，开始以规范的量化研究进行节目评估；节目评估的成本指标也于 2001 年作为一个衡量指标受到业界的重视。至此，业界初步建立起了广电节目评估的框架。但是，由于各台各地区实际情况的差异，在具体操作上仍然存在很多分歧，包括具体操作指标的构成上的差异、各指标所占权重上的差异，等等。

1. 视听率指标及存在的问题

中国广播电视行业引入视听率始于 1986 年，从偶有听闻到广泛应用，经历了近 10 年时间。目前，国内大中城市多数已不再使用日记卡调查方式而改用记录仪调查。在这方面，应用最为成熟的是中央电视台，其数据来源于央视-索福瑞媒介公司。后者在我国大陆地区建立了拥有 6100 多个样本户的调查网，提供常规性的收视信息反馈和分析。

但是，国内目前对"视听率"指标的应用仍存在着巨大的差异，一些落后地区（如西部）还无法将其作为固定的节目评价手段。还有一些单位则过多地或完全依赖视听率，比重往往超过 50%，甚至达到 70%，对其权重界定远未达成共识。多数电视台、电台指标设计单一，方式初级，难以深入节目结构，而且缺乏针对受众的流动分析。

此外，普遍存在抽样系统的结构性偏差问题，这同我国受众组成结构的复杂性有关。在电视方面，还有相当一部分电视台收视率调查仍采用日记法，其夸大主要频道和黄金时段节目收视率的缺陷难以克服。在广播方面，收听率调查实施方法尚未统一，有的台采用"面访"方式，有的台采用"置留"方式；有的台"置留"一周，也有的台"置留"两周，不尽相同。不同方法的优势与劣势尚未得到权威的论证和认可，这种状况势必带来数据的可比性问题。

2. 满意度指标及存在的问题

所谓欣赏指数（Appreciation Index，AI），是测量观众对电视节目喜好与评价的一项指标，也是在视听率这个"量化"指标之外的一个"质化"指标。

欣赏指数由香港电台于 1989 年从英国引进。在 1991 年至 1997 年期间，这项调查主要由 SRG（香港市场研究公司）执行。其时，调查范围集中于黄金时间播出的节目，采用五级量表来了解观众对节目的评价。1998 年起，这项调查经费仍由港台支付，但开始由一个包括学术界、广告界和各电视机构代表构成的组织——"电视节目欣赏指数调查顾问团"主持，并向社会公开发布调查数据，以保证调查的客观、科学和公正。调查范围扩大到所有在香港两家主要电视台——无线和亚视播出的香港本地制作的经常性节目，不设时间限制；1999 年，又将香港有线电视台制作的节目包括在内。评分方法也改为百分制，请观众用 0—100 的分数对节目进行直接评分[①]。

在我国大陆地区，目前满意度调查涉及节目质量的多个方面，如节目的制作质量、可视性、权威性、娱乐性、主持人表现、播出安排的合理性，等等。由于满意度数据可以反映观众观看节目后的所思所想，是观众对节目意见的综合评价指标，该指标一经引入，就被业内人士广泛看好。不少电台、电视台已经在进行这方面的评估操作。

同样，国内的满意度研究依然存在着较大的问题。首先，指标设计上过于简单和模糊，缺乏对影响受众满意度差别的微观因素的衡量；同国外和港台相比，在整个节目评估体系中所占比例偏小，还未得到应有的重视。其次，资金来源仍主要是电视台，调查结果主要供内部使用，无法吸引广告客户的重视，进而导致调查的周期短，节目覆盖范围小，反馈不及时等问题。

3. 成本指标及存在问题

广播电视节目的成本，是指策划、生产制作、推广、传播某一特定广播电视节目的全过程中所产生的人员、材料及设备折旧（使用）费用支出。

目前只有央视和少数电视台运用"投入产出比"来对节目进行评估，如央视成本指标在整个评估体系中一般占到20%的权重[②]。由于各个广播电视单位对技术水平、效率、设备等方面的管理方式存在较大差异，对节目成本的计算标准和方法也不尽相同。

对于成本指标及其二级指标，一方面需要考虑指标间的权重问题，另一方面对于节目制作过程中的边际成本问题、物价上涨等外在因素的影响也要考虑在内。此外，广播电视节目除了创造广告收益，其对频道和栏目带来的满意度、好感度和知名度等方面的无形价值也会对"节目产出"的总价值产生影响。

4. 多种数据采集手段结合使用，是国内节目评估调查的基本模式

（1）收视率以"测量仪调查法"为主，"日记卡调查法"为辅。

对于收视率调查来说，通过对样本户安装收视仪来实现数据的即时回传和分析，及"测量仪调查法"，已经是国内较为成熟的技术。目前央视-索福瑞的"测量仪调查法"包括三种方式：模拟电视收视仪、数字电视收视仪和声音匹配技术

[①] 苏钥机，钟庭耀.电视节目欣赏指数：香港经验［J］.台湾广播与电视，1999（14）.
[②] 周步恒.衡量广播媒体实力之杠杆——论节目评估体系［J］.中国广播受众，2003（01）.

（指的是通过记录样本户家庭电视机播放的声音信号特征，与服务器记录的播出声音信号特征库进行比对，掌握样本户正在收看的频道）[①]。

不过，受各地方收视市场条件所限，目前仍有部分媒体单位采用留置纸问卷的"日记卡调查法"。这种方式主要依靠被访者个人自觉填答及后续回访的方式来保证数据质量，尽管调查结果可能会有所偏差，但仍是弥补没有收视仪调查，或者收视仪调查样本户数量不足的必选方案。

（2）收听率以"日记卡调查法"为主，"测量仪调查法"为辅。

收听率调查国内广泛应用的是采用留置纸问卷的"日记卡调查法"。不过，近几年收听率"测量仪调查法"也已在业界开始应用，其执行便捷、数据精确及回收快速的特点，今后势必将逐步发展为主流调查方法。比如央视-索福瑞的PPM（Portable People Meter）便携式测量仪，以及赛立信公司的广播收听测量仪（BSM）等。

（3）满意度以"CATI外呼（电脑辅助电话调查）"为主，"日记卡调查法"为辅。

受众满意度调查根据执行条件限制，目前主要采用"日记卡调查法"和"CATI外呼（电脑辅助电话调查）"两种方式。其中，CATI外呼的方式与"测量仪调查法"同样具有执行便捷、数据精确及回收快速的特点，且由于访问者可以与受访者实现即时互动，便于对受众态度、原因及具体评价意见进行详细了解。

相较于"测量仪调查法"，CATI外呼调查的不足是受众应答率不高，且调查题目不易太多，每次执行的成本相对较高，因此更适用于进行专项调查，以弥补视听率调查在某些小众节目上样本量不足的问题等。

（4）专家、领导评价主要采用传统打分表的方式。

目前国内的专家、领导评价还存在着一些不足之处。首先，专家、领导的选择上没有统一标准，且人数多为十人以下，代表性不强，容易造成从众心理，如有一个专家赞成，大家就很难反对。其次，专家、领导评价主观性过强，有感情因素。从意识形态角度考虑得多，从市场的角度考虑得少；与收视率、满意度的横向比较相对欠缺。另外，也没有可资借鉴的将专家、领导意见进一步量化的统一标准。

---

① 中国广视索福瑞媒介研究（CSM）．http://www.csm.com.cn/index.php/SinglePage/index/cid/9.html．

节目主体评估领域，国外目前主要采用适用于专家评价的"德尔菲法"。这种方法可以平衡和完善主体评估者的不同意见和倾向，增加评估结果的科学性[①]。该方法是就评估变量的取值征询专家意见，把专家的意见集中起来进行统计分析，然后将结果反馈给专家，再度征询意见，经过几次反馈得到变量的最终值。运用该法一般经过3—4次反馈可取得一致意见。当出现无法达成一致意见的情况时，只要使评分者的不同见解明朗化，问题往往就会得到解决。

（5）目前国内互联网行业对网络视频、音频节目的评估尝试。

对于当前受众数量快速增长、受众覆盖面不断扩大的网络视频及音频节目，IT界已在探索相关"类视听率"的指标及数据采集方法。比如优酷网在2009年开始发布的"优酷指数"，即是一种类似电视收视率的收视行为指标[②]，以及激动网于2010年发布的"网络视频收视率"等。

"中国广播电视节目评估体系"研究和评估的对象，目前并不包括网络视频及网络音频节目，但今后随着三网融合进入实质性发展阶段，以及广电行业与互联网行业的合作深化，节目评估对象势必将向网络视频及音频节目拓展，互联网领域的新技术也会逐步应用到传统广播电视节目的评估工作之中。

表　节目评估主要调查方法

	常用调查方法	辅助调查方法
广播节目收听率	日记卡调查法	测量仪调查法
电视节目收视率	测量仪调查法	日记卡调查法
受众满意度	CATI外呼（电脑辅助电话调查）	日记卡调查法
专家评价	德尔菲法	传统打分表的方式
网络视频收视率	如优酷网的"优酷指数"；激动网的"网络视频收视率"等	

五、当前国内节目分类方法研究成果

对于林林总总的广播电视节目来说，分类的出发点不同决定了节目形态各异。当前国内外传播界在区分广播电视节目类型时的出发点，主要可归结为三个方面：节目生产的角度、节目评奖的角度和节目交易的角度。

---

① 该方法由美国兰德公司20世纪50年代提出，发明人为海尔默（Helmer）和达儿奇（Dalkey）。
② "优酷指数"是以注册或登录过优酷的用户为样本基础，通过对视频播放数、搜索量、评论、站外引用量等多个网络行为数据进行统计而得到的收视指标。

1. 从节目的制作、生产出发划分节目类型

对于节目生产主体来说，电台、电视台习惯于根据现有节目制作门类来直接设置节目类型的管理，如根据各节目中心（新闻中心、电视剧中心、社教节目中心、广告中心等）的节目管理职能将节目区分为相应的新闻类、电视剧类、社教类、广告类等。

从传播者的视角来看，具有明确叙事规范的节目内容，以及符合制作人员专业特性的节目形式更为他们所熟悉，故而使得"内容标准"及"形式标准"成为节目生产主体进行节目分类时最常使用的标准。

对于节目"内容标准"的分类，以传统的"四分法"为代表，如将节目分为新闻类节目、社教类节目、文艺性节目和服务性节目。同时，在各大类下面还可以分为更多的节目小类，以便于节目生产者进行细分管理。

对于节目"形式标准"的分类，常见的有消息、专题、直播、访谈和竞赛节目等类型的划分，实际上是一种体现节目体裁的分类方式。

2. 从对节目评奖的需求出发划分节目类型

针对广播电视的评奖活动主要是从奖项的设置出发，考虑的是业内占据主流的节目形态，一般来说不会涉及所有的节目类型。同时，由于各评奖活动关注的焦点不同，决定了奖项的分类差异更大。从分类标准来看，既有维持电台、电视台单一标准的方法，也有将各种分类标准交织在一起的情况。

美国"艾美奖"，其固定27个奖项的设置分布在剧情类、喜剧类、短剧或电视电影类、其他类（综艺、音乐、竞赛等）四个方面，且体现的是单一的以"形式"为标准的分类法。再如国内电视节目奖的代表之一"中国电视金鹰奖"，将电视节目划分为电视剧、文艺节目、纪录片、美术片、广告片等几个大类，而不考虑新闻、服务等传统节目形态，这主要是由于"中国电视金鹰奖"的设置旨在突出电视节目娱乐性的原因。

节目评奖凸现节目主流形态的分类原则对节目评估的启示在于，节目分类不仅仅是为了"区分"节目之间的差异，而是要在此基础上使各节目类型符合评奖主体或评估主体"区隔"节目质量及效果的目的。

3. 从节目的市场交易出发划分节目类型

一方面，作为节目市场交易主体之一的电台、电视台，需要一套与内容市场及受众市场相匹配的节目分类体系，如按照节目来源进行分类（自办节目、合办节目、交换节目、购买节目等），或按照传播对象的社会特征进行分类（少儿节目、妇女节目、老年人节目、农民节目等）。

另一方面，在媒介受众市场调查领域，出于对受众市场细分的考虑，各调查机构也纷纷建立了相应的节目分类体系。如央视-索福瑞把国内电视节目分为15个总类83个分类，以此作为收视率调查的分类基础。国外媒介市场调查机构也有类似的分类体系，如欧洲世界电视数据公司（Euro date TV Worldwide Company）将全球范围内的电视节目总体分成了4个大类18个分类。

媒介市场调查机构的节目分类方法的特点在于，它从较多元的维度对节目进行了多层次的划分，力求涵盖市场上的所有节目类型。不过，这种分类思路无法解决的一个问题是：各种分类的维度交织在一起，使得节目之间并不具备"区隔"质量及效果的功能。

4. 学术界关于节目分类法的研究成果

鉴于传统节目分类法的诸多局限，传播学术界从改良现有分类法的角度出发，提出了一些不同的分类思路。其中，以张海潮的"系统分类法"和刘燕南的"多维组合分类法"最具代表性。

张海潮从传统的"内容四分法"（新闻、娱乐、教育、服务）出发，对现有电视节目类型进行了详细的梳理，建立了4个A类、27个B类及84个C类的分类体系，力求囊括所有节目类型。该分类体系实际上是对上文所谈到的媒介市场调查机构的分类法进行的改良和扩展，是目前电视节目分类领域在"内容标准"方面划分最详细、类别最全面的方法。

刘燕南根据电视节目的多重属性特征（内容、行业、形式、对象、管理），建立了节目的"多维组合分类法"。该分类法将节目置于内容、行业、形式、对象和管理五个属性下进行综合考虑，同时对不同节目的主要属性和次要属性进行了区分。"多维组合分类法"避免了使用单一标准来囊括所有节目类型的弊端，有效解决了节目分类标准交叉的问题，而且该方法关于节目属性五个维度的划分对建立节目主体评估的分类体系也具有重要借鉴意义。不过，"多维组合分类法"总体上仍然是一个以"区分"节目差异为导向的分类体系，无助于对节目质量及效果进行有效"区隔"和评估。

第十一章 广播电视节目分类方法

在结合和借鉴现有节目分类标准的基础上，我们按照"绝对区隔"与"相对区分"的思路对目前各广电单位播出的常规性节目进行了综合梳理，提出了可以囊括所有节目类型，同时又能体现出各节目形态之间差异的"中国广播电视节目分类法"。如图 11-1 所示。

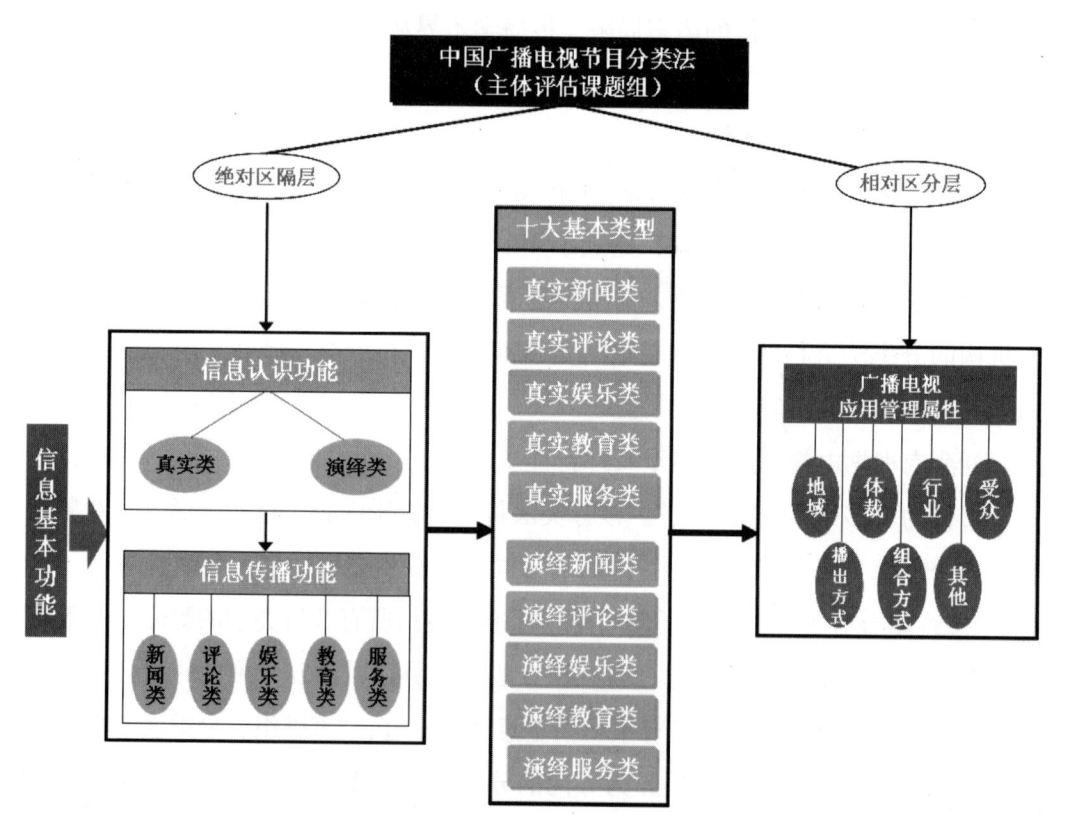

图 11-1 中国广播电视节目分类法

"中国广播电视节目分类法"中包含了"绝对区隔层"与"相对区分层"两个分类层次。

"绝对区隔层"是指从信息的"认识功能"和"传播功能"两种基本功能出发，相应地分为两个节目类型层次，每一层次下面又有节目小类。同时，通过在两种"基本功能层"内部的交叉，可以将节目分为十大类。

"相对区分层"主要考虑的是广播电视行业在日常应用工作上的习惯和需要，从业界管理的角度来区分节目，主要包括了"地域""体裁""行业""受众""组合方式""播出方式""其他"等维度，并可根据管理工作的不断发展需要，在每个维度下分别设立若干节目小类。

"中国广播电视节目分类法"既可以独立应用于主体评估或客体评估，也可应用于主体评估与客体评估相结合的综合评估。需要指出的是，各媒体在应用本节目评估体系时，需要将所有节目按上述分类方法对号入座，从而使节目类别获得行业内的统一，以确保节目评估结果在更广泛的领域里具有可比性。

第一节　中国广播电视节目分类法主要构成

一、绝对区隔层：按信息的认识功能分类

根据对客观世界认识功能的不同层次，可以把节目信息分为"真实"的信息和经过人们加工处理后的"非真实"的信息两大类。相应地，我们可以将目前广电单位播出的所有节目形态区分为"真实类节目"和"非真实类节目"；对于"非真实类节目"，在节目分类体系中称为"演绎类节目"。

1. 真实类节目

真实类节目是指取材于真实资料或反映真实事件的非虚构节目。常见的节目形态包括新闻、访谈、纪录片等以时事资讯为主的节目，以及医疗与健康、体育比赛转播、天气预报、教育与教学等直接呈现客观现实原貌的节目。

2. 演绎类节目

演绎类节目是指取材于现实社会背景，但事件资料的各主要要素皆为想象和

虚构的节目形态。它以对客观事实的艺术再创作来愉悦和感染受众为传播目的。文学、音乐、广告、综艺、广播剧（评书）、戏曲、电视剧、电影、动画片等节目都是最常见的演绎类节目。

与真实类节目的纪实性不同的是，演绎类节目一般都会事先创作一个剧本（文案），然后通过演员（主持人）的配音、扮演来完整地演绎一个虚拟的故事，它体现的是故事的戏剧性和冲突性，力求在时空交替的环境中将故事的过程尽可能表现得逼真可信。

二、绝对区隔层：按信息的传播功能分类

节目的传播目的主要为告知、引导、娱乐与教育等四个方面。另外，作为面向大众的广播电视媒介，它还承担着为受众提供"衣食住行"等生活便利方面的便民服务功能。因此将广播电视节目分为告知类、引导类、娱乐类、教育类和服务类五大类。结合广播电视行业长期以来约定俗成的节目称谓，将广播电视节目类型确定为新闻类、评论类、娱乐类、教育类和服务类五大类。如表11-1所示。

表11-1　按照信息传播功能对节目进行分类

信息的传播功能	对应节目类型的命名
告知功能	新闻类
引导功能	评论类
娱乐功能	娱乐类
教育功能	教育类
服务功能	服务类

1. 新闻类节目

新闻类节目是指以信息传递和信息告知为主要目的的节目形态。如综合及分类新闻、新闻专题、大型事件播报等节目，强调的是信息的新颖性和及时性，在吸引受众关注的同时将完整的信息内容传达给他们，而对信息本身并不做过多的评论和深度报道。

2. 评论类节目

评论类节目是指在信息告知的基础上，对新闻事件或社会问题做出解释和分析，提供观点和看法的节目形态。评论类节目直接反映了传播者的立场及态度，其传播目的主要是为了引导舆论。

3. 娱乐类节目

娱乐类节目是指以满足受众娱乐需求为目的的节目形态。从节目构成方式来看主要有两种，一是单一的影视、歌舞、相声、小品、戏曲、杂技等演出类节目，以演出者的表演为主；二是将以上多种艺术形式综合编排在一起，通过特定的主持人、嘉宾或受众之间的互动来完成的节目，即综艺类节目。

4. 教育类节目

教育类节目是指以传播文化知识、启迪教育受众为主要目的的节目形态。如，教育频道设置的多数节目，以及以宣传教育为显性功能的各种社教类节目等。

5. 服务类节目

服务类节目是指为受众日常生活提供便利服务的节目形态。它涉及大众生活的方方面面，如饮食健康、服饰美容、家居房产、交通旅游等与"吃穿住行"相关的内容，以及天气预报、广告、广播电视购物、择业择偶、节目预告等具有"告知"目的的节目类型。

三、相对区分层：按广播电视的应用管理属性分类

前文提到，目前业界关于节目类型无法形成统一认识的主要原因在于对分类标准没有达成共识，以致各种标准不断错综交织、分类问题复杂化。从信息传播的基本功能出发，将广播电视节目区隔为上述十大类节目类型，即解决了节目分类标准统一的问题。

当然，在"区隔"节目本质差异的同时，还必须充分考虑到广播电视行业的实际应用和管理需要，将十大节目类型进一步细分为便于实践操作的节目小类，从而符合行业约定俗成的关于节目类型的界定和认识。

按广播电视的应用管理属性，可以从以下六种维度对广播电视节目小类进行区分（如表 11-2）：

表 11-2　按广播电视的应用管理属性分类

分类维度	节目小类
地域	国内/国外、境内/境外、内地/港台
体裁	消息/专题、访谈/报道、连续系列、杂志板块
行业	法制类、军事类、科教类、农业类、体育类、时政类、财经类

（续表）

分类维度	节目小类
受众	老年类、女性类、青春类、少儿类、农民类
播出方式	直播、录播
组合方式	集纳式、轮盘式
其他	（适用于未来节目应用管理需要而产生的新的分类维度）

第二节 节目类型权重设定原则及依据

一、从学术研究的角度：节目类型不设权重

"中国广播电视节目分类法"是从信息传播的基本功能出发来确定节目类型，节目的区分本身已考虑了节目在本质属性上的差异。因此，从学术研究的角度，它们之间没有孰轻孰重、孰优孰劣的差别。因此，某一类节目内部进行评估结果的比较时，不存在节目类型权重的问题，主要通过评估指标的实际得分来实现；而当需要在类别之间进行评估结果的比较时，由于每一类节目的评估指标将被赋予不同的权重，因此通过指标得分的加权就可以实现节目评估结果的排名和比较。

二、从媒介实际操作的角度：节目类型权重设置的根据及赋权结果

根据"从界定节目质量和效果的角度出发确定节目类型"的分类原则，决定节目重要性即权重的因素主要有两个：一是"节目质量"，二是"节目效果"。其中，"节目质量"反映了传播者角度的主观意识，"节目效果"则体现的是受传者角度的视听体验。因此，我们采用"媒体重视度"和"受众体验度"两个指标来对节目进行划分，从而体现不同节目分类标准的轻重关系。

（1）对于按照信息认识功能分类的"真实类"和"演绎类"节目来说，它们在"媒体重视度"和"受众体验度"两个指标上的表现如图 11-2 所示。

绝对区隔层： 同时适用于电视节目和广播节目
按信息认识功能分类：两类节目权重分配示意图

受众体验度

演绎类
40%

真实类
60%

媒体重视度

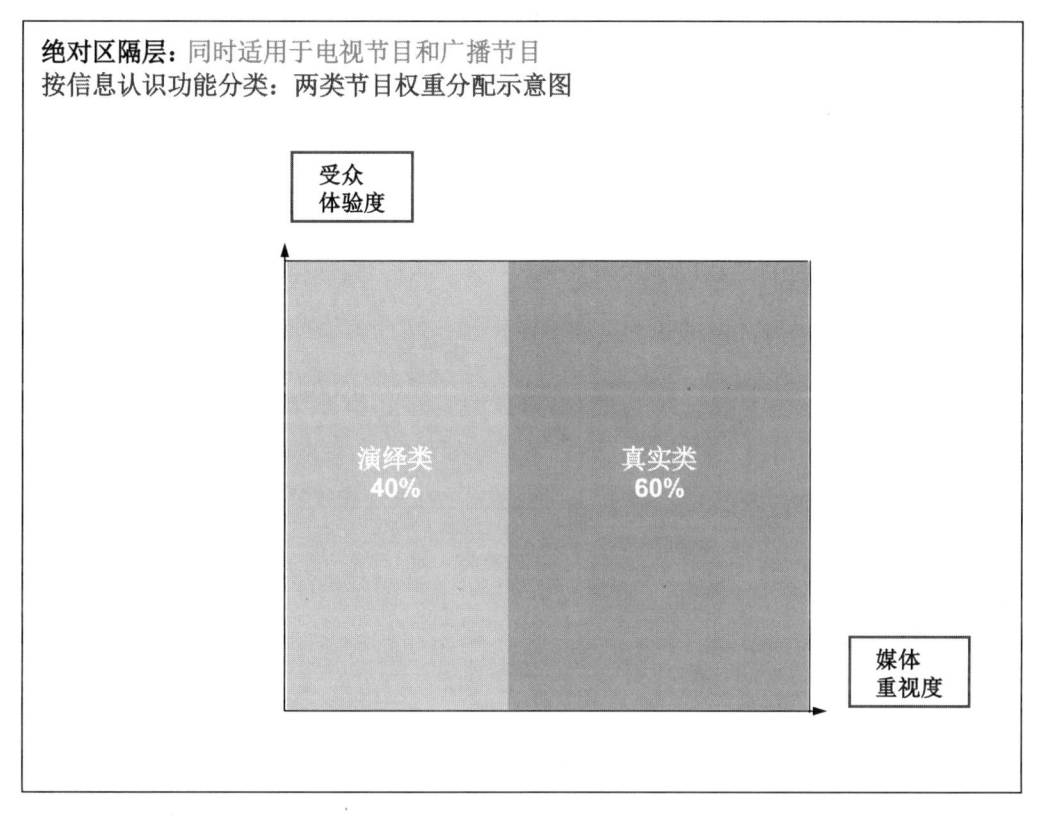

图 11-2 "真实类"节目与"演绎类"节目权重分配示意图

从传播者的主观意识来看，"真实类"节目以反映真实社会现实为准则，承载了广播电视作为信息传递、舆论引导及大众教育的社会工具的主要功能，也最能体现新闻媒体的传播价值。因此，当前各广播电视媒体单位在节目管理及评估工作中，都给予了最多的重视和关注。节目评估中相应地应该获得较多的节目权重：60%。

相应地，"演绎类"节目由于在内容制作和媒介重视上都处于相对次要的地位，将其权重设定为40%。

需要指出的是，从受众体验的角度，听众和观众在接收节目信息时，并不会特别关注节目内容的"真实"或"演绎"，不存在心理期待效应。因此节目在"受众体验度"这个指标上也就不会呈现出明显的高低之别或好坏之分，它们的权重考量应该是平等的。

（2）对于按信息传播功能区分的五类节目来说，它们在"媒体重视度"和"受众体验度"两个指标上同样有不同的权重考量，其权重分配如图11-3所示。

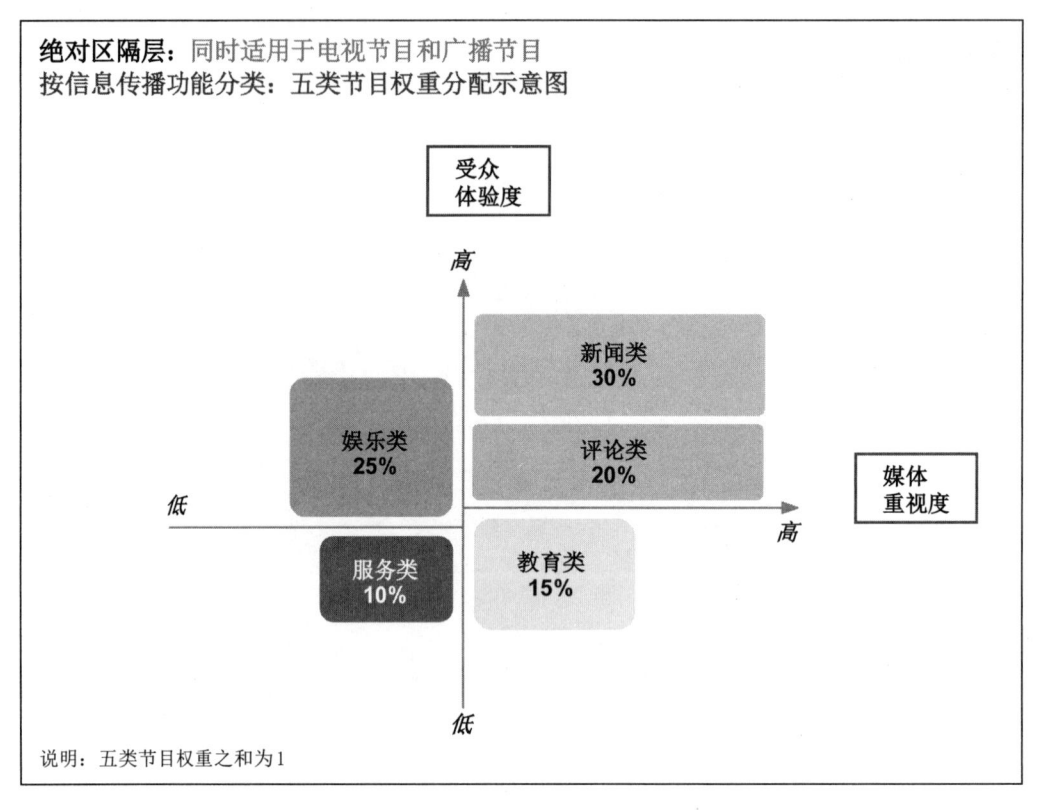

绝对区隔层： 同时适用于电视节目和广播节目
按信息传播功能分类：五类节目权重分配示意图

```
                    受众
                    体验度

                     高
                     │
                     │    ┌─────────────────┐
                     │    │   新闻类        │
                     │    │   30%           │
                     │    └─────────────────┘
          ┌──────────┤    ┌─────────────────┐
          │ 娱乐类   │    │   评论类        │     媒体
          │  25%     │    │   20%           │     重视度
   低 ────┼──────────┴────┴─────────────────┼──── 高
          │          │    ┌─────────────────┐
          │ 服务类   │    │   教育类        │
          │  10%     │    │   15%           │
          └──────────┘    └─────────────────┘
                     │
                     低
```

说明：五类节目权重之和为1

图 11-3 "新闻类／评论类／娱乐类／教育类／服务类"节目权重分配示意图

作为以提供新闻资讯为主要职责的广播电视媒介，"新闻类"和"评论类"节目在任何时期都是其最重要的内容产品，也是体现媒体舆论引导功能的主要方式。同时，从受众体验的角度，"新闻类"及"评论类"节目也是他们心目中"最具价值"的媒体内容之一。

因此，无论从当前各广播电视媒体单位的重视程度，还是受众的体验角度，"新闻类"和"评论类"节目都应该获得较多的节目权重。本研究将这两类媒体分别给以30%和20%的赋权，以体现它们在节目类型中的重要地位。

根据以上分析，"娱乐类"节目属于媒体重视度相对低、而受众体验度较高的节目类型，因此给以25%的赋权。

"教育类"节目在承载大众宣传教育方面担任重要责任，但由于该类型节目内容并不特别强调新鲜及时和生动有趣，因此受众体验度相对较低，本研究给以15%的权重设定。

另外，从节目类型演变的历史来看，"服务类"节目目前在各广播电视节目制作中的分量已让位于其他类型节目；对这种以提供日常生活便利服务内容为主的节目，受众期待的体验度也相对较低，因此赋予"服务类"节目最少的权重：10%。

为了验证以上权重分配在"受众体验度"标准上的合理性，我们考察了CTR 2008年全国读者调查（CNRS）[①]关于电视观众及广播听众对节目评价的调研结果。

首先，对于中国城市电视观众来说，他们对日常主要接触的节目类型评价如图11-4所示。

电视节目观众体验度分析

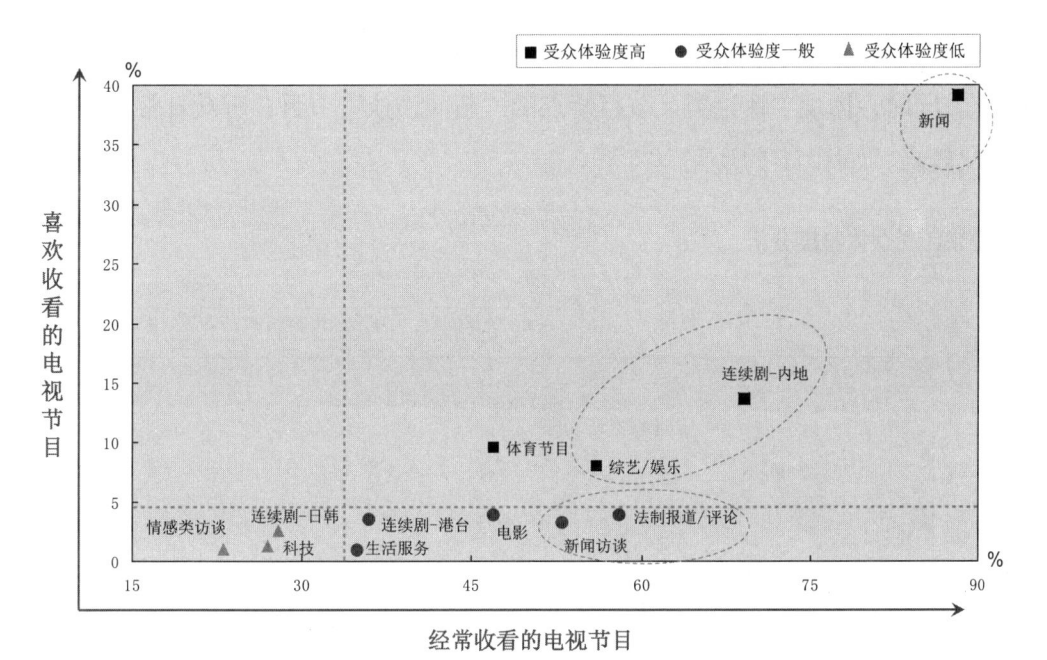

资料来源：CNRS2008（2008.01—2008.12）
依据全国人口资料加权

图11-4 "CNRS2008（2008.01—2008.12）"观众对主要电视节目的评价

在CNRS（Centre national de la recherche scientifique，法国国家科学研究院）的调研指标中，"受众经常收看的节目"和"受众喜欢收看的节目"两个指标可以综合体现我们所定义的"受众体验度"这一权重区分标准。

可以看出，中国城市观众体验度最好的电视节目是"新闻类"节目，不但是他们平时经常选择接触的节目，而且也是他们心目中最青睐的节目类型。同时，

---

① CTR全国读者调查（CNRS）是关于中国大陆城市居民的媒体接触习惯的调查研究。样本覆盖中国36个主要城市15—69岁的消费者，年样本量8万个。其中电视观众调查部分，涵盖400多个电视频道。

属于"娱乐类"节目的"连续剧(内地)"和"综艺/娱乐"节目,受众的综合体验度也比较好,仅次于"新闻类"节目,表明电视媒体目前在娱乐大众方面的重要作用。另外,对于"新闻访谈"和"法制报道/评论"两种"评论类"节目来说,尽管观众的青睐度低于"新闻类"和"娱乐类"节目,但却是他们实际上经常收看的主要节目类型,反映了该类节目在观众心目中占据较重的分量。而对于可以代表"服务类"的"生活服务"节目,以及代表"教育类"的"科技"类型节目,受众的体验度都比较低,因此本课题给以其相对较小的权重分配是合理的。

其次,从 CNRS 关于中国城市听众广播接触习惯调查结果来看,听众体验度最好的广播节目依然是"新闻类"节目和代表"娱乐类"节目类型的"国内流行歌曲"。同时,体现"评论类"节目特点的"新闻访谈"节目,听众日常接触的频率也比较高。如图 11-5 所示。

广播节目观众体验度分析

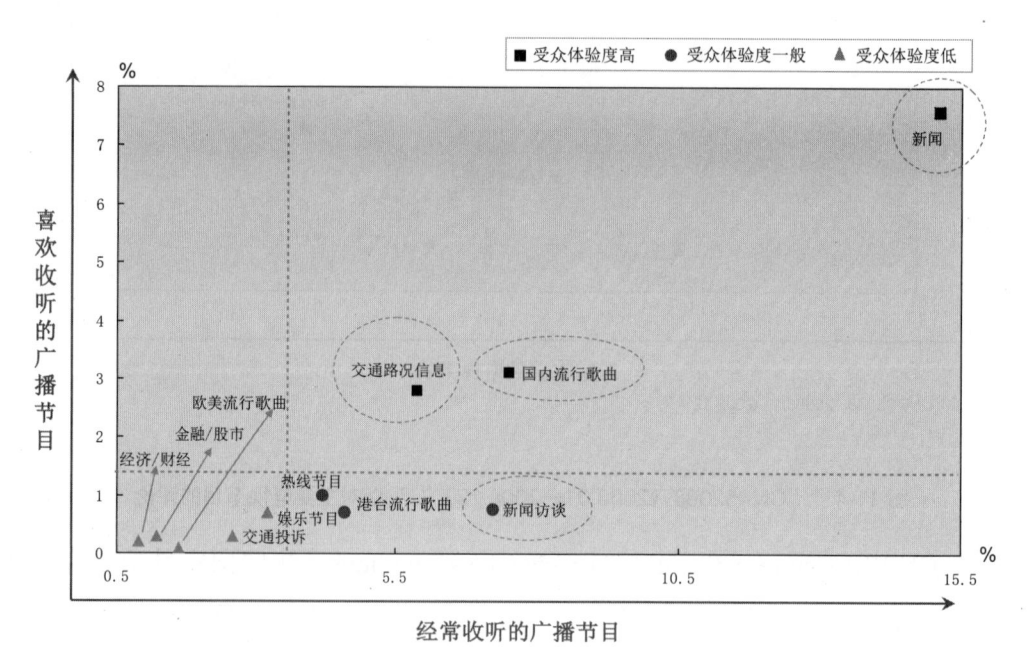

资料来源:CNRS2008(2008.01—2008.12)
依据全国人口资料加权

图 11-5 "CNRS2008(2008.01—2008.12)"听众对主要广播节目的评价

对于"交通路况信息"类节目,由于以直接服务大众生活为目标,也获得了听众的广泛认可。不过,需要指出的是,由于 CNRS 调研样本主要由城市听众构成,不涵盖农村样本,因此调研结果对于城市听众使用越来越多的"交通路况信息"类节目，在受众体验度的评价上势必有放大效应。另外，对应于中国广播电视节目分类法的研究结论，这里的"交通路况信息"类节目更多以提供交通资讯为主，属于"新闻类"节目的范畴，而非单纯的"服务类"节目（如以提供出行参考为主的节目）。

因此，本研究对于电视节目和广播节目，在"媒体重视度"和"受众体验度"两个权重标准上设置了相同的权重分配。

今后，随着"中国广播电视节目分类法"的不断推广，业界对于节目在信息认识功能上的应用可能会出现新的变化，届时有可能会出现区分电视节目和广播节目在"媒体重视度"和"受众体验度"两个权重标准上的必要性。

第三节 节目分类方法研究的意义

通过"信息认识功能""信息传播功能""节目应用管理属性"三个层次来对节目进行多重角度的考虑和分析，第一次解决了节目分类无法穷尽所有节目的问题，对于厘清我国广播电视界目前纷繁复杂的节目分类标准、对节目的质量和效果进行综合考察具有多方面积极的重要意义。

一、便于媒体单位的节目细分化管理

对节目进行三个层次的分类，可以帮助媒体单位认清节目的本质属性，对节目进行有针对性的管理，以提高节目整个社会资源的合理利用。

二、同时满足不同媒介主体"区分"节目和"区隔"节目的需要

本节目分类方法既适用于电台、电视台对节目的质量和效果进行主体评估，也适用于单纯"区分"节目差异的客体评估，并可为未来的综合评估提供根本的分类框架。

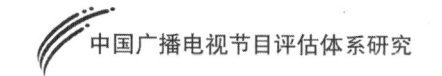

三、有利于研究节目类型化与节目市场化协调发展的关系

随着节目"制播分离"趋势的不断深入发展，越来越多的节目将在市场上进行交易，新的节目分类方法不但可以让节目购买方全盘地掌握市场上的节目总况，而且可以使节目制作方在对节目定位时更准确地契合媒体单位的需求，并以此为基础创作出更多既满足受众口味，又符合社会发展要求的节目形态来。

第四节　现实评估环境、条件及愿景

一、评估环境与条件

1. 构建"广播电视节目评估体系"相关环节

在对节目评估体系的"理论依据""命题背景""政策法规依据""经验依据"等进行逐一考察和分析之后，摆在研究者面前的问题是：该体系建立的现实条件是否具备或成熟？对此，我们将从以下六个领域分别进行探讨，如图11-6所示。

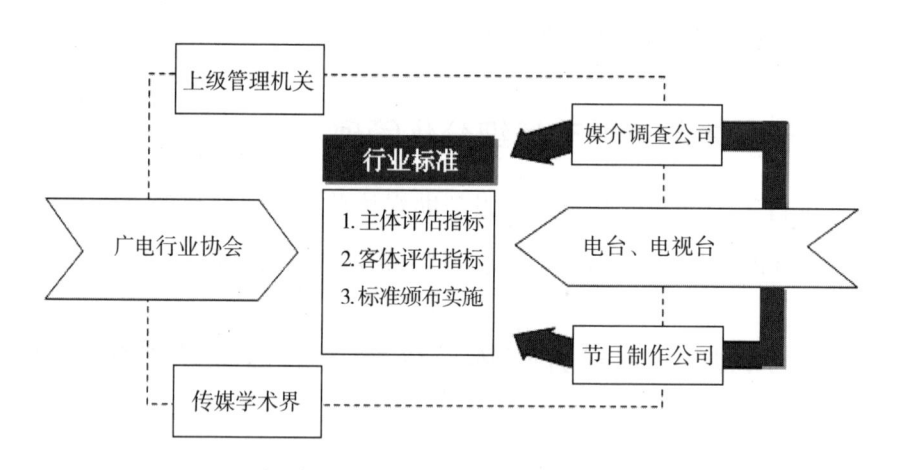

图 11-6　节目评估体系六个相关环节

如图11-6，在建立广电节目评估体系行业标准的过程中，"广电行业协会"与"电台、电视台"是整个体系论证、建立及实施的主体与推动力量。其中广电行业协会应是最主要的推动力，是标准的制定者与监督者。而各级电台、电视台是标准的具体实践者和适用效果的检验者。同时，为了了解各级电台、电视台节目评

估工作的现状及发展规律，我们采用了"电话深访"与"抽样调查"相结合的研究方法。因此对这两个环节领域的定性与定量分析是本章考察节目评估现实依据（条件）的重点。

另外，在节目市场上，作为内容供应方之一的"节目制作公司"与电台、电视台之间是作为一种交易关系存在的，而节目评估体系的建立和推行势必对这一交易过程产生影响。两者之间的关系也是我们在考察"现实依据"时要关注的方面。作为节目评估指标数据的提供者，媒介调查公司及市场调查公司实际扮演着整个体系建立合作者的角色，在数据服务方面的现状和问题也是我们要考察的内容之一。

最后，传媒学术界及上层管理机关是评估体系出台的理论和政策支撑力量，我们探讨了这两个环节领域对评估标准建立的作用和影响。

2. 构建"广播电视节目评估体系"各环节现实条件分析

（1）传媒学术界对节目评估体系的研究持续升温。

2000年，中国广播电视学会电视受众研究委员会在成都举行的"电视节目评估方法体系研讨会"，最早对节目评估体系进行了系统性探讨；随后中国广播电视学会广播受众研究委员会2001年4月和2002年8月分别在厦门及秦皇岛举行了"广播节目评估研讨会"。在这几次会议上，与会代表在总结受众调查工作的基础上，对建立广播电视节目评估体系进行了初步探讨，并对有关节目评估的一些基本概念如"原则、目的、定义、指标体系构成、专家及听众测评指标体系、投入产出指标体系、节目评估体系中各指标的量化及其计算公式"等问题作了简要的阐述，被认为标志着节目评估研究进入实质性阶段。

2003年2月和2004年1月，中国广播电视学会先后召开了"广电节目评估研讨会"，在此基础上提出了"广播电视节目质量评价体系框架"，计划在三年之内建立一套比较完善的、统一的评估体系。同时委托中国传媒大学调查统计研究所进行"评估体系"的前期论证，标志着节目评估研究开始进入成型阶段。

目前，对于节目评估体系的研究已经进一步引起了专家学者和媒体单位的重视。关于节目评估理论及实际操作的各种文章也散见于各传媒刊物，研究呈现出逐步活跃的趋势，这在一定程度上有利于对既有操作实践的总结和梳理。

（2）"节目评估体系"理论研究存在的问题。

首先是评估理论与操作实践相结合的研究较少，对其他领域理论的吸收和借鉴还不足；其次，关于指标评估创新的研究相对较少，且无法形成"争鸣式"的探讨和论证；最后，对电视节目评估工作及评价指标的理论关注明显多于广播节目。

近年来，在上级管理部门的政策推动下，中国媒介经历了一系列的改革措施，改革中既有成效也有不足。拿节目的改革来说，这些年各媒体单位的节目基本都经历了一定程度的改版，然而效果却多不尽如人意，主要原因在于只改了节目本身，没有根本改变过去那种缺乏激励机制的管理流程，而这与缺乏一个科学量化的节目质量和效果的评估标准息息相关。

媒介改革的目的无外乎两点：资源整合与资源优化，而作为调控媒介资源的上级管理者在其中扮演的角色尤为重要。实际上，节目评估体系可以成为节目资源优化管理的有力"杠杆"，建立节目评估的行业标准也符合上级管理机关"三位一体"管理模式的要求：首先，节目评估体系作为一种行业推荐性标准，并不具有行政上的硬性指令性，而是采取一种"公共服务"的手段存在。各级电台、电视台有选择"用"和"不用"的自由。其次，节目评估体系的建立和实施本身带有"市场运作"的性质，可以为上级管理机关规范节目市场、发挥必要的"政府监管"职能提供依据。

3. 广电行业协会是建立节目评估体系的主体及推动者

广电行业协会的"权威性"在业界获得了比较一致的认同。因此，由广电行业协会来组织、由相关第三方学术研究机构和市场调查公司参与制定节目评估体系，已获得了业内共识。

表 11-3 广电行业节目评估体系的统一标准应该由谁来制定

制定机构	人数	百分比
广电行业协会	30	44.8%
广电总局	11	16.4%
学术研究机构	6	9.0%
成立第三方机构	6	9.0%
专业市场调查公司	4	6.0%
影响力较大的电台、电视台	4	6.0%
其他（包括缺失值）	6	9.0%
总计	67	100.0%

4. 各级电台、电视台是建立节目评估体系的实践者和推动力

各级电台、电视台是未来节目评估体系的实际操作者和使用者，因此它们关于节目评估工作的情况以及对评估体系行业标准的建议和期望，是我们考察"现实依据"的基本立足点。各个电台、电视台有比较强烈的节目评估体系实施的需求，各个电台、电视台普遍认为：

（1）建立节目综合评估体系已经被多数电台、电视台提上议事日程，是大势所趋。

（2）人才与资金是困扰各台建立节目评估体系的主要因素。

（3）各台做法不一，差别较大，而且一些建立了较完善的评估体系的单位在具体环节上差别较大，如有的台认为："专家评审怎么说也会带有主观倾向，这就不足以说服人，会引起争议。"有的台认为："满意度的客观性不强，所以没纳入评估体系中来"等。

（4）对节目评估行业标准的重视与期望与各台是否建立了自身的评估体系有关系，部分已经有了自身评估体系的单位对行业标准相对持消极观望的态度。

（5）一些经济情况好的电台、电视台会依旧按照自身已有的评估模式，在接受行业标准时，可能仅作为指导性的意见；相比之下，经济欠发达的电台、电视台更需要行业标准的介入，认为会对本台节目的科学评估起到成效。

（6）多数电台、电视台基本能做到定期评估节目。不过在具体工作进行中或依照各自条件，会有相应的调整。

（7）多数台采用从专业调查公司购买数据，AC尼尔森与索福瑞是主要的提供商，但在对数据的使用上有不同的考虑。

（8）对视听率、满意度及成本等客观指标的认同度总体上高于对专家领导主观评价的认同，其中满意度和视听率的认同度最高。但在实际操作中使用满意度及成本指标的单位相对较少。

（9）电台节目评估工作总体上滞后于电视台，但部分走在前面的电台（重庆、山西、天津、杭州等）在指标构成的完备性上优于电视台，比如持续的满意度调查在电视台方面应用得就很少。

5. 现有媒介调查机构是节目评估体系的主要参与者和执行者

（1）国内媒介调查市场现状。

国内媒介调查市场是伴随着中国市场调查行业的建立而起步的，目前已进入快速发展阶段。首先,从事媒介调查业务的机构在数量上已经初具规模。根据"市场研究协会"(CRMA)会员单位的数据可以统计出,至2016年上半年,中国本土以媒介市场研究为主业的调查公司已逾250家[1],北京、上海及广东三地的调查公司所占数量排前三甲,其中重点的研究调查机构有50余家[2]。其次,随着近两年客户量的大幅增长,媒介研究的业务已经从单一数据提供向综合咨询转变,媒介研究市场也开始呈现出买方市场的趋势。另外,由于媒介调查是资金和技术门槛都比较高的行业,能提供这方面服务的机构普遍具有较强的市场研究实力,在调查技术上紧跟国际先进水平,使得调查实施的规范性和数据质量都有较明显的提升。

(2)节目评估指标数据采信情况分析。

目前各媒体单位节目评估的视听率和满意度数据主要来自媒介市场研究公司,少数单位委托学术研究机构来实施调查。因此,媒介市场提供的数据质量直接决定了媒体单位节目评估结果的有效性。当前国内节目评估指标数据采信方面存在的问题归纳为以下两个方面:

第一,由于采信标准没有统一,数据存在可比性和公正性的问题。一方面,数据可比性的问题集中体现在许多媒体单位同时购买两家或两家以上公司数据的现象上。造成这一现象的原因除了和市场竞争的必然性有关外,数据采集和计算没有规范统一的标准、数据产生过程透明化不够是更为关键的因素。比如现在广受关注的电视剧收视排名,央视-索福瑞和尼尔森媒介研究之间的争议主要源自两家公司调查方法和计算标准的不同[3]。实际上,无论视听率还是满意度,要成为市场上的"硬通货",首先得保证基本数据的"可比性",在此基础上各调研机构才可以进行针对性的深入挖掘和分析。

另一方面,数据公正性的问题主要来自对当前媒体出资委托公司调查这一做法的质疑。前面我们提到,国外的媒体主要采用购买调查机构提供数据的方式,而非自己出资为自己做数据调查;另外国内也缺乏纯第三方的非营利性机构来提供独立的学术调查数据。因此从这个角度考虑,目前国内的媒介调查或多或少存

---

[1] 市场研究协会.会员专区[EB/OL].http://www.emarketing.net.cn/member/list.jsp.
[2] 重点研究机构据会员单位中理事以上单位统计得出,参见市场研究协会.会员单位[EB/OL].http://www.emarketing.net.cn/member/list.jsp.
[3] 以前央视-索福瑞主要采用"仪器调查+日记法"及全国首播电视剧单集最高收视率的标准。AC尼尔森主要采用仪器调查法及全国首播电视剧的收视率平均值为标准。

在着公正性的问题。

第二，调查公司数据服务不够全面细致，高端的媒介咨询也比较欠缺。电台、电视台买了数据但不完全会用，是我们调研中发现的一个突出问题。目前媒介市场上提供的视听率和满意度多是一组标准化、格式化的指标数据，由于各台目前还比较欠缺这方面的专业分析人才，如何最大限度地使用这些指标数据，是个突出问题。从电台、电视台的立场来看购买数据的目的除了可以用于节目评价以外，更主要的是为理清或调整节目对其受众的供求关系，最终提升节目的受众价值服务。比方说，在考察特定节目价值的时候，不但要分析视听率，还要分析体现受众接触情况的到达率、体现受众视听程度的忠诚度以及基于本台特点环境的其他影响因素，单纯的标准化、格式化的数据显然无法满足。

6. 节目制作机构是节目评估体系的适用者和未来市场前景的检验者

国内的节目制作市场是在"制播分离"政策的催动下迅速起步的，并已为广电媒体输送了大量的节目资源。但是，由于这个市场进入的门槛比较低，许多民营公司在稍加改装后就具备了节目生产的能力，致使目前的节目市场呈现一定程度的混乱状态，如节目质量低下、节目形式雷同、节目资源利用恶性循环，等等。另外，部分节目制作公司迫于广告和成本的压力也会降低节目质量，同时媒体固有的节目缺口又比较大，便造成了市场上的无序竞争。单纯"量"的需求，使媒体与制作公司之间容易形成简单的交易关系，对"质"的要求相对就会降低。

从节目购买方媒体来看，目前从外面引进节目主要靠经验预测，很少做播前或播后评估。这也助长了节目制作机构降低节目制作质量的现象。多数制作公司最多参考一下播出单位公布的视听率数据，对节目的整体质量和综合效益缺乏清楚认识。

然而，任何一个市场都会经历一个从低水平无序竞争到以标准规范为竞争手段的过程，当市场的变化加快的时候，经验积累将不能把握市场的需求和特点，则必然会产生各种监督和规范力量来调控市场的走向。对于节目市场来说，产品即节目，检验产品质量的标准最终只能是节目播出后带来的经济效益与社会效益，而对节目评估的相关指标，将是节目播出方在采购节目时用以衡量和预测节目的科学手段。因此，从这个角度来讲，未来节目市场的逐渐成熟和规范，将促使制作公司在引进和生产节目时，要考虑节目综合评估的问题；相应地，它们对节目评估标准的重视，将成为检验该标准未来市场效力的一个方面。

二、节目评估愿景分析

1. 行业推荐性标准的制定与颁布

节目评估体系最终以行业标准的形式确立下来，符合节目市场的实际和广电媒体节目管理的客观要求。同样，标准的制定、颁布和实施也需要符合广播电视行业发展的现实条件，并按照科学规范的标准管理流程加以确定。

（1）行业协会及其附属机构负责制定标准。

行业协会是市场经济发展的产物。在我国，经过政府机构改革和职能转变，行业协会的工作环境已经有了很大改善，行业管理职能也逐渐获得提升的空间。对于广电行业协会来说，制定节目评估的推荐性标准，符合其工作职能范畴及当前广电行业发展的实际。

《行业标准管理办法》（国家技术监督局第11号令发布1990-08-24）第十条规定："制定行业标准应当发挥行业协会、科学研究机构和学术团体的作用。制定标准的部门应当吸收其参加标准起草和审查工作。"因此，由行业协会及其附属机构负责制定节目评估标准符合我国当前行业协会发展的现实情况和需要。

（2）节目评估行业标准的颁布机构。

根据《行业标准管理办法》的规定，行业标准应由行业协会上级归口部门统一管理。即标准的申请和颁布可在行业协会的协助下，由其上级管理部门实际负责。颁布行业标准需要符合以下程序：意见汇总—标准送审—送审稿函审—标准审批、编号及颁布。

因此，节目评估行业标准的颁布，应该由行业协会"中国广播电视协会"起草标准，并由其上级归口部门"国家广电总局"和"民政部"来实际负责标准的申请及颁布工作。

（3）节目评估行业标准的实施和推广。

总体上，依据"专家论证—试点单位使用—业界推广"的实施方案。目前，主体评估和客体评估体系，已经分别经过了专家论证和试点单位使用，今后研究及工作重点将转为业界推广阶段，作为广大媒体单位实施节目管理的重要工具。

2. 作为学术研究、节目评奖以及节目交易准入等领域的重要依据

"中国广播电视节目评估体系"在节目分类、指标界定及方法设计上都做出了研究创新，今后随着传媒技术的不断革新以及新媒体的持续涌现，对于不同节目

类型的评估和研究还需持续深化。

同时,"中国广播电视节目评估体系"中关于主体评估指标的细分及操作流程说明,可以为节目评奖工作提供更为规范、科学的方法借鉴,并逐步建立行业节目评奖工作与节目评估工作的交流衔接平台。

另外,在节目交易市场上,通过对节目客体评估指标的充分应用和优化,可以进一步提升视听率"通用货币"的含金量,并可对节目生产领域的成本投入及市场销量做出更为准确的预判。

第十二章　广播电视节目主体评估体系

从节目理论研究及业界管理实践来看，对节目主体评估进行系统阐述目前还是空白。不过，从传播主体的角度来衡量节目质量和传播效果的工作却已有了许多年的积累。从20世纪70年代广播及电视开始通过"受众自发来信"和"不定期的座谈会"来获得对节目传播效果的经验判断[①]，到80年代视听率的引入为节目主观评估带来量化评估的观点，再到90年代以来各台纷纷建立主观指标与客观指标相结合的综合评估系统，关于节目的主体评估实际上伴随了中国广电节目发展的全过程，并积累了一定的理论认识和操作经验。

第一节　广电媒体主体评估基本状况

一、当前广播电视媒体节目主体评估基本情况

一方面，从传播主体的角度对节目的质量及播出效果进行衡量和把握，已经成为各台的常规性做法。常见的做法包括对节目基本制作质量的评价、常规的专家及领导评估，以及辅助的受众监评等，基本上已经形成了较系统的评估框架。不过，相对于客体评估指标来说，主体评估所占的比重还比较小，以2005年为例，在所调查的各广播电视媒体的节目评估标准中，除了节目质量基本标准

[①] 柯惠新. 中国内地广播电视节目评价指标体系研究——历史、现状与发展[J]. 传媒透视，2004（05）.

比重略高外（22.3%），领导评估和专家评估这两种传统的衡量节目质量及播出效应的评估方式已被大大弱化了，平均来说在各台的比重皆不超过6%。如表12-1所示。

表12-1 当前广播电视媒体应用的主要评估指标及其平均权重[①]

评估指标	平均比重（%）
节目质量基本标准	22.3
节目视听率指标	47.3
节目满意度指标	9.3
节目投入产出比	2.9
领导主观评估	5.6
专家主观评估	5.1
受众反馈	5.4
节目获奖情况	0.5
受众座谈会	0.2
其他指标	1.4

另一方面，理论界和业界在回顾和探讨节目评估工作时，对综合评价体系中的主体评估方法及应用也多有涉及，并针对评估中出现的各种问题纷纷给出了解决思路。不过，对于如何建立一整套完备可操作的主体评估体系，目前既欠缺成熟的理论依据，也缺乏实践的操作经验，需要进行系统研究和广泛论证。

二、主体评估体系子体系说明

节目主体评估体系由节目分类体系、评估指标体系、评估方法体系、评估操作体系等子体系构成。

1. 节目评估分类体系

节目分类体系是对节目类型进行多重层次区分的原则和标准。它既可以按照传播属性对节目进行类型化研究和管理，也可以在此基础上进行节目的主体评估、客体评估和综合评估工作。

[①] 周步恒. 中国广播电视节目评估情况研究报告［R］. 国家广播电影电视总局发展改革研究中心. 2006年中国广播影视发展报告. 北京：社会科学文献出版社，2006：107.

2. 主体评估指标体系

主体评估指标体系是指在对节目进行测量和评价时，用来反映节目质量高低及层次的一系列标准。主要包括基本标准和专业标准两类指标，每一指标下又设置了相应的二级、三级指标。

3. 主体评估方法体系

主体评估方法体系是对具体的评估方式、方法和技术的规定。包括评分方法、操作方法、评估结果的统计检验方法等内容。

4. 主体评估操作体系

主体评估操作体系指的是评估的实施机构和流程。主要包括评估机构的组建、评估人员的构成、评估流程的规定及评估软件的使用等内容。

节目主体评估各子体系的内在关系如图12-1所示。

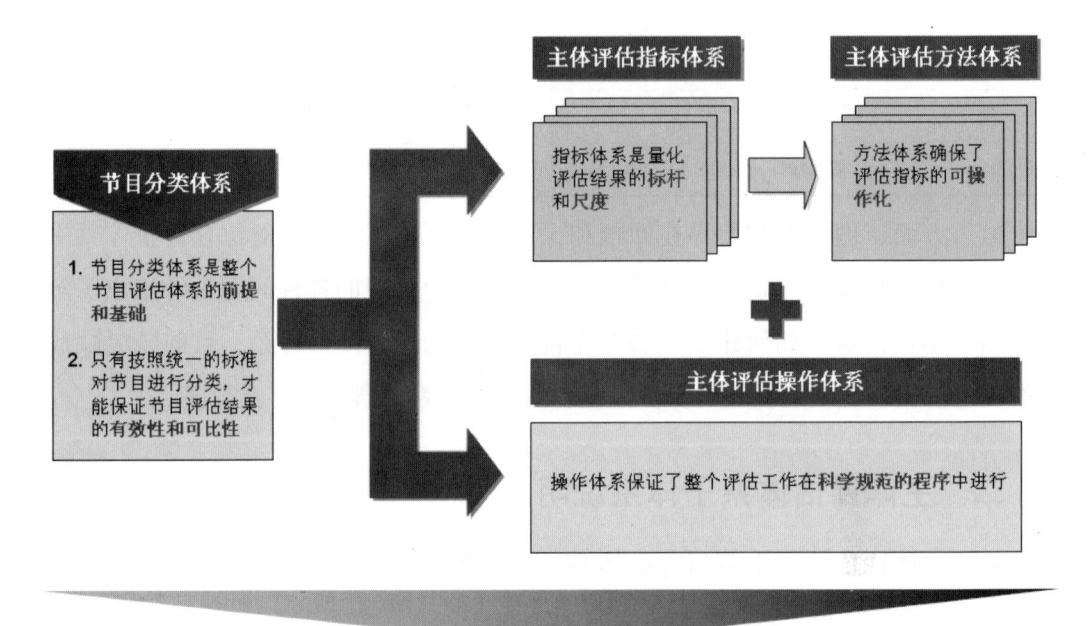

节目主体评估体系构成-示意图

图 12-1 节目主体评估体系构成 - 示意图

第二节 主体评估指标体系

一、基本标准指标体系

主体评估指标体系是指在对节目进行测量和评价时，用来反映节目质量高低及层次的一系列标准，主要包括技术标准和内容标准两部分。其中，技术标准是与内容标准并行的、在对广播电视节目从内容方面进行评估基础上的补充标准，其评估方法、操作方法等与内容评估有很大区别，因此单独进行分析和说明。

内容标准分为基本标准和专业标准两个一级评测指标，每一指标下又设置了相应的二级评测指标、三级评测指标，以及四级参考指标，如表 12-2 所示。

表 12-2 主体评估指标体系一览表

一级指标 （评测指标）	二级指标 （评测指标）	三级指标 （评测指标）	四级指标 （参考指标）
技术标准	略	略	略
内容 基本标准	内容 基本标准	反对宪法确定的基本原则的	
		危害国家统一、主权和领土完整的	
		危害国家安全、荣誉和利益的	
		煽动民族分裂、民族仇恨、民族歧视，破坏民族团结，或者侵害民族风俗、习惯的	
		破坏国家宗教政策的	1. 破坏信教公民与不信教公民和睦相处的 2. 破坏不同宗教之间和睦以及宗教内部和睦的 3. 歧视、侮辱信教公民或者不信教公民的 4. 宣扬宗教极端主义的 5. 违背宗教的独立自主自办原则的[①]
		泄露国家机密，危害国家安全或者损害国家荣誉和利益的	
		诽谤、侮辱他人，侵害他人合法权益的	1. 以暴力或者其他方法公然侮辱他人，或者捏造事实诽谤他人，情节严重的[②] 2. 捏造并散布虚伪事实，损害他人的商业信誉、商品声誉，给他人造成重大损失或者有其他严重情节的[③] 3. 新闻报道严重失实或者基本内容失实，致他人名誉受到损害的

[①] 以上五项内容引自国务院《宗教事务条例》（2004）第七条之规定。
[②] 引自《中华人民共和国刑法》（1997）第二百四十六条。
[③] 引自《中华人民共和国刑法》（1997）第二百二十一条。

(续表)

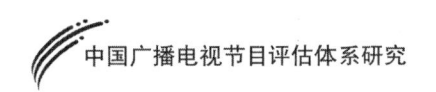

一级指标 (评测指标)	二级指标 (评测指标)	三级指标 (评测指标)	四级指标 (参考指标)
内容 基本标准	内容 基本标准	诽谤、侮辱他人，侵害他人合法权益的	4. 根据国家机关依职权制作的公开的文书和实施的公开的职权行为所作的报道失实，或者前述文书和职权行为已公开纠正而拒绝更正报道，致使他人名誉受到损害的 5. 损害死者名誉的 6. 因转载而损害他人名誉权的 7. 未经他人同意，擅自公布他人的隐私材料或以书面、口头形式宣扬他人隐私，致他人名誉受到损害的①
		传播淫秽、邪教、迷信，教唆犯罪以及渲染色情的	1. 淫亵性地具体描写性行为性交及其心理感受 2. 公然宣扬色情淫荡形象 3. 淫亵性地描述或者传授性技巧 4. 具体描写乱伦、强奸或者其他性犯罪的手段过程或者细节，足以诱发犯罪的 5. 具体描写少年儿童的性行为 6. 淫亵性地具体描写同性恋的性行为或者其他性变态行为或者具体描写与性变态有关的暴力、虐待、侮辱行为 7. 其他令普通人不能容忍的对性行为的淫亵性描写②
		向未成年人传播暴力、凶杀、恐怖、赌博信息的	
		披露未成年人隐私的	1. 披露犯罪的未成年人的姓名、住址、照片以及可能推断出该未成年人的资料 2. 披露未成年人中的艾滋病病毒感染者、艾滋病病人及其家属的姓名、住址、工作单位、肖像、病史资料以及其他可能推断出其具体身份的信息③
		扰乱社会秩序，破坏社会稳定的	1. 煽动暴力抗拒法律实施的④ 2. 编造并传播证券交易虚假信息⑤ 3. 非法使用窃听窃照专用间谍器材⑥ 4. 散布谣言，谎报险情、疫情、警情的⑦

---

① 以上3至7分别引自最高人民法院《关于审理名誉权案件若干问题的解答》(1993)和《关于审理名誉权案件若干问题的解释》(1998)。
② 以上关于"淫秽"的内涵引自原新闻出版总署《关于认定淫秽及色情出版物的暂行规定》(1988)。
③ 引自《中华人民共和国未成年人保护法》第三十五条、国务院《艾滋病防治条例》第三十九条。
④ 引自《中华人民共和国刑法》第七十八条。
⑤ 引自《中华人民共和国刑法》第一百八十一条。
⑥ 引自《中华人民共和国刑法》第二百八十四条。
⑦ 引自《中华人民共和国治安管理处罚法》第二十五条。

(续表)

一级指标 （评测指标）	二级指标 （评测指标）	三级指标 （评测指标）	四级指标 （参考指标）
内容 基本标准	内容 基本标准	扰乱社会秩序，破坏社会稳定的	5. 违反法定的信息统一发布制度，擅自发布灾害天气预报、地震预报、水污染、旱情、草原火灾及核电厂事故信息的[①] 6. 编造、传播有关突发事件事态发展或者应急处置工作的虚假信息的[②]
		危害社会公德或者民族优秀文化传统的	
		法律、行政法规规定禁止的其他内容	
内容 专业标准	专业技巧 指标	采（采风采访）	1. 题材选择（时效性、重要性、前瞻性） 2. 采访技巧（现场感、交流感）
		编（编辑编排）	1. 思想正确性 2. 内容连贯性 3. 结构严密性 4. 手法多样性
		播（播音主持）	1. 语言 2. 格调 3. 风格
		制（制作剪辑）	1. 剪辑流畅性 2. 承接自然性 3. 表现艺术性 4. 包装时尚性
		音（音响音乐）	1. 音乐 2. 音响
		画（画面镜头）	1. 画面构成 2. 镜头运用
		文（文字写作）	1. 精练性 2. 口语化 3. 契合性
	社会效应 指标	舆论性	1. 反映舆论 2. 引导舆论 3. 影响舆论
		伦理道德性	1. 时代性 2. 传统性 3. 重塑性
		公益性	1. 公众知识的普及 2. 生活信息的传递 3. 公众问题的解决

---

① 引自《中华人民共和国气象法》（1999）第二十二条、《中华人民共和国防震减灾法》（1997）第十六条、《水污染防治法》（2008）第二十五条以及国务院《核电厂核事故应急条例》（1993）第二十八条、国务院《草原防火条例》（2008）第三十四条、《抗旱条例》（2009）第四十九条和第五十八条。

② 引自《中华人民共和国突发事件应对法》（2007）第五十四条。

(续表)

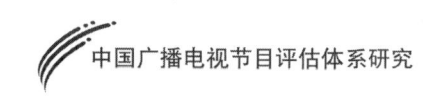

一级指标 （评测指标）	二级指标 （评测指标）	三级指标 （评测指标）	四级指标 （参考指标）
内容 专业标准	审美价值 指标	审美体验（感官）	1. 结构完整性 2. 叙事的清晰度及流畅度 3. 节奏的舒适度 4. 视听的综合感受程度
		审美心理（心理）	1. 情感表达引起联想和共鸣的程度 2. 目标群体审美心理契合性
		审美格调（精神）	1. 价值导向性 2. 精神提升程度

主体评估基本标准是指：广播电视节目播出所要符合的技术基本要求和内容基本要求，是广播电视节目的最低标准，也是对节目质量及效果进行专业评估的起点。

对于任何一个节目来说，必须既要符合广电部门规定的有关节目制作、编排及播出等环节的技术规范，又不能违反相关宪法与法律所规定的任何一项。否则，就是一个不合格产品，不能被传播。

节目主体评估"基本标准"指标体系具有以下两方面的特征：第一，底限规范的评价结果——0与1。底限规范是广播电视传播内容的最低标准，是所有节目都没有区别地必须遵循的标准。它不是评价广播电视节目"好与坏"的标准，而是评价一个节目可不可以播出的"是与非"的标准。换言之，底限规范不是评价一个节目得分多少的标准，而是能不能得分的标准。违反底限规范的评价结果是0。第二，节目必须符合"内容基本标准"的要求。对于任何一个节目来说，必须符合广电部门规定的有关节目制作、编排及播出等环节的技术规范，且不能违反相关宪法与法律所规定的任何一项。否则，就是一个不合格产品，不能被传播。

1. 内容基本标准指标体系研究

"内容基本标准"的全部指标来自全国人大及其常委会制定并颁布的宪法与法律，还有个别标准来自我国政府已经签署的国际公约。

（1）内容基本标准的主要特点。

对于衡量广播电视节目内容的底限规范，"内容基本标准"从法律的相关价值取向来看，具有以下两个特点：

① 以法律的禁止性规范为基本依据，法无禁止即为自由。"依法治国，建设社会主义法治国家"是我国的宪法原则。改革开放以来，我国社会主义市场经济法

律体系日益完善，在基本的、主要的方面已经有法可依，法律日益成为社会全体成员公认的基本行为准则。

法律的基本特征之一，是对所有人都平等适用的行为规范，不论是广播电视播出机构及其从业者，还是广播电视节目制作机构及其从业者制作的节目概无例外。

法律的基本特征之二，是它的核心内容是最底限的行为规范，集中体现为禁止性规范，违反了这些规范将受到刑罚制裁。法律不能规范人们的所有行为。如果将所有行为均以法律一一规范的话，社会将成为空前恐怖的法律帝国，人们的自由将丧失殆尽。

法律的以上主要特征决定所谓广播电视节目的"内容基本标准"，必须以法律的禁止性规范为基本依据。根据法学基础理论，法无禁止即为自由。这种自由集中表现为我国宪法第三十五条规定的公民有言论、出版、集会、结社、游行、示威、出版自由，宪法第四十一条规定的公民对任何国家机关及国家工作人员有批评、建议、控告、申诉的权利，以及宪法第四十七条规定的公民的文学艺术创作和科学研究的自由。宪法上的这些自由与权利在法理上集中表述为"表达自由"。

② 广播电视节目的"内容基本标准"必须在表达自由和社会责任间寻找平衡。尽管法律所规定的表达自由是广泛的，广播电视节目的制作者也应同时享有这些权利与自由，然而由于广播电视作为大众传媒进入亿万家庭，它对受众的影响也是普遍而深刻的。因此，广播电视节目又需要比其他大众传播媒介负有更多的社会责任。体现在节目"内容基本标准"的设计中，它不仅应当包括法律的禁止性规范，而那些以"不得"等字眼表述的法律规范也应当考虑在内。当然，在广播电视节目实现社会责任方面，可以确定行为规范的依据并非只有法律，或者主要不是法律，而是行规或职业道德，有时还包括执政党的纪律。因此，所谓节目"内容基本标准"的设计必须在法律、行规以及职业道德等各类规范中谨慎判断，坚持"底限规范"的标准，不是替代行规或职业道德的作用，而是让行规及职业道德标准充分发挥规范作用，扮演应有的角色，避免以"社会责任"为理由，扩大广播电视节目底限规范的范围，以侵犯表达自由的空间。"内容基本标准"的设计，必须在维护表达自由和妨碍他人的权利与自由间实现平衡，而广播电视节目的社会责任则不仅需要依靠广播电视业的行规及从业者的职业道德给予保障，而且需要在对"专业标准"的梳理和论证中加以细化和量化，以实现对节目内容的全面

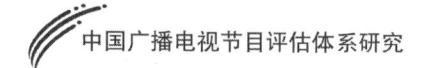

把握。

（2）内容基本标准的主要依据。

以《电影管理条例》（2001）和《互联网信息服务管理办法》（2000）为主要依据来确立内容基本标准的底限原则。

我国法律对大众传播内容的禁止性规范呈现出分散的特点，即除了根本大法宪法中的规定外，若干基本法律如刑法、民法通则以及全国人大常委会关于维护互联网安全的决定、未成年人保护法、预防未成年人犯罪法等法律中均存在禁止性规范。这种分散性特点为大众传播内容底限标准的确立带来一定的困难。

另外一面，涉及大众传播的若干行政法规的相关规定对法律规范的分散性特点给予了一定弥补——行政法规中的禁载规定抽象于法律的禁止性规定，对大众传播的底限规范做出了概括与归纳。自1994年8月《音像制品管理条例》出台至今，先后有《电影管理条例》《出版管理条例》《广播电视管理条例》等相继出台，其后国务院又于2000年颁布了《互联网信息服务管理办法》。2001年12月，上述大部分条例做出修改，禁载内容从六条到十条，其表述虽大体相同，但也有少量重要的不同之处。

在上述各项相关行政法规中，只有《广播电视管理条例》自1997年颁布之日后从未做重要修改，但这并不意味着广播电视节目内容的底限标准有理由放宽。所以持这种观点，主要是因为上述行政法规中增加的禁载规定大部分具有上位法的依据或者民权公约的依据，根据宪法规定的"公民在法律面前一律平等"的原则，这些行政法规当然对广播电视节目内容具有规范作用。因此在研究广播电视节目内容的底限标准时，以这些经过补充修改的行政法规作为参考具有充分的理由。

分析这些行政法规，从内容上看，禁载规范内容最多、文字表达最丰富的是国务院2000年颁布的《互联网信息服务管理办法》和2001年修订的《电影管理条例》，均各有十条；从行政法规的生效日期上看，据现在时间最近的一部是《电影管理条例》；而与广播电视节目内容关系最密切、最具参考价值的正是国务院有关电影、互联网的两部行政法规。

根据上述分析，本项目以《电影管理条例》（2001）和《互联网信息服务管理办法》（2000）两部行政法规为主要依据，梳理广播电视节目应当遵循的底限标准，即"内容基本标准"。特别需要指出的是，本"内容基本标准"并不包括广播电视广告节目在内。主要原因是：第一，一般广告节目制作和播出存在着相对独立的体系；第二，我国广告法制也相对完善，且配套规范较多，应当做出专门研究；第三，大多数发达国家广播电视的节目准则均将广告节目与一般节目标准区分开来，另行规范。

（3）内容基本标准的具体指标。

综上所述，涉及广播电视节目内容的底限标准问题，相关行政法规已经依据法律做出了抽象。尽管在合法性及科学性方面存在若干问题，但对"广播电视节目的底限标准"而言仍然不失为一个较好的蓝本。本项目以《电影管理条例》及《互联网信息服务管理办法》中的禁载规范为基础，加以进一步的综合归纳，对其加以补充，突出操作性与具体化，最后抽象出广播电视节目"内容基本标准"的框架，如下：

禁止或不得制作、播放载有下列内容的广播电视节目：

① 反对宪法确定的基本原则的；

其法律依据为《中华人民共和国宪法》全文。

② 危害国家统一、主权和领土完整的；

其法律依据主要为：

a.《中华人民共和国反分裂国家法》（2005）。

b.《中华人民共和国刑法》第一百零二条"背叛国家罪"；第一百零三条"煽动分裂国家罪"等。

③ 危害国家安全、荣誉和利益的；

其法律依据主要为：

a.《中华人民共和国刑法》（1997）第一百零五条"煽动颠覆国家政权罪"；第三百七十八条"战时造谣扰乱军心罪"等。

b.《中华人民共和国军事设施保护法》（1990）第十五条（关于对军事禁区的摄影、摄像、录音、勘察、测量、描绘和记述以及对这些资料的使用）；第三十四条（关于在军事禁区非法进行摄影、摄像、录音、勘察、测量、描绘和记述，不听制止的）。

c.《中华人民共和国国家安全法》（1993）。

④ 煽动民族分裂、民族仇恨、民族歧视，破坏民族团结，或者侵害民族风俗、习惯的；

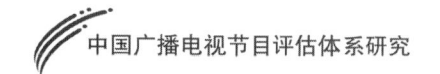

其法律依据主要为：

a.《中华人民共和国刑法》（1997）第二百四十九条"煽动民族仇恨、民族歧视罪"；第二百五十条"出版歧视、侮辱少数民族作品罪"；第二百五十一条"侵犯少数民族风俗习惯罪"等。

b.《中华人民共和国治安管理处罚法》（2005）第四十七条（关于煽动民族仇恨、民族歧视，或者在出版物、计算机信息网络中刊载民族歧视、侮辱内容的）。

c.《中华人民共和国民族区域自治法》（1984）第九条（关于禁止对任何民族的歧视和压迫，禁止破坏民族团结和制造民族分裂的行为）。

⑤破坏国家宗教政策的；

其法律依据主要为：

a.《中华人民共和国宪法》（1982）第三十六条：中华人民共和国公民有宗教信仰自由。

任何国家机关、社会团体和个人不得强制公民信仰宗教或者不信仰宗教，不得歧视信仰宗教的公民和不信仰宗教的公民。

国家保护正常的宗教活动。任何人不得利用宗教进行破坏社会秩序、损害公民身体健康、妨碍国家教育制度的活动。

宗教团体和宗教事务不受外国势力的支配。

b.《中华人民共和国刑法》（1997）第二百五十一条"非法剥夺公民宗教信仰自由罪"。

c.《宗教事务条例》（2004年国务院令）第七条（关于"涉及宗教内容的出版物不得含有的内容"）。

⑥泄露国家机密，危害国家安全或者损害国家荣誉和利益的；

其法律依据主要为：

a.《中华人民共和国刑法》（1997）第一百一十条"间谍罪"；第一百一十一条"为境外窃取、刺探、收买、非法提供国家秘密、情报罪"；第三百九十八条"故意泄露国家秘密罪""过失泄露国家秘密罪"。

b.《中华人民共和国保守国家秘密法》（1988）。

c.《中华人民共和国国家安全法》（1993）。

d.《中华人民共和国国防法》（1997）第五十二条（关于不得泄露国防方面的国家秘密，不得非法持有国防方面的秘密文件、资料等）。

e.《中华人民共和国统计法》(1984)第二十五条(关于未经核定和批准,自行公布统计资料的)。

⑦诽谤、侮辱他人,侵害他人合法权益的;

a.《中华人民共和国宪法》(1982)第三十八条(关于"中华人民共和国公民的人格尊严不受侵犯。禁止用任何方法对公民进行侮辱、诽谤和诬告陷害")。

b.《中华人民共和国刑法》(1997)第二百四十六条"侮辱罪、诽谤罪";第二百二十一条"损害商业信誉、商品声誉罪"等。

c.《中华人民共和国民法通则》(1986)第一百二十条(关于公民、法人名誉权受法律保护)以及最高人民法院《关于审理名誉权案件若干问题的解答》(1993)和《关于审理名誉权案件若干问题的解释》(1998)。

d.《中华人民共和国残疾人权益保障法》(1990)第五十二条(关于侮辱残疾人)。

e.《中华人民共和国监狱法》(1994)第七条(关于罪犯的人格不受侮辱)。

f.《中华人民共和国老年人权益保障法》(1996)第四十六条(关于侮辱、诽谤或者虐待老年人的)。

g.《中华人民共和国妇女权益保障法》(2005)第四十二条(关于"妇女的名誉权、荣誉权、隐私权、肖像权等人格权受法律保护。禁止通过大众传播媒介或者其他方式贬低损害妇女人格")。

h.《中华人民共和国治安管理处罚法》(2005)第四十二条(关于侮辱、诽谤他人的)。

i.《中华人民共和国民法》(1986)第一百条、第一百零一条、第一百零二条、第一百二十条。

⑧传播淫秽、邪教、迷信信息,教唆犯罪以及渲染色情的;

其法律依据主要为:

a.《中华人民共和国刑法》(1997)第三百六十四条"传播淫秽物品罪";第三百条"组织、利用会道门、邪教组织、利用迷信破坏法律实施罪";第二百九十五条"传授犯罪方法罪";第二十九条(关于教唆犯罪的法律责任);第三百六十七条(关于淫秽物品的定义)。

b.《中华人民共和国未成年人保护法》(2006)第三十四条(关于禁止以任何方式向未成年人传播淫秽、暴力、凶杀、恐怖、赌博等信息)。

⑨向未成年人传播暴力、凶杀、恐怖、赌博信息的；

主要法律依据为：

a.《中华人民共和国预防未成年人犯罪法》（1999）第三十二条（关于大众传播不得有渲染暴力、色情、赌博、恐怖活动等内容）。

b.《中华人民共和国未成年人保护法》（2006）第三十四条（关于禁止以任何方式向未成年人传播淫秽、暴力、凶杀、恐怖、赌博等信息）。

⑩披露未成年人隐私的；

其法律依据主要为：

a.《中华人民共和国未成年人保护法》（2006）第三十九条、第五十八条。

b.《中华人民共和国预防未成年人犯罪法》（1999）第四十五条。

⑪扰乱社会秩序，破坏社会稳定的；

其法律依据主要为：

a.《中华人民共和国刑法》第七十八条"煽动暴力抗拒法律实施罪"；第一百八十一条"编造并传播证券交易虚假信息罪"；第二百八十四条"非法使用窃听、窃照专用器材罪"等。

b.《中华人民共和国治安管理处罚法》（2005）第二十五条（关于散布谣言，谎报险情、疫情、警情的）。

c.《突发事件应对法》（2007）第五十四条（关于"任何单位和个人不得编造、传播有关突发事件事态发展或者应急处置工作的虚假信息"）。

⑫危害社会公德或者民族优秀文化传统的；

其法律依据主要为联合国《公民权利政治权利公约》第十九条规定表达自由"得受某些限制，但这些限制只应由法律规定并为下列条件所必需：（甲）尊重他人的权利或名誉；（乙）保障国家安全或公共秩序，或公共卫生或道德。"

⑬法律、行政法规规定禁止的其他内容。

其法律依据主要为：

《中华人民共和国刑法》第二百一十九条"侵犯商业秘密罪"；第二百一十九条"侵犯著作权罪"；第二百二十二条"虚假广告罪"等。

综上所述，在广播电视节目的"内容基本标准"方面，最大的难点有两大问题：一是关于诽谤；二是关于法律普遍禁止传播（包括淫秽、邪教、迷信、教唆犯罪以及渲染色情等）与对特定对象限制传播（包括暴力、凶杀、赌博、恐怖等）

的关系如何处理。此外，如果说某些法律制度还在发展，其规定还有一些不够科学合理的表述，各法律的相关规定还不够衔接，还有待进步的话，那么两项法律规定特别明确，几乎不存在任何争议：一是不得披露犯罪的未成年人的个人身份信息；二是不得披露未成年人中的艾滋病人、病毒携带者及病人亲属的个人身份信息。

2. 技术基本标准指标体系

广播电视是一个高科技、高投入、重装备的行业，广播影视技术系统涉及采编、制作、播出、发射、传输、接收等多个环节。广播电视节目的技术质量除了与节目源本身的画质、音效有关外，还取决于节目制作、传输、接收各环节的系统、设备技术质量，以及所有环节的技术管理水平。广播电视节目的技术质量与节目内容质量一样，将直接影响广播电视的宣传效果。

在广播电视节目技术质量评估和控制中，标准和标准化管理是提高节目技术质量的重要手段。广播电视标准化管理的主要内容是：对广播电视技术系统各环节的各个技术指标进行分配，按规定的测试方法使总体指标达到要求；根据需要确定各个环节所需配套设备级别、数量、指标及建设等工程标准；制定、修改技术基础标准如制式选择、统一代码、联网要求等。

（1）广播电视节目技术质量的评估方法。

对广播电视节目技术质量的评估方法总体上可分为主观评价和客观测试两个方面。广播电视节目最终是要由听众和观众来听或看的，所以广播电视节目技术质量的最终评价还是以主观评价为主。

多年来，我国制定了一系列国家标准和行业技术标准，既有关于广播电视节目本身——即画面和声音的主观评价方法，也有关于广播电视技术系统各环节客观测试指标的要求和规范，并随着技术的发展在不断补充和修订。这些技术标准大致分为以下几类。

第一类是直接关于广播电视节目本身——即画面和声音的技术质量评价方法的标准，如"GB/T 16463—1996 广播节目声音质量主观评价方法和技术指标要求""GB/T 7401—1987 彩色电视图像质量主观评价方法"和"GY/T 134—1998 数字电视图像质量主观评价方法"等。例如，如果评价的是电台或电视台的播出信号，对应的就是广播电视节目制作环节的技术质量；如果评估的是经过传输链路后到达用户接收机时的节目信号，则对应的节目技术质量就包含了制作、传输、接收各个环节对节目的影响。

第二类标准是直接规定了该环节需要达到的节目技术质量等级。例如"GB/T 1583—1979 彩色电视图像传输标准"中明确规定，彩色电视图像质量按五级质量制评定，经过传输链路全程之后，彩色电视图像质量当接收机有自动色调控制时应不低于 3.25 分，当接收机无自动色调控制时应不低于 2.75 分，还给出了相对应的图像技术指标。"GB/T 14921—1994 PAL-D 制卫星电视广播图像质量要求"则规定了卫星电视广播接收设备视频输出端信号电视图像质量的等级要求在个体接收时要大于 3.5 分，集体接收时要大于 4.0 分，同时也规定了信号信噪比等技术指标要求。这些标准中给出的图像质量等级分值，都是根据当时技术发展情况确定的。

第三类技术标准是规定了广播电视链路各个环节应该达到的技术指标、测量方法。如关于节目制作领域的有"GB/T 14854—1993 广播录像磁带性能要求和测量方法""GB/T 15640—1995 调音台通用技术条件""GB/T 17277—1998 广播磁带录像机测量方法""GB/T 15943—1995 广播声频通道技术指标测量方法""GB 3659—1983 电视视频通道测试方法"等；关于发射领域的有"GB/T 4312—1984 调频广播发射机技术参数和测量方法""GB/T 9376—1988 中波和短波调幅广播发射机基本参数"等；关于传输领域的有"GB 2017—1980 中波广播网覆盖技术""GB/T 4311—2000 米波调频广播技术规范""GB 11410—1989 短波广播网覆盖技术规定""GB/T 14433—1993 彩色电视广播覆盖网技术规定"等。这些标准的作用是保证广播电视技术系统各个环节系统、设备的技术质量满足一定的指标要求，从而最终保证全链路的节目技术质量。

第四类是关于运行维护管理的标准，如"GY/T 107—1992 电视中心播控系统维护规程""GY/T 128—1995 卫星广播电视地球站维护管理规程""GY/T 179—2001 广播电视发射台运行维护规程""GY/T 204—2004 有线电视用户服务规范"等。有了先进的技术和设备，没有相应的先进、有效的管理，技术的潜能就无法充分发挥出来。各环节相应的管理规程和服务规范等，也是保障节目技术质量的重要一环。

除此之外，管理部门组织的广播电视节目技术质量评奖也是加强全国各级广播电台广播节目技术质量的规范化管理，调动广大广播技术工作者钻研技术的积极性，促进我国广播节目技术质量不断提高的重要手段。

（2）广播电视节目图像和声音的主观评价方法。

主观评价既与人的心理、生理有关，也与测试环境、重放设备以及测试程序等多方面有密切关系。为使评价具有可操作性，需要对许多因素进行控制，如对评定人员的组成、评价术语的选择、评价方法的考虑以及结果的统计分析等。我国分别在1987年和1996年颁布了电视节目图像质量和广播节目声音质量主观评价方法两项国家标准，对广播电视节目技术质量的主观评价进行规范。

①声音技术质量主观评价方法和测试指标。

对广播节目声音技术质量的主观评价主要依据"GB/T 16463—1996 广播节目声音质量主观评价方法和技术指标要求"。该标准是1996年7月9日发布、1996年12月1日实施的国家标准。该标准规定了对广播节目声音质量进行主观评价的方法，也适用于对其他节目的声音质量进行主观评价时参考。

标准除规定了试听室的技术要求、评价用声系统设备的连接方法及其技术要求、扬声器和评定员的位置、受评节目磁带的要求外，还对评定员的资格、人数，评价项目的选择、计分方法、评定程序以及数据统计方法等进行了明确规定。

②广播节目试听室技术要求。

广播节目声音技术质量主观评价中涉及的相关标准还有"GB/T 14221—1993 广播节目试听室技术要求"，该标准具体规定了评价广播节目用试听室的技术要求及放声系统和试听人员位置，包括试听室房间参数、室内环境条件、噪声标准、监听系统布置、试听人员位置排列以及试听区内声压级和频率传输特性。适用于广播电台、电视台、唱片公司等单位对录音制品的主观评价。

③模拟电视图像技术质量主观评价方法和测试指标。

模拟电视图像技术质量主观评价主要依据"GB/T 7401—1987 彩色电视图像质量主观评价方法"。该标准是1987年3月12日经当时的国家质量技术监督局批准、1987年11月1日实施的国家标准。该标准作为对现行彩色电视图像质量进行主观评价方法的依据，也可作为对其他新电视制式彩色图像质量进行主观评价时评价方法的参考。

该标准是彩色电视图像质量主观评价的基础标准，在此后出台的很多标准包括卫星电视广播图像质量要求、数字电视图像质量主观评价方法以及电视中心、发射台、有线电视系统的运行维护标准等都引用了该标准的部分内容。

④ 数字电视图像质量主观评价方法。

1998年，为了适应数字电视系统的需要，也为了与相关国际标准接轨，广电总局颁布了行业标准"GY/T 134—1998 数字电视图像质量主观评价方法"，标准规定了数字电视图像质量的主观评价方法，适用于对数字电视系统的性能进行主观评价。该标准规定了主观评价的一般要求，包括观看条件、评价系统、信号源、测试素材的选择、观看员、评价测试阶段和结果表达等，规定了评分方法和评分标度。

标准在沿用"GB/T 7401—1987 彩色电视图像质量主观评价方法"中的部分内容外，根据数字电视的特点，分别规定了标准清晰度电视（SDTV）和高清晰度电视（HDTV）不同的观看条件，信号源直接提供基准数字图像信号，作为被测系统的输入信号成为被测图像。

⑤ 标准清晰度数字电视主观评价用测试图。

为满足数字电视图像质量主观评价的需要，确保评价结果的有效性，2007年国家广电总局颁布了行业标准"GY/T 228—2007 标准清晰度数字电视主观评价用测试图"。标准规定了在标准清晰度数字电视图像质量的主观评价中，应优先采用的47种测试图像（具体参见标准中的描述和示意截图）。

在图像的主观评价中，可根据不同的评价目的、不同的应用类别选用一定数量的测试图像。因为这些测试图像具有一定的代表性，可涵盖与被评价系统和设备性能相关的图像特性。

对于基本图像质量评价，建议采用一般严格的测试图像；对于高要求的图像质量评价（如演播室质量或后期处理等），建议采用严格的测试图像；对自适应处理系统性能的评价，建议采用很严格的测试图像。

（3）广播电视技术系统质量的客观测试标准和要求。

① 广播节目技术系统质量测试相关标准。

与广播节目技术系统质量测试相关的主要标准如表12-3所示。

表12-3　广播节目技术系统质量测试主要相关标准

标准文号	标准名称
GB/T 5439—1996	立体声广播节目（磁带）的录制和交换
GB/T 5440—1985	广播用立体声录音机
GB/T 15943—1995	广播声频通道技术指标测量方法
GY/T 126—1995	广播中心录制系统维护规程
GY/T 133—1998	广播节目录制技术质量检验规范

(续表)

标准文号	标准名称
GB 2017—1980	中波广播网覆盖技术
GB 11410—1989	短波广播网覆盖技术规定
GB/T 15960—1995	短波（HF）广播单边带制式技术规范
GB/T 9377—1988	中波和短波广播发射机测量方法
GB/T 5438—1985	单声和立体声节目传输特性和测量方法
GB/T 4311—2000	米波调频广播技术规范
GY/T 196—2003	调频广播覆盖网技术规定
GY/T 37—1986	调频广播差转机通用技术要求
GY/T 71—1989	微波、卫星传送广播节目通路运行技术指标等级
GY/T 72—1986	微波、卫星传送广播节目通路运行技术指标测量方法
GY/T 178—2001	中、短波天馈线运行维护规程
GY/T 179—2001	广播电视发射台运行维护规程
GY/T 225—2007	中、短波调幅广播发射机技术要求和测量方法

② 电视节目技术系统质量测试相关标准。

与电视节目技术系统质量测试相关的主要标准如表 12-4 所示。

表 12-4　电视节目技术系统质量测试主要相关标准

标准文号	标准名称
GB/T 3659—1983	电视视频通道测试方法
GY/T 152—2000	电视中心制作系统运行维护规程
GY/T 107—1992	电视中心播控系统维护规程
GY/T 120—1995	电视节目带技术质量检验方法
GB/T 1583—1979	彩色电视图像传输标准
GB 3174—1995	PAL-D 制电视广播技术规范
GB/T 14433—1993	彩色电视广播覆盖网技术规定
GY/T 177—2001	电视发射机技术要求和测量方法
GY/T 179—2001	广播电视发射台运行维护规程
GY/T 106—1999	有线电视广播系统技术规范
GY/T 166—2000	有线电视广播系统运行维护规范
GY/T 204—2004	有线电视用户服务规范
GB/T 14921—1994	PAL-D 制卫星电视广播图像质量要求
GB/T 11298—1997	卫星电视地球接收站测量方法
GY/T 128—1995	卫星广播电视地球站维护管理规程

③ 数字广播电视技术系统质量测试相关标准。

数字化是自广播电视诞生以来最大的一次技术变革、最大的一次发展机遇和最大的一次严峻挑战。实现数字化，将改变广播电视的工作方式和生产流程，完善广播电视的服务方式和管理手段，提高广播电视的生产效率和工作质量，拓展广播电视的服务领域和发展空间，推动广播电视从传统媒体向现代媒体迈进。

广播电视的数字化是包括节目制作、播出、传输、接收各环节的数字化，是随着技术的发展逐步推进的。首先是从节目制作、播出环节起步，然后进入卫星、有线、无线等传输领域的数字化，目前用户家中的接收机大多还是模拟的，但可以通过加装一台机顶盒来接受数字信号，也逐步开始有一体化的数字接收机面世。

面对广播电视数字化的发展需要，国家广电总局加快了数字广播电视标准的研究制定，初步建立了数字广播影视标准体系。主要的相关标准如表 12-5 所示。

表 12-5　数字广播电视技术系统质量测试主要相关标准

	标准文号	标准名称
数字声音广播	GB/T 14919—1994	数字声音信号源编码技术规范
	GY/T 156—2000	演播室数字音频参数
	GY/T 158—2000	演播室数字音频信号接口
	GY/T 192—2003	数字音频设备的满度电平
	GY/T 193—2003	数字音频系统同步
	GY/T 214—2006	30MHz～3000MHz 地面数字音频广播系统技术规范
	GY/T 224—2007	数字视频、数字音频电缆技术要求和测量方法
	GY/T 227—2007	数字音频信号在 2048kbps 线路中的传输格式
数字电视技术	GB/T 14857—1993	演播室数字电视编码参数规范
	GY/T 159—2000	4:4:4 数字分量视频信号接口
	GY/T 165—2000	电视中心播控系统数字通路技术指标和测量方法
	GY/T 155—2000	高清晰度电视节目制作及交换用视频参数值
	GY/T 157—2000	演播室高清晰度电视数字视频信号接口
	GY/T 162—2000	高清晰度电视串行接口中作为附属数据信号的 24 比特数字音频格式
	GY/T 212—2005	标准清晰度数字电视编码器、解码器技术要求和测量方法
	GY/T 223—2007	标准清晰度数字电视节目录像磁带录制规范
	GY/T 196—2003	调频广播覆盖网技术规定
	GY/T 37—1986	调频广播差转机通用技术要求
	GY/T 71—1989	微波、卫星传送广播节目通路运行技术指标等级

(续表)

	标准文号	标准名称
	GY/T 72—1986	微波、卫星传送广播节目通路运行技术指标测量方法
	GY/T 146—2000	卫星数字电视上行站通用规范
	GY/T 147—2000	卫星数字电视接收站通用技术规范
	GY/T 148—2000	卫星数字电视接收机技术要求
	GY/T 182—2002	卫星数字广播电视地球站运行维护规程
	GY/T 170—2001	有线数字电视广播信道编码与调整规范
	GY/T 175—2001	数字电视广播条件接收系统规范
	GY/T 216—2006	数字电视用户管理系统功能要求和接口规范
	GY/T 221—2006	有线数字电视系统技术要求和测量方法
	GB/T 20600—2006	数字电视地面广播传输系统帧结构、信道编码和调制
	GY/T 220.1—2006	移动多媒体广播 第1部分：广播信道帧结构、信道编码和调制
	GY/T 220.2—2006	移动多媒体广播 第2部分：复用
	GY/T 220.3—2007	移动多媒体广播 第3部分：电子业务指南
	GY/T 220.4—2007	移动多媒体广播 第4部分：紧急广播
	GY/T 220.5—2008	移动多媒体广播 第5部分：数据广播
	GY/T 220.6—2008	移动多媒体广播 第6部分：条件接收
数字电视技术	GY/T 220.7—2008	移动多媒体广播 第7部分：接收解码终端技术要求
	GY/T 220.8—2008	移动多媒体广播 第8部分：复用器技术要求和测量方法
	GY/T 220.9—2008	移动多媒体广播 第9部分：卫星分发信道帧格式、信道编码和调制
	GY/T 220.10—2008	移动多媒体广播 第10部分：安全广播
	GY/T 233—2008	移动多媒体广播室内覆盖系统实施指南
	GY/T 234—2008	移动多媒体广播复用实施指南
	GY/T 235—2008	移动多媒体广播室内覆盖系统无源器件技术要求和测量方法
	GY/T 222—2006	数字电视转播车技术要求和测量方法
	GY/T 223—2007	标准清晰度数字电视节目录像磁带录制规范
	GY/T 224—2007	数字视频、数字音频电缆技术要求和测量方法
	GY/T 226—2007	数字电视复用器技术要求和测量方法
	GY/T 229.1—2008	地面数字电视广播单频网适配器技术要求和测量方法
	GY/T 229.2—2008	地面数字电视广播激励器技术要求和测量方法
	GY/T 229.3—2008	地面数字电视传输流复用和接口技术规范
	GY/T 229.4—2008	地面数字电视广播发射机技术要求和测量方法
	GY/T 230—2008	数字电视广播业务信息规范
	GY/T 231—2008	数字电视广播电子节目指南规范

（续表）

	标准文号	标准名称
数字电视技术	GY/T 236—2008	地面数字电视广播传输系统实施指南
	GY/T 237—2008	VHF/UHF 频段地面数字电视广播频率规划准则
	GY/T 238.1—2008	地面数字电视广播信号覆盖客观评估和测量方法 第 1 部分：单点发射室外固定接收

（4）系统运行维护管理相关标准。

随着广播电视技术的发展，广播电视节目的技术质量也在不断提高，除了对系统设备、部件等的技术指标有更高要求外，对各环节的管理水平也有了新的要求。关于广播系统运行维护管理的标准有："GY/T 126—1995 广播中心录制系统维护规程""GY/T 133—1998 广播节目录制技术质量检验规范""GY/T 178—2001 中、短波天馈线运行维护规程"等。关于电视系统运行维护管理的标准有："GY/T 152—2000 电视中心制作系统运行维护规程""GY/T 107—1992 电视中心播控系统维护规程""GY/T 120—1995 电视节目带技术质量检验方法""GY/T 128—1995 卫星广播电视地球站维护管理规程""GY/T 179—2001 广播电视发射台运行维护规程""GY/T 166—2000 有线电视广播系统运行维护规程""GY/T 204—2004 有线电视用户服务规范"等。

（5）广播电视节目技术质量控制和管理的其他相关措施。

① 广播电视设备器材入网认定。

为加强广播电视系统设备技术质量的监督管理，我国从 1993 年开始开展广播电视设备器材入网认定工作，先后进行了有线广播电视、卫星广播电视、网络传输等设备的入网认定，从技术设备上保证了安全播出、安全传输、互联互通和播出质量，维护了人民群众正常收听收看节目的权益。

② 广播电视监测。

为监督检验无线、有线、卫星广播电视的播出质量和效果，广电总局建立了一个与广播电视覆盖网相适应的广播电视监测网，这是提高广播电视工作质量和管理水平的需要，也是提高广播电视技术质量的重要手段。

③ 广播电视节目技术质量奖。

作为提高广播电视节目技术质量的一种手段，国家广电总局设立了全国范围的广播电视节目技术质量奖（金鹿奖和金帆奖，具体评奖办法见附件），每年评选一次，主要针对全国各级广播电台、电视台优秀的节目录制、播出质量和安全播出情况，奖励做出贡献的单位和个人。这两个奖项对调动技术工作者的积极性，从而提高广播电视节目技术质量，促进安全优质播出发挥了重要作用。

二、专业标准指标体系

"主体评估专业标准"是指从专业的角度衡量节目质量高低及效果好坏的标准，是节目主体评估指标体系的核心组成部分。它由以下三层指标组成：

第一层：专业技巧指标（评测指标包括：采、编、播、制、音、画、文）。

专业技巧指标是指对节目采、编、播、制、音、画、文等环节中相关技巧应用的高超性和熟练程度所作的界定。

第二层：社会效应指标（评测指标包括：舆论性、伦理道德性、公益性）。

社会效应指标是指节目在其内容指向上所体现出的社会性的差别，主要由其可能带来的社会效应来衡量。

第三层：审美价值指标（评测指标包括：审美体验、审美心理、审美格调）。

审美价值指标是指作为审美主体对客观审美对象（广播电视节目）在欣赏过程中产生的主观态度及体验。主体评估专业标准指标关系如图12-2所示。

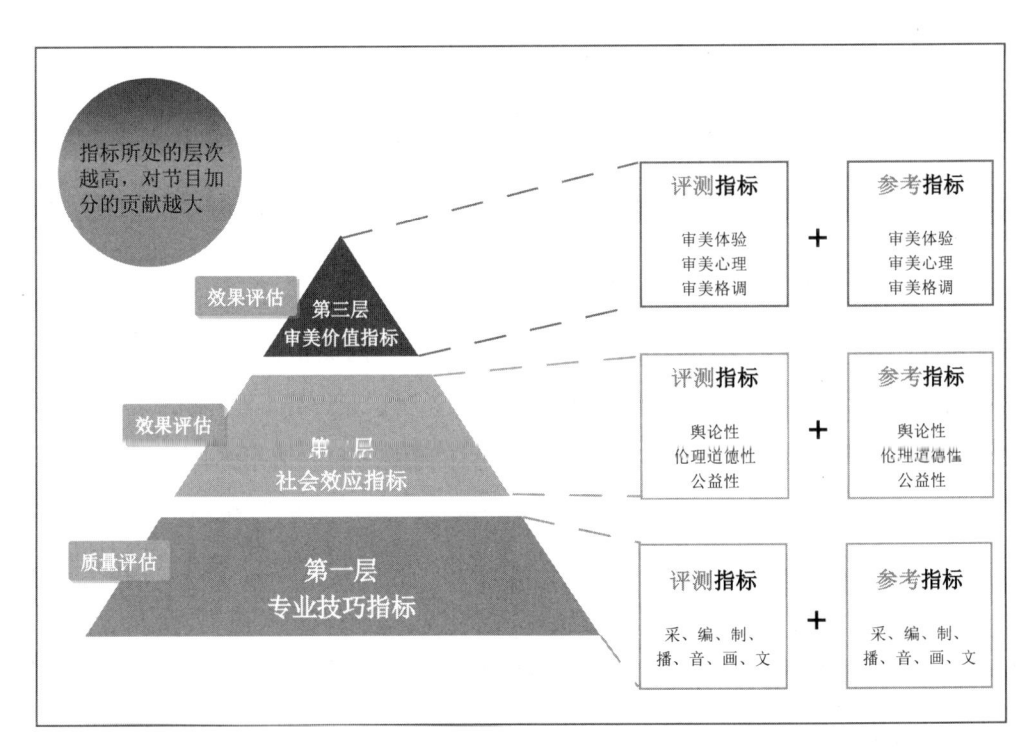

图12-2 "专业标准"指标体系评估关系

节目主体评估"专业标准"指标体系具有以下三方面的特征：

第一，从指标分层的角度进行评估。"专业标准"指标体系设置三个层次的主要考虑是在衡量节目的质量时，应该有低标准和高标准的区别；对于多数节目来说，首先需要从第一个层次"专业技巧"上进行评价和比较，从而确定节目是否达到了应有的专业水准；其次，再去衡量这些节目是否在"社会效应"的传播上做出了贡献；最后，对于在"审美价值"的塑造上有所体现的节目，会获得较多的加分。

需要指出的是，由于传播主体对不同类型的节目在"专业技巧"、"社会效应"和"审美价值"上的要求不同，因此主体评估在运用指标进行评价的过程中，必须考虑节目类型的因素。比如，对于"真实新闻类"节目来说，重要的不是"社会效应"和"审美价值"的传递，而是如何及时有效地让更多的人知晓，并能缓解他们对于信息不确定的紧张感，强调的是"专业技巧"的高超和娴熟；而对于"演绎娱乐类"的节目来说，在愉悦大众的同时，还需符合人们心理上普遍的"审美期待"，否则节目极易落入浅薄、媚俗的套路。

第二，从衡量节目质量和效果的角度进行评估。前面我们提到，主体评估"以关注节目质量为出发点，以评估节目的社会传播价值和传播效应为导向"。从"专业标准"指标体系的角度来看，主体评估对"质量"的关注体现在"专业技巧"指标上，是从"采、编、播、制、音、画、文"等专业标准上来保证节目的质量；而对"社会传播价值和传播效应"的关注则体现在"社会效应"指标和"审美价值"指标上。

第三，从评测指标和参考指标相结合的角度进行评估。在区分节目的"专业标准"时，我们设置了"评测指标"和"参考指标"两类指标。"评测指标"是评委用来直接打分的指标，而"参考指标"实际上属于第三级"评测指标"的下一级指标，是对"评测指标"的注释和分解。考虑到最终的评估指标体系需符合"便于操作"的原则，评委在评估节目时，只需依据"参考指标"在第三级"评测指标"上进行打分即可，而无需再逐条对"参考指标"进行评价。不过，"参考指标"虽未直接参与到评分的过程之中，却是评委在做出最终判断时心中所依赖的标杆和尺度，是整个主体评估"专业标准"的核心所在。

1. 专业技巧指标体系研究

专业技巧指标是指对节目采、编、播、制、音、画、文等环节中相关技巧应用的高超性和熟练程度所作的界定。

（1）专业技巧指标之：采。

所谓"采"，一方面是指采风，一方面是指采访。根据节目分类的不同，对"采"的侧重点也不同。比如对于从信息认识功能上区分的"演绎类"节目来说，更多的是需要对生活进行深入观察、细致采风，才能对社会产生广泛的直接或间接的影响，形成好的作品。而对于从信息传播目的上区分的"评论类"等节目来说，节目传播的基础是采访，这一工作贯穿节目传播的始终。采访既是记者工作的基本手段，也是记者认识客观事物、采集和发掘事实与信息的调查研究活动。没有好的采访，必定没有好的节目。

无论是采风，还是采访，从专业标准的角度都可以分解为"题材选择"和"采访技巧"两个方面的要求，这两方面的专业内容实际上构成了"采"的"参考指标"。

①题材选择。

一个好的节目，首先要有明确的题材。毋庸置疑，题材是采访报道的题目或对象。而选择题材是采访报道的前提及开端，是采访报道的第一步。选择什么样的题材、如何选择题材需要关注以下几个基本点：

首先，题材选择是否具有时效性。题材的时效性是指"节目能在第一时间内捕捉新闻事件，能够反映社会当下普遍关注或即将形成的热点问题"。时效性有双重含义。其一，题材的选择应具有鲜明的时代感，具有一定的时宜性。能紧扣时代的脉搏，跟上时代的步伐，探讨与受众联系最为密切的社会热点话题。其二，题材的选择强调时新性。时新性是决定新闻报道价值大小的重要因素，也是衡量节目传播主体对新闻报道水平的首要标准。从受众接收信息的心理来看，越先接收的信息印象越深刻，因此记者编辑要以最快的速度采编新闻，还要以最快的速度把新闻传播出去，力争时间上最新报道。

其次，题材选择是否重要。题材的重要性是指"节目能在某一行业某一地区产生重大影响，并使社会现象发生重大变化"。它既指题材的报道符合当前党和政府的方针、政策、中心工作、全局和实际情况，也指传播主体对于新闻事件或社会热点等题材的传播意图，是决定节目深度的重要指标。

最后，题材选择是否具有前瞻性。题材的前瞻性是指"节目能否把握现象内在发展规律并能展示其发展趋势"。它要求编辑记者能够透过现象看到事件的本质，

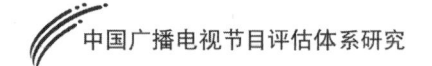

提出具有建设性的意见。

②采访技巧。

题材一经确定，采访工作即可展开。采访的优劣直接关系到最终的节目质量。主体评估"采"的标准在一定意义上也是在评估节目现场采访的效应如何，主要关注的是"现场感"和"交流感"两个方面的内容：

首先，采访是否具有现场感。现场感是指节目"能捕捉现场细节，保留和展示原生态的环境，突出现场特色"。具体地讲，与纸质媒介可以在事后斟酌、修饰不同，电子媒体以快速见长，要求传播者在进入现场前对采访活动要有充分准备和认真策划，采访中能够熟练驾驭现场，前后方配合默契，并能及时提供有关背景。

其次，采访是否具有交流感。交流感是指节目"能采用人际传播的基本概念基本手法，采用自然问答交流方式，有丰富的资讯提供和情感互动"。节目的交流感不能像纸质媒介那样满足于一问一答，传播主体要善于驾驭采访的主动权，在双方的相互交流启发中将访问引向深入。在对节目进行评估时，"采"的最高境界是是否能形成共鸣点，这既是指采访对象对广播电视记者的认同感、信任感、亲近感，又是指广大受众能通过记者的采访与采访对象形成心理上的共通，达到思想上的共鸣。

表12-6 专业技巧指标——"采"

"采"（采风采访）		
参考指标1：题材选择		
时效性	指节目能在第一时间内捕捉新闻事件，能够反映社会当下普遍关注或即将形成的热点问题	
重要性	指节目能在某一行业某一地区产生重大影响，并使社会现象发生重大变化	
前瞻性	指节目能把握现象内在发展规律并能展示其发展趋势	
参考指标2：采访技巧		
现场感	指节目能捕捉现场细节，保留和展示原生态的环境，突出现场特色	
交流感	指节目能采用人际传播的基本手法，采用自然问答交流方式，有丰富的资讯提供和情感互动	

（2）专业技巧指标之：编。

"编"指的是编辑编排。它是广播电视节目创作的重要环节，它将前期工作（采访、构思、录音拍摄）的成果经过特殊的艺术化处理，变成一个统一的艺术整体。"采"是收集信息的环节，"编"则是对信息进行创作的环节，主要包括：根据总体构思对所录取的内容进行编排；电视媒体要完成画面的剪辑、配音、配乐合成、特技及字幕合成等工作，广播媒体则要通过配音、配乐合成完成节目。可以说，参与节目主体评估的节目都是通过编辑这一环节才有了最终呈现。具体而言，"编"的评估"参考标准"包括以下四个方面：

① 思想正确性。

思想正确性指的是节目"导向正确，符合法律、道德规范及主管部门宣传口径"。评价思想正确性的标准，首先要从政策上考虑。不仅仅要求节目符合党和国家的政策和导向，而且要求节目的炼意、确定主题的正确与否，都要用政策宣传的既定标准来衡量。其次，要从形势上判断。炼意要以形势为依据，要能最大程度地提出或回答群众普遍关心的问题，反映群众的期待和呼声。形势变了，时间发展了，选择主题也要随之而变。凡是广播电视节目的精品、名篇，它的主题都具有时代精神，体现了某一时期的特有内容，给受众留下永不磨灭的印象。

② 内容连贯性。

内容连贯性指的是节目"内容符合事物发展自然逻辑和主题表现的艺术逻辑，表述完整，层次分明，主题一致，不能前后矛盾"。

在节目主体评估中，要看创作者能否充分发挥主观能动性，对节目内容进行灵活处理。当面对一堆杂乱的即兴式的抓取素材时，要通过对画面和声音的合理搭配，将创作者的意图最彻底地传达给受众。

③ 结构严密性。

结构严密性指的是节目"结构完整、合理，能客观反映事件和艺术作品的本来面貌和内在联系"。节目结构是指节目内部的组织构造和总体安排。节目编辑在结构设置上的体现就如生活中同样一件事出自不同人的叙述一样，其效果会大相径庭。有的能将其讲得有声有色，有的却讲得平淡无奇，甚至不知所云。

对于节目主体评估来说，在评估时要看节目结构的设置是否客观反映新闻事实的本来面貌和内在联系，保持其固有的严密性。在节目结构的设置中，允许时序的颠倒和空间的跳跃，但必须明白，这是为了帮助受众更容易、更轻松、更自然、更明白地认识和接受节目内容，使传达的渠道更为畅通。

④ 手法多样性。

手法多样性指的是节目"能运用多种手法得体、丰富地表现事件发展时空顺序、人物命运关系、艺术流派等内容"。

节目所要传播的事物或故事本身的多样性决定了节目表现形式也应该多种多

样，千人一面的呆板形式只能扼杀节目的生命。在日常的节目创作中，既可以大胆交叉运用不同体裁，综合出新；又可以传承或借鉴，转化出新；还可以梳理信息，整合出新；或者是突出个性，特色出新。对于节目表现形式的这种发展变化，尤其是对于这种发展变化中透出的新鲜活力和探索精神，关于节目的质量评估无疑要给予关注和重视。

表 12-7 专业技巧指标——"编"

"编"（编辑编排）	
参考指标 1：思想正确性	指节目导向正确，符合法律、道德规范及主管部门宣传口径
参考指标 2：内容连贯性	指节目内容符合事物发展自然逻辑和主题表现的艺术逻辑，表述完整，层次分明，主题一致，不能前后矛盾
参考指标 3：结构严密性	指节目的结构完整、合理，能客观反映事件和艺术作品的本来面貌和内在联系
参考指标 4：手法多样性	指节目能运用多种手法得体、丰富地表现事件发展时空顺序、人物命运关系、艺术流派等内容

（3）专业技巧指标之：播。

广播电视节目经过采访、编辑即形成节目的雏形，然而这些节目要与听众、观众联系起来还须经过"播"的环节。此处的"播"，不仅仅要评估广播电视节目经过播音员、主持人的加工，并经由播出平台进行传播的过程，而且要关注由"播"所渗透出来的一个栏目、一个频道的整体编排播出技巧。具体而言，"播"的评估"参考标准"涉及以下三个方面：

①"播"的语言。

对播音主持在语言上的评估标准是指"节目语言准确、表达流畅，语音语调规范，语态语势得体，避免低俗化、港台腔和随意使用外来语、方言"。

提到广播电视，不可能不提及节目主持人。对广播电视节目进行主体评估，也需要对广播电视的节目主持人的主持进行考评。其中，主持人的语言风格，是体现主持人个性特点的最为突出的方面。这方面，主要强调的是媒体语言的规范化问题，不但体现在语言最基本的准确性、表达流畅上，而且要大方得体，对于受众较为反感的腔调（如港台腔）要尽量加以纠正。实际上，在语言上的盲目模仿不但无法体现主持人的个性化特征，反而会落入低俗化的套路，大大疏远与受众之间的距离。另外，对于近些年媒体上常见的随意使用外来语（如说话时汉英夹带的现象）以及部分场合使用方言的问题，也要从节目评估的角度加以约束。

②"播"的格调。

"播"的格调是指"节目播音主持的格调亲切、自然、高雅，不媚俗"。对于主持人来说，仅仅在语言上符合规范是不够的，还需要利用语言、语调、体态（电视主持人）、动作（电视主持人）等来达到与受众交流的目的。这种交流的特点是要有强烈的受众意识，懂得受众的心理期待。其中，亲切、自然、高雅的主持格调是最容易与受众取得共鸣、获得受众尊重的方式。

③"播"的风格。

"播"的风格是指"节目播音主持要有自己的个性特点，或端庄大气，或情感饱满，或应变力强，以建立与受众之间强烈的沟通感"。一个受欢迎的节目往往离不开一个受欢迎的节目主持人。在媒体激烈竞争的年代，只有个性鲜明、独具魅力的主持人才能脱颖而出，而个性化的主持人也以其特殊的感染力和影响力，吸引、黏合受众，发挥着招牌的作用。无论是哪种风格，其最终的目的都是为了建立与受众之间的沟通感，因此沟通感的强弱是在评估"播"的风格时的统一尺度。

表 12-8　专业技巧指标——"播"

"播"（播音主持）	
参考指标1：语言	指节目语言准确、表达流畅，语音语调规范，语态语势得体，避免低俗化、港台腔和随意使用外来语、方言
参考指标2：格调	指节目播音主持的格调亲切、自然、高雅，不媚俗
参考指标3：风格	指节目播音主持要有自己的个性特点，或端庄大气，或情感饱满，或应变力强，以建立与受众之间强烈的沟通感

（4）专业技巧指标之：制。

广播电视节目"制"的环节是指节目的制作和剪辑。广播电视节目实际上都是后期创作的产品，它是根据节目的要求对前期采访获得的素材进行选择然后寻找最佳剪接点进行组合、排列的过程。各种素材在未经巧妙地组合统一起来为表达意义或叙述之前，只是许多零碎的片断，只有对其进行认真挑选和进行有意义的制作与剪辑，它才能最终给人带来听觉、视觉心理上的流畅，更让人从中获得一种积累的效果。在这个意义上说，"制的环节"不仅只是重造，而是一种创造。

具体而言，"制"的评估"参考标准"涉及以下四个方面：

① 剪辑流畅性。

剪辑流畅性是指"节目能根据人们的认识规律和视、听、读的习惯来选择和组织素材"。

② 承接自然性。

承接自然性是指"节目镜头、声音的组接符合事物发展自然规律和艺术加工规律，有明显的视听关系和逻辑关系"。

③ 表现艺术性。

表现艺术性是指"节目制作能展示客观事物的美感，同时使美感放大增强"。

④ 包装时尚性。

包装时尚性是指"节目的各种包装手法要富有时代感，有时尚特色，包装与主题相吻合"。

表 12-9　专业技巧指标——"制"

"制"（制作剪辑）	
参考指标 1：剪辑流畅性	指节目能根据人们的认识规律和视、听、读的习惯来选择和组织素材
参考指标 2：承接自然性	指节目镜头、声音的组接符合事物发展自然规律和艺术加工规律，有明显的视听关系和逻辑关系
参考指标 3：表现艺术性	指节目制作能展示客观事物的美感，同时使美感放大增强
参考指标 4：包装时尚性	指节目的各种包装手法要富有时代感，有时尚特色，包装与主题相吻合

（5）专业技巧标准之：音。

广播电视节目"音"的环节是指音响和音乐。声音是广播电视节目的重要构成元素，特别是对于广播节目来说，声音更是唯一的元素。声音不但可以表达思想、情感，还可以有多种功能。例如，声音可以表达时间、空间，可以渲染气氛、抒情，可以起到起、承、转、合的结构作用，通过各类声音的有机组合，可以使之成为一个"完整的句子"，从而创造出较强的表现力。在电视节目中，声音还能通过前伸、后延顺畅地组接、转换画面，并与画面构成种种组合关系，形成声画蒙太奇，通过声音与画面的对立、合一、同步等种种组合关系，起到省略、隐喻、象征等作用，二者互为补充，扩展画面与声音的表现力。

在评估节目的专业技巧方面，广播、电视的音乐和音响具有四个方面的"参考指标"：

① 广播的音乐。

对广播音乐的要求是"节目选用音乐基调与主题一致，选用乐章相对完整，合成效果自然、适度，慎用刺激性、生僻音乐"。

② 广播的音响。

对广播音响的要求是"节目音响效果基调与主题一致，有代表性，便于识别，有感染力，播音清晰，符合听觉习惯和道德标准，不用虚假、刺激性的声音"。

③ 电视的音乐。

对电视音乐的要求是"节目选用音乐基调与主题一致，音乐与画面节奏得当，符合视听习惯"。

④ 电视的音响。

对电视音响的要求是"节目音响、采访运用到位，声画对位、整体和谐、真实、现场感强，在新闻和纪实类节目中不用人工拟音"。

表 12-10 专业技巧指标——"音"

"音"（音响音乐）——区分广播电视	
参考指标1：音乐（广播）	指节目选用音乐基调与主题一致，选用乐章相对完整，合成效果自然、适度，慎用刺激性、生僻音乐
参考指标2：音响（广播）	指节目音响效果基调与主题一致，有代表性，便于识别，有感染力，播音清晰，符合听觉习惯和道德标准，不用虚假、刺激性的声音
参考指标3：音乐（电视）	指节目选用音乐基调与主题一致，音乐与画面节奏得当，符合视听习惯
参考指标4：音响（电视）	指节目音响、采访运用到位，声画对位、整体和谐、真实、现场感强，在新闻和纪实类节目中不用人工拟音

（6）专业技巧指标之：画。

画面和镜头主要针对电视节目。对于电视节目来说，画面是叙事的基础，事件的发展、人物的活动乃至创作者所要表达的观念和思想，都必须以画面作为承载体。画面作为一种视觉语言形态，对电视节目的风格形成也起着重要的作用，它可以反映出创作者不同的审美情趣和美学追求。

从节目专业标准的"参考指标"来看，节目主体评估的"画"的环节主要包括画面构成和镜头运用两个方面。画面构成是指电视画面提供的多重视觉信息，包括可见的视觉元素——环境，通过它，电视节目可以把人与物的关系、人与人之间的关系表现得淋漓尽致，其感染力是文字语言永远难以企及的。除了画面直接的形象感受外，还有色彩、光线等多种造型元素的综合运用，实现间接的气氛感受。而镜头运用则指的是电视中的"蒙太奇"技巧，由于电视镜头不可能是随意地把一系列画面粘连拼凑起来，而需要节目制作者通过类似电影蒙太奇的手法，把各个孤立的镜头有机地组合起来，并充分地表露出一种比它们单独意义相加更深刻更丰富的含义。作为电视节目创作者来说，只有充分了解其内在的规律和法则，才能运用这种思维方式，通过各种角度、景别、不同运动方式的镜头组接，通过典型的细节、情节再现现场，完成电视节目的叙事和表现，吸引观众的参与，最终形成优秀的作品。

① 画面构成。

电视节目画面构成要符合"画面规范明确，构图有冲击力，运动镜头节奏鲜明，文字、动画等辅助手段说明性强，起到画龙点睛的作用"。

② 镜头运用。

电视节目镜头运用要符合镜头规范，叙述逻辑、蒙太奇手法、节奏变化契合主题，情景再现等手段符合行业规范和技术标准。

表 12-11 专业技巧指标——"画"

"画"（画面镜头）——针对电视节目	
参考指标1：画面构成	指节目的画面规范明确，构图有冲击力，运动镜头节奏鲜明，文字、动画等辅助手段说明性强，起到画龙点睛的作用
参考指标2：镜头运用	指节目镜头运用要符合镜头规范，叙述逻辑、蒙太奇手法、节奏变化契合主题，情景再现等手段符合行业规范和技术标准

（7）专业技巧指标之：文。

广播电视的文字写作，是与"声""画"相结合在一起的节目要素。在文字结构和写作方法上有不同于纯文学写作的特色和要求，它不但注重对客观事实的精确描述，而且需能体现语言文字所特有的形象性和情感性，往往是决定节目是否具有深度感染力的关键所在。

文字的感染力对于广播媒介来说不言而喻。而对于电视媒介来说，由于观众习惯上依靠"视觉"来优先处理信息，导致节目制作者有时候会对由听觉来传达的语言文字环节不够重视，使得电视节目的文字感染力无法充分体现出来。因此，在考察节目质量时，需兼顾节目文字写作的专业水准。

同专业技巧标准"音"的评估一样，广播、电视节目的"文字写作"也要区分来看：

① 广播节目文字写作。

广播节目的文字写作标准界定为"文字准确、清晰，叙事简明短小灵活，口语化；能根据节目主题、形态进行风格化处理"。

② 电视节目文字写作。

电视节目的文字写作标准界定为"文字凝练、准确，风格化、口语化；并且能与画面完美结合，主持人、现场、同期与演播室采访配合缜密，相得益彰，形成立体、丰满的表述"。

表 12-12　专业技巧指标——"文"

\multicolumn{2}{c}{"文"（文字写作）——区分广播电视}
参考指标1：广播节目	指节目文字准确、清晰，叙事简明短小灵活，口语化；能根据节目主题、形态进行风格化处理
参考指标2：电视节目	指节目文字凝练、准确，风格化、口语化；并且能与画面完美结合，主持人、现场、同期与演播室采访配合缜密，相得益彰，形成立体、丰满的表述

2. 社会效应指标体系研究

社会效应指标是指节目在其内容指向上所体现出的社会性的差别，主要由其可能带来的社会效应来衡量。比如：对舆论是引导还是煽动、对道德是提倡还是破坏、对伦理是维护还是践踏、对公益是推动还是漠视等，在这些二级指标的设定上同样采用程度量表的方式。社会效应指标可细分为舆论性、伦理与道德性、公益性三方面的评测指标，如图 12-3 所示。

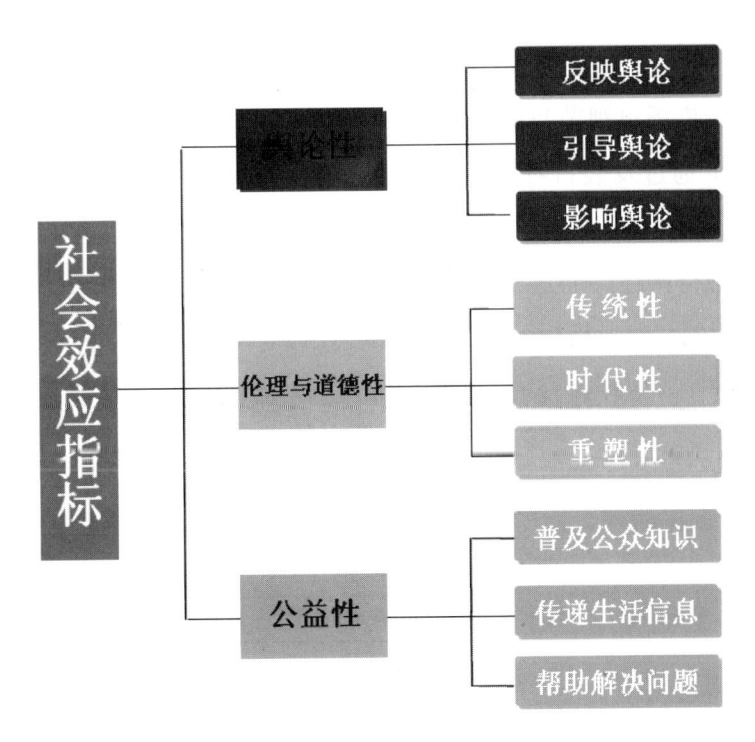

图 12-3　"专业标准"之社会效应指标构成

广播电视产品特有的导向性和思想性，需要节目制作人员、播前审核人员、播后评估人员具有高度的政治意识，在理解政策要求的基础上，贯彻、落实到节目评估的具体工作之中。节目主体评估体系对这些规定的体现，尽管无法通过量化的指标实现，但可以通过专家、受众的主观性评估来完成。这也正是节目评估体系主体评估各项指标的来源。

（1）社会效应指标之：舆论性。

衡量媒体的社会传播功能，不能不提到舆论。在阐述舆论作为节目社会效应指标的构成之前，有必要简单介绍一下舆论的定义。

我国传播业界和学术界关于舆论的定义比较多，比如刘建明在《基础舆论学》中对舆论的定义："舆论是显示社会整体知觉和集合意识、具有权威性的多数人的意见"[①]；再如陈力丹在其舆论研究的代表作《舆论学——舆论导向研究》中，对舆论有一个更为全面的解释："舆论是公众关于现实社会以及社会中的各种现象、问题所表达的信念、态度、意见和情绪表现的总和，具有相对的一致性、强烈程度和持续性，对社会发展及有关事态的进程产生影响。其中混杂着理智和非理智的成分"[②]。

无论哪种定义，都强调了舆论对于"公众意见"和"社会进程"的重要性。因此，无论何种舆论，它的产生、发展和变化都属于社会效应的范畴。用舆论性这一指标来评价广播电视节目的传播效果，实际上是衡量广播、电视节目是否在某些特定问题上通过发表自身意见，对社会公众产生作用，从而达到预期目的。具体而言，对于舆论性这一评测指标的理解，可以从反映舆论、引导舆论和影响舆论三个层次进行阐述，而这三个层次也是新闻业界较熟悉的概念，可以作为评估节目舆论功能的"参考指标"。如表 12-13 所示。

表 12-13　社会效应指标之——舆论性

三级指标 （评测指标）	四级指标 （评测指标）	四级指标 （参考指标）
舆论性	反映舆论	节目是否及时、准确，而又客观地反映了舆论
	引导舆论	节目是否坚持了正确的舆论导向，并以构建和谐社会的舆论环境为宗旨
	影响舆论	节目是否有力地影响或扭转了部分人的意见，使舆论朝正确的方向发展

---

① 刘建明. 基础舆论学［M］. 北京：中国人民大学出版社，1988：11.
② 陈力丹. 舆论学——舆论导向研究［M］. 北京：中国广播电视出版社，1999：52.

① 反映舆论。

反映舆论强调的是广播、电视节目的社会预警功能。电台、电视台所制作的节目都是向公众传递最新的信息。因此，如何将信息及时、准确、客观地传递给受众是传播者的关注点。在这个传播过程中，节目本身就具有对信息的描述、解释和评价作用，同时也表明了传播者对信息的态度与倾向，是一种有选择的社会预警。因此，衡量节目反映舆论效应的好坏，关键看节目是否能及时、准确，同时又客观、中立地传递来自社会大众的声音。

② 引导舆论。

传播主体在引导舆论方面具有两种功能。一是强调日常生活中潜移默化形成的基本观念，这种观念可能并非当前传播的主流，但需要随时得到重视。如在消费主义盛行、崇尚生活品位的社会里，提倡简单、健康生活的标准等。二是为已经形成的舆论提供事实的佐证，通过强调舆论自身意见的正确性和重要性来将人们引导至合理的方向。比如之前网络上关于"人权"与"动物权"孰轻孰重的争论，作为对大众具有优势影响力的广播、电视媒介的职责在于，使用更直观的讲述生态平衡的例子来倡导"生命平等"的观念。

社会的良性运转离不开良好的舆论环境。广播和电视媒体应该时刻坚持"以正确的舆论引导人"的传播宗旨，努力净化和构建和谐社会的舆论环境。因此，在衡量节目引导舆论的社会效应时，也应该将"是否坚持正确的舆论、是否有助于构建和谐社会"作为评估的主要标准。

③ 影响舆论。

传播主体不仅要反映、引导舆论，而且在必要的时候能够对舆论产生重大的影响，改变舆论方向，使它朝着有益的方向发展。在现实生活中，社会各阶层并非完全融为一体，由于背景、学识、工作及所处场合的不同，作为意见主导者的舆论领袖可能产生的积极效果与消极效果都是明显的，他们的观念会影响周边人群的价值判断。媒介的作用就在于有力地影响或扭转他们的意见，使舆论朝正确的方向发展。

（2）社会效应指标之：伦理与道德性。

"伦理"和"道德"是与媒介传播的社会效应相关的两个方面。尽管我们经常将这两个概念混称为"伦理道德"，但它们的内涵实质上是有差异的。"伦理最初就是指人与人之间的微妙复杂而又和谐有序的辈分关系；后来进一步发展演变，泛指人与人之间以道德手段调节的、和谐有序的关系。"而道德是"对伦理这种特殊的社会关系进行调节，以及由此产生的良好社会效果"。①

因此，从概念的差异来看，对"伦理"和"道德"的评价尺度不同：伦理的尺度是是与非、对与错的问题，它更多涉及客观、外在的因素；而道德的尺度是好与坏、善与恶的问题，它更多应用于主观、内在的方面。不过，无论是对伦理的遵循，还是对道德的维护，都是对人的社会性的维护，都属于思想道德建设的范畴。在新的历史时期，"伦理"和"道德"可以内在统一于社会主义思想道德建设的思想基础，即社会主义荣辱观。作为每个公民应有的价值取向和行为准则，社会主义荣辱观应该成为衡量媒体在传播"伦理"及"道德"社会效应方面的基本标准。

社会主义荣辱观，既包含了对中华民族传统美德的继承和弘扬（如艰苦奋斗、团结友爱、诚实守信等），也有应时代要求而着重强调的价值标准（如服务人民、崇尚科学、遵纪守法等），体现了传统道德观与时代先进性的高度统一。因此，将社会主义荣辱观作为评估广播电视节目社会传播效应的标准时，也需要从"传统性"和"时代性"上去考量。同时，作为新的历史时期中华民族特有的荣辱观，其价值标准归根结底是由当前生产力的发展水平决定的，是一个不断充实和发展的价值体系。因此，对既有伦理道德观的"重塑性"也应该成为评价广播电视节目社会传播效应的更深一步的标准。

表12-14 社会效应指标之——伦理道德观

三级指标 （评测指标）	四级指标 （评测指标）	四级指标 （参考指标）
伦理道德观	传统性	节目积极弘扬中华民族传统美德，这里主要指：热爱祖国、辛勤劳动、诚实守信和艰苦奋斗四种美德
	时代性	节目积极弘扬先进的时代价值标准，这里主要指：服务人民、团结互助、崇尚科学和遵纪守法四种美德
	重塑性	节目对伦理道德观的创新和发展起到积极的传播作用

① 传统性。

伦理道德观念对社会及人的约束和控制作用，不像法治体系那样直接和确切，前者的约束和控制力量主要来自人的心理效应，并且在每个时间点，或者每个群体中都是有差异的。当节目面对各种千差万别的道德标准时，第一选择应该是遵

---

① 甘葆露（主编）.伦理学概论［M］.北京：高等教育出版社，1994：2-4.

循它的传统性原则。这是因为对于广播、电视大众媒介的多数受众来说，伦理道德观中的传统性更容易获得他们的共鸣。比如，电视荧屏上关于家庭伦理的感情戏，如《中国式离婚》《麻辣婆媳》等尽管曾创下不错的首播收视效应，但它们的卖点却都集中在"第三者插足"这个有争议的话题上，使得剧情本身对传统伦理美德的关注只能是一笔带过，这样的节目除了满足或缓解人们对"第三者插足"的好奇，实际上并无更多的社会价值可言。而近些年同样在电视上热播的韩剧，无论是青春言情（如《我是金三顺》）还是家庭伦理（如《澡堂老板家的男人们》），它们都有一个统一的叙事母题，即非常注重对传统文化的宣扬：晚辈对长辈的孝顺、夫妻对彼此的忠诚，等等。应该说，在对伦理道德传统性的维护上，我们的情感戏还有很多地方要向韩剧学习。

② 时代性。

每个时代都有被这个时代的大部分群体所公认遵守的伦理道德标准，并且这个标准势必会根据时代的变迁而变化，或者终被摈弃，或者被整个社会民族所接纳，逐渐成为传统。社会主义荣辱观中关于"服务人民、团结互助、崇尚科学、遵纪守法"的宣扬，正符合了当前改革开放的时代要求。比如"以团结互助为荣、以损人利己为耻"的论述，实际上是关于共同维护公共秩序，保持社会和谐稳定方面的公民基本的行为准则之一，也是每个公民个人道德修养和社会文明程度的重要表现。作为社会发展子系统的大众媒介，我们的广播、电视节目，也应该在深入诠释这些具有鲜明时代针对性的伦理道德标准上多下功夫。

③ 重塑性。

对于节目伦理道德方面的"传统性"和"时代性"要求，"重塑性"是更深层次的衡量伦理道德的社会效益指标。它强调的是节目不仅要在传统美德的维护和时代价值标准的弘扬上引起受众的共鸣，而且能从人类最基本的真、善、美的理想价值观出发，对既有伦理道德观念进行重塑甚至颠覆性的诠释，为建立更完善、更人性化的社会价值体系贡献力量。

（3）社会效应指标之：公益性。

与节目"公益性"相对应的是"商业性"。作为代表党和人民利益的喉舌，广播电视的公益性质是节目与生俱来的属性，而在多年广电市场化经营的过程中，我们的很多节目都出现了"功利化"倾向，商业气氛太浓往往成为公众疏远广电媒介的主要原因。因此，在考察节目质量和效果的过程中，必须提倡和鼓励节目

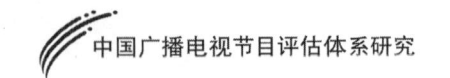

的"公益性"，使其能真正体现社会主义公共服务事业的内在要求。

广义来看，"公益"是指所有对人有利益的事。《新华字典》对公益的解释是：公共的利益，多指卫生、救济等群众的福利事业。社会组织形式中，与"公益"相关的部分称为公益事业，指直接或间接地为经济活动、社会活动和居民生活服务的部门、企业及其设施。比如公共交通系统、电气热供应系统、自来水生产供应系统、卫生保健系统、文化教育系统、体育娱乐系统、邮电通信系统、园林绿化系统等。

从提供"公共利益"的角度来看，广播电视属于公益事业中的文化教育系统。在目前的广播电视节目类型中，有一种"服务类"节目，它是以为受众日常生活提供便利服务为宗旨的节目形态，比如饮食健康、服饰美容、家居房产、交通旅游、天气预报、广告、广播电视购物、择业择偶、节目预告等。不过，我们这里所提出的"公益性"指标，不仅仅涵盖以上"服务类"节目，而指的是所有节目都应该具备的一种关注公共利益、为受众提供有价值的知识和信息的社会传播效应。

作为大众信息载体的广播电视节目，我们着重从提供公共信息、解决公众问题这两个评估指标来衡量"公益性"的社会传播效应：

① 提供公共信息。

指节目在组织各种内容要素时，当涉及与社会大众相关的信息、知识时，应该有意识地选择符合最大多数公众利益的部分，提供公正合理的评价，而不能仅仅满足特定利益攸关者的需求。

我们认为，在当前信息逐步公开、话语环境日渐宽松的时代背景下，广播、电视等影响力广泛的大众媒介，在提供公共信息方面应该坚持"信息开放"的原则。广电节目信息的采集和取舍，应努力把握好信息开放的节奏和力度，使受众在收听、收看节目后确实可以减少对事件判断的不确定性，而不是相反。比如汶川大地震中我们所看到的有关震情的快速、透明、连续的新闻报道，不但让灾区群众直接获益，为抗震救灾有序进行赢得了宝贵时间，而且让全体公众增强了防范灾难的意识，掌握了科学的灾难知识。

② 强化公益理念。

指节目在主动提供公共信息的同时，还需有意识地传播"广播电视是公益事业的一部分"的产业发展理念，推进广电文化事业的公益属性，提升广播电视文化产业的公益形象。

广电媒介目前正处在产业化体制改革的重要阶段。作为市场主体的媒介在发展过程中所伴随的"功利化"倾向反映在节目产品上，突出表现为内容取向的庸俗化和雷同化、节目播出"狂轰滥炸式"的炒作倾向，以及节目受众的"贵族病"等，这些节目传播倾向都是与当前和谐社会的主旋律不协调的声音。因此我们认为在广电行业产业化的发展道路上，节目产品应该注重对现代社会文明所倡导的公众概念的认识，节目创作指导从传递公益理念入手，努力体现节目内容对公众利益的关怀与人类情怀的尊重等。

表 12-15 社会效应指标之——公益性

三级指标 （评测指标）	四级指标 （评测指标）	四级指标 （参考指标）
公益性	提供公共信息	以"信息公开"为原则，有意识地选择符合最大多数公众利益的部分，提供公正合理的评价
	强化公益理念	节目创作指导从传递公益理念入手，努力体现节目内容对公众利益的关怀，并有利于提升广播电视文化产业的公益形象

3. 审美价值指标体系研究

所谓审美，主要是指美感的产生和体验。审美价值指标则是对广播电视节目的美感及其受众审美体验的具体评估。这一指标是整个节目主体评估体系中最高层次的标准。一方面它具有可感知性，即在专业技巧指标之上强调节目整体的视听感受，同时它又要求广播节目具备提升情操、净化灵魂的效用。

（1）审美价值指标的界定。

从文化心理的角度看，"审美是具有高智能的、人类所特有的一种高级的精神活动，也是人类所特有的一种社会性的、历史性的行为"[1]。因此，使用审美价值来评判文化产品广电节目的质量和传播效果，是为了体现节目对受众精神及心理方面需求的满足程度，以及对整个社会审美水平的提升作用，并且符合节目主体评估的内在要求。

① 审美价值的定义。

英国学者 H. A. 梅内尔在《审美价值的本性》一书中论证了"审美价值在于人类精神的愉悦，审美快感是对人类意识、精神能力的扩展和提高"[2]。因此，审美价值可以看作与审美主体相关联的事物所具有的审美意义和激发审美心理的

---

[1] 金开诚. 艺术审美的心理机制 [EB/OL]. http://www.cctv.com/lm/131/61/85887.html.
[2] [英] H. A. 梅内尔. 审美价值的本性 [M]. 刘敏, 译. 北京: 商务印书馆, 2001: 176.

效能[①]。而广播电视节目的审美价值则是指在特定的条件下,根据受众(审美主体)的审美需要,符合个人、群体、社会的审美意义,通过广播电视节目传递和形塑健康的审美观念,来满足审美主体精神及心理方面的需要。

② 制定审美价值指标的原则。

根据以上对审美价值与节目评估的关系论述,我们在制定审美价值的评估指标时需要考虑到如下因素:

a. 互动性原则。

对于受众(审美主体)而言,审美不仅仅是一种审美体验,同时也是一个审美过程,是审美主体根据自身审美需要去获取审美价值及审美快感的过程。而广播电视节目作为一种特殊的商品是在受众(审美主体)的审美需求下产生的,因此如何满足这种审美需要应该成为广播电视节目确立审美标准的一个重要指标。同时广播电视节目又不能盲目被动地迎合审美主体的任何需求,而应该在与审美主体互动过程中,根据审美主体需求的特点,形塑和提升健康的审美理念。这一点也是符合我国广播电视节目的制作原则与规律的。

b. 差异性原则。

歌德曾经说过,美是费解的,它是一种犹豫的、游离的、闪耀的影子,它总是躲避着被定义所掌握。的确,不同人对"美"有着不同的定义及界定标准,因此美是抽象的。但是人们的审美需求又是受特定社会文化及个人知识背景影响的,这就意味着不同群体因其内部所共有的知识储备及近似的人生经历而形成大致相同的"审美图式",而不同群体的审美标准和审美图式则可能有所差异甚至大相径庭。所以,审美需求是有差异的具有群体性特征。因此,我们在设计审美价值指标时应该考虑到特定广播节目的"目标群体"状况,如他们各自的心理特征及审美特点,而给予节目相应的审美定位,满足不同类型节目目标受众的审美需求。

c. 层次性原则。

虽然美感是人类所特有的感情,并以感官的快乐为基础,但是这种人类所具有的快感却与动物的快感有着本质的区别,它是一种心理上的满足和精神上的享受。因此,我们在设计审美价值指标时,不应该单纯地强调审美的感官享受,还应该从审美的心理及精神层面出发设计更高层次的审美价值指标。

---

① 邹赞. 康德审美理想的现代性 [J]. 伊犁教育学院学报, 2006 (03).

比如，在审美的感官层面，我们主要强调的是广播电视节目带给受众（审美主体）的视听体验，它既体现了高水平的节目制作技巧，同时又反映了广播电视节目制作主体对受众（审美主体）审美标准的认知状况。即使对于一档严肃的新闻节目，也无须都是正襟危坐、刻板保守的播报风格，有时候根据新闻内容的差异来做适当的调节，完全可以带给受众额外的"美"的体验。

而审美的心理层面则强调了审美主体的审美情感。情感是人对客观现实的一种特殊的心理反应。审美情感就是审美主体对客观审美对象的一定的主观态度及体验。它是审美主体在每一次审美实践活动中积累下来的模式与标准，并在下一次审美活动开始时产生"启动"效应。20世纪90年代湖南卫视《快乐大本营》的推出，正是契合了受众对以往教化式综艺节目的"审美疲劳"，将曲艺和游戏结合在一起，使观众耳目一新，彻底放松下来沉浸于节目之中。《快乐大本营》的空前成功，也是对当时中国正悄然兴起的娱乐文化感染下大众情感的表达和呼应，完全符合大多数人的"审美期待"。

审美的精神层面主要强调的是广播电视节目对受众（审美主体）的灵魂净化效应，也就是说它能够把审美主体的审美情感体验推向马斯洛所说的高峰体验层面。它不仅仅超越人们的感官刺激及享乐，同时也超越了人们的心理及人格伦理，让审美主体从感知层面获得的表象进入情感深处，进而达到物我同一、主客同构的效应，引导人们走向审美的极境。对于广播电视节目来说，要达到审美精神层面的体验，需要从受众感官享受、情感共鸣，以及人文精神三个角度进行突围和创新，是对节目的"完美式"评估标准。比如，在一档纯文娱节目里，受众希望获得娱乐和快感，但同时潜意识里又渴望美的滋养和心灵深处的启迪，这构成了对该类节目的最高标准。

（2）审美价值指标的构成。

从节目制作及节目观赏角度可以把审美价值指标划分为三方面的评估指标：审美体验指标、审美心理指标和审美格调指标。

① 审美体验。

审美体验指标主要涵盖广播电视节目制作中的高端技巧层面或者称之为综合效果层面，具体说来包括以下四个参考指标：结构、叙事、节奏、视听感受。如表12-16所示。

表 12-16　审美价值指标之——审美体验

三级指标 （评测指标）	四级指标 （评测指标）	四级指标 （参考指标）
审美体验	结构	结构完整性的审美体验
	叙事	叙事流畅性与清晰度的审美体验
	节奏	编排节奏带给受众舒适感的审美体验
	视听感受	多种视听元素的综合效果及元素之间的和谐程度

a. 结构。所谓结构的完整性是指广播电视节目中的高端艺术构思，它反映了节目的整体构思水平，如我们评价新闻类节目的结构是否达到审美价值标准主要是看其是否具备 5W 标准。再如专题类节目则评估其主题与内容要素是否都完备等。如很多节目头尾呼应不足，从结构上来讲属于不完整，没达到审美的结构标准。

b. 叙事。该指标是指广播电视节目是否清晰流畅地表达了其所要传达的主要内容。因此，这一指标从以下两个参考指标进行考察：

清晰度：叙事层次是否清晰，能否明确传递节目要表达的信息。

流畅度：叙事过程是否流畅，节目设计安排的顺序是否合理。

c. 节奏。该指标是指节目编排的节奏是否能让审美主体在审美体验过程中产生舒适的感觉。如节奏过快或过缓，或者安排不合理，都会造成审美主体感觉上的不舒适。

d. 视听感受。视听综合感受是一个综合评价指标，是广播电视节目给审美主体带来的整体性感受，用以评价节目中多种视听元素的综合效果及元素之间的和谐程度。良好的视听综合感受将有助于提升审美主体的审美体验，进而激发其审美情感。

② 审美心理。

主要是指审美主体的心理感受及心理特征，也就是说广播电视节目是否符合审美主体的心理审美图式，能否给其带来审美情感体验。它一方面强调节目是否可以引起受众的心理共鸣，使欣赏者在审美过程中在客观性和生理性之上产生丰富联想。另一方面它强调了节目在制作过程中是否考虑到不同群体的审美心理特点。

具体而言，审美心理包括两方面的参考指标：情感表达和目标群体审美心理。

表 12-17 审美价值指标之——审美心理

三级指标 （评测指标）	四级指标 （评测指标）	四级指标 （参考指标）
审美心理	情感表达	情感表现丰富饱满度是否能让受众产生共鸣
	目标群体 审美心理	节目是否能与目标群体审美心理契合和统一

a. 情感表达。指节目在情感渲染方面是否做到丰富饱满，能否让审美主体产生情感的共鸣。比如对新闻节目资讯节目、强调其情感表达方式能否被审美主体所接受，避免其产生厌恶情绪。

b. 目标群体审美心理。指节目在情感沟通方面是否完全符合目标受众的心理期待。比如对体育类节目，在"运动之美"的前提下强调与该体育项目爱好者特殊审美心理的和谐性。

③ 审美格调。

审美格调是指节目各方面综合元素对审美主体人格与精神层面的冲击，格调高雅的节目不仅可以触动和净化审美主体的心灵，将审美情感推向极致，同时它也可以形塑审美主体审美需求，引导审美主体的价值取向。

表 12-18 审美价值指标之——审美格调

三级指标 （评测指标）	四级指标 （评测指标）	四级指标 （参考指标）
审美格调	价值导向性	是否对健康的价值观产生直接的引导和培育作用
	精神提升程度	是否对受众的精神世界有持续提升的效应

a. 价值导向性。主要是指节目对人类共同追求的价值观、人文精神和普世价值的重视程度及导向作用。

b. 精神提升程度。主要是指当审美主体将其自身的情趣外射到欣赏对象，又把对象的形象情趣吸收到自身时所产生的"物我同一"的境界。

第三节　主体评估方法体系研究

一、传统的主观评估方法探讨与借鉴

专家领导评估是目前各广电单位对节目质量进行评价的主要形式。一般情况下，是由广播电视专家、影视评论学者组成评议小组，从专业角度对节目的政策导向、专业技巧、社会效应及审美价值等进行综合打分定级。它是专家和学者对节目质量进行的一种主观性的量化考察，主要由评分方法和操作方法两部分组成。

1. 评分方法：常见的几种评分制及其优缺点

（1）十分制或百分制。

常见的直接对节目某一指标给出分值的十分制或百分制是评分量表中最基本的形式。这种评分方法通过直接计算的平均值来对节目进行比较，便于统计、容易操作。不过，由于分值本身只有距离或程度上的差别，无法体现出不同指标内涵上的差异，且取简单平均值的方法抹煞了指标及节目类型的独立性。另外，容易操作的另一面是评估者本身的主观随意性也比较大，往往会导致最终结果出现较大偏差。

比如，我们在对一档综艺节目的审美价值进行评价时，无论是十分制还是百分制，某一个分值实际上代表着评估者对受评对象的整体印象，如"价值高"或"价值不高"，但却无法体现出"高"或"不高"的实际内涵，是节奏舒适还是节奏仓促？是格调高雅还是格调低下？因此，这种评分方法在对节目深层次的质量把握上，无法提供一个清晰可区分的标准。

（2）李克特5级量表（Likert scale）。

事先对各指标进行陈述，由评分者按对每条陈述的肯定或否定的强弱态度进行表态，最后加总记分或取平均值。比如某市级电视台的节目评议表，如表12-19所示。

表 12-19　某市级电视台的节目评议表

节目名称	评估指标	5＝很好	4＝好	3＝较好	2＝一般	1＝待改进
《天天娱乐》	节目选题	5	4	3	2	1
	主持表现	5	4	3	2	1
	拍摄技巧	5	4	3	2	1
	制作包装	5	4	3	2	1
	编导水平	5	4	3	2	1

相对于单一的十分制或百分制来说，态度量表可以将评估者对节目的判断限定在一定的语义范畴内，使得最后汇总的结果具有一定的统计意义。

另一方面，李克特5级量表各分值之间实际上仍然是一种完全平衡的设定，评分者的主观随意性无法加以约束，再加上操作惯性等因素，最终评出来的结果与节目质量的契合度并不理想。实际上，李克特5级量表适合在一些非常规的节目评估工作中使用，如对某一新节目单独进行抽查时，在尚没有一整套稳定的指标可应用时，可以用这种基本的5级量表进行测量，以形成对该节目的初步认识。

2. 操作方法：专家领导法＋简单加权平均

多数广播电视单位的专家领导评估的操作流程是：邀请专家及广电系统的领导组成节目评审组，定期或不定期地监听、浏览几期节目，通过汇总专家评估结果与领导评估结果来最终判断一档节目的质量及效果。其中，专家学者对节目的评判数据具有专业代表性，因此对指导节目创新具有一定意义；领导往往本身就是节目战略的制定者和决策者，他们对节目质量的变化、节目市场的变化比较敏感。

在对专家领导评估结果进行分析时，多数情况下对节目评估的结果都需要进行综合计算，因此一般采用简单加权平均的方法。即将某一指标原始数值乘以一个人为设定好的权数目，然后用若干指标原始数值加权后的平均值来对节目进行评估。这种计算方法主要是由于受评估专家领导人数的限制，而采用的权宜之法，相对简单、实用。然而，由于权重设定的根本问题没有解决，这样的评分结果常常不能得到节目编导和相关人员的认同，并容易导致节目比较同质化的倾向。

二、主体评估方法基本原则

在制定新的节目主体评估方法时，必须同时对以上现有的评分方法和操作方法进行改良，并始终确保在一定的评估原则指导下进行。

1. 差别化原则

指设定评分方法时，分值本身能体现出不同指标在语义内涵上的差别，将评估者的主观判断限定在已有的区间内。这样做的好处可以使评估者在每次做出判断时更为慎重，不但要对节目内容完全了解，而且还可以最大限度地规避由于长期操作而导致的疲劳和惯性效应。

2. 独立性原则

指评估者在整个过程中能不受干扰地做出自己的评价，尤其能不受阶段性评估结果的影响。一方面，在筛选评估者时，必须有较严格的标准；另一方面，在具体操作中要严格执行独立评价的背靠背原则等。

3. 代表性原则

指评估者的意见要具有相对广泛的代表性。一方面，对于评估的参与者来说，需囊括节目的受众，尤其对于节目的部分评估标准如审美指标来说，必须将受众的感官接受与心理愉悦程度等因素考虑进来，比如建立可轮换的节目社会监评机制等；另一方面，对于评估者的人数，可以借鉴定量研究中的统计原则，设定30或50的最小样本数等。

三、主体评估方法体系构成

1. 十大类节目对应评估指标权重的界定

对于评价指标的重要程度的认识，主要有两种不同的思路[①]。一是从节目制作的角度入手，由广播业内人士根据媒体的特点或经验确定每一个指标的重要性程度；二是由通过调研所获取的、有代表性的受众群的实际视听情况来确定每

---

① 梁毓琳，赵景仁. 关于广播节目评估指标权重问题的研究. 赛立信媒介研究公司节目评估系统研发小组，http://www.emarketing.net.cn/magazine/article.jsp?aid = 1486.

个指标的权重。因此，对于节目主体评估来说，更适用于第一种确定指标权重的方法。

节目分类主要通过"绝对区隔"层来体现节目的本质差别，在"绝对区隔"的层次上，既包括从"信息认识功能"角度出发所分出的"真实类节目"与"演绎类节目"，也包括从"信息传播功能"角度出发所分出的"新闻类节目""评论类节目""娱乐类节目""教育类节目""服务类节目"。在设定指标权重时，需综合考虑节目在第一个"信息认识功能"层面和第二个"信息传播功能"层面上的差异，并需兼顾将来在具体评估工作中的可操作性。

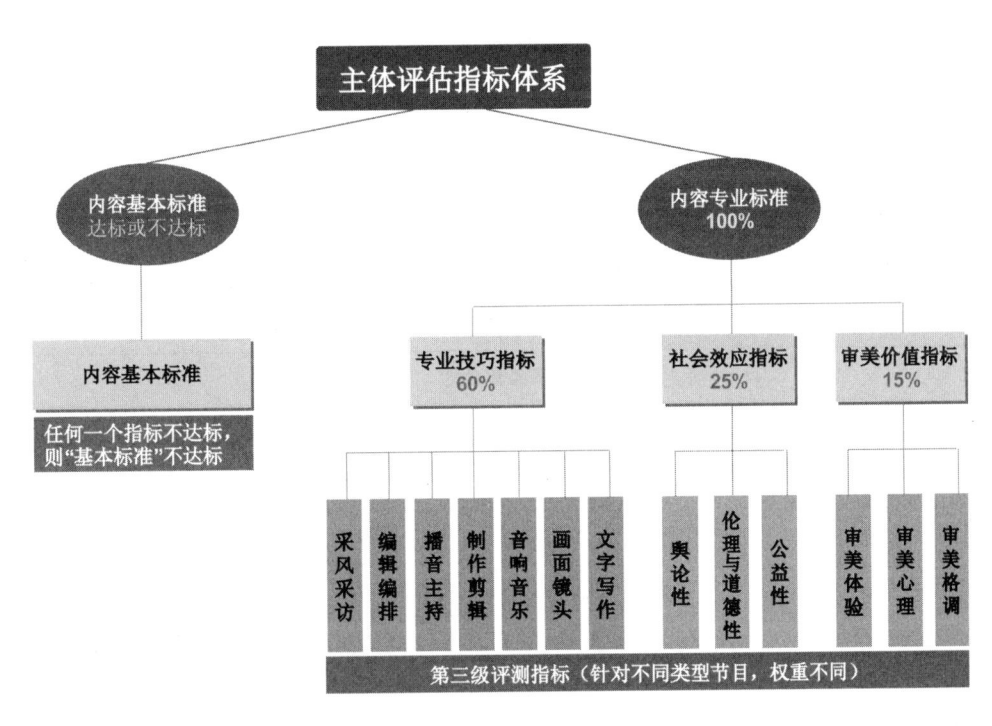

图 12-4 主体评估指标体系（权重分配）

（1）一级指标：基本标准。

如图 12-4 所示，"基本标准"是节目主体评估的首要步骤。对于任何一个节目来说，首先要判断它在"技术基本标准"和"导向基本标准"上是否达标，如果达标，则进入下一个"专业标准"步骤的评估；如果不达标，则没有进一步评估的必要。

（2）一级指标：专业标准权重为 100%。

为便于理解,设定专业标准权重为100%,相当于总分为100分。对于任何一个节目来说,其主体评估的得分实际上是由专业标准下面各二级指标的加权得分来确定的。

(3)二级指标:十大类型节目设置固定权重。

评估节目的专业水准,首先要看它对"专业技巧"运用的合理和娴熟程度,因此无论对于哪种节目,"专业技巧指标"都占据最大的份额60%(相当于60分,及格分)。

当一档节目通过"专业技巧指标"的评分后,接下来在"社会效应"和"审美价值"两个指标上的表现,将决定该节目的实际价值。也就是说,对于任意节目来说,它要想比其他节目获得更高的评价,必须在"社会效应"(25%)和"审美价值"(15%)上有所贡献。

(4)三级指标:十大类型节目设置不同权重。

针对十大类型节目,它们在评估中的根本区别体现在各三级指标的区分上。以下是十大类型节目在三级指标上的权重分配,如表12-20所示。

表12-20 十大类型节目评估指标权重分配

专业标准:权重100%	真实新闻类	
	专业技巧:权重60%	采(采风采访):权重15%
		编(编辑编排):权重10%
		播(播音主持):权重10%
		制(制作剪辑):权重10%
		音(音响音乐):权重5%
		画(画面镜头):权重5%
		文(文字写作):权重5%
	社会效应:权重25%	舆论性:权重15%
		伦理与道德性:权重5%
		公益性:权重5%
	审美价值:权重15%	审美体验(感官):权重3%
		审美心理(心理):权重5%
		审美格调(精神):权重7%

真实评论类		
专业标准：权重100%	专业技巧：权重60%	采（采风采访）：权重10%
:::	:::	编（编辑编排）：权重10%
:::	:::	播（播音主持）：权重15%
:::	:::	制（制作剪辑）：权重10%
:::	:::	音（音响音乐）：权重5%
:::	:::	画（画面镜头）：权重5%
:::	:::	文（文字写作）：权重5%
:::	社会效应：权重25%	舆论性：权重15%
:::	:::	伦理与道德性：权重5%
:::	:::	公益性：权重5%
:::	审美价值：权重15%	审美体验（感官）：权重3%
:::	:::	审美心理（心理）：权重5%
:::	:::	审美格调（精神）：权重7%

真实娱乐类		
专业标准：权重100%	专业技巧：权重60%	采（采风采访）：权重10%
:::	:::	编（编辑编排）：权重10%
:::	:::	播（播音主持）：权重15%
:::	:::	制（制作剪辑）：权重10%
:::	:::	音（音响音乐）：权重5%
:::	:::	画（画面镜头）：权重5%
:::	:::	文（文字写作）：权重5%
:::	社会效应：权重25%	舆论性：权重15%
:::	:::	伦理与道德性：权重5%
:::	:::	公益性：权重5%
:::	审美价值：权重15%	审美体验（感官）：权重3%
:::	:::	审美心理（心理）：权重5%
:::	:::	审美格调（精神）：权重7%

真实教育类		
专业标准：权重100%	专业技巧：权重60%	采（采风采访）：权重10%
^	^	编（编辑编排）：权重15%
^	^	播（播音主持）：权重10%
^	^	制（制作剪辑）：权重10%
^	^	音（音响音乐）：权重5%
^	^	画（画面镜头）：权重5%
^	^	文（文字写作）：权重5%
^	社会效应：权重25%	舆论性：权重15%
^	^	伦理与道德性：权重5%
^	^	公益性：权重5%
^	审美价值：权重15%	审美体验（感官）：权重3%
^	^	审美心理（心理）：权重5%
^	^	审美格调（精神）：权重7%

真实服务类		
专业标准：权重100%	专业技巧：权重60%	采（采风采访）：权重10%
^	^	编（编辑编排）：权重15%
^	^	播（播音主持）：权重10%
^	^	制（制作剪辑）：权重10%
^	^	音（音响音乐）：权重5%
^	^	画（画面镜头）：权重5%
^	^	文（文字写作）：权重5%
^	社会效应：权重25%	舆论性：权重15%
^	^	伦理与道德性：权重5%
^	^	公益性：权重5%
^	审美价值：权重15%	审美体验（感官）：权重3%
^	^	审美心理（心理）：权重5%
^	^	审美格调（精神）：权重7%

演绎新闻类		
专业标准：权重100%	专业技巧：权重60%	采（采风采访）：权重5%
^	^	编（编辑编排）：权重5%
^	^	播（播音主持）：权重15%
^	^	制（制作剪辑）：权重5%
^	^	音（音响音乐）：权重10%
^	^	画（画面镜头）：权重10%
^	^	文（文字写作）：权重10%
^	社会效应：权重25%	舆论性：权重15%
^	^	伦理与道德性：权重5%
^	^	公益性：权重5%
^	审美价值：权重15%	审美体验（感官）：权重3%
^	^	审美心理（心理）：权重5%
^	^	审美格调（精神）：权重7%

演绎评论类		
专业标准：权重100%	专业技巧：权重60%	采（采风采访）：权重5%
^	^	编（编辑编排）：权重5%
^	^	播（播音主持）：权重15%
^	^	制（制作剪辑）：权重5%
^	^	音（音响音乐）：权重10%
^	^	画（画面镜头）：权重10%
^	^	文（文字写作）：权重10%
^	社会效应：权重25%	舆论性：权重15%
^	^	伦理与道德性：权重5%
^	^	公益性：权重5%
^	审美价值：权重15%	审美体验（感官）：权重3%
^	^	审美心理（心理）：权重5%
^	^	审美格调（精神）：权重7%

演绎娱乐类		
专业标准：权重100%	专业技巧：权重60%	采（采风采访）：权重5%
^	^	编（编辑编排）：权重5%
^	^	播（播音主持）：权重10%
^	^	制（制作剪辑）：权重5%
^	^	音（音响音乐）：权重10%
^	^	画（画面镜头）：权重10%
^	^	文（文字写作）：权重15%
^	社会效应：权重25%	舆论性：权重15%
^	^	伦理与道德性：权重5%
^	^	公益性：权重5%
^	审美价值：权重15%	审美体验（感官）：权重3%
^	^	审美心理（心理）：权重5%
^	^	审美格调（精神）：权重7%

演绎教育类		
专业标准：权重100%	专业技巧：权重60%	采（采风采访）：权重5%
^	^	编（编辑编排）：权重5%
^	^	播（播音主持）：权重15%
^	^	制（制作剪辑）：权重5%
^	^	音（音响音乐）：权重10%
^	^	画（画面镜头）：权重10%
^	^	文（文字写作）：权重10%
^	社会效应：权重25%	舆论性：权重15%
^	^	伦理与道德性：权重5%
^	^	公益性：权重5%
^	审美价值：权重15%	审美体验（感官）：权重3%
^	^	审美心理（心理）：权重5%
^	^	审美格调（精神）：权重7%

		演绎服务类	
专业标准：权重100%	专业技巧：权重60%	采（采风采访）：权重10%	
		编（编辑编排）：权重15%	
		播（播音主持）：权重10%	
		制（制作剪辑）：权重10%	
		音（音响音乐）：权重5%	
		画（画面镜头）：权重5%	
		文（文字写作）：权重5%	
	社会效应：权重25%	舆论性：权重15%	
		伦理与道德性：权重5%	
		公益性：权重5%	
	审美价值：权重15%	审美体验（感官）：权重3%	
		审美心理（心理）：权重5%	
		审美格调（精神）：权重7%	

（5）四级指标（参考指标）：评委在做出最终判断时心中所依赖的标杆和尺度。

对于每个三级指标来说，都有进一步细分的四级参考指标。如判断"采（采风采访）"水平的高低主要依赖"题材选择"和"采访技巧"两个参考标准。

如前所述，评委在打分时无需逐条对"参考指标"进行评价，但"参考指标"却是整个主体评估"专业标准"的核心所在，决定了评委在给出自己的评价时必须有相对客观的标准作为参考，提升了评估结果的有效性及可信度。

在今后的节目评估实践操作中，理论上的"重要程度"要找到正确的、有意义而又易获得的数据支撑，并非易事。我们经过论证所设定的度量标准，也可能会根据区域、时代发展阶段和状态有新的认识和需要，因此从长期来看将是一个动态的不断修正和调整的过程，需要在节目评估与应用的实践中不断加以完善。

2. 评分方法：李克特10级量表+陈述语句

在考察了节目评估工作现有评分方法的优缺点后，我们选取修正后的李克特量表作为各级指标的评估尺度。同时，借鉴语义差别尺度的思路，对各分值的区间进行了实际内涵的陈述，最终的评价量表如表12-21所示，以节目审美价值中的"审美格调"评测指标为例。

表 12-21 "审美格调"评测指标

1—3 分	4—7 分	8—10 分
无益于提升受众的精神世界；格调低下	触及了受众的精神世界；但格调平平	对受众的精神世界具有明显的价值引导和提升；格调高雅
1　2　3	4　5　6　7	8　9　10

该评分方法将 1—10 分分为三段，1—3 分表示节目在该指标上表现较差，4—7 分表示节目在该指标上表现有所提升，8—10 分表示节目在该指标上表现较好。

这种评分方法的特点在于：

首先，每一段分值都有明确的内涵描述，评估者首先可以根据对节目整体印象的判断来决定落在哪一段里，然后在每一段中再仔细斟酌，最终给出一个适合的分数。

其次，采用 10 级偶数分制，取消了中间选项，迫使评估者必须给出自己有所倾向的选择，从而可以杜绝过多的模棱两可的选择。

另外，10 级量表比 4 级或 5 级量表的选择范围扩大了，所以数据的层次性更明显。

这种评分方法的关键在于陈述语句的效度问题，要求语句的陈述不仅要符合与节目相关的各类人群的理解和认同，能准确地反映指标的内涵，还要言简意赅，便于操作。因此，需要经过一定时期的试用来不断调整和完善。

3. 操作方法：德尔菲法

德尔菲法，又称专家规定程序调查法。它是由美国兰德公司 1964 年开发，并逐渐广泛应用于许多领域。一般情况下，在运用集体讨论法时，常出现的一个问题是职位较高的人的意见或看法往往比职位较低的人的意见更受重视，后者某些特殊的评估者会倾向于给出较极端的评价。德尔菲法则避免了出现这些情况。

匿名性和反馈性是德尔菲法的两个主要特征。所谓匿名性，是指采用这种方法时，所有专家组成员采用不直接见面或背靠背的方式，这样可以消除权威的影响；而反馈性是指该方法需要经过二到三个轮回进行信息反馈，在每次反馈中使调查组和专家组都可以进行深入研究，最终结果基本能够反映专家的基本想法和对信息的认识。

德尔菲法的传统应用在于预测，如在技术预测、军事预测、人口预测、医疗保健预测、经营和需求预测、教育预测等领域都有较广泛的应用。此外，该方法也常被用来进行评价、决策和相关的规划工作。对于节目评估来说，德尔菲法的匿名性和反馈性实际上与节目主体评估的独立性原则是相一致的。它需要评委每次评估时都投入较多的精力和时间，因此可以成为约束评委的有效手段。

借鉴西方管理学中的德尔菲法，邀请广播电视传媒专业人士、科研院所学者以及一些独立的广播电视节目制作人组成团队，通过问卷形式，由各成员独自对该节目的政策理论水平、艺术水准、现实指导意义和制作水准等方面，从深度和广度上进行相应的评分，并对该节目提出修改意见和建议。为了改变德尔菲法耗时较长的弊端，可利用现代网络手段，将问卷发送到各个专家的计算机终端，专家通过计算机传输其结果。由于没有成员面对面交流，从而隔绝了群体成员间过度的相互影响，其评价往往比较客观。与此相似，还可以采用电话会议和视频会议。

实际上，德尔菲法是一种主观、定性的方法，不仅可用于具体节目的日常评估，而且在对主体评估体系中各指标定义时也可以采用，有助于建立一个为各方所认同的、较稳定的评估系统。

使用德尔菲法对节目进行评估的具体实施步骤如下：

（1）组成专家、领导和社会监评三个评估小组。其中，按照节目所属的行业及知识范围，确定专家类型；领导则可由现任或退休的、有较强业务能力的领导组成；社会监评由热心受众组成，并三个月或半年轮换一次，以保持样本的新鲜。

（2）评估者人数：每个评估小组人数持平，三个小组的总人数不得低于30人[①]。

（3）事先向所有评估者告知所要评估的节目及要求，并约定评估会议的时间、地点等。对于社会监评小组成员，需事先告知当期节目的播出时间，并要求他们独立收听、收看。

（4）具体评估之前，设立关于节目内容的甄别问题，以确保所有评估者完整地收听、收看了节目。对于社会监评小组成员，可采用电话访问的方式进行甄别。

（5）实际打分时采用背靠背的方式。将每位评估者第一次给出的结果即时输入电脑，通过自动生成的表格进行比较分析，再把结果打印输出后分发给三个小组的每位评估者，让他们比较自己同他人的不同意见，修改自己的意见和判断。

（6）再次将所有专家的修改意见收集起来、汇总，形成最终的评分结果；社会监评可采用电话或网络的形式。在整个操作过程中，所有评估者只给出评分结果和具体意见，但并不说明发表各种意见的专家的具体姓名。

---

① 根据统计上样本分布的正态近似定理，n = 30 是进行统计推断及比较分析的最小样本量。

4. 补充方法：社会监评制度

节目主体评估的特性决定了必须从受众的角度对节目进行质量考察。尤其是对于衡量节目艺术水平的审美指标来说，节目传播者与最终的受传者在审美体验上很容易产生错位：节目把关者较容易产生传播效果层面上的第三者效应，如主观上会认为节目对某些特殊人群会产生好或坏的影响，从而在对其评分时会给出较悬殊的分数，而节目对受众心理产生的现实影响还需要来自受众的即时反馈才能较完整、准确地加以把握。

结合广电媒体的实际情况，社会监评员的构成需综合考虑节目的目标受众和热心受众两个群体，并根据年龄、性别、职业等特征进行样本配额。与传统做法不同的是，社会监评小组将与专家小组及领导小组同时运作，占有相当的比重，而非只作为后两者的一手参考资料处理。

同时，为了减少由于样本老化、样本疲劳、样本惯性所带来的问题，对社会监评员实行定期轮换和激励的原则：

（1）轮换方法。

根据各台的实际情况，样本轮换期限可以半年或一年为一个周期。若半年为一个周期，则每个月计划轮换六分之一；若一年为一个周期，则每个月计划轮换十二分之一。每次轮换时，需严格保证新样本与被替换样本在性别、年龄、职业、教育程度及个人月收入等人口指标上的一致性，同时需让新样本进行一两次的试评估，以保证评估结果的延续性。

（2）激励方法。

样本激励主要起到样本维系及提高样本积极参与性的作用。可使用以下激励方式：礼金、礼品、音像制品、邀请其观赏或参加节目录制等，以保证其对节目持久的认知度和关注度。

5. 分析方法：横向比较与纵向比较

节目主体评估通过对不同频率、不同类型、不同时期的节目进行比较，来为节目质量改进及人员绩效评估提供参考依据。比较必然带来节目的可比性即权重的问题，对于由传播主体实施的内部评估来说，权重的设定需满足节目管理（横向比较）与节目质量改善（纵向比较）两个方面的需要。

（1）不同节目类型之间的横向比较。

如前所述，媒体开展节目主体评估工作时，不同节目之间的横向比较完全可以通过指标打分来实现，原则上在节目类别之间不设置权重。不过，有时传播机构根据实际情况仍会对不同类别的节目赋予权重，这时就需要在评估公式中体现相应的内容。比如，对于央视《开讲啦》和湖南卫视的《超级女声》来说，需要将节目类别的权值与节目打分表中各项指标的权值汇总计算，即可获得该节目的最终得分。计算公式如下所示：

$$S = \frac{\sum_{i=1} (A_{1W1} + A_{2W2} + A_{3W3} + \cdots + A_{nWn}) W_S}{N}$$
$$(i = 1, 2, 3, \cdots N)$$

其中：

S 表示某一节目的基本得分，它是对所有评估者在该节目上基本得分的平均化；

A 表示该节目在某一个指标的原始分值；

W 表示该节目在某一个指标的权重；

Ws 表示该节目的节目类型权值；

N 表示参与评估的人数。

（2）同一节目类型之间的纵向比较。

从改善节目质量的需要来看，更为常见的情况是对同一类型或同一档节目进行纵向比较。因为纵向比较不需要考虑节目类型的问题，节目评估的权重只需乘以节目打分表中各项指标的权值即可。不过，由于节目评估的结果要作为节目调整的依据，因此在这一过程中时间因素的影响必须考虑在内，需要借助专门的统计检验方法，以确定该节目在两期评价中是否有显著变化。这里引入配对样本的概念，这里的配对样本指在节目某一个节点前后分两次对其做出评分的相同的个体。由于配对样本在各外部人口变量（性别、年龄、教育程度、职业、偏好）上维持不变，因此其误差会相对较小，从而可以对评估结果做出相对精确的估计。在节目主体评估中，同一个评估小组对同一节目进行前后两期的比较即属于配对样本。

下面举例介绍这种方法的应用：

现有娱乐节目 A，并有 10 位专家对其"审美格调"进行了评价，以 10 分制为标准，每个专家给出了相应的评分。事后主创人员根据专家的评分结果和意见对节目进行了调整，为了检验实际的效果如何，他们又请原来的 10 位专家对节目进行了评分。两次结果如表 12-22 所示。

表 12-22　10 名专家对调整前后节目 A 的评分

专家编号	01	02	03	04	05	06	07	08	09	10
调整前 X	5	6	8	4	7	5	6	3	7	4
调整后 Y	6	8	5	7	6	5	7	6	7	5
差 $D=Y-X$	+	+	−	+	−	0	+	+	0	+

其中差值 $D=Y-X$ 实际上是一个重新构建的单一样本，配对样本评分结果的有效性检验即是对这一样本在每个评估者上的正负号发生的概率进行考察，借用统计软件 SPSS13.0 可以很容易地实现。操作步骤为：Analyze → Nonparametric Tests → 2 Related Sample，并在弹出对话框中选择 Sign 复选框，执行 OK 即可。

最终的输出结果将给出概率值。在本例中，概值 $P=\mathrm{P_r}(X\geqslant 6)=0.1445$

这是一个比较大的概率值，在 $\alpha=0.05$ 的显著性水平下，节目两期评估检验不显著，也就是说节目调整并没有使得专家的评价有显著的提高[①]。

6."内容基本标准"评估方法介绍

对于"内容基本标准"来说，节目制作者对其评估指标所对应的法律依据的把握，更多体现在"播前"阶段，而需要在节目播出后单独进行评估的情形并不常见。因此，在整个主体评估方法体系的制定中，无需针对"内容基本标准"做专门的规定。

第四节　主体评估操作体系

一、评估机构的组建

1. 广播电视行业协会在节目主体评估工作中应发挥必要的服务功能

作为协调行业市场运作秩序的广电行业协会，制定行业准则是其发挥行业自律和行业自治职能的基本途径。对于节目主体评估工作来说，广电行业协会不但要发挥组织相关研究力量制定评估标准的功能，而且在组建评估机构的环节，也

---

① 柯惠新，祝建华. 传播统计学 [M]. 北京：北京广播学院出版社，2003.（参见第 11 章"群体间的差异性"第三节"非参数检验法"。）

应该提供相应的服务。

作为行业准入标准的节目主体评估体系,其评估机构的组建实际上是由两方面的力量来共同完成的:一是制定节目评估推荐性标准的行业协会,它在把握评估体系的理论层面上具有最大的权威性和准确性,并且可以集中最全面的业界资源和学术资源来组建"评估专家资料库",为各级媒体单位提供最广泛的专家团队支持;二是节目评估体系的具体实践者广播电台、电视台。

2. 广播电台、电视台成立专门的"评估委员会"来开展日常的节目评估工作

与节目客体评估需委托专业媒体调查公司或学术机构不同,作为节目主体评估体系具体实践者和检验者的广播电台、电视台,在内部开展节目日常评估工作时,需坚持"公平、中立"的原则,不为各部门所牵制,使评估结果发挥应有的节目改进和人员考核的作用。

目前各节目播出机构主要由总编室来具体负责节目的主体评估工作,不过多数是挂靠在总编室的某个部处室或某个科组,而成立专门评估机构的单位还不多(约10%)。如图12-5所示。

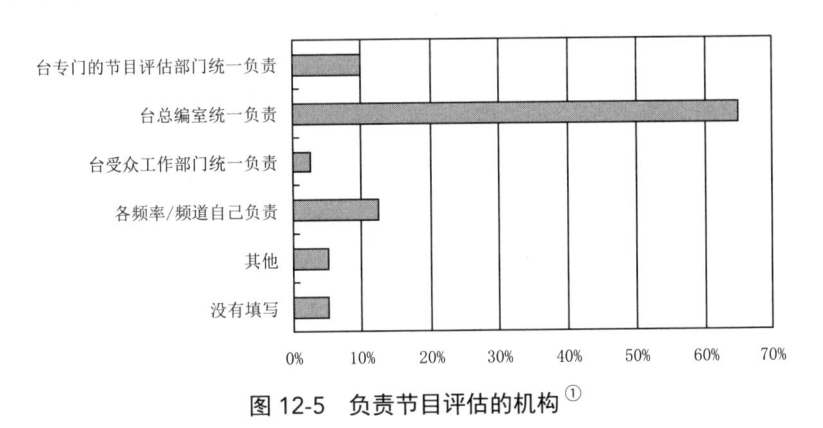

图 12-5 负责节目评估的机构[①]

无论是挂靠在总编室下的评估科室,还是媒体单位专门成立的评估部门,要使节目主体评估体系发挥出应有的效力,必须被赋予独立开展评估工作的权利,包括独立的评估专业人员人事任用权、节目评估专项经费支配权和独立向全台员工公开节目评估结果的权利。为确保这三种评估职权的行使,根据目前各电台、电视台的实际管理情况,建议由台领导,如副台长来组建"评估委员会",直接分管节目评估工作。

---

① 数据来自本课题组:《2005年中国广播电视节目评估情况研究报告问卷调查》。以下未标明来源的数据及统计资料均来自本课题组的调查。

二、评估人员的构成

"评估委员会"的首要职责是组建自己的评估团队。主要由两方面的人员构成：一是专职的"节目评估研究员"；二是由业界专家和台领导组成的"专家评估团"，可形成相对稳定的专家资料库。

"节目评估研究员"：负责节目评估工作的各个环节，如制定评估计划、支持评估会议、撰写评估报告、建立专家资料库并进行有效维系，以及每次评估操作时邀请专家等具体事务。"节目评估研究员"需要具有新闻或传播学工作背景，并熟悉本台节目的制作和播出工作，同时还需要掌握一定的媒介市场调查知识，如统计上的样本推断原理、B2B 定性研究的分析理论和经验等。

根据各台人员规模不同，"节目评估研究员"的人数也有所差别。图 12-6 是部分媒体单位内部负责节目评估工作的专职人员人数分布，以 1—5 人的配备居多。

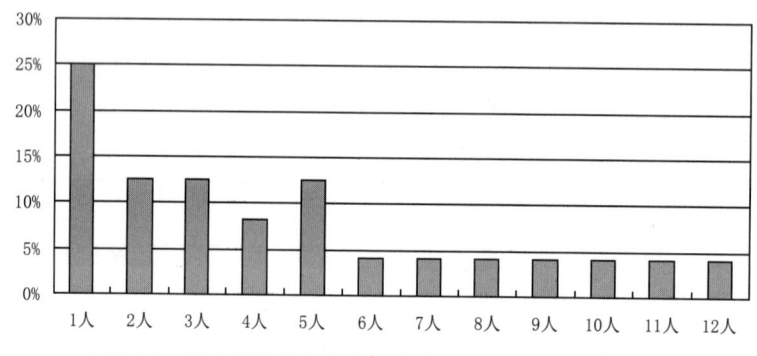

图 12-6 部分媒体单位内部负责节目评估工作的专职人数

建议"节目评估研究员"应该不少于 6—8 人，其中 1 人为"评估委员会"总负责人（台领导），1 人为评估会议主持人，1—2 人负责"专家评估团"资料库的建立和维系，2 人负责评估报告的撰写，1 人负责社会监评员的管理和评估工作的开展，另有 1 人负责"评估委员会"日常的业务工作。如表 12-23 所示。

表 12-23 评估委员会人员构成

岗位描述	人数（6—8人）	工作职责
总负责人（台领导）	1	负责评估委员会的管理和主要工作决策
评估会议主持人	1	负责评估计划的制订，以及德尔菲法评估工作的现场主持
"专家评估团"资料库主管	1—2	负责"专家评估团"资料库的建立和维系，以及样本轮换等
评估报告主管	2	负责评估报告的分析和撰写
社会监评主管	1	负责社会监评员的管理和评估工作的开展
业务主管	1—2	负责与媒体单位其他部门工作的衔接和协调等

"专家评估团"：主要由内部专家（总编室节目专家、频道总监等）和外部专家（各节目涉及领域的行业专家和学者）组成。其中，专家组 N = 10 人，领导组 N = 10 人，社会监评组 N = 10 人，每组评估者定期轮换。

三、评估流程的设计

节目主体评估工作流程主要由以下环节构成：

1. 制定评估进度表

根据各台实际工作需要，建议至少每两周开展一次评估工作，使节目评估成为媒体单位节目日常管理的常规化工作。

2. 甄选和邀请专家

"专家评估团"资料库主管同时负责专家的甄选和邀请工作，并提醒专家提前收听/收看本期评估的节目。

3. 现场评估和打分

主持人现场指导专家按照规定流程进行节目评分，并使用电脑评估软件计分系统，现场同步统计评估结果。

4. 组织社会监评

社会监评主管通知社会监评员自行评分，并使用电子邮件系统回收评分结果。

5. 评估报告的撰写

评估报告主管汇总现场打分和社会监评的结果，撰写定性分析的评估报告。

6. 评估报告的发布

由"评估委员会"定期发布评估报告。

四、主体评估评分表

对于节目主体评估工作来说，其最终的操作化工具主要由"评分表"和"操作软件"的结合来实现。"中国广播电视节目主体评估 - 评分表"如表 12-24 所示。

表 12-24　中国广播电视节目主体评估 - 评分表

节目名称				填表日期		总分					
内容基本标准	内容基本标准	达标	1								
		不达标	0								
内容专业标准	专业技巧	采（采风采访）	题材无法体现时效性和前瞻性，采访技巧较差			题材具有一定的时效性，采访技巧体现了应有的专业水平				题材精准、具有前瞻性，采访技巧体现了高超的现场交流感		
			1	2	3	4	5	6	7	8	9	10
		编（编辑编排）	导向性差，内容连贯性差，手法运用普通			导向正确，结构合理，手法运用平淡无奇				导向把握精准，结构编排严密，手法具有创新性		
			1	2	3	4	5	6	7	8	9	10
		播（播音主持）	语言基本符合规范，但有低俗倾向，与观众沟通感差			语言准确流畅，格调自然，有一定的个人特色				语言表达精炼，格调亲切高雅，个性鲜明有魅力		
			1	2	3	4	5	6	7	8	9	10
		制（制作剪辑）	剪辑制作不流畅，有零碎之感			剪辑合乎标准，镜头/声音/音响组接到位				剪辑流畅自然，镜头/声音/音响组接运用娴熟		
			1	2	3	4	5	6	7	8	9	10
		音（音响音乐）	音乐或音响的选择有明显突兀之感，节奏感差			音乐和音响的运用基本到位				音乐和音响的运用与主题浑然一体，感染力强		
			1	2	3	4	5	6	7	8	9	10
		画（画面镜头）	画面构成单一死板，镜头用户不符合专业规范			画面和镜头运用符合规范				画面构成冲击力强，镜头极富变化		
			1	2	3	4	5	6	7	8	9	10
		文（文字写作）	文字写作或艰涩难懂或有粗俗倾向			文字写作符合新闻规范				文字写作精炼，与主题及主持人相得益彰		
			1	2	3	4	5	6	7	8	9	10
	社会效应	舆论性	舆论把握不够及时有效，甚至有误导舆论的倾向			反映舆论较及时，但客观中立性不突出				及时客观地反映舆论走向，引导舆论向正确方向发展		
			1	2	3	4	5	6	7	8	9	10
		伦理与道德性	完全没有体现出对传统道德与正确价值的推动作用			坚持了对传统道德与正确价值观的基本观点				明确有效地弘扬了传统道德与正确价值观		
			1	2	3	4	5	6	7	8	9	10
		公益性	完全没有体现出关注公益的努力或意图			对公益观念在节目中做了适当体现				明确有效地传递了公益观念，维护了公众利益		
			1	2	3	4	5	6	7	8	9	10
	审美价值	审美体验（感官）	视听元素运用单一，感官体验不充分			运用了多种视听元素，但感官体验效果一般				多种视听元素综合使用，带来舒适和谐的感官体验		
			1	2	3	4	5	6	7	8	9	10
		审美心理（心理）	完全与目标群体审美心理期待不契合			情感表现充分，但尚未引起心理共鸣				情感表现丰富饱满，产生强烈心理共鸣		
			1	2	3	4	5	6	7	8	9	10
		审美格调（精神）	完全没有体现出对受众精神世界的提升努力			对受众精神世界的提升效果不明显				积极有效地提升了受众的精神世界		
			1	2	3	4	5	6	7	8	9	10

第十三章　广播电视节目客体评估体系

广播电视节目主体评估体系，对节目质量及社会效应的关注和测量，而节目客体评估，主要是广播电台、电视台根据节目的市场需求和受众需要制定的节目评估标准，以客观调查数据为依据，对节目的经济效益及社会效益实施系统评价。

总体而言，客体评估研究属于跨学科、跨领域的决策科学研究，通过运用新闻传播学、统计学、信息管理学、系统工程学、市场营销学等学科的理论和方法，为广播电视从业人员及市场交易各方提供一套系统、科学的节目产品评价方法。

第一节　节目评估的客体视角

一、客体视角中的广电运营

由于我国广播电视行业主要实行"事业单位，企业化经营"的运营体制，综合定位为具有喉舌功能、传播功能和产业功能的舆论监督者与市场竞争者，媒体既要承担宣传、舆论及社会公益职能，又要在日趋激烈的市场竞争中争取利润以求生存和发展，总是会遇到在社会价值与经济价值之间进行取舍的问题，从而产生经营管理目标上的错位和矛盾，而这种矛盾总是集中体现在如何对节目产品的质量及效果进行衡量和评估上。

在社会转型、变动的不同阶段，影响节目经济和社会效益的因素是多样甚至可变的，因此必须对我国现行的广播电视产业运营体制有全面、深入的了解，才能摆脱诸如"收视率至上"的短视问题;对建立系统、全面的节目评估体系有深刻理解和把握,也才能够使节目评估工作与市场需要真正衔接,达到以科学评估促进行业发展的目的。

除了电台和电视台媒体及主体以外,我国广播电视行业的市场运营体系还包括市场监管者、行业协会、广告公司、调研机构、节目制作机构等多个参与者。比如,广告收入是电台和电视台最为重要的经济来源,广告市场对电台、电视台形成了一定的市场规制,而上级监管部门及行业管理机构是节目制作和播出规则的主要制定者,对电台、电视台形成了一定的政策规制。因此,市场运营体系中所涉及的各方参与者,都从各自的立场对节目提出一定的评价和要求,这种广义上位于客体视角的节目评估,是广播电台、电视台制定节目评估标准的外在驱动力。

当前我国广播电视业市场运营体系如图 13-1 所示。

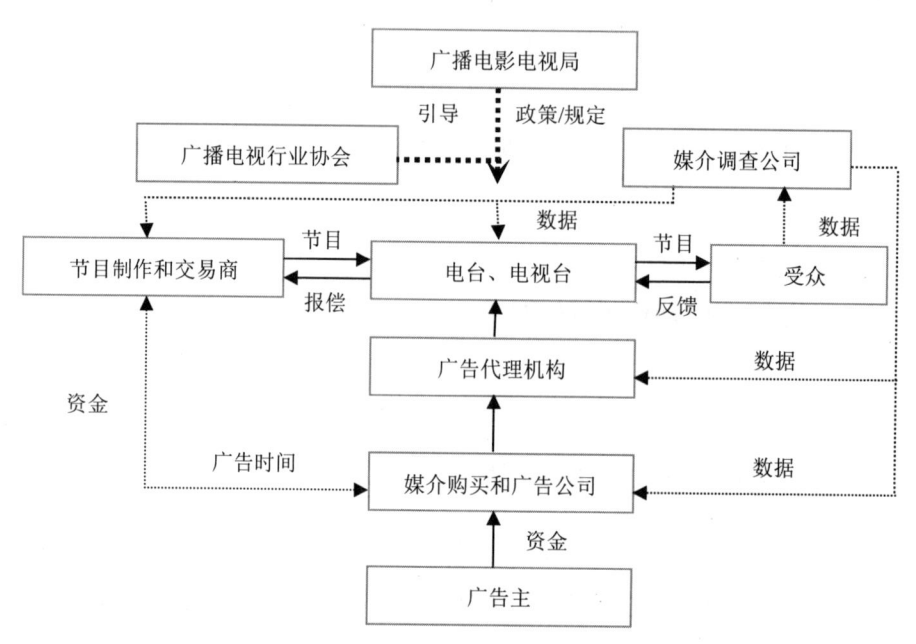

图 13-1 我国广播电视业市场运营体系

1. 政府/行业协会

中国广播电影电视总局及中国广播电视协会等组织作为政策制定者和行业管理者,更为关注的是节目的社会效益,包括政治导向是否正确,是否受群众喜欢,是否对社会文化,尤其是对青少年产生不良影响等。对于可能有不良社会反应的节目一律实行"一票否决制",予以坚决抵制。比如针对节目低俗化出台的系列规定,以及对"视听率评估导向"的纠正等。

同时,行业协会还承担节目政府奖项的评选职责,而评选机构对于节目的评奖"收视率标准要作为重要的参考条件",同时,"评奖中如何参考使用收视率指标,协会也要进行研究"①。通过这些量化的数据分析结果,反映节目受市场欢迎的程度。

2. 受众

受众是广播电视节目的直接触达人群,也是节目广告价值的来源,以及传播效果、社会效应的最终反馈者。目前,受众对节目的评价通过其收视、收听行为及态度来体现。受众通过"遥控器"对节目的选择行为,可视为对节目的一种不自觉的评价;而热心观众(听众)来信、来邮、来电等非结构化的信息,也是广播电台、电视台了解受众意见的重要途径。

当前国内媒体在自身的节目评估管理体系中,受众意见主要通过专业媒介调查公司的结构化调查数据来体现。媒介调查公司通过对收听率/收视率、忠诚度、满意度等的大规模专业性调查,获得受众收听收视行为和态度的大量数据,并提供给广播电台、电视台及广告公司等媒介投放机构,作为节目评价的重要依据。

3. 媒介购买和广告公司

媒介购买公司和广告公司是直接为广告主服务的,节目是媒介购买、选择时段的重要因素。"广告商看重的是收视率和产品与电视的目标消费群是否符合"②,因此广告投放主要看媒体和节目是否符合广告的目标受众,并以成本效益来评价。

媒体购买公司数据主要通过定性分析和定量数据进行节目评价。比如,他们会首先了解节目的定性资料,如节目的品质(内容、定位)、类型、导演、演员(主持)、播出时间等;其次,了解节目的收视(收听)率和广告成本、收视点成本;然后分析节目的受众人口构成,包括性别、年龄、文化程度、职业、收入等特征;最后,分析这种类型的节目更适合何种类型的产品。

另外,尽管满意度指标尚没有成为与视听率比肩的"通用货币",但媒介购买

---

① 胡占凡.大力推广评奖成果,提高广播电视媒体的公信力和影响力[A].李丹(主编),张君昌,吴煜(副主编).中国广播影视大奖2004年度社教佳作赏析.北京:新华出版社,2006:05.
② 李岚,张群力.中国电视前沿——关于理念与运作的对话[M].北京:新华出版社,2002:315.

人士普遍表示,"满意度可作为一个定性的参考,在考虑节目投放的时段、播出形式、在何频道播出等,特别在频道上,是比较重要的参考指标。"①

4. 节目制作和交易商

目前我国广播电视产业的市场化程度仍然有限,但以光线、欢乐、英扬、其欣然等节目制作公司和唐龙国际等节目交易公司为代表的民营机构,已经活跃在节目制作和交易的舞台上。由于目前媒体大多不直接购买节目,而是采取通过贴片广告时间换节目的方式,这样实际将部分风险转移给了民营节目制作和交易商,因此相对于广播电视台而言,民营制作机构是较为纯粹的市场主体。民营节目制作和交易公司在评估一档节目时,更加注重节目的经济效益。光线传媒有限公司的总裁王长田表示,"商业上成功的节目是在特定的观众群体能达到最好收视率的节目","只有在这种情况下,广告主才会投放广告"②。

二、客体评估子体系说明

中国广播电视节目客体评估体系,主要由"客体评估指标体系"、"客体评估方法体系"和"客体评估操作体系"三部分构成。如图13-2所示。

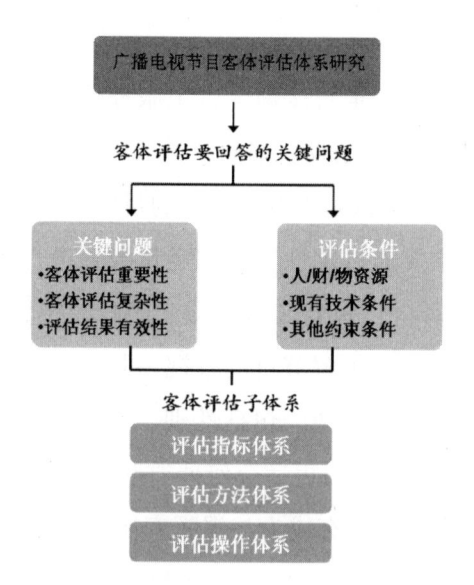

图13-2 广播电视节目客体评估体系研究示意图

---

① 李岚,张群力.中国电视前沿——关于理念与运作的对话[M].北京:新华出版社,2002:327-352.
② 李岚,张群力.中国电视前沿——关于理念与运作的对话[M].北京:新华出版社,2002:254-255.

广播电视节目客体评估体系，是为了促进各市场参与者对节目价值形成统一认识，而建立的科学、系统、动态评测的一整套标准、方法和程序。客户评估体系的建立，首先要关注各评估维度对于节目效益评估的重要性，并充分考虑数据采信标准、执行设计及运算规则，确保数据分析结果对节目效益的测量效度。其次，必须结合当前各市场运营机构的评估现状和评估条件，选择最关键和最具代表性的评估指标和方法，使客体评估体系能最大程度为各方所用。

第二节　客体评估指标体系

一、客体评估指标体系设计

广播电视节目客体评估的目的，是对节目效益进行综合衡量，包括经济效益和社会效益两个部分。相应地，客体评估指标总体上划分为经济性指标和社会性指标两大类，这两类指标是节目市场价值的集中体现。

1. 经济性指标

经济性指标是指对节目的市场效果和经营效益进行评价的指标，也就是衡量节目经济效益的指标。

从传播学效果理论来看，节目的经济效益主要由播出后的效果转化而来，而传播效果经过广告市场的二次售卖，体现为节目的广告投放价值，并最终反馈为节目的经济收益。同时，通过收益与投入的比较，从而得到节目的经济效益大小。因此，衡量节目经济效益至少要考虑其基本传播效果、广告收益和投入产出三个方面，包括视听率与投入产出两类二级指标。

（1）视听率指标。

目前业界比较认可的节目经济性指标包括覆盖率、到达率、市场份额、视听率、目标受众占有率等。然而，这些指标并非都要纳入评估体系，因为其中很多指标之间是部分重叠甚至可以相互转化的关系。比如，节目覆盖率、到达率、市场份额、视听率、目标受众占有率，虽然其测量方法和角度均不同，在节目深度分析中都有着无可替代的作用，但都是衡量节目市场规模的指标。

以"视听率"作为衡量节目市场规模的关键指标。这是因为,视听率是直接反映节目收看(收听)人数多少的指标。节目观众或听众的数量多少,是衡量节目影响力大小的标志之一,也是判断节目质量高低的重要标志。对电台、电视台来说,视听率更是直接意味着广告价格的高低和收入的多寡。"按照国际上通行的做法,广告客户一般是根据节目的收视率来投放广告的。收视率高,节目的广告拉动力就强。国外的商业电视台之所以把收视率作为考评节目的唯一或主要指标,就是因为收视率和广告收入有直接联系。"[①] 甚至可以说,视听率在一定程度上就代表了节目产出。另外,视听率也是最早开始节目量化评估时就纳入的指标,有丰富的应用经验,是相对成熟的评价指标。

其他反映受众收听收视行为的指标,如到达率、市场份额、受众重叠率、受众流动分析等,都是从视听率指标转化而来,一般不列入统一的量化评估体系,而是应用于专项研究中。

(2)投入产出/成本指标。

投入产出指标是对节目的生产效率的衡量。节目的投入产出比,是指节目(主要是栏目)的生产投入与产出价值的比值,这个比值越小,说明节目的经济效益越高。

计算节目的投入产出比,一种最理想的方法是分别核算出节目的投入和产出,然后做比值进行比较。但这种理想情况在现实中是很难实现的。这是因为,广告创收数据难以拿到,而且即使拿到也不便直接纳入。很多电视台全台的广告是由广告部统一经营,难以将各个栏目的广告收入额一一剥离出来。同时,也有业界人士认为,不应该把广告创收指标纳入评估体系,因为节目的广告收入,除去与节目的质量、品牌有关外,还与宏观经济形势、市场环境、广告经营者对节目的推介策略和力度有关。视听率高而广告收入低的节目各台都有,除非是实行承包经营,否则这不是节目主创人员应该承担的责任。

因此,实际操作中,电视台往往以收视率代表节目产出。以收视率作为分子除以节目成本,来近似代表"投入产出比"。

此外,需要说明的是,有关栏目多元经营所带来的创收,本研究中不作为对节目产出的评价依据。这是因为,虽然多元经营也是节目质量高低的一种表现结果,通常是具备一定收视(收听)规模的栏目,才有机会和能力展开多元经营活

---

① 高立民. 电视节目评价体系的建立:山东电视台的实践与思考[J]. 电视研究,2003(01).

动。但节目质量对经营的影响是间接的，经营表现的好坏更直接取决于节目经营管理者的能力和策略，因此多元经营超出了节目质量评估的范畴。同样，成本指标也不计入多元经营活动所花费的成本。

（3）其他评估节目效益的指标。

除以上两个指标外，前面也已经提到，高度市场化的媒介购买公司、广告公司和节目制作商评估节目时所看重的，是节目的受众构成、品牌价值等，说明这几个维度的评估指标也是节目经济价值的重要体现，但这些指标更多反映的是节目整体市场竞争能力，也不适合直接纳入节目客体评估体系。

2. 社会性指标

社会性指标是指对节目的社会、政治影响和社会效益进行评价的指标。社会效益泛指节目作为精神产品，播出后对受众带来的直接影响和广泛的社会效应，包括对受众的价值观、心理，甚至整个社会的氛围、秩序等的影响。

在社会效益方面，我国广播电视节目首要一条是确保政治导向正确，其次需要关注节目在舆论、道德、伦理和公益等方面表现出来的价值判断，这些衡量标准都属于主体评估的范畴。

从"受众"客体的角度，社会性指标的重要维度之一是衡量节目是否"贴近生活、贴近实际、贴近群众"，是否为受众所欢迎和喜爱。"节目满意度"是这方面的关键指标。如前所述，满意度指标又称为欣赏指数，是反映观众（听众）对节目满意程度的指标。视听率只是对受众收听收视行为的测量，而满意度测量的是受众心理，反映受众对节目的情感需求和理性判断，体现节目的社会效益。满意度研究弥补了收视率调查的不足，为从"质"的方面评价节目提供了客观的依据。

从1998年开始，我国的电视媒介如央视开始开展观众满意度调查。目前，一些省市电视台像山东卫视、武汉广播电视局、内蒙古电视台也开始重视节目质的评价，并把满意度指标纳入节目的评估体系中。

然而，满意度调查在测量技术和调查实施方面都有一些客观限制，比如受众记忆不准，质量难以保证；调查周期长，消耗人力、物力大等。对于媒体单位在具体评估节目时，是否将满意度调查纳入常规评估工作，宜根据各单位现实调研资源而定。

3. 客体评估指标体系结构图

客体评估指标划分为经济性指标和社会性指标两大类，分别反映节目的经济效益和社会效益。如图 13-3 所示。

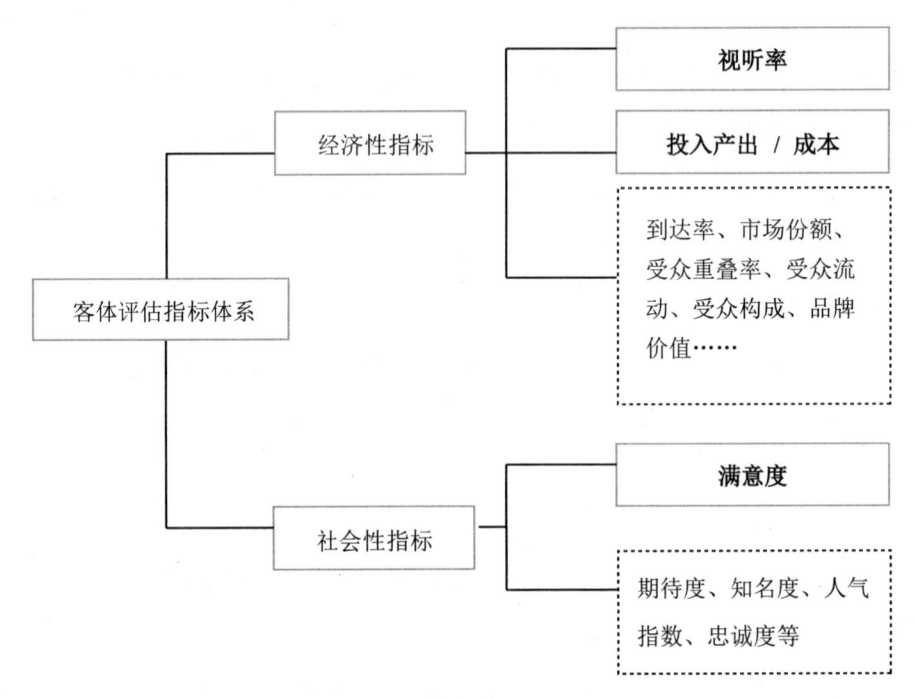

图 13-3　客体评估指标体系结构图

如上图所示，节目客体评估体系中直接纳入的指标通常是视听率、投入产出（或成本指标），以及满意度。位于图中虚线框中的指标，对于评价和衡量节目价值也是有重要意义的，但考虑到指标的独立性、可测性、可比性原则，在构建统一的量化评估体系中没有直接纳入，受当前国内媒体的现实条件和研究团队设置限制，这些指标适合应用于对某类节目的专项研究。

二、客体评估之视听率指标

1. 视听率指标作为客体评估子系统存在的必要性

视听率由广播收听率和电视收视率及其衍生指标所构成。视听率及其衍生指标能够对广播听众与电视观众的媒体接触行为进行测量，与广播电视节目综合评估体系具有整体的关联性。与此同时，视听率指标又具有一定的独立性和指导性，能够在一定范围内实现自身的系统功能。

视听率指标能够对受众的视听密度和厚度进行有效测量。在特定的时间段内有多少听众/观众收听或收看了该节目；具体收听/视了多长时间，这是听/视的厚度。视听率指标能够对受众的观赏行为进行有效的监测，并且透过视听率及其相关指标对受众的媒体接触行为进行深层次的解读和挖掘。不难想象，视听率指标在媒体的日常制播和管理当中发挥着重要的作用。但与此同时，视听率在某些时候又是无能为力的，它无法深入受众的内心，视听率调查所得数据仅仅是对受众视听行为的测量，但对于受众的态度和内心感受与评价，尤其是那些具体而细微的感性认知，我们是很难仅仅透过视听率数据去捕捉到的，尽管我们深知一个人的态度和行为是那么的相关和不可分离。

视听率调查和分析在业界已经非常成熟，且具有相对的独立性。作为广播电视节目综合评估的重要指标，只有将其"合理"纳入节目综合评估这一系统中来，才能发挥这一指标"真正"的效用，还原其"真实"的价值，在此基础上，我们对一个节目的考核与评估才可以说是全面、公正而客观的。

（1）视听率是媒介竞争的重要利器。

由于广播电台、电视台的资源是有限的，为了达到预期的传播效果，广播电台、电视台需要对其内部的各项资源进行合理的配置；决策部门需要对其广播电台、电视台的经营和管理进行有效的战略规划。如何进行规划才能在竞争激烈的媒介市场环境中，获取更大的优势？这成为各路媒体相互竞争的焦点。在这样的情况之下，视听率——这一被称作媒介市场"统一货币"的指标成为媒介市场竞争中的一把利器。

在视听率的众多衍生指标中，市场份额是最重要的指标之一。它能够表现某个频率/电视栏目在某一特定时段中的市场竞争力。对于媒体而言，收视份额既是一个量化的积累过程，也是一个质变的突变过程。通过这种量的积累，受众会逐步形成相对稳定的媒介接触习惯，进而建立和巩固广播电台、电视台在受众心中的形象地位，最终形成相对稳定的竞争优势。市场份额的竞争最终可以归结为视听率的竞争。

广播电台、电视台之间的竞争归根结底是为了争夺受众的注意力。注意力在此可以量化为视听率及其衍生指标，如：市场份额、到达率、接触频次等衍生指标的竞争。视听率及其衍生指标是对媒介播出效果的不同侧面的体现，对这些数据的解读和分析将会对一个节目、一个栏目、一个频道甚至是一个电视台的竞争提供强有力的决策支持。"工欲善其事，必先利其器"，从这个角度来说，视听率作为媒介竞争的重要"利器"，其参考和应用价值是不容忽视的。

（2）视听率是深入分析媒介市场的科学依据。

在前面我们曾提到过市场份额的概念，它表示在某一个时段当中，收看/听某栏目的观众/听众占所有开机观众/听众的比例。对一个栏目来说，市场份额意味着在这一时段中，该栏目（或频率）在媒介市场的竞争中所处的位置。例如，我们拿中央电视台综合频道中午时段播出的《今日说法》与曾在《焦点访谈》之后，电视剧场之前播出的《科技博览》这两个电视节目做比较。单纯就收视率而言，《今日说法》并不占优势，这主要是由于时段因素所造成的差异，因为在这一时段中，电视观众的开机率和到达率并不是一天中最高的，而位于《焦点访谈》和电视剧场之间的黄金收视时段会让《科技博览》获得相对不错的收视率。但如果换算成占有率的话，也就是观看人数与开机人数的比值，那么《今日说法》的平均占有率也就是市场份额就不一定会输给《科技博览》。换句话说，两个节目处于不同的时段，在视听率不具有直接可比性的情况下，市场份额反倒成为可以衡量一个栏目（或频道）市场表现的重要指标。就目前的形势来看，市场份额已经成为评估收视市场竞争格局的重要参数。除了视听率和市场份额之外，忠诚度、接触频次、到达率等指标也都是进行媒介市场分析与评估的重要参数。

此外，对一个栏目在一段时期内的视听率的走势进行分析和预测也是一种有效的评估方法。通过对视听率的解读和分析，我们可以了解广播电台、电视台某一栏目的受众规模以及相对的稳定程度，进而对该栏目目前的运作状态和市场前景做出有效的预测和判断，为媒体的决策部门提供有力的决策依据和支持，从而提升媒介市场的整体竞争力。

（3）视听率是电视节目编排的重要依据。

在媒介市场竞争日益激烈的环境中，节目编排的重要性正日益凸显。节目编排的主要任务是有效针对目标受众，吸引尽可能多的受众，强化媒体和栏目的竞争力，为提升传播的社会效益与经济效益服务。科学而合理的节目编排要杜绝盲目和感性，它必须有一套科学的依据作为前提，必须要有一个科学的量化指标作为依据，在众多的影响指标当中，视听率是影响节目编排的最为重要的依据之一。

同样的几档节目，不同的编排方式会产生不同的收视效果，需要认真观察视听率数据的变化，综合考虑时段因素以及观众/听众结构，研究数据背后隐藏的规律。

2. 视听率调查的数据采信标准

（1）视听率数据的来源及数据提供机构的角色定位。

目前的视听率数据一般来源于专业的视听率调查公司，例如央视-索福瑞（CSM）和AGB尼尔森。专业的视听率调查公司一般按照严格的操作规范进行测量，数据来源可靠，抽样方法科学，因此在节目综合评估体系中建议选择专业的视听率调查公司提供的视听率数据和相关报告。多数电视台是从20世纪90年代后期开始使用商业性调查机构提供的视听率数据的，这与我国电视业市场化转型的步伐基本一致。

在关于收视率态度认知的调查中，在回答"就您所知目前国内比较著名的视听率调查公司有哪些"一问时，所有的受访者都举出了CSM和AC尼尔森两家，少数受访者还列举了诸如美兰德、特雷森、零点公司、康赛公司、湖南环球公司、上海广电信息咨询公司等机构。可见在视听率调查界，CSM和AC尼尔森两家公司拥有较高的知名度。[1]

目前在中国从事视听率调查业务的机构大约有100多家，从目前的市场份额来看，CSM大致占到了整个市场份额的80%，而AGB尼尔森大约占到10%—15%的份额，其余的5%—10%的份额被其他小型调查机构瓜分。

视听率调查机构应该向电视台、独立制片人、广告客户、广告代理等客户提供客观、公正、准确的视听率数据。但目前由于市场上的调查机构背景、实力、规模、资信、市场地位差别较大，在具体的执行标准上存在很多差异，所以在这种情况下，要想获得"唯一性"较强的数据（准确反映收视行为的唯一数据）显得有些困难。

视听率调查机构应该以一种"第三方"的中立身份出现，以客观、公正和公平的立场和姿态参与视听率的调查。当前，视听率市场上的调查标准和数据价格还不尽统一，混乱和复杂的局面将不利于整个行业和谐较快发展。因此，客户需要根据自身的实际情况和需求，对整个市场的情况加以判断，选择资信好、权威性强的公司，在最大程度上确保所得数据的准确和有效。

（2）视听率调查机构的从业原则。

视听率调查行业是专业性较强的服务性资讯行业，也是一个充分依赖技术的

---

[1] 刘燕南. 数据使用者的现状与需求解读——"电视视听率在电视台工作中的应用"访谈报告 [EB/OL]. http://blog.sina.com.cn/s/blog_628bf6a90100fps2.html.

行业。因此，在选择视听率调查公司的时候，需要格外看重它的资质，包括调查的专业性、人员的素质、客户的评价、行业口碑，以及行业权威性，等等。一个资质良好的视听率调查公司意味着视听率数据能得到认可，能比较准确地反映电视观众的收视状况；相反，如果视听率调查公司资质不够、数据的可信度较低、业内认同度不够，就很难确保节目评估的准确和客观，用这样的数据去参与节目的综合评估也就失去了意义。

结合《全球电视受众测量指南》的相关内容和我国视听率调查的具体现实，参与视听率调查的媒介研究公司应该遵从以下原则：

第一，结合自身情况满足不同层次的市场需要。

视听率调查公司需要考虑到不同市场的需要。一般而言，购买视听率数据的机构包括电视台、独立制片人、广告商和广告代理公司等。考虑到这些机构有不同的需要，视听率调查公司可以根据不同市场需要以及自身的实际水平确定主要的业务范围。

第二，经过专家委员会审核并与视听率小组专家委员会沟通。

视听率调查公司应该经过专家委员会的审核和认定，在其技术指导下开展工作。专家委员会必须以第三方的态度出现，必须秉承公平、公正的态度，而且是非营利性质。在我国，为了体现从直接管理向监督、服务功能的转化，国家广电总局及广电协会在节目评估体系的建立工作中更多的是提供必要的支持和引导。同时，为了体现权威性，分支机构应该由行业协会及节目综合评估委员会授权成立。

委员会组成：包括来自学术机构的专家、行业资深人士（例如来自视听率调查公司的资深技术专家）、客户代表、样本户代表等。专家委员会要遵循公平、公正、公开的原则，对视听率调查公司的审核过程应该严格遵循《ESOMAR准则》和《全球电视受众测量指南》的原则，对视听率调查的样本、测量方式、技术规范及专业人员素质等进行考察。

成员资质要求：专家委员会能以视听率专家为主，能对电视节目市场有深入的了解和把握，非常熟悉和了解视听率测量的技术规范和要求，并且综合来自客户及视听率调查的固定样组代表的意见，作为一个独立的第三方对视听率调查公司进行审核和监督。

第三，与客户的有效沟通。

视听率调查公司应该建立渠道与使用视听率数据的用户进行良好的沟通。视听率调查公司应该成立客户部门负责与客户沟通，及时将客户的意见反馈给相关部门。

电视台或者广告商应该成立专门的数据分析部门，对视听率进行研究和分析，与视听率调查公司进行沟通，客户有权对视听率数据提出疑问，视听率调查公司有义务对数据的来源及获取方式进行说明。并且对客户提供数据时需说明为其实施的视听率调查项目是否与为其他客户实施的相同项目联合进行，但研究者不得泄露客户的身份。在有关各方签署协议之前，客户没有独家使用视听率调查数据及服务的权利，不论这种使用是全部的还是部分的。

第四，透明公开数据来源。

视听率调查公司调查方法的各个方面都必须对专家委员会开放，必须做到调查方法的公开和透明，其中包括通过专家委员会进行质量控制的规范和其他有效手段，如独立审计或鉴定程序。视听率调查公司应该公开调查的样本量、样本结构、测量方式及实施的技术细节。专家委员会有义务保护视听率调查公司的商业机密，不能泄露审查的内容以及视听率调查公司的技术细节。

除专家委员会外，视听率调查公司应该将除涉及商业机密的核心技术细节以外的测量方法进行公开，保证与视听率利益相关的人群能获知数据的来源并判断其可靠性和准确性。

第五，客观公正的第三方态度。

其中，"客观性"是指：视听率调查的数据客观，严格按照视听率调查的操作规范及流程执行后得出的数据，保证固定样组是严格按照抽样的方法抽取的，是不受干扰和污染的。样本户不能包括视听率调查从业者、电视媒体及广告公司从业人员等。

"公正性"是指：视听率调查公司必须保证视听率调查的数据不会带有立场和倾向，不会偏向电视台或者广告公司任何一方。视听率调查公司必须保证视听率数据的真实，不私自篡改数据，并且保证不能透露调查的视听众样本的个人资料。

第六，科学的方法。

视听率调查公司必须严格遵循科学的调查方法，在基础研究、样本框的设计、固定样组的抽取、数据的回收及处理以及固定样组的维护和轮换的每一个步骤中都要严格遵守视听率调查的操作规范。

如果在视听率调查过程中出于某些特殊原因不能遵守视听率的操作规范，可能会影响到视听率数据准确性的情况,视听率调查公司有必要在数据报告中专门列出情况具体说明,并给出折中方案,并保证是科学的最佳方案。

第七,从业人员要求。

根据《ESOMAR准则》和《全球电视受众测量指南》,从事视听率调查的人员必须具备一定的专业素质,能够懂得和掌握视听率调查的科学方法和操作规范,并且了解整个视听率调查的操作流程。

第八,质量控制。

严格而系统的质量控制流程应该应用到现场、数据收集、处理和报告的每一个环节中去。通常我们希望受众调查系统能够与所有相关的国际操作守则相匹配。

第九,平等使用。

视听率调查公司为了公平交易,所有的用户群体都在同样的条件下,需要保证用公平的价格获得视听率数据;调查系统对外公开、电视时间的买方和卖方在购买数据时待遇相同、最大程度地利用相对收集起来成本较高的数据,例如测量仪数据。

第十,方法的不断改进和创新。

视听率调查公司选择的测量方法应该具有较强的操作性,并且符合中国的国情。在设计测量方法时,要充分考虑到调查对象的实际情况和心理因素。视听率调查公司的研究部门要对方法不断进行创新和改进。在决定推广新方法时,要进行谨慎的、在严格控制下的尝试,特别是需要对不响应和响应误差对整个系统的影响定期进行专门的系统研究,并对可能出现的结果进行系统论证。决定推广新方法时,应该给所有的用户关于新方法的研究和结论的相关资料。

(3)视听率的测量及操作规定。

视听率的测量总体上按照图13-4的过程进行,如图所示。

界定调查总体 → 执行基础研究 → 固定样本选取 → 计算视听率数据

图 13-4 视听率测量流程

在视听率测量的过程中,都要严格按照视听率的测量规范和现行标准进行,保证数据的科学和客观。

① 清晰界定调查总体。

视听率调查总体一般是所有被调查对象组成的总和，一般被界定为目标区域内所有4岁及4岁以上的家庭人口。所谓的目标区域是由调查的范围所决定的，可以为全国、省、市、县，也可以是某一特定区域。重要的是在所要调查区域内广播信号、电视信号可以覆盖到该区域。

② 必须执行基础研究。

a. 基础研究的概念和目的。

基础研究是为了得到被调查地区的详细资料而进行的抽样调查，是保证视听率数据质量的重要环节。通常会在建立一个新的视听率调查固定样组之前对该地区进行基础研究。使用较大的样本量针对被调查区域内的各项人口统计学特征（如：当地居民的性别比例、年龄分布、职业和收入情况等）及可能对收视行为产生影响的因素（如：视听设备的拥有情况、波段、频道覆盖率情况及被调查者的常用语言及生活习惯等）进行抽样调查。基础研究的样本是固定样组的抽样框，基础研究报告是对固定样组进行轮换和控制的依据。根据被调查地区的具体情况，定期对各地的基础研究数据进行更新。

b. 需要基础研究的条件。

当然，考虑到我国受众人口在不同地区的具体情况，首先要认真考虑一下受众测量系统的要求能否单纯依据政府文件（如人口普查文件）以及其他一些高质量的正式出版文件得以满足，或者直接从公开的高质量的基础抽样文件中系统且随机地选择样本户。用这种方法只需要一步就可以抽样和选取样本户，简单直接。与此不同的是，如果执行基础研究的话，从中选取样本户则需要两步，那么就有两次可能被拒访。

要判断到底是执行基础研究还是运用一步抽样的方法是比较复杂的。首先，我们必须依据这一地区的人口普查数据来充分考虑和精确估计这个市场的人口情况。其次，我们还应该考虑到我们能够得到的人口普查数据中没有的，但是测量系统所要求的目标受众整体的人口分布情况。以收视率基础研究为例，需要在某个地区通过有线电视、碟型卫星天线或者是卫星闭路电视能够接收到卫星频道的有电视户的人口情况。

c. 基础研究的时间及内容。

基础研究最理想的状态是每年的同一时间执行一次，或者是在连续滚动的基础上执行，这样能够确保固定样组更加具有代表性。根据特定地区的实际情况，基础研究的时间间隔应该不低于三年。

以收视率基础研究为例，基础研究的内容应包括视听设备拥有情况、网络接收状况、家庭规模及结构、个人情况、家庭收入、家庭主要耐用消费品情况、语言及生活习惯等几个方面。基础研究对各种新增电视相关设备的趋向性把握来说，是一个主要的数据来源。因此，需要基础研究能够获得尽可能高的响应率：理想的情况是，所有最初参与进来的符合条件的样本户中，至少应该有75%的响应率。一般情况下，至少要达到60%以上的响应率才能保证基础研究的质量。

d. 基础研究的现场执行。

基础研究的现场访问的执行是一个系统工程，只有严格地按照统一的流程进行访问，才可能确保数据的质量。

基础研究的方法与一般的调查研究相类似，根据欧洲民意与市场研究协会的有关标准，结合视听率调查的具体情况，完整的基础研究流程一般如图13-5所示。

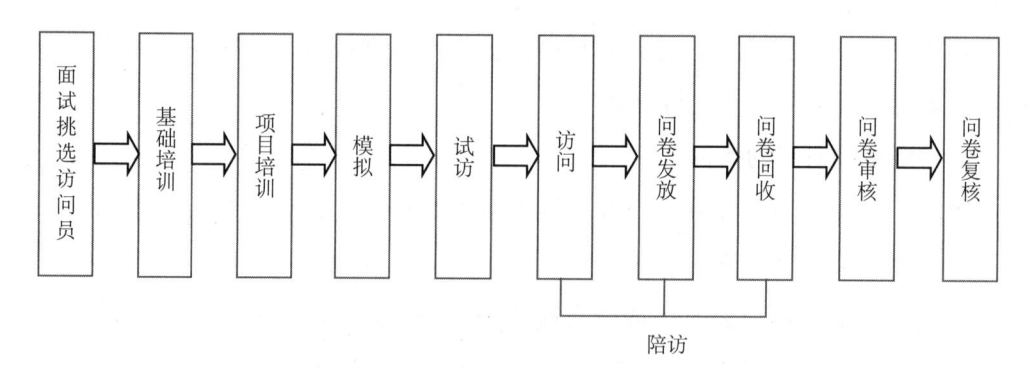

面试挑选访问员 → 基础培训 → 项目培训 → 模拟 → 试访 → 访问 → 问卷发放 → 问卷回收 → 问卷审核 → 问卷复核

陪访

图 13-5　基础研究现场执行操作流程

在基础研究的每一个步骤中，质量控制都是需要注意的内容。高标准的基础研究包括了上图的每一个步骤，并且在访问、问卷发放及问卷回收中有陪访的过程，陪访量不低于总样本的5%。

③固定样组的设计与维护。

在视听率调查中，固定样组就是用于进行连续视听率调查的样本户，是影响视听率数据质量的关键部分。建立固定样组的流程如图13-6所示。

固定样组设计 → 固定样组信息收集 → 固定样组抽取 → 固定样组建立和维护

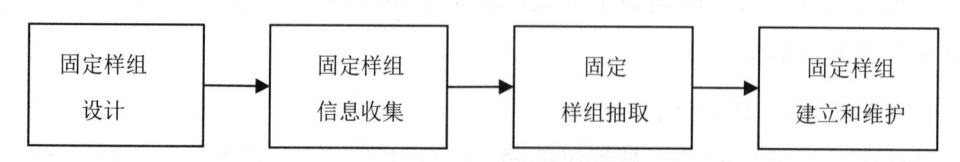

图 13-6　建立固定样组的流程

a. 固定样组设计。

以收视率基础研究为例，固定样组的规模应该由需要被测量的次级人群也就是目标收视人群的地理分布和人口覆盖情况以及频道覆盖的数量和规模来决定，还应该考虑到由不同的抽样方法所带来的样本设计的有效性等方面。

在我国的视听率调查中，综合考虑以上的因素以及样本推及总体的不同，一般可分为城市调查网固定样组、省级调查网固定样组和全国调查网固定样组。

b. 固定样组信息收集。

固定样组在一定程度上能代表收视总体，但是由于是通过抽样的方式来测量的，不可避免地会存在一些误差。降低固定样组误差的有效办法是对固定样组实行有效的控制。这个方法可以弥补在最初设计固定样组时不经意间带来的误差，以及在建立固定样本户中产生的各种误差。这个方法是通过展开对固定样本户信息的搜集，将固定样本户的基本信息作为最初固定样本户的选择指标，也作为其后固定样组轮换的控制指标。

c. 固定样组抽取。

响应率：是指平均每天入网提供数据的用户占所有符合条件的样本户的比率。在固定样组的选择过程中，要获得尽可能高的响应率，这对于传输高质量的数据来说是非常重要和必需的条件。响应率越低，系统所暴露出误差的可能性也就越大。

在不同的地区，对样本户的选择和响应率的测量根据实际情况而有所不同。如果对样本户的选择过程包括对所有地址的预先设计（也就是"基数"），也涉及去替换拒访用户的备用地址设计（也就是"备用"）。在这些地区通常采用的响应率测量方式是：每天入网提供数据的处于活动状态的固定样组基数占所有预先设定的电视样本户基数的比率；如果发生了用备用地址替换拒访用户的情况，那么调查数据的提供者应该详细解释他们所涉及的区域，以及为什么和怎么用这个数据的。

另外有一些地区并不使用替换户来替换不合作家庭。他们对响应率的测量方法则针对所有入网数据。在这些地区采用的响应率测量方式是：平均每天提供入网数据的固定样组户数占所有预约样本户地址的比率。在进行视听率调查的过程中，样本规模和响应率成本都是必须同时考虑的两个重要因素。如果要提高精度，相应地应该提高样本规模，但是由于样本规模大了以后，因为执行的难度会加大，响应率的成本也相应提高。这时候一般来说应首推响应率，在不影响样本的代表性的前提下可以降低样本规模来保证响应率。一般面对面的访问通常比其他方式诸如电话访问能获得更多的合作，因此希望在执行基础研究或者固定样组阶段，尽可能要用面对面访问的方式，而不是其他电话或邮寄的方式。

抽取方式：以收视率基础研究为例，抽取的方法是在基础研究大样本范围内，将各样本户按收集的对视听率有重要影响的指标进行研究，最后总结出8个指标进行排序，这8个指标是：家庭户规模、是否有限户、电视机台数、收视时间、有无14岁以下子女、地区分布、日用品主要采购者的年龄及家庭月总收入；然后采用随机等距的方法抽取多套地址，第一套地址拒访后用备选地址的同号样本户代替；固定样组的70%按入选地址完成，其余30%的样本户选择以基础研究为依据，采用配额抽样方法完成。配额抽样中对样本户的选择由抽样员掌握。与它不同的是，固定样组控制则确保了相关样本户地址是事先决定的，并且是通过系统的抽样方法从抽样框中抽取的，因此对样本户的选择就不是放在抽样员手中了。

在视听率调查公司进行固定样组选择的时候，必须避免不严格控制以上固定样组的变量，或者抽样的方法不系统和不科学，导致选择的固定样组户存在严重偏差的情况。有时候当访问员发生了多次拒访以后，就不再严格按照抽样方案抽取样本户，而是倾向于将愿意合作的家庭户纳入固定样组户中，这样给整个固定样组带来了较大的偏差，使最后视听率的数据可信度降低。

d. 固定样组建立和维护。

固定样组户的建立根据测量方式的不同可以分为日记卡固定样组和测量仪固定样组。

日记卡固定样组：日记卡固定样组建立的主要环节包括制定工作计划、人口和频道资料的收集、抽样及访问、访问员及样本户培训、质量复核、数据监测、项目总结及评价等。日记卡固定样组的维护主要包括人员培训和访问员管理、样本户轮换、样本户背景资料及频道信息的更新、数据质量控制、样本户激励等。

日记卡固定样组的样本户轮换时间因地区的不同而不同，更新比例可能每年在15%—20%左右，其中不包括被动撤户。一般样本轮换以周为单位，每周按固定的比例轮换，按每年50周计算（春节期间的两周一般不轮换），平均每周需要更换1%—3%的样本户。轮换的新用户以最新的基础研究结果为依据，采用配额抽样的方法从出网样本户同一个居家村委会中选取，样本轮换时的配额指标与日记卡固定样组时建立的配额指标一致。

测量仪固定样组：固定样组建立的主要环节包括：制订建立计划、资料收集、人员培训与考核、抽样访问、固定样组预约、设备安装及数据测试、样本户资料录入、建站初期数据检测质量复核和撰写建立总结报告等。

测量仪固定样组的建立过程中关键的一步是设备安装及数据的测试，需要有专门的技术人员上门对样本户进行专业的培训，将样本户资料录入数据库系统，然后系统每晚回收数据进行数据处理。录入系统的样本户收视数据，只有在连续试运行3天数据无异常的情况下，才能被改为正常生产状态，正式提供收视数据。数据处理人员每天及时处理回收数据的情况，以保证数据的稳定性。

测量仪固定样组的维护主要包括及时发现与解决数据采集过程中的问题，样本更新及相关资料的更新（频道、人口），数据质量控制，日常回访与培训，样本激励等。

与日记卡固定样组不同的是，测量仪固定样组由于样本的合作老化周期较长，不需要定期轮换与更新。一般的样本更换分为主动更换和被动更换两类。主动更换是指由于配额指标需要调整或者其他方面的原因，由调查方主动提出中止与样本家庭继续合作的协议，进而更换样本家庭的方式；被动更换则是由于样本家庭不愿继续合作而导致的样本更换。[①]

④视听率调查的抽样设计流程。

由于受众总体人群众多，普查是不合适的，需要抽取具有代表性的样本，通过样本统计量对总体参数进行估计。抽样设计流程包括：

a.确立抽样框。

在确定样本之前，必须明确调查的样本框。确立总体抽样框的依据主要有：一是人口普查统计资料，二是人口抽查统计资料，三是各种民政或社会管理机构目录、电话号码等。

b.确定样本量。

在理论上来讲，样本量的确定受四个因素的影响：一是抽样总体中各单位的差异程度。差异度越大，为保证达到一定的抽样精度，所需要调查的样本量就越大；二是最大的允许误差。允许误差越小所需要调查的样本容量也就越大；三是抽样的方法。不同的抽样方法决定了不同的效率；四是人力、物力、财力等条件

---

① 王兰柱.收视率调查——应用手册［M］.北京：中国传媒大学出版社，2006：43.

的限制和投入。调查单位所投入的人力、物力和财力随着样本量的增大而增大。

在具体的操作实践中,允许误差和投入是此消彼长的关系,最优化的方案是达到两者的平衡,从而达到预期的调查目的。如表 13-1 所示。

表 13-1 不同允许误差水平所需的样本量

允许误差(%)	样本量(人)
1	9604
2	2401
3	1067
4	600
5	384
6	267
7	196
8	150
9	119
10	96

(置信水平为 95%,视听率 P = 50%)

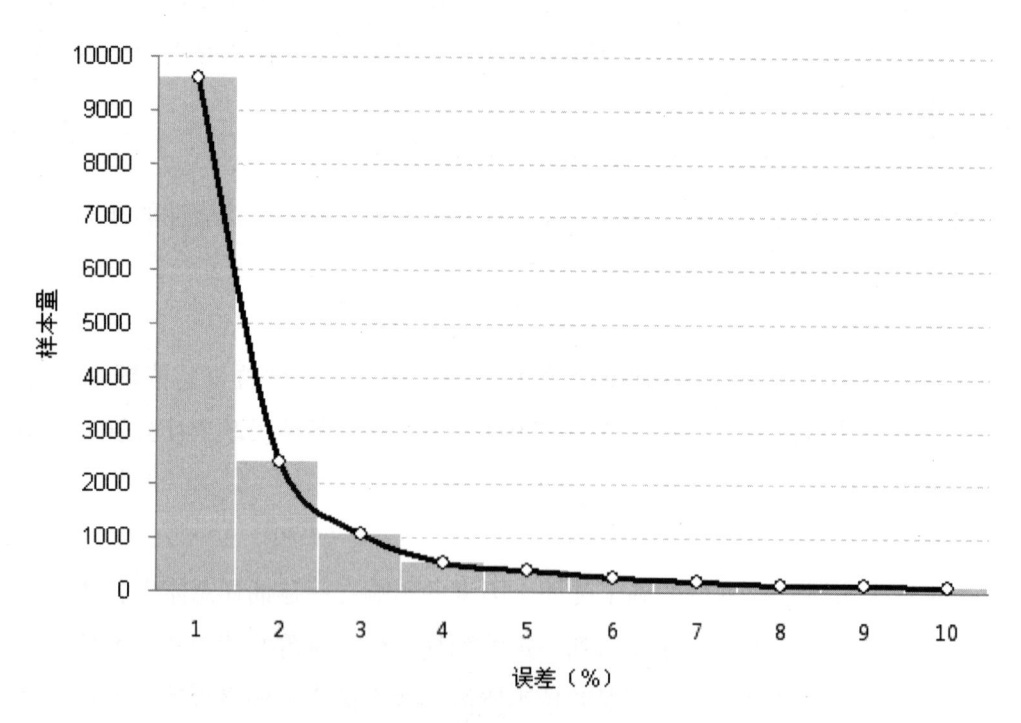

图 13-7 样本量与允许误差的关系

由图 13-7 可以看出,随着允许误差的降低,所需要的样本量会随之增大。但二者却远非简单的线性关系，当允许误差降低到3%的时候，再降低允许误差，所需要的样本量就会成倍增加，这也就意味着调查成本的大幅增加。也就是说，我们靠增大样本量和调查成本的投入所换来的抽样误差的降低是非常有限的，这样无止境地增加成本是不经济的[①]。

以央视-索福瑞收视率样本设计为例：目前该机构在城市收视调查网中的样本规模一般为300户；对于部分小城市，考虑到客户的经济负担能力，样本规模为100户。

根据《全球收视率测量指南》的规定，固定样组的规模要根据它应该由需要被测量的次级人群也就是目标收视人群的地理分布和人口覆盖情况以及频道覆盖的数量和规模来决定，还应该考虑到由不同的抽样方法所带来的样本设计的有效性等方面。完整的固定样本量的设置取决于这个地区以上那些因素的综合情况。对于不同的调研总体，样本量的设计需要有不同的考虑：

全国视听率调查：如果视听率调查公司需要做全国视听率调查，需要建立一个全国视听率调查网络，抽取的样本要能代表全国电视信号覆盖区域内所有4岁以上的电视家庭人口，固定样本量要在2000—6000户之间，6000户固定样本是最佳情况。

省级视听率调查：如果视听率调查公司需要做省级视听率调查，则需要建立省级收视调查网，调查总体为某台在全省电视信号覆盖区域内所有4岁以上的电视家庭人口。抽取的样本要在500—2000户之间，其中城乡各250—1000户之间。

市级视听率调查：市级视听率调查总体为某台在全市（包括区、县）电视信号覆盖区域内所有4岁以上的电视家庭人口。样本量为200—600户之间。在大城市特别是省会城市，样本量要在400户以上，而在一些较小的城镇，样本量可以为100户。

不过，以上样本量设计，只适用于内部个体差异性较小的"总体"。根据本书《总论》中对于概率抽样的"样本量越大，对总体代表性越高"设计原则的解释，视听率样本户的设计，需要根据研究总体的差异，适当增加所抽取样本的含量，以减小抽样误差。

由于我国幅员辽阔，各省之间、城市之间以及城乡之间发展不平衡，抽样时需要对不同地域特征进行区分考虑。以省级视听率调查为例，根据我国区域社会、

[①] 王兰柱. 收视率调查——应用手册[M]. 北京：中国传媒大学出版社，2006：06.

经济发展特点，可将全国划分成 8 大区域[①]。相应的样本设计如表 13-2 所示。

表 13-2　视听率调研省级样本户数量规定

在允许误差 5% 的情况下	样本量
东部、南部、北部沿海地区 （上海、江苏、浙江、北京、天津、河北、山东、福建、广东、海南）	2000
东北综合经济区、黄河中游综合经济区 （辽宁、吉林、黑龙江、陕西、山西、河南、内蒙古）	1500
长江中游综合经济区 （湖北、湖南、江西、安徽）	1500
大西南综合经济区 （云南、贵州、四川、重庆、广西）	1000
大西北综合经济区 （甘肃、青海、宁夏、西藏、新疆）	500

对于市级视听率调查来说，同样需要考虑地市之间在人口总量、经济规模及发展水平等维度上的差异。根据国家统计局第六次人口普查发布的全国 617 个地市的统计数据，我们采用"人口总数"、"人均 GDP"和"职工平均工资（元）"三个指标作为聚类变量，采用"聚类分析"对全国 8 个区域分别进行地市区分，包括 3 个一类城市（北京、上海、广州）、112 个二类城市和 502 个三类城市。相应的样本设计如表 13-3 所示。

表 13-3　视听率调研地市样本户数量规定[②]

在允许误差 5% 的情况下	样本量
一类城市 （北京、上海、广州）	600
二类城市 （天津、武汉、长沙、成都、太原、洛阳、烟台、宁波、佛山等 112 个）	400
三类城市 （齐齐哈尔、安阳、大同、宁德、绵阳、淮北、兴化、揭阳等 502 个）	200

3. 当前视听率调查中需特别加以规范、纠正的问题

视听率作为节目客体评估体系的重要指标，应力求数据的准确、可信、权威，这样纳入综合评估体系才能保证系统的科学性和应用性，但是在目前的视听率调查中存在很多问题是需要引起注意和修正的，只有使视听率这个指标不断完善，

[①] 参见"'十一五'规划基本思路和 2020 年远景目标研究"课题组：《实现地区协调发展的战略思路和政策措施》，《国务院发展研究中心调查研究报告》，2005 年第 40 号。

[②] 参见全国 617 个城市样本聚类分析结果。

节目综合评估系统才能随之不断完善。

视听率虽然是比较成熟的评估指标，在国外也早就形成了一套规范的操作流程，并且由于有统计学作为视听率调查的理论基础，数据相对客观和真实，而且能在一定程度上代表总体受众的视听行为。但是值得注意的是，由于是抽样调查，视听率本身存在一定的局限，再加上一些从业人员对视听率的内涵、测量方法、操作技术和规则缺乏了解，不了解视听率自身的局限，不善于解读和剖析数据，因此往往出现错误。数据调查不准确主要表现为：

（1）视听率调查范围的局限。

目前视听率调查网络主要布局在全国大中城市，对乡镇、农村等区域所覆盖的力度还不够。视听率调查公司的省网一般分为两大区域：城市区域和乡村区域。在我国，市镇与乡村总人口的差异非常大，例如，在已有的20个建立省网的省中，70%—90%的可推及人口为乡村人口。所以经过加权处理的视听率数据，非常接近乡村人口的视听率。也就是说，市镇与乡村总人口的差异，决定了省网视听率数据主要体现乡村人口的习惯和特征。

因此对于以乡镇居民为目标受众的节目来说，仅仅是城市调查网的视听率数据就不够准确了。样本的采集不具有代表性或代表性不强常常直接导致视听率调查结果的不准确。

样本调查范围本身还存在"盲区"。例如，视听率调查首先是对常住人口的调查，而现实生活中却大量地存在着一些非常住人口。随着社会生活形态的变化，不在家听广播、看电视的如满街跑动的出租车司机、黄金时段仍在忙碌的加班人员、数量庞大的业余充电的人们等，他们都是潜在的视听人群。还有在宾馆、酒楼、学生宿舍、购物中心、便利店等人口聚集的地方，视听行为普遍存在。

另外，随着受众生活方式的变迁，新媒体的快速发展，手机电台、手机电视、IPTV、网络电视的崛起，给传统的视听率测量带来了极大的挑战。这些新媒体拥有大量潜在的受众，对于这些受众群体，传统的视听率调查方式是无法测量其视听行为的，这同样也给视听率调查带来了新的课题。比如网络视频领域，尽管信息技术（IT）界已在探索相关"类视听率"的指标及数据采集方法（如优酷网在2009年开始发布的"优酷指数"，激动网于2010年发布的"网络视频收视率"等），

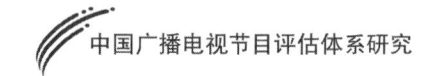

但其科学性及适用性还有待检验。

（2）测量手段的局限。

目前业内视听率调查一般是通过日记卡和测量仪两种方式。采用日记法采集数据虽然成本低，容易推广，但存在部分被访者靠记忆写日记卡的问题，容易出现失误。而如果当场填写表格，因为被调查受众往往面对几十个电视频道可能就顾不上看节目了。因此一些样本户在调查公司每星期收集问卷之前，匆匆忙忙地填写交差，这就容易造成数据的失真，其可信度被大打折扣。

采用人员测量仪采集数据，避免了依靠事后回忆填写数据的误差，但同样存在样本户误按个人代表钮等人为因素，影响了数据的准确性。况且，人员测量仪虽能准确测量开关时间和频道转换的信息，但是机器一旦出现故障，数据就会丢失，并且无法弥补。这两种调查方法由于调查技术和过程的差异，往往出现测评结果的巨大差异。

日记卡与人员测量仪相比，我们大力提倡普及人员测量仪，提高数据的准确性和可信度。针对人员测量仪的一些不足，我们应该加强对固定样本户的使用培训并强化对数据的筛查，尽可能提高数据的准确性。

另外，新媒体环境也带来受众自身和电视技术两方面的挑战：从受众来说，随着经济发展，家庭拥有两台电视机的用户日渐增多，如果按照要求的话每台电视都要安装测量仪，这样成本会大大增加；另一方面，受众生活方式的改变，休闲方式的增多，都给视听率调查带来影响。例如户外收视的情况，按现阶段的方式还不好将这类收视纳入统计的范围。从电视技术角度来说，数字电视的发展使得目前使用以测定电视调谐频率为基础的人员测量仪失去了作用（数字电视的一个频点下传多套节目的方式）。

目前，国内已经有公司研制将数字电视机顶盒技术和视听率测量结合起来，但具体的操作性和稳定性还有待于进一步去验证。

三、客体评估之满意度指标

1. 受众满意度研究概述

1999年初，中央电视台委托央视调查咨询中心进行的全国观众满意度调查，包括节目满意度和频道满意度两部分，采用入户问卷访问方式，按季度进行。目前，全国样本量已达到 8 万人的规模。[①] 中央电视台在开展节目的满意度调查后，在吸取英国和中国香港的节目欣赏指数调查经验的基础上，结合我国具体国情，分别在 2001 年和 2003 年两次完善和修正了满意度调查的方法体系，其具体满意度调查方法体系如表 13-4 所示。

表 13-4 央视满意度调查方法体系

类目	央视满意度调查
调查周期	每天
数据统计周期	每月
调查方法	问卷法
调查方式	入户
访问方式	面访
调查区域	全国中心城市
频道调查	有
节目调查	固定栏目
评分方式	100 分制
评分对象	过去 7 天看过的频道
	过去 30 天看过的固定栏目
打分方法	选择打分
指标设计	满意度、栏目知名度、期待度、观众规模、人气指数、专心度、忠诚度、频道入户率、频道栏目竞争力等
	思想性、主持人表现、独特性、时效性、可信度、娱乐性、参与性、创新性、内容丰富性、节目深度、实用性、连续性、可视性共 13 项特征指标

央视的满意度调查指标体系的构成除了最重要的"满意度"指标以外，还包括知名度、期待度、观众规模、人气指数、专心度、忠诚度、频道入户率、频道栏目竞争力等指标，这些指标都从不同角度反映出节目在受众中的吸引力、竞争力以及受众对节目的认同和喜爱程度。

通过分析央视构建的满意度调查指标体系，不仅可以了解受众对节目的态度和评价，同时通过 13 项特征指标的得分，也可以为节目自身的改进和完善提供方向和依据。依托以上指标，央视的受众满意度调查是目前国内各广播电视机构所

---

① 张柞.电视观众满意度调查在中国的发展及应用[A].王兰柱（主编）.聚焦收视率[M].北京：中国传媒大学出版社，2002：72.

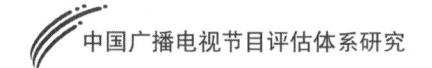

进行的最为完善、最为持久的满意度调查。

2. 完善现有指标体系，构建受众满意度测量指标体系

如前文所述，不论是我国香港地区的节目欣赏指数调查还是我国大陆地区央视的满意度调查，二者都有能够反映节目的质量优劣和受众对节目满意程度的指标体系。为了能更好地了解受众对节目的满意程度，与节目评估体系中的其他指标衔接，充分融入节目综合评估指标体系，我们参考借鉴香港的欣赏指数指标和央视观众满意度测评指标，分析当前受众收视收听心理，给出了一个比较全面完善的广播电视节目受众满意度评价指标体系。

满意度指标体系应该包括哪些指标，每个指标是从哪一个角度出发对节目进行评估的，它能够反映出观众态度和节目自身的哪些问题，测量结果如何应用等问题，都是我们完善已有指标体系、构建新指标体系时必须考虑的。

（1）满意度指标设定的基本原则。

由于所处的行业和竞争环境，以及测评的目的各不相同，对满意度进行测评时所选用的指标也不应是相同的，参考市场调查行业的顾客满意度调查基本原则，受众满意度测评指标体系的构建一般应遵循以下几条原则：

① 从受众的角度来设计指标体系。

以受众为出发点，"由受众来确定测评指标体系"是设定测评指标体系最基本的要求。要准确把握受众的需求，选择受众认为最为关键的测评指标。如对于一档节目的好坏评价，受众可能会从节目内容和节目形式两个方面看待，这时我们设计指标体系就要兼顾节目内容指标和节目形式指标。

② 测评指标必须可以测量。

受众满意度测评结果应是一个量化值，因此测评指标必须可以进行统计、计算与分析。如，对于每个指标可都设计成10分制，或者是百分制让受众进行打分。

③ 测评指标必须能够控制。

受众满意度测评可能会使受众对节目产生新的期望，促使广播电台、电视台采取改进措施。但如果广播电台、电视台在某一领域还无条件或无能力采取行动加以改进时，在设计满意度指标时暂时不应采用这方面的测评指标。

④ 测评指标必须有可比较性。

建立受众满意度测评指标体系需要考虑与兄弟台、竞争频道、对抗节目之间的比较，即设定测评指标时要考虑竞争者的特性，适时适度。

⑤ 测评指标具有动态可调性。

由于受众对节目的期望和需求是不断变化的，因此广播电台、电视台应不断了解受众对节目预期的变化，实时动态地调整受众满意度指标体系。

以上五点是我们套用市场营销学中顾客满意度指标体系建构的基本原则而提出的。在构建受众满意度指标体系时各媒介机构应灵活掌握并遵循以上基本原则。

（2）观众满意度指标体系的具体构成。

基于市场营销学中的满意度指标制定的原则，在参考香港的欣赏指数指标和央视的满意度调查指标的基础上，我们对受众满意度指标进行了重新完善和改进。

受众满意度评价指标体系包括三个层面：第一个层面是受众对节目的总体满意度；第二个层面是指节目的知名度、期待度、人气指数、忠诚度；第三个层面是指受众对各个节目的具体特征进行评价，具体如图 13-8 所示。前两个层面是适用于对所有的广播电视节目进行满意度的测评，第三个层面则需根据各个节目的具体情况进行调整，如新闻资讯类节目和娱乐类节目因其节目性质的差异，它们在第三个层面节目具体特征上的评价偏重就应有所不同。新闻类节目更偏重于测量时效性、真实性、准确性、全面性，而娱乐类节目可能更偏重于节目的趣味性、文化品位性、益智性等。下面我们将针对每个层面依次展开，对节目满意度评价的指标进行解释分析。

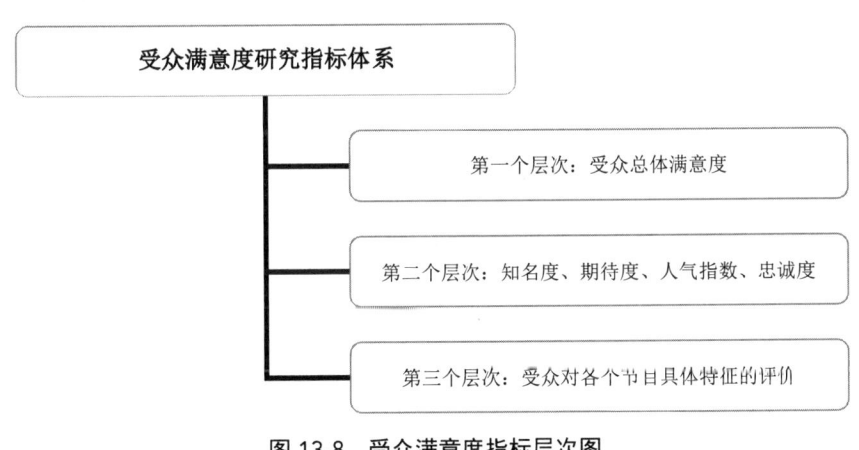

图 13-8 受众满意度指标层次图

① 受众总体满意度。

受众总体满意度是指受众根据节目的收看、收听印象直接给出的满意分值，假定每位受众对自己曾经收视/收听的每个节目都有一个满意度分值的评价，该分值从零分到一百分，受众根据自己的第一印象直接给分。

为了避免非忠实受众由于节目印象模糊不清或不甚了解而草率给出节目分值的情况，计算受众总体满意度分数时要对忠实受众和非忠实受众进行综合考虑加权。其计算公式如下：

受众总体满意度指数＝忠实受众比例 × 满意度原始分＋非忠实受众比例 ×（回归系数 × 满意度原始分值－定值）

② 节目知名度。

节目知名度也可以说是栏目知名度，它是指在家中收音机／电视机能接收到这个节目的受众中，听说过这个节目的受众所占的比例。其计算公式为：

节目知名度＝听说过某节目的受众数／家中能收到该节目的受众数

③ 期待度。

受众期待度是满意度研究特有的指标。期待度指标的设计是基于收听／收视选择行为的心理机制，受众对某个节目的收听／收视选择可以是出自两种完全不同的态度：一是事先就有所期待或者准备收听／收看某个节目；二是事先并没有目的性，只是习惯性打开广播／电视，对该节目采取无所谓态度，碰上就听／看，碰不上也不会刻意去听／看。

暂且不考虑受众的收听／收视动机，如果他们事先就准备收听／收看某个节目，就表明该节目对受众有强烈的吸引力，从而促使他们做出主动性视听选择，这个节目也就具有比较高的受众期待度；反过来，如果受众只是漫无目的地收听／收看某个节目，则节目对受众的吸引力就弱很多，受众对节目的期待度较低。因此我们可以把期待度看作反映节目吸引力和受众主动性的指标。节目期待度的计算公式为：

节目期待度＝事先准备收听或收看该节目的受众数／过去 30 天收听或收看过该节目的受众数

④ 人气指数。

随着广播电视技术的发展，频率资源的日益丰富，受众家中能接收到越来越多的频道，可选择的节目也越来越多。对于节目而言，喜欢的受众越多，则表示该栏目越受欢迎，该节目的人气指数就越高。从受众满意度的层面来看，人气指数表明了受众对栏目的喜爱程度。节目人气指数的计算公式为：

节目人气指数＝比较喜欢收听或收看某个节目的受众数／家中能够接收到该节目的受众数

⑤忠诚度。

虽然随着频率资源的日益丰富，受众可选择的广播电视节目数不胜数，尤其是随着数字电视的逐步推进，受众的选择越来越多，但是一天24小时，受众收听/收看过的节目数量是有限的。在受众收听/收看过的这些节目中，能够被受众喜欢将会有效地增加受众重复收听/收看、主动收听/收看的可能性，因此，喜欢的受众越多，该节目拥有的忠诚受众也越多。进而推知该节目的受众忠诚度也就越高。节目忠诚度计算公式如下：

节目忠诚度＝比较喜欢收听或收看某个节目的受众数/过去30天收听或收看过该节目的受众数

以上5个指标构成了受众对节目满意度的整体评价，各个指标都从不同的角度反映出节目在受众中的吸引力、竞争力以及受众对节目的认同和喜爱程度。应该说，多个指标共同参与测评，使调查结果能更加立体和全面地反映出受众对节目的评价和满足程度。

⑥受众对节目本身不同方面特征的评价。

进行满意度调查的目的并不仅仅是为了了解受众对节目的态度和评价，其着眼点还在于为节目自身的改进和完善提供方向和依据，以上受众总体满意度、节目知名度、期待度、人气指数、忠诚度等五个指标是针对所有节目进行满意度评价所制定的。随着节目种类越来越多，个性化、多样化的节目越来越受到受众的欢迎，针对具体节目或栏目各方面特征的评价变得越来越重要。因此，受众对节目本身不同方面特征的评价也应列入调查范围。下面我们将单列一部分，解释受众对节目本身不同方面特征的评价。

（3）根据满意度测评指标设计问卷。

通过专家论证以及和观众的座谈，在满意度指标体系不断完善、确定的情况下，广播电台、电视台就可以根据指标体系设计满意度调查的问卷，为下一步的调查做好前期准备。

从节目内容角度考虑，评估问卷的题目主要包括：信息量、时效性、真实性、权威性、准确性、报道深刻性、与受众生活贴近性、信息易得性、知识性、娱乐性、益智性、参与性、互动性、教育性、趣味性、启发性、服务性、纪实性，一共18项指标。

从节目形式角度考虑主要包括：演播室/厅布局、整体色彩搭配、节目名称的设计、宣传片、片花、节目字幕条、片尾字幕版、音响设计、画面色彩、主持人形象设计、板块设计风格，一共 11 项指标。针对以上所列指标，各台可根据节目实际情况进行调整。

下面，我们以山东卫视自办节目的满意度评估为例，假定山东卫视要对其自办的 17 档节目进行观众满意度调查，这些节目属于我们上面提到的新闻类、评论类、娱乐类、教育类、服务类五个不同的节目类别，满意度调查问卷的设计如下：

观众满意度调查问卷（以山东卫视 17 档节目为例）

表 13-5　节目基本情况调查表

节目名称	Q1 您家能否接收到？		Q2 您原来听说过该节目吗？		Q3 您过去一个月是否收看过该节目？		Q4 您收看该节目的主动程度（5分制，"1"分代表"从未想过主动收看"，"5"分代表"每次都主动收看"）	Q5 您对该节目的喜欢程度和整体满意程度如何？（百分制打分，"0"分为"非常不满意/不喜欢"；"100"分为"非常满意/喜欢"）	
	能	不能	是	否	是	否	主动程度得分	喜欢程度	满意程度
乡村季风	1	2	1	2	1	2			
早间新闻	1	2	1	2	1	2			
新闻人物	1	2	1	2	1	2			
健康	1	2	1	2	1	2			
天南地北山东人	1	2	1	2	1	2			
小洋人开心乐园	1	2	1	2	1	2			
证券时间	1	2	1	2	1	2			
山东新闻联播	1	2	1	2	1	2			
道德与法制	1	2	1	2	1	2			
今日报道	1	2	1	2	1	2			
彩运亨通	1	2	1	2	1	2			
体育新闻	1	2	1	2	1	2			
收藏天下	1	2	1	2	1	2			
阳光快车道	1	2	1	2	1	2			
志在必得	1	2	1	2	1	2			
齐鲁风情	1	2	1	2	1	2			
从头再来	1	2	1	2	1	2			

表 13-6　节目内容分项满意程度评价表

Q6 请您对以下节目各项满意程度打分？（5分制，"1"分为"非常不满意"，"5"分为"非常满意"）															
节目名称	节目内容分项指标														
^	信息量	时效性	真实性	权威性	准确性	深刻性	贴近性	易得性	知识性	娱乐性	益智性	参与性	互动性	教育性	趣味性	启发性	服务性	纪实性
乡村季风																
早间新闻																
新闻人物																
健康																
天南地北山东人																
小洋人开心乐园																
证券时间																
山东新闻联播																
道德与法制																
今日报道																
彩运亨通																
体育新闻																
收藏天下																
阳光快车道																
志在必得																
齐鲁风情																
从头再来																

表 13-7　节目形式分项满意程度评价表

Q7 请您对以下节目各项满意程度打分？（5分制，"1"分为"非常不满意"，"5"分为"非常满意"）									
节目名称	节目形式分项指标								
^	演播室/厅布局	整体色彩搭配	节目名称的设计	宣传片	节目字幕条	片尾字幕版	音响设计	画面色彩	主持人形象设计	板块设计风格	片花
乡村季风										
早间新闻										
新闻人物										
健康										
天南地北山东人										

（续表）

节目名称	节目形式分项指标											
	演播室/厅布局	整体色彩搭配	节目名称的设计	宣传片	节目字幕条	片尾字幕版	音响设计	画面色彩	主持人形象设计	板块设计风格	片花	
小洋人开心乐园												
证券时间												
山东新闻联播												
道德与法制												
今日报道												
彩运亨通												
体育新闻												
收藏天下												
阳光快车道												
志在必得												
齐鲁风情												
从头再来												

Q7 请您对以下节目各项满意程度打分？（5分制，"1"分为"非常不满意"，"5"分为"非常满意"）

（4）受众满意度指标的测算。

① 通过主成分分析对指标进行收验。

根据问卷中设计的节目内容测评的18项指标（信息量、时效性、真实性、权威性、准确性、报道深刻性、与受众生活贴近性、信息易得性、知识性、娱乐性、益智性、参与性、互动性、教育性、趣味性、启发性、服务性、纪实性）和节目形式测评的11项指标（演播室/厅布局、整体色彩搭配、节目名称的设计、宣传片、片花、节目字幕条、片尾字幕版、音响设计、画面色彩、主持人形象设计、板块设计风格）回收的数据，通过主成分分析法将这些指标收验成几项主要指标：节目的实用性（F_1）、节目的思想性（F_2）、节目的信赖度（F_3）、节目的参与度（F_4）、节目的休闲度（F_5）、节目的外在形象（F_6）、节目的技术含量（F_7）。

F_1：信息量、知识性、服务性、与受众生活贴近性；

F_2：启发性、教育性、报道深刻性、益智性；

F_3：时效性、真实性、权威性、准确性、纪实性；

F_4：信息易得性、参与性、互动性；

F_5：趣味性、娱乐性；

F_6：演播室/厅布局、节目名称的设计、主持人形象设计、板块设计风格、宣传片、片花；

F_7：整体色彩搭配、画面色彩、节目字幕条、片尾字幕版、音响设计。

$$F_1 = a_{11}X_1 + a_{21}X_2 + \cdots\cdots + a_{p1}X_p$$
$$F_2 = a_{12}X_1 + a_{22}X_2 + \cdots\cdots + a_{p2}X_p$$
$$\cdots\cdots$$
$$F_p = a_{1m}X_1 + a_{2m}X_2 + \cdots\cdots + a_{pm}X_p$$

其中 a_{1i}，a_{2i}，……，a_{pi}（$i = 1$，……，m）为 X 的协差阵 Σ 的特征值多对应的特征向量，X_1，X_2，……，X_p 是原始变量经过标准化处理的值。在实际应用中，往往存在指标的量纲不同，所以在计算之前先消除量纲的影响，而将原始数据标准化，数据都是关于满意度指标的打分，不存在量纲影响，故不需要进行数据标准化。

② 通过回归分析法测算各分项满意度的权重。

回归分析法是指在分析自变量和因变量之间相关关系的基础上，建立变量之间的回归方程，根据自变量的数量变化来分析因变量的数量变化的一种统计学分析方法。在满意度指标体系中引入回归分析方法，主要用来测算各分项满意度指标与总体满意度之间的关系，通过回归系数的大小来确定各分项满意度指标对总体满意度影响的大小。

观众满意度取决于多个影响因素，即多个自变量，因此，要采用多元统计分析法。多元线性回归模型一般公式为：

$$\hat{Y}_t = a + b_1 x_1 + b_2 x_2 + b_3 x_3 + \cdots\cdots + b_n x_n$$

式中：

$\hat{Y}_t$：因变量；

x_1，x_2，……：多个不同的自变量，即与因变量有紧密联系的影响因素；

a，b_1，b_2，……：是线性回归方程的参数。

在回归分析法中，要对 x、y 之间相关程度做出判断，这就要计算相关系数 r，其公式如下：

$$r = \frac{\Sigma(x_i - \bar{x})(y_i - \bar{y})}{\sqrt{\Sigma(x_i - \bar{x})^2 \Sigma(y_i - \bar{y})^2}} = \frac{S_{xy}}{\sqrt{S_{xx} \cdot S_{yy}}}$$

（1）相关系数取值范围为：$-1 \leq r \leq 1$。

（2）r 与 b 线性相关。当 $r > 0$，称正线性相关，x_i 上升，y_i 呈线性增加。当 $r < 0$，称作负线性相关，x_i 上升，y_i 呈线性减少。

（3）$|r| = 0$，x 与 y 无线性相关关系；$|r| = 1$，完全确定的线性相关关系；$0 < |r| < 1$，x 与 y 存在一定的线性相关关系；$|r| = 0.7$，为高度线性相关；$0.3 < |r| < 0.7$，为中度线性相关；$|r| \leq 0.3$，为低度线性相关。

结合上述主成分分析的结果，分别计算 F_1、F_2、F_3、F_4、F_5、F_6 和 F_7 七个分项指标的满意度得分，然后根据多元回归分析法建立回归模型，计算受众总体满意度 $\hat{Y}_t$。

$$\hat{Y}_t = b_1 F_1 + b_2 F_2 + b_3 F_3 + b_4 F_4 + b_5 F_5 + b_6 F_6 + b_7 F_7$$

③ 借助结构方程式模型测算总体满意度与忠诚度、期待度等指标之间的关系。

总体满意度的测算可以为广播电台、电视台进行科学管理和决策提供依据，但要进一步改进节目质量，培养忠诚的受众，还需要了解受众对节目的需求及满足程度，同时对受众深层的视听心态加以了解。这就需要借助结构方程式模型探讨总体满意度与忠诚度、受众期待度、节目知名度、人气指数之间的影响关系，以及测算总体满意度与以上指标之间的权重。结构方程模型可以借助一些软件来实现，目前流行的有 Amos、Lisrel 等。

由于目前结构方程式主要用在耐用品的满意度测量上，而广播电视节目作为精神产品有其自身的特点，如：受众在看电视、听广播之前对节目是否有期望，如果有，该如何测量等，这些特点限制了结构方程式模型在节目满意度指标体系中的应用。

从目前国内外的情况来看，在精神产品的满意度测量方面结构方程式至今仍未有较为成熟的研究和案例。同时，满意度指标的测量如果引进结构方程式模型，随之而来的是要增加忠诚度、观众期望、感知质量、观众抱怨等几项指标，对这些指标的测量无疑要花费更多的人力和物力，操作起来也比较复杂。

3. 受众满意度调查方案设计

（1）明确调查目的。

对于各广播电视台、各栏目组来说，受众满意度研究是一个时间周期比较长、成本花费比较大的项目，为了避免不必要的浪费，取得最大化调查成效，研究者在进行满意度调查之前首先应该明确本次研究的目的，根据节目实际情况，确定满意度指标体系，并指导后续研究方法制定、调查方法选择、样本量制定、数据分析等工作的顺利开展。

（2）设计调查方法。

为了更深刻地探求受众的收视心理和行为特征，以及这些特征与广告接触和产品购买之间的关系，我们建议受众满意度研究人员将定量和定性两种研究方法结合使用。如图13-9所示。

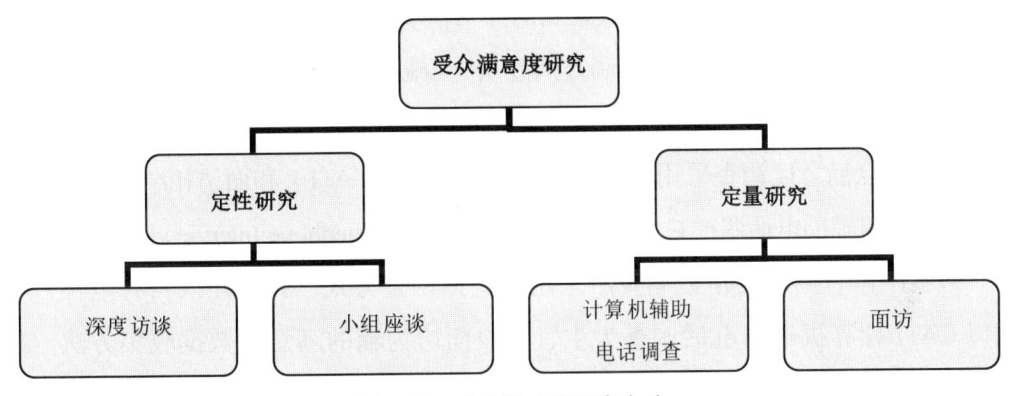

```
                    受众满意度研究
                   /              \
              定性研究            定量研究
             /      \            /        \
         深度访谈  小组座谈  计算机辅助    面访
                            电话调查
```

图13-9 受众满意度研究方法

① 定性研究。

在量化研究之前，研究者应该采用定性方法，收集相关资料、了解受众收视/收听状态，明确受众收视/收听过程中所看重的节目因素，以及影响其对节目评价的因素，并在满意度指标体系中加以体现。如果前期不采用定性方法进行满意度的探索性研究，问卷设计、定量调查中就很难建立有针对性的、全面的受众满意度测量指标，无法有效地进行节目的改进和完善。

a. 深度访谈。

在进行正式调查之前，研究人员邀请行业专家和受众代表进行深层访谈，获取有代表性的个人对于一些问题的深层理解，为受众满意度的探索性研究做好前期资料准备。

行业专家一般定位为高校、科研单位的老师、学者，通过他们对受众满意度测量的看法，为满意度调查把握好大方向；同时也可深访一些业内从业者、一线工作者，从对他们的访谈中获得更为详细的节目质量测量指标；而对代表性受众进行访谈的目的是为了探求受众是从哪些方面来评价节目质量的，影响其对节目

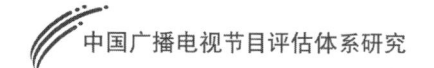

满意度高低的因素主要有哪些。

b. 小组座谈。

除了深入访谈之外,在进行正式调查之前,研究人员也可利用观众小组座谈会收集有关研究计划的初步探索性资料,根据观众的讨论,收集观众争论比较集中的问题以及大家普遍反映的问题,同时挖掘某种特殊现象,如一些节目叫座不叫好或叫好不叫座等现象产生的原因,为问卷的设计做好全面考虑。

② 定量研究。

根据深度访谈或小组座谈会收集到的探索性资料,设计调查问卷(也可参照我们设计的山东电视台观众满意度调查问卷),实施调查。根据以往经验中国内地采用的是入户访问,香港采用的是电话调查,英国采用的是邮寄调查,在此我们建议各节目的受众满意度调查采用计算机辅助电话调查(CATI)和面访相结合的形式。

a. 计算机辅助电话调查 CATI(Computer-Assisted Telephone Interviewing System)。

借鉴中国香港欣赏指数调查所采用的电话调查方式,我们建议所有电视台采用以 CATI 计算机辅助电话调查为主、入户面访为辅的满意度数据收集方法。随着人们生活节奏的日益加快,很多被访家庭白天家里是没有人的。计算机辅助电话调查一般在晚间进行,一般 30 部计算机辅助电话在两个小时的时间内能够完成 2000 个样本的访问。

b. 入户面访。

作为比较传统的调查方式,入户面访的拒访率一般比较高,人们对于调查人员的警惕性越来越高,但是也不是说入户面访不能用,研究人员应根据实际情况进行调整。例如,对于视听人群主要是老年人的节目进行满意度调查就可采用入户面访,因为白天待在家里的主要是老人,入户面访的成功率比较高。

(3)确定抽样方法。

① CATI 计算机辅助电话调查的抽样方法。

CATI 计算机辅助电话调查的抽样方法以所有受众住宅电话号码库为抽样框,根据受访对象的类型及所确定的样本数,由服务器进行计算机系统抽样,先以计算机随机抽样,抽出实际样本数和替代样本数。

例如,计算机辅助抽样时,先抽出 5000 个电话号码,再以"+2"方式,产生同样数目的替代样本数号码,然后把两组号码组合,最后得到 10000 个随机电话号码。经调查员拨通查明为住宅电话后,要求在本户 15—85 岁的常住并说中文的成员中访问一名生日最近者。

② 入户面访抽样方法。

a. 多阶段抽样。

为了确保调查质量，提高抽样效率，减少抽样误差，入户面访采取比较科学合理的多级抽样：多级抽样也叫做多阶抽样或阶段抽样。这在大规模的社会调查中应用是很广泛的。特别是当抽样单元为各级行政单位时，一般都采用多级抽样。

在多级抽样的过程中，有可能先抽几个市，然后从抽中的市及其所属郊区中抽区、县、镇，再抽村、居委会，最后再抽至户、个人。

在受众满意度调查中，我们以对某城市受众满意度调查为例，首先，研究者在所调查城市进行第一阶抽样：抽取街道；第二阶抽样：抽取居委会（或家委会）；第三阶抽样：抽取家庭户；第四阶抽样：抽取个人。

b. 系统抽样。

在以上抽样的四个阶段中，前两个阶段采用按与人口成比例的不等概率系统抽样（即PPS系统抽样），抽出街道和居委会。

第三阶段采取等概率系统抽样，即以户口名册为抽样框进行等距抽样，抽出样本户。

第四阶段采取随机量表法抽样，即在决定了样本户后，进一步决定户内的调查对象，一般按照抽签法或随机数字表法来进行，或者按生日最近者抽取最终被访者。

某城市受众满意度调查抽样的整个流程，我们可以如图13-10所示。

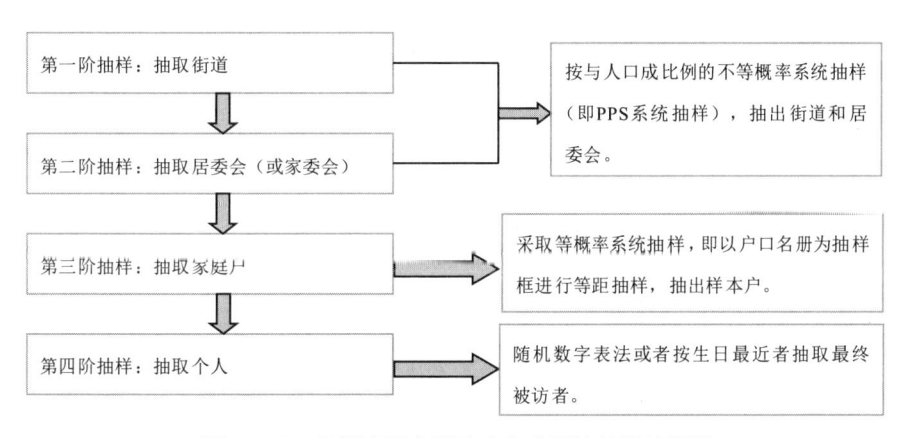

图13-10 某城市受众满意度入户面访抽样流程图

（4）确定样本量。

对于样本量的确定，根据统计学中的相关公式，在一定置信度和精度要求下计算出非常简单随机抽样（即，无限总体的无放回抽样或有限总体的有放回抽样）和简单随机抽样（无放回抽样）情况下所需的最小样本量。

基本计算公式如下：在置信度 $1-\alpha$ 下，样本最大允许绝对误差为 Δp，n_0 为按置信度和精度要求在非常简单随机抽样和简单随机抽样情况下所需的最小样本量。

$$n_0 = (\frac{t_{\alpha/2}}{2\Delta_P})^2$$

通过以上公式我们得出下面的样本量表格。如表 13-8 所示。

表 13-8 非常简单随机抽样所需的最小样本量

精度＼置信度	90%	95%	99%
1%	6806	9604	16641
2%	1702	2401	4160
3%	756	1067	1849
4%	425	600	1040
5%	272	384	666
6%	189	267	462
7%	139	196	340

基于上表的统计学原理以及目前国内节目满意度调查的实际操作经验，我们建议对于省级广播电视台的满意度调查样本量至少要达到 400 个，以在 95% 的把握下保证抽样最大容许绝对误差不超过 5%；对于市级广播电视台的满意度调查样本量至少要达到 300 个，以在 95% 的把握下保证抽样最大容许绝对误差不超过 6%。

（5）制定调查周期。

① 调查周期制定的理论支持。

从传播心理学来看，视听率实际上是一种动态反映人们选择行为趋势的指标，因此可称之为"行为倾向性"指标；满意度则是人们在选择行为发生后的心理满足程度，称之为"心理倾向性"指标。根据受众心理研究的成果，行为倾向来自心理倾向，而心理倾向能"促使人们产生某种活动、按某种方式行事"[①]，心理倾向

---

① 黄希庭. 心理学导论［M］. 北京：人民教育出版社，1991：198.

主要受需要、动机、兴趣、理想、信念和世界观等影响。

因此，在需要、动机、价值观及意识形态综合作用下的受众满意度，不像视听率那样有频繁的"行为流动"的特点，相对来说，受众对某一节目的满意度评价有较大的稳定性，无需精确到"秒"，因此满意度调查的周期可以长一些。

② 不同类型节目的评估周期。

由于满意度调查比较耗时，对人力、物力、财力耗费比较大，调查周期太短既浪费资源又不能真实捕捉到受众对节目的真实看法。同时，由于一些节目是日播，如新闻类节目，一些节目是周播，如谈话类节目，或娱乐类节目，还有一些节目是一次性的，可能只会播一次，如专题片或纪录片，还有一些节目如电视剧的播出周期又不太一样，一部电视剧可能一周之内就播完，也可能要播两周。节目类型多种多样，播出周期不固定，针对这种不固定性，我们以节目的播出周期为基准，建议采用以下受众满意度评价周期：

a. 固定日播节目或周播 3 次以上节目（电视剧除外）：一个月。

所谓固定栏目的日播节目是指播出日期固定，持续播出时间在三个月以上的节目。为确保得到客观准确的数据，建议一个月为一个满意度调查周期，调查时间为次月的 1 号；若电视台或栏目组财力有限，满意度调查周期也可为两个月，调查时间为两个月之后下一个月第一天，针对上两个月要调查栏目的所有日播节目进行满意度评估。

b. 周播节目：三个月。

所谓的周播节目是指一周播出次数在 3 次及 3 次以下，持续播出时间六个月以上的节目，建议三个月（即一季度）为一个调查周期，调查时间设定为第四个月的第一天对上个季度的节目进行满意度评估。

c. 对于电视剧：从开播到其播完后的一周之内。

由于目前电视剧大多由节目制作公司制作，以按点论价的形式转卖给电视台，并且有时是好几个电视台同时播一个电视剧，个别电视台对其进行满意度的评估没有意义，对于此类电视剧的满意度评估建议由节目制作公司来做；对于一部分台内创作的电视剧，也可按照我们上面建构的指标进行评估，建议从电视剧开播到其播完后的一周之内进行评估。

表 13-9　不同类型节目满意度评估周期

节目类型	评估周期	评估时间
固定日播节目或周播 3 次以上节目	一个月	次月 1 号
周播 3 次及 3 次以下节目	三个月	第四个月的 1 号
电视剧	播完一周之内	播完下周一

（6）界定调查对象。

① 调查对象定义。

为了使受众满意度调查获得最为客观、准确、合理的数据，避免调查结果的偏差，我们把调查对象定义为：最近三个月内连续或不连续地多次收看/听过某个节目的受众。参加满意度调查的这些受众必须是对某节目具有一定收视/听体验和判断的人，而不应该包括那些对节目印象模糊、了解片面肤浅的受众，因为只有这类受众才能比较熟悉节目，对节目的评估有较为成熟客观的看法，对满意度和其他相关因素的打分才会更为准确。

② 调查对象硬性指标规定。

在实际调查中，被访受众年龄界定为 15—80 岁（包括 15 岁和 80 岁）的可视/听居民，该可视/听居民包括有户籍的正式住户也包括所有临时的或其他的住户，只要已在本居（村）委会内居住满 6 个月或预计居住 6 个月以上，都包括在内。不包括现役军人、集体户及无固定住所的人口。

（7）调查的质量控制。

在受众满意度调查具体执行和调查过程中，广播电视机构可以自己来做，也可以委托给专门的调查公司。为了尽量保持评估结果的公正公平，建议各广播电视机构委托给专门的市场调查公司。委托方可以对调查公司的工作进行监督。

第一步：对调查公司的资质审查。

① 必须为中国市场信息调查协会会员，遵守协会的章程；

② 近三年来，无任何不良记录；

③ 必须具备专业、广泛的调查网络；

④ 从事电视观众满意度调查的时间至少达到三年以上。

第二步：对访问员的培训。

为确保高质高量地完成调查，需要对访问员进行精心培训，培训内容包括：

① 满意度调查的目的和意义；

② 满意度调查的内容；

③ 调查的要求及要注意的事项；

④ 访问的基本方法和技巧；

⑤ 实地调查的步骤和策略。

第三步：对问卷调查实施过程的质量控制。

在问卷调查实施过程的质量控制上，我们建议整个质量控制可以分为三个环节，即地方一审、地方二审、中心卷审与复核的三级审核体制。地方一审、地方二审都是100%的卷审和电话复核，中心卷审与项目督导复核的比例应为总样本量的65%，问卷质量合格比例应在98%以上。具体的质量控制流程如图13-11所示。

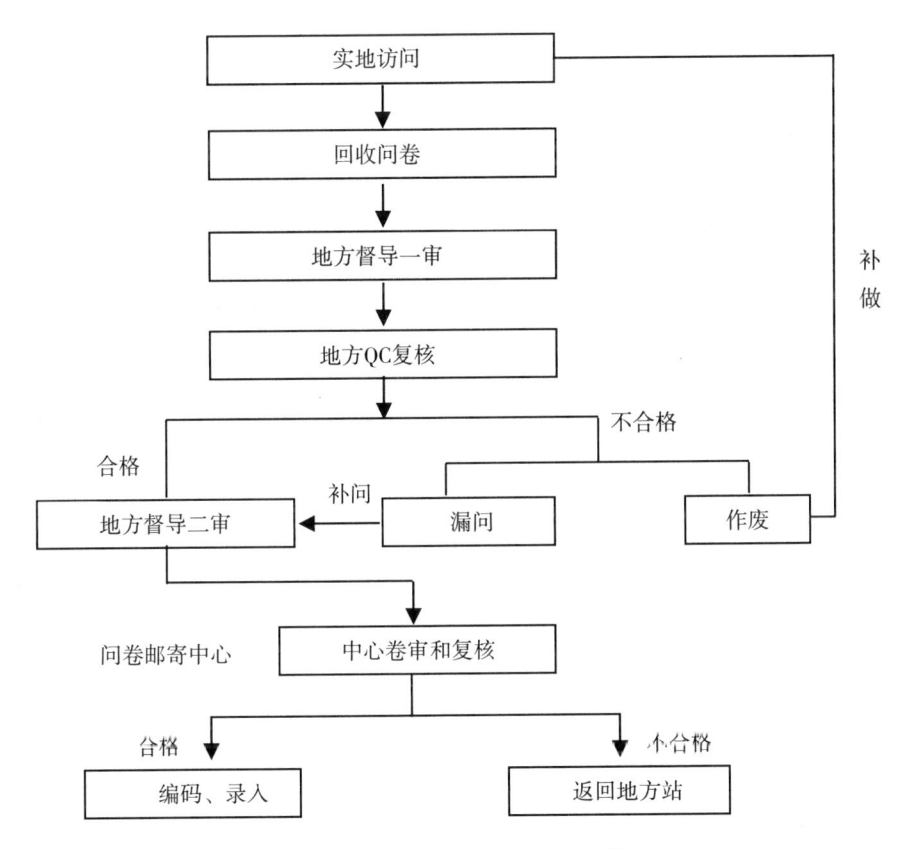

图 13-11 满意度调查质量控制流程图

（8）数据分析及报告的撰写和提交。

第一步：数据的录入、整理与分析。

根据回收的问卷数据，进行录入，若采用计算机辅助电话调查则无需录入问卷。问卷录入后，研究人员要根据实际问题进行数据的分析，常用的数据分析方法有频数分析、交互分析、相关分析、因子分析、主成分分析、回归分析等，分析人员可根据回收数据的具体情况、节目的实际情况，以及调研之前所设定的目标，结合广播电视机构的实际需求进行数据分析。

第二步：报告的撰写。

根据数据分析结果，下一步的工作就是撰写受众满意度测评报告，该报告一般包括技术报告、数据报告、分析报告及相关附件。

第三步：调查结果在广播电视机构管理工作中的应用。

通过阅读这些报告，各节目/栏目负责人能够从中洞察：受众的要求和期望；本节目和主要竞争对手在满足受众要求和期望上的表现；发现自身节目竞争优势和不足；确定受众对节目满意的关键因素，排出节目改进的优先顺序，最终更加有效合理地利用资源提高受众满意度，并为节目制定全面质量管理的标准。

同时研究者也可根据本次满意度调查结果，对测量满意度的各个分指标进行调整，完善观众满意度指标体系，为后续满意度调查提供经验借鉴。

4. 满意度指标在节目评估体系中的应用

各广播电视机构开展受众满意度调查的目的除了从微观角度了解受众对节目的视听需求和期望，确定受众对节目满意与否的关键因素，提高广大人民群众对节目的满意度外，开展满意度调查另外一个重要的目的是结合节目评估中的其他指标，包括视听率指标、专家领导主观评价指标、节目投入产出指标三个指标，对节目进行综合评估，为各个广播电视机构内部的有效管理、员工绩效考核，以及应对行业竞争提供决策性支持。

按照受众满意度调查指标体系，遵循满意度调查方案设计，对回收的调查问卷进行数据分析后，广播电视机构可以拿到一个受众对各节目的满意度指数。此时，节目评估部门可结合视听率调查结果、专家领导评价的主观打分，以及节目投入产出的成本指标，对节目进行综合评价。在对节目进行综合评价时最为关键的环节是确定各个评价指标的权重。各广播电视机构可根据自身实际情况确定满意度指数在综合评价中的权重大小。

四、客体评估之成本指标

1.成本指标基本概念及其在节目评估中的意义

成本：传统观点认为成本是生产过程中劳动耗费的货币表现。美国会计学会（AAA）成本概念委员会1951年将成本定义为"成本是指为了达到特定目的而发生或应发生的价值牺牲，它可用货币单位加以衡量"。中国会计学会（1996）将成本定义为：成本就是企业为实现一定经济目的而耗费的本钱。在本章中，我们采用中国会计学会对成本的定义。

节目成本：是指从事广播电视节目制作、播出业务活动所发生的费用。广播电视机构制作的每个节目就是产品，出产品就要产生费用。参照我国有关企业会计准则的要求，节目成本并不等同于广播电视机构的费用支出，而是指为生产一定种类、一定数量的电视节目所发生的直接材料费用、直接人工费用和产品制造费用的总和。

直接材料费用指采编后直接构成节目实体或主要部分的原料和材料成本。节目生产过程中，直接材料的价值一次全部转移到所生产的节目产品中去，构成了节目成本的重要组成部分。例如各种规格和型号的磁带费用、磁带标签费用等物料消耗费用。

直接人工费用指节目生产中对原料和材料进行直接加工制成节目产品所耗用的人员工资、奖金、津贴，以及按规定比例提取的福利费。此外，由于节目生产的复杂性（复杂劳动），人工费用往往还包括支付给节目生产有关的策划创意、撰稿审稿等服务所形成的稿酬（或称劳务费）。

产品制造费用指广播电视机构为组织和管理节目生产所发生的各项间接费用。制造费用是节目成本的重要组成部分。主要包括摄录像设备、后期编辑制作设备、演播室（或转播车）及其设备、车辆等的使用费和折旧费（或租赁费）、办公费、水电费等。根据节目生产的特点，制造费用还包括置景费、置装费、化妆费、道具费。此外，节目生产还包括一些具有经营特性的经营费用，像通信费、差旅费、业务招待费。这些也间接地构成了节目生产中的成本。

节目产出：是指在给定时间段销售出的制成品减去原材料成本获得的资金，即指销售出的制成品的收益。

目前，广播电视节目生产成本的回收，也即节目的产出，主要有三个渠道：

一是通过频道播出，靠吸纳广告实现成本回收；二是通过市场发行，靠贴片广告或收取发行费实现成本回收；三是借助 T2O（TV to ONLINE）方式或线下销售变现。

成本核算：是指对生产、经营过程中所发生的生产费用进行审核，并按照一定的对象和标准进行归集和分配，采用适当的方法计算出该对象的总成本和单位成本。

节目成本核算主要是指通过记账、算账等财务管理手段，对节目生产制作过程中的劳动消耗（包括物化劳动消耗和活劳动消耗）与劳动成果（节目的质量和数量）进行分析、对比和考核。节目成本核算的内容归结起来主要包括：核算节目生产成本的数量；核算节目生产成本的范围；核算节目生产成本的构成。

成本控制：是指企业在生产经营过程中按照预定的成本目标，对实际发生的生产消耗进行指导、限制和监督，发现和及时纠正偏差，以保证更好地实施成本目标，促使不断降低成本核算。

节目成本控制：主要是指根据一定时期预先确定的成本预算目标，对节目生产制作过程中所发生的直接材料费用、直接人工费用和制造费用（广播电视机构或节目制作公司为组织和管理电视节目生产所发生的各项间接费用）采取监督和调节措施，以保障成本核算的实现和合理成本补偿的一种管理活动。

投入产出比：节目评估体系中的成本指标主要是指节目的投入产出比。节目的投入产出比是指某节目生产出来投向受众市场所获得的总收益（主要包括广告收入、市场发行收入）与该节目生产成本之比。

2. 目前各广播电视机构成本指标应用现状

整体而言，我国广播电视节目评估体系的构建还处于探索阶段，部分广播电视机构根据自身情况在一定程度上构建了本台的节目评估体系，但是由于各台实际情况不同，对节目进行评估时所考虑的角度不同，所以评估方法、评估指标的设计等也不尽相同。有的评估方式过于简单笼统；有的评估方式不易操作；有的评估指标不够全面，特别是缺少节目成本指标。

在 2007 年 7 月 26 日召开的"中国广播电视节目评估体系理论、实践与应用研讨会"上，对参会人员的问卷调查显示，目前在各广播电视机构节目评估所采用的指标中，成本指标纳入本台节目评估体系的只占被访者的 26.2%。各指标纳入情况如图 13-12 所示。在 23 项指标排名中，成本指标纳入排名在 11 位。

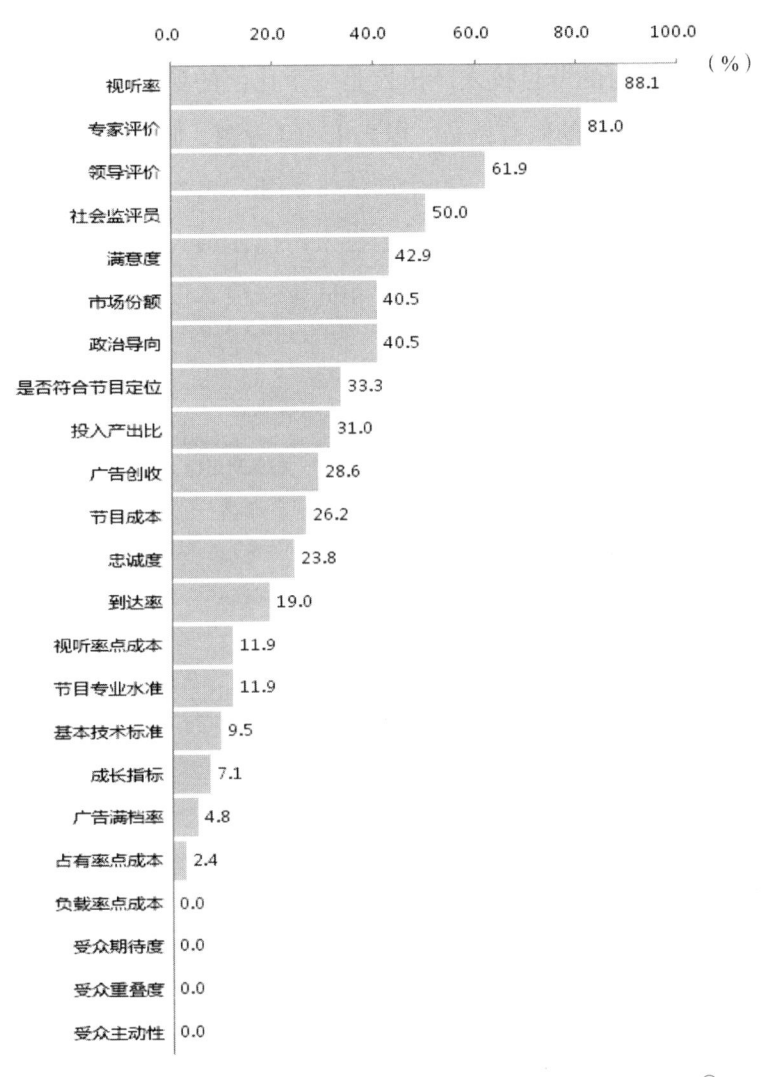

指标	百分比
视听率	88.1
专家评价	81.0
领导评价	61.9
社会监评员	50.0
满意度	42.9
市场份额	40.5
政治导向	40.5
是否符合节目定位	33.3
投入产出比	31.0
广告创收	28.6
节目成本	26.2
忠诚度	23.8
到达率	19.0
视听率点成本	11.9
节目专业水准	11.9
基本技术标准	9.5
成长指标	7.1
广告满档率	4.8
占有率点成本	2.4
负载率点成本	0.0
受众期待度	0.0
受众重叠度	0.0
受众主动性	0.0

图 13-12 节目评估所采用的指标排名（单位：百分比）[1]

3. 节目客体评估体系中的成本指标测量方法

（1）计算节目的实际投入产出比。

① 计算实际投入产出比。

对于成本核算制度比较完善的广播电视机构，若节目评估工作人员能够直接便利地获得节目的生产成本，以及节目播出后所获得总收益（主要包括广告收入、市场发行收入）的具体数值，则按照投入产出比的计算公式，节目总收益除以节目生产成本，即得节目评估时所用的成本指标。投入产出比计算公式如下：

---

[1] 资料来源：2007 年 7 月 26 日"中国广播电视节目评估体系理论、实践与应用研讨会"问卷调查。

某节目投入产出比=节目总收益／节目生产成本

根据上述公式计算出的节目投入产出比是一个比值的形式，比值越大，在一定成本投入下，节目所产出的效益越高。以表13-10为例，假设某台一共九档自办节目，根据这九档节目的投入（即节目生产成本）和产出数据，计算得出各档节目的投入产出比。从表中可以看出节目9的投入产出比最大，说明该节目在成本指标上的表现最好，即与其他节目相比，在相同生产成本下，节目9能为广播电视机构带来更多的收益。

表13-10　广播电视机构成本核算表

节目	投入	产出	投入产出比	成本指标效用得分
1	25465.96	1824.62	0.07	1.65
2	5961.81	15884.01	2.66	61.47
3	27271.88	3210.33	0.12	2.72
4	3451.86	5014.07	1.45	33.51
5	7067.38	19535.37	2.76	63.77
6	25114.00	13187.27	0.53	12.11
7	20938.28	8487.68	0.41	9.35
8	21235.88	23833.67	1.12	25.89
9	3884.44	16837.35	4.33	100.00

② 成本指标标准化处理。

为便于成本指标与视听率、满意度以及主观评价指标相融合，共同纳入节目综合评估体系，在实际操作中，评估人员需对投入产出比数值进行标准化处理。实际工作中，可以采用比例评分法，把每个节目的投入产出比数值进行简单线性转换，该线性转换可以通过图形也可以通过数学方法来完成。在此，我们采用数学公式对成本指标的投入产出比值进行标准化处理，计算成本指标的标准化得分，公式如下：

$$U_{(x)} = （x-最低值）\times 100 / （最高值-最低值）$$

以表13-10数据为例，我们假设"点成本"指标标准化得分的最高分为100分，最低分为0分。上述公式中的x指代各档节目的投入产出比数值，最高值是各档节目投入产出比的最大值，最低值为0。将表中的第四列数据"投入产出比"的数值分别带入上式，即可算得九档节目的成本指标效用得分，即上表的第五列数据。根据第五列"成本指标效用得分"我们就可以将成本指标与视听率、满意度、主观评价指标结合起来对节目进行综合评估。

③ 直接计算节目投入产出比的局限性。

上述计算节目投入产出比的方法不仅简单易行，而且也很容易理解，同时指标的标准化处理也能得到绝大多数节目评估人员的认可。但在实际的操作过程中，由于台内成本核算、成本控制制度的不完善，以及节目产出数据的不易获得性等，迫于各种条件限制，很多时候评估人员根本无法得到精确的节目投入产出数据。而考虑到成本指标在节目评估中的重要地位，以及为了保证节目评估实施的客观性、科学性、全面性，许多广播电视机构又不得不将成本作为节目评估的参考指标。

迫于以上两难境遇的限制，如果强行把一个数据模糊的投入产出比纳入节目评估体系中，又势必给节目综合评估的操作带来诸多不确定性。所以，为了完善节目评估指标体系，增强节目评估的科学性和可操作性，对于那些不能准确得出节目投入产出比的广播电视机构，建议采用下面即将提到的计算"点成本"的方式，即以点成本代替节目实际的投入产出比。

（2）成本指标的折算方法：点成本。

① 广告领域的"点成本"概念。

为了评估同一市场、同一媒体平台的广告成本效益，广告主经常采用的一个指标就是收视点成本（CPRP-Cost Per Rating Point）。收视点成本是指广告商投放广告每得到一个收视百分点所需花费的成本。计算公式如下：

$$收视点成本 = 广告成本 / 所得总收视点$$

在投放评估中，收视点成本是衡量一个栏目投放效益的重要指标。

② 目前节目评估中所涉及的"点成本"概念。

点成本是对电视台总体节目成本的调控。其内涵是节目单位时间（分钟）每个收视点所耗费的综合成本，计算公式是：

$$点成本 = 节目经费 \div 节目长度 \div 视听率$$

其中节目经费包括节目制作所发生的直接费用和间接费用，直接费用主要有人员经费、制作费用、设备使用费用、办公综合费用等；间接费用主要有电视台办公管理费用、房租水电费用等。当节目经费固定时，如果视听率愈高，点成本就愈低，成本效益就愈好。视听率若低，点成本就高，表示成本高。由此可见，点成本突出的是成本优势，它的计算不是节目经费越少越好，视听率亦是其中一个核心的因素。表面上经费少，但若没有视听率仍然是成本的极大浪费，而经费投入可能多，但只要与视听率的比率适合，其创造的市场价值将是巨大的。点成本的功能和作用是通过对收视效果的重视，科学地将广播电视机构的相对优势突现出来，促使广电机构明确自己的成本优势，树立并全力打造优势栏目以巩固自己在市场竞争中的地位并取得利润的最大化。[①]

除此之外，湖南卫视的节目评估体系中，其栏目评估层面的五个指标中有一个指标就是点成本。湖南卫视对点成本的定义是：指栏目取得一个收视点需要投入的成本数。该点成本评价指标把栏目视听率与栏目制作成本联系起来，构成一个互动的评价指标，不仅对栏目有明确的收视要求，也对制作成本提出了一定的控制要求。

③ 节目客体评估体系对点成本的界定。

为了能更为合理、更为客观地衡量节目的投入产出比，使成本指标纳入节目评估更具可操作性，我们借用目前各广播电视机构应用比较广泛的"点成本"概念，在节目实际投入产出数据不明确的前提下，计算出一个替代性的投入产出比得分。在此，我们把点成本看作节目投入产出比的替代值。与目前现有的点成本概念所不同的是，节目客体评估体系中的点成本是一个比值的概念。其计算公式如下：

$$\text{点成本指标} = \frac{\text{节目视听率} / \text{所有被评价节目的平均视听率}}{\text{节目每分钟实际成本} / \text{所有被评价节目每分钟的平均成本}}$$

上述公式中，我们把视听率作为节目产出的替代值，即以节目视听率除以所有被评价节目的平均视听率得到节目产出的替代值。以节目的每分钟实际成本除以所有被评价节目每分钟的平均成本得到节目投入的替代值。

经各方研究证明，视听率指标是对节目收视情况的良好反馈，能在一定程度上反映节目的传播质量和传播效果。虽然视听率具体能在多大程度上代替节目的产出尚无法验证，但从一般趋势来看，节目的制作成本和节目产出成线性正比例关系，所以，在无法获得栏目的产出数据的情况下，借用视听率指标来代替产出或许是一种可行的办法。

考虑到各广播电视机构节目成本核算一般以月为周期，所以，上述公式的节目"所有被评价节目每分钟的平均成本"是通过计算所有节目一个月的投入成本

[①] 牛鸿英，高震. 节目管理体系改革与"点成本"考核[J]. 中国广播影视，2005（06）.

与所有被评价节目一个月的播出分钟数获得的。

④举例说明点成本的计算方法。

为了详细说明点成本的计算方法，以表13-11数据为例。

表13-11　点成本计算方法

节目编号	节目分钟视听率	所有被评价节目的平均视听率	节目每分钟实际成本（万元）	所有被评价节目每分钟的平均成本	点成本（投入产出比替代值）	标准得分	成本得分排名
1	5.29	16.05	0.03	0.03	354.43	0.08	9
2	27.61	16.05	0.05	0.03	1109.91	0.24	6
3	23.34	16.05	0.01	0.03	4691.28	1.00	1
4	0.10	16.05	0.03	0.03	6.70	0.00	10
5	11.14	16.05	0.04	0.03	559.78	0.12	8
6	19.10	16.05	0.03	0.03	1279.68	0.27	5
7	24.93	16.05	0.03	0.03	1670.29	0.36	3
8	14.26	16.05	0.04	0.03	716.56	0.15	7
9	8.34	16.05	0.01	0.03	1676.32	0.36	2
10	26.38	16.05	0.04	0.03	1325.58	0.28	4

【参评周期】一个月

【参评节目】某电视台十档自办节目，编号1至10

【可获得的参评数据】

"十档节目的视听率"此数据可从视听率调查公司直接得到；

"所有被评价节目的平均视听率"即十档节目的平均视听率；

"节目每分钟实际成本"根据台内成本核算，以一个月为周期，以节目月投入（单位：万元）除以该节目月播出总分钟数；

"所有被评价节目每分钟的平均成本"即十档节目的平均分钟成本。

【方法】

根据下列公式：

$$\text{点成本指标} = \frac{\text{节目视听率}/\text{所有被评价节目的平均视听率}}{\text{节目每分钟实际成本}/\text{所有被评价节目每分钟的平均成本}}$$

将表13-11中相应数据带入上式，得到十档节目的点成本值，即节目投入产出的替代值。

第三节 客体评估方法体系

一、评估方法概述

根据系统评价理论和评价步骤，在确定评估指标体系之后还需要：对评价指标体系做出进一步的分析和判断，确定其中各大类及各单项指标的权重；进行各单项评价，看评价对象对于各单项的实现程度；在各单项评价的基础上进行综合，得出在某一大类指标上所实现的价值；在各大类指标所实现的价值的基础上进行再综合。

客体评估指标体系确立了经济性指标和社会性指标两大类评估指标，具体包括视听率、投入产出和满意度指标，以及其他定性考察指标等。在确定上述基本评估指标的基础上，还需要确立基本的评估方法，给出评估的具体操作规则。

1. 单指标评估

对于不同的评估指标，首先可以进行单指标评估，看节目在某一项指标上的表现情况。比如单独以视听率指标，看节目的收视规模；或者单纯以满意度指标，看节目在受众中引起的反应；或者单独考察节目的品牌价值、受众构成、广告创收等。

单指标评估可以避开人为设置权重，减少因主观性造成的偏差。对于每种评估结果均以一个评估值来反映，数值的差异能够反映节目的差异程度。但由于不同评估指标的机理相异，同一评估对象得到的很多评估结论之间也往往存在着差异，也就是结论不一致的问题，因此不能够在不同节目之间进行简单横向比较。

单指标评估只能从不同角度反映节目的特征和属性，如果以单指标评估结果"以偏概全"，那就大大违背了评估的本意。所谓的"视听率导向""视听率万恶"，就是犯了以视听率作为唯一的节目评估指标以偏概全的错误。

要解决这些问题，就需要综合考察多个指标的评估结果。

2. 多指标综合评估

系统评价的核心在于进行多指标综合评估。多指标综合评估的实质是组合、互补思想。对事物认识的不完全性来源于事物的复杂性和信息的不完备性，从多个角度组合分析则可以加深对事物的了解。从信息经济学的角度，由于组合利用了更多的信息，因而可以降低信息的不完备性，从而对经济社会现象的认识更贴近现实。[①]

客体评估方法就是将组合思想引入节目评估领域。

第一，通过不同指标的组合，可以达到取长补短的效果。每项指标都各有侧重和缺陷，都不能完整地体现我国广播电视管理者对节目的要求。通过组合，则能够使彼此的缺点得到弥补。

第二，通过不同指标的组合，可以利用更多的信息，多角度、全方位地对节目价值进行考量，全面体现节目的社会效益和经济效益。

第三，通过组合可以有效地消除评价结论的不一致问题，实现不同节目之间的横向比较。

综合评价方法有诸如简单线性加权法、灰色联度评价方法、模糊综合评价法、结合分析（Conjoint Analysis）评价法，等等，这里采用的是最方便也是最稳定的简单线性加权法。

此外，在构建统一的多指标综合评估体系之外，在节目购买以及日常管理中，还应当有对节目特征的其他定量和定性考察，这些评价也属于广义的节目评估范围，具有重要的参考价值，不应忽视。广义的客体评估体系，应当以统一的播后栏目量化考评体系为中心，附带节目播前审核、节目购买中的评估和预测、节目专项评估和考察等；在评估方法上以定量为主、定性为辅，追求评估广度与深度的结合。

二、评估指标的修正与标准化处理

1. 视听率分解与修正

受众每一次的收视／收听行为都是多重因素综合权衡的结果，视听率数据不能直接反映节目质量。使用原始视听率无法按照纵向的时间维度对节目进行前后比较，也无法对不同类型的节目做横向比较。因此需要对原始视听率进行修正，剔除节目质量之外影响视听率的其他因素。

（1）视听率影响因素。

视听率数据不仅与节目本身的质量有关，还受其所在的时段、频道环境、节

---

① 徐强. 简述组合思想[J]. 统计教育，2001（05）.

目类型、目标受众多寡、前后节目拉动或拖后、节目和媒介竞争因素，以及节目播出的技术条件（覆盖率、功率、接收效果）和社会环境（季度、重大事件）等很多因素的影响。这些因素可以视为节目内容的播出环境，也就是影响视听率的环境因素。

对节目评估主题论文所做的内容分析，以及随后进行的广播电视机构问卷调查表明，虽然影响因素有很多，但是分析下来，比较稳定、可信、受到普遍认可的还是时段、类型和频道三个因素。

如图13-13所示，内容分析所调查的论文中，提及次数最多的三个因素依次是时段（提及率为49.0%）、节目类型（39.2%）和频道（29.4%）。

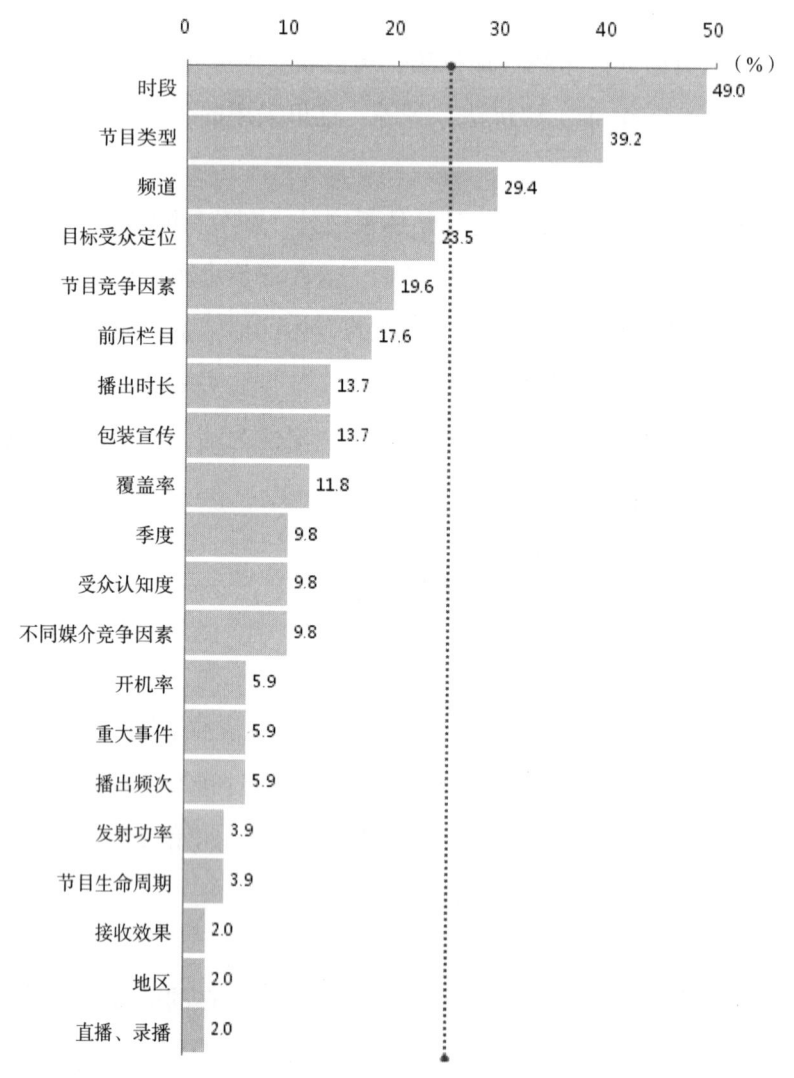

影响因素	百分比 (%)
时段	49.0
节目类型	39.2
频道	29.4
目标受众定位	23.5
节目竞争因素	19.6
前后栏目	17.6
播出时长	13.7
包装宣传	13.7
覆盖率	11.8
季度	9.8
受众认知度	9.8
不同媒介竞争因素	9.8
开机率	5.9
重大事件	5.9
播出频次	5.9
发射功率	3.9
节目生命周期	3.9
接收效果	2.0
地区	2.0
直播、录播	2.0

图13-13 节目评估论文中提及的用于修正视听率的影响因素（单位：百分比）

这一结果在随后进行的问卷调查中得到了进一步验证：调查结果表明，各广播电视机构在进行视听率修正时主要考虑的因素中，排在前三位的依次是时段（97.6%）、频道（73.8%）和节目类型（71.4%）。如图13-14所示。

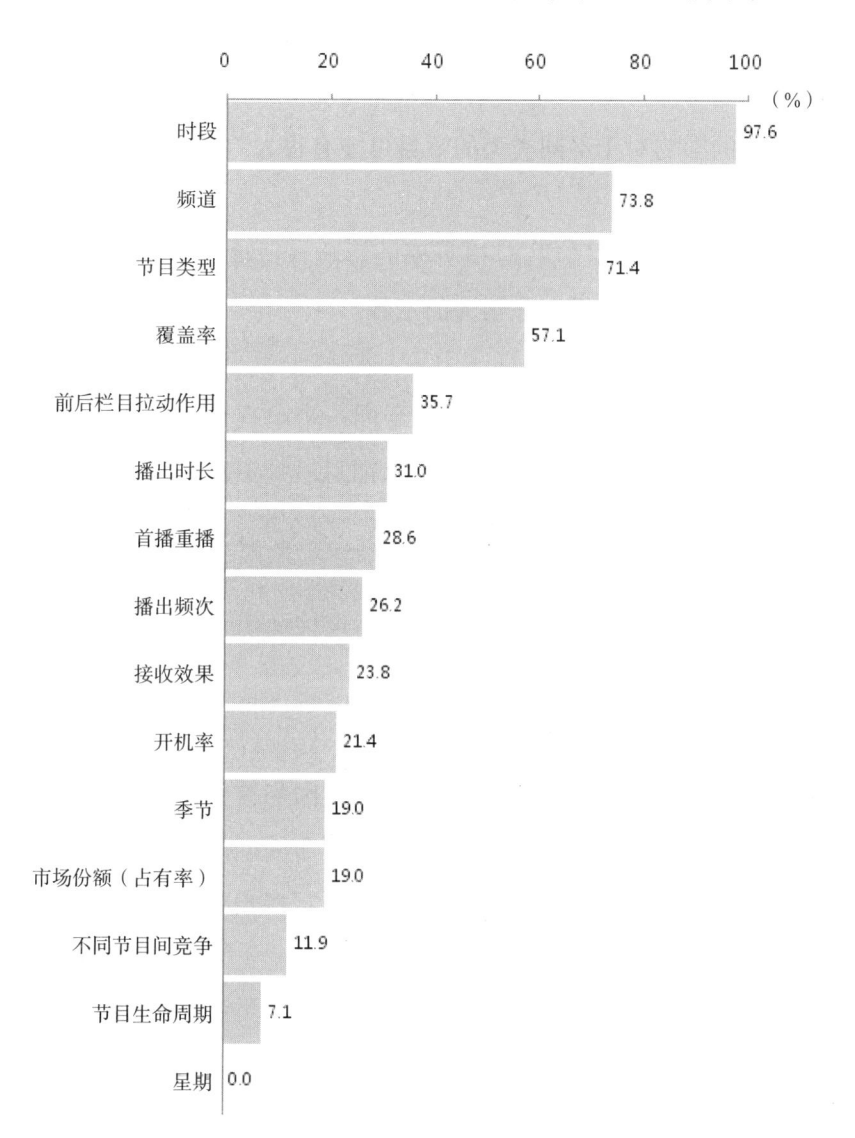

因素	百分比（%）
时段	97.6
频道	73.8
节目类型	71.4
覆盖率	57.1
前后栏目拉动作用	35.7
播出时长	31.0
首播重播	28.6
播出频次	26.2
接收效果	23.8
开机率	21.4
季节	19.0
市场份额（占有率）	19.0
不同节目间竞争	11.9
节目生命周期	7.1
星期	0.0

图13-14　广播电视机构修正视听率应考虑的因素（单位：百分比）

此外，提及率较高的还有目标受众定位、节目竞争因素、前后栏目、播出时长、包装宣传和覆盖率等。但这些因素大多不便于直接作为修正因子。

① 目标受众定位。

也叫做受众对象性。不同类型的节目定位不同，受众规模存在客观的差异，而这种目标受众的差别很难直接用数字来量化，我们认为这一修正应当通过分类

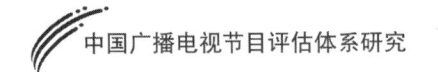

评价来实现。

②节目竞争因素和前后栏目。

竞争因素和前后栏目的影响是比较笼统的影响因素，节目编排千变万化，对于被评价对象的影响有很多种情况，比较难以界定在何种情况下该如何修正。

③播出时长。

时长对视听率的影响对于不同类型的节目可能有很大差别。

④包装宣传。

目前还没有专门针对节目包装对视听率的影响，适度的宣传可能是有效的，但宣传过度又会过犹不及，这里存在很大的变数。

⑤覆盖率。

覆盖率是可以明确得到的数据，但是对于同一个电视台的频道，只有卫视频道和其他频道之间存在覆盖率的差别，也可以把卫星频道的节目与其他频道的分开评价，消除覆盖率带来的差异。

⑥技术条件。

功率、接收效果和社会环境，如季度、重大事件等因素对于同一个台的节目可能都会遇到，没必要逐一修正化。

⑦生命周期。

节目生命周期对视听率的影响比较难以量化。因为首先，生命周期的划分是极具主观性的；其次，节目改版、重组的频繁让生命周期的划分更加困难。生命周期对节目评估的启示主要在于保护新生节目，规定多长时间内的新生节目不参评，或者参评不淘汰。

由此，能够得到确切的修正因子数值的还是时段、类型和频道。下面的视听率修正只纳入了这三个因素，其他因素不再单独考虑。

（2）视听率分解。

这里主要以收视率的分解和修正为分析对象，收听率的分解与修正原理也大致相同。

视听率分解的基本原理，是将节目视听率分解为由节目内生质量因素带来的质量视听率和由频道、时段、类型等因素带来的环境视听率。

$$R = R_e + R_q + \varepsilon_t$$

其中 R 表示实际视听率；R_e 代表环境视听率；R_q 代表质量视听率；ε_t 表示总

误差,包括质量视听率和环境视听率的误差值,也就是其他所有因素对视听率产生的影响。

影响节目的内生质量因素包括节目的创意构思、画面质量、拍摄技巧、主持人表现等,这些是节目质量的本质性元素;频道、时段和节目类型视为节目内容的播出环境,之所以称之为外在环境因素,是因为这与受众的基本生活和收视形态有很大关系。常规状态下,环境因素的影响往往是固定和可测量的。

视听率修正的主旨,就是通过一定的方法测量出频道、时段和类型对视听率的影响值,并据此反转和修正,使占据优势播出环境的节目和处于劣势播出环境的节目[①],能够在同一个平台上公平竞争。

(3)结合分析与视听率修正。

① 结合分析原理。

结合分析(Conjoint Analysis)方法由统计学家 Luckey 和心理学家 Luce 在 1964 年提出,其基本原理是:

假定消费者的选择行为是基于对构成产品/服务的多个属性和水平的偏好判断,如价格高低、颜色深浅、功能多少等;消费者对产品/服务的偏好并不是基于一个因素而是基于几个因素的结合来判断的,这种结合称之为"轮廓"。每一个轮廓由能够描述产品/服务重要特征的属性(Attributes)(基本属性和专有属性)以及赋予每一个属性的不同水平的组合构成。消费者对某一轮廓的偏好可以分解成构成该轮廓的多个属性的偏好得分(Preference Scores),在结合分析中用效用值(Utilities)来描述。

结合分析研究中,研究者给消费者提供由不同属性水平的组合而成的一系列产品卡片,并请消费者做出判断,给产品组合打分或排序。然后,研究者据此采用数理统计的方法对每个属性水平赋值,使赋值结果与消费者的打分尽量保持一致。

简单来说,结合分析是在已知消费者对全轮廓的评价结果(overall evaluations)的基础上,经过分解的方法去估计消费者偏好结构的一种分析法。

受众在选择收看或收听节目的过程中,会从构成节目"产品"的多个属性做出偏好判断,比如节目所在频道、节目类型、播出时段等。根据"需求—效用"理论和"使用与满足"理论,受众会自主选择最能够满足其需求,或者能从中获

---

① "优势"和"劣势"仅针对播出环境对收视率的影响而言,不涉及其他。

得最大效用的节目组合。

基于这一受众收视/听的普遍心理,将引入结合分析(Conjoint)技术,对视听率进行深入分解,然后按频道、类型、播出时段三属性对视听率予以加权修正。

②结合分析分解各属性效用值。

$$R = a + \sum U_{ij}X_{ij} + \varepsilon_t \quad (公式1)$$

(R:实际视听率;a:截距;ε_t:大误差,含质量视听率与环境视听率的误差值)

(U_{ij}:第i个属性,第j个水平的效用值;X_{ij}:指定不同属性水平的哑变量,如果第i个属性的第j个水平出现,则$X_{ij}=1$,否则$X_{ij}=0$)

属性有三个,即频道、时段、类型。

在综合考虑本文的数据特征、研究目的和需求、分析软件的可获得性和实际的可操作性等诸多因素的基础上,本文视听率的分解研究将采用常规结合分析(RCA)模型:

$$Y = a + \sum_{i=1}^{m}\sum_{j=1}^{k_i} b_{ij}X_{ij} \quad (公式2)$$

每一个轮廓的总效用的获取采用加法模式(additive model),把组成某轮廓的每一个属性的效用值相加,就得到该轮廓的总效用。通过计算每一个轮廓的总效用,可以比较受众对不同轮廓(节目组合)的偏好情况。其计算公式为:

$$U_{(x)} = \sum_{i=1}^{m}\sum_{j=1}^{k_i} b_{ij}X_{ij} \quad (公式3)$$

相对属性重要性(relative importance weights):其估计值用于描述受众在进行选择的过程中,各种属性对其选择影响的重要程度,是结合分析中最为重要的数据指标之一,计算公式为:

$$W_j = \frac{Max(v_{ij}) - Min(v_{ij})}{\sum_{j=1}^{j}\left[Max(v_{ij}) - Min(v_{ij})\right]} \times 100\% \quad (公式4)$$

其中:

Y = 全轮廓的偏好得分

$U_{(x)}$ = 某一种轮廓的总效用

W_j = 第j个属性的相对重要性

$Max(v_{ij})$ = 第 i 个属性第 j 个水平的最大效用值

$Min(v_{ij})$ = 第 i 个属性第 j 个水平的最小效用值

a = 截距

m = 属性数

k_i = 第 i 个属性的水平数

b_{ij} = 第 i 个属性（i = 1，2，3，4，……m）第 j 个水平（j = 1，2，3，4，……k_i）的效用值

X_{ij} = 指定不同属性水平的哑变量，如果第 i 个属性的第 j 个水平出现，则 X_{ij} = 1，否则 X_{ij} = 0

③ 视听率修正。

北京电视台有十个频道，则频道属性就有十个水平；

时段按半小时一段，一天分为48段，凌晨大概有2—3个小时不播出节目，实际是42段左右，即时段属性实际大概有43个水平。看节目播出时间在哪一段，就计入哪个时段。

类型：北京电视台的节目分为13种类型。

权重：即各个属性的相对重要性，描述属性对选择的影响程度。由属性的效用值决定。一个属性的效用值越大，就要赋予它越小的权重，使各个节目在同一条水平线上竞争，以达到公平。这就是视听率修正的原理。

2.评估指标的标准化处理

在视听率数据修正完毕之后，需要对各项评估指标进行标准化处理，包括一致化处理和无量纲化处理。

一致化处理就是使评估指标类型统一。节目评估指标体系中有正向（视听率、满意度、主观评价）和逆向（成本）两种指标，前一类指标值"越大越优"，后一类指标值"越小越优"。在进行综合评估之前，必须对指标类型进行一致化处理，比如将成本指标转化为正向型指标。

无量纲化也称指标的规范化，是通过数学变换来消除原始指标单位及数值数量级的影响。在节目综合评估指标体系中，各指标均有不同量纲。比如，视听率是以百分比为单位的，满意度和主观评价原始打分可能是1—10分或1—100分，成本指标若以点成本计算，则是一个比值。因此不同指标的量纲之间不具有可比性，要通过适当的变换，将所有指标统一转化为无量纲的标准化指标。这

样，每个指标就有了实际值和评价值两个数值，一般将标准化后的值称为指标评价值。[①]

在综合评估及其决策分析过程中，指标标准化具有重要作用。指标标准化是进行综合评估的前提和重要环节，也是综合评估结果有效性的保障。

指标标准化的方法是采用相应的函数对不同类型的指标进行处理，常采用线性函数或非线性函数对实际指标值做数学变换。简单的常用方法有极差变换法和线性比例变换法等。

三、客体评估指标的权重分配

对指标体系中的各项指标，必须评估其在评估体系中的相对重要性，赋予适当的权重值，以反映各指标对评估目标的实际影响。

1. 确定权重的基本原则

第一，权重分配应广泛听取各方面的意见。为使权重分配尽量合理，应当广泛征求各方面的意见，避免轻率处理。如采用德尔菲法，广泛征求专家意见，在反复交换信息的基础上，再进行统计处理和综合归纳，也征求有关部门和用户的意见。

第二，权重的分配方式，应采取从粗到细的给值方式。先粗略地把权重分配到各指标大类，然后再把各大类指标所得的权重分配给各具体指标。这是为了保持各大类指标权重的合理比例，从整体上保持评价指标权重的协调和合理性。

第三，权重的取值范围应尽量便于综合评估值的计算。权重总值一般取1、10、100或1000，可视具体情况而定。

第四，权重设置时考虑的因素不能过多。权重标准是一个参考值而不是决定值，如果考虑的因素太多，因素之间就可能产生交互作用。

2. 确定权重的基本方法

确定权重的方法通常有三类，即主观赋权法、客观赋权法和主客观组合赋权法。

主观赋权又称为"价值量权重"，是请专家凭借自己的丰富知识和经验对问题做出判断，主观给出权重。德尔菲法是一种常用的主观赋权法。主观赋权的优点在于充分吸收了专家经验；缺点在于以人的主观判断为依据，难免包含偏见。为了避免

---

① 叶义成，等.系统综合评价技术及其应用[M].北京：冶金工业出版社，2006：18.

赋权的随意性，遴选专家时应注重专家的知识和经验领域；注意专家本身判断的一致性；增加专家数量；考虑专家的代表性；并给予不同专家不同的权重。[①]

客观赋权又称为"信息量权重"，这种方法根据各指标值的变异程度或指标之间的相关关系来确定指标的重要性，根据实际数据本身提供的信息来确定权重，因而具有绝对的客观性。常用的客观赋权法有变异系数法、多元统计中的主成分分析法、因子分析法等。客观赋权的优点在于不受人为因素干扰；缺点在于样本的变化就可能导致权重的变化，权重不稳定。

组合赋权法是将主观赋权和客观赋权所得的权重再进行组合的方法。主观赋权法体现了指标的价值量（实际意义），客观赋权法体现了指标的信息量（变异和相关），组合赋权旨在实现指标的价值量与信息量统一。常用的组合方法有简单平均、加权平均、归一化方法和最小二乘法。

3. 权重应用的两种原则

对于如何将权重应用于评估指标有两种基本思路，分别称为"加法原则"与"乘法原则"。

加法原则的特点是各影响因子之间呈叠加效应，只要有一项因子达到1即可以实现最佳效果，或者各种因子之和达到1也可以。因此，影响因子越多则对某一个因子的相对要求越低。这种原则叫取长补短、好坏搭配。

乘法原则的各因子之间呈衰减效应，任何一个因子都能导致不良的管理效果。只有所有因子同时达到最佳，才是最佳效果。而只要某一项因子为0，则无论其他因子达到多好的程度，效果也是0。这种原则叫不可或缺或者说一损俱损。

4. 客体评估体系的指标权重

（1）视听率修正权重。

节目评估研究中，对于视听率修正采用的是客观赋权法，根据电台、电视台不同节目的实际视听率差异，分解出频道、时段、类型和播出日期对视听率的影响值，从而对这几个因素加权修正，得到视听率修正值。在应用原则上，视听率修正采用的是乘法原则。

（2）评估指标权重设置。

从实际操作经验来看，各评估指标所占权重大小一般采用主观赋权法来确定。

[①] 陈国宏，等.组合评价及其计算机集成系统研究[M].北京：清华大学出版社，2007：39.

即请多位专家分别给出各指标权重值，结合专家意见和已有实践经验得出一个合适的权重分配方案。

① 经验分配。

根据针对各广播电视机构从业人员的问卷调查，客户评估各评估指标（视听率、满意度、投入产出比）所占权重一般设置为5:3:2，有时候也设置为4:3:3。在实际操作中，各台可以根据自己的需要和经验导向来确定不同权重分配；也可以设定一个系统，使得评估指标的权重分配可调，在系统中经常都会设定缺失值。

② 权重可调。

权变管理理论是系统论在管理学中应用的深化，于20世纪70年代在美国形成。它强调不存在普遍适用于所有环境的原则，对于不同组织的管理应当采取相应的管理模式、方案或方法，这对于节目管理及节目评估的实施，也是有指导意义的。

同时，根据前期针对节目评估论文的内容分析及媒体单位从业人员问卷调研的结果，权重可调的思想为业界所广泛接受。而权重调整的手段，在具体操作中可使用评估软件得到很好的解决。

第四节 客体评估操作体系

一、客体评估指标数据运算规则

前面已就广播电视节目客体评估的各指标进行了详细的阐述，接下来，需要对如何获得节目客体评估的最终数据进行相关说明，尤其需要对数据运算过程中的规则加以界定，以确保电台、电视台及各相关决策机构拿到指标数据和客体评估得分时，可以有效地进行解读和指导下一步的评估管理工作。

下面将利用模拟数据对北京电视台（BTV）的十个栏目进行客体评估，借此过程来展示广播电视节目客体评估的一般流程和具体的运算过程。

客体评估主要指标权重及计算公式如下：

客体评估总得分＝视听率指标×50％＋满意度指标×30％＋投入产出比×20％

1. 视听率指标

表 13-12　参评栏目的视听率原始数据

节目编号	频道	栏目	时段	原始视听率
1	BTV-1	单元剧/连续剧	09:00	0.55
2	BTV-2	兴趣/消闲	10:00	0.40
3	BTV-3	音乐/艺术	11:00	0.12
4	BTV-4	单元剧/连续剧	20:00	4.26
5	BTV-5	新闻/时事	08:30	0.08
6	BTV-6	体育	12:30	0.23
7	BTV-7	访谈/谈话	16:00	0.30
8	BTV-8	青少年	08:00	0.05
9	BTV-9	教育/资讯	11:00	0.24
10	BTV-10	动画片	17:30	0.84

电视台会定期从媒介调查机构获得节目的视听率，在这里我们称之为原始视听率（未经过处理），原始视听率的数量较大而且不宜进行直接的横向比较。为了更好地描述和展现数据之间的关系和客体评估的流程，如表 13-12 所示，本章节模拟了北京电视台的十个参评栏目，这十个栏目分别来自不同的频道，均为自办栏目（电视剧为电视台投资拍摄，属自办栏目）。

如表 13-12 所示，十个栏目来自不同的时段和不同的频道，当然视听率也各不相同，但我们不能单纯从视听率的高低来判断节目的优劣和传播效果的好坏，也就是说不能拿着原始视听率直接进行横向比较，因为各栏目先天的资源优势不尽相同。优势频道和黄金时段一般会获得相对较高的视听率，这与其所占据的资源优势不无关系，这种先天的优势有时候可能产生重要的影响。因此，为了实现科学而公正的评估和比较，我们需要对原始视听率进行修正，剔除由于资源优势所获得的收视成分，从而使得来自不同频道和不同时段的节目可以站在同样的起点进行比较。

影响视听率的因素有很多，例如：频道、时段、类型、播出方式、播出时长、首播重播等，这些都会对一个栏目的视听率产生影响。在上述诸多影响因素中，栏目播出的频道、时段和类型无疑是最大的影响因素，这一点我们可以结合该电视台视听率的历史数据，通过结合分析（conjoint analysis）的方法，测量出各因素的影响权重（效用值），也就是这三个影响因素各自的重要性。如表 13-13 所示。

我们这里采用了视听率的分解技术（前文有详细论述），将原始视听率分解为环境视听率和质量视听率。所谓环境视听率是指一个栏目凭借自身所占据的资源优势所获得的那部分视听率。在此，有一个形象的比喻，即在某个频道的某个时段内，在电视上扔一张白纸（空窗）都能获得的视听率就是"环境视听率"。原始视听率减去环境视听率就是该节目的原始质量视听率（由于栏目本身质量的好坏而获得的视听率）。

原始视听率＝环境视听率＋质量视听率

环境影响指数＝各个属性在某一水平的效用值相加求和

$$Y = a + \sum_{i=1}^{m}\sum_{j=1}^{k_i} b_{ij} X_{ij}$$

表 13-13　频道、时段和类型的效用值与修正系数

节目编号	频道	栏目	时段	原始视听率	频道效用值	时段效用值	类型效用值	修正系数
1	BTV-1	单元剧/连续剧	09：00	0.55	0.73	-0.43	0.60	0.41
2	BTV-2	兴趣/消闲	10：00	0.40	0.40	-0.31	0.02	0.90
3	BTV-3	音乐/艺术	11：00	0.12	0.20	-0.24	-0.32	1.43
4	BTV-4	单元剧/连续剧	20：00	4.26	-0.03	0.80	0.60	0.25
5	BTV-5	新闻/时事	08：30	0.08	-0.45	-0.39	0.80	1.04
6	BTV-6	体育	12：30	0.23	-0.52	0.48	0.35	0.73
7	BTV-7	访谈/谈话	16：00	0.30	0.17	-0.30	-0.16	1.34
8	BTV-8	青少年	08：00	0.05	0.02	-0.51	-0.20	1.99
9	BTV-9	教育/资讯	11：00	0.24	-0.63	-0.24	-0.10	2.64
10	BTV-10	动画片	17：30	0.84	0.13	0.30	-0.22	0.81

在获得栏目影响因素的效用值的基础上得到各个栏目的修正系数后，接下来我们就可以对视听率进行修正了，具体修正的方法如下：

环境视听率 × 修正系数＝环境视听率修正值

环境视听率修正值＋质量视听率＝修正后的视听率

$$\text{修正系数}\quad W_0 = \sum_{k=1}^{k=n} \frac{1}{EXP(U_{ki})}\quad （U 为效用值）$$

表 13-14 视听率修正

节目编号	原始视听率	频道效用值	时段效用值	类型效用值	修正系数	环境视听率	环境视听率修正值	质量视听率	修正后视听率
1	0.55	0.73	-0.43	0.60	0.41	0.90	0.37	-0.35	0.02
2	0.40	0.40	-0.31	0.02	0.90	0.11	0.10	0.29	0.39
3	0.12	0.20	-0.24	-0.32	1.43	-0.36	-0.52	0.48	-0.03
4	4.26	-0.03	0.80	0.60	0.25	1.37	0.35	2.89	3.24
5	0.08	-0.45	-0.39	0.80	1.04	-0.04	-0.04	0.12	0.08
6	0.23	-0.52	0.48	0.35	0.73	0.31	0.23	-0.08	0.15
7	0.30	0.17	-0.30	-0.16	1.34	-0.29	-0.39	0.59	0.20
8	0.05	0.02	-0.51	-0.20	1.99	-0.69	-1.38	0.74	-0.64
9	0.24	-0.63	-0.24	-0.10	2.64	-0.97	-2.56	1.21	-1.35
10	0.84	0.13	0.30	-0.22	0.81	0.21	0.17	0.63	0.80

获得了修正后的视听率，我们要对其进行百分制的指标化运算，最后乘以视听率的权重得出最后的得分。得分有正负，这里的正负并不代表真实数值而是用于表现各参评栏目之间的相对差别。如表13-15所示。

表 13-15 视听率指标得分

节目编号	修正后的视听率	指标化	权重	视听率指标得分
1	0.02	0.55	0.50	0.28
2	0.39	12.01	0.50	6.00
3	-0.03	-1.04	0.50	-0.52
4	3.24	100.00	0.50	50.00
5	0.08	2.52	0.50	1.26
6	0.15	4.66	0.50	2.33
7	0.20	6.11	0.50	3.06
8	-0.64	-19.78	0.50	-9.89
9	-1.35	-41.66	0.50	-20.83
10	0.80	24.58	0.50	12.29

2. 满意度指标

满意度指标也是客体评估的重要组成部分，由于满意度的调查周期较长，电视台通常是一个月甚至三个月调查一次，本章节按照每月调查一次进行模拟，满分为10分，具体的量表和方法在前面的满意度部分已经详细论述过，在此不再赘述。

表 13-16　栏目满意度指标

节目编号	频道	满意度得分	满意度指标	权重	最后得分
1	BTV-1	7	73	30%	22
2	BTV-2	4	41	30%	12
3	BTV-3	2	17	30%	5
4	BTV-4	9	99	30%	30
5	BTV-5	9	100	30%	30
6	BTV-6	5	52	30%	16
7	BTV-7	8	92	30%	28
8	BTV-8	5	55	30%	17
9	BTV-9	4	41	30%	12
10	BTV-10	4	46	30%	14

3. 成本指标

表 13-17 所示为成本指标的计算方法（投入产出比），具体的运算方法和计算过程，我们已经在前面的章节中进行过详细的介绍，在此不再赘述。

表 13-17-1　栏目成本指标

节目编号	月平均视听率（%）	栏目时长（分钟）	频次	栏目月时长（分钟）
1	0.55	40	5	200
2	0.40	15	2	30
3	0.12	30	5	150
4	4.26	40	5	200
5	0.08	30	7	210
6	0.23	25	1	25
7	0.30	35	2	70
8	0.05	20	1	20
9	0.24	15	5	75
10	0.84	25	7	175

表 13-17-2　成本指标得分

月投入（万元）	每分钟成本	每分钟产出	成本指标	投入产出比指标	最后得分(20%)
40	0.20	0.01	0.07	11.34	2.27
8	0.27	0.03	0.10	16.44	3.29
20	0.13	0.00	0.03	5.02	1.00
35	0.18	0.11	0.61	100.00	20.00
31	0.15	0.00	0.02	3.09	0.62
10	0.40	0.01	0.02	3.84	0.77
27	0.39	0.01	0.02	3.60	0.72
5	0.25	0.00	0.01	1.49	0.30
13	0.17	0.02	0.09	15.22	3.04
11	0.06	0.03	0.53	87.38	17.48

表 13-18　客体评估最终排名模拟

节目编号	视听率	满意度	投入产出比	总得分	综合排名
1	0.28	22	4.38	26.58	5
2	6.00	12	2.45	20.68	7
3	-0.52	5	1.04	5.71	9
4	50.00	30	5.92	85.52	1
5	1.26	30	6.00	37.26	2
6	2.33	16	3.11	20.97	6
7	3.06	28	5.54	36.28	3
8	-9.89	17	3.31	9.97	8
9	-20.83	12	2.44	-6.20	10
10	12.29	14	2.75	28.80	4

将三部分的得分相加求和，得到的便是客体评估的最后得分，这个分值表现的是各参评节目之间的相对位置和排名关系。从表 13-18 中我们可以发现，节目 4 凭借自己突出的表现获得了不错的视听率、满意度和效益，因此在最后的评比中，力拔头筹。

我们除了可以对数据进行表面的解读之外，还可以对评估的结果进行有效的利用，服务于电台、电视台的日常管理和长远规划。

- 结合评估数据，设立警戒线

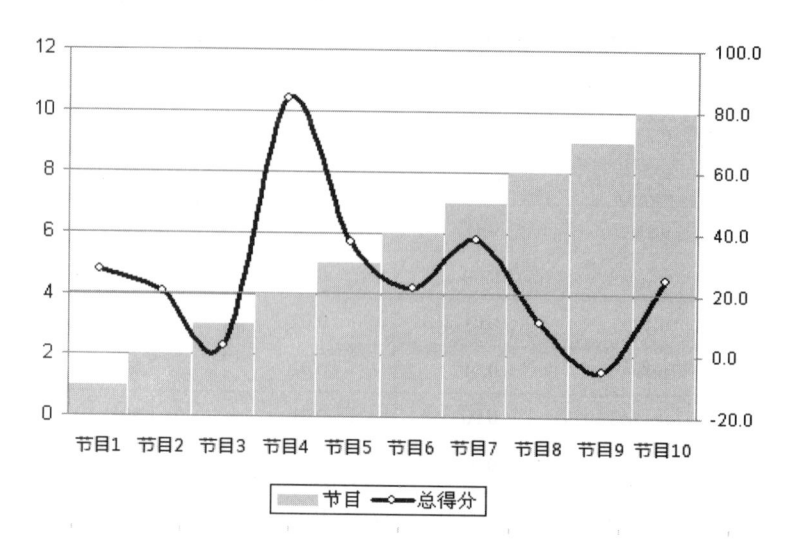

图 13-15　某电视台一月份参评节目客体评估总得分

假若规定总得分在 20 分以下的栏目会进入警戒范围，那么结合图 13-15 我们会发现节目 3、节目 8 和节目 9 由于总得分低于 20 而进入警戒区域，这个时候需要对这三个节目提出警示，要求在一定期限内做出调整。

- 通过数据预警，及时发现节目存在的问题

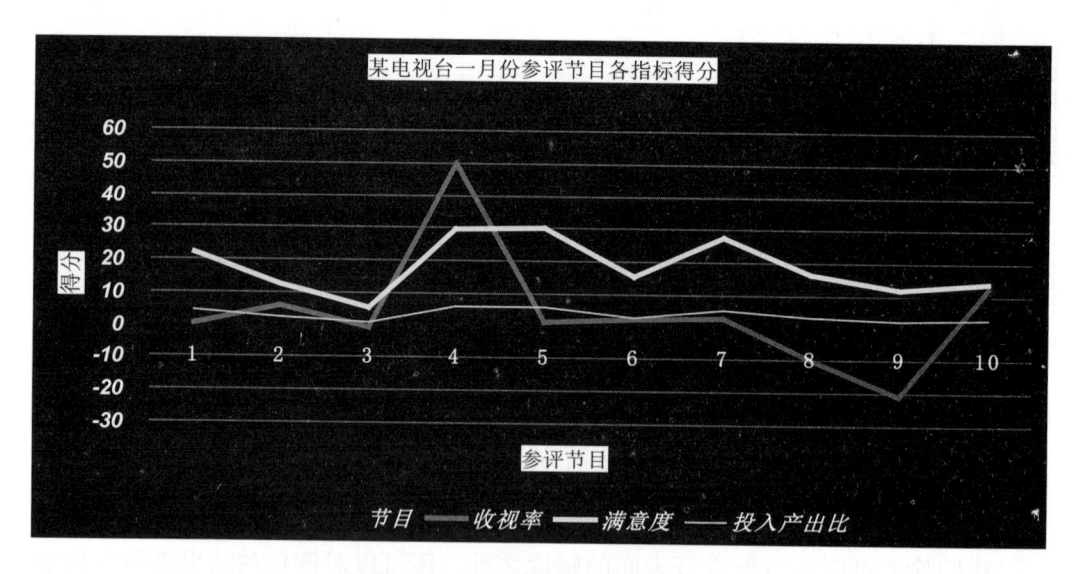

图 13-16　参评节目各指标得分

通过设立警戒线，我们可以及时发现哪些节目遇到了哪方面的问题或困境，也就是说要给这些存在问题的节目进行会诊，发现问题的症结所在。如图 13-16

所示，我们以排在最后的节目 9 为例，该节目的视听率很低，投入产出比处于一般的位置，满意度得分也并不是最低的。由此可见，该节目的问题出在视听率上，带着问题进一步思考导致低视听率的主要原因是什么，发现问题，找出问题原因所在，从而对症下药地做出相应的调整方案。此外，对数据的深层次挖掘、节目的编排、节目内容和形式的调整、媒体的业绩考核等方面都会发挥重要的作用。

二、客体评估的软件操作

对于节目客户评估来说，由于涉及大量的指标运算及数据展现，非常有必要开发智能、易用的节目评估软件系统，并能实现与媒体现有视听率分析软件的无缝衔接，让评估结果切实地展现在节目管理者面前，辅助决策以及开展各项相关工作。

根据广电媒体现实业务需求及其拥有的资源，本研究设计的客体评估软件系统包括以下模块，其中，视听率、投入产出、主观评价以及综合评价模块是整个系统的核心部分。

- 栏目视听率分析模块
- 栏目视听率排名模块
- 投入产出分析模块
- 主观评价分析模块
- 电视节目综合评价分析模块
- 单一栏目指标测算模块
- 目标管理评估模块
- 收视份额预测模块
- 报表系统

（1）视听率分析模块。

本系统的视听率分析模块依托索福瑞的 infosys 或 AC 尼尔森的 tecelope 提供的基础视听率和各种指标，通过开发各种算法和模型对基础视听率数据进行深入的分析、挖掘和展现。如图 13-17 所示。

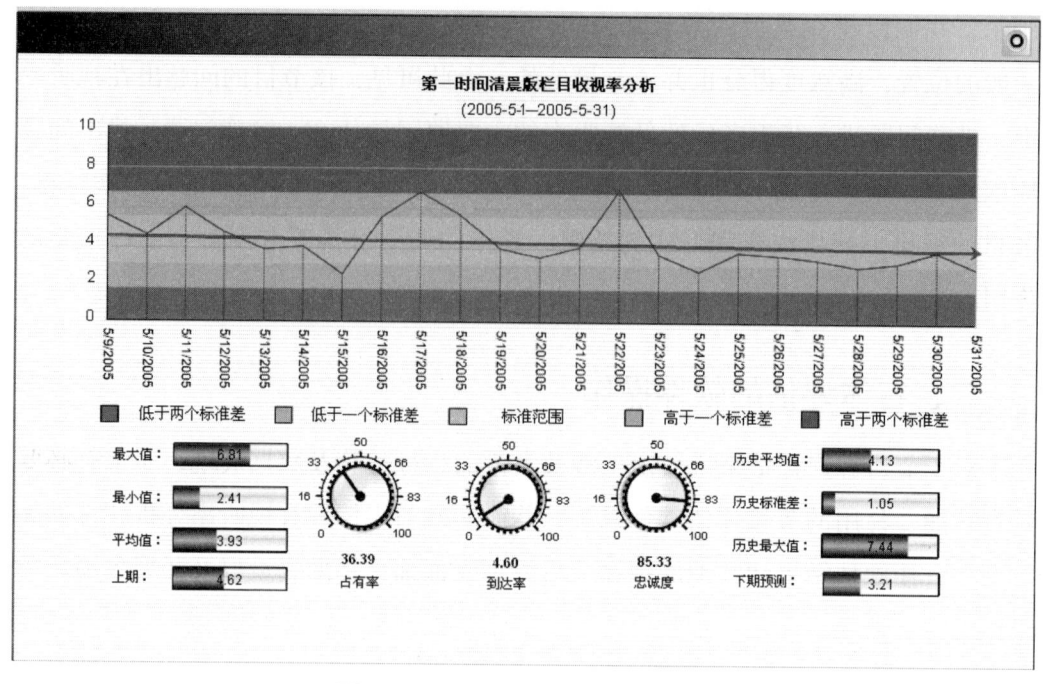

图 13-17 视听率功能模块界面示意

模块功能：

- 呈现当期和历史视听率数据；
- 多指标和单指标的电视节目视听率表现排名（周期：日、月、季、年）；
- 多指标和单指标的电视节目视听率走势预测；
- 多指标和单指标的电视节目视听率表现预警；
- 由数据驱动的时段、节目类型、频道基准视听率价值分析。

模块参数说明：

- 占有率：收视占有率的简称，是指特定时间段内收看某一栏目的人数占打开电视机总人数的百分比。占有率针对实际打开电视机的观众，了解其中某一栏目观众所占的份额，它更能表明一档节目在视听市场上的竞争力和受欢迎程度。
- 到达率：指在特定时段内，收看过某一栏目的不重复的观众人数占观众总数的百分比。
- 忠诚度：指观众对某个栏目的忠实程度、持久性和变动情况。在本系统中，忠诚度=视听率/到达率
- 最大值：目标栏目在评估起始时间到截止时间段内视听率最大值。
- 最小值：目标栏目在评估起始时间到截止时间段内视听率最小值。

- 平均值：目标栏目在评估起始时间到截止时间段内视听率平均值。
- 上期：与用户指定周期相同的上个时段内的视听率平均值。
- 历史平均值：所有的节目视听率历史值的平均数。
- 历史标准差：所有的节目视听率历史值的标准差。
- 历史最大值：所有的节目视听率历史值的最大值。
- 下期预测：根据历史数据视听率的平均值得出的下期视听率的预测值。
- 频道系数：比较不同频道对观众收视的影响，通过历史数据回归得出。
- 类别系数：比较不同节目类型对观众收视的影响，通过历史数据回归得出。
- 时段系数：比较不同时段观众的开机状况，通过历史数据回归得出。

（备注：各项指标可根据电台、电视台实际应用需求增减。）

（2）视听率排名模块。

视听率排名模块将会提供全台栏目按视听率、到达率、忠诚度、市场份额组合的排名表，通过它，可以方便地对各栏目数据进行全方位的考察。如图13-18所示。

图13-18 视听率排名界面示意

模块参数：

■ 到达率：指在特定时段内，收听、收看过某一栏目的不重复的受众人数占受众总数的百分比。

■ 忠诚度：指观众对某个栏目的忠实程度、持久性和变动情况。在本系统中，忠诚度＝视听率／到达率

■ 上期：与用户指定周期相同的上个时段内的视听率平均值。

（3）投入产出分析模块。

投入产出分析模块专门指对栏目投入的费用与产出效益的分析，包括单一栏目的纵向比较，以及栏目之间的横向比较。

该模块主要表现在两个方面：第一是呈现每个栏目的投入费用与产出收益，进行栏目内在时间轴上的纵向比较，以及栏目间的横向比较。第二是将投入产出比放到综合评价系统中，作为节目综合排名的重要指标。

由于各家媒体的情况不同，台内对投入产出的计算也有不同看法，本系统将提供电视节目投入产出分析的参考模型，实际操作中还要依具体情况而定。如图13-19 所示。

图 13-19　投入产出模块界面示意

模块参数：

■ 投入数额：该栏目的总投入金额

- 每分钟投入：目标栏目的每分钟投入金额
- 每分钟投入＝总的投入值 / 时长 × 播出期数
- 产出数额：目标栏目的总产出金额
- 每分钟产出：目标栏目的每分钟产出金额
- 每分钟产出＝总的产出值 / 时长 × 播出期数
- 投入产出比：目标栏目产出与投入的比值
- 比值＝总产出金额 / 总投入金额
- 总投入：投入金额的历史值之和
- 总产出：产出金额的历史值之和
- 总投入产出比＝总产出金额的历史值之和 / 总投入金额的历史值之和

第十四章　广播电视节目综合评估概说

中国广播电视节目评估体系的核心内容，包括"分类方法""主体评估""客体评估"三个部分。同时，根据广电媒体实际管理需要，既可以独立进行"主体评估"和"客体评估"，也可以通过对"主体评估"和"客体评估"结果的加权计算，实现综合评估。

第一节　设计评估权重

首先，根据权重可调的原则，设计节目评估权重。节目综合评估分值计算宜采用加法原则，即当对每个评估对象的综合得分进行评估排序时，采用简单线性加权综合评估法，这是一种简明易用又比较稳定的评估方法。

其次，根据权变管理原则，如权重总值一般取10，则"主体评估"与"客体评估"权重可以为3∶7，或4∶6，或2∶8，等等。

第二节　开发综合评估软件

为了使综合评估操作更高效、便捷，需要采用专业设计的评估软件来实现评估工作，并使节目评估的结果可以同步实现。要通过对客体评估软件的优化，设计综合评估系统。综合评估软件的开发应遵循以下设计原则。

一、操作简便

软件界面各类节目和各评估指标可以一目了然地呈现给评估者，以最大限度地节省操作时间成本。如采用鼠标点击或滑动条来实现打分，而不必手动输入分值等更人性化的设计。

二、界面清新美观

通过对客体评估软件的优化，使评分者在全程使用过程中，可以获得愉悦的使用体验，最大限度减少操作疲劳感。

三、开放系统设计

软件设计同时还需要考虑到未来节目类别的变化，以及新的评估指标的调整，为软件预留进一步优化的空间，如下图所示。

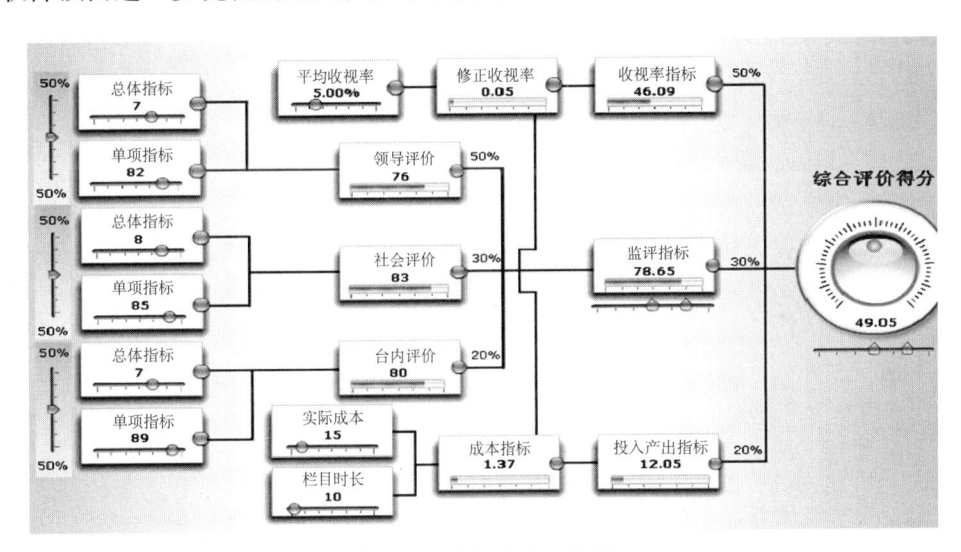

节目综合评估软件示意图

附　录

附录1　中国广播电视节目评估体系研究问卷调查说明

1.问卷调查目的：为了获得各级电台、电视台在节目评估工作方面的基本情况，以及对建立节目评估体系行业标准的评价与期望。

2.问卷调查设计：考虑到全国性媒介调查回收率普遍较低这个现实，本次调查针对全国31个省、自治区、直辖市地市级以上（包括地市级）城市的电视台和广播电台进行了问卷普查。同时也考虑到节目制、编、播、审各个环节的实际差异，采用了"节目管理者"和"节目运作者（员工）"两份调查问卷。

3.样本量：实际发出"节目管理者"问卷550份，回收问卷69份，有效问卷67份。回收率12.2%。实际发出"节目运作者（员工）"问卷6750份，回收有效问卷828份，回收率12.3%。参照2003年"中国广电行业人才战略规划研究"问卷调查的结果（单位问卷回收率13%，职工问卷回收率12%），本次调查回收率符合全国性广电媒介调查的现实，是一个可以接受的结果。

（1）有效问卷67份分别来自以下单位（指管理者问卷）：

省级或以上电台6家：湖北人民广播电台、宁夏人民广播电台、浙江人民广播电视电台、西藏人民广播电台、江西人民广播电台、中央人民广播电台

省级或以上电视台5家：陕西省电视台、青海省电视台、辽宁省电视台、北京电视台、中央电视台

市级电台 25 家：内蒙古包头人民广播电台、吉林四平人民广播电台、黑龙江齐齐哈尔人民广播电台、湖南怀化人民广播电台、广西玉林人民广播电台、广西桂林人民广播电台、江苏连云港人民广播电台、山东青岛人民广播电台、山东济宁人民广播电台、广东惠州人民广播电台、河北张家口人民广播电台、陕西宝鸡人民广播电台、浙江台州人民广播电台、湖北楚天人民广播电台、山东临沂人民广播电台、江西吉安人民广播电台、内蒙古呼和浩特人民广播电台、四川成都人民广播电台、辽宁丹东人民广播电台、辽宁铁岭人民广播电台、辽宁营口人民广播电台、辽宁大连人民广播电台、黑龙江双鸭山人民广播电台、福建漳州人民广播电台、黑龙江大庆人民广播电台

市级电视台 27 家：广东韶关电视台、内蒙古鄂尔多斯电视台、陕西汉中电视台、广东汕头电视台、湖北咸宁电视台、陕西安康电视台、江西鹰潭电视台、四川绵阳广播电视中心、浙江嘉兴电视台、湖北荆门电视台、陕西商洛电视台、广东揭阳电视台、江苏南京广电集团、山东菏泽电视台、福州广播影视集团、广东深圳电视台、河南平顶山广播电视局、四川乐山电视台、湖北武汉电视台、山东威海广播电视台、甘肃兰州电视台、四川成都电视台、内蒙古赤峰电视台、江苏宿迁电视台、甘肃天水广播电视台、河南焦作广播电视局、辽宁沈阳电视台

（2）回收问卷省、市级分布情况（指管理者问卷）：

表 1　回收问卷省、市级分布情况

	样本量	占回收样本总量比例	占抽样总体比例
省级或以上电台	6	8.96%	19.40%
省级或以上电视台	5	7.46%	16.20%
市级电台	27	40.30%	10.40%
市级电视台	29	43.28%	11.20%
总计	67	100.00%	/

其中，回收的 6 个省级或以上（包括中央人民广播电台）电台问卷占省级以上 31 个电台抽样总体的 19.4%，5 个省级或以上（包括中央电视台）电视台问卷占省级以上 31 个电视台抽样总体的 16.2% 左右。

回收的 25 个市级电台问卷占市级 241 个电台抽样总体的 10.4%，27 个市级电视台问卷占市级 240 个电视台抽样总体的 11.2% 左右。

总的来说，省级或以上台的比例高于市级台，而电台（33 个）与电视台（34

个）之间比例则基本接近1∶1。

（3）回收问卷地区分布情况（指管理者问卷）：

表2　回收问卷地区分布情况

地区	样本量	占回收样本总量比例
东部地区	28	41.8%
西部地区	23	34.3%
中部地区	16	23.9%
总计	67	100.0%

东部地区：山东、广东、辽宁、江苏、浙江、福建、北京、上海、天津、海南

中部地区：黑龙江、吉林、河北、河南、山西、安徽、江西、湖北、湖南

西部地区：内蒙古、新疆、宁夏、陕西、甘肃、青海、重庆、四川、广西、云南、贵州、西藏

（分类以各地区经济实力为准）

其中，回收问卷最多的来自东部地区，有28份，占样本总量的41.8%，其次为西部地区，有23份，占34.3%；中部地区有16份，占23.9%。

总的来说，回收问卷样本在地域分布、经济分布及媒体类别上较好地代表了要研究的各级电台、电视台这一总体，因此对统计结果近似地按照概率抽样原则来推断。

附录2 "普利策新闻奖"简介

"普利策奖"由约瑟夫·普利策（Joseph Pulitzer）设置，自1917年开始，在每年4月中旬公布，5月下旬颁奖，距今90年的历史。其授奖对象包括：小说、戏剧、诗歌、音乐、历史、传记、非小说类纪实文学著作以及新闻。其中，新闻奖是普利策奖中最重要的奖项，被世界公认为美国新闻最高奖。

"普利策新闻奖"全部授予纸质媒体，共设14个奖项：公众服务报道奖（Public Service）、突发性新闻报道奖（Breaking News Reporting）、调查报道奖（Investigative Reporting）、深度报道奖（Explanatory Reporting）、独家报道奖（Beat Reporting）、国内新闻报道奖（National Reporting）、国际新闻报道奖（International Reporting）、新闻特写奖（Feature Writing）、新闻评论奖（Commentary）、文艺批评奖（Criticism）、社论写作奖（Editorial Writing）、社论性漫画奖（Editorial Cartooning）、突发性新闻摄影奖（Breaking News Photography）和特写摄影奖（Feature Photography）。

"普利策新闻奖"的评选一般持续一年。每年的2月1日，哥伦比亚大学新闻学院评奖办公室开始接受作品申报（如2004年共收到1423件）。评奖小组将在一个半月时间内挑选出每个奖项的提名（每个奖项有3个提名）。在3月上旬，由77位作家、出版者组成的评委团将评判14个新闻奖项的作品。每个评奖小组由7名成员组成。评委们将集中工作3天，评审每一件作品，并对作品进行提名。其中，公众服务报道奖、社论性漫画奖和特写摄影奖的展示作品限制在20篇以内，而新闻特写奖则必须少于5篇。在图片方面，一个独立评奖小组将同时评选突发性新闻报道奖和新闻特写奖。随着计算机修改照片技术的发展，委员会于1995年规定"任何内容经过处理或改动的作品，除了惯常的报纸裁剪和编辑之外，将不予接受"。在字数方面，"普利策新闻奖"对获奖作品皆没有字数限制。

在奖励办法方面，"普利策新闻奖"每届会向公众公开具体的奖金数目和奖学金办法，其中公众服务报道奖没有奖金，颁发一枚普利策金牌，其他类别的获奖者除证书外，还有于 2004 年提高至 1 万美元的现金奖励。同时，获奖者还可得到向新闻学院教授推荐 4 个奖学金名额，每个名额各提供 5000 美元普利策奖学金。这些奖学金可使 3 名优秀的毕业生旅行、写报告并在国外学习，另一份奖学金颁给一名从事戏剧、音乐、文学、电影或电视评论的毕业生。

附录3 "中国新闻奖"简介

"中国新闻奖"的前身是始于1980年的全国好新闻奖,1991年改为中国新闻奖。由中华全国新闻工作者协会创办,是我国每年一届的综合性的优秀新闻作品最高奖,每年12月颁奖,在全国所有报纸、广播、电视等媒体中评选出特别奖以及一、二、三等奖各若干名。

"中国新闻奖"的奖项分为言论、消息、通讯、系列报道、漫画、副刊、论文等,同时接受报纸、电视、广播等媒体的作品参评。它由中华全国新闻工作者协会作为主评机构。评选机构下设五个组:消息言论组(含新闻摄影、报纸副刊)、报纸系列组(含新闻漫画、报纸版面)、专栏组、广播组和电视组。

"中国新闻奖"每年评选一次,8月揭晓,12月(或次年2月)颁奖。先由各地区、各系统、各单位进行初评,按规定的分配数额分别报送各复评委员会参加复评,并由复评委员会按规定数额报送中国新闻奖评选委员会参加定评,同时评选出8项复评奖:摄影,漫画,版面,副刊,广播直播、编排,电视直播、编排。最后的定评分为7个评审小组,各组评委对本组参评作品审阅、审听、审看,并无记名投预选入围票。各小组先评议、讨论预选入围作品,后以无记名投票方式选出一等奖候选作品和二、三等奖获奖作品。一等奖候选作品须达到小组实到评委的2/3票;二、三等奖获奖作品须达到实到评委的1/2票。

在奖励办法方面,"中国新闻奖"获奖者将由中华全国新闻工作者协会颁发荣誉证书,各省市以及各获奖单位对获奖个人和单位另行修订奖励办法。

附录4 电视"艾美奖"简介（美国）

艾美奖（Emmy Awards）是美国电视界的最高奖项，该奖项1949年首次颁发。由总部位于洛杉矶的电视艺术与科学学院（ATAS）颁发。

该学院现有会员一万余人。这一万多名会员按照不同的领域被分为26个功能组别，包括：动画、艺术指导、选角、舞蹈、摄影、商业、服装设计、导演、电子摄影技术、工程发展、发型设计、照明指导、标题设计、后期制作、音乐、告示、表演、画面编辑、节目编排、混音、声音编辑、特殊视觉效果、技术指导、录像、声音表演，以及编剧。各个会员分属自己职业特征归属的领域。

电视艺术与科学学院有一个专门的委员会负责处理每年与艾美奖相关的事务，各个功能组别选出两名代表组成这个委员会。艾美奖在每年9月份颁发，所有参选作品必须在上一年的6月1日到本年5月31日之间在无线或有线电视上播出，而且必须让全美范围内至少51%的观众收看到，黄金时段特指每日下午6点到次日凌晨2点。所有会员都可以进行提名，即使某节目的制作人员本身也是学院成员，也能提名自己参与的节目。所有正式参赛节目必须向学院缴纳一定的费用，个人参赛者需要交纳125美元，而组织参赛则要缴纳450美元。

初期提名的截止日期到了之后，委员会将制作一份关于所有参选节目的问卷发给各个会员。每个功能组别的会员将针对自己的组别进行投票。会员将回答好的问卷寄给独立的会计师事务所进行统计。每个组别的前5位成为最终提名节目。本着宁缺毋滥的精神，部分奖项的最终提名有时会少于5名。

在确定了最终提名名单之后，委员会召集会员中的志愿者组成评委团（无报酬）对参选节目进行审查，并确定各个组别中的最佳节目。这些志愿者通常都是本组别中公认的专家和权威。

在1960年之前，所有评委聚集洛杉矶，花两天时间统一观看全部最终提名节目。1960年，时任学院主席的罗德·瑟林（Rod Serling）希望评委们都能认真观看所有最终提名节目，而不是简单地把票投给自己喜爱的节目。为此，学院将大评委团拆散为各个组别评审小组。2000年，学院再次改革了评审规则，允许评委在家中按照自己的时间安排观看最终提名节目。

另外，"艾美奖"在奖项设置上主要涉及四种电视节目类型，如下表所示。

美国电视"艾美奖"奖项设置

电视节目类别	奖项	数目
剧情类	最佳剧集、最佳男主角、最佳女主角、最佳男配角、最佳女配角、最佳导演、最佳编剧奖	7
喜剧类	最佳剧集、最佳男主角、最佳女主角、最佳男配角、最佳女配角、最佳导演、最佳编剧奖	7
短剧或电视电影类	最佳短剧、最佳电视电影、最佳男主角、最佳女主角、最佳男配角、最佳女配角、最佳导演、最佳编剧奖	8
其他类	最佳综艺、音乐或喜剧节目，最佳综艺、音乐个人表演奖，最佳真实电视及竞赛类节目，最佳综艺、音乐或喜剧节目导演，最佳综艺、音乐或喜剧节目编剧奖	5

附录5 音乐"格莱美奖"简介（美国）

格莱美（Grammy）是英文"gramophone"（留声机）的谐音。以它命名的音乐奖迄今已有40多年历史，其奖杯形状如一架老式的留声机。

首届格莱美音乐奖于1958年颁发，此后主评机构——录音学会每年举行一次颁奖仪式，奖项也由最初时的26项增加到28大类共101项。

美国录音学会是一个由众多资深音乐人组成的机构，已在美国各地设置了12个地区分会和一个制作人与工程师分会，目前会员超过万人。歌唱家、演奏家、词作者、作曲家、指挥、摄影、解说词作者以及音乐录像片制作人等15类专业人员均可申请担任评委，但只有那些至少已有6件作品出版发行的人才有资格担任此职。

被推荐的作品必须选自当年。作品经推荐后，首先要经过来自音乐界各领域的150多名专家的筛选和资格确认，而后进行分类。

分类处理过的提名名单，除了特殊技术项目另交给由各分会推选的特别委员会决定入围外，其余的项目都交给学院成员进行第一轮票选，而且，为了保证票选的品质，成员只能从22个类别中挑出自己专精的9个来投票。当然，四个一般类的项目（"年度专辑""年度唱片""年度歌曲""年度新人"），是需要所有成员一起决定的。

第二轮票选中，9000多位成员将从27个类别中挑出8个（另加上4个一般类的项目），并就各项的5位入围者进行投票，选票以邮寄的方式交由指定会计师事务所统计。

附录6 广告"戛纳奖"简介（法国）

戛纳广告大奖源于戛纳电影节。1954年，由电影广告媒体代理商发起组织了戛纳国际电影广告节，此后，戛纳同威尼斯开始轮流举办此项大赛，1977年戛纳正式成为永久举办地。1992年组委会又增加报刊、招贴与平面的竞赛项目。

广告节于每年6月下旬举行，每年大约有7000多位代表1万多件作品逐鹿"戛纳"。评委会被分为独立的两组，一组负责评定影视广告，另一组负责平面广告。

广告节期间才开始决赛阶段评审，同时允许参赛者目睹现场公布的每一段入围名单，来增加其现场气氛。各评委对本国作品须采取回避投票的原则，评委的评审时间由自己掌握，以便其能仔细阅读文案，周全研究创意。

在影视方面第一轮决出400件作品，第二轮筛至200件，并再从此中讨论决定各项目的金狮、银狮、铜狮奖。

与戛纳电影奖同名的金棕榈奖，是戛纳奖专为影视广告制作公司设立的大奖。获奖标准是通过各家制作公司作品大赛（影视广告）项目上的表现来判定的，大奖得10分，金狮奖得7分，银狮奖得5分，铜狮奖得3分，入选作品得1分。

1993年还设立了年度最佳表现广告公司奖，颁给同时参加平面与影视广告并获得总分最高分者。大奖得10分，金狮奖得7分，银狮奖得5分，铜狮奖得3分，入围作品得1分。

附录 7　媒介市场调查机构的节目分类法

1. 央视 - 索福瑞（CSM）电视节目分类法

央视 - 索福瑞是目前我国规模最大、数据应用范围最广的媒介市场研究机构。该公司在进行电视节目市场分析和评估的时候，把我国电视节目分成了 15 总类，84 分类。如下表所示。

表 1　央视 - 索福瑞节目分类表

15 总类	84 分类
新闻/时事	综合新闻、新闻评述、新闻/时事其他
综艺	综艺晚会、单项艺术、现场互动娱乐、综艺娱乐报道、综艺其他
电视剧	内地、港澳台、亚洲国家、其他国家、栏目剧、电视剧其他
体育	足球、篮球、网球、排球、乒乓球、羽毛球、保龄球、台球、棋牌、搏击、赛车、体育专题、赛事特别报道、体育教学、体育新闻、高尔夫、冰上/水上运动、体育其他
专题	专题片、科普、竞赛、访谈、军事、农业、专题其他
教学	课堂讲座、教学其他
外语	外语新闻、外语教学、外语其他
青少	动画、青少专题、青少表演、青少其他
音乐	演唱会、音乐会、音乐其他
电影	内地、港澳台、亚洲国家、其他国家、电影其他
戏剧	地方戏剧、舞台剧、戏曲晚会、戏剧其他
财经	财经专题、股市行情、财经新闻、财经其他
生活服务	电视购物/杂志、美容/服饰、家具房产、旅游、饮食、汽车、健康、天气预报、电视开奖、导视、生活服务其他
法制	法制新闻、法制专题、法制其他
其他	结束曲、电视讲话、欣赏、电视台包装、广告、其他

2. AGB 尼尔森的节目分类库

作为国内节目收视调查市场一强 AGB 尼尔森公司也有着自己的节目分类库，AGB 尼尔森的节目分类主要由 16 个一级指标构成，具体如下表所示。

表 2 AGB 尼尔森节目分类表

一级指标（16 类）	二级指标
单元剧/连续剧	合拍；欧美；中国；港澳台；其他亚洲；其他
电视购物/广告杂志	/
电影	合拍；欧美；中国；港澳台；其他亚洲；其他
动画片	/
访谈/谈话	/
纪录片/科技	纪录片/专题片；科技
教育/资讯	课堂教育；生活教育；资讯；其他
青少年	/
体育	篮球；足球；网球；拳击；赛讯；其他
新闻/时事	时事新闻；财经金融新闻；时事性节目；体育新闻；其他
兴趣/休闲	/
音乐/艺术	音乐/MTV；传统地方戏曲；西方艺术；其他
娱乐	综合性节目；游戏节目；生活小品
杂类	/
不可分类	/
不做分类	/

附录8　传媒学术界的电视节目分类法

1. 刘燕南的电视节目"多维组合分类法"

刘燕南的电视节目多维组合分类，是指根据节目的内容、行业、形式、对象等4种维度（属性），将节目划分为24大类，并加上一个审核管理分类，由此形成的一个分类系统。

表1　多维组合节目分类编码表[①]

分类维度	定义码	类别
内容	A	新闻
	B	影视剧
	C	综艺娱乐
	D	戏曲/音乐
	E	专题/纪录
	F	生活服务
	G	广告
行业	H	法制类
	I	军事类
	J	科教类
	K	农业类
	L	体育类
	M	时政类
	N	财经类

---

① 刘燕南，等.电视节目"多维组合"分类法及其编码设计[J].现代传播，2003（01）.

（续表）

分类维度	定义码	类别
形式	O	竞赛
	P	谈话
	Q	连续/系列
	R	杂志/板块
	S	直播
	T	卡通
	U	引进片
对象	V	老年类
	W	女性类
	X	少儿类
管理	1	严格管理
	2	有条件管理
	3	基本管理
	4	开放管理

2. 张海潮的"系统分类法"

张海潮先生的节目分类体系主要以内容和形态为分类维度，主要有 4 种 A 类型节目、27 种 B 类型节目、84 种 C 类型节目、54 种 D 类型节目构成。具体如下表所示。由于版面限制，我们省略了 54 种 D 类型节目。

表 2 现行电视节目分类体系[①]

A 类节目	B 类节目	C 类节目
新闻类节目	综合新闻消息节目	全国综合新闻消息节目；地区综合新闻消息节目
	分类新闻消息节目	财经新闻消息节目；娱乐新闻消息节目；体育新闻消息节目；法制·农业·军事等新闻消息节目
	新闻专题类节目	新闻专题节目；新闻杂志节目
	新闻谈话节目	新闻访谈节目；新闻讨论节目
	国际新闻类节目	国际新闻节目；对外新闻节目
	大型新闻节目	大型新闻事件报道节目；大型新闻活动节目

---

① 张海潮. 中国电视节目分类体系［M］. 北京：中国传媒大学出版社，2007：88.

(续表)

A类节目	B类节目	C类节目
娱乐类节目	电视剧节目	内地历史题材电视剧节目；内地现实题材电视剧节目；内地案情电视剧节目；内地喜剧电视剧节目；涉外电视剧节目
	体育节目	体育赛事节目；体育专题节目；体育谈话节目
	电影类节目	内地电影节目；涉外电影节目
	综艺类节目	综艺晚会节目；喜剧节目；专项艺术类节目
	音乐节目	演唱会节目；音乐会节目；音乐电视（MTV）节目
	戏剧节目	传统戏剧节目；舞台剧节目
	游戏节目	益智·竞猜游戏节目；体力游戏节目
	电视真人秀	生存挑战型；人际考验型；表演选秀型；身份置换型
	娱乐谈话·专题节目	明星娱乐谈话节目；普通人娱乐谈话节目；娱乐专题节目
	国际娱乐类节目	国际娱乐节目；对外娱乐节目
	大型娱乐节目	大型娱乐晚会节目；大型娱乐庆典·颁奖节目；大型娱乐竞赛节目
教育类节目	社会教育节目	人文专题节目；科技专题节目；社教谈话节目；社教竞赛节目；社教讲座节目；教学专题节目；法制专题·谈话节目；军事专题·谈话节目；农业专题·谈话节目
	少儿·青年节目	少儿动画类节目；少儿专题节目；少儿演讲·竞赛·游戏节目；少儿电视剧·电影节目；青年节目
	国际教育类节目	国际教育节目；对外教育节目
	大型教育节目	大型教育活动节目；大型教育专题节目；大型教育谈话·竞赛节目
服务类节目	生活服务节目	综合生活服务节目；美容·服饰节目；家居·房产节目；饮食·健康节目；旅游·汽车节目；天气·交通节目；择业·择偶等节目；老年·妇女等节目；竞赛服务节目
	理财节目	股市·证券节目；理财·收藏节目
	广告类节目	广告节目；导购节目
	国际服务类节目	国际服务节目；对外服务节目
	频道宣传·收视服务节目	包装节目；导视节目
	大型服务节目	大型服务竞赛节目；大型服务活动节目

附录9　关于广播节目评估指标权重问题的研究

广播节目评估是一项十分复杂的工程，需要从多个角度、通过多项指标来评判节目的综合表现。在研究节目评估方法和实施节目评估的过程中，不可避免地都会遇到一个颇为关键的问题，就是各个评估指标的权重如何确定。

权重（统计学上也称"权数"）就是具体某个指标的重要性程度，它反映了不同指标之间的相对重要性。按节目评估体系来说，对于同一组指标，各指标之间权重不同，就会直接导致针对同一组数据得出不同的评价结果。可见，权重的确定对于节目评估来说，是相当重要且十分关键的。

目前，对于广播节目评估的理论和方法研究较多的是在如何建立节目评估指标体系和节目评估的实施问题上，而对于评估指标体系中各个指标如何赋权问题则鲜有探索。本文拟从统计学的角度，针对广播节目和广播媒体的特性及客观规律，专门探讨广播节目评估体系中各个评价指标的权重和如何赋权的问题。

任何一套广播节目，都会历经节目制作和听众收听的过程。在这一过程中涉及至少两个主体，即节目制作人员和听众。毋庸置疑，在节目评估中，一个评价指标的重要程度应该充分体现这两个主体的意愿。而对于节目评估指标权重的确定，也大致形成了媒体导向和市场导向两种思路。

第一种是媒体导向思路。它是从节目制作的角度入手，由广播业内人士根据媒体的特点或经验确定每一个指标的重要性程度，然后通过简单计算或实证分析，形成每个指标的权重。从统计学角度看，循此思路而形成的赋权方法统称为主观型赋权方法，大致包括德尔菲法（Delphi）、层次分析法（AHP）、简单排序编码法、倍数环比法、优序环比法等，其中德尔菲法（Delphi）和层次分析法（AHP）为最常采用的方法。

这种赋权方法的优点在于：(1) 业内人士熟悉广播节目，考虑问题一般会比较全面，且较有针对性；(2) 通常确定权重的大多为电台的领导或者负责这项工作的专业人员，赋权往往具有一定的权威性；（3）这种方法比较简单，便于操作。但是，它也有一定的局限性：其一，仅凭个人主观判断，缺乏客观标准；其二，由于各个评价指标含义不同，评判人员也很难形成量化的权重；其三，评判人员的水平不一，理解也不同，大多数时候往往只能做出趋近中位数或算术平均数的结论。因此，用这种方法确定权重往往也会遭遇最多非议，甚至影响到节目评估结果无法让人接受。

另一种是市场导向思路。它是站在听众角度来考虑的，由通过调研所获取的、有代表性的听众群实际收听情况来确定每个指标的权重，即采用统计方法对实地调研的节目相关数据进行处理后形成各指标的权重。由这一思路确定的权重完全取决于调研数据，通常不受个人主观意愿的影响，主要包括因子分析法、熵值法、秩和比法（RSR）、关系数法等，其中因子分析法、熵值法是常用的方法。这一类型方法的基本思想是，所有节目对应的同一个指标的具体数值差异性越明显，这个指标对应的权重就越大，反之，差异性越小，则权重越小。举个极端的例子，如果每个节目的满意度都是相同的（比如都是4分），即所有节目在满意度方面不存在差异，那么满意度对于评判节目质量的差异起不到任何效果，满意度这一指标对应的权重必然为零。

用这种方法确定各个指标的权重，在一定程度上解决了第一种方法偏主观性的问题，而且强调市场导向更能够体现节目或媒体的发展趋势和规律。但是同样也有其局限，一方面，中国广播媒体功能的多样性，恐怕不能仅仅以市场因素来表现；另一方面，忽视了广播媒体或广播节目本身固有的特性以及其所涉及的专业性问题。

显然，无论是采用媒体导向型还是市场导向型赋权方法，都存在一定的片面性。建立一套综合、科学的节目评估体系，在科学、合理地设置评价指标的基础上，将以上两种赋权方法结合起来确定各个指标的权重，将更为客观、更加合理。

附录10　中国广播电视节目分类编码体系设计

对广播电视节目进行分类,确定某种节目所属类别的名称、意义以及所属的分类层级之后,为便于计算机系统的数据处理,下一步工作就是对每个节目进行编码,即以编码的形式确立节目所属的类别。

广播电视节目分类体系编码的过程中应遵循以下基本原则:

1. 唯一穷尽性

在对节目进行编码的过程中,要遵循唯一且穷尽的原则。唯一,即每个广播电视节目只能拥有一个编码与之对应,一个代码也只唯一表示一个编码节目,与其他节目区分开来;穷尽,就是所有的广播电视节目都可以对应相应的节目编码,不会出现节目不能归类的情况。

2. 可扩充性

随着广播电视节目事业的高速发展,节目制作人员会创新性地推出一些原有节目分类体系中不涉及的节目类型。为此,我们在设计节目编码体系时应考虑其可扩充性,为新类型节目的出现预留一定的新增代码设置空间,以便适应不断扩充的需要。

3. 普适性

广播电视节目分类与编码的结果要能被不同的信息及应用系统所共享,要既能适应现有广播电视系统,还要适用于数字电视、IPTV等新型广电媒体的信息处理以及信息共享。即在便于计算机信息处理的基础上建立被各方一致认可的相关标准或规范,否则将会导致大量的数据转换工作。如果编码不当,将会导致各系统数据无法实现共享。因此,所设计的编码体系的普适性非常重要。

中国广播电视节目分类体系编码的方法——层次编码法。

在社会科学领域常用的编码方式包括缩写码编码法、层次码编码法、复合码编码法、并置码编码法、组合码编码法、顺序码编码法和无序码编码法等。根据广播电视节目自身属性，我们对广播电视节目分类编码采用的是层次码的编码方法。

层次编码法是以编码对象集合中的层次分类为基础，把编码对象编写成连续且递增的组（类）。位于较高层级的每一个组（类）都包含并且只能包含它下面较低层级的全部的组（类）。这种代码类型以每一个层级上的编码对象特征之间的差异为编码的基础。每一个层级上的特性是互不相容的。

参照计算机网络的IP地址格式，按照层次编码法将前面构建的节目分类体系的编码样式设计如下。

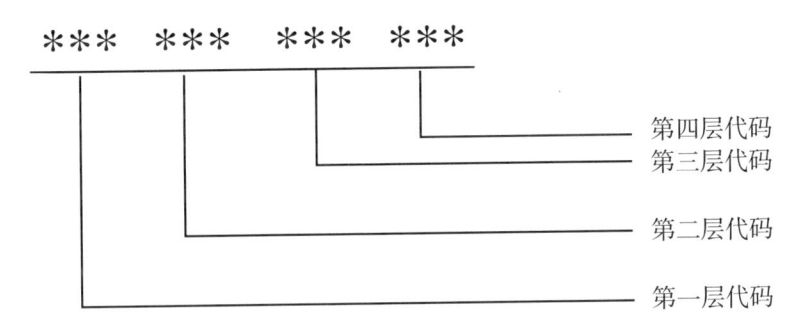

```
***   ***   ***   ***
 │     │     │     └─ 第四层代码
 │     │     └─────── 第三层代码
 │     └───────────── 第二层代码
 └─────────────────── 第一层代码
```

中国广播电视节目分类编码设计示意图

第一层代码设计包括真实类和演绎类两大门类。

第二层代码设计包括新闻、评论、教育、娱乐、服务五大门类。

第三层代码设计包括五大亚门类下"相对区分层"的五个分类。

第四层代码设计包括五个分类下的若干小分类。

现以"法制新闻节目"的编码为例。根据前面构建的节目分类体系，"法制新闻节目"属于节目分类体系五个"相对区分层"下的若干小分类中的一类，其上一级节目类别为"行业"，再上一级节目类别为"新闻类"，最上面一层属于"真实新闻类"。

如我们可把该节目的编码设置如下：

101.111.103.108

具体解释如下表所示：

节目分类编码示意表

编码格式	303. 311. 301. 102			
	101	111	103	108
门类	真实新闻类	新闻类	行业	法制新闻类
亚门类				
分类				
若干小分类				

层次码有利于表现层级间的隶属关系,有利于建立明晰的节目分类,满足广播电视机构信息管理和节目评奖的需求。这是由于层次码自身具有诸多的优点,由此编码方式所展现的节目分类系统可以实现任意层级之间的汇总和比较,代码值可以被解释。

随着计算机技术的飞速发展,以及我国广播电视事业信息化进程的推进,希望我们提出的广播电视节目分类、编码体系能够顺应信息化时代的要求,便于计算机系统处理,为各广播电视机构节目评估、节目管理带来便利。

(赛立信媒介研究公司节目评估系统研发小组)

附录11 广播电视节目技术质量奖

广播电视节目技术质量奖的设立和实施是在20世纪90年代中期,已经过了十多年的历史过程。当时,世界上广播电视技术的发展突飞猛进,国内经过改革开放,广播电视事业也有了巨大发展。作为党和政府的喉舌、人民群众的主要娱乐手段,广播电视越来越显出其重要性。为完成这个使命,需要制作出又多又好的广播电视节目并安全优质地广播出去。这一切都离不开广大技术制作人员的创造性劳动。

当时,尽管我国广播电视的技术、设备以及技术人员的素质和水平都有了很大提高,但仍然在技术质量和安全播出上存在一些问题。为进一步发挥广大工程技术和制作人员的作用,从各方面提高他们的积极性,从而提高广播电视节目技术质量,促进安全优质播出,在当时的广电部领导和相关部门的关心和支持下,在包括全国各级电台、电视台、总局科技委电视专业委员会、中国录音师协会等在内的各方面的共同努力下,经过几年的酝酿,终于设立了"广播节目技术质量奖(金鹿奖)"和"电视节目技术质量奖(金帆奖)"。

两个奖项都属于部级奖,由人教司备案、科技司负责具体组织,获奖者的业绩记入本人档案,作为日后考核晋级、评定职称的重要参考依据。其中,"广播节目技术质量奖(金鹿奖)"当时委托中国录音师协会具体实施,后来改由总局科技委广播专业委具体实施;"电视节目技术质量奖(金帆奖)"一直是委托总局科技委电视专业委员会具体实施。随着广播电视事业和技术的发展,两个奖项的奖项设立和评奖办法等也经过了几次修改。目前,关于安全播出的评奖已划归总局安全播出指挥调度中心组织,由科技司组织的这两个奖项只涉及节目录制技术和播出。

上述两个奖项在评选过程中涉及的主观评价和客观测试方法都是参照相应的

国家和行业标准，包括测试指标和评定项目选择、试听和观看条件、提交的节目带技术要求、评奖设备的选用等。

具体评奖办法简要介绍如下。

一、广播节目技术质量奖（金鹿奖）

该奖项是为了加强全国各级广播电台广播节目技术质量的规范化管理，调动广大广播技术工作者钻研技术的积极性，促进我国广播节目技术质量的不断提高。奖励范围为中央、省、自治区、直辖市和市级广播电台对广播节目录制和播出质量做出突出贡献的单位和个人。

目前广播节目技术质量奖分设录制技术质量奖和播出技术质量奖两个奖项。

广播节目录制技术质量奖的申报：中央人民广播电台、中国国际广播电台、新疆生产建设兵团广电局、海峡之声广播电台、直辖市广播电台按语言、音乐、戏曲、广播剧类每类选送两个节目，直接申报。各省、自治区广播电影电视局对其所辖广播电台录制的节目按类进行初评，每类选送四个节目，由省、自治区广电局统一申报。

广播节目播出技术质量奖的申报：参评单位为中央人民广播电台、中国国际广播电台、新疆生产建设兵团广电局、海峡之声广播电台、各省级广播电台、计划单列市广播电台和省会城市广播电台。

具体的评定办法为：

1. 广播节目录制技术质量奖

广播节目录制技术质量奖采用报送参评节目 CD 音频光盘的方式，参评节目的录音电平应严格按照"GY/T 192—2003 数字音频设备的满度电平"中有关规定进行录制。

广播节目录制技术质量奖的评定由初评和复评两个阶段组成。

初评项目为：录音电平、噪声、失真、复接和剪接技术、声道平衡、相位、广播电台呼号等。初评评分标准及计分表如下：

表 1 广播节目录制技术质量初评标准

评定项目		要 求	计分尺度（分）			
			≥4.5	<4.5 ≥4.0	<4.0 ≥3.5	<3.5
录音电平		录音工作电平为 -20dBFS	符合要求	基本符合要求	离要求有些差距	不符合要求
噪声		声音干净，觉察不出噪声				
失真		无削波现象，声音不破				
复接和剪接技术		节目衔接自然、贴切，觉察不出痕迹				
对立体声节目	声道平衡	左、右声道声音平衡				
	相位	节目相位符合要求，相位系数一般在 0.5—0.7 之间				
其他		无广播电台呼号				
		节目无断、漏声，咔哒声，咝咝声等异常现象				

表 2 广播节目录制技术质量初评计分表

节目类别		1.语言□ 2.音乐 □ 3.戏曲□ 4.广播剧□	编号	
节目名称				
评定项目		评 分	备 注	
录音电平				
噪声				
失真				
复接和剪接技术				
声道平衡				
相位				
其他	广播电台呼号			
	异常杂音			

复评项目为：清晰度、丰满度、圆润度、明亮度、柔和度、真实度、平衡度、立体声效果及总体印象。复评评分标准及计分表如下：

表3　广播节目录制技术质量复评标准

评定项目	含　义	计分尺度（分） ≥4.5	<4.5 ≥4.0	<4.0 ≥3.5	<3.5
清晰度	声音层次分明，有清澈见底之感，语言可懂度高	质量极佳	质量好	质量一般	质量差
丰满度	声音融会贯通，响度适宜，听感温暖、厚实、具有弹性				
圆润度	优美动听，饱满而润泽不尖噪				
明亮度	高、中音充分，听感明朗、活跃				
柔和度	声音温和，不尖、不破，听感舒服、悦耳				
真实度	保持原有声源的音色特点				
平衡度	节目各声部比例协调，高、中、低音搭配得当				
立体声效果	声像分布连续，结构合理，声像定位明确、不漂移、宽度感、纵深感适度，空间感真实、活跃、得体				
总体印象	对被评节目总体音质效果的综合评价				

表4　广播节目录制技术质量复评计分表

节目类别	1. 语言□　2. 音乐□ 3. 戏曲□　4. 广播剧□	编号	
节目名称			
评定项目	评分	备注	
清晰度			
丰满度			
圆润度			
明亮度			
柔和度			
真实度			
平衡度			
立体声效果			
总体印象			

初评分和复评分各占30%和70%。

评定等级为：

一等奖：最终得分≥4.5分；获奖数在参评节目的10%以内。

二等奖：最终得分≥4分；获奖数在参评节目的20%以内。

三等奖：最终得分≥3.5分；获奖数在参评节目的40%以内。

原则上获奖节目的总数不超过参评节目的70%。

2. 广播节目播出技术质量奖

广播节目播出技术质量奖采用由各参评单位报送广播节目播出信号录音（CD音频光盘）的方式，录制日期和时间由评奖委员会确定。

广播节目播出技术质量奖的评定也由初评和复评两个阶段组成。

初评项目为：录音电平、噪声、失真、各节目电平一致性、两节目切换点的质量、声道平衡、相位、节目播出串联单、节目时间表、节目时间等。

复评项目为：清晰度、真实度、平衡度、各节目电平一致性、两节目切换点的质量、立体声效果、总体印象。

初评分和复评分各占30%和70%。

评定等级与录制技术质量奖相同。

二、电视节目技术质量奖（金帆奖）

该奖项是为了加强电视节目技术质量的规范化管理，调动电视技术制作人员钻研业务、制作精品节目的积极性，促进我国电视节目技术质量不断提高。评奖范围是经原广电总局核准的各级电视台制作和播出的电视节目。金帆奖每年评定一次，由广电总局科技司组织评定。

目前，金帆奖共设立五个奖项：标准清晰度电视节目录制技术质量奖（另设最佳声音奖和最佳灯光奖）、高清晰度电视节目录制技术质量奖（另设最佳灯光奖）、视频图形制作技术质量奖、播出技术质量奖和综合奖。其中前三个奖项又按不同节目内容进行了细分。

各省、自治区、直辖市广播电影电视局对所辖的其他电视台制作的节目进行初评后，按规定数量选送各类节目参评；中央、直辖市、省级和计划单列市电视台，每类可选送一个节目直接参评。

前四个奖项分别按照各自的评定办法进行评定，综合奖按参评单位各类节目获奖的总分进行排名。

1. 标准清晰度电视节目录制技术质量奖评定办法

参评节目的载体为数字录像磁带，按照有关录制和交换规范进行录制。评定分图像质量和声音质量两项，分别占总分的70%和30%。

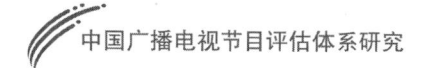

（1）图像质量评定。

对图像质量的评定又以客观测试和主观评定两种方式进行，分别占总分的 20% 和 80%。

① 客观测试。

客观测试项目和指标为：

a. 引带彩条亮度信号峰值电平	标准值：0.7V ± 0.02V
b. 引带彩条 R-Y 信号幅度	标准值：0.525Vp-p ± 0.015V
c. 引带彩条 B-Y 信号幅度	标准值：0.525Vp-p ± 0.015V
d. 节目复合信号峰值电平	不大于 0.8V
e. 节目亮度信号峰值电平	不大于 0.721V
f. 黑电平与消隐电平差（底电平）	标准值：0 + 0.05V
g. 节目基色信号峰值电平	R、G、B 不大于 0.735V
h. 时码	LTC、VITC 均连续并在引带彩条信号开始点置零

② 主观评定。

主观评定分五项进行，满分为 100 分。主观评定项目包括：

a. 杂波和干扰可见度	满分为 20 分，可视其轻重程度分级打分
b. 画面清晰度	满分为 20 分，可视其优劣程度分级打分
c. 亮度层次	满分为 20 分，可视其优劣程度分级打分
d. 彩色保真度	满分为 20 分，可视其优劣程度分级打分
e. 制作难度	满分为 20 分

制作难度可根据固定或移动拍摄、使用单台或多台摄像机、拍摄环境条件、节目所含的镜头数量、编辑难易程度等因素进行综合打分。

（2）声音质量评定。

对声音质量的评定也以客观测试和主观评定两种方式进行，分别占总分的 20% 和 80%。客观测试项目包括不同声道校准信号电平、节目声音峰值电平等，主观评定项目包括音质、音量、声画同步和明显缺陷扣分。

（3）最佳声音制作技术质量奖（最佳声音奖）。

最佳声音奖从专题类获奖节目中遴选，经专家主观评定的声音制作佳品。

（4）最佳电视照明制作技术质量奖（最佳灯光奖）。

最佳灯光奖从综合文体类获奖节目中遴选，经专家主观评定的电视照明制作佳品。

2. 高清晰度电视节目录制技术质量奖评定办法

高清晰度电视节目录制技术质量奖奖项设置分新闻、专题、综艺、体育、电视剧、声音等六类。

参评节目的载体为录像磁带，符合我国现行高清晰度电视广播标准，声音制作为立体声或环绕声，磁带按相关规定进行录制。

鉴于我国目前尚无高清晰度节目磁带交换规范，故高清晰度节目的评定暂以主观评价方式进行。

对高清晰度节目（除声音奖）质量的主观评定分图像质量、声音质量、视听综合感染力三项，以百分制计分。其中各项加权评分分别占总分的60%、30%、10%。

对高清晰度节目声音奖质量的主观评定分声音质量、图像质量、视听综合感染力三项，以百分制计分。其中各项加权评分分别占总分的60%、20%、20%。

（1）评定环境。

① 图像质量主观评价观看条件。

表5　图像质量主观评价观看条件

序号	条件	HDTV 参数值
（1）	观看距离	3倍图像高度
（2）	显示屏幕的峰值亮度	150—250cd/m^2
（3）	束流截止时，屏幕亮度与峰值亮度之比	≤ 0.02
（4）	暗室中，黑电平亮度与峰值亮度之比	约 0.01
（5）	显示器背景亮度与峰值亮度之比	约 0.15
（6）	室内环境光照明	宜低
（7）	背景光和照明光光源的色温	D$_{65}$
（8）	背景光部分对观看员的张角	高 53°　宽 83°
（9）	观看员的座位布局	水平方向在中垂线 ±30° 内（垂直方向待定）
（10）	显示图像（对角线）尺寸	1.4m

注：

a. 条件（2），屏幕的峰值亮度对应于100%的视频信号幅度。在HDTV的峰值亮度达不到规定峰值之前，应满足≥70cd/m^2。

b. 条件（3）受室内照明和显示对比度范围的影响。

c. 条件（4）黑电平对应于0%视频信号幅值。

d. 为了满足条件（3）和（5），应该设置室内照明。
e. 若HDTV达不到条件（8）规定值之前，应该满足高≥28°，宽≥48°。
f. 若HDTV达不到条件（10）规定的显示尺寸之前，应该满足高≥76.2cm。

② 声音质量主观评价审听条件。

根据"GB3785—2010声级计电声性能及测量方法"和"GB/T 16463—1996广播节目声音质量主观评价方法和技术指标要求"设定。如表6所示。

表6 声音质量主观评价审听条件

项　目	参　数　值
（1）审听室空间	≥150m³
（2）室内混响时间	T60≤0.5S　NC≤28dB
（3）监听声压级	85dBSPL，A计权，慢时间常数测量，噪声
（4）监听设备	标准专业监听音箱

（2）图像质量的主观评定。

评定方法参照标准清晰度节目图像质量的主观评定办法进行。

（3）声音质量的主观评定。

评定项目：

a. 清晰度：声音层次分明，有清澈见底之感，语言可懂度高。反之模糊、浑浊。满分为10分。可视其优劣程度打分。

b. 丰满度：声音融会贯通，响度适宜，听感温暖、厚实、具有弹性。反之单薄、干瘪。满分为5分。可视其优劣程度打分。

c. 圆润度：优美动听，饱满而润泽不尖噪。反之粗糙。满分为5分。可视其优劣程度打分。

d. 明亮度：高、中音充分，听感明朗、活跃。反之灰暗。满分为5分。可视其优劣程度打分。

e. 柔和度：声音温和，不尖、不破，听感舒服、悦耳。反之尖、硬。满分为5分。可视其优劣程度打分。

f. 真实度：保持原有声源的音色特点，符合电视画面中实际声源声音特点。反之虚假。满分为10分。可视其优劣程度打分。

g. 平衡度：声音各声部高、中、低音搭配得当，语言、音乐、效果比例适宜，有利于节目欣赏。反之部分音高过分突出听之不悦。满分为10分。可视其优劣程度打分。

h. 同步度：语言、音乐、效果各类声音与画面同步对位。反之错位明显。满分为 10 分。可视其优劣程度打分。

i. 空间感：单声道节目有纵深感，立体声节目有空间感。声音听感与画面中声源位置适配。反之声像与画面声源位置错位。满分为 10 分。可视其优劣程度打分。

j. 艺术效果：对被评节目声音对节目总体艺术效果的贡献程度做出评价。满分为 15 分。可视其优劣程度打分。

k. 制作难度：据录音方案、音响创意文字材料及画面实际情况判定制作难度。满分为 15 分。可视其优劣程度打分。

（4）视听综合感染力。

根据高清晰度电视节目在视觉和听觉上带来的新的感染程度进行评分。

3. 视频图形制作技术质量奖评定办法

视频图形制作技术质量奖是为评定视频图形制作类电视节目技术质量而制定的，适用于由电视技术人员提出创意并通过计算机图形或与视频图像合成或其他特技手段制作的电视节目技术质量的评定。

视频图形制作技术质量奖设有片头、动画片两类。

参评节目载体为录像磁带，并附有创意设计和制作说明。评定分图像质量和声音质量，分别占总分的 70% 和 30%。图像和声音信号技术质量以客观测试和主观评定方式进行，分别占总分的 20% 和 80%。

（1）图像信号技术质量的客观测试和评分。

客观测试参照标准清晰度电视节目录制技术质量奖图像信号技术质量客观测试项目和指标进行。其中片头类节目 d、e、f、g 四项指标测试不采取选点方法，进行全程重放。测试结果全程合格为满分 100 分；不合格时间段之和根据整个节目时长的比例酌情扣分。

（2）声音信号技术质量的客观测试和评分。

客观测试参照标准清晰度电视节目录制技术质量奖声音信号技术质量客观测试项目和指标进行。其中片头类 c、d 两项指标测试不采取选点办法，进行全程重放。测试结果全程合格为满分 100 分；不合格时间段之和根据整个节目时长的比例酌情扣分。

（3）创意设计和制作说明评分。

根据参评节目创意设计和制作说明的水平，酌情扣分，扣分范围一般为 5—10 分。如无，扣 10 分。

（4）图像和声音信号技术质量的主观评定。

对视频图形制作技术质量除进行常规的图像和声音的主观评定外，重点是要对制作中所特有的因素即主题创意、美术设计、制作技巧和整体效果等进行评定。满分为 100 分。

a. 主题创意。

节目主题表述明确，有思想深度；创意构思新颖，表现形式巧妙，有原创性。满分为 20 分。评分因素：原创性；主题；立意；构思；表现形式。每项视其优劣程度扣分。

b. 美术设计。

构图和造型美观大方、生动准确；色彩、材质和明暗运用合理；美术风格独特、运动节奏流畅。满分为 20 分。评分因素：构图、造型、色彩、动态节奏和美术风格。每项视其优劣程度打分。

c. 制作技巧。

分别从效果制作和动画制作两个方面进行评定。满分为 40 分。

第一，效果制作。

满足设计要求；镜头衔接连贯、画面节奏流畅自然；图像处理技能娴熟、合成技术手段丰富；有较高制作难度；画面整体气氛和谐、各个合成元素视觉关系得当。满分为 20 分。评分因素：特殊效果、画面节奏、技法使用、整体气氛和综合制作难度。每项视其优劣程度打分。

第二，动画制作。

满足设计要求；造型准确，灯光、材质配置合理，场景气氛营造得当；镜头动作流畅合理，具有较强视觉空间感和视觉冲击力；技术手法先进，具有一定制作难度。满分为 20 分。评分因素：特殊技法、建模造型、灯光／材质、动画渲染和综合制作难度。每项视其优劣程度打分。

d. 整体效果。

图像和声音技术质量优良、视觉语言流畅、冲击力强、整体效果突出，音效与画面协调、感染力强、对主题表现起到烘托作用。满分为 20 分。可视其优劣程度酌情扣分。

e. 明显缺陷扣分。

在主观评价过程中，如果发现其他严重缺陷者，酌情扣总分，扣分范围一般为 1—15 分。

4. 播出技术质量奖评定办法

播出技术质量奖的参评单位为中央、省级、计划单列市和省会城市电视台。播出技术质量奖的评定依据两个部分：通过网上监控系统采集的两套电视节目播出的数据和按指定日期收录的播出节目录像带的主观、客观评定结果，分别占总分的 60% 和 40%。

对播出磁带的主观评定除常规的图像和声音主观评定外，还对播出环节中特有的技术因素进行评定，包括：不同节目之间的一致性、两个节目切换过程中切换点的质量和综合整体质量。

（1）不同节目之间一致性的评定。

此项评定主要是通过主观感觉并借助示波器、音量表对播出中各段节目之间的技术质量是否存在差异进行评定。满分为 30 分。评分因素：图像亮度、色度、色调和声音音量，可视其差异程度每项打分。

（2）两个节目切换过程中切换点的质量评定。

此项评定主要是对节目切换过程的准确性进行评定。满分为 30 分。评分因素：画面被卡、声音被卡、漏彩底或彩条、画面不稳、切换杂波和噪音。可视其轻重程度每项打分。

（3）综合整体质量的主观评定。

此项评定包括对图像和声音的主观综合评价，评定参照标准清晰度电视节目录制技术质量评定办法。满分为 40 分。

（4）明显缺陷扣分。

在主观评价过程中，如发现有其他严重缺陷者，酌情扣分。

附录12　广播电视节目评估主题论文内容分析报告

一、研究目的

为了客观地了解当前广播电视节目评估的研究情况，以及各方面研究者对于评估指标和方法等的意见，客体评估课题组进行了一次对"广播电视节目评估主题论文"的内容分析。

内容分析是一种对显明的传播内容进行客观、系统和定量的描述的研究方法。内容分析法是社会科学研究中广泛使用的研究工具，它可以通过统计量化的方式，将文本转化为数字，从而进一步展现研究对象的意义，或促进研究者对于研究资料的深层理解。

本次内容分析在充分掌握节目评估文献资料的基础上，抽取部分近些年发表的有关学术论文，希望通过对论文中出现的有关研究结论和观点的统计分析，进一步深化对于节目评估的理解和认识，并为客体评估研究提供客观依据。

二、研究设计

（一）样本的选取

1. 抽样框的确定

研究者在收集资料的过程中，发现有关广播电视节目评估的学术论文较为分散，散见于多种新闻传播类学术杂志、书籍和网站，并且有很多重合。考虑到抽取样本的代表性，指定选取某几种媒介存在很大的困难，也存在很大的风险，比如可能出现抽到的样本数量过少的问题。为了避免上述问题，尽量保证样本的代表性，课题组决定选取一个较为完备的学术论文数据库作为抽样框。

学术论文数据库是时下较为先进的学术论文电子查询和检索系统，这类电子数据库广泛收集报纸、期刊、学位论文、会议文章、法规、专利、标准等多种载体和形式的文献资料。他们对文献进行数字化加工，并分门别类加以整合，然后发布到网上以供查询、检索和下载。以学术论文数据库为抽样范围，就在很大程度上消除了由于选择媒介的局限性而带来的偏差。无论在研究的科学性还是方便性上，数据库都是更好的选择。国内有代表性的学术论文数据库，有中国知网数据库（CNKI）、维普数据库和万方数据等几家。

CNKI 中国期刊全文数据库是目前世界上最大的连续动态更新的中国期刊全文数据库，收录国内 8200 多种重要期刊，汇集了自 1994 年至今的大部分期刊文章（部分刊物回溯至创刊）。维普中文科技期刊数据库收录了 1989 年至今的 8000 余种中文科技期刊，涵盖自然科学、工程技术、农业科学、医药卫生、经济管理、教育科学和图书情报等七大专辑。

本研究选取 CNKI 中国期刊全文数据库和维普中文科技期刊数据库作为抽样框。

这两个数据库都有十分广泛的收集覆盖面，适合作为抽样范围，同时选择两个是为进一步保证资料的全面性。万方数据的覆盖面当然也很广泛，但各个数据库收藏的来源没有太大区别，课题组认为两个数据库已经足够，因此没有再纳入万方数据库。

2. 样本的选取

在选取 CNKI 中国期刊全文数据库和维普中文科技期刊数据库作为抽样框的基础上，进一步抽取论文。

研究对象是广播电视节目评估为主题的论文，因此确定数据库中的搜索关键词为"节目评估"或"节目评价"；同时，通过文献梳理，节目评估研究是在近几年更为丰富和完善，课题组希望了解最近几年的研究情况，因此确定搜索论文的发表时间在 2001—2007 年之间，之前的研究论文没有包括在内。

在两个数据库的检索系统中，分别输入关键词/检索词为"节目评估"或"节目评价"，选取时间范围为 2001—2007 年，在匹配程度上选择模糊匹配。①

由此，从两个数据库中分别检索出一系列相关期刊论文，课题组经过阅读再

---

① 本次内容分析是在 2007 年 7 月进行的，此后随着时间推移，数据库中的资料会随时更新，因此所抽取的是一个时点的资料，可能与今后再次进行的研究结果有所差异，特此说明。

次筛选，去掉重复的和实际上不是以节目评估为主题的文章，最后实际获得总共51篇以广播电视节目评估为主题的期刊论文。所抽取的论文来源广泛，课题组认为样本对于近7年发表的节目评估论文具有较好的代表性。

（二）分析类目的构建

在分析类目的构建上，课题组制定了较为详细的分类标准，经过试编码校验和修改最终确定。本研究的类目主要包括以下几个主要部分：

1. 文章基本信息

（1）包括文章来源、发表时间、作者单位、文章主题。

（2）对节目评估/评价、节目评估体系/系统、综合评估/评价等的称呼方式。

2. 文中呈现的节目评估问题、建议和实践方案

（1）节目评估的意义、所面临的问题及对评估体系的要求。

（2）节目评估对象、范围和周期、分类评价问题。

（3）节目评估指标选用。

（4）评估指标修正的影响因素与权重设置方法。

（5）节目评估实施主体。

在建构上述类目的基础上，课题组进一步细化分类，制定出较为详尽的内容分析编码表。

由于本研究的目的是了解当前研究者对节目评估的研究和总结情况，故分析单位确定为相关论文的整篇文章。

三、数据报告

（一）样本基本信息

1. 文章发表时间

在所分析的51篇有关节目评估或评价方面的论文中，文章的时间跨度都在2001—2007年之间，有14篇没有注明具体发表年份，计为缺失值。在其余的37篇文章中，有73%的发表时间集中在2003—2005年中，其中2005年的文章数量最多，有13篇。具体分布如下表1和图1所示。

表1 2001—2007年文章发表数量比重

发表年份	频数	有效百分比
2001年	3	8.1%
2002年	3	8.1%
2003年	9	24.3%
2004年	5	13.5%
2005年	13	35.1%
2006年	3	8.1%
2007年	1	2.7%
总计	37	100.0%

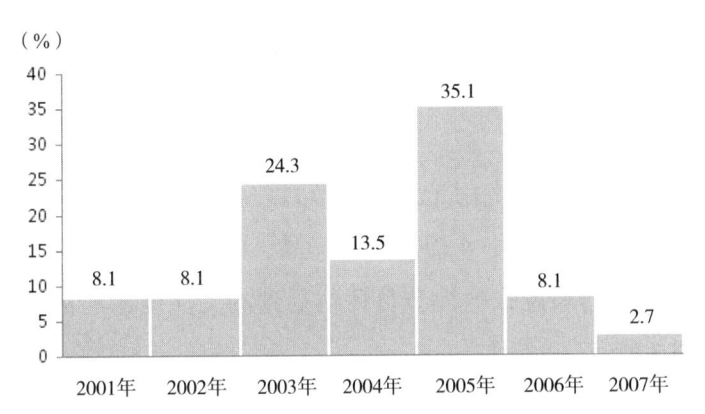

图1 2001—2007年文章发表数量比重

2. 作者单位

分析发现，绝大多数论文的作者都是来自广播电视行业的一线工作者，其中来自电视台的有21位，占到了42.0%；来自学术机构的有13位，占到了26.0%。不仅学界研究者在关注节目评估，节目评估问题也已越来越受到业内一线工作者的关注。具体分布如表2和图2所示。

表2 文章作者工作单位

工作单位	频数	有效百分比
广播电台	7	14.0%
电视台	21	42.0%
学术机构	13	26.0%
管理机关	2	4.0%
广播电视总台	4	8.0%
媒介研究公司	3	6.0%
总计	50	100.0%

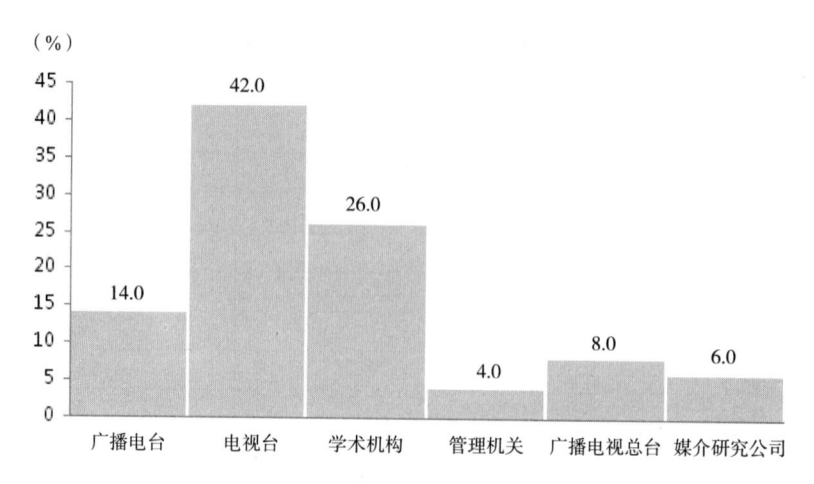

图 2　文章作者工作单位（单位：百分比）

3. 文章主题

所分析的 51 篇文章中，专门论述广播节目评估的文章有 9 篇，专门论述电视节目评估的文章有 38 篇，其中 4 篇没有对广播、电视节目进行区分。由此，不管是业界还是学界，总的来说，电视节目评估受到的关注度比广播节目评估要高一些。如表 3 和图 3 所示。

表 3　文章主题

文章主题	文章数	百分比
广播节目评估	9	17.7%
电视节目评估	38	74.5%
节目评估，不区分广播电视	4	7.8%
总计	51	100.0%

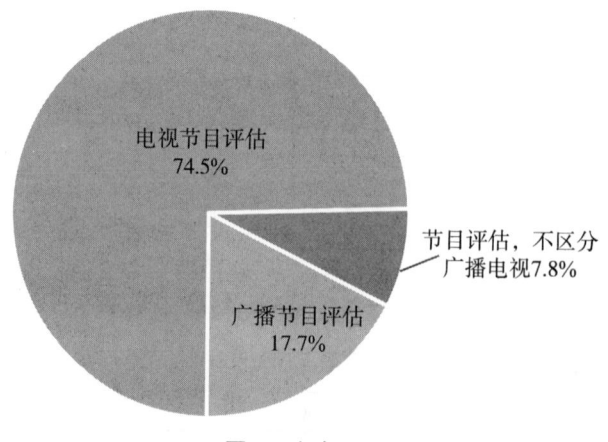

图 3　文章主题

（二）文中呈现的节目评估问题、建议和实践方案

1. 节目评估的意义

统计分析得出的结果如下：在所分析的 51 篇文章中，对于节目评估的意义提及排名靠前的 3 项是："指导节目定位、生产或改版"，有 51.0% 的提及率；其次是"优化节目编排"和作为"员工绩效考核依据"，均有 43.1% 的提及率。

有 39.2% 的文章提到节目评估是节目管理的核心。这不仅反映在节目生产和改版上，还体现在通过节目评估提高节目质量，从而提高节目竞争力，最终扩大节目市场份额；节目评估结果也能够反映受众需求，作为下一步生产的依据；节目评估可以督促和帮助节目创优，打造品牌。同时，随着制播分离的逐渐发展，节目评估将在节目交易中发挥作用，为电台、电视台购入节目时的议价提供依据。文章提到的意义如表 4 和图 4 所示。

表 4　文章提及的节目评估意义（n = 51）

	提及次数	百分比	排序
指导节目定位、生产或改版	26	51.0%	1
优化节目编排	22	43.1%	2
员工绩效考核依据	22	43.1%	3
节目评估是节目管理的核心	20	39.2%	4
扩大节目市场份额	19	37.3%	5
反映受众需求	17	33.3%	6
节目创优，打造品牌	14	27.5%	7
为节目交易提供依据	12	23.5%	8

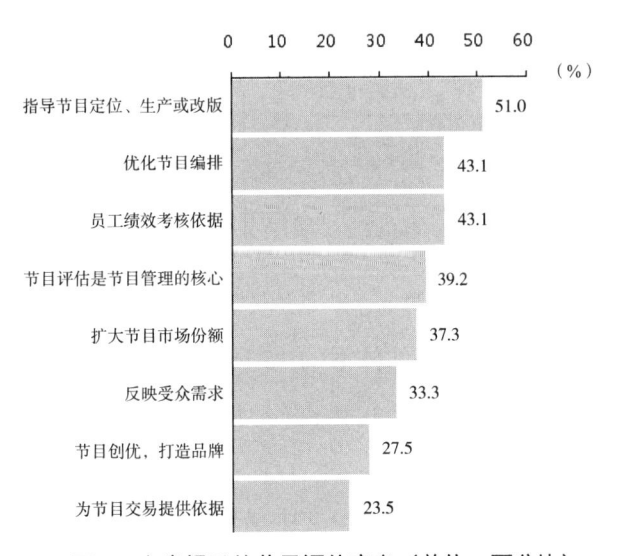

图 4　文章提及的节目评估意义（单位：百分比）

2. 当前节目评估所面临的问题

在列出的 15 个选项中，被分析文章提及次数在 10 次以上的是：节目评估"无科学完善体系""片面夸大视听率指标""视听率调查不够规范、统一""主观评价方法存在缺陷""视听率修正困难""有些评价指标机械量化""指标权重缺乏深入研究" 7 个问题。主要涉及评估体系的完善、评估指标的量化、视听率指标的问题和权重的设置、主观评价方法等几大方面，这也是客体评估研究需要解决的主要问题。

此外，当前评估模式不统一、评估体系与管理体系的衔接存在问题、数据分析人才缺乏、满意度调查存在信度效度问题等文章也有些提及。

表5 文章提及的当前节目评估所面临的问题（n=51）

	提及次数	百分比	排序
无科学完善体系	30	58.8%	1
片面夸大视听率指标	16	31.4%	2
视听率调查不够规范、统一	14	27.5%	3
主观评价方法存在缺陷	13	25.5%	4
视听率修正困难	12	23.5%	5
有些评价指标机械量化	11	21.6%	6
指标权重缺乏深入研究	10	19.6%	7
主观评价人员构成不够均衡	9	17.7%	8
评估模式多样，不统一	9	17.7%	9
评估体系与管理体系的衔接问题	9	17.7%	10
指标生搬硬套，强行黏合	7	13.7%	11
数据分析人才缺乏	5	9.8%	12
满意度调查存在信度效度问题	3	5.9%	13
主观评价量表不完善	3	5.9%	14
权重机械固定	3	5.9%	15

3. 对节目评估体系的要求

编码表中一共列出了对节目评估体系的 15 项要求，如表 6 中数字所示：首先，提到次数最多的是"评估体系实用、可操作"，有 47.1% 的文章提到了这一点。节目评估体系主要应用于电台、电视台内部管理，必须落实到实际操作层面，可见评估体系能够真正可用、好用，是样本论文中最看重的一点。

其次，提及次数第二位的是"评估操作程序规范化、标准化"。有 43.1% 的文章提到对于操作程序的要求，操作程序的标准化和规范化是评估结果客观、公正的前提保证。规范化和标准化意味着评估方案一旦确定，就要一以贯之地贯彻下去，不再受人为因素干扰。

再次，有33.3%的文章提到了"评估指标可根据实际选择"，这里所说的实际情况，首先有分类评估的问题。在我国，广播电视媒体承担着喉舌功能、传播功能和产业功能三重功能，所播出的节目有些是偏重政策导向性的，有些是偏重市场经营型的，对于不同类型的节目应采用不同指标。

然后，有31.4%的文章提到"评估指标应科学加权"的问题，再次证实了指标权重的重要性和大家对这一问题的重视。指标科学加权包括视听率修正加权和各项评估指标分配权重两方面问题，将在后面进一步分析。

此外，"定性与定量评价相结合""评估系统可不断调整发展""评估指标细致化""横向与纵向评价相结合""评价方法可根据需要选用""指标调查数据科学准确""重视量化评估"7项要求的提及率均在20%以上，说明大家对于这些问题也是非常关注的。

"评估主体相对独立"一项的提及次数最少，只有3篇文章提到，这一问题尚有探讨空间。

表6 对节目评估体系的要求（n=51）

	提及次数	百分比	排序
评估体系实用、可操作	24	47.1%	1
评估操作程序规范化、标准化	22	43.1%	2
评估指标可根据实际选择	17	33.3%	3
评估指标应科学加权	16	31.4%	4
定性与定量评价相结合	15	29.4%	5
评估系统可不断调整发展	15	29.4%	6
评估指标细致化	14	27.5%	7
横向与纵向评价相结合	13	25.5%	8
评价方法可根据需要选用	12	23.5%	9
指标调查数据科学准确	12	23.5%	10
重视量化评估	12	23.5%	11
评估过程公开透明	10	19.6%	12
评估指标简化	7	13.7%	13
主观评估指标科学量化	5	9.8%	14
评估主体相对独立	3	5.9%	15

4. 节目评估对象和实施范围

（1）评估对象。

在所分析的51篇文章中，只有11篇提及评估对象是自办、合办还是购买/引进节目的问题。其中9篇提到评估对象是自办栏目/节目，只有2篇提到购买/引进节目评估，没有文章提及对合办栏目/节目的评估。

这说明节目评估对象是自办还是购买节目的问题并没有得到太多特别关注，但在提及的文章中，认为评估对象是自办栏目/节目的占绝大多数。自办栏目/节目是评估体系的评价对象无可置疑，但电台、电视台对于购买/引进节目的评估是否纳入节目评估体系，可能需要进一步明确。

（2）评估实施范围。

在所分析的51篇文章中，有31篇提及节目评估是针对播前、播中，还是播后的问题。其中，绝大多数都提到播后评估，共有28篇文章，占提及文章数的90.3%；有16篇文章提及播前评估（或以预测的字样出现），占提及文章数的51.6%；有6篇文章提到播中评估（或监测），占19.4%，如表7和图5所示。

表7 播前、播中、播后评估提及情况（n = 31）

	提及次数	百分比
播前评估	16	51.6%
播中评估	6	19.4%
播后评估	28	90.3%

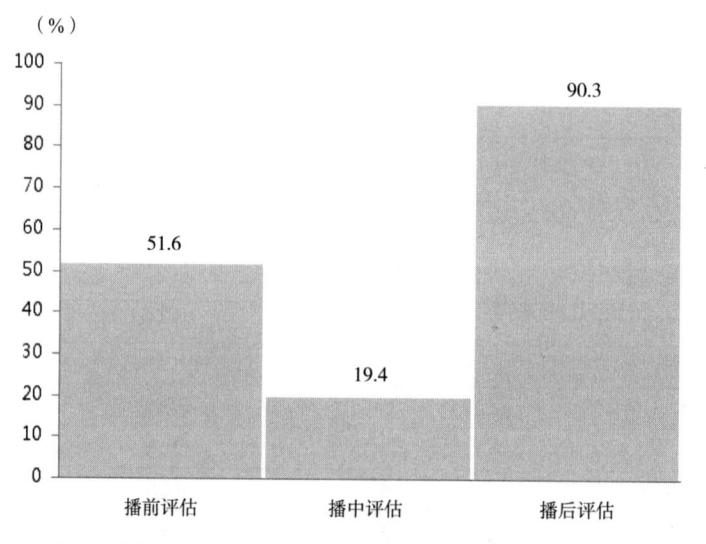

图5 播前、播中、播后评估提及情况（单位：百分比）

5. 节目评估周期

在当前节目评估所应用的指标中，视听率指标数据是比较易得的，而且可以得到分钟数据，可以根据评估周期的需要灵活使用。而满意度指标、主观评价指标和成本指标的数据则比较难以及时得到，尤其是满意度指标和成本指标。

满意度调查尚没有形成类似视听率调查的日常调查机制，很多情况下是针对频道或栏目做专项调查，需要耗费大量的时间。成本核算则是当前广播电台、电视台的难题之一，由于很多单位仍采取"实报实销"的方式，投入成本有时难以明确计算；而在广告统一经营的情况下，栏目的产出——广告收入也难以从全台的收入中剥离。

为此，本研究设计了针对这几个指标和综合评估的周期问题，希望了解当前学者和业界人士的看法。

在所分析的51篇文章中，对于几个评估指标的评价周期，以及综合评估周期的提及数量不多。在提到的文章中，有5篇文章提到满意度指标应按季度评估，只有1篇提到按月评估；对于主观评价指标，有1篇文章提到按周评估，有7篇文章提到按月评估，有2篇文章提到按季度评估，还有1篇文章提到按年度评估；成本指标分别有1篇文章提到按月和按季度评估，还有2篇文章提到按年度评估；综合评估则有3篇文章提到按月评估，1篇文章提到按季度评估。

表8 节目评估周期的提及情况

周期 提及次数	周	月	季度	年度
满意度指标		1	5	
主观评价指标	1	7	2	1
成本指标		1	1	2
综合评估		3	1	

从理论上说，节目综合评估的周期应当能够兼容各个评估指标的评估周期。比如，如果综合评估以月为单位，那么满意度指标数据就需要按月收集或者采用以前的数据代替，或者不纳入满意度指标。因此，节目评估周期会对评估得分产生较大的影响，需要仔细考虑，确定一个切实可行的方案。

6. 分类评价问题

在所分析的51篇文章中，有1/3的文章（17篇）提到应当对节目进行分类评价，即对不同类型的节目分开评价以避免不公平，其比率占到总数的33.3%。如图6所示。

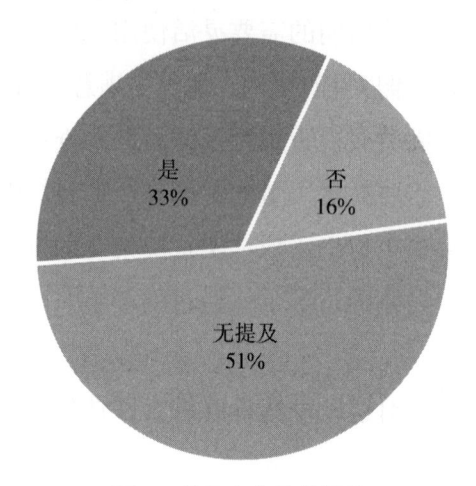

图6 是否应当分类评价

分类评价涉及两个层面：

第一层，鉴于不同类型节目迎合受众欣赏心理的程度存在客观差别，在评估指标中对类型因素进行修正，比如收视率中对节目类型的修正。

第二层，根据节目类型的划分，对不同类型的节目设置不同的指标权重，比如将宣传性新闻、教育、知识、农村、交响乐等节目划归为公益性节目；将娱乐新闻、真人秀、晚会等划归为经营性节目。对公益性节目的收听/收视规模稍稍降低要求，而提高对其节目品质的要求；对经营性节目则提高对收视率的要求。这样，在两类节目的综合评估中视听率指标占据不同的权重，以此来避免公益性节目因受众较少、综合评估得分落后而遭淘汰的结局。

我国广播电视既是党和人民的喉舌，又是市场经营实体，在当前体制不变的情况下，分类评价或许是一种兼顾两种功能、并行发展的可行思路。

7. 评估指标选择、修正与权重设置

（1）评估指标采纳情况。

本研究所分析的节目评估论文多为业界人士和学者所著，其中绝大部分提到应当采纳的节目评估指标，统计分析发现：

在文章认为应采纳的节目评估指标中，提及率排名靠前的依次是视听率（90.2%）、满意度（80.4%）、专家评价（78.4%）、领导评价（43.1%）、社会监评（35.3%）、投入产出、节目成本，以及节目专业水准，后三项指标的提及率均为23.5%。

以上指标可以划分为 5 大类，也就是通常所指的视听率、满意度、主观评价、投入产出（投入产出中包含节目成本的概念）和质量标准。可见，无论在节目评估实践还是在研究中，这 5 类指标都是节目评估的核心性指标。

此外，广告创收、政治导向、基本技术标准、忠诚度、市场份额、是否符合节目定位等指标也有些文章提及，但应用并不普遍。

收视率点成本、广告满档率、受众期待度、成长指标等，在针对某节目的专项研究中可能有较多涉及，但在整体的节目评估体系中，这些指标应用很少，而且类似成长指标的数据也比较难以获得。

如表 9 所示。

表 9 文章提到所采纳的节目评估指标（n = 51）

指标类别	提及次数	提及百分比
视听率	46	90.2%
满意度	41	80.4%
专家评价	40	78.4%
领导评价	22	43.1%
社会监评	18	35.3%
投入产出	12	23.5%
节目成本	12	23.5%
节目专业水准	12	23.5%
广告创收	6	11.8%
政治导向	5	9.8%
基本技术标准	4	7.8%
忠诚度	4	7.8%
市场份额	3	5.9%
是否符合节目定位	3	5.9%
收视率点成本	1	2.0%
占有率成本	1	2.0%
负载率点成本	1	2.0%
广告满档率	1	2.0%
受众期待度	1	2.0%
到达率	1	2.0%
成长指标	1	2.0%

文章提到的使用较多的评估指标如图7所示。

评估指标	百分比 (%)
视听率	90.2
满意度	80.4
专家评价	78.4
领导评价	43.1
社会监评	35.3
投入产出	23.5
节目成本	23.5
节目专业水准	23.5
广告创收	11.8
政治导向	9.8
基本技术标准	7.8
忠诚度	7.8
市场份额	5.9
是否符合节目定位	5.9

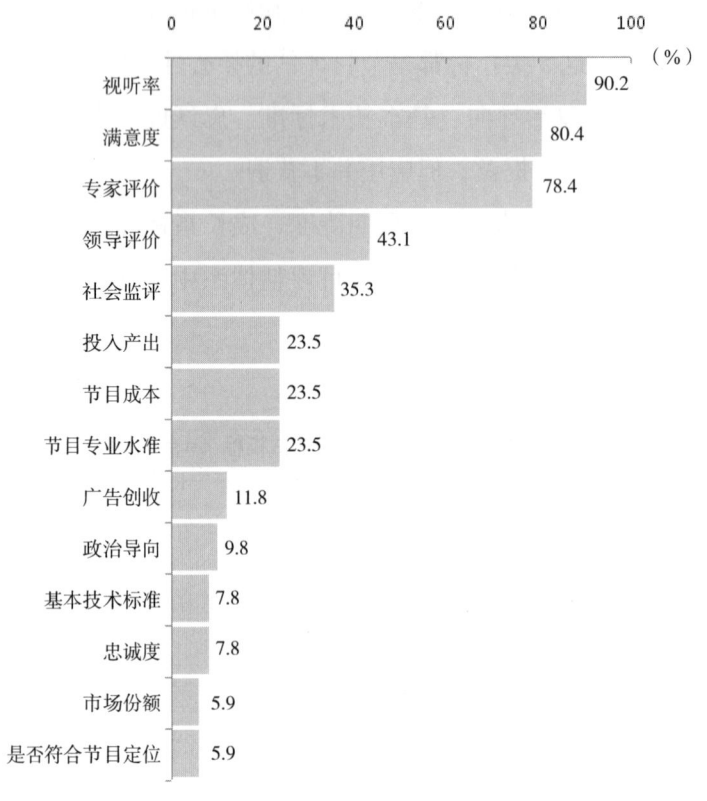

图7　文章提到所采纳的节目评估指标（单位：百分比）

（2）视听率影响因素。

视听率数据不仅与节目本身的质量有关，还受其所在的时段、频道环境、节目类型、目标受众多寡、前后节目拉动或拖后、节目和媒介竞争因素，以及节目播出的技术条件（覆盖率、功率、接收效果）和社会环境（季度、重大事件）等很多因素的影响。因此，需要找出对收视率有较大影响的因素，对其修正，从而使不同节目之间的视听率具有一定的可比性。

如表10和图8所示，在所分析的51篇论文中，提到用于修正视听率的影响因素很多，提及次数最多的三个依次是时段（49.0%）、节目类型（39.2%）和频道（29.4%）。这三个因素也是目前节目评估视听率修正中被普遍认可的修正因素。

接下来，提及率在10%以上的还有目标受众定位、节目竞争因素、前后栏目、播出时长、包装宣传和覆盖率。

其中，目标受众定位与前面所述的分类评价有很大关联，不同类型的节目定位不同，受众规模存在客观的差异，而这种目标受众的差别很难直接用数字来量化，课题组认为这一修正应当通过分类评价来实现。

节目竞争因素、前后栏目是比较笼统的影响因素，节目编排千变万化，对于被评价对象的影响有很多种情况，比较难以界定在何种情况下该如何修正。播出时长对视听率的影响对于不同类型的节目可能有很大差别；包装宣传的作用可能存在，但是目前还没有专门针对节目包装对视听率的影响，适度的宣传可能是有效的，但宣传过度又会过犹不及，这里存在很大的变数；覆盖率是可以明确得到的数据，但是对于同一个电视台的频道，只有卫视频道和其他频道之间存在覆盖率的差别，也可以把卫星频道的节目与其他频道的分开评价，消除覆盖率带来的差异。

节目播出的其他技术条件如功率、接收效果和社会环境，如季度、重大事件等因素对于同一个电视台的节目可能都会遇到，不必要修正，而且比较难以量化。

因此，虽然论文中提及的影响因素有很多，但是分析下来，比较稳定、可信，能够确切地得到修正因子数值的修正因素还是时段、节目类型和频道三个。

表10 文章提及的用于修正视听率的影响因素（n = 51）

	提及次数	提及百分比
时段	25	49.0%
节目类型	20	39.2%
频道	15	29.4%
目标受众定位	12	23.5%
节目竞争因素	10	19.6%
前后栏目	9	17.6%
播出时长	7	13.7%
包装宣传	7	13.7%
覆盖率	6	11.8%
季度	5	9.8%
受众认知度	5	9.8%
不同媒介竞争因素	5	9.8%
开机率	3	5.9%
重大事件	3	5.9%
播出频次	3	5.9%
发射功率	2	3.9%
节目生命周期	2	3.9%
接收效果	1	2.0%
地区	1	2.0%
直播、录播	1	2.0%

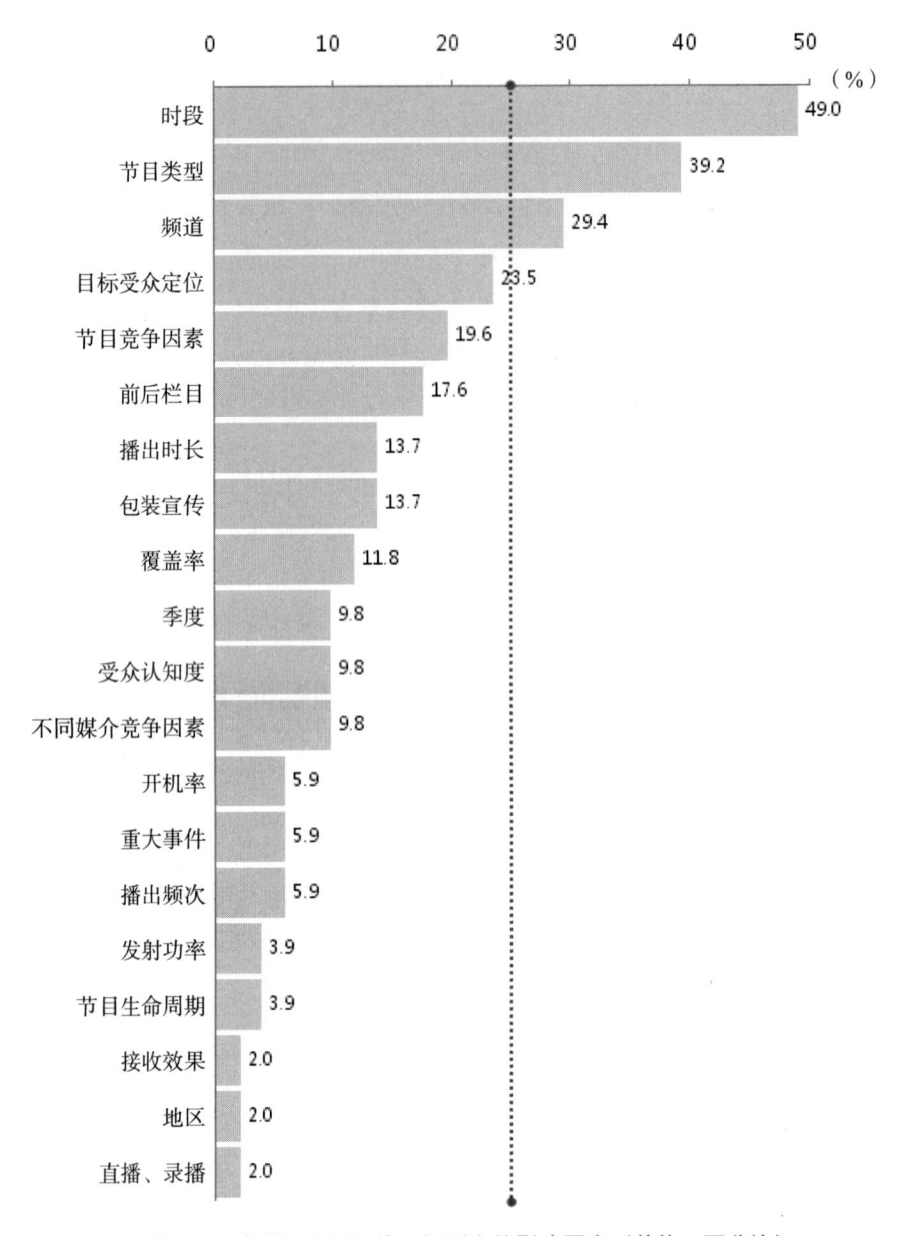

图8　文章提及的用于修正视听率的影响因素（单位：百分比）

（3）文章对指标权重的看法。

在所分析的51篇论文中，提到指标权重问题的较少，共有17篇，占文章总数的1/3，33.3%。17篇文章中，有15篇文章认为指标权重应当可调，占文章总数的29.4%；仅有2篇文章认为指标权重应固定，占文章总数的3.9%。可见，指标权重可调是更能取得广泛认同的权重设置方案。如图9所示。

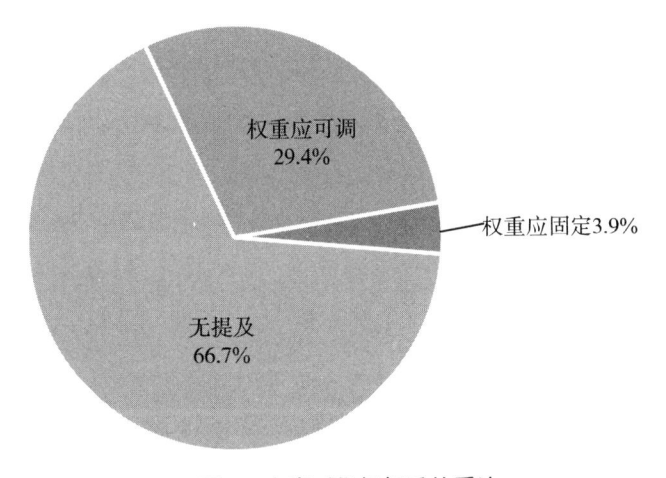

图 9 文章对指标权重的看法

8. 节目评估实施主体

在所分析的 51 篇论文中，有 29 篇文章提到了节目评估的实施主体问题，其中，有 20 篇文章提到了电台、电视台专职部门作为评估实施主体，处于绝对优势，占文章总数的比例为 39.2%；有 9 篇文章提到由专门的第三方机构实施节目评估，占文章总数的比例为 17.6%；另外，各有 1 篇文章专门提到由学术机构和调查公司来实施节目评估，各占文章总数的 2.0%。如图 10 所示。

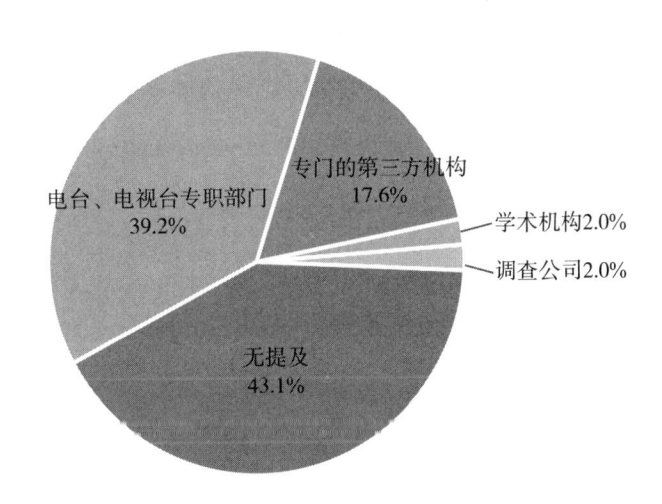

图 10 文章对节目评估实施主体的看法

附录13　广播电视节目评估研讨会问卷调查数据分析报告

一、研究背景及研究目的

为保证广播电视节目客体评估项目的顺利展开，展示自课题开展以来课题组的初步成果，明确下一步课题延伸的正确方向，2007年7月26日上午9：00，"中国广播电视节目评估体系理论、实践与应用研讨会"在中国传媒大学出版社多功能厅成功召开。

中国广播电视协会学术部主任张君昌先生、中国传媒大学调查统计研究所所长柯惠新教授、央视-索福瑞副总经理郑维东先生、中国传媒大学调查统计研究所马广斌博士、国家广电总局发展研究中心产业所副所长李岚女士等专家、学者均作为客座嘉宾做了专题演讲，并主持了相关议题研讨。

在研讨会上，各位领导和专家对节目评估体系客体评估研究课题的意义给予了充分肯定，对课题组给予了热切鼓励，指出广播电视节目评估是提高广电媒体科学管理水平、提高核心竞争力的必然要求，节目评估体系应具有严谨性、系统性、科学性，并且有可操作性。

除了各与会专家外，我们还邀请到共有来自全国31家广播电视媒体或广电管理单位的60余名代表参加了本次会议。参会的各媒体代表绝大部分来自台内总编室或节目研发室。对于节目评估体系的操作性、科学性、实用性等方面，他们拥有绝对的发言权。为此，在各位专家主持的相关议题研讨中，针对节目评估体系构建中存在的疑点、难点，项目总负责人沈浩教授都与业界代表进行了深入的沟通和交流。

为了能更为量化地表达与会代表对于节目评估体系构建的意见和想法，项目组专门设计了一份简短的问卷，在会议结束时请参会的60余名媒体代表填答。

会后，项目组成员整理、分析问卷数据，并应用大型统计软件SPSS13.0进行了数据的统计分析。

二、数据分析结果

1. 参会人员绝大多数来自节目评估一线的工作人员

如表1和图1所示，参会并填答问卷的43名代表中，23.3%的人来自广播电台，41.9%的人来自电视台，其中有27.9%的人来自广播电视集团/总台。由于各地广电媒体称谓、组织结构的不同，在此，我们暂且认为广播电视集团/总台包括广播电台和电视台。故从下图中可知93.1%的参会代表来自广播电视机构节目评估一线人员。只有不到8%的参会代表来自广播电视学会/协会等学术机构。

表1 参会人员单位性质（n = 43）

	频数	百分比
广播电台	10	23.3%
电视台	18	41.9%
广播电视集团/总台	12	27.9%
广播电视学会/协会	2	4.7%
广播电视局	1	2.3%
总计	43	100.0%

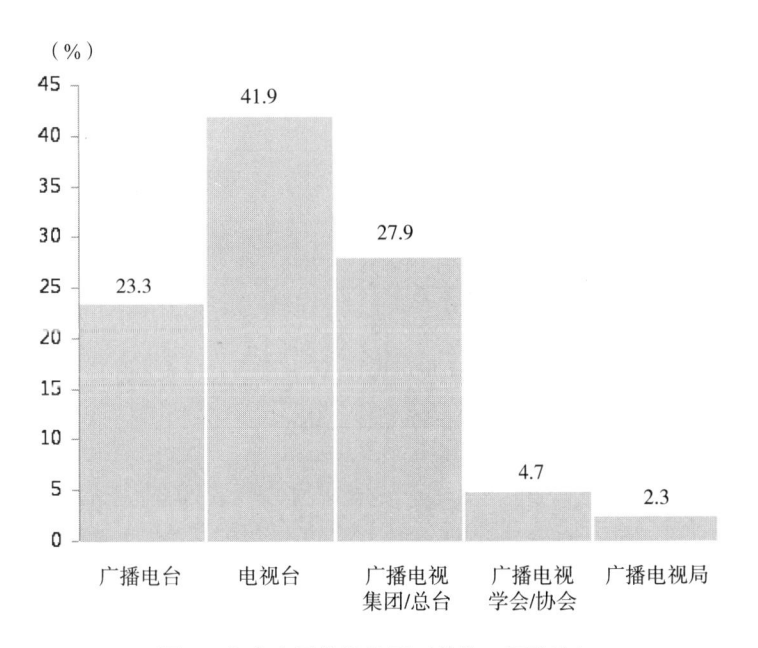

图1 参会人员单位性质（单位：百分比）

2. 六成以上参会人员在台内承担的工作是"节目考核与评估"

从表 2 中可以看出，63.2% 的参会代表在台内的主要工作是进行"节目考核与评估"；另有 13.2% 的参会者其主要工作是进行节目的视听率分析，这主要是因为随着我国广播电视节目视听产业的发展，视听率指标日益成为节目评估中的一个重要指标。甚至有的台由于各种条件的限制，把视听率指标作为节目评估的唯一指标，故很多广播电视机构把视听率的分析作为台内一项很重要的工作来抓。

综合图 2 数据，总体来看，参会代表以从事节目考核与评估、台内管理人员为主。只有 2.6% 的参会代表是从事行政性、学术性的协会工作。

表 2 参会代表所承担主要工作分布

	频数	百分比
视听率分析	5	13.2%
节目管理	2	5.3%
节目考核与评估	24	63.2%
台内管理	5	13.2%
包括以上四方面	1	2.6%
协会工作	1	2.6%
总计	38	100.0%

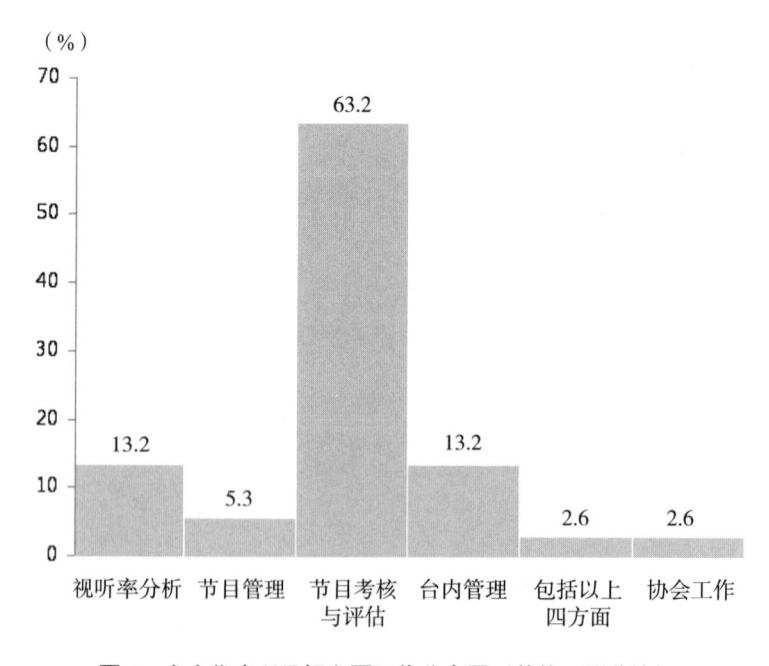

图 2 参会代表所承担主要工作分布图（单位：百分比）

3. 七成参会单位的节目评估工作由"总编室"负责

在广播电视台内部从事节目评估工作的部门主要有总编室和节目研发中心。通过调查数据分析也可以说明这一点。从表3和图3中我们可以看出，七成的参会代表反映，本单位的节目评估工作是由总编室来负责，两成的参会代表反映节目评估工作是由节目研发中心来负责。只有一成的参会代表表示本单位内部专门设置了节目评估部门。

表3　节目评估工作的负责部门

	频数	百分比
总编室	28	70.0%
研发中心	8	20.0%
专设评估部门	4	10.0%
总计	40	100.0%

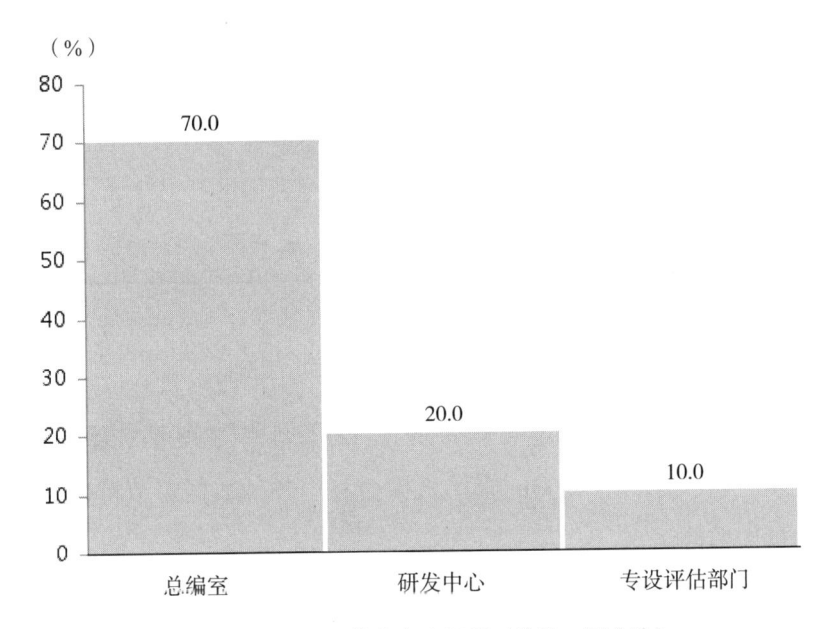

图3　节目评估工作的负责部门（单位：百分比）

4. 评估工作实施的主要范围：节目播后评估

为了考察各广播电视媒体节目评估实施的范围，在问卷中我们设置了一项多选题，被访者选择本单位进行节目评估的范围包括：播前评估、播中评估、播后评估，以及品牌分析。其中16.3%的被访者选择播前评估，18.6%的被访者选择播中评估，93%的被访者选择播后评估，其中被访者中有一个人选择了利用节目评估进行品牌分析。如表4和图4所示。

表4 评估工作实施的范围

	频数	百分比
播前评估	7	16.3%
播中评估	8	18.6%
播后评估	40	93.0%
品牌分析	1	2.3%

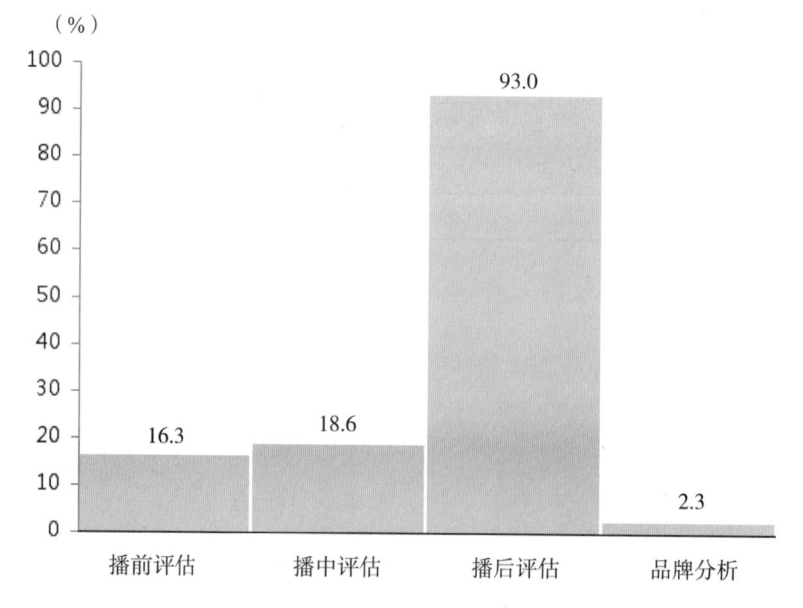

图4 评估工作实施的范围（单位：百分比）

整体来看，超过九成的广电媒体开展节目评估工作主要是对播后节目进行评估，只有少量分析技术比较成熟的媒体机构会利用各种数据对节目进行播前预测，以及节目的播中监测。

5. 节目评估所采用的指标

为了考察各广播电视媒体在节目评估中所采用的指标，我们在问卷中设置了一道涉及目前23项可用指标的多选题。根据数据分析的结果，按照选择的百分比高低进行排序，如表5和图5所示，排在前五位的指标分别是：视听率（88.1%）、专家评价（81.0%）、领导评价（61.9%）、社会监评员（50.0%）、满意度（42.9%）。也就是说以上五项指标是目前广播电视媒体在进行节目评估时最为常用、最为重视的五项指标，同时这五项指标的数据也是最容易得到的。

除了排在前五名的指标外，市场份额（40.5%）、政治导向（40.5%）、是否符合节目定位（33.3%）也是广播电视机构进行节目评估较多涉及的指标。像投入产出比（31.0%）、节目成本（26.2%）这两个有关节目成本的指标用得则比较少，主要是因为目前我国广播电视机构的财务管理体制以及节目成本核算体制不甚完善，有关节目投入产出的数据很难准确地估算出来。

表5 节目评估所采用的指标

	百分比	排序
视听率	88.1%	1
专家评价	81.0%	2
领导评价	61.9%	3
社会监评员	50.0%	4
满意度	42.9%	5
市场份额	40.5%	6
政治导向	40.5%	7
是否符合节目定位	33.3%	8
投入产出比	31.0%	9
广告创收	28.6%	10
节目成本	26.2%	11
忠诚度	23.8%	12
到达率	19.0%	13
视听率点成本	11.9%	14
节目专业水准	11.9%	15
基本技术标准	9.5%	16
成长指标	7.1%	17
广告满档率	4.8%	18
占有率点成本	2.4%	19
负载率点成本	0.0%	20
受众期待度	0.0%	21
受众重叠度	0.0%	22
受众主动性	0.0%	23

指标	百分比
视听率	88.1
专家评价	81.0
领导评价	61.9
社会监评员	50.0
满意度	42.9
市场份额	40.5
政治导向	40.5
是否符合节目定位	33.3
投入产出比	31.0
广告创收	28.6
节目成本	26.2
忠诚度	23.8
到达率	19.0
视听率点成本	11.9
节目专业水准	11.9
基本技术标准	9.5
成长指标	7.1
广告满档率	4.8
占有率点成本	2.4
负载率点成本	0.0
受众期待度	0.0
受众重叠度	0.0
受众主动性	0.0

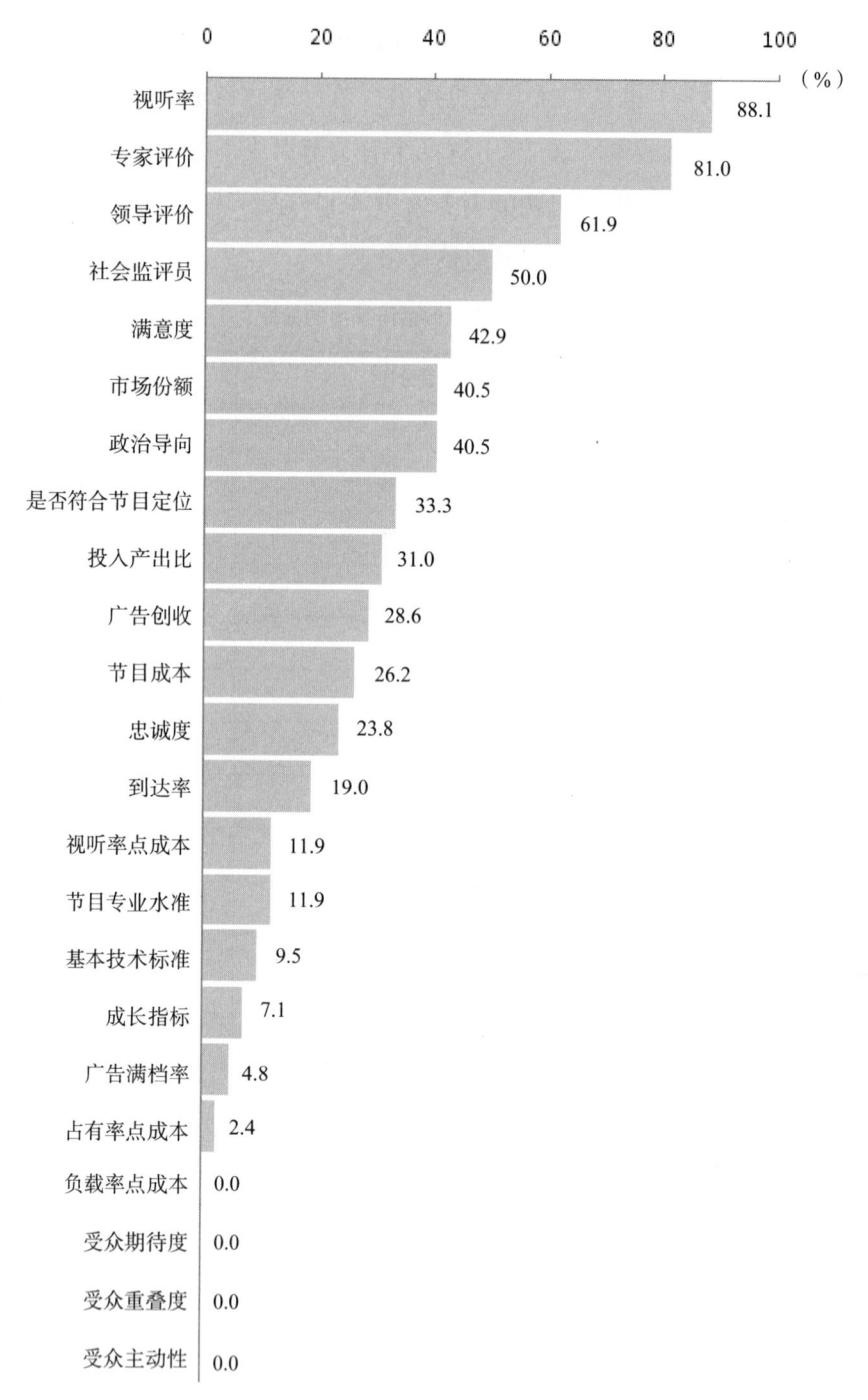

图 5 节目评估所采用的指标排名（单位：百分比）

6. 节目评估指标权重：可调

关于节目评估指标权重的设置问题，从表 6 和图 6 可知有 75.0% 的被访者认为指标权重应该是可调的，只有 25.0% 的被访者认为指标权重应固定。从节目评估体系的实际可操作性方面讲，如果权重可调，各个广播电视机构能够根据自身实际情况进行灵活调整，避免节目评估呆板化、模式化。

表6 节目评估指标权重

	频数	百分比
权重应固定	10	25.0%
权重应可调	30	75.0%
总计	40	100.0%

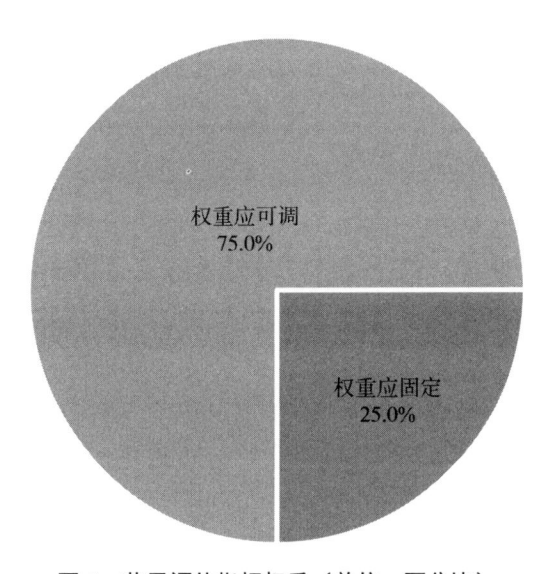

图6 节目评估指标权重（单位：百分比）

7. 各广播电视机构倾向于：根据各台特点定制评估软件系统

在节目评估体系构建完善的情况下，为了能使各广播电视台的节目评估工作顺利展开，为各广播电视台节目评估人员提供便捷，我们考察了被访者对节目评估软件系统的需求情况。

如表7和图7所示，有将近七成的被访者认为有必要"根据各台特点定制评估软件系统"，同时也有23.8%的被访者认为有必要"开发通用评估软件系统"，而选择"视听率分析系统已能满足节目评估需要"该选项的只有一个人，这说明目前节目单纯的视听率分析系统已远远不能满足各广播电视机构进行节目评估的需要，开发一套适应各台特点、可调权重的节目评估系统势在必行。

表7 广播电视机构对节目评估软件的需求

	频数	百分比
视听率分析系统已能满足节目评估需要	1	2.4%
开发通用评估软件系统	10	23.8%
根据各台特点定制评估软件系统	29	69.0%
自主研发评估软件系统	2	4.8%
总计	42	100.0%

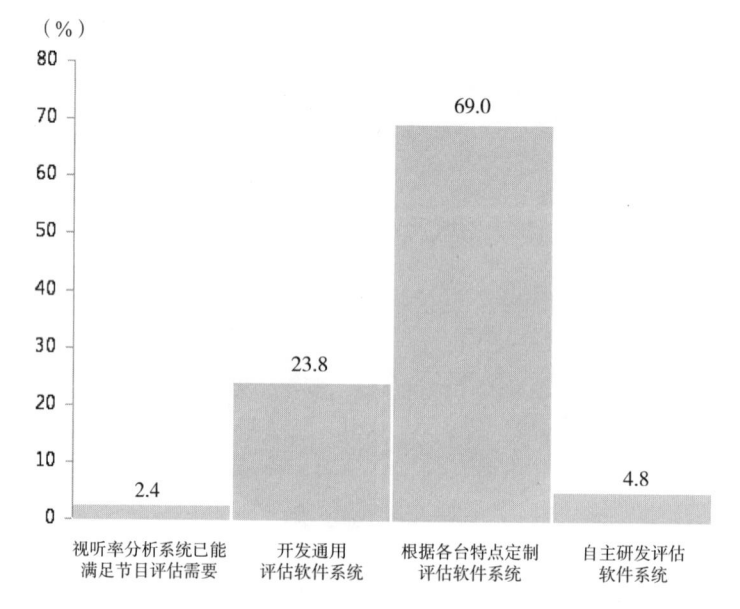

图7 广播电视机构对节目评估软件的需求（单位：百分比）

8. 节目评估的实施主体

关于节目评估的实施主体，超过一半即54.8%的被访者认为应当由"电台、电视台专职部门"行使节目评估的职能，21.4%的被访者认为应由"行业管理机构（如行业协会）"充当节目评估实施的主体，23.8%的被访者则认为应由"专门的第三方机构"充当节目评估实施的主体。如表8和图8所示。

表8 节目评估的实施主体

	频数	百分比
电台、电视台专职部门	23	54.8%
行业管理机构（如行业协会）	9	21.4%
专门的第三方机构	10	23.8%
总计	42	100.0%

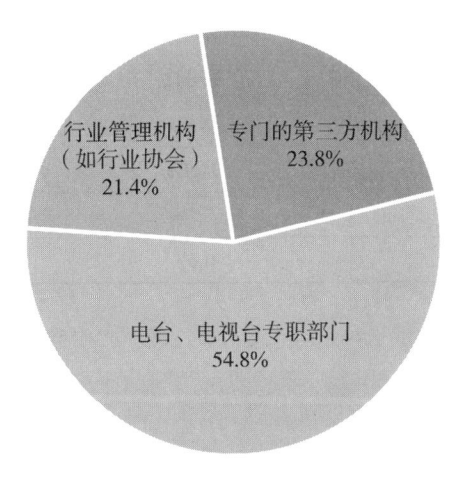

图 8　节目评估的实施主体

9. 对视听率的修正最应先考虑的因素：频道、时段、节目类型

为了考察各广播电视机构在进行视听率修正时主要考虑的因素，我们列出了对视听率大小有影响的 15 个因素，并根据被访者选择结果进行排序，排在前三名的是：时段（97.6%）、频道（73.8%）和节目类型（71.4%），同时覆盖率也是各广播电视机构进行视听率修正时所要重点考虑的因素。如表 9 和图 9 所示。

这也说明节目时段、所在频道，以及节目类型是影响节目视听率高低的重要因素。对视听率数据分析之前必须根据时段系数、频道系数、节目类型系数修正原始视听率数据，根据修正后的节目视听率才能对节目进行比较和评估。

表 9　修正视听率应考虑的因素

	百分比	排序
时段	97.6%	1
频道	73.8%	2
节目类型	71.4%	3
覆盖率	57.1%	4
前后栏目拉动作用	35.7%	5
播出时长	31.0%	6
首播重播	28.6%	7
播出频次	26.2%	8
接收效果	23.8%	9
开机率	21.4%	10
季节	19.0%	11

(续表)

	百分比	排序
市场份额（占有率）	19.0%	12
不同节目间竞争	11.9%	13
节目生命周期	7.1%	14
星期	0.0%	15

因素	百分比(%)
时段	97.6
频道	73.8
节目类型	71.4
覆盖率	57.1
前后栏目拉动作用	35.7
播出时长	31.0
首播重播	28.6
播出频次	26.2
接收效果	23.8
开机率	21.4
季节	19.0
市场份额（占有率）	19.0
不同节目间竞争	11.9
节目生命周期	7.1
星期	0.0

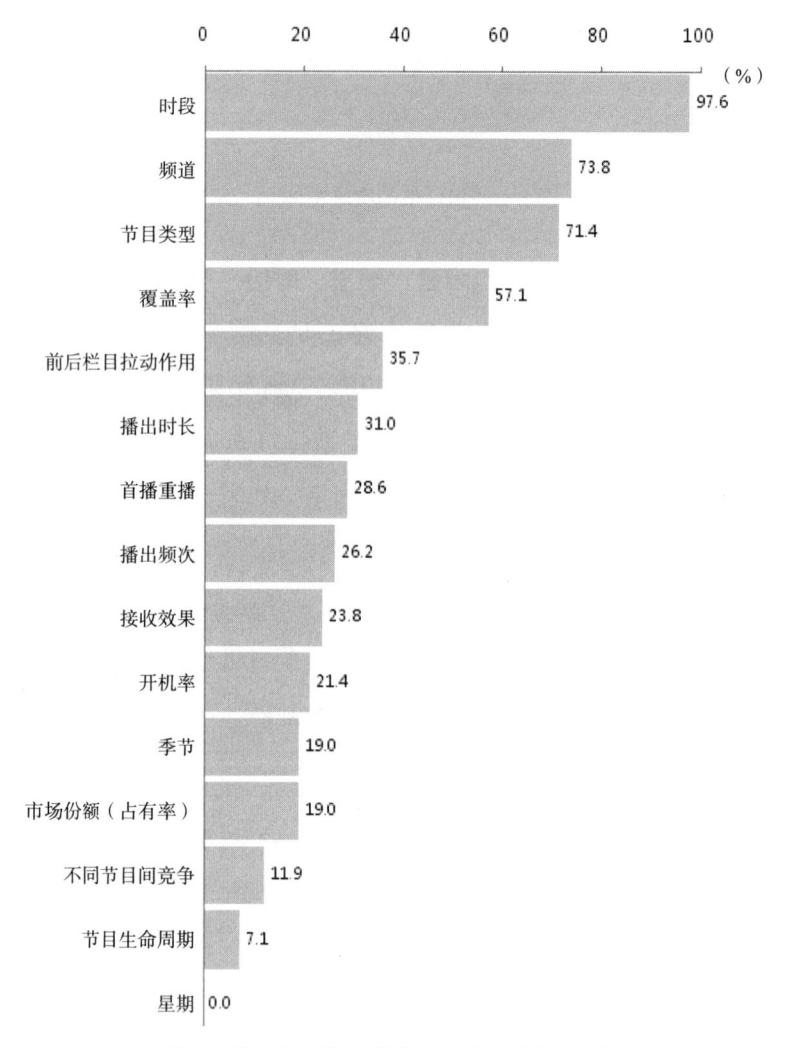

图9　修正视听率应考虑的因素（单位：百分比）

10. 节目评估面临的主要问题

为了能更为真切地洞察目前各广播电视机构在进行节目评估时所面临的主要问题，通过搜集相关资料以及对广电一线从业人员的深访调查，我们列出了21项目前节目评估中存在的问题。根据被访者的选答结果，从表10和图10中可以看出,问题选项排在前五位的分别是:尚无科学完善的评估体系(81.4%)、视听率调查不够规范(48.8%)、主观评价方法存在缺陷(48.8%)、指标权重缺乏深入研究(46.5%)、数据分析人才缺乏(44.2%)。所以进行节目评估体系的研究,制定标准的评估体系,规范各评估指标的采样以及数据回收对目前中国广电媒体节目评估工作的开展来说迫在眉睫。

同时,像"片面夸大视听率指标(39.5%)""满意度调查存在信度与效度问题(39.5%)""成本核算困难(39.5%)""节目分类没有体系(37.2%)""缺乏评估软件系统(34.9%)"等问题也是被访者反映比较强烈的。被访者提出的问题都是我们的节目评估课题需要攻坚的一个个重点,同时,这些问题的提出也为节目评估课题最终的完成指明了努力的方向。

表10 节目评估面临的主要问题

	百分比	排序
尚无科学完善的评估体系	81.4%	1
视听率调查不够规范	48.8%	2
主观评价方法存在缺陷	48.8%	3
指标权重缺乏深入研究	46.5%	4
数据分析人才缺乏	44.2%	5
片面夸大视听率指标	39.5%	6
满意度调查存在信度与效度问题	39.5%	7
成本核算困难	39.5%	8
节目分类没有体系	37.2%	9
缺乏评估软件系统	34.9%	10
视听率修正困难	32.6%	11
主观评价人员构成不够均衡	30.2%	12
指标生搬硬套,强行黏合	27.9%	13
评估体系与管理体系的衔接问题	25.6%	14
评估模式缺乏统一标准	23.3%	15
主观评价量表不完善	18.6%	16
满意度调查经费困难	18.6%	17
有些评价指标机械量化	11.6%	18
权重机械固定	9.3%	19
评估周期数据不统一	7.0%	20
缺乏历史数据支持	2.3%	21

问题	百分比
尚无科学完善的评估体系	81.4
视听率调查不够规范	48.8
主观评价方法存在缺陷	48.8
指标权重缺乏深入研究	46.5
数据分析人才缺乏	44.2
片面夸大视听率指标	39.5
满意度调查存在信度与效度问题	39.5
成本核算困难	39.5
节目分类没有体系	37.2
缺乏评估软件系统	34.9
视听率修正困难	32.6
主观评价人员构成不够均衡	30.2
指标生搬硬套，强行黏合	27.9
评估体系与管理体系的衔接问题	25.6
评估模式缺乏统一标准	23.3
主观评价量表不完善	18.6
满意度调查经费困难	18.6
有些评价指标机械量化	11.6
权重机械固定	9.3
评估周期数据不统一	7.0
缺乏历史数据支持	2.3

图 10 节目评估面临的主要问题（单位：百分比）

11. 节目综合评估的对象主要是：自办栏目

从表 11 和图 11 可以看出，72.1% 的被访者选择了本台节目评估的主要对象为"自办栏目"，20.9% 的被访者选择对"合办栏目"进行评估。只有 14.0% 的被访者选择"购买栏目"。这说明目前绝大多数广播电视台的节目评估主要是针对本台自办栏目进行评估。

表 11　节目综合评估的对象

	频数	百分比
自办栏目	31	72.1%
合办栏目	9	20.9%
购买栏目	6	14.0%
总计	46	100.0%

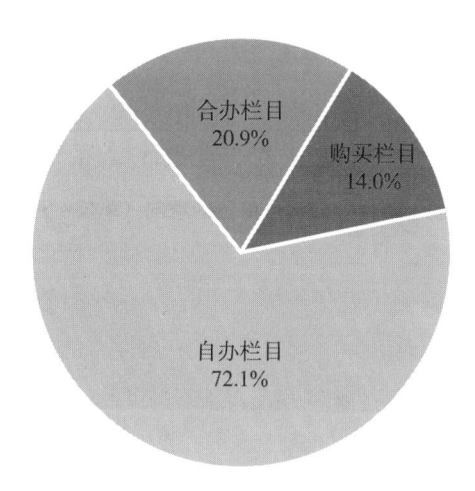

图 11　节目综合评估的对象

12. 将近七成的广播电视台有意向成为课题组节目评估的调研或试点单位

调查显示有 67.6% 的被访者愿意使其所在单位成为课题组节目评估的调研或试点单位，只有 5.9% 的被访者表示"不愿意"，17.6% 的被访者表示"再联系协商"，这说明目前各广播电视机构对于节目评估体系的构建实施是持欢迎态度的。如表 12 和图 12 所示。

表 12　成为节目评估试点单位的意向

	频数	百分比
不愿意	2	5.9%
愿意	23	67.6%
须请示领导	3	8.8%
再联系协商	6	17.6%
总计	34	100.0%

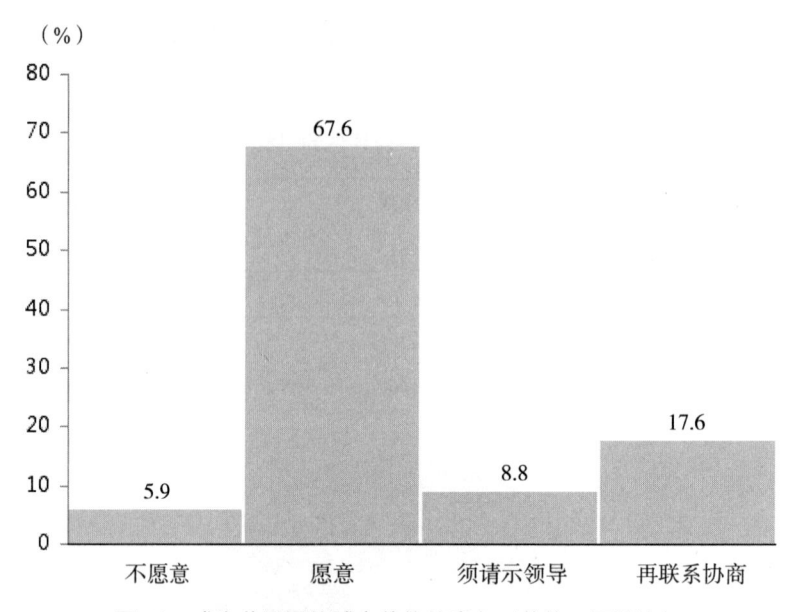

图 12 成为节目评估试点单位的意向（单位：百分比）

附录14 相关概念及定义

1. 系统

所谓系统是指两个或两个以上的相互联系和作用的要素按内在的必然联系所构成的,具有一定的结构,呈现特定功能的有机整体。在这里,要素、结构、功能、环境是系统的充要条件。

2. 系统论

它是研究系统的一般模式,结构和规律的学问。它研究各种系统的共同特征,用数学方法定量地描述其功能,寻求并确立适用于一切系统的原理、原则和数学模型,是具有逻辑性和数学性的一门科学。

3. 收视率

(1) 按照《广播电视词典》的解释,收视率是指在一定时段内收看该节目的人数(或家户数)占观众总人数(或总家户数)的百分比。即:

收视率=收看该节目的人数(或家户数)/观众总人数(或总家户数)

(2) 收视率:收视率是指一定时段内收看某一节目的人数(或家户数)占观众人数(或家户数)总体的百分比。

收视率分为家庭收视率和个人收视率,一般而言,家庭收视率大于个人收视率。

4. 总收视率

总收视率是指某一时段内所有单位时段的收视率之和,总收视率又被称为收视率、总收视点、毛评点,简称GRP。一般来讲,总收视率在广告中应用得较多。

5. 平均收视率

所谓平均收视率,是指在特定时间内所有单位时段的收视率之和(总收视率)除以该时间总单位时段数所得的比值。

6. 开机率

开机率是指某一时段内，打开电视机的家户数占总电视家户数的百分数。

7. 占有率

占有率是指在特定的时段内收看某一频道（或节目）的人数（或家户数）占打开电视机总人数（总家户数）的百分比。占有率也可以指某一特定频道的收视率占所有频道收视率的百分比。也就是我们常说的市场份额。

8. 到达率

到达率是指在特定的时间内，收看过某一频道（或节目）的不重复的观众人数占观众总数的百分比。

9. 市场份额（市场占有率）

市场份额（市场占有率）是指在某一特定的时段，收看某一特定频道或某一特定节目的人数占总体收视人群的百分比。

10. 每千人成本

在广告媒介计划中，载体每到达一千人次的受众量所需要花费的成本。

11. 每毛评点成本

指每得到一个收视率百分点所需要花费的成本。

12. 累计观众

累计观众是指在特定时间内收看某一频道或节目至少一次的不重复的观众人数。和到达率密切相关，不同的是到达率是百分比，而累计观众的单位是人数。

13. 接触频次

接触频次又被称为暴露频次，是另一个与到达率密切相关的概念，指一段时间内观众个人（或家户）接触某一特定频道（或节目）的平均次数。

14. 重复观众

又被称为重叠观众，主要是指同样收看两时段电视的观众人数，也可以说两个时段所共享的观众数目，可以由各时段累计观众之和减去两时段的累计观众数求出。

15. 观众重复率

又被称为观众重叠率，主要考察某一时段、某一节目或某一电视台的观众同样成为另一时段、另一节目或另一电视台观众的程度，是有关电视忠诚度的指标。通常用两时段重复的观众数除以某一时段累计观众数而得到。

16. 转台数

转台数是指某一时段内收看电视的累积观众平均一刻钟转换电视台（频道）的次数，由某一时段累计观众除以平均一刻钟观众得出。

17. 响应率

响应率是指平均每天入网提供数据的用户占所有符合条件的样本户的比率。在固定样组的选择过程中，要获得尽可能高的响应率，因为对于传输高质量的数据来说是非常重要和必须的条件。响应率越低，系统所暴露出误差的可能性也就越大。

18. 收视率导向

指在电视媒体中普遍存在的以收视率作为首要指标来引导节目制作、评价和运行决策的做法，追求尽可能高的收视率是这种导向的本质特征。"唯收视率"是"收视率导向"的极大化。

19. 收视率万恶之源

电视市场片面追求高收视率的倾向在很大程度上导致了节目的低俗化倾向，甚至出现以恶俗为美、以恶心为荣的不正常的审美，在这种不良的趋势下，有人将矛头调转指向了一直被叫好的收视率，进而产生了另外一种极端化的偏见"收视率是万恶之源"。

20. 绿色收视率

"绿色收视率"是指在努力提高收视率和收视份额的同时，杜绝媚俗和迎合，坚守节目的高品位，抵制低俗风，实现收视率的科学、健康、协调、可持续增长，增强电视媒体的权威性、公信力和品牌价值。

21. 观众构成

对于特定频道（或节目），目标观众平均每分钟的收视人数（千人）占参照观众平均每分钟收视人数（千人）的百分比。

22. 时段频道贡献

特定频道特定时段观众收视时间与该市场所有频道在参考时段观众总收视时间的百分比值。

23. 时段指数

某一频道特定时段的频道占有率与这一频道参照时段的频道占有率之间的关系指数。

24. 双虞效应

部分强势电台和电视台，利用自身的优势不断提升自身的到达率，进而提高视听受众的人均接触时间，争取更多的忠实听众和观众。在这种情况下就出现了强势媒体越来越强，弱势媒体越来越弱的趋势。双虞效应加剧了市场的分化，促进了市场垄断的产生。

25. 制播分离

制播分离是指电视节目的策划、投（筹）资、制作、审查、播出等各个环节由两个或两个以上的没有任何市场交易以外关系的法人主体分别完成的运作机制。

26. 广播收听率

指在特定时段内收听了广播（或某频率）的听众数占被调查听众总数的比值。广播收听率调查是对听众实时收听行为的调查统计。和电视收视率类似，广播收听率也是广播市场经营与管理的"通用货币"，是广播行业市场化发展的必然选择。

27. 累计收听率

在一定时期某特定时段内，收听总人次占潜在听众的比例。

28. 平均收听率

特定时段（或者节目播放时间）平均每15分钟到达的听众占潜在听众的比例。它反映的是时段的平均价值。

29. 最大收听率

在一周内，在特定时段（或节目）每天的收听率中的最大值。反映了该时段（或节目）一次听众的最大规模。

$$电台收听率=\frac{某一个时间（时刻）在某一地区范围内收听广播的人数}{该地区可能收听广播的人数}\times100\%$$

30. 听众占有率

又称"听众份额"（audience share），也称为相对收听率。特定时段（或者节目播放时间）收听某电台（节目）人数在该时间段内收听广播人数中所占的比例。即听众占有率是特定时段某电台（节目）的收听率与该时段广播接触率的比值。听众占有率是反映特定时段某电台（节目）的市场份额，反映该电台（节目）在当地的竞争力，该指标与该时段的听众规模无关。

听众占有率＝收听某节目的户（人）数 / 正在听广播的户（人）数

31. 平均占有率

又称"一刻平均占有率"，是指特定时段（或者节目播放时间）T 内收听某电台（节目）的总时间占该时段收听广播总时间的百分比，通常我们是对听众每 15 分钟作为一个单位进行收听情况的记录，那么平均占有率也是指特定时段（或者节目播放时间）平均每 15 分钟内收听某电台（节目）总人次占在该时间段内平均 15 分钟收听广播总人次的百分比。

32. 目标听众群收听率

某个节目的目标听众群收听率是指某一个时间（时刻）在某一地区范围内收听该节目的人数与该节目在当地的目标听众群总人数的比率。这个指标通常是在考察节目的收听率时使用的，它是介于相对收听率和绝对收听率之间的指标。

33. 到达率

到达率通常指某电台每日的听众占调查总体的比例，也可称为日到达率，计算方法：一个计算时长内收听时间超过单位时间的人数占所有被调查人数的百分比。

34. 广播接触率

指某地区在某一时刻收听广播的人口占该地区可能收听广播的人口比例。

35. 听众流出率

某电台（节目）一定时期内减少的听众比例，指已经流失的听众占其原来的听众的比率。

36. 听众流入率

某电台（节目）一定时期内增加的听众比例，指新增加的听众占其目前的听众的比率。

37. 忠诚度

一直收听某电台（节目）的听众占该电台（节目）总的听众的百分比。是反映听众对某一电台或某一节目的忠实程度的指标，表现为行为忠实度（指收听电台或节目的稳定性）和情感忠实度（指对电台或节目的依赖性）两个方面。行为忠实度可以从目前收听某电台（或某节目）的听众与以前的听众比较分析得出，而情感忠实度则一般需要通过量表从多方面来测试、分析。

某电台的听众忠实度＝一年前和现在均为最常收听该电台的听众人数／一年前最常收听该电台的听众人数 ×100%

38. 平均忠实度

某节目的听众在节目播出时段内收听该节目的时间占收听广播的时间的百分比，反映了听众对节目的倾向程度。

39. 听众满意度

在听众调查中，通常以听众打分（如百分法、十分法、五分法等）的方式来测试听众对某一节目的满意程度，将全部调查样本给出的分值计算出均值，称为"听众满意度"。是对受众收听（看）节目时的态度进行调查，了解受众对节目的评价。

40. 听众满意率

听众对某电台（节目）达到某个满意水平的人数占广播听众的百分比。满意率反映了对电台（节目）满意的听众规模。

41. 覆盖面

指媒体所能达到的传播范围。

42. 覆盖率

指在媒体传播范围内，能够接触媒体信息的人数占全体人口的百分比。

43. 广播听众

某地区在一定时期内收听过广播的人。一定时期通常为一个月，听过广播指不管广播受众在任何地方或任何时候，也不管是否主动收听，只要曾经收听到并且有印象的即可。

44. 潜在听众

符合特定条件具有广播收听能力的人。潜在听众是用来衡量广播的潜在价值的。又可以细分为"电台潜在听众"和"节目潜在听众"。"电台潜在听众"是指该电台在其覆盖范围内可能收听广播的人口；而"节目潜在听众"则是指在该电台覆盖范围内可能收听该类节目的听众，或可称为该节目的"目标听众"。

45. 听众构成

听众构成告诉广告客户电台的听众是谁、他们的消费能力如何、具备何种心理特征等，帮助客户判断听众与营销目标消费者的拟合程度。对比节目的听众特征与节目初拟的目标群体特征，可以检验节目的定位，以便做出适当的节目调整。

46. 听众集中度

指对于特定时段（或节目），目标听众的收听人数占所有收听人数的比例，也可以说为目标听众的收听率与潜在听众的收听率的比值与目标听众比重的积。

47. 听众重叠率

广播听众一般不会固定收听某一个电台（节目），经常是选择两个或者两个以上的电台（节目）收听，听众重叠率就是两个或者两个以上电台（节目）之间重复听众人数占这些电台（节目）听众总量的百分比。听众重叠率反映了电台（节目）之间听众的相似程度，也是反映听众忠诚度的指标。

48. 受众接触新闻媒介兼容率

是测定该地区多种新闻媒介是否均衡发展的指标，兼容率高，说明多种新闻媒介能得到比较均衡的发展。

受众接触新闻媒介兼容率＝该地区受众接触多种新闻媒介人数/该地区总受众数×100%

49. 受众喜爱率

受众喜爱率＝最喜欢A媒介（节目）的受众人数/接触A媒介（节目）的受众人数×100%

50. 累计听众数

指在某个时段的15分钟内收听某个电台至少达5分钟的不同人数总和，累计听众可以最准确地反映某一时段各个电台的听众人数。

51. 累积听众数

指某一节目自开始播出后至今有收听过该节目的听众人数总和，即使他们现在不再收听，但也是节目的听众，因此节目开播时间越长，积累的听众越多。累积听众数可以"人"来衡量（非重复计算），也可以"人次"来衡量（重复计算，比如以每5分钟为一个计算单位）。

52. 累积听众率

指累积听众数与潜在听众数之比。

53. 一刻平均听众数

假设某节目的时长为60分钟，以15分钟为一个测试时段（一刻），在此15分钟内至少有收听该节目5分钟以上者认为"有收听"，则该节目在四个测试时段的"有收听"的人数的平均数即为"一刻平均听众数"。

54. 千人成本

指广播到达每千人所花费的成本。

55. 广告千人成本

在广告媒介计划中，载体每到达一千人次的受众量所需要花费的成本，以元表示。通常以时段的千人成本（CPMT）、节目的千人成本（CPMj）和节目的最小千人成本（CPMjmin）。

56. 时段指数

同一电台的特定时间段T的收听率与同一电台平均收听率的百分比。时段指数反映了该时段收听率与该电台平均水平的差距。

57. 时段贡献率

特定时段T的听众收听某电台的总时间与该电台的听众总收听时间的比例，也就是特定时段T的累计收听率（AcBRt%）与该电台总收听率（TBRt%）的比。时段贡献率反映了特定时段对电台的价值。数值越大，贡献率越大，价值也就越大。

58. 时段频率贡献率

特定时段T某电台的听众收听总时间占该时段听众收听广播的总时间的百分比，其实时段频率贡献率就是指某电台在该时段的平均占有率。

59. 时段广播贡献率

特定时段 T 的听众收听广播总时间与听众全天收听广播的时间的百分比，也就是特定时段 T 的累计广播接触率（AcTBRt%T）与全天的累计广播接触率（AcTBRt%）的比。

60. 受众满意度

受众满意度是指受众根据观看节目的印象而形成的对节目满意的程度。满意度就是受众对节目质化评估的指标。广播电视机构在确定某个节目的内容和形式的时候，常常是出于经济利益和政治考虑，但受众在评价节目的时候，其目的和动机却要单纯得多。所以，满意度实际上反映的是一定范围内受众对节目的情感需求和理性判断，体现的是节目的社会效益。

受众满意度是受众对节目好坏的总体判断，是受众对节目的整体质量或优势的认识。受众满意度指标所衡量的是某类别的节目在内容和形式等各种受众评价要素方面，为受众所喜闻乐见、能够持续地满足或超过受众对该类节目的要求的程度。

本研究的概念定义，突出了两点：一是受众满意度要完全基于受众对节目评价的要求，而不是其他人如从业人员、媒介管理人员甚至媒介研究专家们对节目评价的要求；二是对节目要分类研究，不能将不同类别的节目混杂起来，建立并使用同一套指标体系。

61. 受众满意度指数

受众满意度指数是从受众或社会的角度，采用统计学方法来评价受众对节目质量、传播效果等方面满意程度的综合性指标，融节目知名度、受众规模、期待度、忠诚度、人气指数等于一体。它对真实了解和把握受众的需求和期望，了解受众对节目质量和传播效果的客观评价具有特殊的效果。

受众满意指数通过测量受众（即用户或消费者）对节目质量或传播效果的满意程度以及决定满意程度的相关变量和行为趋向，利用数学模型进行多元统计分析得到的受众对某一特定节目的满意程度的指标。这个指标可以较好地用来评价节目的总体质量和传播效果，比较不同台不同栏目和同一台不同栏目、节目的质量和传播效果，为各广播电视机构改进节目质量、实现科学管理和决策、增强市场竞争力提供指导。

62. 欣赏指数

欣赏指数（Appreciation index），也称为满意度指数，在美国又被称为"吸引指数"，在日本则被称为"品质评比"，在法国被称为"兴趣指数"，十余年来逐步受到人们关注。欣赏指数是用以认定受众对节目素质的评价，并以此考核节目是否满足受众需求的一种指针。一般包括受众对节目认知度、认可度、了解度、喜欢度和推荐度等多项评价指针，通过受众打分，加权而得。目前，加拿大、澳大利亚、荷兰等国家都运用这个指针，香港也于1989年开始探讨节目素质问题，并且于1998年开始在公营电视台中用于节目评价。

本研究认为，欣赏指数是测量受众对节目喜好与评价的一项指标，也是在视听率这个"量化"指标之外的一个"质化"指标。在中文里对广播电视节目的"欣赏"可以解释为"喜好和值得收看"的程度，就我国大陆的受众而言，评价广播电视节目时对"欣赏"这个概念的理解类似于"好评"的概念。

63. 节目知名度

节目知名度也可以说是栏目知名度，它是指在家中电视机/收音机能接收到这个栏目的受众中，听说过这个栏目的受众所占的比例。其计算公式为：

节目知名度＝听说过某节目的受众数/家中能收到该节目的受众数

64. 期待度

期待度是反映栏目或节目吸引力和受众主动性的指标，是衡量节目质量和反映受众对节目评价的一个重要标准。节目期待度的计算公式为：

节目期待度＝事先准备要看或听该节目的受众数/过去30天看或听过该节目的受众

65. 人气指数

对于节目而言，喜欢的受众越多，则表示该节目越受受众的欢迎，该节目的人气指数就越高。从受众满意度的层面来看，人气指数表明了受众对节目的喜爱程度。节目人气指数的计算公式为：

节目人气指数＝比较喜欢看或听某个节目的受众数/家中能够接收到该节目的受众数

66. 受众忠诚度

受众忠诚度指受众对某个栏目的节目持有肯定态度的程度、承诺的程度以及愿意在未来继续收看的程度。忠诚度会受到长期累积的满意度的直接影响。

在受众看/听过的这些节目中，能够被受众喜欢将会有效地增加受众重复收看、主动收看的可能性，因此，喜欢的受众越多，该节目拥有的忠诚受众也越多，该节目的受众忠诚度也就越高。节目忠诚度计算公式如下：

节目忠诚度=比较喜欢看或听某个节目的受众数/过去30天看或听过该节目的受众

67. 指标及指标体系

所谓指标，是可测定性的标志。节目评估指标，即节目评估内容的外化标志，即一些量化或者质化的可测定性标志。

科学的指标体系，不仅在于其可测定性，还由于它是依据不同研究目的的要求和研究对象的特征，把客观上存在着联系的若干个指标科学分类和组合而成，因此这些指标体系还可以用来阐明因素间的相互作用关系，并找出互相影响的原因，从而及时发现和调整目标与实际的偏差，实现对过程的有效控制。

68. 结构方程式模型

结构方程式模型是一种建立、估计和检验因果关系模型的多元统计分析技术。其基本方法是：根据有关理论基础，先设计出要研究的一些理论模型，再检验和证实这些模型具有统计意义，从某种意义上讲，结构方程式模型是一种证实性技术而不是一种探索性技术。

69. 主成分分析法

主成分分析法是简化数据结构的一种常用方法。它将原来的众多变量转化为相互独立的几个综合变量（主成分），这几个少量的变量可以反映原来众多变量的大部分信息。

70. 回归分析法

指在分析自变量和因变量之间相关关系的基础上建立变量之间的回归方程，根据自变量的数量变化来分析因变量的数量变化的一种统计学分析方法。在满意度指标体系中引入回归分析方法，主要用来测算满意度各分项满意度指标与总体满意度之间的关系，通过回归系数的大小来确定各分项满意度指标对总体满意度影响的大小。

71. 深度访谈

深度访谈指无结构的、直接的、一对一个人的访问。一般访问时间比较长，一个小时或一个小时以上。通过访问可以获取被访者对某个问题的意见、价值、潜在动机、信念、态度、感情等详细资料，因此深度访谈一般要求访问员有很高的访谈技术和追问刺探技术。

72. 小组座谈会

小组座谈会指由一个经过训练的主持人，组织、引导6—12人的一个小组针对某个主题互相自由地讨论。

73. CATI计算机辅助电话调查

CATI计算机辅助电话调查的抽样方法以所有观众住宅电话号码库为抽样框架，根据受访对象的类型及所确定的样本数，由服务器进行计算机系统抽样，先以计算机随机抽样，抽出实际样本数和替代样本数。

74. 多级抽样

多级抽样也叫多阶抽样或阶段抽样。在大规模的社会调查中应用很广泛。特别是抽样单元为行政单位时，一般都采用多级抽样，先抽中几个城市，然后从抽中的城市及其所属郊区中抽区、县、镇，再抽村、居委会，最后再抽至户、个人。

75. 系统抽样

系统抽样指按照某种顺序给总体中的N个单元排列编号，然后随机地抽取一个编号作为样本的第一个单元，样本的其他单元则按照某种确定的规则抽取，这种抽样方法称为系统抽样。其中最简单、最常用的系统抽样也叫等距抽样。

76. 成本

传统观点认为成本是生产过程中劳动耗费的货币表现。美国会计学会（AAA）成本概念委员会1951年将成本定义为"成本是指为了达到特定目的而发生或应发生的价值牺牲，它可用货币单位加以衡量"。中国会计学会将成本定义为：成本就是企业为实现一定经济目的而耗费的本钱。

77. 节目成本

节目成本是指从事广播电视节目制作、播出业务活动所发生的费用。广播电视机构制作的每个节目就是产品，出产品就要产生费用。参照我国有关企业会计准则的要求，节目成本并不等同于广播电视机构的费用支出，而是指为生产一定种类、一定数量的电视节目所发生的直接材料费用、直接人工费用和产品制造费用的总和。

78. 节目产出

产出是指在给定时间段销售出的制成品减去原材料成本获得的资金，即指销售出的制成品的收益。

目前，广播电视节目生产成本的回收，也即节目的产出，主要有两个渠道：一是通过频道播出，靠吸纳广告实现成本回收；二是通过市场发行，靠贴片广告或收取发行费实现成本回收。

79. 成本核算

成本核算是指对生产、经营过程中所发生的生产费用进行审核，并按照一定的对象和标准进行归集和分配，采用适当的方法计算出该对象的总成本和单位成本。

80. 节目成本核算

节目成本核算主要是指通过记账、算账等财务管理手段，对节目生产制作过程中的劳动消耗（包括物化劳动消耗和活劳动消耗）与劳动成果（节目的质量和数量）进行分析、对比和考核。节目成本核算的内容归结起来主要包括：核算节目生产成本的数量；核算节目生产成本的范围；核算节目生产成本的构成。

81. 成本控制

成本控制是指企业在生产经营过程中按照预定的成本目标，对实际发生的生产消耗进行指导、限制和监督，发现和及时纠正偏差，以保证更好地实施成本目标，促使不断降低成本核算。

82. 节目成本控制

节目成本控制，主要是指根据一定时期预先确定的成本预算目标，对节目生产制作过程中所发生的直接材料费用、直接人工费用和制造费用（广播电视机构或节目制作公司为组织和管理电视节目生产所发生的各项间接费用）采取监督和调节措施，以保障成本核算的实现和合理成本补偿的一种管理活动。

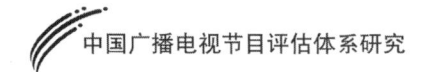

83. 成本指标：投入产出比

节目评估体系中的成本指标主要是指节目的投入产出比。节目的投入产出比是指某节目生产出来投向受众市场所获得的总收益（主要包括广告收入、市场发行收入）与该节目生产成本之比。

84. 收视点成本

收视点成本是指广告商投放广告每得到一个收视百分点所需花费的成本，也称为毛评点或点成本。计算公式如下：

$$每收视点成本 = 广告成本 / 所得的总收视点$$

85. 节目评估中的点成本概念

在节目评估中，我们把点成本看作节目投入产出比的替代值。区别目前个别广播电视现使用的点成本概念，节目客体评估体系中的点成本是一个比值的概念。其计算公式如下：

$$点成本指标 = \frac{节目收视率 / 所有被评价节目的平均收视率}{节目每分钟实际成本 / 所有被评价节目每分钟的平均成本}$$

附录 15　国内外知名媒介调研机构资料汇编

表 1　视听率原始数据供应商一览表

公司名称	注册地	主要投资方	投资方式	注册资金/年营业额	主营业务
CSM 央视-索福瑞媒介研究有限公司	北京	CTR 市场研究与 TNS 集团	中外合资	年营业额：700—1000 万元人民币	视听率数据采集、媒介研究
AGB 尼尔森媒介研究公司	纽约	Kantar 媒介研究	外资		收视率调查和数据采集、媒介研究
赛立信媒介研究公司	广州	赛立信研究集团	中资	注册资金：80 万元人民币	收听率数据采集、媒介研究
北京美兰德媒体传播策略咨询有限公司	北京	北京美兰德集团	中资		视听率数据采集、媒介研究
中视广联媒介咨询有限公司	北京	中视广联（北京）媒介咨询有限公司	中资	注册资金：5000 万元人民币以上	收视率数据采集、广告监测、媒介研究
阿比壮有限责任公司	纽约	赛瑞迪恩公司	外资		收听率采集和测量仪研发、媒介研究
视频研究有限公司（VR）	东京	日本传播公司协会	外资		广告代理和广告业务、收视率数据采集
Broadcaster Audience Research Board Limited（BARB）	英国		外资		收视率调查
Mediametrie	法国		外资		收视率数据调查

表 2　视听率数据分析等服务供应商一览表

公司名称	注册地	主要投资方	投资方式	注册资金/年营业额	主营业务
AC 尼尔森市场研究公司	纽约	荷兰 VNU 集团	外资		媒介研究、视听率数据分析与咨询服务、市场调查及专项研究
央视市场研究股份有限公司	北京	中国国际电视总公司和 TNS 集团	中外合资		媒介监测、视听率数据分析与咨询服务
北京经略信息咨询公司	北京	中国华信信息技术开发公司	中资		市场调查、居民调查、网上检索、广告监测
荷兰媒体集团	荷兰	荷兰媒体集团	外资		媒介调查、互联网测量、媒体解决方案

表 3　市场研究综合服务公司一览表

公司名称	注册地	主要投资方	投资方式	注册资金/年营业额	主营业务
Taylor Nelson Sofres（TNS）	伦敦	Taylor Nelson AGB 公司	外资		新产品研发、动机调查、品牌与广告的研究、股票持有者管理、受众调查服务
Millward Brown Group（MBG）	英国沃里克罗得岛	英国 WPP 传媒集团	外资		品牌评估和分析服务、在线销售服务、软件系统研发
Ipsos Group SA	巴黎	Ipsos 市场研究集团	外资		广告监测、行销研究、媒体研究、公共意见和社交研究、客户满意度研究
Research International	伦敦	英国 WPP 传媒集团	外资		消费者研究、品牌和交流、创新研发、渠道管理、客户关系以及服务情况衡量

1. 央视-索福瑞媒介研究（CSM）[①]

1.1 公司简介

央视-索福瑞媒介研究公司（CSM）成立于 1997 年 12 月 4 日，是由原央视调查咨询中心和法国索福瑞（Sofres）集团合作正式成立的合资公司，它致力于专业的电视收视和广播收听市场研究，为中国大陆地区和香港传媒行业提供可靠的、不间断的收视率调查服务。经过短短几年的发展，CSM 已成为中国最具权威的收视率调查专业公司。根据网上的评论资料，CSM 目前大约占有国内电视媒介研究市场 80%—85% 的份额。[②]

CSM 公司自成立起一直依据国际通行的收视调查基本准则（GGTAM，即《全球电视受众测量指南》）并结合中国实情进行所有的收视率调查服务，同时将准则译成中文，成为国内该准则的倡导者和实施者。CSM 数据因此获得了广大客户的认可，被公认为行业的"通用货币"。

在获得客户认可的同时，CSM 坚持以客户为中心的质量管理理念，秉承"公正透明，及时准确"的质量方针，策划和实施适合产品特点的质量管理体系，控

[①] 资料多来自央视-索福瑞公司网站：http://www.csm.com.cn/network/nw6.html. 引用请谨慎。其他公司的信息也同样。

[②] 媒介的数据可信吗？［EB/OL］. http://www.a.com.cn/Forum/article_26_1_155912_2.html. 传媒咨询：传媒背后的财富［EB/OL］. http://chinese.mediachina.net/index_market_view.jsp?id=24541.

制影响数据质量和服务质量的各个流程，使得 CSM 早在五年前收视率调查业务就获得了 ISO9002—1994 版的认证证书，成为国内调查业中首家通过质量体系认证的企业。并在此基础上不断充实完善，于 2003 年 3 月 21 日进一步通过国际知名的 SGS 的严格的 ISO9001—2000 版的专业审核，获得了国际认可的第三方认证证书。此证书的认证范畴不仅包含收视率调查业务，同时包含收听率调查业务。

1.2 抽样方法

先进行大样本量的基础调查，抽样方法为多阶段 PPS、整群抽样；然后在该基础调查抽样框内，按影响广播收听行为的主要变量排序后采用随机等距选取固定样组。用科学方法选取的固定样组，可以保证样本的代表性。

1.2.1 基础研究

基础研究是为了得到被调查地区的详细资料而进行的抽样调查，是保证收视率数据质量的重要环节。

通常，CSM 会在建立一个新的收视率调查固定样本组之前对该地区进行基础研究调查。使用较大的样本量对被调查区域内的各项人口统计学特征（如：当地居民的性别比例、年龄分布、职业和收入情况等）及可能对收视行为产生影响的因素（如：收视设备的拥有情况、是否有线用户、电视频道覆盖率情况及被调查者的常用语言及生活习惯等）进行抽样调查。基础研究的样本是固定样组的抽样框，基础研究的结果——基础研究报告是对固定样组进行轮换和控制的依据。

根据被调查地区的具体情况，CSM 定期对各地的基础研究数据进行更新。

1.2.2 固定样组

固定样组是用于进行连续收视调查的样本户的集合。CSM 采用多阶段 PPS、整群抽样的方法抽取固定样组。根据数据采集方式，固定样组分为日记卡固定样组和测量仪固定样组；根据推及总体，固定样组分为城市调查网、省级调查网和全国调查网固定样组。固定样组的建立和轮换以每年一度的大样本基础研究结果为依据，针对几个主要指标进行配额抽样。日记卡固定样组需要每周进行 2% 的样本轮换，测量仪固定样组一般不进行定期轮换，但会根据配额调整进行更新。CSM 有完整的质量控制体系对固定样组采集回的数据进行复核。同时，根据行业常规，CSM 与样本户进行沟通和培训，保证样本户的合作度。

1.3 视听率调查方法

1.3.1 日记法

日记法成本低廉，在 CSM 的调查网络中至今仍然广泛采用。（据称该公司正在更替日记法为测量仪，但进展缓慢。）

CSM 日记法的操作过程是，按照随机抽样原则抽取一定样本户，由访问员上门为每位样本户成员留置一份日记卡，让对方记录其未来一周的收视行为。每周日访问员到样本户家庭收取上一周填好的日记卡，同时为下一周留置一份新的空白卡片。日记卡调查又包括日记卡连续调查或日记卡扫描调查；有时还采用 CATI（Computer-Aided Telephone Investigation）计算机辅助电话调查（参见 2003 年中央人民广播电台特别直播节目《海湾零距离》收听率调查报告）。

1.3.2 人员测量仪

人员测量仪是继日记卡之后一种比较先进的收视率测量仪器，即使用电子仪器监测样本户家中电视机的活动，并结合样本的收视状态自动记录样本的收视情况。与日记卡调查方法相比，人员测量仪避免了由于样本记忆因素造成的收视率偏差，可以忠实记录观众收看电视节目的情况，同时通过电话线传输数据的方式也大大提高了收视率的实效性。

CSM 的各级调查网中都有使用了测量仪技术的固定样组，在第二天上午就可以向客户提供前一天的完整收视数据。最先进的 5000 系列测量仪的模块化设计可以一次使用几项频道识别技术，使我们在电视接收方式越来越多样化的复杂收视环境中游刃有余。

1.4 视听率调查网络

CSM 媒介研究拥有世界上最大的测量仪电视收视调查网络，样本总量已超过 45000 户，149000 人，对全国 196 个（1 个全国测量仪网、25 个省网、170 个城市网）市场提供独立的收视率及收听率调查数据、对 1353 个电视频道的收视情况进行全天不间断监测。截至 2007 年 7 月底，CSM 已经建立了 1 个全国测量仪调查网、4 个省级测量仪调查网、44 个市级测量仪调查网（包括香港特别行政区）、21 个省级日记卡调查网和 126 个市级日记卡调查网。

CSM 还建立了独立于电视收视率调查网的广播收听率调查网络，并将收听率调查拓展到 32 个重点城市，对 398 个广播频率进行收听率调查。其中北京、长沙、广州、上海、南京、重庆、杭州、深圳、无锡、佛山、哈尔滨、乌鲁木齐、济南和厦门 14 个城市进行连续调查，其余 18 个城市进行间隔性调查。（注：CSM 收听率调查没有全国网，亦没有省网，只针对大城市。）

CSM 的调查网络具体情况如下：

■ CSM 全国测量仪网络

调查总体：全国电视信号覆盖区域内所有 4 岁及以上的电视家庭人口。

样本规模：4000 户。（自 2000 年起）

■ CSM 香港测量仪网络

样本规模：650 户。

■ CSM 省级测量仪网络

调查总体：全省（或全省城市域）电视信号覆盖区域内所有 4 岁及以上的电视家庭人口。

样本规模：截至 2007 年 7 月底只在辽宁省、广东省和湖南省城区、福建省城区展开，样本量分别为 450、750、400、450 户。

■ CSM 市级测量仪网络

调查总体：全市非农比例 45% 或以上的市辖区内所有 4 岁及以上的电视家庭人口。

样本规模：每个城市样本量从 100 户—300 户不等。

■ CSM 省级日记卡网络

调查总体：全省电视信号覆盖区域内所有 4 岁及以上的电视家庭人口。

样本规模：每个省样本量为 600 户。

■ CSM 市级日记卡网络

调查总体：全市非农比例 45% 或以上的市辖区内所有 4 岁及以上的电视家庭人口。

样本规模：每个城市样本量从 100 户—400 户不等。

■ CSM 广播收听率网络

调查总体：全市非农比例 45% 或以上的市辖区内所有 10 岁及以上的广播听众人口。

样本规模：每个城市样本量为 300 人。

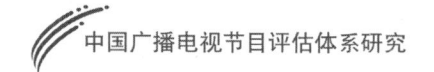

1.5 数据分析方法

1.5.1 Infosys TV

Infosys TV 是由 TNS 集团开发、CSM 引进的世界领先的广播、电视受众收视率（收听率）分析软件。利用该软件可以计算包括收视率、到达率、收视人口、占有率、毛评点、忠实度、观众构成、千人成本、毛评点成本在内的数十种媒介指标，是广播电台、电视台节目制作、编排、播出、广告经营，广告主和广告代理商媒介分析、计划、投放和效果评估的重要工具。Infosys TV 软件基于 Windows 系统运行，功能强大、界面友好、操作简便，目前已在 20 个国家和地区广泛使用，国内亦有超过百家各级电台、电视台和 10 多家国际广告公司、100 多家国内广告公司同时使用。

1.5.2 Infosys TV 术语

Infosys TV 术语是 Infosys TV 软件提供的一系列在广播、电视受众视听率分析过程中常用的媒介指标，如收视（听）率、到达率（%）、市场份额（%）、观众构成（%）、毛评点、毛评点成本、千人成本、平均暴露频次等。这些指标基于收视（听）率调查数据运算获得，按照其在媒介研究过程中的不同作用，可以分成节目收视状况分析指标、受众收视习惯分析指标、广告投放计划排期指标和广告效果评估指标四大类，是电视台节目编排、调整、评估和广告主（广告公司）媒介投放、计划制定和效果评估的重要参考依据。

1.6 产品与客户情况

央视-索福瑞媒介研究有限公司除了在电视领域的研究上得到了长足发展之外，在广播收听率调查、体育与媒介研究、媒体专项调研等诸多方面同样也取得了突破性进展。其产品如下：

- 电视收视率
- 广播收听率
- 体育与媒介研究
- 媒介专项调研
- 《中国传媒系列报告》

1.6.1 电视收视率

电视收视率是指某一时段内收看某一节目的人数（或家户数）占电视观众总人数（或家户数）的百分比。作为"注意力经济"时代的重要量化指标，它是深入分析电视收视市场的科学基础，是节目编排及调整的重要依据，是节目评估的主要指标，是媒介计划制订与评估、提高广告投放效益的有力工具。

虽然收视率本身只是一个简单的数字，但是看似简单的数字背后却是一系列科学的基础调研、抽样、测量、统计和数据处理的复杂过程。

央视-索福瑞媒介研究有限公司是生产收视率数据的专业媒介公司。自1996年底开始至今，他们建立了中国乃至全球范围内规模最大的多层次、多方式的电视观众调查网络，样本总规模已超过35000户，对全国1000多个主要电视频道的收视情况进行全天候不间断的监测。该公司已经先后开发了城市日记卡、省网日记卡、城市测量仪、省网测量仪、全国测量仪共5种不同类型的电视市场收视数据，为广大客户提供了不同市场、不同时段、不同目标观众的全方位数据服务。

1.6.2 广播收听率

广播收听率是指在特定时段内收听了广播（或某频率）的听众数占被调查听众总数的比值。广播收听率调查是对听众实时收听行为的调查统计。和电视收视率类似，广播收听率也是广播市场经营与管理的"通用货币"，是广播行业市场化发展的必然选择。

CSM在广播收听率调查领域同样是领跑者。2000年，CSM开始在国内尝试收听率调查测试，2002年开始常规扫描式收听率调查，并于2004年将提供常规收听率调查城市扩展到上海、北京、广州等30个重点城市，样本总量900户，推及10岁以上广播收听人口5500多万人。在2004年扩大常规收听市场的基础上，CSM开始对北京、长沙、广州、上海、南京、重庆、杭州、深圳、无锡和厦门10个城市提供一年365天的连续性收听调查服务，进一步拓展了广播收听市场的服务范围。

1.6.3 体育与媒介研究

随着北京成为2008年奥运会的东道主这一"利好"消息，越来越多的国际赛事进入中国。中国的体育市场呈现出前所未有的蓬勃景象：体育赛事和体育明星都以前所未有的数量和频率呈现在亿万个中国消费者面前。同时越来越多的经营者意识到体育营销是沟通品牌与目标客户的有效手段和重要平台。为满足市场需要，央视-索福瑞媒介研究和TNS Sport合作，于2003年首次成功引进体育媒介研究和消费者研究服务。结合TNS Sport十多年全球体育研究经验和央视-索福瑞八年国内媒体研究经验，我们的研究专业人士已经做好了应国内企业/赛事经营者

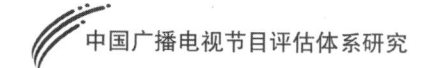

的调研需要，提供专业、细致调研服务的准备。

了解体育赛事、媒体、受众这三个体育营销的关键因素是通向成功的关键。我们运用各种调查工具来达到这个目标。

1.6.4 媒介专项研究

CSM 根据国内外客户不同的需求，结合客户自身的特点，利用其媒体品牌优势，引进 TNS 集团先进的研究手段，通过定性和定量的测量方法，包括案头研究、小组座谈会、深度访谈、电话调查、街头拦截访问、入户调查等多种形式，为国家政府监管机构，全国各级电视台、电台，国内外的广告主、广告公司，以及相关机构提供与媒体相关的深度研究和相应的各种咨询服务。

- 案例1：全国30个城市的电影入户调查和北京、上海、广州三城市院线调查
- 案例2：中央电视台科教频道媒体市场研究
- 案例3：重庆电视台媒体资源规划
- 案例4：上海公交移动电视研究
- 案例5：上海文广广播流动听众研究

1.6.5《中国传媒系列报告》

- 《中国电视新闻节目市场报告 2007—2008》
- 《媒介手册 2007》http://www.csm.com.cn/business/018.html.
- 《创新及趋势：中国电视媒体大型活动 2006》
- 《中国电视综艺娱乐节目市场报告（2006—2007）》
- 《中国数字新媒体发展报告》
- 《中国动画市场报告 2005》
- 《中国数字电视报告》
- 《中国电视栏目成长报告 2004》
- 《中国电视体育市场报告（2004—2005）》
- 《"2005 中国体育和体育赞助调查"第一轮》

1.6.6 客户情况

迄今为止，有近 20 家 4A 国际广告公司、100 多家电视台（国家级、省级和市级）、近 400 家国内广告公司和数家国内著名企业成为 CSM 的客户，定期接受 CSM 提供的收视率数据服务。

2. AGB 尼尔森媒介研究

2.1 公司简介

AGB 尼尔森是目前国际上比较有影响力的主要的收视率调查公司之一。

20 世纪 80 年代，世界市场调查领域的巨头 AC 尼尔森进入中国开展业务。1993 年，AC 尼尔森的媒介研究部门开始为中国市场提供广告监测服务，1996 年，尼尔森媒介研究从 AC 尼尔森中独立出来，专门从事媒介受众调查和相关服务，并首先在上海推出收视率服务。

1999 年，尼尔森媒介研究被荷兰的出版集团 VNU（VNU 是世界首屈一指的媒介和资讯公司之一）收购，从而获得了更大的资金支持。

现在的 AGB 尼尔森媒介研究公司是由两家竞争对手公司合作组建的。2004 年，在澳大利亚、菲律宾等多个国家击退尼尔森公司后，AGB 集团接到了对手递来的橄榄枝，双方合资新建的 AGB 尼尔森成为目前世界上唯一专注于电视收视调查的公司，而尼尔森只在美国保留了该业务。

2004 年 8 月 5 日，下属于 Kantar 媒介研究（Kantar 集团是全球最大的研究、分析和咨询网络之一，下属于 WPP 集团）的 AGB 集团和尼尔森媒介研究宣布了合并计划，这一计划整合 AGB 集团所有的公司与尼尔森媒介研究全部 30 个国家的电视收视率服务，VNU 和 Kantar 各占 50% 的股份。通过此次合资，尼尔森得到了有力的技术支持。新的合资公司被命名为 AGB 尼尔森媒介研究，其收视率服务覆盖的主要市场包括澳大利亚、中国、中国香港、意大利、南非和英国。

AGB 尼尔森媒介研究继承了过去 AC 尼尔森在中国的衣钵，目前在我国收视率调查市场上远远位于央视-索福瑞之后，所占份额较小。AGB 尼尔森媒介研究公司全球经营管理主席克鲁西博士表示，这个行业里目前剩下的竞争者主要有英国的 TNS、德国的 GFK，在中国是索福瑞。

2005 年 1 月，AGB 尼尔森对外宣布成立大中华区，将中国大陆地区、中国香港和中国台湾包括在内。AGB 尼尔森方面称，此举是为响应其客户日益重视大中华区整体发展的需求，同时也着眼于挖掘中国市场的巨大商机。2007 年 6 月 19 日至 22 日，AGB 尼尔森在上海高调举行"全球收视调查研究峰会"，进一步显示出大规模进军中国市场的决心和信心。

2.2 收视率调查技术

AGB 尼尔森市场研究有限公司一直不断增加对电视媒介研究领域先进技术和

分析软件的投资，使其始终保持在电视媒介研究领域的领导地位。AGB尼尔森媒介研究的电视收视率调查服务基于一个充分整合的专利的电视收视率系统，这套系统已经被证实在所有已运作的市场中都提供了高质量的数据。

AGB尼尔森在中国沿袭了其在全世界40多个国家和地区的做法，采取在样本户安装Unitam个人数字收视记录仪的方式铺开网络，再通过Arianna分析软件对各个层级和地域的收视情况进行统计分析，提供给有不同需求的广告主和电视台客户。凭借于此，AGB尼尔森曾在英国市场打败了有34年本土运作经验的TNS公司。

据悉，AGB尼尔森计划在中国投入3500万美元安装个人收视记录仪，目前样本户覆盖了大约3.6亿收视人口。

2.3 收视率调查网络

目前，AGB尼尔森市场研究有限公司计划扩大其在中国的电视媒介研究服务，为客户提供覆盖面最广的媒介研究报告。按照AGB尼尔森的业务拓展计划，到2007年底，将在中国16个省及直辖市设置超过18000个样本户家庭，覆盖中国12个省、4个直辖市（其中包括上海、北京、天津、重庆）的所有电视家庭的所有个人；并且，隔日即时对电视收视率和广告投放效果进行监测及评估。预计将可提供全国约70%人口的收视行为资料。

"在中国这样拥有广泛地域性差异的市场，电视收视调查目前受到了一些局限，我们的视角是要在调查城市人口的同时，将广泛的非城市人口也纳入到体系中来。"克鲁西说，在两年前建立中国市场策略时，他被众多的跨国公司告知，他们不仅想要得到一线城市的调查数据，也需要二、三线以及农村的收视状况，这也使得公司更加坚定了"全部人口测量"的目标。

2.4 媒介监测技术

在媒介监测方面，AGB尼尔森市场研究有限公司已将其拥有的最先进的媒介监测软件TV Event Suite引进中国。TV Event电脑监测软件能够提供100%精确度的、可信度高的电视监测数据，此数据可以与电视收视率一起即时提供给客户。AGB尼尔森市场研究有限公司的监测系统及分析软件非常方便客户的使用及阅览，数据可以被自动下载，简便了以往客户参阅数据的繁琐手续。

AGB尼尔森市场研究有限公司可以对各省全省范围内的所有电视频道进行监测，对省台和一些重要城市的电视台的监测采用一种先进电脑化的扩大样本的监测技术，从而确保对全省重要地区收视情况的全面监测，并提供全省范围内的媒介监测数据。

AGB尼尔森对中国的数字化时代做好了充足的准备。拥有在英国等地丰富的数字电视监测经验的AGB尼尔森，希望由其研发的音频监测技术能够帮助他们在中国打开另一道大门。

2.5 收视率分析和媒介研究技术

AGB尼尔森市场研究有限公司最近已在中国推广采用Arianna分析软件，该分析软件不仅可以提供给客户前所未有的电视监测数据，而且还可以提供观众的收视行为习惯、播放效果评估、计划和预测等方面的分析研究报告。

AGB尼尔森市场研究有限公司大中国区执行董事张小玲女士道："AGB尼尔森提供的最先进的、准确性高的电视媒体研究除了提供给媒体更详尽的受众分析，达到更有效的节目编排作用及创收目的，还可以使广告主和广告代理公司在纵观中国各城市收视习惯的总体情况的基础上，根据品牌广告策略进行媒介投放最优化的组合，避免盲目投资，从而更好地提高投资回报率。"

3. 赛立信媒介研究（SMR）

3.1 公司简介

赛立信总部位于广州，旗下包括赛立信市场研究有限公司、赛立信商业征信有限公司、赛立信媒介研究有限公司、上海赛立信信息咨询有限公司、北京赛立信市场调查有限公司、赛立信资讯（香港）有限公司、德信商业管理咨询有限公司，以及设于深圳、武汉、成都、西安、厦门等城市的现场执行机构。

赛立信是全国市场研究行业协会理事及主要发起单位之一，中国广播电视学会广播受众研究会理事，国家统计局核定的甲类涉外市场调查机构。赛立信以欧洲市场研究协会《社会研究与市场研究国际准则》（ESOMAR规则）为运作规范，致力提供国际水准的服务。

赛立信拥有中国大陆地区最早涉足市场研究和信用管理行业的专业人士，熟悉中国市场，积累了丰富的研究经验，是中国大陆地区少数几个能够同时提供市场研究服务和商业信用调查服务的专业机构。多年来，赛立信以专业的研究技术、完善的调研网络和高效率的服务系统，竭诚为客户提供全方位的调研服务，成为许多跨国公司和国内著名企业紧密的伙伴。赛立信研究集团拥有以下荣誉资质：

- 国家统计局核准之甲类涉外市场调查机构
- 拥有注册服务商标"SMR"和"赛立信"
- 全国市场研究行业协会理事及主要发起单位之一
- 中国广播电视学会广播受众研究会理事
- 首届全国市场研究行业协会专业组论文"宝洁奖"获得者
- 暨南大学经济学院博士、硕士研究生实习基地
- 赛立信广播节目评估&广告价值分析系统

3.2 业务范围

所提供的媒介研究服务主要包括：电台收听率调查、媒体受众研究、报刊阅读率调查、媒体受众习惯研究、电视收视率调查、广告测试、广告效果研究、实时广告监测等。

具体如下：

- 广播市场研究
    - 广播业的发展潜力与前景
    - 广播业的现状与媒体地位（如听众规模、听众构成、听众定位等）
    - 媒体比较与竞争分析（如媒体可信度、喜爱度、接触率、竞争力等）
    - 广播的市场定位分析
- 听众研究
    - 听众特征
    - 听众的收听习惯（如收听时间、收听频率、收听工具等）
    - 听众的收听行为模式
    - 听众的收听心理研究（如选择电台、节目的标准等）
    - 听众的生活方式与消费行为研究
    - 听众对电台的选择偏好与评价
    - 满意度研究
    - 电台的听众群体研究（群体特征、忠诚度、渗透率、流失率等）
    - 电台的资源利用率研究
- 收听率调查及节目研究
    - 时段收听率
    - 时段的听众占有率

- 电台/频率的平均收听率及平均占有率
- 节目（或栏目）的收听率、听众占有率
- 节目（或栏目）的听众群体分析（如听众规模、听众特征、忠诚度等）
- 听众对节目（或栏目）的满意度评价
- 节目（或栏目）的竞争力分析
- 节目综合评估
- 节目（或栏目）定位研究

■ 广告研究
- 广播广告市场现状与潜力
- 广播媒体的广告价值研究
- 听众对广告的态度分析（如接受程度、信赖程度等）
- 广告效果研究（到达率、回忆率、知名度、广告对消费行为的影响等）
- 广告千人成本（时段千人成本、节目千人成本等）
- 广播广告价格研究
- 目标听众的购买习惯与消费行为研究
- 电台广告监测
- 电台广告投放情况分析

3.3 收听率调查方法

2005年上半年，赛立信媒介研究有限公司在全国30个城市进行了一次收听率调查，该项调查采用"广播节目评估&广告价值分析系统"（BPES）中的PPS法抽样，使用"日记卡"法采集数据，接触样本量约为28800个，记录"日记卡"的有效样本为9000户，是迄今为止国内最大规模的一次广播收听率调查。[①]

收听测量仪早在20世纪70年代以后就在美国和英国出现了，这种仪器须被样本户家庭成员中的听众携带，以分钟或秒为记录单位，监测样本对象的收听状态及换频情况，并将收集的信息存储在仪器的内存中回传给数据处理中心。从日记卡转向测量仪是广播收听率调查发展的必然趋势。但是，由于成本高、操作要求高，特别是广播收听的流动性特点，制约了收听测量仪的普及。时至今日，在英、美发达国家，使用收听测量仪也并不广泛，大多数还是采用传统的日记卡调

[①] 黄学平（主编）. 广播收听率——调查方法与应用［M］. 北京：中国传媒大学出版社，2006：09.

查方法。[①] 我国也概莫能外。

3.4 调查网络

近年来，赛立信在全国 60 个城市开展过广播受众调研，长期服务的客户包括数十家省、市级广播电台，以及众多的电视台、广告公司和国际知名企业，以专业的服务和高品质的研究成果赢得客户的广泛赞誉。

■ 赛立信在广州、北京、上海、武汉、成都、沈阳、厦门、深圳等设有现场执行机构。

■ 赛立信在中国主要的一线城市和二线城市建立了直接控制的督导及访问员队伍。

■ 赛立信与中国国家统计局和各省市统计机构保持着良好的合作关系，使调查网络直接延伸到中国的二、三线城市及农村。

■ 赛立信与各主要城市的调研执行机构建立了长期代理关系，保证按照赛立信的项目运作规范及执行标准实施项目。

■ 赛立信与国内外的专业市场调研或信用调查机构建立了密切的联系，使研究的触角遍及整个中国大陆、港澳地区及世界上主要国家。

3.5 收听率分析和广播研究

赛立信在媒介研究领域独树一帜，在研究技术方面保持领先地位，独家拥有加权收听率研究模型、广播节目评估研究模型、广告效果研究模型等专项技术。赛立信一直在国内广播界倡导规范、科学的收听率调查方法和广播节目评估方法，并成功研制赛立信"广播节目评估&广告价值分析系统"（BPES），满足广播电台进行有效的节目评估和节目管理的需要。

4. 北京美兰德媒体传播策略咨询有限公司

4.1 公司简介

北京美兰德媒体传播策略咨询有限公司（CMMR）是中国大陆地区权威的广播与电视媒体专业调研咨询机构，是北京美兰德集团注册成立的全资子公司。北京美兰德集团于 1992 年从中国国家统计局脱胎成立，它秉承了国家统计局先进的调研水平和严谨的工作态度，成为国内市场调研咨询业的先行者和开拓者。2002 年在北京美兰德信息公司媒介部基础上，成立了北京美兰德媒体传播策略咨询有

[①] 黄学平（主编）.广播收听率——调查方法与应用［M］.北京：中国传媒大学出版社，2006：04.

限公司，专门进行媒体调研领域方面的研究。新成立的CMMR继承了美兰德集团在媒体研究领域丰富的经验和优秀的人才，秉承了美兰德集团一贯的宗旨和服务准则，并在此基础上向我们的客户提供更加专业化的媒体研究与咨询服务。

4.2 调查网络

北京美兰德媒体传播策略咨询有限公司，自2003年底设立调查部起，在继承了美兰德集团原有调研网络的基础上建立了面向全国的媒体调研执行网络，且在调查部设了调查网络管理员这个专门负责调研执行网络的筛选、组建、管理、评测、更新的岗位，以做到规范化管理和使用调研网络，发挥美兰德媒体传播策略咨询有限公司的特有优势。

媒体调研执行网络不仅仅局限于各市市区，远郊区县、农村均在他们的覆盖范围之内。特别是美兰德集团拥有国家统计局背景，在统计系统的帮助下，农村地区的访问质量绝不逊色于城市样本，形成了美兰德媒体公司特有的"市—县—乡三位一体"的专业化调研网络。

CMMR提出了一系列具有国际水准的研究指标和业内领先的研究方法，从1999年开始已经连续六年进行的卫视频道落地覆盖调查，成为国内衡量卫视频道覆盖价值的"通用货币"；开展的卫视频道精准覆盖固定样本组调查研究全面地了解和掌握了中国卫视频道的传播通路。从2001年起连续三年，与中央人民广播电台携手开展了中国最大规模的央级、省级、市级广播电台联合调研到开展中国大陆首次对台湾听众的收听状况调查，为广播调研业书写了历史性的一页；从提出具有国际标准的"广播收听率"系列指标到开创性地推出了"广播听众收听状况'1+4'调查"都将中国广播调研推到了一个新的水平。CMMR的每一次进步，每一次业务的拓展与深入，都体现了CMMR对媒体领域的坚定执著和敏锐洞察，对客户的倾力支持和坦诚以待。

5. 中视广联媒介咨询有限公司（CTC）

5.1 公司简介

中视广联，英文名称是China Television Communication，其缩写形式为CTC，中文全称是中视广联（北京）媒介咨询有限公司。公司成立于2004年7月，致力于中国电视收视率市场的专业媒介研究，为客户提供精确的数据支持以及各类完善的媒介咨询服务。作为收视率调查领域的后起之秀，中视广联借助精业、敬业的研发人才，独立开发出了先进的收视率测量仪器，并将其应用于中视广联在全国建立的收视率调查监测网络。中视广联以异于传统的卓越视角，立足全国的收视率市场，力求构建多层次、全方位的收视率服务体系。

中视广联拥有如下荣誉资质：

- 首批获得对外调查许可证，许可证号：国统涉外证字第0370号。
- 2007年6月22日，公司进行了由国际知名的认证公司SGS通标公司进行的ISO9000质量管理体系的认证，认证结果合格。表明中视广联在质量管理水平上达到国际标准，为公司进一步的质量提升及走向国际做了充足的准备，为打造传媒调查业的中国品牌又增加了含金量。

在坚持先进科技的同时，中视广联也积极寻求学术理论与研究实践的共进。2004年底，中视广联携手中国传媒大学，进行了战略合作，已跻身中国传媒大学董事会成员之列，双方正式建立了全面的战略合作关系。目前，双方合作建立了中视广联媒介研究中心、中视广联数据研发中心和中视广联媒介研究——传播学研究方法研究生实习基地以及中视广联媒介研究——新闻学和传播学博士后流动站。四个研究中心的成立吸引了大批优秀的研究人员的投入，在中国传媒大学已经产生了广泛的影响。

作为一个专业的媒介咨询公司，中视广联拥有精良的系统运营和网络维护队伍以及专业的技术开发和媒介研究团队，其中，更兼有中国传媒大学科研团队技术与理论的强力支持。

5.2 技术与专利

中视广联以深厚的研究实力，自主研发出具有国际领先水平的Insight TV系列收视（听）率调查仪系统，为中视广联调查网络的铺设以及研究工作的开展奠定了坚实基础。目前，中视广联在调查网络的建设中完全摒弃日记卡而全部采用Insight TV系列收视（听）率调查仪，使数据精确度在国内获得革命性的突破。与此同时，中视广联仍不遗余力地致力于科技的不断创新。

为更好地服务该市场，中视广联不断加大对自有知识产权的收视监测仪器的研发工作。中视广联自主研发的收视监测仪——Insight TV已经发展到第三代，具有国际领先水平，Insight TV系列收视（听）率调查仪系统的第四代产品现已进入测试阶段，其在数据采集和传输上又获得重大进展，实现了在数字电视下的数据采集和传输的革命性突破，并将成为数字电视潮流下收视率及收听率测量系统的扛鼎之作。

5.3 业务范围

目前，中视广联已经为唐山、张家口等多家地级市电视台提供精确可靠的收视率数据，中视广联始终坚持对自身的产品与服务进行不断的完善与升级，并将逐步把服务范围扩展至广告研究等领域，从而构建涵盖收视率及收听率分析、广告监测、节目评估模型、广告传播效果研究在内的产品体系，着力将中视广联打造成中国媒介研究的优势品牌。

6. 阿比壮有限责任公司

6.1 公司简介

阿比壮公司是一家从事全球媒体与市场调查的公司，1949年成立于美国纽约。1960年在美国的明尼阿波利斯市，它公然变成赛瑞迪恩公司的分公司。2001年3月，在纽约股票交易市场以让股方式把阿比壮公司变成一个合资公司。

阿比壮公司的总裁与首席执政官是史蒂分·B·毛瑞斯，在世界范围里有929个全职雇员。

2004年阿比壮公司的收入为2.966亿美元，比2003年增加了6.1个百分点。2004年总收入的4.0%，合1190万美元来自美国之外，增长率扣除了2004年3月获得的市场资源累加的收入。

6.2 业务范围

阿比壮公司最初从事于服务广告、人造卫星与在线无线电广播、电报、广告代理、广告客户、户外媒体。通过Scar区研究，它获得了荷兰媒体集团的联合所有权，阿比壮公司为电视广告与出版媒体提供媒体与市场研究服务。

阿比壮公司为美国、墨西哥及欧洲的广播、广告代理机构以及户外广告公司提供服务。其核心业务包括：

- 电台收听率调查；
- 地区性电视和有线电视收视率调查、网络、直播卫星等新媒体的使用调查；
- 零售、产品调查并提供相关咨询服务。

阿比壮公司的核心服务是测量美国与墨西哥的无线电广播的当地听众；测量美国网络与国家广播的听众；提供一个大范围的媒体，广告代理与广告的消费者购物与媒体使用信息；提供用来分析媒体听众与市场信息的应用软件。

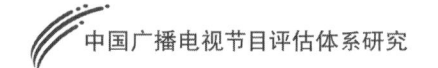

6.3 监测情况

阿比壮公司周期性地在全美超过 290 个市场调查广播听众来测量当地广播站听众的人数与构成。阿比壮公司也通过雷达与美国范围的视听率服务来测量全美的广播站听众的人数与构成。

通过若干媒体，在 270 个本地市场的 Scar 区服务获得的购买信息以及另外两个正在执行的消费者调查服务来提供消费者社会经济情况。公司把应用软件上市用来分析收视率与消费者数据。

从 1998 年开始，阿比壮公司就一直在互联网上发布广播的听众情况与电视内容。在 2004 年底，阿比壮公司与 comScore 网络有限公司旗下的 comScore 媒体公司开始每月发布在线广播听众数并取得了在线广播服务的领导地位。

6.3.1 美国媒体服务站

这个组织服务于 4600 个广播站、2000 个广告代理处与专业广告商、超过 300 个的电视站、将近 150 个电报客户、多于 150 家报纸与接近 80 个户外广告公司。

美国媒体服务站是全美与本地广播听众测量处于领导地位的提供商。它也致力于零售调查、本地市场消费者的媒体与产品购买模式的提供。

6.3.2 便携式人员测量仪/国际市场

在美国，这个机构把便携式人员测量仪作为一个本地市场收视率测量工具上市，并且管理阿比壮国际业务，包括英国大陆调查、在墨西哥用阿比壮广播台日记调查法开展本地市场收视率调查服务，还包括开拓在国外的便携式人员测量仪市场。

在美国，阿比壮公司是当下从事广播、电视传播与电报电视产业，还有在休斯顿的广告代理与广告商相信便携式人员测量仪的调查服务。这个项目开始于 2005 年。

阿比壮公司也有它自己的代码技术的专利权。在加拿大 BBM 收视率服务使用便携式人员测量仪作为有关魁北克省和蒙特利尔省市场法语电视正式的收视率调查系统。在英国的 TNS 使用 PPM 系统为比利时和新加坡的媒体测量应用。在选择欧洲、亚太、中东和非洲国家方面，TNS 也有使用 PPM 技术及它的广播与电视收视率调查方面的音频代码技术的特权。

通过大陆调查，阿比壮公司在英国与欧洲大陆提供媒体、广告、金融、公共事业、无线电通信与互联网研究服务。在墨西哥，阿比壮公司的广播收视率调查服务遍及墨西哥城、瓜达拉哈拉和蒙特雷。

6.4 监测设备

为了对抗 Nielsen Media Research 的人员测量仪（people-meter），阿比壮公司最近研发了更为方便的便携式人员收视测量仪（portable people-meter，PPM），并已开始在包括美国在内的全球多个国家投入商用，这种新型的测量仪技术将使收视率调查更为精确。同时它也是市场与消费者信息服务的工具。第二种功能可辅助市场商人评估他们的广告、市场、业绩情况。

阿比壮公司正与荷兰媒体集团合作进行新的市场开拓，联合宝洁（Procter& Gamble），面向全国市场调查服务系统，使用 PPM 作为媒体数据收集工具。这个单独的资源服务设计通过 PPM 来收集与联系电子媒体曝光，通过在线调查了解消费者对品牌的认可和喜好，通过 AC 尼尔森公司的家庭扫描仪了解商品交易与成批商品购买情况。这个服务还为广告商、广告代理处与广播公司提供广告效果的测量。

阿比壮公司行政管理机构在纽约，在美国其他五个城市有销售处，另外四个城市有实施部门。它在哥伦比亚和马里兰州的研究与技术组织提供美国媒体服务业务的技术支持并正研发便携式人员测量仪。

7. 视频研究有限公司（VR）

7.1 公司简介

位于东京的视频研究有限公司（VR），由一个日本传播公司协会于 1962 年建立，主要从事电视观众收视率调查，以及广告代理和广告业务。

VR 的总裁兼首席执政官是 Tsuyoshi Takeuchi，VR 在日本东京和其他九个行政区办公室，有 373 个全职员工。

到 2005 年 3 月结束，这一年的收入为 1.772 亿美元，比上一年的同时期下降 0.9 个百分点。其中有 230 万美元即 1.3% 的收入来自日本之外。

7.2 调查网络

视频研究公司在日本 27 个市场基于 6600 个家庭的仪器测量电视收视率。从 2004 年 10 月起，VR 开始对 27 个市场进行家庭电视收视率数据的日常报道。在 Kanto（包括东京）以及 Kansai（包括大阪）市场，VR 使用自己的人员测量仪来报道家庭和个人的收视率。在 2005 年 4 月，VR 在名古屋市场试用人员测量仪收视率数据服务，提供既包括家庭又包括个人的日常收视率数据。

7.3 专项研究

VR 的个人预览系统是一个单独数据服务。这个服务主要是基于个体方式，捕获个人购买行为，包括家庭以外的消费。使用一个轻便棒型代码读卡机通过小组辩论方式来收集诸如产品、时间、地点、质量等购买数据。系统捕获家庭以外以及男性的购买行为，这是传统消费辩论研究难以完成的。它也把个人的购买行为与广告曝光联系起来，以测量广告效应。

在 2005 年 2 月，VR 发布 Magascene 报告，这个调查开始于 1999 年一个单独的杂志媒体调查，每年十月在日本的七个主要区域调查贯彻下来。最近的总结结果提供了这些信息：每个杂志的读者关系状态；读者的轮廓（例如基本态度、对日常生活及媒体介入的了解）；杂志质量（例如对每个杂志的印象、阅读频率、购买和阅读的地方）。调查覆盖了 500 个杂志，包括周刊、时尚以及特殊杂志。有 6000 份调查回复，但为了提高与稳定数据精度在 2005 财年调查回复将增加到 1 万份。

视频研究交互有限公司通过更新网络容量来扩大它的网络相关服务，这允许详细的轮廓分析以及发布一种新的网络广告信息服务——网络广告报道。

听众与消费者报道作为 VR 的企业组研究开始于 1972 年。它设计通过一个单独资源方法用来研究日本市场消费趋势以及媒体接触。

7.4 荣誉资质

VR 已经获得 ISO9001 的两个认证：机械收视率调查的认证（家庭和个人）和日记方法的个人收视率调查的认证。该公司也获得了秘密标志：一个调查产业建立的证明系统。

在 2005 年 3 月，VR 公布了它的第四代综合报纸调查报告（J-READ），它聚集与组织了日本 47 个行政辖区报纸的标准数据。这一项报纸浏览调查设计测量诸如媒体联系、生活方式意识、产品使用来显示读者与有目标的阅览者是怎样与报纸相合的。这个调查也覆盖了辖区的图像与城市管理、参加日本职业棒球与足球组的人数以及公司的品牌评估和报纸阅读者对其的熟悉程度。

自从 VR 开始周期性地引导它的研究以来，在购买方式、品牌共享等方面的改变被按年代排序方式认可。

8. Broadcaster Audience Research Board Limited（BARB）

8.1 公司简介

BARB（Broadcaster Audience Research Board Limited）成立于 1980 年，BARB 本身并不进行收视率调查的具体工作，而是分别委托两家公司进行，其中电视研究公司（Television Research Limited）负责样本户部分的工作，包括基础调查、样本户的更新维护与控制等。TNS（Taylor Nelson Sofres）则负责资料搜集工作，包括人员测量仪（people-meter）的提供与安装、资料搜集与统计分析等。

8.2 收视率调查方法

英国收视率调查采用人员测量仪作为搜集资料的工具，样本户总共有 4485 户，为了反映总体的结构，负责样本维护与控制的电视研究公司，每年要进行一次 4 万人规模的基础调查。根据调查结果对样本进行调整与控制，以便使样本能够充分地代表总体。

9. Mediametrie

公司简介

法国从 1954 年开始通过电话和信函进行收视率调查。1958 年成立了专门机构——广告载体研究中心（CESP），1964 年开始建立一个拥有 13000 个样本（通过谈话来进行）的收视率调查系统，一年公布四次调研结果。

1967 年，从原来的广告载体研究中心当中分出的舆论研究中心，专门调查收视率和电视观众的满意程度。1985 年改制为 MEDIAMETRIE 的股份制公司，把收视率的调研结果产品化。目前已成为法国最主要的收视率数据供应商。

10. AC 尼尔森市场研究公司

10.1 公司简介

AC 尼尔森，荷兰 VNU 集团属下公司，AC 尼尔森是全球领先的市场研究、资讯和分析服务的提供者，服务对象包括消费产品和服务行业，以及政府和社会机构。在全球 100 多个国家里有超过 9000 个客户依靠 AC 尼尔森认真负责的专业人士来测量竞争激烈的市场动态，来理解消费者的态度和行为，以及形成能促进销售和增加利润的高级分析性洞识。

AC 尼尔森总部位于美国纽约，并在伊利诺伊州的商堡（Schaumburg）、比利时的瓦韦尔（Wavre）、中国香港、澳大利亚的悉尼、阿根廷的布宜诺斯艾利斯以

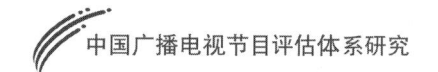

及塞浦路斯的尼科西亚建立了区域业务中心。

AC尼尔森于1984年来到中国。至今AC尼尔森已经对中国以及中国消费者积累了深刻的理解。不论是中国本地企业还是准备以及已经进入中国的外国公司，他们都有信心利用所拥有的丰富的市场资讯和深刻的市场洞察帮助客户深入理解其竞争环境以及消费者的需求和期望，从而协助他们制定和执行成功的市场战略。

10.2 业务范围

AC尼尔森在中国主要提供以下三大市场研究服务：

10.2.1 零售研究

AC尼尔森公司于1992年开始在中国开展零售研究，迄今，在中国的零售研究业务已增长了10倍。为满足不断增长的客户需求，AC尼尔森公司加速拓展零售研究扩大地域。目前，零售研究覆盖全国主要城市和城镇的50多类非耐用消费品，定期为客户提供有关产品在各地的零售情况报告。

AC尼尔森公司为有意在中国开展业务的客户提供准确而精练的见解和资讯，使他们能够对迅速增长的消费品市场做出商业投资和战略决策。AC尼尔森公司能够满足客户宏观和微观的信息需求。

10.2.2 专项研究

AC尼尔森公司曾在中国100多个城市进行专项研究，内容包括单项和连续的定性、定量分析，帮助各行各业了解他们的消费者。AC尼尔森开发的独创研究工具包括预测新产品销售量的BASES、顾客满意度研究（Customer eQTM）和测量品牌资产的优胜品牌（Winning Brands TM），以及广告测试服务，充分利用其全球的研究经验，为中国客户服务。最近推出的在线研究服务，帮助客户更及时地完成了调研项目。

10.2.3 媒介研究

AC尼尔森公司的广告研究服务连续监测电视报刊广告投放情况，并根据公布广告定价计算广告花费。其结果可用来衡量媒介、产品和品牌所产生的收益，判断哪些广告载体在何时何处效果较好，同时了解竞争品牌的广告动态，从而完善自身的广告策略。素材丰富的广告库更可以随时提供各类产品的广告创意。目前，广告监测服务覆盖全国300多个城市的1000个电视频道和300多份报纸杂志。

AC尼尔森公司是中国和全亚太地区媒介研究的先驱，采用先进的电子个人收视记录提供电视收视率数据，进行报纸杂志读者调查和广告费用监测，已经成为媒体和广告行业的通用指标。AC尼尔森公司目前在全国10个主要城市提供电视收视研究服务，覆盖相当于全国超过60%的广告市场。

此外，AC尼尔森还提供大量先进软件，以及建模和分析服务。这些产品可以帮助客户综合广泛的信息，加以评估，判断发展机会和计划未来的市场营销活动。

11. 央视市场研究股份有限公司（CTR）

11.1 公司简介

CTR市场研究是中国领先的市场研究公司，成立于1995年，2001年改制成为股份制企业，主要投资方为中国国际电视总公司和世界最大的提供定制服务的市场研究集团TNS，中外两个公司的结合使得CTR市场研究既有深刻的本土洞察，又具有雄厚的技术实力和经验。

CTR市场研究拥有专业技术、研究人员450多名，同时吸纳了媒体、市场及公关研究等具有国际水准的一批专家，建立了覆盖全国的市场调查网络，拥有全职或兼职督导和访问员1000多名，形成了强大的运作队伍，并拥有连续十一年的有关中国媒介市场和广告研究数据库。

CTR市场研究是国家统计局认定的首批符合条件的涉外调查机构之一，是北京新技术产业开发试区办公室认可的"新技术企业"，CTR市场研究还于2002年底通过了ISO9001：2000版质量管理体系认证。

11.2 业务范围

公司致力于提供专业的市场调查和在市场调查基础上的分析与咨询建议服务。在广告与传播、新产品开发、品牌表现、市场理解与细分、消费与购买行为、电视媒体经营策略、居民媒体阅读与消费研究等领域，公司拥有国际先进的技术、深厚的专业知识和丰富的行业经验，可以为客户提供咨询性解决方案。

CTR市场研究的主要研究业务包括：消费者固定样组、媒介与产品研究、媒介策略研究、广告监测和个案研究。建立在中国最大的市场调查网络的基础上，我们不仅能提供连续性的多客户研究，还可以为不同客户提供量身定制的具有针对性的解决方案。

11.3 专业研究领域

总的来说，CTR市场研究的业务可分为两个领域：

- 连续性研究服务——这是很多客户都可以利用的服务
  - 消费者固定样组

- 媒介与产品研究
- 媒介策略研究
- 媒介智讯

■ 量身定制的研究项目——为不同客户提供有针对性的研究服务或商业解决方案，以满足客户的特别需求
- 个案研究服务

11.4 调查网络

表4

消费者固定样组			
样本量：13000户，覆盖全国15个代表性城市			
沈阳 大连 北京 天津	济南 上海 南京 西安	广州 武汉 杭州 青岛	成都 深圳 重庆
媒介与产品研究			
样本量：80100户，覆盖全国36个代表性城市			
北京 上海 广州 成都 沈阳 大连 西安 天津 重庆	南京 武汉 济南 杭州 福州 深圳 石家庄 郑州 青岛	长春 哈尔滨 厦门 合肥 昆明 南昌 兰州 太原 乌市	长沙 南宁 海口 宁波 珠海 温州 贵阳 无锡 苏州
媒介策略研究			
覆盖全国30个城市			
北京 上海 天津 重庆 哈尔滨 长春 沈阳 成都	呼和浩特 乌鲁木齐 银川 西宁 兰州 西安 昆明 福州	郑州 合肥 南京 武汉 长沙 南昌 杭州 太原	南宁 海口 广州 贵阳 济南 石家庄

(续表)

个案研究			
覆盖全国 36 个代表性城市			
北京	重庆	大连	济南
上海	兰州	青岛	合肥
广州	南昌	深圳	太原
福州	南宁	珠海	石家庄
成都	昆明	温州	海口
沈阳	哈尔滨	厦门	贵阳
西安	乌鲁木齐	无锡	杭州
武汉	郑州	苏州	宁波
天津	南京	长沙	长春
媒介智讯			
常规监测范围			
电视媒体：619 个电视频道；全天 24 小时监测 205 个核心电视频道；覆盖全国 178 个城市			
平面媒体：418 份报纸；182 份杂志			
户外媒体：24 个城市的路牌、灯箱等进行连续性监测，在其他 100 多个城市都有执行能力			
互联网媒体：70 个主流网站			
电台媒体：41 个频率的连续监测，超过 150 个频率的临时监测			
其他媒体：30 个城市的主要电影院，超过 40 个城市的楼宇液晶电视、电梯广告等多种新兴媒体			

11.5 质量管理

11.5.1 遵循原则

CTR 市场研究股份有限公司根据 ISO 9001：2000 版国际质量标准建立了质量管理体系，该体系遵循下列原则：

- 顾客需求和期望；
- 建立组织的质量方针和质量目标；
- 确定实现质量目标必需的过程和职责；
- 确定和提供实现质量目标必需的资源；
- 规定测量每个过程的有效性和效率的方法；
- 应用这些测量方法确定每个过程的有效性和效率；
- 确定防止不合格并消除产生原因的措施；
- 建立和应用过程以持续改进质量管理体系。

11.5.2 CTR 质量体系运行

- 与顾客有关的所有运作过程，都有文件规定，与产品、服务质量有关人员都是按照文件规范操作的；

■ 与质量有关的过程都有清晰的记录，以证明操作者是按照文件规定工作的；

■ CTR 实行年度质量目标管理，每一部门、每个员工的工作都根据上一级质量目标制订分解目标，通过这些目标的层层达成，最终持续提高产品和服务质量，达到顾客满意；

■ 对每一份销售合同进行严格评审，确保合同承诺的所有顾客需求得到满足；

■ 建立运作执行及顾客服务全部过程的质量监控体系，确定各环节质量控制指标及监测方法并贯彻实施，确保工作过程的质量处于控制状态；

■ 定期对质量体系进行内部审核；日常对服务质量进行顾客回访和定期对顾客满意程度进行测试；CTR 高层领导定期对企业质量体系运行的有效性进行管理评审；

■ CTR 质量体系运行重要理念是持续改进。质量体系的活动包括日常检测、定期测量和内部审核，目的就是保持质量体系持续改进，确保顾客持续满意；

■ 2002 年 12 月，CTR 质量管理体系通过了瑞士 SGS 国际认证公司现场审核，2003 年 3 月获得了分别由 SGS 公司及英国皇家认证委员会（UKAS）颁发的 ISO9001：2000 标准认可证书。SGS 公司每年对 CTR 质量体系运行情况进行年度定期复审，以确保 CTR 质量认证资格的有效性。

12. 北京经略信息咨询公司

12.1 公司简介

北京经略信息咨询公司，以中国华信信息技术开发公司和国家统计局城市社会经济调查总队（这一覆盖全国市镇的权威调查网）为依托，在全国范围内拥有 8000 多名专职调查人员和 20000 名兼职调查员，在 550 多个城市及县镇设有调查点。

12.2 业务范围

■ 市场调查——利用科学的调查手段，通过分布全国的调查网，对不同行业状况，产品、市场、特定产品价格进行市场调查、分析和预测。

■ 居民调查——对 35 个大中城市的非农业户口居民家庭 9000 余户进行季度和年度调查。内容包括城镇居民家庭及成员基本情况、家庭财产拥有情况及主要商品消费特征。

■ 网上检索——全面开通计算机联机检索服务，使用户足不出户能知天下事，随时随地传信息。

■ 广告监测——对全国 166 个电视频道进行广告监测（每天 18：00—次日 00：30），同时提供监测报告，并备有录像带查询。

12.3 信息资源

■ 166 个电视台广告监测资料
■ 300 多份报纸广告监测
■ 中国宏观经济数据库
■ 城市基本情况信息库
■ 全国"三资"企业基本情况资料库
■ 城市居民收支调查库
■ 物价数据库
■ 大中城市居民消费行为资料库

12.4 主要业绩

■ 1992 年成功地组织了《中国城市综合实力评价 50 强和投资环境 40 优》新闻发布会，在全国引起极大反响。

■ 成功地组织实施了 35 个大中城市 100 家大型商场销售情况监测网。

■ 成功地组织实施了 34 个大中城市 166 家电视频道广告监测网。

■ 成功地组织实施了上百项大型调查，包括产品市场调查、居民消费行为和意向调查、企业行为调查、收视率调查、社会调查等，并对调查结果进行深度分析，为客户提供不同程度的研究报告，作为客户决策的有效依据。

13. 荷兰媒体集团（VNU NV）

13.1 公司简介

位于荷兰哈勒姆和美国纽约的荷兰媒体集团是一家成立于 1964 年并在阿姆斯特丹证券交易所挂牌的上市公司。Rob van den Bergh 是 VNU NV 执行委员会的主席和执行总裁，同时也是 VNU 行销信息的主席和执行总裁。

13.2 业务范围

VNU 是一家在 100 多个国家提供服务且拥有 38000 名雇员的国际信息和媒体公司。它主要有三部分业务：VNU 行销信息（MI）、VNU 媒体标准和信息（MM&I）以及 VNU 贸易信息。VNU 行销信息与 VNU 媒体标准和信息这两部分业务包括像 AC 尼尔森和 Nielsen 媒体研究这样的市场研究单位。这两部分业务在全球一共雇

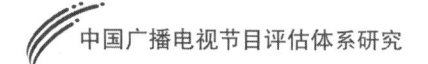

有35611名员工。

VNU行销信息（MI）业务不仅包括AC尼尔森（ACN），还包括VNU咨询服务，其中VNU咨询服务包括BASES、Spectra、Claritas（美国）和HCI。

AC尼尔森成立于1923年，2001年2月被VNU收购。它为9000多名产品制造商、零售商和销售代理商等客户提供服务。

该公司的业务主要分为四个部分：

13.2.1 媒介调查

该部分包括1936年成立于纽约的Nielsen媒体研究（NMR）（www.nielsenmedia.com）。它1984年被Dun & Bradstreet公司收购，1996年又加入Cognizant公司。1998年，NMR成为可独立、公开交易的公司并于1999年被VNU收购。NMR的核心业务是提供电视观众收视率信息。在美国，尼尔森电视收视率就是电视时代购买者与销售者每年600多亿美元交易的流通货币。美国国内服务可以从拥有7000个家庭的国家人口样本中提供电视观众数据并测量17000人的观看习惯，到2006年国家人口样本中的家庭数量增加到10000个。该服务可以为全国的广播网、综合和有线电视节目提供连续的电视观众评估。它也可为广告商和广告代理商提供国内收视数据和现有广告的追踪和检验服务。

NMR的国内和当地西班牙服务提供美国西班牙电视收看测量。当地服务为以西班牙人口居住为主的19个电视市场提供收视信息。在每个市场都对独立样本进行测量，从而反映西班牙语在家庭的使用如何影响电视收看。

NMR也提供许多其他服务，包括尼尔森监控和促销建议服务、尼尔森体育市场服务以及网络和交互媒体服务。

在美国以外，NMR提供以下一系列全面的服务，包括电视和广播观众的测量、报纸的阅读人数以及客户化媒体研究服务。公司也为30个世界领先广告市场提供广告花费、媒体定位和创新内容的测量。

13.2.2 互联网测量

该部分包括NetRatings公司（NR）（www.nielsennetratings.com），VNU拥有其65%的股份。NR成立于1997年，并于1999年12月上市。

NR以尼尔森/NetRatings（N//NR）品牌来标示其服务，其提供网络浏览者数量和广告数量的测量与分析，还提供综合互联网与数字媒体的研究报告和客户化数据。

N//NR 利用互联网浏览者的随机点击信息来收集在线数量，利用调查研究来测量用户对页面喜爱的生命周期，利用 100 多万网页浏览者的抽样调查来报告使用情况，以及利用全面普查报告系统来计算网络的总流量。这些服务包括：

NetView：用户量测量

AdRelevance：广告花费测量

@Plan：品牌喜爱度和最终生命周期的统计数据

MegaPanel：全世界 100 多万网络用户的使用数据

Homescan：与 ACN 一起进行线下购买和网上浏览的测量

SiteCensus：服务器端的访问测量和追踪

WebIntercept：网页浏览

Analytical Services：客户化研究和分析

WebRF：媒体规划的范围和频率工具

Analytical Services：客户化研究和分析

13.2.3 娱乐信息（Nielsen Entertainment）

该部分包括尼尔森（Nielsen）电影（Nielsen NRG，Nielsen EDI Global），Nielsen 家庭娱乐（Nielsen VideoScan，EMS，Nielsen Television Services），Nielsen 音乐（Nielsen SoundScan，Nielsen Broadcast Data Systems，Nielsen Aircheck/Music Control），Nielsen 图书以及 Nielsen 互动娱乐。

NE 在全世界 16 个市场利用许多咨询服务、信息和分析工具来为以下娱乐业服务：电影、图书、家庭娱乐、音乐和互动节目。它的服务包括测试娱乐和促销内容，衡量销售结果，根据在各部分所花费的时间和金钱来跟踪消费娱乐趋势，也提供客户化的研究信息。

电影：尼尔森 EDI 可以在全世界的 14 个市场收集和传播 50000 家电影院的票房数据。尼尔森国内研究组（NRG）测试理念、内容、定位和促销品，包括视频和 DVD，实施测试放映，并在影片发行过程中给发片商提供建议。

音乐：尼尔森广播数据系统可以监控广播音乐，其利用模式识别技术来实时辨别在美国 130 个市场的 1100 多家电台播放的 100 多万首歌曲。Nielsen 的 SoundScan 可以跟踪零售店和网络资源的每一笔订单数据。今年发行的 Nielsen RingScan 可以测量铃声的下载量和其他手机服务数据量。

家庭娱乐（视频和 DVD）：尼尔森的 VideoScan 可以根据国内零售店的每笔

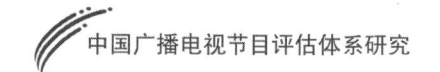

销售数据来跟踪视频和 DVD 的销售情况。VideoScan 包括尼尔森市场导航，它可以将销售数据、票房信息、广播播放数据和消费者调查结果与地区的统计信息相结合来预测新娱乐产品的销售情况、销售地点以及其购买群。

尼尔森电视服务在拉斯维加斯利用其研究工具可以提供电视节目和促销活动测试。NTS 也可以为创新产品的测试提供在线研究。

图书：尼尔森的 BookScan 可以根据零售店的每笔销售数据来为图书业衡量零售情况。

13.2.4 媒体解决方案

该部分包括 PERQ/HCI 和 Scarborough 研究，还包括 Standard Rate & Data Services（SRDS）和 Interactive Market Systems（IMS）。

PERQ/HCI 可以为美国的广告代理商、发行商和广告公司提供保健节目观众的测量以及广告花费服务。这是媒体信息提供者 SRDS 的媒体研究业务的一项。

根据 11000 多位医生和保健人员的反馈，PERQ/HCI 可以测量在药物 / 外科、医药、控制保健、眼保健、牙科、放射、护理和兽医市场上的保健杂志的订阅量。在 34 个保健领域进行研究。PERQ/HCI 的软件和在线服务用于分析报纸和媒体广告计划的效率，也可用于计划保健广告活动。

Scarborough 研究（SR）是 VNU 和阿比壮公司之间的联合投资，可以为美国消费者提供当地的、区域的和国内的购买模式和媒体应用的鉴别。它的核心服务包括在美国主要的特定市场区域的 75 个当地市场研究。SR 对 2000—10000 名 18 岁以上各种族的成人进行购买情况、生活方式、媒体和人口统计调查。

SR 的客户数量超过 3000，其包括广告商和广告代理商、广播电视、有线系统、广播电台、报纸、互联网、体育团体和组织以及户外活动。

SR 的 USA+ 数据库可以提供一个国内消费者情况，并且每年有多于 200000 人的样本。它也在 10 个市场提供当地西班牙语研究。最近 Scarborough 已经将其服务内容扩大到客户关系管理，可以提供数据库的整合和消费者分割服务。

2004 年 VNU 在其公司范围内继续根据其业务单元整合其信息和资源。最重要的案例是 Apollo 项目，它从同一消费者样本中收集两种数据：利用阿比壮公司的 PPM 收集多媒体信息和利用 ACNielsen Homescan consumer panel 收集购买行为信息。

14. Taylor Nelson Sofres（TNS）

14.1 公司简介

伦敦特恩斯市场研究公司（Taylor Nelson Sofres）成立于1997年12月，其是成立于1965年并于1986年在伦敦证券交易所上市的特恩斯AGB公司收购巴黎索福瑞公司而形成的。TNS的执行总裁是Mike Kirkham，主席是Tony Cowling。

2004年仅调查收入就达到1720600000美元，比2003年上涨了2个百分点。其增长率包括格林威治和康涅狄格州的NFO世界组在2003年7月付的2003年到2004年的收入，但不包括2004年2月西班牙马德里的区域调查组，2004年6月匈牙利布达佩斯的Mediagonozis，以及2004年9月新西兰奥克兰的Needscope国际公司所付的收入。其2004年研究总收入的83.2%，即1430600000美元，都来自英国以外的收入。

TNS是世界最大的客户化调查公司，也是社会调查和政治选举各综合服务的主要提供者。公司覆盖全球的70个国家并雇有12731名全职员工。它利用其全球公司的信息为当地和跨国企业提供市场信息和测量标准以及建议和分析。

14.2 业务范围

TNS主要经营三方面的业务。结合其专家的理论和经验在四方面提供客户化研究：

14.2.1 新产品的研发

TNS帮助客户鉴别是否值得投资于一个创新，寻找使一个概念更吸引人的方法以及预测潜在的销售量。它在新产品的研发过程中提供合适灵活的服务，包括出主意、早期的监督、概念的发展、测试和最优化，以及销量的预测。

TNS利用其联机能力，对于需要快速上市的项目可以瞄准难度大的问题，从而减少项目的时间。它利用实际情况来重建内部和外部环境以提供一个产品测试的交互场景。

14.2.2 动机调查

该服务可以提供市场的策略分析，以使其客户的品牌策略、定位和业务管理最优化，也可通过已有的产品和市场帮助客户鉴别新产品和新市场。它包括市场结构、需求分割、品牌投资管理以及品牌定位。

动机调查的工具之一就是NeedScope系统，它是一种心理分析架构，可以揭示各类消费需求的复杂层次，也可以衡量成功品牌创造的坚固的消费与品牌关系的因素。

14.2.3 品牌与广告的研究

TNS 为此提供了一系列的服务，包括为广告试行的 Ad-Eval、为品牌和广告追踪的 MarketWhys，以及为品牌价值衡量的 Conversion Model。

14.2.4 股票持有者管理

TNS 应用 TRI-M 可以为客户、员工、经销商或者股东等各种股票持有者提供其表现和关系的衡量与监控，可以在质量、HR、PR、销售和行销部门方面为决策层和高管提供建议。根据全球 6000 多个案例的研究，TNS 可以提供一些衡量基准。

为了能使股票持有者管理与品牌管理相结合，TNS 应用 TRI-M 来分析股票持有者的行为，并用 Conversion Model 来解释品牌承诺的消费层次。

14.2.5 TNS 综合服务

Worldpanel：该服务应用利于当地市场发展的技术，包括条码扫描、网络和验钞机等来为消费者的购买行为提供连续的测量和分析。该服务的客户包括跨国和本地的易耗消费品制造商、新鲜食品供应者、零售商、市场分析人员和政府企业。

14.2.6 TNS 受众调查服务

Media Intelligence：TNS 不断衡量广告花费，跟踪和分析电视、广播、报纸、网络、影院预告和体育赞助活动等各传媒领域有创意的广告和社会新闻。

其用户包括媒体拥有者、广告代理商、公共关系顾问、广播公司、发行商、政府部门以及本地和国际公司。

电视和广播受众数目调查：应用家庭和个人测量技术，TNS 可以连续测量电视观看和广播收听的受众数量，并将其提供给广播公司、广告代理商、广告客户、电台管理者和电视生产商。

TNS 的 technology Infosys TV 在 25 个国家里用于实施电视观众调查。

网上客户信息服务 TNSInfo 是一种允许客户在某一环境进行分类和管理其销售信息的系统。它根据用户的个人需求来存储信息，保持更新并提供预警。TNSInfo 在全世界 101 个国家的 1200 多个地点为用户进行数据传输和分析，其用户超过 20000。

15. Millward Brown Group（MBG）

15.1 公司简介

位于美国伊里诺斯州内珀维尔的 Millward Brown 公司（MBG）在 1973 年英

国沃里克罗得岛成立，1989年被英国WPP传媒集团收购。

MBG包括Millward Brown（MB）、Kantar媒体研究中心、BMRB以及Goldfarb咨询公司，后来又包括Focus网络公司和Greenfield咨询公司。

15.2 业务范围

Millward Brown（www.millwardbrown.com）在以下三个业务中应用其定性和定量的客户化研究综合技术：

15.2.1 品牌评估和分析服务

在信息总量和品牌价值方面进行研究的咨询公司MB可以为多个领域提供服务，包括品牌策略、品牌价值、创新的研发和评估、消费需求和价值、媒体计划和策略、ROI和预测以及投资管理。MB可以利用它的Optimor小组来提供品牌评估和分析服务。

该小组可以提供许多的产品和服务，包括Link（复制测试）、BrandDynamics（品牌价值评估）、Advanced Tracking Program（品牌欢迎度连续追踪）、销售回馈模型和定性研究。

15.2.2 在线销售服务

MB的IntelliQuest为科技和在线销售者提供以下服务，包括BrandImpact（在线广告影响性测量）、Audience Audit（网站浏览者结构）、SiteImpact（对网站的反应/满意度）以及CIMS（美国媒体科技应用情况）。

MB的Precis可以提供PR影响性测量。

MB在40多个国家有60多家独立办事处。

Kantar媒体研究中心（www.kantarmedia.com）是一家综合的研究中心，信息和软件小组提供销售和媒体服务，软件数据系统可以为数据分析提供分析服务。它包括：AGB小组、IBOPE媒体信息、Marketest投资和Mediafax提供电视观众数目调查（TAM）。

应用其Target Group Index和MARS药物产品可以提供印刷/单一资源服务。

15.2.3 软件和系统

客户化项目，包括数据整合和数据库模型。

它可以在50多个国家提供TGI和TAM服务。

位于伦敦的BMRB（www.bmrb.co.uk）可以在社会政策和公共兴趣的定量研究、媒体和销售研究、公交服务研究以及客户、雇员和股东研究方面提供服务。

位于美国康涅狄格州西口岸的 Greenfield 咨询公司（www.greenfieldgroup.com），是一家为全球财富 500 强、消费者和贸易部门提供定性代理实施和深入访问的公司。

2003 年 MB 收购 Goldfarb 咨询管理公司，但 Focus Network 仍然作为独立的业务在经营。

销售和计划系统（MaPS）是位于美国北部的一家将销售学和咨询技巧相结合的研究公司。

16. 益普索集团（Ipsos Group SA）

16.1 公司简介

Ipsos Group SA 公司成立于 1975 年，并于 1999 年 7 月登上巴黎证券交易所的 Nouveau Marche 榜单，2003 年 4 月登上 EuroNext 巴黎证券交易所的 Premier Marche 榜单。

Ipsos 的主席和执行总裁是 Didier Truchot。

Ipsos 在 2004 年的收入达到 753200000 美元，比 2003 年上涨了 7.5 个百分点。2004 年来自法国以外的经营收入达到 633800000 美元，占全部收入的 84.2%。

Ipsos 是一家提供全球性定性和定量研究，提供预测、模型、市场信息和消费观点的领先的市场研究集团。公司的主要优势在于数据收集、数据处理以及数据分析系统，并在该过程的各个阶段都配有在线技术，此外公司在全球范围内都具有很丰富的工作经验。Ipsos 共在 41 个国家雇有 4660 名全职员工。

Ipsos 的许多客户都拥有国际性的市场，因此，Ipsos 利用其高水平的研究技能而建立了全球合作计划（Global PartneRing）来管理客户的账目。这个项目使得公司与客户每天的工作关系非常的有效且协调。

16.2 业务范围

公司有五个核心业务：广告、行销、媒体、意见和客户满意度研究。

16.2.1 广告研究

利用 Ipsos 的 ASI，公司可以为国际企业在该领域提供专门的服务。在全球的广告宣传活动中提供一致的实施信息。

16.2.2 行销研究

这是 Ipsos 最重要的业务，其覆盖一个品牌或产品生命周期的所有阶段。Ipsos 的 Insight 和 Observer 小组为 Field&Tabs 提供战略研究，而 Ipsos 的 Novaction 和

Vantis 小组则提供预测、模型建立和咨询服务。

16.2.3 公共意见和社交研究

Ipsos 对许多社交事务都进行公共意见评测,而且还为主要的本地或跨国公司实施研究项目。公司也实施民意测验和选举管理。公司拥有从事大型跨国研究项目的 Ipsos 公共事务品牌。

16.2.4 媒体研究

最早成立于欧洲,现在也覆盖中东和拉丁美洲,被注册为 Ipsos 媒体。

16.2.5 客户和雇员关系管理

通过 Ipsos 的忠诚度小组,公司可以提供整合调查研究结果和处理数据的研究工具。这些工具可以检测客户服务建议的质量、适应性、销售情况以及经济状况。Ipsos 考虑到国内的客户非常关心品质管理,所以也为雇员关系管理提供了研究服务。

17. 国际市场研究公司(RI)

17.1 公司简介

国际市场研究公司(RI)(www.research-int.com)成立于1973年,其总部位于伦敦,1989年被英国 WPP 传媒集团收购。

RI 是一家客户化市场研究服务公司,它在 57 个国家都有办事处。RI 的 Qualitatif 是公司的定性研究工具,可以在全世界提供定性研究服务。

RI 在许多领域都有经验,特别是消费包装产品、零售业、新兴媒体、财务服务、能源和能源应用、科技以及远程通信。

17.2 业务范围

RI 的服务主要包括以下六个方面:消费者情况了解、品牌和交流、创新研发、渠道管理、客户关系以及服务情况衡量。在每个领域的每项服务都吸收了其在全世界范围内的知识,既有客户化的方法又有自身的技术。其自身的技术包括 Equity Engine(品牌价值管理)、MicroTest(新产品研发和销售预测)、Brand-Sight Gallery(用于监控品牌特点的国际有效的可视系统)、Locator(品牌定位的优化)以及 Loyalty Driver(评估和管理客户忠诚度)。

附录16 中国广播电视节目评估体系之视听率测量与应用准则

编者按

伴随着广播电视行业的迅猛发展，中国广播电视节目综合评估体系越来越受到业界和学界的高度关注，广播电视节目综合评估体系能对节目的内容、质量、播出效果等方面进行科学、规范、系统、全面的评估，这个评估过程是动态的、持续的、全面的。这和以往的单指标评估形成了鲜明的对比。视听率指标作为客体评估中的一部分，是构成广播电视节目综合评估的重要元素。视听率数据日益成为广播电台、电视台及其相关行业的重要决策依据。电台、电视台迫切需要了解广播电视受众媒体接触的深度和广度，从而为节目编排、媒体间竞争和广播电视行业整体水平的提升提供强大的助推力。作为广播电视节目的提供者，广播电台、电视台需要对广播电视受众的需求和反馈做出迅速的反应和判断，知道如何满足这些需求从而实现社会效益与经济效益的双赢。

本准则目的是在中国广播电视节目综合评估体系下构建视听率调查与使用的专业化准则，规范视听率市场，为中国广播电视节目的综合评估提供科学、准确的数据来源，从而更好地服务于广播电台、电视台的决策管理和绩效考核。

任何一部准则都不是万能的，它无法给所有可能发生的情况都提供一套全面完整的建议和规定。一旦出现疑义，应征求各方意见，同时遵循准则所倡导的传统做法。按照欧洲意向考察和市场研究协会（ESOMAR）准则的规定："在有些国家，当地的立法或专业机构制定了一些特殊规定，这些规定可能会与准则不符。在当地实施研究时，应优先考虑当地的特殊规定。关于这方面的信息，各国的专业协会可负责提供。"中国广播电视协会作为中国广播电视行业的专业协会，应该树立起视听率调查和使用的行业准则，为整个行业的健康发展提供有效的监督和指导。

1. 总原则

1.1 秉持科学和客观的原则

电视收视率调查是市场研究的一部分，必须客观地执行，并与已有的科学原则一致，市场研究必须遵循研究项目所在国家的国内、国际法规。

1.2 量力而行，满足不同层次的需求

电视收视率调查的测量系统在设计上要覆盖全国或者需要调查的局部区域，尽可能满足各个数据使用方不同层次的需要。

1.3 确立有效的审核与沟通机制

为保持有效而积极的行业内部沟通，需要组建一个由相关行业专家和学者组成的专家委员会，对视听率调查机构进行认证和考核，同时保证数据提供方与数据使用方可以持续沟通并达成一致意见。这个专家委员会应由中国广播电视协会受众研究委员会（电视）出面组建。

1.4 公开视听率的调查方法及流程

调查方法及流程应对所有数据使用方公开，以帮助数据使用方在理解数据时具备必要的背景知识。

1.5 有效配置资源，给出合理报价

在保证数据准确、有效的前提下，数据提供方需综合考虑商业需要和资源管理成本，对研究资源进行有效分配，并给出合理的报价。

1.6 变动公开原则

数据采集和报告过程中的所有环节需按照预先设定的程序进行。在任何情况下，数据采集的变动和调整都应严格遵守公开的原则。

1.7 确保调查方法的科学性

有效性和可靠性是关键。这里的"有效"意味着调查结果确实是我们想要调查的内容。"可靠"意味着调查系统多次单独调查的结果能够得到基本一致的结论。

1.8 追求最大的响应率

电视收视率调查的测量系统要追求最大的响应率，并且数据提供方在这方面要承担主要责任。被调查者不承担提高响应率、减小误差、保证数据有效性和可靠性等方面的责任。在任何情况下都应尊重被调查者的隐私权。

1.9 从业人员要求

根据《ESOMAR 准则》和《全球电视受众测量指南》，从事收视率调查的人

员必须具备一定的专业素质，能够懂得和掌握收视率调查的科学方法和操作规范，并且了解整个收视率调查的操作流程。收视率调查的从业人员最好具备收视率调查从业资格证书，表示通过相关机构的资质认证，具备从事收视率调查的能力。

1.10 确立独立的审核与质量控制制度

开展实地审核、资料系统控制、家庭结构和电视设备拥有情况的变化、按键执行情况、数据编辑以及合理性检验、固定样组特征的检测等。

1.11 平等使用的原则

收视率调查公司为了公平交易，所有的用户群体都在同样的条件下，需要保证用公平的价格获得收视率数据时：调查系统对外公开、电视时间的买方和卖方在购买数据时待遇相同、最大程度地利用相对收集起来成本较高的数据，例如测量仪数据。

1.12 方法的不断改进和创新

收视率调查公司选择的测量方法应该具有较强的操作性，并且符合中国的国情。在设计测量方法时，要充分考虑到调查对象的实际情况和心理因素。收视率调查公司的研究部门要对方法不断进行创新和改进。

2. 视听率调查公司的职责与义务

视听率调查公司作为视听率调查的执行机构，对构建公平良性的市场竞争环境和行业内部的基本职业规范负有重要的职责和义务。

● 研究者不论是有意或是无意，都不能做出有损于整个市场研究行业声誉或使公众丧失信心的举动。

● 研究者对于其技能、经验或所在机构的其他情况不得做出不切实际的表述。

● 在没有充分数据支持的情况下，研究者不能有意地散布从市场研究项目中得出的结论。研究者必须随时准备好必需的技术信息以评价其发布的市场研究结论的有效性。

● 市场研究的方案和报价（除非已经由客户付款）。客户不得将研究者的方案和报价泄露给任何的第三方，除非是为客户的同一个项目工作的咨询机构（但作为研究者的竞争者出现的咨询机构除外）。特别要注意，上述方案和报价客户不能用于影响其他研究者的方案或报价。

● 当项目的任何部分需要分包给研究者以外的机构（包括任何外来的顾问）

时，研究者必须尽快事先通知客户。如果客户要求，必须向客户告知分包商的身份。

● 研究者必须遵守现行的此行业的惯例，即在项目结束后一段时间内保留记录。

● 研究者不得泄露客户的身份（如果没有法定的义务要求去做时），不得在没有客户许可的情况下向第三方泄露与客户业务有关的机密信息。

● 研究者必须向客户提供所有为客户实施的任何项目的恰当的技术细节。

● 在汇报市场研究项目的结果时，研究者必须对研究发现以及研究者对结论所做的解释和在此基础上提出的建议之间做出明确的区分。

● 客户公布任何研究结论时，有责任确保这些结论不会误导客户必须事先咨询研究者，并就公布的形式及内容征得他们的同意。研究者必须对研究及其研究结论中引起误导之处进行修正，并采取必要的措施。

3. 样本抽取

3.1 明确调查总体

3.1.1 目标区域：目标区域由所要开展收视率调查的范围决定，可以为全国、全省、全市、市区或全县，也可以为某一特定区域。电视家庭人口：指拥有电视机的家庭人口。

3.1.2 年龄下限：在收视率调查中一般要求被调查者必须是 4 岁及以上。

3.1.3 收视率调查的调查总体必须明确，任何模糊目标区域或人为排除调查。总体中部分人群的行为应该严格禁止，这些行为包括但不限于：

3.1.3.1 市区总体但对没有调查的行政区进行推断；

3.1.3.2 总体中的样本分配没有按照比例进行又不进行相应的加权修正；

3.1.3.3 推及总体基于全部人口而不是基于电视人口；

3.1.3.4 没有经过大样本的基础研究而盲目地基于全部人口进行固定样组的控制或加权；

3.1.3.5 调查总体是目标区域的全部人口但人为排除农村人口或降低农村人口的比重又没有进行相应的加权修正等。

3.2 基础研究

3.2.1 基础研究的目的：在收视率调查中，基础研究对于固定样组的抽取、配额控制以及样本轮换具有非常重要的作用。

3.2.2 基础研究的执行周期：全国调查网、省级调查网、各省会中心城市及其他大城市调查网应该每年进行一次基础研究。中小型城市调查网可以每两年进行一次基础研究。

3.2.3 基础研究的样本量：基础调查样本数量一般是视听率测量样本规模的 3 倍或更多。

3.2.4 实现响应率最大化：理想的情况是，在所有最初抽取的样本中，至少应该有超过 1/2 的样本被成功访问。

3.3 抽样方法

3.3.1 在收视率调查的实际工作中，通常采用分层、多阶段不等概率的概率比例规模（PPS）抽样。最常用的概率抽样方式有等距抽样、概率与 PPS 抽样、分层抽样、整群抽样、多阶段抽样或前述几种抽样方式的组合。

3.3.2 在收视率调查的实践中，由于样本结构十分复杂，在收视率调查的实践中，配额抽样也成为一种十分常用的抽样方法。配额抽样是依据事先确定的配额来抽取样本，而具体的配额必须依据大样本的收视率基础研究来确定。

3.3.3 具体的配额必须依据大样本的收视率基础研究来制订。常用的配额指标有：性别、年龄、家中主要商品购买者的年龄、家中电视机的数量等。

3.4 固定样组的选取

3.4.1 固定样组样本户的选择

3.4.1.1 固定样组需要按随机原则抽取产生，并综合考虑配额控制调整。

3.4.1.2 测量仪系统中，抽中的社区或居家村委数不得少于计划安装的测量仪固定样组户数的 50%，即每个社区或居家村委内平均最多可以在两户安装收视测量仪。

3.4.1.3 日记卡系统因为需要由人员上门收发卡，则可以适当放宽，但每个社区或居家村委内合作的样本户不得多于五户。

3.4.2 最大化响应率

响应率也可以通过严谨的样本户征集技术得到提高，包括持续性地给拒访者一定的时间来转变他们的态度；雇用受过系统上门访问技术培训的访问员等。

3.5 固定样组的维护和更新

3.5.1 更新的比例会因地域的不同而不同，测量仪系统更新比例一般每年在 15%—25% 之间，其中不包括被动撤户。

3.5.2 而对于日记卡系统，由于需要合作人员填写大量的收视信息，一般情况下，合作周期不宜过长，维持在一年左右比较合适，最长不应超过两年。

3.5.3 实施有规律的监测以便发现"疲劳和老化"的样本户，提高固定样组的代表性。

3.6 样本规模

3.6.1 影响样本规模的因素

3.6.1.1 抽样总体中各单位的差异程度；

3.6.1.2 允许误差（抽样精度）；

3.6.1.3 抽样的方法。不同的抽样方法决定了不同的效率；

3.6.1.4 人力、物力、财力等条件的限制和投入。

在置信水平为95%、收视率P=50%的基准水平下，允许误差（抽样精度）与样本量在统计上有着明确的对应关系，例如：当允许误差为1%的时候，样本量必须大于或等于9604人，这是必须达到的标准，否则将无法保证调查的质量。

不同允许误差水平所需的样本量

允许误差（%）	最少样本量（人）
1	9604
2	2401
3	1067
4	600
5	384
6	267
7	196
8	150
9	119
10	96

3.6.2 样本规模的确定

收视率调查公司作为收视率数据的提供者，应该本着质量至上，满足用户需求为原则，综合考虑各方面因素，最终确定样本量。考虑到不同的调查范围和数据的质量控制，样本户的数量需要达到以下标准（按照每户3.5人的标准进行换算）。

- 全国收视率调查
  - "最佳"：6000 户固定样本
  - "较好"：5000 户固定样本
  - "合格"：2000 户固定样本
- 省级收视率调查
  - "最佳"：1000 户固定样本
  - "较好"：800 户固定样本
  - "合格"：600 户固定样本
- 市级收视率调查

中等规模以上的地级市调查网
  - "最佳"：600 户固定样本
  - "较好"：400 户固定样本
  - "合格"：300 户固定样本

中等规模以下地市级及县级调查网
  - "最佳"：400 户固定样本
  - "较好"：300 户固定样本
  - "合格"：100 户固定样本

根据样本量与允许误差之间的线性关系，3% 的允许误差是最常被用且经济实惠的。在现行的中等规模以下地级市及县级收视调查网中，当抽样误差被控制在 3% 时，1067 个样本是比较合适的数量，按照现在 3.5 户左右的户规模来计算，也就是 300 户，而 300 户的规模刚好可以达到"较好"的标准。如需进一步提升数据质量，可将固定样本户提高至 400 户，达到"最佳"的标准。

3.6.3 样本结构对样本分布的影响

3.6.3.1 在全国收视率调查网中，总体应该用城乡以及其他宏观经济指标进行分层；全省总体可直接用城乡进行分层。

3.6.3.2 全国收视率调查网络中，城乡的人口比例是影响样本分配的重要因素（城镇人口占总人口的 44.94%，乡村人口占总人口的 55.06%）。

3.6.3.3 除此之外，国民经济发展水平、广播电视的收听收视习惯、家中主要商品购买者的年龄以及家庭电视数量等因素也是影响城乡样本分配的因素。

3.6.3.4 在收视率调查中，配额抽样依据事先确定的配额来抽取样本，而具体的配额必须依据大样本的收视率基础研究来制订。

3.6.3.5 片面追求商业利益而忽视样本结构尤其是城乡差异对样本分布的影响。

4. 数据采集

4.1 收视测量技术

人员测量仪和日记卡是最常见的收视率测量工具，人员测量仪无论是在技术水平上还是在推广上都要好于日记卡，本准则提倡大力推广和普及人员测量仪的使用。

4.2 质量控制

4.2.1 实地复核

4.2.2 资料系统控制

4.2.3 家庭结构和电视设备拥有情况变化的控制

4.2.4 收视行为记录情况的监控

4.2.5 数据编辑以及合理性检验

4.2.6 固定样组特征的检测

4.2.7 数据处理过程检验

4.2.8 测量仪时钟

4.2.9 数据传输通信设备

4.2.10 数据保存

4.2.11 保密性

4.2.12 对测量系统执行情况的监测

4.2.13 同步调研

5. 数据处理

5.1 数据处理的流程

5.1.1 在收视率调查原始数据输入计算机（仅限日记卡法，测量仪法不需要数据录入）后，要进行数据的净化，以确保原始数据的完整及合理；

5.1.2 净化后的收视数据与样本背景资料库及节目资料库合并形成一个完整的"收视率资料库"；

5.1.3 在"收视率资料库"的基础上，以性别、年龄等为加权变量，对原始数

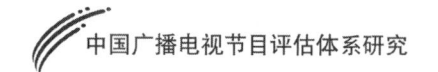

据进行各种加权计算，便产生各种收视率数据。

5.2 数据处理的规则

5.2.1 收视率调查原始日记卡的录入要通过复录检查，至少抽取 30 份日记卡进行复录，复录通过的错误率不应高于千分之三，每个报告周期的复录结果应定期公布。

5.2.2 收视数据应进行加权处理。加权变量必须是显著影响中国城乡观众收视行为的指标。这些指标的确定应基于中国城乡观众的收视数据并与收视行为有显著的相关性。

5.2.3 独立报告收视数据总体的样本至少 100 户，最好采用边际加权的方法，以免由于样本量不足人为造成数据的扭曲。

5.3 加权的规则

加权是收视数据处理过程中的中心环节，其目的一是对样本结构与总体结构的偏差进行校正，二是对抽样设计中各层样本分配的不均衡进行校正，以取得能够准确反映总体收视情况的数据。

城市调查网的加权在各行政区样本分布均衡的前提下可以基于观众的性别、年龄等指标进行加权。全市调查网、全省调查网和全国调查网的抽样方案和加权方案应该通过专家委员会的鉴定才可以发布。

5.4 数据缺失的处理规则

数据缺失处理是数据处理的重要一环，数据缺失需要有明确的处理方法。其方法需要被格式化并且得到专家委员会的认可或数据使用方委员会的批准。

日记卡测量系统数据缺失应主要考虑但不限于缺卡的处理方法和被访者数天不在家产生的空卡的处理方法。

人员测量仪系统产生的数据必须经过数据检查。检查的规则应得到专家委员会的认可或数据使用方委员会的批准。

（本准则参考了《全球电视受众测量指南》《中国电视收视率调查准则》《国际商会 ESOMAR 关于市场和社会研究的国际准则》）

参考文献

[1] 刘燕南. 电视节目评估体系解析——模式、动向与思考［J］. 现代传播，2011（01）.

[2] 孙莹. 电视节目评估体系的现状及未来推向——从节目收视率研究到节目印象力研究［M］. 广州：华南理工大学出版社，2011.

[3] 李聪. 浅谈节目评估体系在广播节目质量管理中的运用［J］. 中国广播电视学刊，2011（02）.

[4] 周烨. 节目评估再思考：数据、指标与体系［J］. 媒体时代，2012（04）.

[5] 白阳. 广播节目评估体系的基本框架［J］. 大庆社会科学，2012（02）.

[6] 刘霜婷. 广播电视节目评估工作及发展趋势［J］. 新闻传播，2012（11）.

[7] 张君昌，吕鹏. 广播电视节目评估体系：背景、现状及发展趋向［J］. 中国广播电视学刊，2011（11）.

[8] 王建川. 电视节目评估体系的实践与推想［J］. 电视研究，2010（08）.

[9] 李金宝. 城市电视台节目评估与反馈系统的建立与实施构想［J］. 电视研究，2010（08）.

[10] 尹鸿. 重建电视节目评估体系［N］. 光明日报，2011-04-22.

[11] 徐琦. 构建全媒体电视节目评估体系［J］. 中国编辑，2014（06）.

[12] 常卫平. 电视收视率指标在节目评估体系中比例与问题探讨［J］. 东南传播，2014（06）.

[13] 张萌. 多媒体环境下的电视节目评估体系构建［J］. 声屏世界，2014（05）.

[14] 韩瑞娜，周小普. 多屏发展背景下电视节目评估指标体系创新初探［J］. 中国广播电视学刊，2015（03）.

[15] 朱继锴，高岚. 广播受众调查在节目评估中的应用实践［J］. 今传媒，2015（10）.

［16］徐扬，赵宇卓．电视节目评估体系的构建及发展方向［J］．当代电视，2013（07）．

［17］陆地．电视节目评估体系的创建与创新［J］．南方电视学刊，2013（01）．

［18］邹彦萍．浅析广播电视节目评估体系的应用［J］．才智，2014（24）．

［19］程孝平，次仁央吉．构建电视节目评估体系［N］．西藏日报，2014-12-20．

［20］刘燕南，牟文婷．我国收视收听率调研之比较：历史、市场与受众［J］．现代传播，2014（07）．

［21］陆地．中国电视节目的评估现状分析［J］．新闻爱好者，2013（05）．

［22］张鑫．央视"栏目评价体系"揭秘［J］．中国广播影视，2011（07下）．

［23］张鑫．节目评估如何是好？［J］．中国广播影视，2011（07下）．

［24］丁俊杰，张树庭，李未柠．视网融合背景下的电视节目影响力评估体系创新初探［J］．现代传播，2010（11）．

［25］陆地，陈思．新媒体时代电视节目评估体系的构建和应用［J］．新闻爱好者，2013（11）．

［26］赵子忠，刘勇．媒体融合，重在建立新的效果评估体系［EB/OL］．http://theory.gmw.cn/2016-03/29/content_19497532.htm．

［27］周步恒．衡量广播媒体实力之杠杆——论节目评估体系（上）［J］．中国广播受众，2003（01）．

［28］周步恒．衡量广播媒体实力之杠杆——论节目评估体系（下）［J］．中国广播受众，2003（02）．

［29］宋友权．广播电视节目评估工作的运作及发展趋势［J］．中国广播电视学刊，2003（05）．

［30］宋友权．广播节目评估体系论纲［J］．听众调查与节目评估参考，2000（07）．

［31］周步恒，宋友权．建立科学规范的节目评估体系——2001年厦门广播节目评估研讨会综述［J］．中国广播电视学刊，2001（06）．

［32］李学东．当前电视节目评价体系分析［J］．电视研究，2002（05）．

［33］孟黎．节目质量评估体系的建构与操作［J］．中国广播受众，2002（06）．

［34］虢亚冰，高立民．中国特色电视节目评价体系刍议［J］．中国广播电视学刊，2003（05）．

［35］全球电视受众测量指南（GGTAM）．受众测量——受众的定义与测量、客

人收视、零收视、假期收视以及户外收视[J].蔡倩,译.收视中国,2003(03).

[36] 张敬民.加强受众研究 促进广播发展[J].中国广播受众,2003(03).

[37] 曲光明.广播调查指标及应用[J].中国广播受众,2003(03).

[38] 李磊明,李晓艾.研究受众选择行为 提高媒体竞争力[J].电视研究,2002(10).

[39] 王成全.目标听众界定法与节目评估[J].中国广播电视学刊,2001(06).

[40] 韩兰兰.建立听众满意度指数的思考[J].中国广播电视学刊,2001(06).

[41] 韩兰兰.广播节目评估体系中一个重要的测评指标——听众满意度[J].中国广播受众,2002(06).

[42] 徐晖.对广播分众窄播趋势下听众调查和节目评估的思考[J].中国广播电视学刊,2001(06).

[43] 韩敬山.电视节目竞争之外的焦点——从各家版本的收视率说开去[J].南方电视学刊,2000(03).

[44] 徐冰.收听率与节目评估[J].听众调查与节目评估参考,2000(07).

[45] 孙泽敏,葛昀.电视综合节目评估指数原理及应用[C].中国广播电视协会(编).第六届全国广播电视学术论文评选获奖论文集.北京:中国广播电视出版社,2000.

[46] 崔永泉,高福安,邢建毅,刘虎,蒋淑媛.电视节目质量评价指标体系与方法研究[J].中国广播受众,2002(02).

[47] 章绍岳,黄同春.怎样完善专家评估考核节目制度[J].中国广播电视学刊,2001(06).

[48] 陈英,刘自高.节目评估理论新探[J].电视研究,2002(09).

[49] 李西林.把量化评估引入节目质量管理[J].中国广播受众,2002(06).

[50] 严威,高福安.探讨六西格玛在电视节目质量管理中的应用[J].现代传播,2003(04).

[51] 张敬民,台飞舟.全面实行《广播节目质量管理体系》 推进广播可持续发展[J].中国广播,2001(12).

[52] 陈敏毅.国际电台节目考评制度及其效果[J].中国广播电视学刊,2003(05).

[53] 张树庭.视网融合时代的电视节目评估[M].北京:中国广播电视出版社,2012.

[54] 张树庭,等.电视节目网络评估的理论阐释与操作流程[A].中国广播电视协会(编).宣传技巧与跨文化传播.北京:中国广播影视出版社,2014.

[55] 张君昌.品牌栏目评价与受众调查的相关性[J].中国广播受众,2005年特刊.

[56] 邹振东.ISO9000带给电视的革命[J].中国广播电视学刊,2003(08).

[57] 亢亚志,等.开展广播节目质量考评的实践与思考[J].中国广播电视学刊,2003(01).

[58] 魏思华,杨飞.节目评估体系的发展与探讨[J].市场研究,2002(02).

[59] 黄学平,梁毓琳.广播节目评估之加权收听率分析方法探讨[J].市场研究,2002(02).

[60] 文建,周宁.我国电视节目质量评估的发展[J].电视研究,2003(02).

[61] 陈四芳.江西台节目评估体系的构建[J].电视研究,2003(02).

[62] 高立民.电视节目评价体系的建立:山东电视台的实践与思考[J].电视研究,2003(01).

[63] 满秀彦.建立科学合理的节目评价体系[J].电视研究,2003(01).

[64] 曹湘屏.建立电视节目评价体系的思考[J].电视研究,2003(01).

[65] 王尔泉.电视节目"欣赏指数"[J].电视研究,2002(05).

[66] 于聚义,等.科学量化评估节目 有效提高节目质量[J].西部电视,2002(06).

[67] 谭维平.怎样看待收视率[J].西部电视,2003(01).

[68] 韩敬山.各家版本的收视率[J].南方电视学刊,2000(03).

[69] 张敬民.创新管理机制 确保宣传质量[J].中国广播电视学刊,2003(05).

[70] 翟国选.节目评价工作要以品牌为中心[J].现代传播,2002(06).

[71] 郑维东.电视节目市场评价方法研究[J].中国广播受众,2003(04).

[72] 陈华峰.电视节目播后评价体系探析[J].电视研究,2001(07).

[73] 沈静.谈ISO9001的内部审核和管理评审机制[J].中国广播电视学刊,2003(08).

[74] 杜国清.对我国视听率调查行业现状的分析与思考[J].中国广播电视学刊,2004(03).

[75] 郑维东.视听率调查的商业机制及其市场运行规律[J].中国广播电视学刊,2004(03).

[76] 白穆玄.视听率调查的行业规范与用户利益保证[J].中国广播电视学刊,

2004（03）.

[77] 胡波.视听率调查与节目编排策略[J].中国广播电视学刊，2004（03）.

[78] 吴东.视听率调查与节目评价体系[J].中国广播电视学刊，2004（03）.

[79] 曹珩.视听率调查与广告投放[J].中国广播电视学刊，2004（03）.

[80] 龙长缨.视听率调查与媒体资源规划和经营策略设计[J].中国广播电视学刊，2004（03）.

[81] 肖海峰.视听率调查与提升媒体竞争力[J].中国广播电视学刊，2004（03）.

[82] 王锡苓.视听率调查之七十年历史纵横[J].中国广播电视学刊，2004（03）.

[83] 蓝峻.国内学界对电视收视率的基本态度及分析[J].新闻大学，2004（03）.

[84] 于江.广播节目评估体系整体滞后的原因及对策[J].中国广播电视学刊，2004（06）.

[85] 杜玉藻，张今路，王敏.天津电台的评估体系[J].中国广播电视学刊，2001（06）.

[86] 倪燕，赵曙光.西方公共电视的节目评估：收视率的悖论[J].国际新闻界，2004（02）.

[87] 刘燕南，夏征宇，王英钰.再谈节目评估：反思、借鉴与探讨[J].中国广播影视，2005（11下）.

[88] 程宏.央视节目评价与末位淘汰改革[J].中国记者，2003（01）.

[89] 郭庆.电视节目评价的问题与对策[J].当代电视，2006（04）.

[90] 杨绮.电视节目评估体系简析[J].当代电视，2006（03）.

[91] 李新.广播电视制播分离制的规划和推进[J].广播与电视技术，2006（01）.

[92] 袁方.如何建立科学的电视媒体评估系统[J].广告大观，2005（04）.

[93] 张天莉.收视率在电视节目评估与广告运作中的误用[J].新闻实践，2005（10）.

[94] 王云峰.浅谈电视节目新型评估体系的构建[J].电视研究，2005（07）.

[95] 邹霞.建立有特色的广播节目评估体系[J].声屏世界，2005（07）.

[96] 张新民.电视节目评估模型及原则[J].视听界，2004（03）.

[97] 杨凯.美国电视节目评估体系及启示[J].中国广播电视学刊，2005（02）.

[98] 张君昌.新媒体环境下栏目创新的考量因素[J].传媒透视，2013（02）.

[99] 李岚，罗艳.数字化条件下新的收视调查模式转换趋势与启示[J].电视研究，2012（11）.

［100］王秋（主编）.工作指南：广播媒体质量管理体系的建立与审核［M］.北京：开明出版社，2002.

［101］李岚.中国电视产业评估体系与方法［M］.北京：华夏出版社，2004.

［102］［美］詹姆斯·G.韦伯斯特，等.视听率分析：研究受众的理论与实践［M］.王兰柱，苑京燕，译.北京：华夏出版社，2004.

［103］［美］沃纳·赛佛林，小詹姆斯·坦卡德.传播理论——起源、方法与应用［M］.郭镇之，等，译.北京：华夏出版社，2003.

［104］［美］约翰·费斯克，等（编）.关键概念：传播与文化研究辞典［M］.李彬，译评.北京：新华出版社，2004.

［105］赵彦华.媒介市场评价研究——理论、方法与指标体系［M］.北京：新华出版社，2004.

［106］黄学平（主编）.广播收听率调查方法与应用［M］.北京：中国传媒大学出版社，2006.

［107］GB/T30350—2013《电视收视率调查准则》理解与实施［S］.北京：中国标准出版社，2014.

《中国广播电视节目评估体系研究》课题组名单

顾问：张振华

审稿：杨波　张振华　周然毅

《广播电视节目评估基础理论与展望》课题负责人　张君昌

一稿负责人：蒋宁平（2003—2006年）

二稿负责人：吕鹏（2007—2010年）

三稿负责人：曾文莉（2011—2013年）

四稿负责人：熊艳红、李想（2014—2016年）

主研人：王波　吕鹏　向青　许卫红　李想　陈霓　麦田　刘丹力　张文静
　　　　蒋宁平　霍小语

《广播电视节目评估体系研究与构建》课题负责人　张聪

总论负责人：柯惠新

主研人：吕飞　杨克清　齐芝娉　刘婷　董瑞丰

主体评估负责人：周步恒

主研人：吕飞　姜磊　李洁　谭淑芬　汪彦

客体评估负责人：沈浩

主研人：黄晓兰　吕奎　张洁　杨守睿　葛晶晶　王迎迎　李林凤　李亦兰

统稿：吕飞　吕鹏

统筹：单亦砺　张务纯

后 记

从 1986 年到 2017 年，中国广播电影电视社会组织联合会完成了三十而立的成长历程。在这 30 余年中，联合会咬定青山不放松，设置专门业务机构，潜心学术攻关，为构建中国特色广播电视理论大厦添砖加瓦。《中国广播电视节目评估体系研究》课题于 2002 年提出并着手研究，及至结项收官，已是 2017 年，整整耗时 15 个年头。这 15 个年头，伴随着联合会成长近一半的历程，几乎可以耗去一代人的青春年华。这 15 个年头，是对人生的考验、人格的历练，饱含着理论研究的艰辛……

在本课题收官之际，我们首先要感谢国家新闻出版广电总局对联合会这支研究力量的信任。我们还要感谢刘习良、李丹、张海涛、杨波、张振华、胡占凡等历届领导的督促，没有他们不时发出的善意询问，也许我们真的会失去前行的动力。我们尤其要感谢所有参与研究的主研人员，没有他们付出的艰苦努力，就不会产生今天的成果。

课题在长达 15 年的调研取材过程中，业界学界许多朋友曾向我们提供过无私帮助。如今，他们有的还活跃在一线，有的已经或即将退休，有的甚至已经作古……我们在这里一一记下所有人的名字，不忘他们的贡献。他们是：（北京）赵多佳、李岭涛、李宏、李炜填、卜伟才、张凌云、姜雨杉；（上海）李培红、胡任华；（天津）李英华、安迅、窦秀珍、梁欣、孙克莉；（重庆）陈雨、安然；（河北）段录沛、何振虎、王剑挺、张志军、杨力科；（山西）张敬民、赵欣；（内蒙古）张兴茂、王世英、李钧、苏日娜；（辽宁）李刚、李涛、王红宇、刘晓俊、张建堂、穆丽萍；（吉林）谭铁鹰、谢荣、庄谦宇、孙宝国；（黑龙江）王春莉、杨晶、李皎、关中、李弘彪、刘凤琴；（江苏）张建赓、向青、周天江、唐宁、吴敏、黄嘉；（浙江)胡瑞庭、毛洲英;(安徽)禹成明、王雷;(福建)林友灿、林薇、蔡鹰、李进;(江西)万里波、黄斌;(山东)吕芃、王忠、吴浩、王岩;(河南)周绍成、鲁沛君、王占宏、袁沫;(湖北)王彬、黄尚建、刘英、高春贵、丁勤;(湖南)杨德成、贺大公;(广东)白玲、区念中、李静、黄慰汕、张中南、吴晓萍、杨继红、余文慧、牛金瓶;(广西)周文力、林杰谋、覃理爱、杨海燕;(海南)冯庆昌、陈积流;(云南)覃信刚、杨宏、高国庆、刘丹力、李丽莎、曹馨;(贵州)刘以农;(四川)程朝阳、魏鸣、冯梅、李铁、陈军、马向阳;(陕西)王渭林、田瑷、李荣;(甘肃)韩丽;(宁夏)朱晓桦;(青海)仁青侃卓;(新疆)姚兰、徐樟梅、贾政华、张翼、余海燕。

课题组
2017 年 11 月 21 日